V&R Academic

Arbeiten zur Kirchlichen Zeitgeschichte

Herausgegeben im Auftrag der Evangelischen Arbeitsgemeinschaft
für Kirchliche Zeitgeschichte von
Siegfried Hermle und Harry Oelke

Reihe B: Darstellungen
Band 62

Vandenhoeck & Ruprecht

Karin Oehlmann

Glaube und Gegenwart

Die Entwicklung der kirchenpolitischen Netzwerke
in Württemberg um 1968

Vandenhoeck & Ruprecht

Bibliografische Information der Deutschen Nationalbibliothek
Die Deutsche Nationalbibliothek verzeichnet diese Publikation in der
Deutschen Nationalbibliografie; detaillierte bibliografische Daten sind
im Internet über http://dnb.d-nb.de abrufbar.

ISSN 2198-140X
ISBN 978-3-525-55777-8

Weitere Ausgaben und Online-Angebote sind erhältlich unter: www.v-r.de
© 2016, Vandenhoeck & Ruprecht GmbH & Co. KG, Theaterstraße 13, D-37073 Göttingen/
Vandenhoeck & Ruprecht LLC, Bristol, CT, U.S.A.
www.v-r.de
Alle Rechte vorbehalten. Das Werk und seine Teile sind urheberrechtlich geschützt.
Jede Verwertung in anderen als den gesetzlich zugelassenen Fällen bedarf der
vorherigen schriftlichen Einwilligung des Verlages.
Printed in Germany.
Satz: Konrad Triltsch GmbH, Ochsenfurt
Druck und Bindung: Hubert & Co GmbH & Co. KG, Robert-Bosch-Breite 6, D-37079 Göttingen

Gedruckt auf alterungsbeständigem Papier.

Inhalt

Vorwort 9

1. Einleitung 11
   1.1 Themenstellung 11
   1.2 Aufbau der Arbeit 14
   1.3 Forschungsstand 16
   1.4 Quellen 19
       1.4.1 Publikationen 20
       1.4.2 Archivbestände 23
       1.4.3 Zeitzeugeninterviews – Oral History 23

2. Ausgangslage und Vorgeschichte der Ludwig-Hofacker-Vereinigung   28
   Exkurs: Die Evangelische Lehrergemeinschaft in
   Württemberg bis 1945 31
   2.1 Der Beginn des Widerstands gegen Rudolf Bultmanns Konzept
       der Entmythologisierung 36
       „Es geht um die Bibel!" 45
   2.2 Die Gründung der *Evangelisch-kirchlichen Arbeitsgemeinschaft
       für biblisches Christentum* 52
       2.2.1 Der Offene Brief 1952 55
       Exkurs: Gruppen in der württembergischen
       Landessynode 56
       2.2.2 Reaktionen 61
   2.3 Positionen im Bultmannkonflikt 1952 62
       2.3.1 Stellungnahme des Landesbruderrats 62
       2.3.2 Ernst Fuchs und die Kirchlich-theologische Sozietät . . . 64
       2.3.3 „Für und Wider die Theologie Bultmanns. Denkschrift
             der Ev. theol. Fakultät der Universität Tübingen" . . . 69
   2.4 Institutionelle Festigung der *Evangelisch-kirchlichen
       Arbeitsgemeinschaft für biblisches Christentum* bis 1965 . . 82
       2.4.1 Wahlen 1953 82
       2.4.2 Die Entstehung der Ludwig-Hofacker-Konferenz 93
       2.4.3 Der Offene Brief 1961 – Wiederholung oder
             Weiterentwicklung? 97

3. Geschichte der Evangelischen Bekenntnisgemeinschaft in
   Württemberg 1945 bis 1965 111
   3.1 Geschichte einer Rechtfertigungskrise 114
       3.1.1 „Da scheint Württemberg ja ein anachronistisches
             Rudiment zu besitzen?" 115
   3.2 Aktionsfelder der Württembergischen Bekenntnisgemeinschaft 121
       3.2.1 Arbeitsweise der Synode 121
       3.2.2 Wahlen 133
       3.2.3 Bultmann Debatte 137
       3.2.4 Wiederbewaffnung und Atomwaffen-Frage 143

4. „Außersynodale Opposition" – die Vorgeschichte der Offenen
   Kirche 153
   4.1 Fixpunkt: Ramtel, 7. November 1968 155
   4.2 Die älteste Vorläufergruppe:
       Kirchliche Bruderschaft in Württemberg 156
   4.3 Kirchenreform und Gesellschaftsdiakonie –
       „Die Gemeinde vor der Tagesordnung der Welt" 172
       4.3.1 Ramtel – Paul-Gerhard Seiz 176
       4.3.2 Industriepfarrer – Eugen Fuchslocher 182

Zwischenspiel: Gruppierungen in der Synode – die Diskussion
der 6. Landessynode um ihre Arbeitsweise 200

5. Fluchtpunkt 1968 – Die 7. Landessynode als Inkubator der
   kirchenpolitischen Ausdifferenzierung in Württemberg 205
   5.1 Strukturelle Ausdifferenzierung der Gruppen 211
       5.1.1 Wahlkampagne 1965 211
       5.1.2 Arbeitsweise der Synode – dritter Teil der
             Auseinandersetzung und vorläufiger Schluss 220
   5.2 Inhaltliche Ausdifferenzierung der Gruppen 236
       5.2.1 Reichenau und Reichenau-Erinnerung: das Erlebnis der
             Einheit 236
       5.2.2 Theologinnenordnung 1968 251
   5.3 Der Brennpunkt des Konflikts – Kirchentag 1969 in Stuttgart . 268
       5.3.1 Vorgeschichte – Auseinandersetzung zwischen dem
             Kirchentag und der Bekenntnisbewegung „Kein anderes
             Evangelium" 268
       5.3.2 Einladung nach Württemberg – Synodaldiskussion und
             Diskussion im konservativen Lager 270
       5.3.3 Die Vorgespräche zwischen Kirchentagspräsidium,
             württembergischer Kirchenleitung, dem „Fellbacher
             Kreis" und der Bekenntnisbewegung 273

Exkurs: Verhältnis der Ludwig-Hofacker-Vereinigung zur
Bekenntnisbewegung 273
5.3.4 Oskar Klumpps Rücktritt 302
5.4 Reaktionen und Folgen 321
5.4.1 „Streit um Jesus" – die Auseinandersetzung um „Halle 6" 321
Im Vorfeld der Wahl 1971 332
5.4.2 Die „Kritische Kirche" als progressiver Protest 336
Der Fall Rothschuh 346
Exkurs: Nachbeben in Württemberg 352
Aktion Synode '71 356
5.4.3 Gedränge in der Mitte: eine „progressive Mitte mit
deutlicher Öffnung nach rechts", eine „kirchliche Mitte"
und eine „Evangelische Mitte" 362
Bischofswahl 1969 372
Die Esslinger Vikarserklärung 373
Exkurs: Die Entstehung der Esslinger Vikarserklärung
1969 374
Die weitere Zusammenarbeit der Evangelischen
Sammlung mit der Evangelischen
Bekenntnisgemeinschaft in Württemberg und die
Neuausrichtung der Bekenntnisgemeinschaft 380
Evangelische Mitte 384
5.5 Die Wahrnehmung der kirchenpolitischen Landschaft im
Wahlkampf 1970/71 durch die kirchliche Öffentlichkeit 386

6. Fazit 399

Abkürzungsverzeichnis 408

Quellen- und Literaturverzeichnis 410

Personenregister / Biogramme 429

Vorwort

Die vorliegende Arbeit wurde im Wintersemester 2014/15 von der Philosophischen Fakultät der Universität zu Köln als Dissertation angenommen. Für den Druck wurde sie geringfügig überarbeitet.

Initiiert und betreut wurde diese Arbeit von Prof. Dr. Siegfried Hermle, der mir vorschlug, als seine Assistentin nach Köln zu kommen und im Bereich der Württembergischen kirchlichen Zeitgeschichte zu promovieren. Meine Themenwahl, „Württemberg um 1968", betrachtete er zunächst mit gewisser Skepsis, unterstützte mein Projekt aber von Beginn an in einzigartiger Weise. Er stellte mir vorbehaltlos sein Wissen und seine Kontakte zur Verfügung, gewährte mir die Unterstützung durch die Hilfskräfte am Lehrstuhl, ließ mir die notwendigen Freiräume für mein Forschen und nahm gar bei eigenen Veröffentlichungen Rücksicht auf mein „Terrain". Über dies – schon allein keineswegs Selbstverständliche – hinaus, hat er mir die Unterbrechung der Arbeit durch die Geburt zweier Kinder und anschließende Elternzeit nicht etwa verargt, sondern hat am Werden und Wachsen unserer Familie lebhaften und freundlichsten Anteil genommen. Einen engagierteren Doktorvater und kompetenteren Gesprächspartner hätte ich mir während der zurückliegenden acht Jahre nicht wünschen können. Dafür bin ich ihm von Herzen dankbar.

Danken möchte ich Prof. Dr. Volker-Henning Drecoll, Tübingen, und Prof. Dr. Eberhard Hauschild, Bonn, die Gutachten für das Promotionsverfahren erstellt haben, sowie der Evangelischen Arbeitsgemeinschaft für kirchliche Zeitgeschichte für die Aufnahme des Buches in ihre Reihe. Für Druckkostenzuschüsse danke ich der Evangelischen Landeskirche in Württemberg, den kirchenpolitischen Gruppen „Arbeitsgruppe Evangelium und Kirche (Evang. Bekenntnisgemeinschaft) e.V." und „Offene Kirche – Evangelische Vereinigung in Württemberg" sowie Frau Annette Bachofer.

Pfarrerin Dr. Angela Hager und PD Dr. Gisa Bauer unterstützten mich über den gesamten Zeitraum hinweg mit Rat und Tat, indem sie mir ihre noch nicht publizierten Manuskripte und weitere Materialien zur Verfügung stellten. Angela Hager nahm zudem die mühevolle Arbeit des Korrekturlesens auf sich. Der Austausch und das Gespräch mit diesen beiden, in benachbarten Feldern forschenden Kolleginnen war fachlich wie menschlich gleichermaßen hilfreich und aufbauend. Danke dafür! Ebenfalls Dank gebührt den studentischen MitarbeiterInnen am Institut für Evangelische Theologie, die mir mit großer Ausdauer und Zuverlässigkeit beim Transkribieren von Interviews, Erstellen der Biogramme und vielem Anderen geholfen haben. Die (hoffentlich) letzten Fehler in den Druckfahnen hat Dirk Ott-Schäfer aufgespürt.

Der Arbeitstitel „Württemberg um 1968" erwies sich geradezu als Zauberformel, die viele Türen öffnete. Meine Bitten um Zeitzeugeninterviews, um Auskunft oder Hilfe fanden immer offene Ohren. All den Menschen, die mir ihre Zeit und vor allem ihr Vertrauen geschenkt haben, indem sie mir von ihren Erlebnissen, ihrem Kampf und ihren Beweggründen in jenen Jahren erzählt haben, danke ich von Herzen. Ohne diese Informationen hätte ich die Netzwerke nicht rekonstruieren und die Geschichte ihres Werdens nicht verstehen können, da die Akten hierüber zumeist kaum etwas aussagen. Ein besonderer Platz unter den Zeitzeugen gebührt Martin Günzler und Fritz Röhm, die mir als erste mit ihren Erzählungen ins Thema hinein geholfen und bis zur Fertigstellung der Dissertation wieder und wieder Fragen beantwortet haben; zudem ist Rolf Scheffbuch hervorzuheben, der mir ein einzigartiger Gesprächspartner war, Zeitzeuge und selbst historisch Fragender gleichermaßen. Das Wissen dieser drei Männer und ihre Unterstützung beim Knüpfen weiterer Kontakte, waren für das Gelingen dieses Projekts entscheidend. Dass auch das papierne Gedächtnis herangezogen werden konnte, verdanke ich dem großzügigen Entgegenkommen der verschiedenen damals agierenden Gruppen; für den bereitwillig gewährten Zugang zu deren privaten Archiven und alle Unterstützung danke ich den Verantwortlichen. Mein Dank gilt darüber hinaus in besonderem Maße dem Landeskirchlichen Archiv Stuttgart, das mir optimale Bedingungen für mein Forschen bot. Insbesondere Herrn Michael Bing möchte ich für seine unwandelbare Langmut und Freundlichkeit bei all meinen Fragen danken. Ohne sein Wissen und seinen Spürsinn hätte ich viele Aktenstücke niemals zu Gesicht bekommen.

Dass diese Arbeit ohne die Unterstützung der Familie zum Scheitern verurteilt gewesen wäre, wird jeder bestätigen, der schon einmal Ähnliches versucht hat. Daher danke ich meinen Eltern, Gertrud und Gerhard Oehlmann, die in vielfältigster Weise geholfen haben: als Theologen und Zeitgenossen, als Teil des württembergischen Pfarrstands mit weit verzweigtem Bekanntenkreis, als aufmerksame und kritische Erstleser, nicht zuletzt als Oma und Opa. In besonderer Weise dankbar bin ich meinem Mann Dr. Bastiaan de Heij und unseren Kindern – sie machen mir, bei aller Liebe zur Geschichte, die Gegenwart schön und lebenswert. Ich danke Euch.

Zuletzt möchte ich drei Menschen meinen Dank aussprechen, die, jeder auf seine Weise, entscheidende Voraussetzungen für meine Arbeit schufen: Meinen Lehrern Hans-Peter Kästle, dem ich die Freude am Schreiben verdanke, und Wolfgang Jung, der mir die Faszination Geschichte erschloss. Sowie Rainer Lächele, der mich inspirierte, Grenzgänger zwischen Theologie und Zeitgeschichte zu sein.

Köln, Ostern 2015　　　　　　　　　　　　　　　　　　　　Karin Oehlmann

1. Einleitung

"The past is never dead; it's not even past."
William Faulkner

1.1 Themenstellung

Viel wird auf die 1960er Jahre projiziert – wenig ist bisher erforscht. Die schiere Zahl ‚1968' ruft lebhafte Reaktionen hervor; bei den Zeitzeugen flammt die große innere Beteiligung auf, mit der die Auseinandersetzungen und Diskussionen seinerzeit geführt worden sind. Nachgeborene schwanken zwischen Glorifizierung und Verteufelung der ‚68er'. Für die einen war es eine Zeit und eine Generation politisch und gesellschaftlich wachen und aktiven Lebens – für die Anderen eine Zeit des Verfalls, einer Jugend ohne Sitte und Moral, einer Gesellschaft, die sich Schritt um Schritt von Gott entfernte. Nur wenige bleiben kühl, wenn man nach den 1960er Jahren fragt.

Aber was macht dieses „lange Jahrzehnt"[1] so besonders? Waren es die politischen und sozialen Umwälzungen? Während vor 1961 die Kommunikation zwischen Menschen und Organisationen in den beiden deutschen Teilstaaten noch weitgehend möglich war, öffnete sich erst nach 1969 mit Willy Brandts neuer Ostpolitik wieder ein schmaler Spalt im Eisernen Vorhang. Während 1962 das Foto einer jungen Frau in Hosen im Evangelischen Gemeindeblatt noch heftige Reaktionen auslöste[2], hatten sich die Leser Anfang der 70er schon fast an den Anblick von Frauen im Talar gewöhnt. Oder war es die neue Art des Sich-Beteiligens am politischen, gesellschaftlichen und auch kirchlichen Leben, die bei den Zeitgenossen den Eindruck einer besonders ‚lebendigen' Epoche hinterließ? Zum ersten Mal waren in diesen Jahren massenhaft Menschen zu Protest und Engagement mobilisiert, für die Nöte im eigenen und in fremden Ländern sensibilisiert worden. Die Neuen Sozialen Bewegungen (von Eine-Welt- bis Umwelt-, von Frauen- bis Friedensbewegung) entstanden in diesen Jahren und die Menschen begannen, sich nicht mehr nur als ‚Regierte', sondern als aktive Teilnehmer am politischen Prozess, an Demonstrationen und Aktionen zu sehen.

Für Württemberg ist festzuhalten: Gruppen und Strukturen, die bis heute die Evangelische Landeskirche in Württemberg prägen, sind in jenen Jahren entstanden – allen voran die Gesprächskreise in der Landessynode und die sie

---

1 MCLEOD, Religion, 37.
2 LÄCHELE, Welt, 131.

tragenden Vereine. Entscheidungen, die das Gesicht der Landeskirche veränderten, sind damals gefallen. Die heutige Gestalt der evangelischen Kirche verdankt wesentliche Züge gerade diesen Jahren. Von der Gründung von Institutionen wie der Ludwig-Hofacker-Konferenz (1956), der kirchenreformerisch orientierten „Industriepfarrer-AG" und „Siedlungs-AG" (beide 1966) oder dem Albrecht-Bengel-Haus (1969/70), über die Bildung der Gesprächskreise in der Landessynode (ab 1966) bis hin zur Frauenordination (1968) – in den Jahren um 1968 sind viele Entscheidungen gefallen, sind Weichen gestellt, Allianzen geschlossen und Themen aufgeworfen worden, die bis heute die Württembergische Landeskirche prägen und beschäftigen. Diesem Befund steht die Leerstelle gegenüber, die die 1960er Jahre bislang in der kirchlichen Historiographie einnahmen: Während in der im Jahr 2000 erschienenen Kirchengeschichte Württembergs die Zeitleiste noch im Jahr 1953 mit der Einführung des (damals) neuen Gesangbuchs endete[3], begann seit der Jahrestagung des Vereins für Württembergische Kirchengeschichte 2003 ganz allmählich die Annäherung an dieses neue Kapitel der Zeitgeschichte[4].

Die vorliegende Arbeit hat zum Ziel, den auf dieser Tagung eingeschlagenen Weg weiterzugehen: Sie will der Entstehung der kirchenpolitischen Landschaft in Württemberg nachgehen, die in Gesprächskreise und Landesvereinigungen gegliedert und vom Gegensatz zwischen Pietismus und der sogenannten modernen Theologie geprägt ist. Ziel ist, die auslösenden Faktoren zu verstehen und die treibenden Konflikte zu analysieren. Es wird zu fragen sein, wie die damals in die Öffentlichkeit getretenen Organisationen entstanden sind und was jeweils die Ausbildung einer öffentlich wahrnehmbaren Identität und Organisation verursacht und bedingt hat. Da mit der Konstituierung der 8. Landessynode 1972 die Gründungs- und Ausdifferenzierungsphase der Gesprächskreise ihren Abschluss gefunden hat und ein status quo erreicht war, der sich, abgesehen von der Gründung des Vereins „Kirche für morgen" im Jahr 2001, bis heute annähernd unverändert erhalten hat, endet der Untersuchungszeitraum 1972.

Im Zentrum der Darstellung werden dabei die in der Landessynode sichtbaren Gruppen stehen, da diese zum einen als ein Spiegelbild der gesamten Landeskirche dienen können und zum anderen sich durch eine einzigartig gute Dokumentation[5] von der ansonsten sehr problematischen Quellenlage unterscheiden[6]. Dabei sollen auch Kontinuitäten beziehungsweise ‚Erbansprüche' zwischen den sich in den 1950er und 1960er Jahren formierenden Gruppen und den verschiedenen Flügeln des sogenannten Kirchenkampfs in Württemberg berücksichtigt werden.

Ausgehend von dieser Grundstruktur werden die besonders brisanten,

---

3 EHMER, Gott, 250.
4 Die Vorträge dieser Tagung wurden publiziert: EHMER / LÄCHELE / THIERFELDER, Reform.
5 In Gestalt der Synodalprotokolle.
6 Vgl. unten 19.

umstrittenen Themen in den Blick zu nehmen und zu untersuchen sein: Welche Ereignisse oder Fragen waren es, die die Diskussion anheizten und Menschen mobilisierten? Wichtige Fragehorizonte werden dabei durch die Stichworte „die Bibel, die Laien und der Einsatz neuer medialer Ausdrucksformen" gegeben, die, so der Münchner Kirchenhistoriker Harry Oelke, als „verlässliche Konstituenten die großen Reformbewegungen der evangelischen Christentumsgeschichte kennzeichnen."[7] Dabei wird zu zeigen sein, dass die Diskurse und Konflikte, die diesen Zeitraum prägten, letztlich immer auf die Frage nach der Autorität der Bibel beziehungsweise der rechten Verkündigung des Evangeliums zurückgeführt werden können. In diesem Sinne versteht sich diese Arbeit als Projekt in der wissenschaftlichen Gefolgschaft von Gerhard Ebeling[8] und, mehr noch, von Joachim Mehlhausen, da dieser in besonders treffender Weise den Aspekt der Erinnerung berücksichtigte[9], der, wie durch die Analyse verschiedener „Gründungsmythen" zu belegen sein wird, für die hier erforschten Geschehnisse eine wesentliche Rolle spielt.

Am Rande wird dabei auch immer wieder nach dem Zusammenhang zwischen der 68er-Bewegung und den Ereignissen und Entwicklungen in der württembergischen Landeskirche zu fragen sein: Waren beispielsweise die Aktionen des „Arbeitskreis Rothschuh im ev. Stift"[10] die evangelisch-württembergische Form der 68er-Studentenrevolte? War der Kampf um die Frauenordination der evangelisch-württembergische Ausdruck der Frauenemanzipation[11]? Oder handelte es sich bei diesen Phänomenen schlicht um eine zeitliche Koinzidenz beziehungsweise um eine Übernahme der Ausdrucksformen bei anders gearteten Inhalten[12]?

Die vorliegende Darstellung beschränkt sich bewusst auf die Württembergische Landeskirche, stellt also eine regionalgeschichtliche Studie dar. Dies ist auf der einen Seite der Herkunft der Verfasserin aus dieser Landeskirche und damit einem besonderen Interesse an ihrer Geschichte und dem Werden ihrer Gestalt geschuldet. Gleichzeitig gründet die Beschränkung auch darin, dass die hart geführten Auseinandersetzungen um 1968 von den Zeitzeugen noch stets als bedrängend, zum Teil belastend, nicht selten als unrühmlich empfunden werden. So war es wohl nur durch die Position als Teil des Netz-

---

7 OELKE, Einleitung, 25.
8 „Kirchengeschichte ist die Geschichte der Auslegung der Heiligen Schrift." EBELING, Kirchengeschichte, 22.
9 „Geschichtsschreibung sucht nach den Spuren, die dieses Wort [λόγος, d. Verf.] in der Memoria der Menschheit eingeprägt hat." (MEHLHAUSEN, Vestigia, VII). Zudem ist diese, Augustins „vestigia" aufnehmende Definition an die profanhistorische Theoriediskussion ungleich anschlussfähiger als jene von Ebeling; vgl. WHITE, Bedeutung; RICOEUR, Gedächtnis.
10 Vgl. EHMER, Rothschuh.
11 Vgl. KAST, Weg.
12 Übereinstimmend mit Kurlanskys Definition von „1968": „What was unique about 1968 was that people were rebelling over disparate issues and had in common only that desire to rebel, ideas about how to do it, a sence of alienation from the established order, and a profound distaste for authoritarianism in any form." KURLANSKY, 1968, xv.

werkes[13], als ‚Insider' mit Vertrauensvorschuss, möglich, vielfältige Kontakte zu Zeitzeugen und Zugang zu den verstreuten Quellen zu bekommen. Auf der anderen Seite bietet sich die Württembergische Landeskirche für eine dezidiert kirchenpolitische[14] Studie an, da sie durch das EKD-weit einmalige System der Urwahl der Landessynode ein besonders sensibler Seismograph kirchenpolitischer Strömungen im Kirchenvolk ist. Zudem „ist es gerade die Württembergische Evangelische Landeskirche, in der sie [die ‚Krise' zwischen ‚Theologie und Gemeindefrömmigkeit', d. Verf.] besonders heftig aufbricht, weil hier ein bodenständiger, mit der Kirche eng verbundener Pietismus dem Denken einer vom Evangelischen Stift in Tübingen und der Universität geprägten kritischen und modernen Theologengeneration gegenübersteht."[15]

1.2 Aufbau der Arbeit

Die vorliegende Untersuchung gliedert sich in zwei Hauptteile: In Kapitel zwei bis vier wird die Entwicklung der späteren „Gesprächskreise" in der Württembergischen Landessynode – „Lebendige Gemeinde", „Evangelium und Kirche" und „Offene Kirche" – aus drei Groß-Netzwerken heraus beschrieben. Die Geschichte des biblisch-konservativen, des konservativ-landeskirchlichen sowie des sozio-theologischen Flügels innerhalb der Württembergischen Landeskirche seit 1945 wird dabei primär auf Grundlage der schriftlichen Quellen ermittelt und chronologisch dargestellt. Um das Wechselspiel der ständig aufeinander reagierenden und miteinander interagierenden Kräfte transparent zu machen, wird im fünften Kapitel die geradezu als ‚Epoche' zu apostrophierende Legislaturperiode der 7. Landessynode 1966 bis 1971 nicht mehr nach den einzelnen Netzwerken aufgegliedert, sondern weitgehend chronologisch präsentiert. Nur so kann ein wesentlicher Zug der Entwicklung, nämlich ihr quasi struktureller Charakter[16], angemessen dargestellt und verdeutlicht werden: Keine der damaligen Gruppen und Interessenkreise hat sich

---

13 Der Zugang zu diesem Netzwerk gründet dabei nicht nur im Pfarrerin-Sein der Verfasserin, sondern ganz wesentlich auch im Pfarrerskind-Sein. Ohne die Bereitschaft meiner Eltern, beide Pfarrer der Württembergischen Landeskirche, ihre Kontakte für meine Forschung zu aktivieren und zur Verfügung zu stellen, wären wichtige Informationen, Dokumente und Zeitzeugen nicht erreichbar gewesen.

14 Zur Problematik des Begriffs „Kirchenpolitik" vgl. MEHLHAUSEN, Kirchenpolitik. In der vorliegenden Arbeit wird der Begriff „Kirchenpolitik/kirchenpolitisch" im Sinne von Mehlhausens Definition „C" verstanden als „die Gesamtheit der Diskurse und Auseinandersetzungen, die innerhalb der Kirche über deren Standortbestimmung und Auftrag stattfinden." EBD., 342.

15 LACHENMANN, Theologie, 565.

16 ‚Strukturaľ in Anlehnung an Hans Mommsens ‚strukturale' Interpretation des NS. Ohne irgendwelche Parallelen mit dem NS-System ziehen oder auch nur andeuten zu wollen scheint mir ein Nachdenken über eine strukturale oder intentionale (so seinerzeit Eberhard Jäckels Gegenposition) Interpretation der Entwicklungen sinnvoll.

aus eigenem Antrieb gebildet; immer sind es Reaktionen auf einen bestimmten Vorfall, eine Aktion der ‚Anderen', die einen weiteren Organisations- oder Abgrenzungsschub ausgelöst haben[17]. In besonderer Weise im Focus wird hierbei der Rücktritt von Synodalpräsident Oskar Klumpp am 17. Oktober 1968 stehen. Dieser Rücktritt wurde zum Gründungsmythos der „Offenen Kirche", bildet jedoch auch für die anderen kirchenpolitischen Gruppen eine Zäsur, die die Geschichte in ein ‚Davor' und ein ‚Danach' teilt. Daher wird es zentrales Anliegen dieses Kapitels sein, den Hergang dieser ebenso vielfach wie disparat berichteten Ereignisse anhand der Quellen zu rekonstruieren, um so ein Verständnis der damals wirksamen Kräfte zu erlangen.

Im Gang der Darstellung wird generell besonderes Augenmerk auf die herausragenden Vorfälle und Themen gelegt werden, die jeweils derartige ‚Entwicklungsschritte' ausgelöst oder beeinflusst haben. Anhand solcher ‚heißer Themen' werden die identitätsbildenden Prozesse innerhalb der kirchenpolitischen Gruppen zu beobachten sein. Dabei soll neben der sachlichen Darstellung dieser Themen- beziehungsweise Problemfelder vor allem nach der Valenz gefragt werden, die einzelne Gruppen dem jeweiligen Themenkomplex beimaßen: Warum kam es ausgerechnet über dieser oder jener Frage zum Streit? Was wurde hier eigentlich verhandelt? Besaß die jeweilige Kontroverse möglicherweise einen verborgenen Subtext? Dieser Teil der Untersuchung wird sich stärker als der erste auf die Aussagen der Zeitzeugen stützen – da nur diese Quellengattung über Motivationen, Zuschreibungen und ‚heimliche Agendae' Auskunft zu geben verspricht.

In einem ausführlichen Fazit werden die Ergebnisse der vorherigen Kapitel zusammengetragen und im Hinblick auf die Leitfrage summarisch ausgewertet: Aus welchen Netzwerken heraus haben sich die bis heute die Württembergische Landeskirche prägenden Gruppen entwickelt? Welche Grundkonflikte lösten die Gruppenbildung aus? Welche Konflikte formten die Gruppenidentität, wo wurden Abgrenzungen für nötig erachtet? Grundsätzlich soll versucht werden, objektiv die für den Konflikt beziehungsweise das Wechselspiel der verschiedenen Kräfte innerhalb des württembergischen Protestantismus konstitutiven Elemente zu beschreiben, wobei einschränkend darauf hinzuweisen ist, dass nicht alle Gruppen und Strömungen zu allen Zeiten beziehungsweise bei allen Themen gleichermaßen aktiv waren; es wird in der Darstellung daher immer wieder schwerpunktmäßig die eine oder andere Gruppe vertieft zu beobachten sein, während andere in den Hintergrund treten. Grundlegendes Gestaltungsprinzip für die gesamte Arbeit ist, dass „die Darstellung erzählen will"[18], denn wie Geschichte nicht „die Summe

---

[17] Dabei soll natürlich nicht vergessen werden, dass es Vorgänger oder Vorformen dieser Gruppierungen schon viel länger gab. Wie bedeutsam allerdings diese Kontinuitäten im Vergleich zu den jeweils aktuellen Auseinandersetzungen waren, bleibt zu klären.
[18] LÄCHELE, Volk, 3.

aller Geschehnisse"[19] ist, so ist sie doch die Summe der Geschichten (also das „gewusste Geschehene"[20]) und nur als solche für uns Heutige lebendig.

1.3 Forschungsstand

Die Forschung zu den 60er Jahren, insbesondere zu ‚1968' hat in den letzten Jahren einen erfreulichen Aufschwung genommen. Nicht erst seit der überhitzten Debatte um die zuweilen gewalttätige Vergangenheit des damaligen Außenministers Joschka Fischer[21] haben Politik und Medien ‚1968' entdeckt – sei es als Zentralmythos der Neuen Linken, sei es als Horrorszenario aus Libertinage und Gesetzlosigkeit. Positiv ist zu werten, dass auch die wissenschaftliche Erforschung dieser Jahre, und mit ihr ein sachlicherer Umgang mit den damals geführten Auseinandersetzungen, eingesetzt hat. Stellvertretend sei auf die Veröffentlichungen von Axel Schildt, Ingrid Gilcher-Holtey, Thomas Etzemüller und vor allem von Wolfgang Kraushaar hingewiesen[22]. Insbesondere die beiden Letztgenannten setzen sich intensiv mit dem Phänomen der ‚Mythisierung' der '68er auseinander: 1968 wird von vielen – Beteiligten wie Nachgeborenen – nicht mehr als historisches Ereignis (bzw. Folge von Ereignissen) wahrgenommen, sondern je nach politischer oder sozialer Zugehörigkeit unterschiedlich ideologisch aufgeladen und überhöht – sei es als „Freiheitsrevolte"[23] oder als die „Vorgeschichte zum Terrorismus" der 1970er Jahre[24]. Eben dieser sehr unterschiedliche Blick auf jenes Jahr beziehungsweise auf die 1960er Jahre insgesamt, die je nach Standort klar positive oder klar negative Bewertung jenes Jahrzehnts, findet sich auch in der Wahrnehmung der kirchlichen Gruppen wieder.

Die spezifisch kirchenhistorische Forschung entdeckt die 1960er Jahre erst langsam als ihren Gegenstand. So markieren die Tagungen des Vereins für Württembergische Kirchengeschichte 2003 beziehungsweise der Evangelischen Arbeitsgemeinschaft für Kirchliche Zeitgeschichte im Jahr 2004 den Einstieg in die historische Erforschung und Aufarbeitung der jüngsten Zeitgeschichte[25]. Motiviert ist diese Forschung nicht nur durch die bleibende

---

19 DROYSEN, Historik, §1.
20 DROYSEN, Historik, §1 oder, mit Augustin, „verba concepta ex imaginibus earum [der vergangenen Gegenstände, d. Verf.], quae in animo velut vestigia per sensus praetereundo fixerunt." Augustin, Confessiones XI 18, 23.
21 Gipfelnd in einer Bundestagsdebatte um die Vergangenheit des Außenministers am 17. 1. 2001, vgl. Plenarprotokoll 14/142.
22 Vgl. SCHILDT, Zeiten; GILCHER-HOLTEY, 1968; ETZEMÜLLER, 1968; KRAUSHAAR, 1968.
23 Wohlgemerkt „mit Elementen totalitärer Gewalt". Joschka Fischer in der Plenardebatte am 17. 1. 2001.
24 So Ludwig Watzas Darstellung der konservativen Wertung. WATZA, Editorial.
25 Der hier vorgestellte Forschungsstand berücksichtigt bewusst nur den deutschen Protestantismus. Auf katholischer Seite sind ähnliche Anfänge der historischen Aufarbeitung dieser

Bedeutung des Themenkomplexes, sondern auch durch das Bewusstsein, dass es an der Zeit ist, die Zeitzeugen zu befragen und ihre Erinnerungen zu sichern[26]. Die Sammelbände zu diesen beiden Tagungen[27] wurden impulsgebend für weitere Forschungen; eine Reihe exemplarischer Studien zu Einzelproblemen sind zwischenzeitlich abgeschlossen oder zumindest dem Abschluss nahe: Zu den Reformgruppen in der bayerischen Landeskirche[28], zur Reaktion der protestantisch-konservativen Kreise auf die ‚1968er Jahre'[29], zum Verhältnis von evangelischer Kirche und Neuen Sozialen Bewegungen[30], zu den strukturellen Veränderungen in den Landeskirchen und in der EKD[31] oder zur Politisierung des Protestantismus[32]. Unverzichtbar für jegliche Beschäftigung mit diesem jüngsten Abschnitt der Geschichte des Protestantismus in der Bundesrepublik Deutschland ist Martin Greschats 2010 erschienene Überblicksdarstellung[33].

Im Bereich der Württembergischen Landeskirche wurden erste Teilergebnisse des vorliegenden Dissertationsprojekts, teilweise in Zusammenarbeit mit Siegfried Hermle, bereits vorgestellt, insbesondere der Aspekt der Arbeitsweise in der Landessynode[34], sowie einzelne Gruppen und Akteure[35]. Zu den hier zu untersuchenden Gruppen und Netzwerken liegen bislang nur vereinzelt Untersuchungen mit wissenschaftlichem Anspruch vor[36], der ganz überwiegende Teil der vorfindlichen historischen Darstellungen sind Berichte und Darstellungen von Gruppenmitgliedern, Beteiligten und Akteuren, wie beispielsweise die klassische Darstellung der „Württembergischen Bekennt-

---

bedeutsamen Jahre des II. Vaticanums zu beobachten, insbesondere im Bereich sozial- und milieugeschichtlicher Fragestellungen; exemplarisch ist auf die Forschungsprojekte am Lehrstuhl von Wilhelm Damberg, Bochum, zu verweisen. Auskunft Christian Handschuh, 15. 9. 2014.

26 Was sich auch in der Tatsache widerspiegelt, dass einige der von mir zu Beginn meines Projektes befragten Zeitzeugen mittlerweile verstorben sind.
27 EHMER / LÄCHELE / THIERFELDER, Reform bzw. HERMLE / LEPP / OELKE, Umbrüche.
28 HAGER, Jahrzehnt.
29 BAUER, Bewegung.
30 SCHRAMM, Anti-AKW-Bewegung.
31 TRIPP, Wandel.
32 FITSCHEN / HERMLE / KUNTER / LEPP / ROGGENKAMP-KAUFMANN, Politisierung.
33 GRESCHAT, Protestantismus.
34 HERMLE / OEHLMANN, Gruppen; OEHLMANN / HERMLE; Streitkultur, OEHLMANN, Synoden.
35 OEHLMANN, Tlach; OEHLMANN, Blumhardt-Jünger, bzw. meine Beiträge zu den Jubiläen von EuK und ES in EuK-Info 2009, Heft 2, 4–8 bzw. Rundbrief der ES Nr. 46, Oktober 2009, 6–9.
36 So z. B. SCHERRIEBLE, Sammlung oder ansatzweise WOLFSBERGER, Geschichte; die Arbeit von Wolfsberger ist jedoch – als häusliche Prüfungsarbeit zur I. kirchlichen Dienstprüfung – streng genommen als Archivalie anzusehen; sie wurde nie publiziert. Die Gründungsphase der Kirchlichen Bruderschaft hat Diethard Buchstädt erforscht, vgl. BUCHSTÄDT, Bruderschaften. Hier ist vor allem darauf hinzuweisen, dass die von Buchstädt verwendeten Unterlagen aus dem Privatbesitz Walter Schlenkers tatsächlich die von Irmgard Anger gesammelten Dokumente der KB waren; diese sind inzwischen im LKAS. Vgl. Brief Walter Schlenker an „Liebe Freunde", 22. 4. 1994, LKAS, NL Kirchliche Bruderschaft.

nisgemeinschaft" durch Theodor Dipper[37] oder die Beiträge zu Rudolf Bäumers „Weg und Zeugnis", in dem die verschiedenen „Bekennende[n] Gemeinschaften" ihren „gegenwärtigen Kirchenkampf 1965–1980" vorstellten[38]. Nicht selten wurden auch zu Jahrestagen und Jubiläen der jeweiligen Gruppierung Schriften aufgelegt, in denen die Geschichte der eigenen Gruppe beschrieben und reflektiert wurde[39], auch einzelne Biographien bzw. Autobiographien finden sich[40]. All diesen Schriften eignet verständlicherweise der Hang zur Begründung und Legitimierung des eigenen Handelns in Vergangenheit, Gegenwart und Zukunft und damit eine häufig mehr oder minder parteiliche Darstellung der Ereignisse sowie der eigenen wie der „gegnerischen" Gefolgsleute. Bei der Durchsicht dieser Darstellungen fallen vor allem vielfältige Abhängigkeiten auf, die sich auch in der Weitertradierung von Fehlern zeigt: So liegt den Darstellungen zur Lebendigen Gemeinde (LG) in aller Regel die früheste Beschreibung von Alfred Ringwald[41] zu Grunde, Rolf Scheffbuch hat in seinen zahlreichen Berichten und Abrissen über die Geschichte der LG zudem die Arbeit von Hanspeter Wolfsberger verwendet[42]. Kurt Hennig selbst stellte in seinem Bericht über die Evangelische Sammlung den Konnex von Sammlungs-Gründung und Esslinger Vikarserklärung her[43], der noch von Hermle und mir 2008 rezipiert wurde[44]. Aus diesem Befund ergab sich einerseits, dass die Qualität der vorhandenen Darstellungen zu prüfen ist, andererseits, dass die tatsächlichen Informationsquellen, nach Identifizierung und Aussonderung von Dubletten und abhängigen Berichten, sich auf einige wenige Ur-Erzählungen reduzierten.

---

37 DIPPER, Bekenntnisgemeinschaft.
38 BÄUMER / BEYERHAUS / GRÜNZWEIG, Weg. Die noch immer grundlegende Studie über die Entstehung der Bekenntnisbewegung legte schon 1970 Hartmut Stratmann vor, vgl. STRATMANN, Evangelium.
39 So beispielsweise für die Offene Kirche AGSTER, 25 Jahre OK bzw. STEPPER, Vielfalt, für EuK BLAICH / DOPFFEL, Geschichte oder BLAICH, Bruderrat.
40 So z. B. die Autobiographien GRÜNZWEIG, Ruhm, oder SCHEFFBUCH, Gott, oder die biographischen Skizzen zu Paul Gerhard Seiz: ORTH, Augen, oder Werner Simpfendörfer: DEJUNG / KLATT, Simpfendörfer; die beiden letztgenannten Schriften sind dabei weniger als Biographien denn als Erinnerungsbücher der Freude zu interpretieren. Bei Grünzweig und Scheffbuch dagegen wird das Muster der „exempla fidei" immer wieder sehr offensichtlich.
41 RINGWALD, Hofacker.
42 SCHEFFBUCH, Hofacker; SCHEFFBUCH, Entwicklung; SCHEFFBUCH, Gemeinde u.ö.
43 HENNIG, Sammlung.
44 HERMLE / OEHLMANN, Gruppen.

1.4 Quellen[45]

Die Quellenlage zu den ersten Jahrzehnten nach dem Zweiten Weltkrieg in der Württembergischen Landeskirche ist eine Herausforderung. Sekundärliteratur gibt es bislang kaum[46] bzw. nur in Gestalt von Einzeldarstellungen Beteiligter. Daher gilt es, den gesamten Themenkomplex anhand von sehr disparatem und verstreutem Quellenmaterial aufzuarbeiten. Quellensammlungen oder -editionen liegen bislang nicht vor[47]. Auf der anderen Seite existiert, teils im Landeskirchlichen Archiv Stuttgart (LKAS), häufiger in Händen der damals beteiligten Menschen und Organisationen, eine unüberschaubare Fülle von sogenannter Grauer Literatur, also von Broschüren, Flugblättern, Rundbriefen, oft ohne genaue Angaben über Datum und Verfasser, deren kritische Analyse den Historiker vor erhebliche Probleme stellt. Aktenbestände der kirchenpolitischen Trägergruppen sind, in Umfang und Qualität höchst unterschiedlich, erhalten. Aufbewahrt werden sie von den Organisationen selbst oder, häufiger, vom LKAS, sofern sie in Form von Nachlässen und Sammlungen übergeben worden sind (so die Unterlagen der Bekenntnisgemeinschaft im Nachlass Theodor Dipper[48] oder der Bestand der Offenen Kirche[49]). Nicht selten jedoch sind sie noch im Besitz der damaligen Akteure, so dass das Auffinden und Beibringen von Quellen zu einem wesentlichen und zeitaufwändigen Teil des Projektes wurde. Durch die Hilfe vieler damals und heute engagierter Menschen wurden Zugänge zu Zeitzeugen und Quellenmaterial ermöglicht. Vielfach waren Zeitzeugen bereit, mir ihre Sammlungen zumindest in Kopie, oft sogar im Original zu überlassen – damit die Ereignisse jener Jahre erforscht und die Unterlagen gesichert werden können[50].

Typisches Merkmal der Zeitgeschichte ist es, dass etliche ihrer ‚Forschungsobjekte' noch leben. Dies hat einerseits für die Historikerin den großen Vorteil, die aus den Quellen erhobenen Ergebnisse durch das Gespräch mit Zeitzeugen überprüfen und ergänzen zu können. Andererseits ist die individuell erinnerte Geschichte eines Menschen nicht nur dem Vergessen,

---

45 Grundsätzlich ist darauf hinzuweisen, dass alle Hervorhebungen, egal, wie sie in den Quellen gestaltet sind, in der vorliegenden Arbeit durch *Kursivierung* wiedergegeben werden.
46 Einzig: NUDING, Ramtel.
47 Die Veröffentlichung ausgewählter Quellen zur Genese der Theologinnenordnung und zum „Fall Rothschuh" bilden eine erfreuliche Abweichung von diesem Befund; im Blick auf den historischen Gesamtzusammenhang aber fallen diese beiden Spezialpublikationen kaum ins Gewicht. Vgl. Dokumentation zur Frauenordination bei KAST, Weg, 57–64 bzw. EHMER, Rothschuh.
48 LKAS, D 31.
49 LKAS, K 28.
50 Die Unterlagen, auf denen diese Forschungsarbeit basiert, werden zu gegebener Zeit dem LKAS übergeben werden.

sondern auch der nachträglichen Interpretation unterworfen[51]. Dabei kollidieren nicht selten der Anspruch des Zeitzeugen (‚Ich war dabei, ich weiß, wie es war.') und der Anspruch des Historikers (‚Ich habe den objektiven Überblick.'). Dennoch wird die vorliegende Arbeit nicht auf die Befragung von Zeitzeugen verzichten. Um ein lebendiges, facettenreiches Bild der Ereignisse und Entwicklungen in den 1960er Jahren zu erhalten, ist das Studium der schriftlichen Quellen nicht ausreichend. Zum einen liefen viele wichtige Vorgänge auch in den 1950ern und 1960ern schon nicht mehr schriftlich ab, sondern wurden mündlich verhandelt; so zitiert beispielsweise Hager einen Zeitzeugen mit den Worten „[w]enn es Schwierigkeiten gab, dann haben wir telefoniert."[52] Zum anderen fanden nicht alle Gespräche und Diskussionen einen Niederschlag in Aktenform – so gibt es beispielsweise von der Esslinger Vikarskonferenz 1969 ebenso wenig ein Protokoll[53] wie von den Sitzungen der Gesprächskreise in der 7. LS. Außerdem lässt sich oft kein präziser Zeit*punkt* benennen, an dem ein bestimmtes Ereignis (beispielsweise der Zusammenschluss einer Gruppe) stattfand – vielmehr handelte es sich um Prozesse, die über Wochen und Monate hinweg andauerten und aus vielen kleinen, informellen Gesprächen und Zusammenkünften bestanden – die ‚Gründungsversammlungen' (wie die der Kritischen Kirche im November 1968 im Ramtel) waren das Ergebnis dieses Gründungsprozesses, nicht aber das eigentliche Ereignis. Eine zeitgeschichtliche Arbeit kann daher auf die Befragung von Zeitzeugen nicht verzichten. Auf den angemessenen Umgang mit dieser Quellengattung wird noch einzugehen sein[54].

1.4.1 Publikationen

Erste und wichtigste Quelle für die zeitgeschichtliche Erforschung der Württembergischen Landeskirche sind die Protokolle der Landessynode bzw. des Landeskirchentags. Für Forscher ist dieses kontinuierlich und verlässlich geführte Wortprotokoll von höchstem Wert. Die Protokolle liegen bis 2002 in gedruckter Form vor, sie wurden den Synodalen zu Verfügung gestellt und an alle Pfarrämter verschickt. Seit 2002 sind die Synodalprotokolle online verfügbar[55].

---

51 Vgl. zu dieser immer wieder beschriebenen Erfahrung von Zeithistorikern die Aufsätze bei NIETHAMMER, Lebenserfahrung.
52 HAGER, Jahrzehnt, 26.
53 Das gesamte Archiv der „Vereinigung unständiger Pfarrerinnen und Pfarrer, Vikarinnen und Vikare in Württemberg e.V." umfasst heute zwei Kartons, die i.d.R. ungeöffnet an den jeweiligen Nachfolger im Vorstand weitergegeben werden. Auskunft von Jochen Schlenker, 20. 3. 2007.
54 Vgl. unten 23.
55 Vgl. <http://www.elk-wue.de/landeskirche/landessynode/archiv/dokumente/protokolle/> (15. 9. 2014)

Darüber hinaus haben die zu untersuchenden Gruppen eigene Publikationsorgane[56]; so verschickt die Ludwig-Hofacker-Vereinigung seit Januar 1967 unter dem Titel „Lebendige Gemeinde" einen „Freundesbrief" an Mitglieder und Interessierte. Er erschien zunächst in loser Folge, mit ein bis drei Heften pro Jahr, seit 1980 vierteljährlich[57]. Die kostenlos versandten Hefte umfassten in den Anfangsjahren vor allem Stellungnahmen von „uns nahestehende[n] Synodale[n] und Mitglieder[n] unserer Vereinigung"[58], Auszüge aus Vorträgen beispielsweise von Walter Künneth[59], aber auch Berichte und Kommentare zum Zeitgeschehen. Herausgegeben wurde die „Lebendige Gemeinde" von der „Evangelisch-kirchlichen Arbeitsgemeinschaft für biblisches Christentum (Ludwig-Hofacker-Vereinigung)" durch Pfarrer Fritz Grünzweig[60]. Ebenfalls dem konservativen Flügel zuzurechnen ist der, allerdings gesamtdeutsch angelegte, „Informationsbrief der Bekenntnisbewegung ‚Kein anderes Evangelium'", der seit 1966 erscheint.

Die Kritische Kirche (KK) machte vor allem durch ihre Flugblätter „kritische kirche kommentiert" auf sich aufmerksam. Seit November 1968 begleitete sie auf diese Weise die Landessynode, wobei ein Redaktionsteam in den Räumen der Evangelischen Gesellschaft Stuttgart – gegenüber dem Hospitalhof, Tagungsort der Synode – Stellung bezog und KK-Mitglieder laufend zwischen Sitzungssaal und Redaktion pendelten. In Sitzungspausen wurden die Synodalen sofort mit den hektographierten Kommentaren der KK zur eben beendeten Debatte konfrontiert[61]. Diese Flugblätter sind nirgends vollständig gesammelt. Einzelne Exemplare finden sich in den Unterlagen von Synodalen und von KK-Mitgliedern. Soweit diese im landeskirchlichen Archiv vorhanden oder durch Zeitzeugen der Verfasserin zur Verfügung gestellt worden sind, wurden sie berücksichtigt. Um den Informationsfluss an Mitglieder und Unterstützer zu gewährleisten, trat die KK im Sommer 1969 an die Redaktion der Zeitschrift ‚akid'[62] der Aktion Kirchenreform heran und vereinbarte mit dieser, dass die KK zukünftig ein bis zwei Seiten mit Berichten aus

---

56 Da sich die Vielzahl der kleinen und kleinsten Zeitschriften, die für den Untersuchungszeitraum zu beachten sind, nur schwerlich in das Zitationsschema wissenschaftlicher Zeitschriften mit Jahrgängen, einheitlicher Heftzählung und Paginierung einordnen lassen, sowie häufig aus einer großen Anzahl kurzer Einzelbeiträge zusammengesetzt sind, deren einzelnen Nennung das Literaturverzeichnis unmäßig aufblähen würde, ist zwar strikt auf Einheitlichkeit und Nachvollziehbarkeit geachtet, die generell übliche Zitationsweise jedoch frei gehandhabt worden.
57 Mittlerweile sind aktuelle Hefte auch online verfügbar unter <www.lebendige-gemeinde.de/zeitschrift/zeitschriften-archiv> (5. 8. 2014).
58 LG-Info 1967, Heft 2, 1.
59 LG-Info 1968, Heft 3, 1.
60 Vgl. Bestellabschnitt von LG-Info 1967, Heft 1.
61 Vgl. kritische kirche kommentiert Nr. 2, 10. 11. 1968, 15.15 Uhr, Sammlung Oehlmann/Söhner.
62 Akid. Zeitschrift für Theorie und Praxis in Gesellschaft und Kirche; Informationsdienst in Verbindung mit kritischem Katholizismus, Köln 1969–1974.

Württemberg liefern würde[63]. ‚Akid' ging nach 1974 in der ‚Jungen Kirche' auf. Seit 1972 gibt die ‚Offene Kirche' ihre Zeitschrift ‚Informationen' heraus[64]. Die ‚Evangelische Bekenntnisgemeinschaft in Württemberg', 1934 von Theodor Dipper gegründet, kommunizierte rund 25 Jahre lang über hektographierte Rundbriefe[65], ehe sie 1959 zur Veröffentlichung eines gedruckten Informationsblattes „Evangelium und Kirche: Informationen" überging; teilweise auch als „Rundbrief der Arbeitsgruppe Evangelium und Kirche" betitelt, existiert diese Zeitschrift ununterbrochen bis heute. Alle genannten Zeitschriften sind in der Bibliothek des Oberkirchenrats in Stuttgart zugänglich, wenn auch nicht immer ganz vollständig.

Im Blick auf Presse und kirchliche Publizistik ist vor allem auf das „Evangelische Gemeindeblatt für Württemberg" (EGW) zu verweisen, dessen Archiv die Bestände seit seiner Gründung 1905[66] komplett umfasst. Hier wurde und wird in Berichten und Kommentaren das Geschehen in der Landeskirche aufgenommen und für einen weiten Leserkreis zugänglich gemacht. So lässt sich vor allem in den Leserbriefspalten immer wieder verfolgen, was Gemeindeglieder beschäftigt beziehungsweise erregt hat. Gleiches gilt für das „Stuttgarter Evangelische Sonntagsblatt", das 1974 im Gemeindeblatt aufging. Während das Gemeindeblatt eher den liberalen Strömungen in der Württembergischen Landeskirche zugeneigt war, wusste sich das Sonntagsblatt in besonderem Maße dem Pietismus verpflichtet. Heute ist das Gemeindeblatt keiner theologischen oder kirchenpolitischen Richtung dezidiert zuzuordnen. Je nach Einstellung der jeweiligen Chefredakteure steht es für eine gemäßigte Position, die sich vor allem der eigenen Leserschaft verpflichtet weiß[67]. Auf die württembergische Pfarrerschaft begrenzt ist der Leserkreis des von der Landeskirche selbst herausgegebenen Heftes „Für Arbeit und Besinnung" (FAB), in dem seit 1947 kontinuierlich Predigtmeditationen für die kommenden Sonntage, amtliche Bekanntmachungen und Ausschreibungen vakanter Pfarrstellen veröffentlicht werden. Ähnlich wie im EGW, aber eben zumeist auf die Pfarrerschaft beschränkt, wurden und werden hier zudem in Beiträgen und Leserbriefen die jeweils brennenden Themen diskutiert.

In den Sammlungen der Zeitzeugen finden sich immer wieder Ausrisse aus der Stuttgarter Zeitung und den Stuttgarter Nachrichten, sowie aus den dem jeweiligen Sammler zur Verfügung stehenden Lokalzeitungen. Diese systematisch auf ihre Berichterstattung über kirchenpolitisch relevante Ereignisse in Württemberg durchzusehen, wäre allerdings ein eigenständiges Promoti-

---

63 Vgl. Protokoll der KK Vollversammlung vom 20. 9. 1969, Sammlung Oehlmann/Söhner.
64 Diese wiederum heißt seit 1999 ebenfalls schlicht „Offene Kirche", seit 2007 „Anstöße".
65 Vollständig erhalten im NL Dipper; LKAS, D 31.
66 Zunächst als „Evangelisches Gemeindeblatt für Stuttgart".
67 Ausführliche Informationen bei LÄCHELE, Welt.

onsprojekt gewesen. Gleiches gilt für die zwar knappen aber überaus zahlreichen Meldungen des Evangelischen Pressedienstes (epd)[68].

1.4.2 Archivbestände

Im Landeskirchlichen Archiv Stuttgart finden sich, von Fritz Röhm deponiert, Unterlagen der Offenen Kirche unterschiedlicher Provenienz[69]. Außerdem sind ein kleiner Teilnachlass von Oskar Klumpp sowie Rolf Scheffbuchs Unterlagen zum Kirchentag 1969 hier deponiert – allerdings gegenwärtig noch nicht verzeichnet. Der Nachlass von Theodor Dipper bietet umfangreiches und gut erschlossenes Material zur Bekenntnisgemeinschaft. Daneben sind die Aktenbestände des OKR zu den jeweiligen Themen heranzuziehen: Theologenausbildung, Kirchentag, Frauenordination usw. Zuweilen ist auch die Registratur des OKR zu befragen[70], ebenso das Archiv der Landessynode, dessen Bestand mittlerweile ans LKAS abgegeben worden ist.

Wichtig sind ferner diverse Privatarchive: Die Ludwig-Hofacker-Vereinigung in Korntal verfügt über einen beachtlichen Bestand seit ca. 1948. Daneben ist das Archiv der Evangelischen Sammlung heranzuziehen, das sich zum Zeitpunkt der Einsichtnahme bei der amtierenden Geschäftsführerin Renate Klingler im Dekanatamt Bad Urach befand[71]. Die Unterlagen der Arbeitsgemeinschaft Evangelium und Kirche befinden sich bislang in der Obhut ihres Geschäftsführers Andreas Roß in Hildrizhausen, werden aber in Kürze ebenfalls dem LKAS übergeben werden[72]. Das Archiv der Evangelischen Sozietät – vormals Kirchlichen Bruderschaft in Württemberg, ging bei der Selbstauflösung der Gruppe Ende 2013 ans LKAS.

1.4.3 Zeitzeugeninterviews – Oral History

Der Begriff Oral History weckt sehr unterschiedliche Erwartungen und Assoziationen, ruft ebenso viel Interesse wie Ablehnung hervor. Das liegt zunächst einmal in der ihm eigenen Ungenauigkeit: Oral History ist keineswegs schlicht ‚mündliche Geschichte' (was auch immer dies wäre). Louis M. Starr, einer der Gründerväter der Oral History hielt fest:

---

68 Die Evangelikale Nachrichtenagentur idea wurde erst 1970 gegründet und ist daher für den Untersuchungszeitraum kaum relevant.
69 Vgl. Einleitung des Findbuchs zu LKAS, K 28.
70 Beispielsweise im Lehrzuchtfall Richard Baumann, dessen Personalakte von der Registratur nicht, wie üblich, nach seinem Tod an das LKAS abgegeben worden ist. Auskunft Hermann Ehmer, Juli 2007.
71 Beide Sammlungen wurden im Frühjahr 2014 dem LKAS übergeben.
72 Auskunft Andreas Roß 16. 9. 2014.

„Das Endprodukt der Oral History ist weder mündlicher Natur, noch ist es Geschichte. Es ist vielmehr das maschinengeschriebene, normalerweise redigierte, mit einem Register versehene und gebundene Transkript dessen, was ein Mensch im Laufe eines Interviews oder einer Reihe von Interviews einem anderen mit der Absicht erzählt hat, etwas von bleibendem Wert auf Band zu bringen."[73]

Dies zu betonen erscheint deshalb notwendig, weil ein Großteil der Resentiments, mit denen insbesondere die *Kirchen*-Historik der Oral History begegnet, meines Erachtens dem Missverständnis entspringt, Oral History beanspruche für sich, ‚reine Geschichte' unmittelbar zu liefern. Dieser Eindruck kommt allerdings nicht von ungefähr. Oral History hat in den letzten zwei Jahrzehnten den Bereich der akademischen Historiographie verlassen und sich als journalistische Stilform durchgesetzt. Ihr Hauptvertreter im deutschen Raum, Guido Knopp, schuf unter Verwendung von Zeitzeugeninterviews derart erfolgreiche Dokumentationen, dass seine Regiehandschrift stilbildend wirkte: Zeithistorische Fernseh-Dokumentationen kommen mittlerweile nicht mehr ohne grell angeleuchtete Zeitzeugen vor schwarzem Hintergrund aus[74]. Dabei ist festzuhalten, dass Knopp kaum dem Anspruch der Oral History gerecht wird, die Erzählung des Interviewten ernst zu nehmen und in ihrer Gesamtheit zu verfolgen, sie wie jede andere historische Quelle der Kritik zu unterwerfen und anschließend zu interpretieren. Vielmehr verwendet er in aller Regel nur kurze, aus ihrem Zusammenhang gerissenen ‚Zitate' – zuweilen verbunden mit emotionalen Ausbrüchen der Befragten – um ‚seine' Geschichte zu untermalen. Ein solches Vorgehen mag einer Fernsehsendung, die auch unterhalten soll, angemessen sein, den Ansprüchen der wissenschaftlichen Historiographie bzw. der Oral History entspricht es nicht.

Oral History als Methode der Geschichtswissenschaft ist in den 1960er Jahren entstanden, hat aber schon Vorläufer in den 1930er Jahren[75]. Sie stammt aus den USA, wo sie vor allem im Rahmen der Geschichtsschreibung über die Bürgerrechts- und die Frauenbewegung Verbreitung fand. Zentrales Anliegen der Oral History ist es, Quellenmaterial von Menschen oder gesellschaftlichen Gruppen zu sammeln, die nicht an der Produktion der klassischen Quellen beteiligt sind, oder in diesen nur unzureichend (beispielsweise aus dem Blick ihrer Gegner) Beachtung finden. Oral History steht somit der Alltags- und Kulturgeschichte nahe, indem sie nach dem alltäglichen Leben und seinen Verrichtungen, nicht nur nach epochemachenden Ereignissen oder geschichtsträchtigen Entscheidungen fragt. In Deutschland fand und findet daher Oral History vor allem im Bereich der Nationalsozialismus-Forschung Anwendung. Wesentlich war dabei die Erkenntnis, dass Entstehung

---

73 STARR, Oral History, 27.
74 So zu beobachten beispielsweise an: HARTUNG / BAUMEISTER, Folter. Diese Sendung übernahm exakt die dramaturgischen Stilmittel der Guido Knopp-Dokumentationen.
75 Vgl. STARR, Oral History, 28–35.

und Verlauf der NS-Diktatur nicht allein aus den Plänen und Handlungen der führenden Männer verstanden werden kann, sondern dass die Neigungen, Überzeugungen und Taten der „Ordinary Men"[76] entscheidenden Anteil am System hatten.

Auch in der Kirchengeschichte findet die Oral History zunehmend häufiger Anwendung, nicht zuletzt, um kriegsbedingte Lücken in der archivischen Überlieferung zu schließen[77]. Außerdem spielt das zunehmende Interesse eine Rolle, das sowohl die Forschung als auch die Öffentlichkeit jenen Gruppen entgegenbringt, die in der klassischen Geschichtsschreibung fehlen, beispielsweise Frauen[78] oder „Verlierern"[79]. Oral History dient dabei zumeist dem Zweck, die schriftlichen Quellen zu ergänzen beziehungsweise das Bild, das sich Forscher aus den klassischen Quellen erschlossen haben, zu korrigieren und um jene Facetten zu bereichern, die in Akten und Korrespondenzen keinen Niederschlag fanden. Speziell im Kontext der Aufarbeitung der SED-Diktatur sind Zeitzeugeninterviews auch deshalb unerlässlich, weil aus Angst vor Zensur und Repression vieles niemals schriftlich festgehalten worden ist[80].

Starr benannte mit seiner Definition implizit schon eine ganze Reihe möglicher Mißverständnisse: Oral History ist nicht Geschichte, sie ist eine Methode der Geschichtswissenschaft, die, wie alle anderen Methoden des Faches, nicht allein, sondern nur im Zusammenspiel mit den anderen Methoden angewendet werden kann, nur im Verbund mit den anderen und durch sie kontrolliert Ergebnisse erbringen kann, die den Ansprüchen wissenschaftlicher Historiographie gerecht werden können.

---

76 So der Originaltitel von Christopher Brownings Studie zum Anteil ‚ganz normaler Männer' an der Shoa; vgl. BROWNING, Männer. Dabei darf natürlich nicht vergessen werden, dass „ganz normale Frauen" ebenfalls in erheblichem Maße an der Ausgrenzung, Verfolgung und Ermordung der europäischen Juden beteiligt waren.
77 Dies ist eine der Motivationen für das große Oral History Projekt der EKHN. Vgl. NEFF, Oral History, 16 f.
78 Vgl. beispielsweise TÜBINGER PROJEKTGRUPPE FRAUEN IM KIRCHENKAMPF, Dunstkreis oder FRAUENFORSCHUNGSPROJEKT ZUR GESCHICHTE DER THEOLOGINNEN / BIELER, Schwestern.
79 Diese Bezeichnung in Anlehnung an: RUPPERT / LACHMANN / GUTSCHERA / THIERFELDER, Einführung, 32 f. Gutschera und seine Kollegen fordern – unter Aufnahme eines Zitats von Martin Widmann – für den Religionsunterricht eine stärkere Berücksichtigung der „Verlierer", um dadurch zu „eine[r] Kirchengeschichte, die gerade unbewältigte und damit kritische reformerische Möglichkeiten für die bestehende Kirche bereitstellt'" zu kommen. Ein Beispiel für eine ‚Verlierergeschichte' bietet LÄCHELE, Volk. Ob man allerdings just bei den Deutschen Christen die von Gutschera u. a. postulierten „reformerische[n] Möglichkeiten" (RUPPERT / LACHMANN / GUTSCHERA / THIERFELDER, Einführung, 32) suchen sollte, ist mir eher fraglich – dennoch ist dieses Kapitel ‚Verlierergeschichte' für das Verständnis der weiteren Entwicklung der Evangelischen Landeskirche in Württemberg überaus wichtig – ebenso wie beispielsweise die Biographie von Richard Baumann, der durch seine Anerkennung und sein öffentliches Eintreten für das Papstprimat die Bildung und Verabschiedung der Lehrzuchtordnung 1951 anstieß. Die Aufarbeitung des ‚Fall Baumann' steht noch aus.
80 Vgl. RITTBERGER-KLAS, Kirchenpartnerschaften, 23 f.

Die Potentiale und vor allem die Gefahren der Oral History sind in jeder nur wünschenswerten Ausführlichkeit seit den 1960er Jahren erörtert worden[81]. Ebenso ihr Verhältnis zur Methodologie der Sozialforschung[82] – wobei bei näherer Betrachtung rasch deutlich wird, dass für eine historische Arbeit nur in den seltensten Fällen ein schematisches Masseninterview anhand von Fragebögen Nutzen verspricht, sondern eigentlich immer nur das von den Soziologen so genannte „Intensivinterview (Tiefeninterview)", das sich anhand eines relativ offenen Fragen-Leitfadens[83] der Erzählung eines für kompetent erachteten[84] Menschen nähert. Der Rückgriff auf das Methodenarsenal der Soziologen bietet dem Historiker allerdings nicht wesentlich mehr als eine wissenschaftlich verfeinerte Begrifflichkeit für mehr oder minder alltägliche Dinge: Der historisch Forschende wird sich per se mit seinem Interviewwunsch an Personen wenden, von denen er sich ein besonderes Wissen über die ihn interessierenden Vorgänge sowie eine besondere Kompetenz in der Darstellung dieser Ereignisse erhofft. Um den Gesprächspartner zum Erzählen zu animieren, wird er ihm Fragen stellen – allerdings bewusst in einer Weise, die die Erzählung vorantreibt. Der Interviewer wird also weder durch penetrant kritische Rückfragen den Zeitzeugen irritieren oder gar von seinem ‚roten Faden' abbringen, noch versuchen, im Gespräch seinen Fragenkatalog akribisch abzuarbeiten – und damit die Möglichkeit ausschließen, vom Interviewten unter Umständen gänzlich neue Informationen zu erhalten.

Ein Interview-Leitfaden in Form eines Fragenkatalogs ist dennoch unabdingbar: Zum einen ermöglichen gleiche Fragen an verschiedene Zeitzeugen eine gewisse Vergleichbarkeit der Antworten. Zum anderen schützt ein solcher Leitfaden den Forscher davor, gänzlich zum willigen Zuhörer zu werden. Wiewohl dieser Leitfaden Exkurse und Abschweifungen des Zeitzeugen zulässt (gerade diese erweisen sich im Nachhinein oftmals als überaus ertragreich), verhindert er doch das völlige Abkommen vom Thema – er sichert einen Kanon von Themen, die nach Möglichkeit angesprochen werden sollen. Daher ist der Erstellung eines solchen Leitfadens einige Aufmerksamkeit zu schenken.

Die Interviews sollen vor allem über Sachverhalte Informationen erbringen, die sich anhand der Aktenlage nicht klären lassen. Im Fall des hier dargestellten Forschungsprojekts also beispielsweise über die Bedeutung persönlicher Kontakte und Freundschaften für die Bildung der verschiedenen

---

81 Alle wesentlichen Einwände gegen die Oral History, wie ich sie in neueren Werken gefunden habe, finden sich schon in Lutz Niethammers Sammelband von 1980 – ebenso die Möglichkeiten, die sich durch den Gebrauch von Oral History eröffnen. NIETHAMMER, Lebenserfahrung. Eine wissenschaftliche Auseinandersetzung über Nähe und Distanz zum journalistischen Interview – wiewohl offensichtlich – gibt es meines Wissens nicht.
82 Vgl. NIETHAMMER, Zeiten.
83 Zu den soziologischen Überlegungen im Blick auf einen Leitfaden vgl. KAUFMANN, Interview, 65–69.
84 Für die Soziologen also ein ‚Experte', vgl. MEUSER / NAGEL, ExpertInneninterviews.

Gruppen: Kannten sich die Protagonisten aus der Zeit in den Seminaren oder im Tübinger Stift? Waren sie in der gleichen Studentenverbindung oder waren sie – unter württembergischen Pfarrern nicht selten – miteinander verwandt oder verschwägert[85]? Welche subjektiven Überzeugungen führten dazu, dass eine Person begann, sich (kirchenpolitisch) zu engagieren oder sich mit Freunden zu organisieren? Welche Themen brannten den Beteiligen besonders auf den Nägeln?

Durch die Befragung von Zeitzeugen können Hinweise auf die Genese der kirchenpolitischen Netzwerke gewonnen werden, die allein aufgrund der Situation in der Landessynode oder auf Basis der schriftlichen Überlieferung nicht sichtbar würden, zumal sich der Gruppenbildungsprozess in allen drei Flügeln des württembergischen Protestantismus zunächst außerhalb der Synode, in eher privatem Rahmen vollzog. Erst allmählich entwickelte sich die „außersynodale Opposition"[86] – sei es diejenige Julius Becks, sei es diejenige Eugen Fuchslochers – in der Landeskirche und in der Synode zu etablierten Organisationen.

---

85 Ein besonders schönes Beispiel solch einer politisch relevanten, jedoch in keiner schriftlichen Quelle aufzufindenden Verwandtschaft nannte mir Rolf Scheffbuch: Landesbischof Erich Eichele war der Patenonkel von Scheffbuchs Frau Sigrid; deshalb habe auch er ihn als „Onkel Eichele" angesprochen. Interview Scheffbuch.
86 So Eugen Fuchslocher über die Anfänge der OK. Brief Fuchslocher an Berewinkel und Bieneck, 5. 3. 1978; NL Fuchslocher, Kopie in Händen der Verf.

2. Ausgangslage und Vorgeschichte der Ludwig-Hofacker-Vereinigung

Am 8. Mai 1945 schien vielen Zeitgenossen nicht nur der Krieg und das vermeintlich 1000jährige Reich, sondern auch der Kampf in der und um die Kirche zu Ende. Die Auseinandersetzung mit den Deutschen Christen (DC), die eine Kirche im nationalsozialistischen Gewand hatten durchsetzen wollen, war vorbei. Von den DC-Abgeordneten, die bei den staatlich manipulierten Kirchenwahlen 1933 in die Synoden eingezogen waren, waren viele gefallen, die meisten anderen hatten ihre Mandate niedergelegt[1].

Jedoch: Die beiden Konfliktfelder, die die evangelische Kirche in den nächsten drei Jahrzehnten – teilweise länger – maßgeblich beschäftigen und prägen sollten, waren schon angelegt. Da war zum einen die Erfahrung des Versagens der Kirche angesichts der deutschchristlichen Häresie und des Totalitätsanspruchs des nationalsozialistischen Regimes, die die Zeitgenossen geprägt, um nicht zu sagen traumatisiert hatte. Für viele der späteren Führungsfiguren (wie beispielsweise Kurt Hennig oder Theodor Dipper) war das ‚Nie wieder!' gegen Verfremdung von Schrift und Bekenntnis, aber auch gegen kirchliches Abwarten, Abwiegeln und Taktieren fortan zentraler Bestandteil ihrer kirchlich-theologischen Existenz.

Zum anderen war da der neue theologische Ansatz der Entmythologisierung der neutestamentlichen Texte. Bereits 1941 hatte Rudolf Bultmann bei den Alpirsbacher Wochen einen Vortrag mit dem Titel „Neues Testament und Mythologie. Das Problem der Entmythologisierung der neutestamentlichen Verkündigung"[2] gehalten. Darin problematisierte er das „mythologische Weltbild" des Neuen Testaments und die daraus resultierende mythologisch überformte Verkündigungsweise. Einen Menschen des 20. Jahrhunderts, der nicht mehr in einer vom mythischen Verständnis durchdrungenen Welt lebe, könnten diese Texte, wörtlich genommen, nicht zum richtigen Verständnis der Botschaft Jesu führen. Um den existentialen Anspruch des Evangeliums an den Menschen von heute zu vermitteln, sei es unumgänglich, die mythologischen Elemente der neutestamentlichen Botschaft zu entmythologisieren, sie also ihrer Bilder zu entkleiden und in eine dem modernen, naturwissenschaftlich geprägten Menschen verständliche Sprache zu fassen. Dieser theologische Ansatz war für weite Teile des konservativ-pietistisch geprägten Protestantismus völlig unannehmbar. Sie sahen darin die Autorität und Ver-

---

1 Vgl. Hermle, Kirchenleitung, 213–215.
2 Bultmann, Neues Testament.

bindlichkeit der Schrift in Frage gestellt, sahen das Evangelium dem Kriterium der menschlichen Vernunft unterworfen. Der „Streit um die Bibel", um die Autorität der Heiligen Schrift und um die rechte Weise ihrer Auslegung, bildete für Jahrzehnte den Grundkonflikt zwischen den eher konservativ und den eher modern gesinnten Flügeln des Protestantismus. Das Kirchenkampf-Trauma lieferte die Folie, auf der die Auseinandersetzungen ausgetragen wurden, bestimmte den Stil und nicht zuletzt das Sendungsbewusstsein der Akteure.

Die Situation der Württembergischen Landeskirche im Mai 1945 war alles andere als „intakt". Zwar hatte Theophil Wurm[3], 1929 zum Landeskirchenpräsidenten gewählt, seit 1933 unter dem Titel „Landesbischof" firmierend, durch seinen moderierenden Kurs gegenüber dem NS-Regime eine Zerschlagung der Landeskirche bzw. Machtübernahme durch die Deutschen Christen verhindern können. Der Preis dafür war unter anderem, dass den DC bei der Kirchenwahl von 1933 durch Vorabsprachen die Mehrheit der Sitze zugestanden worden war[4]. Gravierender waren aber wohl die Folgen für die inhaltliche Arbeit der Landeskirche: Wurms ganzes Streben zielte auf Interessenausgleich und ‚Appeasement'; um die institutionelle Intaktheit und Eigenständigkeit seiner Kirche nicht zu gefährden, kam er dem nationalsozialistischen Staat des Öfteren weit entgegen, beispielsweise 1938 in der Eidesfrage. Für Proteste bevorzugte er in der Regel den persönlichen diplomatischen Kontakt. Klar und vor allem öffentlich den Gewalttaten der NS-Regierung zu widersprechen, wie es beispielsweise Clemens August Graf von Galen, katholischer Bischof von Münster, in seinen drei Predigten gegen die Euthanasie tat, vermied Wurm und wandte sich lieber direkt an die zuständigen Stellen[5]. Für die Württembergische Landeskirche hatte dies zur Folge, dass eine klare Scheidung von Kirche und (deutschchristlicher) Un-Kirche ausblieb, so dass sich (zumindest im Nachhinein) eigentlich alle als „Bekenner" betrachteten. Dennoch taten sich innerhalb dieser „intakten" Landeskirche Gräben auf zwischen jenen, die dem moderaten Kurs des Landesbischofs folgten und jenen, denen die Burgfriedens-Politik und das sehr begrenzte Widerstehen Wurms als völlig unzureichend erschien und die auch in Württemberg das Dahlemer Notrecht und eine bruderrätliche Leitung der Kirche realisieren wollten. Diese Spaltung, die naturgemäß vor allem die Pfarrerschaft betraf und sich in den Gruppen der Württembergischen Bekenntnisbewegung unter Theodor Dipper beziehungsweise der Kirchlich-theologischen Sozietät unter Paul Schempp und Hermann Diem institutionalisierte, hatte eine enorme Nachwirkung. Aber davon später.

Im Frühjahr 1945 ergab sich folgendes Bild für die Württembergische Landeskirche: Der Oberkirchenrat mit dem 76jährigen Landesbischof Wurm

---
3 Für die Lebens- und Laufbahndaten der Akteure vgl. Personenregister/Biogramme.
4 Vgl. HERMLE, Kirchenleitung, 176.
5 Vgl. zu dieser Thematik HERMLE, Spielräume.

war vor den Bombenangriffen aus Stuttgart ins Diakonissenmutterhaus von Großheppach geflohen. Von den ca. 1200 Pfarrern, die bei Kriegsbeginn in Diensten der Landeskirche gestanden hatten, waren 162 Pfarrer sowie 99 Theologiestudenten gefallen, weit mehr waren vermisst bzw. vorerst noch in Kriegsgefangenschaft[6]. 71 Kirchen und 121 Pfarrhäuser waren zerstört oder schwer beschädigt[7]. In Stuttgart war keine einzige Kirche mehr nutzbar, so dass Wurm seinen ersten Gottesdienst nach der Rückkehr aus Großheppach im Großen Haus der Staatsoper abhalten musste. Mit diesem Gottesdienst zum Himmelfahrtsfest am 10. Mai 1945, an dem nicht nur (wieder) viele Christen, sondern auch „Vertreter der Besatzungsmacht und der werdenden deutschen Öffentlichkeit"[8] teilnahmen, legte Wurm den Grundstein für seine bedeutende Position als Repräsentant des deutschen Protestantismus, wenn nicht gar des deutschen Volkes, in den ersten Nachkriegsjahren. Durch seine führende Rolle bei der Gründung des Rates der Evangelischen Kirche in Deutschland (EKD) im August 1945 in Treysa sowie beim Zustandekommen der Stuttgarter Schulderklärung im Oktober konnte er seine Stellung und sein Ansehen im In- und Ausland noch ausbauen[9].

Gut ein Jahr nach dem Ende des Krieges und der NS-Diktatur trat der 3. Landeskirchentag (LKT), die gewählte Vertretung des württembergischen Kirchenvolkes, wieder zusammen. Vorausgegangen war eine kontroverse Debatte, ob und inwieweit dieses Gremium, das durch die von den Nationalsozialisten oktroyierte irreguläre Kirchenwahl vom 23. Juli 1933 zustande gekommen war, in der Lage sei, den Neubeginn des kirchlichen Lebens in Württemberg mitzugestalten, und sei es auch nur in Form der Ausarbeitung eines neuen Wahlrechts[10]. Einzelne Dekane sahen im unrechtmäßigen Zustandekommen des 3. Landeskirchentags, einer aufgrund des Ermächtigungsgesetzes vom Staat befohlenen Kirchenwahl, eine unüberbrückbare Diskreditierung. Der Landesbruderrat hingegen forderte eine Neuwahl der Synode, ehe dann die anstehenden tiefgreifenden Verfassungsänderungen angegangen werden sollten. Der Oberkirchenrat jedoch entschied sich für die erneute Einberufung des 3. Landeskirchentags, der sich am 27. Juni 1946 versammelte und die durch den Krieg und die Rücktritte der deutschchristlichen Abgeordneten gelichteten Reihen zunächst durch Zuwahlen ergänzte. Bei seiner nächsten Sitzung am 26. November 1946 wurde die notwendige neue Wahlordnung verabschiedet, die im Wesentlichen die Bestimmungen der Weimarer Zeit wieder zur Geltung brachte. Ein Jahr später, am 16. November 1947 fand die Wahl zum 4. Landeskirchentag statt.

Während im gesamtdeutschen Protestantismus um Gestalt und Grund-

---

6 Vgl. EHMER, Gott, 206. Hermelink nennt 172 gefallene Pfarrer HERMELINK, Geschichte, 485.
7 EHMER, Gott, 206.
8 SCHÄFER, Heil, 325.
9 Vgl. GRESCHAT, Protestantismus, 12–19.
10 Vgl. für das Folgende HERMLE, Kirchenleitung, 209–212.

ordnung der EKD gerungen und über das Darmstädter Wort des EKD-Bruderrats gestritten wurde, während in den westlichen Besatzungszonen die Währungsreform vorbereitet wurde und im Osten die SED einen Volkskongress nach dem anderen wählen ließ[11], trat in Stuttgart am 19. Januar 1948 der 4. Landeskirchentag zu seiner ersten Sitzung zusammen.

Begleitet und orchestriert wurde die Arbeit des 4. LKT von der Debatte um Rudolf Bultmanns Entmythologisierungskonzept. Zwar hatte Bultmann den grundlegenden Vortrag „Neues Testament und Mythologie" schon am 4. Juni 1941 bei der Gesamttagung der Gesellschaft für Evangelische Theologie in Alpirsbach und noch zuvor bei der Regionaltagung dieser Gesellschaft am 21. April 1941 in Frankfurt/M. gehalten[12]. Eine breitere Rezeption seiner Thesen aber begann erst mit der erneuten Veröffentlichung des Manuskripts durch Werner H. Bartsch 1948[13]. Binnen Jahresfrist fanden sich Reaktionen nicht nur im Bereich der wissenschaftlichen Zeitschriften, sondern auch in den Zeitungen und Erbauungsblättchen der evangelischen Laien; das Thema Entmythologisierung war mit Macht auf die Gemeindeebene „durchgeschlagen" oder, um mit einem prominenten Vertreter der Gegner Bultmanns zu sprechen, „das Problem [war] ‚durch die Decke ins Stockwerk der Gemeinde [ge]tropft[]'"[14].

Für Württemberg lässt sich dieser kritische Prozess von Theologie und Kirche anhand der Zeitschrift „Der Lehrerbote. Zeitschrift der Evangelischen Lehrergemeinschaft in Württemberg. Nachrichten für Freunde christlicher Erziehung" nachvollziehen. Der Lehrerbote war das Organ der Evangelischen Lehrergemeinschaft in Württemberg; Vorsitzender dieser Gemeinschaft und Schriftleiter des Lehrerboten war Julius Beck, Mittelschulrektor aus Calw, leitender Bruder der Hahn'schen Gemeinschaft und – für elf Monate – Abgeordneter des 4. LKT.

Exkurs: Die Evangelische Lehrergemeinschaft in Württemberg bis 1945[15]

Die Lehrergemeinschaft (heute Evangelische Lehrer- und Erziehergemeinschaft in Württemberg) hat ihre Wurzeln im Gesangbuchstreit des Jahres 1791[16], eine fassbare Form bekam der „Zusammenschluß gläubiger Lehrer" ab 1835 durch die Protokolle des Korntaler Schulmeisters Johann Friedrich Maier. Als bekannte

---

11 Vgl. GRESCHAT, Protestantismus, 19–26.
12 Vgl. HAMMANN, Bultmann, 307 f.
13 BARTSCH, Kerygma.
14 Paul Deitenbeck, zitiert nach SCHEFFBUCH, Entwicklung.
15 Soweit nicht anders angegeben basiert das Folgende auf der Darstellung Gerhard Simpfendörfers „Die Geschichte des Evg. Lehrervereins in Württemberg"; Lehrerbote 1951, Hefte 9–12.
16 Zur Auseinandersetzung um das als „aufklärerisch" denunzierte neue Gesangbuch von 1791 vgl. SCHÄFER, Gesangbuch, oder die ältere, überaus lebendige Darstellung bei HERMELINK, Geschichte, 287–290.

Gewährsleute aus jenen ersten Jahren wurden „Institutsvorstand [Johannes] Kullen [... und] Pfarrer [Sixt Karl] Kapff"[17] genannt. Zentren und Versammlungsorte des Vereins waren neben Korntal und Stuttgart vor allem Hülben, Lichtenstern (unter Hausvater Christian Dietrich sen.) und die Kinderrettungs- und Schulpräparanden-Anstalt auf Tempelhof bei Crailsheim. Aus diesem Lehrerseminar ging Christian Dietrich jun. hervor. Beide Dietrichs waren ab 1890 nacheinander Vorsitzende des Altpietistischen Gemeinschaftsverbands[18]: „Sie waren in der [Hahn'schen] Gemeinschaft und im Ev. Lehrerverein zwei Säulen wie Jachin und Boas am Salomonischen Tempel [vgl. 1. Kön. 7], d.h. Festigkeit und Stärke."[19] Einundzwanzigjährig gründete Christian Dietrich jun. 1865 den „Verein christlicher Lehrergehilfen", der der Abwehr der „großen sittlichen Gefahren, denen die jungen Lehrer in dieser Zeit ausgesetzt waren" dienen sollte. Die Vereinsmitglieder schlossen sich zunächst nur lose „der freien Konferenz der älteren Brüder [an] und besuchte[n] die [jährlich stattfindende] 1. Mai-Konferenz in Korntal und die Stuttgarter Konferenz am 10. Oktober." Am 4. Oktober 1870 wurde der „Verein evangelischer Lehrer" gegründet, in dem die Jüngeren vom Gehilfenverein und die Älteren von der Lehrergemeinschaft zusammengeschlossen wurden. Der „Lehrerbote" wurde als Vereinszeitung aus der Taufe gehoben und Chr. Dietrich jun. zum ersten Schriftleiter ernannt. Um 1890 hatte der Verein ca. 600 Mitglieder. Neben der evangelischen Zurüstung und Erbauung[20] der Mit-

---

17 Johannes Kullen sen. war ab 1819 Institutsvorsteher in Korntal, vgl. KNAUS, Art. Kullen; Sixt Karl Kapff war 1833–1843 Pfarrer in Korntal, Vgl. EHMER / KAMMERER, Handbuch, 210.
18 ALTPIETISTISCHER GEMEINSCHAFTSVERBAND E.V., Gott, 7. Der ältere Dietrich wird hier als „Oberlehrer J. Chr. Dietrich" geführt, er war Vorsitzender 1890–1897. Bis 1919 übernahm sein Neffe und enger Mitarbeiter „Rektor Christian Dietrich" das Amt.
19 Die durchaus bemerkenswerten Überschneidungen, die es von Beginn an zwischen Lehrergemeinschaft (später auch der AG biblisches Christentum) und der Hahn'schen Gemeinschaft gab, mag nicht zuletzt darauf zurück zu führen sein, dass die Hahn'sche Gemeinschaft sich traditionell „stark aus Lehrern und anderen Beamten (vor allem etwa Notaren) sowie aus Kaufleuten" rekrutierte. Auskunft Rolf Scheffbuch, 10. 4. 2011. Allerdings entspricht gesellschaftliches oder gar (kirchen-)politisches Engagement just nicht dem Ideal eines weltabgewandten Lebens, wie es bei den Hahnern gepflegt wurde und wird. Männer wie Julius Beck sind somit als eher untypische Vertreter der Hahn'schen Gemeinschaft zu sehen: „Beck gehörte in hohem Alter zum ‚Ausschuss' der Hahn'schen Gemeinschaft. Er war im ‚Sozialsystem' der Gemeinschaft jemand für sich. [...] Lehrmäßig war Beck ein kundiger und ein linientreuer Hahner (mit all den Lehren z. B. über den androgynen Menschen, die beiden Sündenfälle, die Wiederbringung aller Dinge usw.). Aber in seinem Wirken machte er etwas, was damals nicht der weltabgewandten Hauptlinie der Hahn'schen Gemeinschaft entsprach: Er betätigte sich auch außerhalb von Gemeinschaftskreisen und arbeitete mit Christen anderer Färbung zusammen, wollte Kirche und Politik, speziell Bildungspolitik mitgestalten." Auskunft Traugott Kögler, 8. 4. 2011.
20 Simpfendörfer beschreibt die Atmosphäre eindrücklich: „Wie geistvoll sprach Seminaroberlehrer Bochterle, die Ansprachen der beiden Dietrich atmeten praktisches Christentum, Schulmeister Maier von Bernhausen hatte immer ein ermahnendes oder strafendes Wort für die Junglehrer. Oberlehrer Liebendörfer entwickelte als Mystiker tiefsinnige Gedanken, und Herr Direktor Ziegler von Wilhelmsdorf hatte aus seinen Anstalten Ernstes und Heiteres zu erzählen. Bei einem gemeinsamen Mittagessen fehlten auch nicht gewürzte Tischreden." (Lehrerbote 1951, Heft 11).

glieder durch lokale „Kränzchen", die Vereinszeitschrift und die halbjährlichen Konferenzen, war die „Besserung des Lehrerstands" erklärtes Ziel des Vereins, wobei allerdings – in Abgrenzung zum Württembergischen Volksschullehrerverein – der „christliche Standpunkt mannhaft und charakterfest verteidigt[]" wurde. Im Jahr 1924 betrat Julius Beck, damals noch Mittelschuloberlehrer, die Bühne des Lehrervereins: Er übernahm die Schriftleitung des Lehrerboten. Im selben Jahr fand mit Kassenwartin „Frl. Selma Widmann" die erste Frau Erwähnung. Interessant ist die Beschreibung der NS-Zeit, die geradezu paradigmatisch zeigt, wie die im Pietismus verwurzelten Christen ihr Bekennen und Widerstehen verstanden beziehungsweise lebten: „Der Evangelische Lehrerverein war [dem württembergischen Kultminister[!], d. Verf] Mergenthaler schon lange ein Dorn im Auge. Er wartete darauf, daß Vorstand Karl Kühnle den Verein auflöste. Aber Kühnle verteidigte ihn mannhaft. Die letzte Versammlung des Vereins war in Korntal im Jahr 1935. Einige schwärmerische PG's [„Parteigenossen" der NSDAP, d. Verf.] verklagten uns bei Mergenthaler, wir hielten unerlaubte Versammlungen. Kühnle wurde vorgeladen; es wurde von ihm verlangt, den Verein sofort aufzulösen. Und als Kühnle dem Gewaltherrscher erklärte, das könne er gewissenhalber nicht, bekam er den Befehl zur Auflösung des Vereins. ‚Dann hat der Herr Ministerpräsident [sic] die Folgen dieses Befehls zu tragen', sagte Kühnle mutig und entfernte sich. Den Lehrern wurde damals der Besuch der Kirche und die Ausübung des Organistenamts verboten. Den aktiven Lehrern wurde auch der Besuch unserer Monatskränzchen verboten. Wir in Korntal haben aber unser Kränzchen unentwegt weiter geführt – ohne Belästigung."[21]

1946 wurde der Verein als „Evangelische Lehrergemeinschaft" durch Julius Beck wiedergegründet, ab 1947 erschien zunächst lediglich ein Rundbrief, zwei Jahre später wieder der „Lehrerbote". Simpfendörfers Bericht schließt lyrisch: „‚Die Fahne hoch und den Schild blank', hat uns unser bewährter Vorstand Chr. Dietrich als Motto hinterlassen. Dann werden wir erfahren: ‚Neues Leben blüht aus den Ruinen.'"[22] Dieses neue Leben der Lehrergemeinschaft wies eine bemerkenswerte Parallele zum ersten auf, denn wie schon um 1800, so war auch in jenen ersten Jahren nach dem Krieg wieder ein neues Gesangbuch Gegenstand der Auseinandersetzungen.

---

21 Simpfendörfer, Geschichte.
22 Simpfendörfer, Geschichte. Das erste Zitat stellt wohl die verballhornte Wiedergabe einer Zeile aus Richard Dehmels Gedicht „Deutschlands Fahnenlied" dar. Dort heißt es: „Hoch, hoch die Fahne! Des Kaisers Hand hält den Ehrenschild blank ob der Fahne." vgl. <http://www.jokers.de/1/poem.show/deutschlands-fahnenlied.html?id=3454> (24. 2. 2011) Die kaum überstandenen Jahre der Host-Wessel-Lied Gesänge haben hier wohl Simpfendörfer falsch zitieren lassen. Ob allerdings wirklich ein 1914 in der Euphorie des beginnenden 1. Weltkriegs entstandenes Gedicht, das v. a. den deutschen Kaiser, Waffen, Kampf und Heldentod besingt, von Chr. Dietrich als „Motto" bzw. Erbe des Lehrervereins gewählt worden ist, erscheint mir fraglich. Paulus' Geistliche Waffenrüstung Eph. 6, 11–20 wäre wahrscheinlicher. Das zweite Zitat stammt aus Friedrich Schiller, Wilhelm Tell IV, 2, womit sehr schön die doppelte, geistliche und bildungsbürgerliche Ausrichtung des Vereins umrissen wäre.

Die letzte Auflage des Württembergischen Gesangbuchs von 1912 war vergriffen, die Bestände an alten Exemplaren waren vielerorts durch den Krieg reduziert oder verloren. So gab es in Württemberg nicht wenige Kirchenglieder, denen ein Gesangbuch fehlte; ein ähnliches Bild zeigte sich auch in den anderen deutschen Landeskirchen. So kamen Überlegungen für ein neues, deutschlandweit einheitliches Gesangbuch in Gang. Intention war, den organisatorischen Zusammenschluss der 26 Landeskirchen in der 1945 gegründeten EKD damit ideell zu unterfüttern; das „Einheitsgesangbuch", so die Hoffnung der Kirchenleitungen, würde die „innere Einheit der Kirche mächtiger fördern [...] als alle gesetzlichen Regelungen das zu tun vermögen"[23]. Schon 1946 hatte der württembergische Landesbischof Wurm die Notwendigkeit eines einheitlichen Gesangbuches „als Ausdruck der Einheit der EKD"[24] betont; ein Jahr später fasste die Kirchenversammlung, auf einen Antrag des württembergischen Prälaten Theodor Schlatter hin, den entsprechenden Beschluss[25]: Die Landeskirchen wurden aufgefordert, „den sorgsam erarbeiteten Entwurf des ‚Gesangbuches für die Evang. Christenheit' ernst zu prüfen und, wenn irgend möglich, als ersten Teil ihres künftigen Gesangbuches zu übernehmen."[26]

Wie schon 150 Jahre zuvor, erhob sich Protest gegen das Projekt; nicht nur in den Württembergischen Gemeinschaften, sondern auch im Gnadauer Verband fürchtete man, dass durch die Aufnahme zahlreicher Lieder aus der Zeit der Reformation und Gegenreformation das Liedgut des Pietismus verdrängt werden würde:

„Gegenüber den Liedern, die die objektive Wahrheit betonen, treten die Lieder des persönlichen Glaubenslebens, der Liebe zu Jesus und der Arbeit für das Reich Gottes [im EKD-Entwurf, d. Verf.] völlig in den Hintergrund."[27] „Durch das Herausbrechen der innerlichsten Lieder (Gebetslieder, Erweckungslieder; Heiligungslieder, überhaupt Lieder, die ein persönliches Christenleben bekennen) würde das beste Liedgut unterschlagen"[28].

Wie schon 1791 wurde den „Neuerern" vorgeworfen, „aus ästhetischen und historischen, wohl auch aus dogmatischen Gründen" das Liedgut von Pietismus und Erweckungsbewegung „aus dem Gesangbuch ausmerzen"[29] zu wollen. Die Debatte um ein neues Gesangbuch, samt ausführlichen theologischen

---

23 So OKR Manfred Metzger vor dem LKT bei der Einbringung des Antrags am 31. 3. 1950; VERHANDLUNGEN DES 4. EVANGELISCHEN LANDESKIRCHENTAGS, 763.
24 SMITH-VON OSTEN, Treysa, 291, Fn 25.
25 Vgl. EBD., 291.
26 Beschluss der Kirchenversammlung der EKD vom 6. 6. 1947, zitiert nach der Denkschrift der württembergischen Gesangbuchkommission, 4. LKT-Beilagen, 150–172, 150; vgl. dort auch für eine ausführliche Darstellung der Entstehungsgeschichte des EKG.
27 Lehrerbote 1948, Heft 8/9, 7.
28 Lehrerbote 1948, Heft 11, 4.
29 EBD.

und liedkundlichen Erörterungen, seitenlangen Listen von aufzunehmenden oder auszuscheidenden Liedern sowie wiederholten Eingaben an die Kirchenleitung, ist in den ersten Jahrgängen des Lehrerboten bis zur Einführung des Gesangbuchs zu Weihnachten 1953[30] zu verfolgen[31]. Julius Beck, seit 1947 gewählter Abgeordneter des Landeskirchentags, nutzte den Lehrerboten dabei geschickt als Sprachrohr für seine Arbeit im LKT, um Gesinnungsgenossen zu finden, zu informieren und zu organisieren[32]. Diese Strategie wandte Beck auch in der sein weiteres Schaffen prägenden Auseinandersetzung um die sogenannte moderne Theologie an. Gesangbuchstreit, Bultmann-Theologie und Theologinnenfrage[33] – dies sind die Grundkonflikte, die am Beginn von Becks Engagement im Landeskirchentag standen und die als Auslöser für die Gründung der Evangelisch-Kirchlichen Arbeitsgemeinschaft für Biblisches Christentum anzusehen sind[34]. Beim Gesangbuch ging es um Bewahrung der Tradition und um die Stellung beziehungsweise den Rang des Pietismus innerhalb der Württembergischen Landeskirche. Bei der Zulassung von Frauen zum Pfarramt und der Entmythologisierung ging es unmittelbar um die Autorität der Heiligen Schrift. Und schließlich schien mit einem „tiefgehenden Mißtrauen gegen die Kirchenleitung" ein weiterer „merkwürdiger Zusammenhang zwischen der Gesangbuchfrage und der ‚Bultmannfrage' in der inneren Einstellung unserer Gemeinde zur Kirchenleitung"[35] gegeben zu sein.

---

30 Vgl. VERHANDLUNGEN DES 4. EVANGELISCHEN LANDESKIRCHENTAGS, 1388.
31 Dass diese Diskussion auch innerhalb der württembergischen Pfarrerschaft ebenso kontrovers wie emotional geführt wurde, zeigen die zahlreichen Beiträge und Leserbriefe „Zur Gesangbuchdebatte" in den Ausgaben des FAB um 1950, z. B. FAB 4 (1950), 727 f. Auch der württembergische Landesbruderrat sprach sich für das neue Gesangbuch aus und befand: „Der Pietismus kann sich nicht beklagen, sein Liedgut im württ. Anhang bringt das Beste, was er an Liedgut hervorgebracht hat, in ausreichender Weise." LBR-Protokoll vom 22. 6. 1950; LKAS, D 31, 88.
32 Beck war 1947 in den vierten Landeskirchentag gewählt worden. Seine erste im Protokoll des Landeskirchentags verzeichnete Aktion in Sachen Gesangbuch war ein „Antrag betreffend das kommende Einheitsgesangbuch" – als Eingang beim Sekretariat vermerkt und bei der Sitzung am 18. 5. 1948 verlesen. VERHANDLUNGEN DES 4. EVANGELISCHEN LANDESKIRCHENTAGS, 78. Beispielhaft für seine koordinierte Arbeit in LKT und Lehrerbote ist die „Erklärung der kirchlichen Gemeinschaften in Württemberg betr. das neue Gesangbuch" vom 29. 7. 1950, die im Lehrerboten 1950, Heft 16/17 veröffentlicht und deren Eingang bei der LKT-Sitzung vom 29. 1. 1951 bekanntgegeben und protokolliert wurde. VERHANDLUNGEN DES 4. EVANGELISCHEN LANDESKIRCHENTAGS, 779. Die ersten drei Jahrgänge des Lehrerboten sind unpaginiert.
33 Vgl. unten 251.
34 MÜLLER, Schule, 76.
35 So Bischof Martin Haug, VERHANDLUNGEN DES 4. EVANGELISCHEN LANDESKIRCHENTAGS, 787.

2.1 Der Beginn des Widerstands gegen Rudolf Bultmanns Konzept der Entmythologisierung

Rudolf Bultmann hatte mit seinen Vorträgen keineswegs etwas radikal Neues vorgetragen. Vielmehr war es das Resultat einer relativ linearen theologischen Entwicklung, die einerseits auf der Theologiegeschichte des 19. und beginnenden 20. Jahrhunderts, andererseits auf der existentialen Philosophie Martin Heideggers aufbaute: An der Entmythologisierung

> „arbeitet die Theologie nicht erst seit heute. Vielmehr hätte alles bisher gesagte auch vor 30 oder 40 Jahren schon ähnlich gesagt sein können; und es ist eigentlich ein testimonium paupertatis für unsere theologische Situation, daß es heute wieder gesagt werden muß."[36]

Sowohl die Idee der existentialen Interpretation als auch der Begriff „Entmythologisierung" waren bereits in den 1930er Jahren vorhanden[37]. Zwar regte sich schon unmittelbar nach Bekanntwerden von Bultmanns Vortrag durch die Veröffentlichung in den „Beiträgen zur Evangelischen Theologie"[38] innerhalb der Bekennenden Kirche heftiger und zum Teil unsachlich-scharfer Widerstand, insgesamt aber galt, was Harry Wassmann über den „‚Fall Bultmann' in Württemberg" konstatierte: 1941

> „waren theologische Bildung und theologischer Diskurs unter dem Druck der Verhältnisse zu einer Randerscheinung kirchlichen Lebens geworden. Die finanziellen Mittel waren eng bemessen, Papierzuteilungen für theologische Publikationen knapp und ab Februar 1942 ganz unterbunden"[39].

Die theologische Wissenschaft und noch mehr die Gemeinden waren durch den sogenannten Kirchenkampf und die Kriegsnot weitestgehend absorbiert[40], so dass die Rezeption und damit auch die Auseinandersetzung erst nach dem Krieg einsetzte. Dies führte unter anderem schon 1947 zu einem Gespräch zwischen Rudolf Bultmann und dem westfälischen Pfarrer Rudolf Bäumer[41] sowie zu unzähligen Stellungnahmen, Einschätzungen und Pam-

---

36 BULTMANN, Neues Testament, 37f.
37 „Zuerst hat m. W. H. Jonas in seiner 1928 vorgelegten Dissertation vom ‚entmythisieren' (im Teilabdruck unter dem Titel ‚Der Begriff der Gnosis', 1930, S. 5) und 1930 vom ‚entmythologisieren' (Augustin und das paulinische Freiheitsproblem, S. 68) gesprochen." (STRATMANN, Evangelium, 15, Fn. 10). Das Anliegen, die „Ideen" des Evangeliums aus ihrer „geschichtsartigen Einkleidung" zu befreien und so erst richtig verstehbar zu machen, findet sich schon bei D. F. Strauß, vgl. KUHN, Art. Strauß, 243; dort auch das kurze Zitat aus Strauß, Leben Jesu Bd. 1.
38 BULTMANN, Neues Testament.
39 WASSMANN, Fall, 141. Wassmann stellt die Reaktionen innerhalb der Bekennenden Kirche sowie den Gang der Diskussion in Württemberg unter besonderer Berücksichtigung der Kirchlich-theologischen Sozietät umfassend dar, vgl. EBD.
40 Stratmann nennt zwei Aufsätze aus den Jahren 1942 und 1943. STRATMANN, Evangelium, 16.
41 EBD., 17.

phleten mit sehr unterschiedlichem wissenschaftlichen Anspruch und Niveau. Ein typisches Beispiel bietet der im Lehrerboten vom Juni 1949 abgedruckte Artikel „Die große Wendung der Theologie". An Stelle eines Autorennachweises, der im Lehrerboten häufig fehlt beziehungsweise auf unentschlüsselbare Anfangsbuchstaben verkürzt ist, findet sich folgende Angabe: „(Nach Pfarrer B. in L. u. L. 7/1949.)"[42] Gemeint war damit die Zeitschrift „Licht + Leben" der Evangelischen Gesellschaft für Deutschland, Verfasser war der Schriftleiter Pfarrer Wilhelm Busch. Erörtert wurde die „Wendung vom Subjektivismus zu einem Verständnis des objektiven Heils" wobei Subjektivismus mit der „liberale[n] Zeit" gleichgesetzt wurde, die „das Wesen des Christenstandes vornehmlich in Gefühlserlebnissen, in Willensentscheidungen – kurz, in innermenschlichen, seelischen oder geistlichen Erlebnissen" gesehen habe. Der Liberalismus habe „die Wahrheiten der Bibel völlig verneint [], die Heilstatsachen geleugnet[] und die Grundlagen unseres Heils weggeredet[]." Dann aber kam Karl Barth, der mit „heiliger Leidenschaft" auf das *extra nos* des Heils hingewiesen habe. Allerdings sei Barth in seinem „Eifer [...] gegen alles Subjektive, gegen alles Christentum, das das Heil im Menschlichen suchte", zu einem „mächtige[n] Gegner des Pietismus" geworden. Barth habe den Pietisten vorgeworfen: „Ihr meint, euer Heil liege in eurer Bekehrung und eurer Heiligung, also in euch selbst". Busch wies diesen Vorwurf nicht pauschal zurück, schränkte aber ein, Barth habe damit „Krankheitserscheinungen im Pietismus", nicht aber „den eigentlichen und biblisch-gesunden Pietismus" getroffen. Mit seiner Kritik habe er jedoch eine „antipietistische Stimmung in der Theologie geschaffen, die uns viel Not gebracht hat." Busch fasste seine Sicht, die von Julius Beck und seinen Freunden ebenso wie von weiten Teilen des zeitgenössischen Pietismus geteilt wurde, folgendermaßen zusammen: „So sind wir Pietisten in der seltsamen Lage, daß wir, obwohl von ihm verketzert, Karl Barth danken müssen. Denn nur eine solch energische Besinnung auf das objektive Heil konnte dem theologischen Liberalismus den Todesstoß versetzen." Die Zeit einer neuen Orthodoxie sei nun gekommen, welche aber, so bedauerte Busch, „kaum ins Leben getreten, [...], schon mit Selbstmord umgeht, indem sie selbst das Bekenntnis auflöst." In den folgenden Abschnitten denunzierte Busch die zeitgenössische Theo-

---

42 Lehrerbote 1949, Heft 11 (unpaginiert). Beck hat offensichtlich den in Licht + Leben 1949, Heft 7, 53–57 ohne Autorenkennzeichnung abgedruckten Artikel „Der Selbstmord der Orthodoxie" gekürzt übernommen. Anzumerken ist, dass in der Stellungnahme der Kirchenleitung in Hessen-Nassau (der ersten kirchenamtlichen Stellungnahme zur Entmythologisierungsdebatte überhaupt) genau dieser Artikel angesprochen und kritisiert wird: Es könne „der Schriftleitung des einen oder anderen für die Gemeinde bestimmten Blattes, vor allem von „Licht + Leben" (Nr. 7/49, 12/49, 1/50) [...,] der Vorwurf nicht erspart werden, daß sie – in gewiß subjektiv ernst gemeinter Sorge, aber bei der Schwere der Probleme in objektiv nicht zu verantwortender Art – durch alarmierende Artikel über die ‚Irrlehre', das ‚moderne Bazillengift', das ‚Geschwätz' [...] weite Gemeindekreise innerlich aufgewühlt und zu der Überzeugung gebracht zu haben, daß hier die Wurzeln des christlichen Glaubensbaumes Schlag um Schlag von einer kalten und ungemein scharf geschliffenen Axt getroffen werden". Vgl. BECKMANN, Zeitgeschichte, 186 f.

logie in einer Art und Weise, die für die kommenden Auseinandersetzungen in doppelter Weise paradigmatisch war: Zum einen griff er, wie er selbst sagte, „ein paar Beispiele [theologischer Stellungnahmen ...] recht wahllos heraus []". Zum anderen führte er die (Irr-)Wege der Theologen anhand des Apostolicums vor – dieses Raster sollte eine Nachahmung finden, die viele beeindruckte und beeinflusste[43].

Busch begann seinen Durchgang beim Zweiten Glaubensartikel – „empfangen von dem Heiligen Geist, geboren von der Jungfrau Maria" – und stellte dem ein Bruchstück aus einer Broschüre von Gerhard Schade[44] gegenüber:

> „Es geht also um eine metaphysische, nicht um eine biologische Tatsache! [...] Markus, Johannes und Paulus sagen kein Wort von der Jungfrauengeburt. Die Gottessohnschaft ist es, um die es dem Neuen Testament einhellig geht; die Jungfrauengeburt ist eine Denkform dafür, die nur zwei Evangelien und auch diese nicht durchgängig anwenden. – Die ‚Jungfrauengeburt' im Glaubensbekenntnis gehört zu den Versuchen, sich an das Geheimnis Jesu heranzutasten..."

Busch urteilte: „Also. Kurz und gut: Dieser Satz des Bekenntnisses ist hiernach ein Versuch, sich an ein metaphysisches Geheimnis heranzutasten." Im Blick auf die Auferstehung wurde Buschs Ton schärfer:

> „In Marburg ist der Professor der Theologie, Rudolf Bultmann, damit beschäftigt, das Neue Testament zu ent-mythologisieren [sic]. Diese Ent-mythologisierung trifft den Lebensnerv des christlichen Glaubens, wo sie sich mit der Auferstehung Jesu von den Toten befaßt. Bultmann lehrt: die Auferstehung ist ‚viel mehr' als die Rückkehr eines Verstorbenen in das diesseitige Leben. Sie ist keine Demonstration der Leiblichkeit des Auferstandenen. Sie nicht ein beglaubigtes Wunder. Die Auferstehung ist der Ausdruck für die Heilsbedeutung des Kreuzes."

Zum Abschnitt über die Himmelfahrt wurde Paul Althaus zitiert, der sie als „Legende" bezeichne und mit „antike[n] Entrückungs- und Himmelfahrtsvorstellungen" parallelisiere. Zur „Auferstehung des Fleisches" wurde ein Predigtbändchen von Götz Harbsmeier angeführt, der fragte:

> „Was ist das für ein Gott, der das für uns Wichtigste von allem, die Auferstehung der Toten, als metaphysisches Ereignis auf so unsichere Beine gestellt hat, dass sie an einem historischen Ereignis hängt, das die Bibel selbst als solches in keinster Weise zwingend garantiert?"

Dieses vermeintliche Gruselkabinett zusammengewürfelter Zitate aus theologischer Literatur veranlasste Busch zu dem Ausruf: „Ja, in der Tat! Wir Pietisten in der Kirche sind nun in eine seltsame Lage geraten": Um sich nicht dem Subjektivismus-Vorwurf auszusetzen, halte man sich an die objektiven

---

43 Vgl. unten 45.
44 Busch bietet keine exakten Literaturangaben. Vermutlich handelt es sich bei den genannten Büchern um Schade, Ich; Althaus, Wahrheit und Harbsmeier, Gräbern.

Wahrheiten des Glaubensbekenntnisses. Dann aber „will man uns schlichten Geistern [!] wieder klarmachen, wieso das Objektive eben doch kein felsenfestes Objektives sei." Busch schloss mit der etwas sarkastischen Feststellung:

„Ja, da müssen wir, wir Subjektivisten (!), der Theologie sagen: ‚Bitte laßt einmal das Bekenntnis gelten und stehen! Wir jedenfalls bleiben bei den ‚großen Taten Gottes': geboren von der Jungfrau Maria, gestorben, auferstanden am dritten Tage, aufgefahren gen Himmel. Und wir sind der Ansicht: Wer das nicht fassen kann, der bitte Gott um Licht. Aber er lasse es bleiben, Lehrer der christlichen Kirche zu sein!' So ist es also: Wir Pietisten möchten beim Bekenntnis der Kirche bleiben. Die kirchliche Theologie aber, die uns zum Objektiven ruft, läßt Stück um Stück des Bekenntnisses fallen."

Der Artikel schloss mit einigen erbaulichen Überlegungen zu jenen „objektiven Heilstatsachen" und der Hochschätzung, die schon die Väter des Pietismus, „sogar der als Mystiker verschriene Tersteegen" ihnen entgegengebracht hätten, sowie zum Unterschied zwischen „Wiedergeborenen und Nicht-Wiedergeborenen, zwischen Gläubigen und Ungläubigen" und endete emphatisch:

„Darum erheben wir Protest gegen den Selbstmord der Orthodoxie. Wo will die Theologie noch hin? Allem Subjektiven hat sie abgesagt. Die objektiven Wahrheiten werden aufgelöst. Da gibt es nur noch einen Ausweg –: in das Geschwätz."

In Württemberg fiel Buschs Appell, so scheint es, auf besonders fruchtbaren Boden. Möglicherweise war die Erinnerung an die gut 100 Jahre zuvor in ganz ähnlicher Weise geführte Auseinandersetzung um David Friedrich Strauß und sein „Leben Jesu" in den konservativen Kreisen der Landeskirche noch wach und wirkmächtig. Auf die Publikation von Strauß' zweibändigem Werk 1835 hatten seinerzeit die Gegner mit einer Flut von Artikeln und Flugschriften geantwortet, in denen Strauß „zum Urbild des Gottesleugners und Freigeistes"[45] schlechthin stilisiert wurde. Gerade wie in Buschs Artikel 1947, so wurde

---

45 SCHÄFER, Heil, 238. Noch 2008, zum 200. Geburtstag Strauß', konnte Zwink zusammenfassend festhalten: „Strauß als Feindbild des treuen Bibelglaubens! […] Bis zum heutigen Tag gilt in religiös-konservativen Kreisen David Friedrich Strauß als Chiffre für Unglauben und Blasphemie." ZWINK, Strauß, 9. Überraschender Weise gibt es bislang weder eine Studie, die sich dezidiert mit dem massiven Protest gegen Strauß befasst, noch eine, die die offensichtlichen Parallelen des konservativen Protests gegen Strauß und Bultmann systematisch analysiert. Ansätze finden sich bei Hans Geißer, vgl. GEISSER, Strauß, insb. 222. Am ausführlichsten hat der Politiker und Journalist Karl Moersch in seinem Essay über Strauss und „die Frommen im Lande" auf die zeitgeschichtlichen Hintergründe des Konflikts hingewiesen: einerseits die auf Bengel zurückgehende akute Endzeiterwartung, andererseits die Auseinandersetzung um das Gesangbuch von 1791, der Verfassungskampf im gerade erst errichteten „Königreich" Württemberg und die erzwungene Liturgiereform von 1809. All dies habe bei jenen „Frommen" die Angst hervorgerufen, man wolle ihnen „den alten Glauben nehmen" und die Zeit des Antichrist stehe unmittelbar bevor. Vgl. MOERSCH, Strauss, insb. 17-19. Die hier sichtbar werdenden

auch schon 1836 polemisiert: „Es gibt Tollkirschen, vor denen gewarnt werden muß. Wir leben in Zeiten das Abfalls, ein finsterer Geiste des Unglaubens geht durch die Welt, der Vater der Lüge sitzt auf Kanzeln und Lehrstühlen."[46] Damals gelang es den Verfechtern der konservativen Theologie, Strauß nicht nur aus seiner Repetentur am Tübinger Stift, sondern auch aus einer Professur an der Universität Zürich zu verdrängen[47] und ihm eine Wirksamkeit als theologischem Lehrer unmöglich zu machen. Es ist anzunehmen, dass die Erinnerung an diesen, vordergründig sehr ähnlich gelagerten Konflikt Julius Beck und seine Freunde Ende der 1940er Jahre stimulierte und auf einen abermaligen schnellen Erfolg hoffen ließ. Zudem wird die Erfahrung des gerade erst glücklich überstandenen Glaubenskampfes im NS-Staat als weitere wesentliche Antriebskraft der Männer um Beck in Rechnung zu stellen sein: abermals schienen bekenntniswidrige Lehren und Gewalten auf den Plan zu treten und in der Kirche die Macht übernehmen zu wollen; dies galt es zu verhindern.

Die Brandrede Wilhelm Buschs stand somit paradigmatisch am Beginn des Engagements von Julius Beck und seinem Freundeskreis, wie er im Lehrerboten sichtbar ist. Den Aufruf zum Protest machte sich Beck zu eigen und leistete ihm immer wieder Folge. Ebenso ist die Wahrnehmung beziehungsweise Darstellung der Positionen der Gegenseite in Form kurzer und oftmals aus zweiter Hand übernommener Bruchstücke typisch. Im Zentrum stand dabei immer das Anliegen, *die Gemeinden* bzw. *Gemeindeglieder* vor der vermeintlichen Irrlehre zu schützen. Getreu der von Rudolf Bäumer kolportierten Aufforderung an Bultmann – „Es hindert Sie niemand daran, aus der evangelischen Kirche auszutreten und eine dritte Konfession in Deutschland aufzumachen"[48] – verwahrten sich die konservativen Kreise in erster Linie dagegen, „daß die von Prof. Bultmann und seinen Schülern vorgetragene Auffassung von der Auferstehung und den Wundern unseres Herrn nicht mehr ein Diskussionsthema der Akademiker geblieben ist, sondern beginnt, in die breite Öffentlichkeit unserer Gemeinden einzudringen"[49]. Ganz in diesem Sinne argumentierte denn auch die erste Stellungnahme des Württembergischen Pietismus, die, von Beck unter der fettgedruckten Überschrift „Protest!" im Lehrerboten öffentlich gemacht, dem Oberkirchenrat in Stuttgart im Herbst 1950[50] zuging:

Parallelen in der Wahrnehmung pietistisch-konservativer Zeitgenossen um 1835 bzw. 1950 sind frappierend.
46 Zitat aus der Zeitschrift „Christenbote", zitiert nach SCHÄFER, Heil, 242.
47 Vgl. GEISSER, Strauß u. ö.
48 Zitiert nach STRATMANN, Evangelium, 17.
49 Eingabe von Hellmuth Frey an die EKD vom 8. 4. 1950, vgl. NICOLAISEN, Protokolle, 286–289, 286.
50 Etwa gleichzeitig ging auch eine Entschließung des württembergischen Jungmännerwerks beim OKR ein. Hier wurde besonders die von Bultmanns Theologie ausgehende Gefahr für die „theologische[] Jugend" und die „Jugendkreise" betont und Bischof Haug wurde gebeten, „sich des theologischen Nachwuchses seelsorgerlich anzunehmen". Entschließung des Evang. Jung-

„Die Vertreter der Württ. landeskirchlichen Gemeinschaftsverbände haben sich [am 6. November 1950 in Stuttgart[51]] versammelt, um sich über die Theologie des Professors Bultmann in Marburg und seiner Anhänger auszusprechen. Sie waren sich darin völlig einig, daß diese Theologie des Irrglaubens klar abgelehnt werden muß. Es ist ihnen eine schwere Sorge, dass von dieser Theologie nicht wenige, besonders unter den jungen Theologen, angesteckt sind, denen über kurz oder lang *unsere Gemeinden* anvertraut werden. Wir wissen wohl, dass die Kirche auf die vom Staat angestellten Professoren keinen Einfluß hat. Dennoch bitten wir sie herzlich und dringend, alles zu tun, was irgend möglich ist, damit der einbrechenden *Verwirrung* gewehrt werde."[52]

Im Blick auf die postulierte Nachwirkung der Kirchenkampferfahrung ist auch die im Lehrerboten beigegebene, dem OKR offensichtlich nicht übersandte Einleitung der Erklärung interessant: „Im Bewußtsein der Verantwortung für die Grundlagen unseres Glaubens, die *dieses Mal nicht von politischer*, sondern von kirchlich-theologischer Seite aus gefährdet werden, ist nachstehendes Wort gesprochen"[53].

Formal reagierte der OKR mit einer wiederum im Lehrerboten abgedruckten Antwort durch Direktor Rudolf Weeber: Die Kirchenleitung teile die Sorge der Gemeinschaftsverbände und habe deshalb schon mehrfach mit der Tübinger Evangelischen Fakultät darüber beraten und „deren führende Mitglieder zur Abwehr dieser Theologie auf[ge]fordert[]." Verdienst und Persönlichkeit Bultmanns wurden anerkannt, dessen Entmythologisierungsprogramm jedoch eindeutig als „abwegige Theologie" abgelehnt[54]. Inhaltlich nahm Landesbischof Martin Haug selbst ausführlich Stellung. Im Rahmen des Bischofsberichts für das Jahr 1950 in der Landeskirchentagssitzung am 29. Januar 1951 kritisierte er zunächst indirekt das Misstrauen gegenüber der Kirchenleitung „als ob wir irgendwie die Grundlagen unseres Glaubens preisgeben wollten"[55] beziehungsweise als sehe die Kirchenleitung „die hier vorliegenden Gefahren nicht oder würde sie dazu schweigen". Als Beispiele für dieses – in seiner Sicht unangebrachte – Misstrauen zitierte er die „Eingabe

---

männerwerks bei der Bezirksleitertagung in Degerloch am 19. 11. 1950, unterzeichnet „i. A. Dr. Zechnall". LKAS, AR Gen. 356 Ia, I Theologische Lehrfragen, A Entmythologisierung (Bultmann) 1950–1966.
51 Ergänzung nach Martin Haug, der diese Erklärung vor dem LKT zitierte, VERHANDLUNGEN DES 4. EVANGELISCHEN LANDESKIRCHENTAGS, 787.
52 Lehrerbote 1950, Heft 24 (unpaginiert). Unterzeichner sind die Altpietistische, Hahn'sche, Süddeutsche, Liebenzeller und Pregizer Gemeinschaft sowie der Württembergische Brüderbund und „Villa Seckendorff" [gemeint ist die Chrischona-Gemeinschaft, die in der Villa Seckendorf in Stuttgart-Bad Cannstatt beheimatet war. Vgl. <http://www.dmh-chrischona.org/fileadmin/user_upload/Alter_und_zukunft/Villa_Seckendorff/Geschichte_Villa_Seckendorff_Bad_Cannstatt.pdf> (29.3.2011)].
53 Lehrerbote 1950, Heft 24. Hervorhebung d. Verf.
54 Lehrerbote 1951, Heft 3 (unpaginiert).
55 Soweit nicht anders angegeben stammen alle folgenden Zitate dieses Abschnitts aus VERHANDLUNGEN DES 4. EVANGELISCHEN LANDESKIRCHENTAGS, 787–789.

eines Kirchengemeinderats einer großen Gemeinde" sowie die oben genannte Erklärung der Gemeinschaftsverbände. Haug konstatierte:

„Durch unsere Gemeinden und Gemeinschaften, auch durch unsere Jugendverbände geht eine tiefe Unruhe und ernste Sorge. [...] Man erschrickt an der in der Tat erschreckenden Parole der Entmythologisierung [...] und empfindet [...] die durch sie bestimmte Verkündigung als einen lebensgefährlichen Angriff auf das Fundament und den Inhalt unseres Glaubens".

Bei allem Verständnis für die Bultmann-Gegner betonte Haug jedoch:

„Wir sehen keinen Anlaß zum Mißtrauen gegen die theologische Arbeit der Gegenwart und gegen die unserer Theologischen Fakultät in Tübingen allgemein, auch keinen Anlaß zum allgemeinen Mißtrauen gegen unseren jungen Pfarrernachwuchs".

Er verteidigte das theologische Fragen und Forschen und Zweifeln als „im Wesen der menschlichen Vernunft" liegend; das „Hindurchgehen durch dieses Feuer, dieses allerdings lebensgefährliche Treffen zwischen menschlicher Vernunft und der Offenbarung Gottes" dürfe man der Jugend nicht ersparen

„auch wenn es dabei manche Verwundete und Tote gibt. Eine Kirche, die diese Feuerprobe für ihre Pfarrer nicht mehr wagen wollte, würde dann auch keine in Anfechtung erprobten und für den Dienst an zweifelnden und angefochtenen Menschen geübten Wahrheitszeugen [...] mehr gewinnen."

„Aber nun muß ich auch das andere sagen", begann Haugs eigentliche Stellungnahme zu Bultmann. „Wir in der Kirchenleitung sehen ernsten Anlaß zu einem offenen und öffentlichen Widerspruch gegen eine sehr einflußreiche Richtung der heutigen Theologie, gegen die Entmythologisierungs-Theologie Rudolf Bultmanns und seiner Schüler". Auch Haug würdigte Bultmanns Persönlichkeit, seine wissenschaftliche Arbeit und nicht zuletzt „seine persönliche Frömmigkeit, über die uns ein Urteil nicht zusteht." „Was will Bultmann?" fragte Haug weiter:

„Etwas sehr Gutes und Notwendiges! Er will, was ein Lehrer des Neuen Testaments soll: Das Neue Testament auslegen, und zwar so, daß *wir* sein Wort nach seinem eigentlichen Sinn verstehen – nicht als objektive Lehre, die mich nichts angeht, nicht als historischen Bericht von etwas, was vor und außer mir einmal gewesen ist, sondern als Verkündigung für mich, die ich nur in der Entscheidung meines Glaubens recht verstehe, und zwar so, daß ich mich in dieser Entscheidung für die Verkündigung selbst neu, als erlösten Menschen verstehe."

Es vermag kaum zu verwundern, dass eine Theologie, die schon dem geschickten Rhetoriker und volksnahen Prediger Haug solche kaum nachvollziehbaren Satzungetüme abnötigte, für viele Menschen unverständlich blieb oder falsch interpretiert wurde. Haug zeichnete im Folgenden in groben

Strichen Bultmanns Methode nach und kam dann zu dem Fazit, Bultmanns Interpretationsarbeit am Neuen Testament zeitige

> „[e]in wahrhaft erschütterndes Ergebnis: Ein Glaube und eine Verkündigung, in der die großen Taten Gottes, die sogenannten Heilstatsachen [...] man darf nun nicht sagen geleugnet, gestrichen (das wäre eine unerlaubte Vergröberung), aber für die existentielle Erkenntnis unfaßbar geworden, auf das nackte Faktum des Kreuzestodes des armen Menschen Jesus, den der Historiker feststellen kann, gleichsam auf einen mathematischen Punkt zusammengeschrumpft sind. Das Ergebnis ist eine Übersetzung, bei der das objektive Fundament [des Glaubens] dem Blick des in sich selbst verschlossenen Menschen entschwindet und [...] die universale Heilsgeschichte [...] und die Fülle des Heils in Christus Jesus unserem Herrn auf ein Minimum reduziert wird. Das praktische Ergebnis dieser Übersetzung ist eine Verkündigung, die mit dem Grund und Inhalt unserer kirchlichen Verkündigung wenig mehr zu tun hat."

Dies sei nicht zufällig so, denn Bultmanns anthropozentrischer Ausgangspunkt sei falsch gewählt: „[Ich] komme im Glauben nicht nur zu mir selbst, sondern zu ihm [Gott]."

Wiewohl Haugs von einem seltsamen Pluralis Majestatis und martialischen Kriegsmetaphern geprägter Stil zuweilen irritierend sein mag, seine ausgewogene, Pfarrer- und Theologenschaft verteidigende, Bultmann adäquat würdigende Stellungnahme verdient Achtung. Im Gegensatz zu vielen anderen Verlautbarungen in diesem Kontext sprach aus Haugs Worten echte Kenntnis der Materie und Verständnis nicht nur der theologischen Argumentation Bultmanns, sondern auch für dessen Anliegen einer existentialen Betroffenheit des Menschen durch das Wort Gottes. Dass Haug bei gleicher Analyse dessen, was nach einer entmythologisierenden Interpretation des Neuen Testaments als „Tatsachen" übrig bleibt (nämlich sehr wenig), zu einer anderen Folgerung als Bultmann kam, ist legitim. Haug hielt an der Notwendigkeit dieser Heilstatsachen fest, während Bultmann sie für den Glauben für verzichtbar hielt: „*Christus, der Gekreuzigte und Auferstandene, begegnet uns im Worte der Verkündigung*, nirgends anders. *Eben der Glaube an dieses Wort ist in Wahrheit der Osterglaube.*"[56] Haug war Bultmann intellektuell offensichtlich durchaus gewachsen und ließ dessen Ansatz Gerechtigkeit widerfahren – auch wenn er ihn letztlich ablehnte.

Martin Haugs in der gleichen Woche an die Pfarrer der Landeskirche versandtes Lehrschreiben[57] – der Synode gegenüber erwähnte er es als „seelsorgerlichen Brief"[58] – schlug in etwa denselben Bogen von der berechtigten Sorge der Gemeinde über die grundsätzliche Notwendigkeit der theologischen Forschung und Haugs ungetrübtes Vertrauen zur akademischen Theologie

---

56 BULTMANN, Neues Testament, 66.
57 Abgedruckt bei BECKMANN, Zeitgeschichte, 199–209.
58 VERHANDLUNGEN DES 4. EVANGELISCHEN LANDESKIRCHENTAGS, 789.

hin zu einer differenzierten Darstellung und Würdigung des Entmythologisierungskonzepts und schließlich dessen Ablehnung. Naturgemäß nahm Haug in diesem Schreiben insbesondere die sich aus der Entmythologisierungsdebatte ergebenden Fragen hinsichtlich der Verkündigung in den Blick und resümierte: „[D]a wir auf die zuversichtlich zu erwartende Selbstkorrektur der theologischen Wissenschaft nicht warten können, weil wir täglich im Dienst der Verkündigung stehen, mußte ich reden, damit Sie wissen, wo Ihr Bischof und mit ihm die ganze Kirchenleitung steht."[59] Haug erinnerte daran, dass es immer wieder Zeiten gegeben habe, in denen

> „sich zwischen theologischer Forschung und kirchlichem Verkündigungsauftrag eine Diskrepanz ergab, die nicht überwindbar schien. [...] So schwer es im Einzelfall sein wird, hier klare Feststellungen zu treffen und ein helfendes Wort zu sagen, so kann ich doch uns allen den ernsten Appell an die Redlichkeit nicht ersparen. Eine doppelte Buchführung zwischen Studierstube und Kanzel darf es beim Prediger des Evangeliums nicht geben"[60].

Bei aller eindeutigen Ablehnung Bultmanns blieb Haug aber dabei: „Ich kann und will Ihnen damit das eigene Urteil, begründet auf eigenes Forschen in Schrift und Bekenntnis, nicht abnehmen"[61]; er wolle die Pfarrerschaft

> „unmißverständlich hingewiesen haben auf die Pflicht ernsthafter Exegese der neutestamentlichen Texte, die weder durch eine historische Analyse noch durch eine orthodoxe Repristination schon richtig geschieht, sondern in klarer hermeneutischer Verantwortung für unsere Hörer von heute erfolgen muß."

Klarer ist eine Übereinstimmung mit Bultmanns Anliegen kaum zu formulieren. Die Methode hingegen wird ebenso klar abgelehnt:

> „Ich wollte Ihnen aber ebenso unmißverständlich meine Besorgnis aussprechen, daß dieser Verpflichtung in dem Unternehmen der ‚Entmythologisierung' *nicht* wirklich genüge getan wird, da diese sich an ihrem Ergebnis als ein Angriff auf die Substanz des Wortes enthüllt."[62]

Haug schloß seinen Brief mit zehn Bitten an die Amtsbrüder; unter anderem sollten sie

---

59 BECKMANN, Zeitgeschichte, 208.
60 EBD., 208. Wie notwendig und berechtigt dieser Appell war, zeigen nicht zuletzt diverse Reaktionen von Gemeindegliedern, die sich vermeintlich gegen Bultmann, de facto aber gegen die schiere historische Kritik wandten. Die seit D.F. Strauß in der Wissenschaft etablierte Methode der historischen Analyse der biblischen Texte war z. B. 1961 Fabrikant und Synodalmitglied Hans-Karl Riedel (Vgl. Riedels Stellungnahme zum Offenen Brief 1961 gegen Bultmann, VERHANDLUNGEN DER 6. EVANGELISCHEN LANDESSYNODE, 225 f.) noch nicht vertraut – in wie weit sie heute auf der Ebene der Gemeindeglieder tatsächlich ist, bleibt zu fragen.
61 EBD., 207.
62 EBD., 207.

„um jene existentielle Begegnung mit dem Worte des Christus, die Sie aus Hörern zu Nachfolgern, aus Theologen zu Jüngern, aus Rednern zu Zeugen macht" beten, die Verbindung „nicht zerreißen [lassen] zwischen dem Inhalt Ihrer Verkündigung und dem personalen Handeln Gottes in dem geschichtlichen Jesus Christus" und lehren, „in dem Christus extra nos das alleinige Heil pro nobis zu finden: Unabhängig von dem, was wir erkennen, glauben, tun und hoffen, ist er unsere Weisheit und Gerechtigkeit, unsere Heiligung und Erlösung und schenkt uns Erkenntnis, Rechtfertigung, Gehorsam und Leben." Haug befahl die Amtsbrüder „mit Ihrem Studieren und Verkündigen Gott [...] und dem Wort seiner Gnade" und grüßte als „Ihr[] Bischof, Mitbruder im Predigtamt und Mitstreiter im Ringen um die Wahrheit D. Martin Haug"[63].

Haugs Reaktion stellte für die konservativen Entmythologisierungs-Gegner eine große Ermutigung dar; „in den Augen der kirchlichen Öffentlichkeit [war er] zum Anwalt des Pietismus geworden."[64] Hinreichend aber erschien sie ihnen aber offensichtlich nicht. Im Juni druckte der Lehrerbote die am 15. Februar 1951 verabschiedete Erklärung des Gnadauer Verbandes, die, wie Beckmann im Kirchlichen Jahrbuch bemerkte, eine „bemerkenswert würdige Diktion bei aller Klarheit des Widerspruchs"[65] habe. Inhaltlich wiederholte diese Erklärung die Furcht vor der Entleerung der neutestamentlichen Verkündigung ebenso wie die Parallelisierung zum „theologischen Liberalismus einer vergangenen Generation"[66].

„Es geht um die Bibel!"

Wie genau sich die darauf folgenden Ereignisse des Jahres 1951 weiter zugetragen haben, ist nicht mehr rekonstruierbar. Eine verschiedentlich behauptete Gründung der Evangelisch-Kirchlichen Arbeitsgemeinschaft für Biblisches Christentum ist für 1951 *nicht* zu belegen. Sie erfolgte nach Lage der

---

63 EBD., 209.
64 WASSMANN, Fall, 165. Interessant ist Haugs Antwort auf eine Bemerkung zum Verhältnis des OKR zum Pietismus an den mit ihm befreundeten Pfarrer Oskar Weitbrecht, Gültstein: „Zum Pietismus hat der Oberkirchenrat als solcher überhaupt kein ‚Verhältnis' [...]. Ich könnte von mir ein klein wenig wie Johann Albrecht Bengel sagen: ‚Ich bin kein Stundenmann, aber ein Freund der Stundenleute' und natürlich wie jeder Theologe als solcher ein kritischer Freund. Aber lass Du Dir bitte den Bären nicht auch aufbinden, dass wir uns durch den Pietismus zu einem Anathema gegen Bultmann hätten drängen lassen. Das ist ein Sozietätsmythu[!]s, der zu entmythologisieren ist. Dass es mir nicht an Mut fehlt, auch Pietisten gegenüber zu stehen und wenn es sein muss, auch einmal zu kämpfen, kannst Du den Protokollen des Landeskirchentags in den Dialogen Beck, Calw – Haug nachlesen." Haug an Weitbrecht 6. 7. 1951, LKAS, A126/356 Ia Handakten Landesbischof Haug, darin: Handakten Landesbischof Haug Entmythologisierung – Schriftwechsel 1949-1951 (partiell auch zitiert bei Wassmann).
65 BECKMANN, Zeitgeschichte, 212.
66 Lehrerbote 1951, Heft 11 (unpaginiert). Ebenfalls bei BECKMANN, Zeitgeschichte, 212 f.

46   Ausgangslage und Vorgeschichte der Ludwig-Hofacker-Vereinigung

Quellen erst 1952.[67] Sicher ist aber, dass Julius Beck mit seinem Netzwerk im Dezember 1951 mit einer Aktion von kaum zu unterschätzender Nachwirkung an die Öffentlichkeit trat: „Es geht um die Bibel! Ein Wort an alle bibelgläubigen Kreise unserer evangelischen Kirche"[68]. Zunächst wieder als Artikel im Lehrerboten abgedruckt, stand am Ende eine „Anmerkung der Schriftleitung" eingerückt:

„Das obige ‚Wort an die bibelgläubigen Kreise' soll in die Hand von möglichst vielen kirchlich interessierten Volks- und Kirchengenossen kommen. […] Wir wären dankbar, wenn unsere Mitglieder und Leser es sich zur Pflicht machen würden, 10–20 Stück in ihrer Umgebung zu verteilen."

Zu beziehen seien Nachdrucke bei Beck in Calw; wer könne, möge einen Unkostenbeitrag leisten. So wurde aus einem Artikel in der Weihnachtsausgabe des Lehrerboten ein Flugblatt[69], das weithin Beachtung fand.

Zwei Beobachtungen zur Verfasserschaft: Der Artikel im Lehrerboten war, wie so oft, nur mit Initialen gekennzeichnet „S—r". Die anschließende Anmerkung hatte Beck mit Namen unterzeichnet, was den Schluss zulässt, dass der Artikel selbst nicht aus seiner Feder stammt. Im Lehrerboten findet sich des weiteren der Hinweis, das Flugblatt sei „von Theologen verfaßt"[70]. Bei Durchsicht des Lehrerboten jener Jahre sowie in der Unterzeichnerliste des Offenen Briefs nur ein Jahr später findet sich nur ein Name, zu dem die genannten Initialen passen: Lic. Theodor Schreiner, Pfarrer in Meßstetten[71].

---

67 Mit Datum vom 24. 10. 1952 findet sich ein Schreiben mit Briefkopf der AGBC in den Akten des OKR: Beck übersandte dem OKR den „Offenen Brief" (vgl. unten 56) in sieben Ausfertigungen.
68 Lehrerbote 1951, Heft 24 (unpaginiert). Dieses Flugblatt sandte Julius Beck dem OKR in 20 Exemplaren „im Auftrag der Unterzeichner" zu. Dieses knappe Schreiben trägt Becks persönlichen Briefkopf, von der AGBC ist noch keine Rede. Brief Beck an OKR, 10. 1. 1952; LKAS, AR Gen. 356 Ia, I Theologische Lehrfragen, A Entmythologisierung (Bultmann) 1950–1966.
69 In der Flugblatt-Form war die folgende Unterzeichnerliste beigegeben (Nachnamen jeweils im Original gesperrt): Obersteuerinspektor Bader, Nürtingen / Rektor i. R. J. Beck, Calw / Missionar Braun sr., Möhringen / Schulrat Brendle, Münsingen / Fabrikant Bröckel, Reutlingen / Ministerialdirektor i. R. Eberhardt, Nürtingen / Pfarrer Eberle, Tailfingen / Landeskirchentagsabgeordn. Feyrer, Tailfingen / Buchhändler A. Fuhr, Reutlingen / Stadtpf. Dr. Geprägs, Calw / Fabrikant Gerber, Tailfingen / W. Geugelin, Fellbach / Diakon Griesinger, Nürtingen / Evangelist Hubmer, Hülben / Landeskirchentagsabgeordneter John, Denkendorf / Regierungsdirektor Knecht, Nürtingen / Direktor Kuder, Nürtingen / Pfarrer Kühn, Liebenzell / Oberingenieur Fritz Lieberich, Eßlingen/N. / Studienrat Dr. Müller, Stuttgart / Prediger K. Pfeiffer, Villa Seckendorf, Cannstatt / Oberlehrer i. R. Reusch, Oberboihingen / Stadtpf. Lic. Rößle [sic], Tuttlingen / Direktor Rupp, Stuttart / Studiendirektor Schäf, Zuffenhausen / Pfarrer Schick, Gomaringen / Pfarrer Lic. Schreiner, Meßstetten / Pfarrer i. R. Schulz, Leonbronn / Kaufmann J. Sonn, Nürtingen. Vgl. Kopie des Flugblatts LHA.
70 Lehrerbote 1952, Heft 10, 44.
71 Dies bestätigt ein Fund im Archiv des LHA: Auf einer Kopie des Flugblattes findet sich, offensichtlich von Schreiners Hand, ein undatiertes Postscriptum an einen nicht näher identifizierbaren „Wolfgang": „Nach Krieg und Gefangenschaft wieder heimgekehrt, wurden wir nicht nur mit einem neuen Gesangbuch, sondern auch mit einem neuen Konfirmationsbuch und der Bultmanntheologie konfrontiert! Ich verfaßte damals zusammen mit Rienecker dieses Flugblatt,

Die schon das Druckbild prägenden durchgestrichenen Apostolicumssätze jedoch stammten wiederum aus einer anderen Quelle, die seltsamerweise gänzlich vergessen zu sein scheint: von Fritz Rienecker. Rienecker, Pfarrer und zu jenem Zeitpunkt Lehrer an der Missionsschule St. Chrischona, hatte im selben Jahr ein Büchlein gegen Bultmann[72] veröffentlicht. Die Idee, anhand von Streichungen im 2. Glaubensartikel (vermeintlich) Bultmanns Theologie deutlich zu machen, tauchte hier zum ersten Mal so prononciert auf[73]. Rienecker, zugleich Herausgeber der Schriftenreihe, in der seine „Stellungnahme" erschien, wollte dezidiert Laien informieren; schon im Vorwort erläuterte er: „Die vorliegende Heftreihe will eine Arbeitshilfe sein. Sie ist gedacht für biblische Arbeitsgemeinschaften, für Bibelbesprechstunden, Aussprache-Abende, zum Selbststudium usw.". Rienecker ließ an der Stoßrichtung seiner Argumentation von vorn herein keinen Zweifel: „[D]ie Bibel *ist* Gottes Wort, nicht: sie *enthält* das Wort Gottes"[74]. In der Grundfrage nach der Verkündigung des Evangeliums an den Menschen von heute hatte Rienecker Bultmann offensichtlich richtig verstanden: „Wie sage ich's ihm *so*, dass er mich versteht?"[75] Aber schon im nächsten Schritt schien Rienecker Bultmann nicht mehr wirklich erfasst zu haben:

> „Das, was wir [Rienecker, d. Verf.] nun Bildersprache des NT nennen, das nennt Bu.[ltmann] *zunächst* einmal *Mythos-Sprache*. Wenn Professor Bu. meint, die Mythos-Sprache der Bibel, d. h. die Bilder der Bibel müßten entbildert werden, die Bibel müsse von allem Mythologischen befreit werden, dann geschähe dies durch die ,*Entmythologisierung*'"[76].

Schon diese wenigen Sätze geben einen Eindruck von Rieneckers engagiertem, zugleich schwer lesbaren Stil: Der Text strotzt von (unnötigen) Abkürzungen, von Hervorhebungen (fett, kursiv, gesperrt), Einrückungen und überlangen Fußnoten. Dies mag erklären, warum von dem ganzen 85-seitigen Büchlein just diejenige Passage überdauert hat, die eingängig und leicht verständlich

---

    das in unseren Gemeinschaften und CVJM-Kreisen verteilt wurde und eine positive Resonanz hatte, nur nicht beim OKR." Kopie des Flugblatts „Es geht um die Bibel" mit Anschreiben an „Wolfgang", signiert „Dein O.[nkel?] Theo"; vermutlich aus den 1990er Jahren; LHA, Ordner „Handakten der Geschäftsführung ,Geschichte LHV'"; Dank an R. Scheffbuch.

72 RIENECKER, Stellungnahme.
73 Wilhelm Busch hatte in seinem oben untersuchten Artikel zwar ebenfalls das Apostolicum als Vergleichspunkt herangezogen, dabei aber nur die zentralen Themen, nicht den genauen Wortlaut mit (vermeintlicher) Bultmann-Theologie parallelisiert, vgl. oben 38. Darauf, dass die Anwendung der entmythologisierenden Interpretation auf ein Credo – nicht, wie bei Bultmann, auf den Text des Neuen Testaments – gänzlich inadäquat ist, verweist klug Peter Pilhofer: Vorlesung zur Theologie des NT, Wintersemester 2006/07 in Erlangen §9, 114 f. Online-Script unter <http://www.neutestamentliches-repetitorium.de/inhalt/theologie/Paragraph9.pdf> (5.4.2011).
74 RIENECKER, Stellungnahme, 5.
75 EBD., 11.
76 EBD.

ist: das durchgestrichene Apostolicum. Es zeigte exemplarisch Rieneckers Wahrnehmung des Bultmannschen Ansatzes; wo Bultmann selbst – zugegebenermaßen provozierend und missverständlich – davon sprach, Jungfrauengeburt, Himmel- und Höllenfahrt Christi und ähnliches seien „erledigt"[77], interpretierte Rienecker dies als Absicht zu „streichen"[78]: Bultmann erstrebe eine „Entmythologisierung im Sinne der Eliminierung (Ausstoßung) des Mythologischen"[79] – genau dies aber hatte Bultmann ausdrücklich abgelehnt und kritisiert[80]. Rieneckers Methode war es, kurze Zitate aus Bultmanns Entmythologisierungs-Aufsatz herauszugreifen, aneinanderzureihen und dann zu kommentieren respektive zu denunzieren. So kam er des Öfteren zu sehr fragwürdigen Ergebnissen, beispielsweise auch im Blick auf Bultmanns vermeintliche Streichungsabsichten:

> „Wir beginnen zunächst mit dem zweiten Teil, d. h. mit dem, was aus dem NT zu s t r e i c h e n ist, weil es Mythologie sein soll.
>
> **Bu. sagt (S. 15) ‚Das Weltbild des NT ist ein mythisches.'**
>
> ‚Weil für den modernen Menschen das mythische Weltbild des NT nicht mehr maßgeblich ist, darum ist es zu eliminieren, d. h. nicht mehr als wahr anzuerkennen.' Soweit Bu. S. 16."[81]

Rienecker unterstellte Bultmann, alles Mythologische „eliminieren" zu wollen und setzte dies mit „streichen" gleich. Dabei hatte Bultmann ausdrücklich erklärt, die mythologischen Elemente des NT dürften nicht, wie von der früheren Forschung, „einfach kritisch eliminiert" werden, sondern seien „kritisch zu interpretieren"[82]. Ob Rienecker hier nur schlicht oberflächlich und nachlässig arbeitete, oder ob er Bultmann bewusst Falsches unterstellte, ist aus dem Text nicht zu erschließen. Da Rienecker jedoch schon einleitend feststellte „Enthält das NT überhaupt etwas Mythologisches? Wir antworten: ‚Nein!'"[83] stellt sich einerseits wiederum die Frage, inwieweit Rienecker Bultmann wirklich verstanden hat, andererseits, welchem Zweck die weitere Detailerörterung dienen sollte beziehungsweise überhaupt dienen konnte. Das Ergebnis stand offensichtlich von vorn herein fest. Ein echtes „Fragen", wie in der Einleitung behauptet, ist in der Durchführung der „Stellungnahme" nicht zu erkennen, ebenso wenig, dass hier „die bibellesende Gemeinde ihres

---

77 BULTMANN, Neues Testament, 30 f.
78 RIENECKER, Stellungnahme, 37.
79 EBD., 7.
80 BULTMANN, Neues Testament, 34 f.
81 RIENECKER, Stellungnahme, 26. Hervorhebungen und Absätze wie im Original. Das angebliche Bultmann-Zitat von „S. 16" ist im Original nicht auffindbar.
82 BULTMANN, Neues Testament, 38.
83 RIENECKER, Stellungnahme, 20.

beröanischen Amtes waltet."[84] Vielmehr ergibt sich der Eindruck des Zu- oder gar Aufrüstens mit echten oder vermeintlichen Argumenten gegen den in Bultmann wahrgenommenen Glaubensfeind. Dem entspricht die überaus einprägsame Zusammenfassung in Form des verstümmelten Glaubensartikels ebenso wie die daran anschließenden, von beißender Ironie geprägten Sätze:

„Ich glaube an Jesus Christus,
~~Gottes eingeborenen Sohn~~
unsern Herrn,
~~der empfangen ist vom heiligen Geist~~
~~geboren von der Jungfrau Maria~~
gelitten unter Pontius Pilatus,
gekreuzigt, gestorben und begraben,
~~niedergefahren zur Hölle~~
~~am dritten Tage wieder auferstanden~~
~~aufgefahren gen Himmel~~
~~sitzend zur Rechten Gottes~~
~~von dannen er wiederkommen wird~~
~~zu richten die Lebendigen und die Toten.~~

Wir bedanken uns für solch einen Trümmerhaufen, wo aber auch nichts mehr von der Substanz und Macht der Großtaten Gottes übrig geblieben ist als das selbst fabrizierte Menschenfündlein: Ich glaube an Jesus Christus, unsern Herrn, der gelitten hat unter Pontius Pilatus, der gekreuzigt, gestorben und begraben ist.

Armer Christus, was hat man aus Dir nur gemacht. Einen wirklich armseligen, früh verstorbenen und begrabenen Herrn!"[85]

Was Rienecker zu dieser plakativen Darstellung veranlasste, ist nicht zu ermitteln. Den dritten Glaubensartikel hatte er im Zusammenhang mit Bultmanns Aussagen über den Heiligen Geist als „angetastet"[86] erwähnt; der erste Artikel blieb gänzlich unerwähnt. Rieneckers Aufriss folgte insgesamt nicht etwa dem Schema des Apostolicums, sondern einer Sammlung der wesentlichen Stichworte aus Bultmanns Aufsatz in der ursprünglichen Reihenfolge[87].
Im Blick auf Rieneckers Verbindungen nach Württemberg[88] ist darauf hinzuweisen, dass er an zwei Stellen auf den württembergischen Landesbi-

---

84 EBD., 12. Vgl. Apg. 17,11: „Sie [die Menschen in Beröa] nahmen das Wort bereitwillig auf und forschten täglich in der Schrift, ob sich's so verhielte."
85 RIENECKER, Stellungnahme, 69. Bezeichnend erscheint mir nicht nur die totale Verkennung dessen, was Bultmann „in Wahrheit [...] Osterglaube[n]" (vgl. oben 43) nennt, sondern auch die Beurteilung von Jesu irdischem Leben als „wirklich armselig".
86 EBD., 30.
87 Vgl. EBD., Inhaltsverzeichnis, 7 f.
88 Rienecker war 1958–1962 Vorsitzender des Altpietistischen Gemeinschaftsverbandes (AGV). Vgl. ALTPIETISTISCHER GEMEINSCHAFTSVERBAND E.V., Gott, 5. Wie es zu der Zusammenarbeit mit Schreiner beziehungsweise zum Engagement beim AGV kam, konnte nicht ermittelt werden.

schof Martin Haug rekurrierte: Gleich zu Beginn seiner Schrift zitierte Rienecker ausführlich „die trefflichen Worte des Landesbischof D. Haug" aus dessen Brief an die württembergischen Pfarrer über Bultmanns berechtigtes Anliegen einer zeitgemäßen Interpretation des Neuen Testaments, die jedoch nicht zu Einbußen am Bestand führen dürfe[89]. Im Anhang des Büchleins waren weitere Abschnitte aus Haugs Brief sowie eine Stellungnahme des Badischen Landesbischofs D. Julius Bender vor der Landessynode „im Herbst 1950" abgedruckt[90].

Bischof Haug stand im März 1952 abermals vor der Synode, um seinen Bericht für das vergangene Jahr abzugeben. Nach Mitteilungen aus dem Bereich der EKD, über den Stand der Verhandlungen im Ringen um das Schulwesen im zukünftigen Südweststaat, über die kirchliche Hilfe für Heimatvertriebene und – immer noch – für Kriegsgefangene, über kirchliche Bemühungen gegen die „Schmutzliteratur" und „unanständige" Kinofilme und Kino-Reklame[91], kam Haug auf die Theologie und damit auch direkt auf die Entmythologisierung zu sprechen. Zunächst verwahrte sich Haug gegen den (in seinem politisch-agitatorischen Aspekt interessanten) Vorwurf, „meine Stellungnahme gegen die Entmythologisierungstheologie vom Januar letzten Jahres sei taktisch zu verstehen; ich hätte mir damit das durch die Gesangbuchvorlage verlorene Vertrauen des Pietismus wieder gewinnen wollen."[92] Schon bei seinem ersten Besuch in Tübingen nach der Wahl zum Bischof (14. Dezember 1948) habe er seine Sorge geäußert, „die Theologie möchte sich doch nicht in die Gefangenschaft der Existenzphilosophie begeben." Bemerkenswert ist nun Haugs weitere Chronologie des Bultmann-Streits:

> „Anfang 1950 hatte Magister Helmut [sic] Frey, der bekannte geistvolle Ausleger des Alten und Neuen Testaments, in einem Schreiben an alle Kirchenleitungen ganz dringend eine Kanzelerklärung gegen die Bultmannsche Lehre [...] gefordert; wir haben seinem Drängen damals nicht stattgegeben, um jede vermeidbare Beunruhigung unserer Gemeinden zu vermeiden."[93]

Dann seien Klagen von Jugendleitern über „anstößige[] bibelkritische[] Äußerungen"[94] von Tübinger Theologiestudenten[95] in ihren Jugendkreisen gekommen, dann Klagen aus den Gemeinden im Anschluss an die „Flugschrift

---

89 RIENECKER, Stellungnahme, 12. Vgl. oben ■44.
90 EBD., 83.
91 Martin Haug, Bischofsbericht für 1951, 11. 3. 1952, VERHANDLUNGEN DES 4. EVANGELISCHEN LANDESKIRCHENTAGS, 1072–1085, 1075.
92 EBD., 1076.
93 Vgl. zu Freys Text SILOMON, EKD-Ratsprotokolle, 267; 286–291.
94 Vgl. Entschließung des württembergischen Jungmännerwerks, vgl. oben 40.
95 Zum Umgang der Tübinger Theologiestudenten, insbesondere der Stipendiaten des Evangelischen Stifts vgl. die überaus aufschlussreichen und reflektierten Erinnerungen von GEISSER, Stiftlerseelen.

von D. Michaelis"[96]. Im Dezember habe er nochmals mit der Tübinger Fakultät beraten und seinen Hirtenbrief angekündigt. Dieser hätte keinesfalls „mit einem klerikalen Machtanspruch" die Debatte beenden wollen, denn „ich bin ein *evangelischer* Bischof"[97]. Des Weiteren berichtete Haug von Streitgesprächen mit dem Tübinger Dozenten Ernst Fuchs und der Kirchlich-theologischen Sozietät und einer Erklärung des Landesbruderrats[98].

„Im Januar d.J. erschien dann das inzwischen weit verbreitete *Flugblatt ‚Es geht um die Bibel'* [...], das mir dann auch persönlich von einer Abordnung[99] überbracht worden ist, die mir die Verzweiflung weiter Kreise in unseren Gemeinschaften über die Bibelkritik [!][100] der Theologen klagte und eine Petition an die Kirchenleitung zur Frage der Ausbildung unseres theologischen Nachwuchses ankündigte."[101]

Dieses Flugblatt werte er als „den Notschrei angefochtener Gemeindeglieder". Entsprechend habe er bei Gesprächen mit der Tübinger Fakultät im Januar 1952 diese dringend gebeten, „ihrerseits ein klärendes Wort zu der Bultmannfrage zu sagen". Dies geschehe zu seiner Freude nun mit der Denkschrift

---

96 Vermutlich die auch im Lehrerboten abgedruckte, von W. Michaelis unterzeichnete Erklärung des Gnadauer Verbandes gegen die Entmythologisierung. Vgl. Lehrerbote 3 (1951), Heft 11 (unpaginiert).
97 VERHANDLUNGEN DES 4. EVANGELISCHEN LANDESKIRCHENTAGS, 1076.
98 Vgl. unten 62.
99 Theodor Schreiner berichtete von einem Gespräch mit dem Landesbischof, zu dem er allein „vorgeladen" worden sei. „Ich erschien aber noch mit 6 wehrhaften theologen [sic]: Pfr. Dr. Roessle Tuttlingen, Dr. Müller, Dein besonderer Freund, Rektor Beck von Calm [sic], Friedrich Schick Gomaringen Pfr. Eberle Studiendirektor Schäf". Bemerkenswert: drei dieser „wehrhaften Theologen" waren Laien: Dr. (rer. nat.) Paul Müller, (Ober-)Studienrat für Chemie; Rektor Julius Beck und Studiendirektor Emil Schäf waren jeweils (Real-)Lehrer mit seminaristischer Ausbildung. Kopie des Flugblatts „Es geht um die Bibel" mit Anschreiben an „Wolfgang", signiert „Dein O.[nkel?] Theo; LHA, Ordner „Handakten der Geschäftsführung ‚Geschichte LHV'". Bei diesem Gespräch handelte es sich möglicherweise um das Treffen vom 14.1.1952, das Missionslehrer Reinhard Hildenbrand (ihn hat Schreiner in seiner Aufzählung offensichtlich vergessen) sorgfältig protokollierte vgl. handschriftliches Protokoll „Gespräch OKR 14. 1. 52"; LHA, Ordner „L.Hofacker-Kreis 1951–1969" [vermutete Provenienz: Missionslehrer Reinhard Hildenbrand]. Allerdings könnten auch zwei Gespräche mit einem ähnlichen Personenkreis in kurzer Folge stattgefunden haben, denn Hildenbrand nannte als Teilnehmer „Auf unserer Seite: Beck, Schick, Schreiner [und er selbst], auf anderer Seite Landesbischof [Haug], Pfeifle und Dr. Metzger."
100 Von Haug aller Wahrscheinlichkeit nach richtig wiedergegeben: die „Gemeinschaftskreise" nahmen Anstoß an der Bibelkritik, d. h. an der Auslegung der Bibel mit historisch-kritischen Methoden – nicht (erst) an der Entmythologisierung. Vgl. unten 59. Aufschlussreich hierzu ist auch Hans Friedrich Geißers Erinnerung an seine und seiner Kommilitonen Verwirrung: „Doch soviel hatte auch der Anfänger begriffen: an dem Neutestamentler namens Bultmann lag es nicht, daß er sich mit historischer Kritik samt Ergebnissen rumzuschlagen hatte. [...] [D]ie Anwendung der historisch-kritischen Methode allein konnte doch nicht gut einen derartigen Schock ausgelöst haben. Oder hatten diese Pfarrer, Oberkirchenräte, Bischöfe im Ernst gemeint, sie sei überholt oder sie seien mit ihr fertig?" GEISSER, Stiftlerseelen, 303.
101 VERHANDLUNGEN DES 4. EVANGELISCHEN LANDESKIRCHENTAGS, 1077.

der Fakultät „Für und Wider die Theologie Bultmanns", die am Nachmittag desselben Tages der Synode übergeben und vorgestellt wurde[102]. Haug schloss diesen Abschnitt seines Berichts mit einer abermaligen Würdigung von Bultmanns Anliegen[103] sowie einer durchaus deutlichen Kritik an der „leider auch [im] Flugblatt ‚Es geht um die Bibel'" vertretenen Verbalinspirationslehre:

> „Es gibt eine Inspirationslehre, die die biblischen Schriftsteller nicht mehr echt menschliche Knechte Gottes sein läßt, wie sie es nach ihrem Selbstzeugnis in der Bibel sind, sondern zu Schreibmaschinen Gottes macht [...] Gottes heiliger Geist ist aber noch viel größer und wirkt noch viel wunderbarer, als diese Lehre meint"[104].

2.2 Die Gründung der *Evangelisch-kirchlichen Arbeitsgemeinschaft für biblisches Christentum*

Julius Beck war durch diese Entwicklungen offensichtlich nicht zufriedengestellt. Im Nachgang zu dem oben bereits erwähnten Gespräch zwischen Landesbischof Haug und dem Beck-Kreis am 14. Januar 1952 wurde die angekündigte Petition erarbeitet[105]. Unter Bezugnahme auf die „Aussprache von vier Vertretern der Kreise um das ‚Flugblatt' mit dem Herrn Landesbischof" wurden fünf „Anliegen und dringende[] Wünsche" formuliert. Die Liste begann mit einem überaus scharfen Angriff auf „Doz. Dr. Fuchs in Tübingen": Es erscheine „untragbar", dass Fuchs

> „einen Groszteil der künftigen württembergischen Pfarrer in Gedankengänge und in Zweifel an der absoluten Autorität der Schrift hineinführt, die mit der Augustana nicht mehr in Einklang zu bringen sind [...]. Es ergibt sich für uns die Alternative: entweder wird für uns die theol. Ausbildung des Pfarrernachwuchses gelöst von dieser in den Universitäten geübten ungebundenen theol. Forschung

---

102 Vgl. unten 69. Das von Haug in diesem Kontext ausdrücklich und dankbar erwähnte Flugblatt Otto Michels vom 12. 2. 1952 „Es geht um Jesus Christus – und darum um die Bibel", mit dem dieser gegenüber seinen Studenten auf das Beck-Flugblatt reagierte, findet sich in LKAS, D 31, 68.
103 „Es sei [...] um der Wahrheit und um der seelsorgerlichen Liebe zu dem modernen Menschen willen nötig, die angeblich mythologische Sprache des Neuen Testaments [...] in die unmythologische auf das Selbstverständnis des modernen Menschen eingehende Sprache zu übersetzen." VERHANDLUNGEN DES 4. EVANGELISCHEN LANDESKIRCHENTAGS, 1078.
104 EBD., 1078. Haugs Haltung in der Frage der Verbalinspiration galt beispielsweise Ernst Fuchs als Beleg dafür, dass er kein Pietist sei, vgl. WASSMANN, Fall, 165 f.
105 Im LHA findet sich ein undatierter Entwurf zu einem Schreiben an den OKR „Betr. Anliegen weiter Kreise der evang. Kirche über Lehre und Verkündigung." LHA, Ordner „L.Hofacker-Kreis 1951–1969". Die folgenden Zitate sind, soweit nicht anders angegeben, diesem Entwurf entnommen. Eine Endversion war weder im LHA noch im LKAS zu finden.

Die Gründung der *Arbeitsgemeinschaft für biblisches Christentum* 53

und Schulung oder die an das Evangelium gebundene Kirche musz maszgebend bei der Berufung der Dozenten gehört werden. Ein Dr. Fuchs ist nicht tragbar, und es müssen darum bei den verantwortlichen Stellen Schritte gegen die nach unserer Meinung im Wort der Wahrheit zersetzende Tätigkeit unternommen werden."

Hervorzuheben sind an dieser Philippica zwei Aspekte: Zum einen die unverblümte Forderung, Ernst Fuchs mit allen Mitteln von seinem Posten an der Universität Tübingen zu entfernen, zum anderen die implizite Drohung mit einer unabhängigen Theologenausbildung. Dies zeigt, dass von den allerersten Anfängen bis zur Gründung des Albrecht-Bengel-Hauses 1970 die Sorge um den „Theologennachwuchs" und die Frage nach einer eigenen Hochschule zum Kernbestand der Themen der Evangelisch-kirchlichen Arbeitsgemeinschaft für biblisches Christentum (AGBC) gehörten. Die Frage „Wie verschaffen wir uns gläubige Pfarrer?" prägte die Arbeit der biblisch-konservativen Bewegung in Württemberg über Jahrzehnte. Damit korrespondierte auch die zweite Forderung im Entwurf von 1952: Wer „die Predigt von Bekehrung und Heiligung üben will, [muß] selbst bekehrt sein." Daraus wurde die Forderung nach einer zweigleisigen Pfarrersausbildung abgeleitet, denn „nicht jedem fähigen jungen Mann ist [...] die Möglichkeit gegeben zum Universitätsstudium". Zum akademischen sollte deshalb ein „seminaristische[r]" Ausbildungsgang hinzutreten. Dieser solle in den „vorhandenen Missionsschulen wie St. Chrischona, Liebenzell, Johannäum [sic] Barmen" verortet werden und für die spätere Verwendung im Pfarrdienst keine Nachteile bringen. Die Aufzählung der möglichen Schulen lässt das von Beck und seinen Freunden intendierte Profil dieser Ausbildung erahnen.

Ebenfalls in die Richtung einer Präferenz für nicht-akademisch ausgebildete Pfarrer wies die Forderung nach Zulassung von „bewährte[n] Gemeinschaftsleuten" zur Verkündigung sowie nach Anstellung erprobter „Prediger und Missionare" ohne vorherigen „Nachweis ihrer wissenschaftlichen Befähigung durch eine Prüfung". Schließlich wurde der sogenannte „Brotpfarrer" denunziert und der Nachweis einer Handwerks- oder Kaufmannsausbildung für Pfarramtsbewerber gefordert. Insgesamt spiegelte die Liste eine Geringschätzung des wissenschaftlich-theologisch ausgebildeten Vollzeitpfarrers wider und huldigt dem verklärten Ideal des wiedergeborenen und berufenen „Zeltmacher"-Evangelisten.

Im Lehrerboten ging die Auseinandersetzung mit der Bultmanntheologie im Mai 1952 in eine neue Runde; der Bericht von der „Korntaler Frühjahrsversammlung"[106] rechtfertigte zunächst noch einmal das Flugblatt[107], um sich dann ausführlich mit der (vermeintlichen) Reaktion in Gestalt der Fakul-

---

106 Lehrerbote 1952, Heft 10, 44 f.
107 „Zu der Frage der Entmythologisierung [...] haben wir lange geschwiegen [...]. Wer den göttlichen Charakter des Bibelwortes anerkennt, muß Bultmann ablehnen." Lehrerbote 1952, Heft 10, 44.

tätsdenkschrift[108] zu befassen. Mit kaum verhohlener Häme wurde zunächst der Inhalt wiedergegeben:

> „[V]on der Warte hoher theologischer Wissenschaft aus geschrieben, in ihrer Linienführung klar und durchsichtig, sie wägt vorsichtig ab, untersucht scharfsinnig die fraglichen Probleme. Sie stellt Prof. Bultmann, den Kollegen, historisch an die richtige Stelle und weiß viel Gutes von ihm zu sagen."[109]

„Etwas überrascht" zeigte sich der Verfasser – aller Wahrscheinlichkeit nach Beck selbst – darüber, dass die Denkschrift dem Pietismus in Württemberg „zwar eine kirchenerneuernde und kirchenbewahrende Rolle" zuerkannte, zugleich aber diesen Pietismus als Gefahr denunzierte, wenn er „Anspruch auf Herrschaft, womöglich auf Alleinherrschaft in der Kirche erhebt. [...] Unsere Achtung vor der hohen Wissenschaftlichkeit der Denkschrift erhält dadurch einen ziemlich starken Dämpfer." Bischof Haugs klare Absage an die Verbalinspiration hatte Beck offensichtlich nicht weiter angefochten, denn er insistierte: „alle Schrift – ist von Gott eingegeben" und fuhr dann mit Blick auf die Gegner fort:

> „Wir vergötzen weder Menschen noch ihr Wissen; wir verdammen auch nicht. Es sei jedermann unbenommen, von seiner Sache und seiner Person hoch, ja sehr hoch zu denken. Wir halten es am liebsten mit dem Wort: ‚Demütigt euch unter die gewaltige Hand Gottes, damit er euch erhöhe zu seiner Zeit'. Das bewahrt davor, von der eigenen Weisheit trunken zu werden."

Abschließend wiederholte Beck nochmals seine Position: „Bultmanns grundstürzende Lehre ist tödlich für die Kirche", wer dies verharmlose „wird zum Totengräber der Kirche" und endete mit unverhohlenem Pathos: „Wir halten es im Blick auf Prof. Bultmann und seine Anhänger mit dem Wort Christi: ‚Lasset sie fahren!'".

Wer dies jedoch seinerzeit dahingehend interpretierte, dass die „Stillen im Lande"[110] sich nun aus der Auseinandersetzung zurückzögen und wieder auf Stundengemeinschaft und persönliche Heiligung konzentrierten, wurde spätestens im November 1952 eines Besseren belehrt.

---

108 Vgl. unten 69.
109 Lehrerbote 1952, Heft 10, 45.
110 Eine Selbstbezeichnung der Pietisten, vor allem auch der Hahner, die auch Beck verwendete – was bei seiner Aktivität und Lautstärke etwas kurios anmutet.

2.2.1 Der Offene Brief 1952[111]

„Sehr geehrte Abgeordnete!

Durch die Denkschrift ‚Für und wider die Theologie Bultmanns', welche die Ev. Theol. Fakultät in Tübingen am 11. März d.J. dem Landeskirchentag überreicht hat, ist das Gespräch über die Bultmannsche Theologie in ein neues Stadium getreten. Die ‚Ev. Kirchliche Arbeitsgemeinschaft für biblisches Christentum', die sich in diesem Jahr konstituiert hat, sieht sich dadurch veranlaßt, sich ihrerseits an den Landeskirchentag zu wenden.

Es geht ihr dabei um die Frage: Ist das, was Bultmann und seine Schüler lehren, mit der Bibel und den Bekenntnissen der Kirche noch in Einklang zu bringen oder haben wir es bei der Bultmannschen Theologie nicht bereits mit einer *ausgesprochenen Irrlehre* zu tun? Und wir möchten durch diesen unseren Brief den Landeskirchentag zu einer klaren Stellungnahme veranlassen, also zu einer Entscheidung *Für oder wider*, welche die Fakultät mit ihrem ‚Für *und* wider' absichtlich vermieden hat."[112]

Mit diesem Brief trat nun – zum ersten Mal in einem Dokument nachweisbar[113] – die Evangelisch-kirchliche[114] Arbeitsgemeinschaft für Biblisches Christen-

---

111 Dieser Offene Brief ist nicht zu verwechseln mit jenem, der 1961 – wiederum aus Kreisen des Pietismus stammend und mit dem gleichen Anliegen – erneut für großen Aufruhr in der Württembergischen Landeskirche sorgte, vgl. unten 97.

112 Dieses und alle weiteren Zitate des Abschnitts, sowie die Hervorhebungen, soweit nicht anders vermerkt, Lehrerbote 1952, Heft 20/21, 104 f.

113 Zum ersten Mal findet sich nun ein Schreiben mit (noch getipptem) Briefkopf „Evang.-kirchl. Arbeitsgemeinschaft für Biblisches Christentum" in den Bultmann-Akten des OKR. Mit Datum vom 24.10.1952 übersandte Julius Beck namens der AGBC sieben Exemplare des Offenen Briefes ausdrücklich „zuerst in die Hand des Evang. Oberkirchenrats", dann an alle Abgeordneten. Auch die Veröffentlichung „da und dort" wurde angekündigt, überraschenderweise mit dem Hinweis versehen, dass „wir dann allerdings die Debatte über Prof. Bultmann schließen möchten." LKAS, AR Gen. 356 Ia, I Theologische Lehrfragen, A Entmythologisierung (Bultmann) 1950–1966. Die von Hanspeter Wolfsberger berichteten Gründungsversammlungen bzw. -daten 19.7.1952 und 6.9.1952 sind in den heute noch auffindbaren Dokumenten nicht nachweisbar; WOLFSBERGER, Geschichte, 12. Müller datiert die Gründung auf 1951 und berichtet für 1952 den Übergang der Leitung an Schäf sowie die Bildung eines Vorstands aus elf Mitgliedern; MÜLLER, Schule, 76 f. Auch bei ihm die o.g. Namensform.

114 Die zuweilen in der Sekundärliteratur auftauchende Namensform „*Kirchlich-theologische* Arbeitsgemeinschaft für biblisches Christentum" hingegen dürfte auf einer Verwechslung basieren: „Kirchlich-Theologische Arbeitsgemeinschaft" (KTA) war in Württemberg seit den 1930er Jahren die feste Bezeichnung für die auf Bezirksebene institutionalisierten Fortbildungstagungen der *Pfarrschaft*; eine Verwechslung erscheint plausibler als eine Namensübernahme durch dieses bewusste und stolze *Laien*-(dominierte)Gremium. Ebenfalls ähnlich im Klang war die (theologisch allerdings gänzlich anders verortete) Kirchlich-theologische Sozietät in Württemberg. Die von Paul Schempp, Hermann Diem, Ernst Bizer und anderen 1935 gegründete Sozietät repräsentierte den radikalen, bruderrätlich-dahlemitischen Flügel

tum, 1968 in Ludwig-Hofacker-Vereinigung umbenannt[115], in Erscheinung[116]. Zwar ist die Genese beziehungsweise das genaue Zustandekommen des Namens in den Dokumenten nicht nachweisbar, aber die Nähe zur ehemaligen Synodalgruppe gleichen Namens ist kaum zu übersehen: 1933 hatten sich die dem Pietismus nahestehenden Abgeordneten des 2. LKT den Namen „Evangelisch-kirchliche Arbeitsgemeinschaft"[117] gegeben. Dieser zuvor nur „Gruppe I" genannte Kreis war bis 1920 von Prälat Christian Römer angeführt worden[118], der seinerseits 1895 die „Evangelisch-kirchliche Vereinigung" gegründet hatte[119]. Diese Namens-Herleitung würde implizieren, dass kirchenpolitische Aktivitäten – wie weiland durch Römer – entgegen allen anderslautenden Beteuerungen von Anfang an zur Agenda der AGBC gehörte[120].

Exkurs: Gruppen in der württembergischen Landessynode[121]

Nachdem es in der Württembergischen Landessynode in der ersten Zeit nach ihrer Einrichtung durch König Karl 1868 keine deutlich wahrnehmbaren Gruppen

---

der Bekennenden Kirche in Württemberg, die nicht nur zu den Deutschen Christen, sondern oftmals auch zu Landesbischof Wurm in Opposition stand. Vgl. WIDMANN, Geschichte. Präziser bei OEHLMANN, Trennung, sowie in der im Entstehen begriffenen Arbeit von Steffen Kläger-Lißmann zur Vorgeschichte der Kirchlich-theologischen Sozietät in Württemberg.

115 Seit September 2011 „ChristusBewegung – ‚Lebendige Gemeinde'".
116 In der Sekundärliteratur finden sich verschiedentlich Hinweise auf eine Gründung im Jahr 1951; die älteste mir erreichbare Darstellung findet sich bei RINGWALD, Hofacker: „Am Anfang (1951) kamen nach dem Aufruf und unter Leitung von Mittelschulrektor Julius Beck, Calw […] unter dem Sammelnamen ‚Kirchlich-Theologische Arbeitsgemeinschaft' einige Männer zusammen […] Der wenig sagende Name ‚Kirchlich-Theologische Arbeitsgemeinschaft' wurde bald nach Übernahme der Leitung (1952) durch Studiendirektor Emil Schäf präzisiert in ‚Evangelisch-Kirchliche Arbeitsgemeinschaft für Biblisches Christentum'." RINGWALD, Hofacker, 42 f. Paul Müllers Darstellung von 1976 bietet nur die Bezeichnung „Evangelisch-Kirchliche Arbeitsgemeinschaft", datiert den Beginn jedoch ebenfalls auf 1951 und nennt den Leitungswechsel von Beck zu Schäf im Jahr 1952. Alle späteren Darstellungen scheinen von diesen abhängig: GRÜNZWEIG, Ludwig-Hofacker-Vereinigung, SCHEFFBUCH, Hofacker u. ö. Übereinstimmung herrscht dagegen in allen Darstellungen darin, dass das von Beck initiierte Flugblatt 1951 den Beginn der organisierten kirchenpolitischen Arbeit dieser Gruppe bildete. Wie so häufig (vgl. z. B. bei der o. g. Kirchlich-theologischen Sozietät) dürfte die formale Organisation zeitlich nachgelaufen sein.
117 Vgl. VERHANDLUNGEN DES 3. EVANGELISCHEN LANDESKIRCHENTAGS, 9 sowie HERMLE / OEHLMANN, Gruppen, 271 und HERMLE, Kirchenleitung, 185.
118 Vgl. HERMLE, Kirchenleitung, 146.
119 Vgl. HERMELINK, Geschichte, 439 f.
120 Eine Aktennotiz von Fritz Grünzweig vom 29. 12. 1965 über ein Gespräch mit Max Fischer bestätigt dies: der Name AGBC „rühre her von der einstigen Gruppe I, die auch so geheissen habe. Nach dem Krieg hätten Männer wie Lic. Schreiner und Julius Roessler die Aufgabe wieder aufgenommen." LHA, Ordner „Rundschreiben 1965–1975".
121 Der folgende Abschnitt basiert auf dem gleichnamigen Vortrag, den ich gemeinsam mit meinem Doktorvater 2007 vor Mitgliedern der 14. LS gehalten habe, vgl. HERMLE / OEHLMANN, Gruppen.

Die Gründung der *Arbeitsgemeinschaft für biblisches Christentum* 57

oder Parteien gegeben hatte, wurden im Kontext der Wahl 1875 erstmals organisierte Strömungen deutlich: eine eigentlich in der Minderheit befindliche „linke" Gruppe präsentierte bei Eröffnung der Synode einen fertigen Wahlvorschlag für die Wahlen zu den Ausschüssen. Dadurch konnte dieser Flügel verhindern, dass Vertreter des konservativ-pietistischen Lagers zum Zuge kamen, wie es den Mehrheitsverhältnissen in der Synode entsprochen hätte. Diese eher unterschwellige Polarisierung, die jedoch nicht in einer offenen Parteibildung zu Tage trat, blieb bis 1919 bestehen.

Der Wahl zur verfassungsgebenden Landeskirchenversammlung 1919 ging ein veritabler Wahlkampf voraus, in dem beispielsweise die pietistischen Gemeinschaften ihre Gefolgschaft durch Flugblätter, die SPD ihre Mitglieder durch Aufrufe in der Parteizeitung zu mobilisieren suchte. In der Landeskirchenversammlung scharte sich in der Folge etwa die eine Hälfte der Mitglieder um den konservativen Prälat Christian Römer, die andere um Prälat Jakob Schoell, wobei Heinrich Hermelink innerhalb dieser Gruppe zwischen 27 Parteigängern der „Mitte" und 14 der „Linken" differenziert[122]. Allerdings wurde erneut eine klare Partei- bzw. Fraktionsbildung und damit eine offene Polarisierung der Landessynode verhindert, indem Prälat Heinrich von Planck vorschlug, man solle sich auf die neutrale Nomenklatur „Gruppe I" bzw. „Gruppe II" verständigen[123]. Dieser Usus bestand bis 1933, als die „Glaubensbewegung Deutsche Christen" unter diesem Namen zur oktroyierten Wahl antrat und – nach Absprachen zwischen den Beteiligten – in den Landeskirchentag einzog und sofort als klar abgegrenzte und dominierende Gruppe agierte. Unter dem Eindruck dieser die Landeskirche in ihren Grundfesten erschütternden, Ereignisse gaben sich in der Folge auch die etablierten, nun aber in die Minderheitenrolle gedrängten Gruppen Namen: die liberal-volkskirchliche Gruppe II konstituierte sich als „Volkskirchliche Vereinigung", die konservative Gruppe I wurde zur „Evangelisch-kirchlichen Arbeitsgemeinschaft".

Mit der Konstituierung des 4. LKT im Januar 1948 wurde diese offene Fraktionierung der Landessynode – allen voran von Theodor Dipper – als eine unkirchliche Fehlentwicklung interpretiert, als Ausfluss der Herrschaft der Deutschen Christen gebrandmarkt und unverzüglich rückgängig gemacht[124].

Der „Offene Brief" der AGBC, die mit ihrem Engagement die kirchlich-politische Arbeit eben jener „Evangelisch-kirchlichen Arbeitsgemeinschaft" fortsetzen wollte, war in der im Lehrerboten abgedruckten Version von 43 Männern [!] unterzeichnet, davon – soweit durch beigegebene Titel ersichtlich – zehn Pfarrer, 13 Lehrer (darunter diverse Rektoren und ein Schulrat), ein Regierungsdirektor, ein Gewerberat, nicht näher spezifizierte Direktoren, ein

---
122 HERMELINK, Geschichte, 462; vgl. auch HERMLE / OEHLMANN, Gruppen, sowie die dort angegebene Literatur.
123 Planck in der Sitzung vom 16. 10. 1919; vgl. HERMLE / OEHLMANN, Gruppen, 269, Fn. 15.
124 Vgl. unten 57.

Oberingenieur, etliche Kaufleute, je ein Weingärtner, ein Werkmeister, Bürgermeister, Privatier, Bankvorstand und -beamter. Man darf wohl mit einiger Berechtigung annehmen, dass diese Auswahl repräsentativ für die Sozialstruktur des kirchenpolitisch aktiven Teils des Württembergisches Pietismus jener Tage war. Der Brief bot, nachdem er einleitend Anlass und Anliegen formuliert hatte, zunächst eine knappe und durchaus sachliche Paraphrase des Fakultätsgutachtens, allerdings unter der klaren Prämisse, dass die Verfasser „eine radikale und entschiedene Ablehnung" vermissten. Die Haltung der Tübinger Fakultät, die Bultmanns Ansatz für notwendig hielt, auch wenn sie deutliche Mängel an dessen Entmythologisierungskonzept sah, die auf die Korrekturmechanismen des Wissenschaftsbetriebs vertraute und nicht zuletzt von den Nichttheologen Vertrauen gegenüber den „Fachleuten" einforderte, konnten die Briefschreiber nur als „völlige Verharmlosung" interpretieren. Jegliche „positive Würdigung" sei ihnen „[e]rst recht unverständlich". Unter Rekurs auf Bultmanns gerade zum ersten Mal nach dem Krieg neu aufgelegtes Jesus-Buch[125] wurde der Kern der Auseinandersetzung benannt:

„Wenn Bultmann [...] erklärt, ‚Daß wir von dem Leben und der Persönlichkeit Jesu von Nazareth so gut wie nichts mehr wissen können'[126], und wenn er weiterhin erklärt, daß dies unseren Glauben an Christus gar nicht stört, so muß man ernstlich fragen: Was ist denn das für ein Glaube und was ist dann [sic] das für ein Christus? Denn mit dem Glauben an Christus ist für uns die unerschütterliche Überzeugung verbunden, daß der Heiland an den wir glauben und zu dem wir beten, einst als Jesus von Nazareth so gelebt, gehandelt, gelehrt und gelitten hat, wie es die Evangelien von ihm berichten und daß seine Sündlosigkeit [...] die Voraussetzung für seinen Versöhnungstod auf Golgatha gewesen ist. Jesu Erdenleben hat also für unseren Glauben und für unsere ewige Seligkeit unendliche Bedeutung."

---

125 Vgl. BULTMANN, Jesus. Das Buch war 1926 erstmals erschienen.
126 EBD., 11. Bultmann präsentierte in der Einleitung seinen ganzen Ansatz in nuce, wenn er seine Absicht beschreibt, den Leser nicht zu einer „Geschichts-Betrachtung ...", sondern zu einer höchst persönlichen Begegnung mit der Geschichte" führen zu wollen. Er führte aus: „Auch aus diesem Grunde ist das Interesse an der ‚Persönlichkeit' Jesu ausgeschaltet. Nicht etwa, weil ich aus der Not eine Tugend machen wollte. Denn freilich bin ich der Meinung, daß wir vom Leben und von der Persönlichkeit Jesu so gut wie nichts mehr wissen können, da die christlichen Quellen sich dafür nicht interessiert haben, außerdem sehr fragmentarisch und von der Legende überwuchert sind, und da andere Quellen über Jesus nicht existieren. [...] Ich habe [...] in der folgenden Darstellung diese Frage überhaupt nicht berücksichtigt, [...] weil ich die Frage für nebensächlich halte." Was Jesus gewollt habe, lasse sich nur in seiner Lehre reproduzieren, die jedoch nicht als „allgemeingültige[s] ideale[s] Gedankensystem" missverstanden werden dürfe. Vielmehr sei die Lehre Jesu „als das verstanden, was sie in der konkreten Situation eines in der Zeit lebenden Menschen [ist]: als die Auslegung der eigenen, in der Bewegung, in der Ungesichertheit, in der Entscheidung befindlichen Existenz; als der Ausdruck für eine Möglichkeit, diese Existenz zu erfassen; als der Versuch, über die Möglichkeiten und Notwendigkeiten des eigenen Daseins klar zu werden." Jesu Worte begegneten dem Leser „als Fragen, wie wir selbst unsere Existenz auffassen wollen." EBD., 10–14.

Hier wird ein zentraler Punkt der konservativen Auseinandersetzung mit Bultmann deutlich. Die massive Ablehnung bezog sich mitnichten in erster Linie auf Bultmanns existentiale Interpretation. Sie nahm vielmehr Anstoß an den schieren Ergebnissen der historischen Analyse der neutestamentlichen Texte und somit am methodischen Stand der theologischen Wissenschaft seit Baur und Strauß[127].

Der Offene Brief fuhr fort mit einer längeren Aneinanderreihung von Bultmannzitaten, durch die „unsere Beurteilung [...] bekräftigt werden" sollte: Die immer wieder ins Feld geführten provozierenden „erledigt ist"-Sätze aus Bultmanns Entmythologisierungsaufsatz, seine Aussagen über den Heiligen Geist und den Sühnetod Jesu: „primitive Mythologie", „alles Legenden!". Beck veröffentlichte diese Liste, noch weiter ausgebaut, ab Februar 1953 nochmals in drei aufeinander folgenden Ausgaben des Lehrerboten[128]. Aufschlussreich waren die teilweise beigefügten Erläuterungen, in denen vermeintlich erklärungsbedürftige Fremdwörter oder Fachbegriffe verdeutscht wurden; schon in diesen Klammerbemerkungen wird ein Gutteil der Missverständnisse der konservativen Bultmanngegner erkennbar:

> „Die Auferstehung Jesu ist nicht als historisches (wirklich geschehenes) Ereignis zu werten. Historisch ist nur die Entstehung des Osterglaubens der ersten Jünger aus Anlaß ihrer visionären (rein eindrucksmäßigen, nicht der Wirklichkeit entsprechenden, also eingebildeten) Erlebnisse. Diese Entstehung des Osterglaubens der Jünger (der also auf einer Täuschung beruht) ist die entscheidende Tat Gottes. [...] Die Vorstellung von der Fürbitte des Erhöhten und von seiner Herrenstellung ist eine mythologische (sagenhafte)."

Die Verfasser des Offenen Briefes waren, so scheint es, nicht in der Lage, Bultmanns Konzept beziehungsweise auch nur seine sehr spezielle, von Heideggers Existetialphilosophie geprägte Sprache richtig zu verstehen und aufzunehmen. Bultmann unterschied beispielsweise konsequent zwischen „geschichtlich" und „historisch" und baute darauf einen wesentlichen Aspekt seiner Interpretation auf[129].

---

127 So auch schon RIENECKER, Stellungnahme, 13, Fn. 1, der mit offensichtlichem Genuss Günther Bornkamms Dictum aus TEH 26 (1951), 10 zitiert: „Nicht wenige haben darum Bultmann gegenüber als einem wiedererstandenen D. F. Strauß, ähnlich wie Herodes gegenüber dem vermeintlich auferstandenen Täufer, den Ruf erhoben: ‚Jenen habe ich enthauptet, wer ist aber dieser, von dem ich solches höre?'"
128 Lehrerbote 1953, Heft 3, 20 f.; Heft 4, 27; Heft 5, 35.
129 „Die Unterscheidung B.[ultmann]s zwischen ‚historisch' und ‚geschichtlich' (entgegen der gewöhnlichen Terminologie, die hier keinen Unterschied macht) bedarf einer weiteren Klärung. Den Begriff ‚historisch' verwendet er für eine zeitlich vergangene aufweisbare Tatsächlichkeit oder Faktizität im weltgeschichtlichen Geschehen, für das ‚Faktum'. Das ‚Geschichtliche' hingegen meint das ‚Aktum', die gegenwärtige Bedeutsamkeit eines Geschehens. Das Faktum ist für B. unwesentlich oder unerkennbar; entscheidend ist deshalb nur das Aktum, das jetzige Handeln Gottes, verstanden als Vergegenwärtigung des Historischen für die indivi-

Auch das abwertende Verständnis von Vision („Täuschung") ist nicht Bultmanns, sondern ausschließlich das der Männer um Julius Beck. Und den für Bultmann so aufgeladenen, im wahrsten Sinne existentialen Begriff „mythologisch" platt mit „sagenhaft" wiedergeben zu wollen, wird auch bei einer sehr wohlwollenden und weiten Interpretation der Gattung Sage Bultmanns Anliegen in keinster Weise gerecht. Das Urteil der Verfasser und ihr Appell an die Landeskirchentagsabgeordneten war klar und prägnant: *„Bultmann hat mit dem biblischen Glauben gebrochen."* Ein „Für und Wider" könne es nicht geben, es sei „die Pflicht der Kirche [...], Irrlehren als solche zu bezeichnen und zu verwerfen", zumal die „jungen Theologen" Gefahr liefen „irregeleitet [zu] werden" und den Gemeinden dann nicht mehr das lautere Wort zu verkündigen. Ja, die Briefschreiber gingen sogar noch einen Schritt weiter und riefen den status confessionis aus: „Wir erklären in aller Feierlichkeit: Es ist der ‚status confessionis' eingetreten, d. h. *es geht um das Bekenntnis."* Mit spürbarem Bedauern stellten sie fest, dass die Evangelische Kirche „weder Index [...] noch Bannstrahl" kenne; umso eindringlicher wurde „ein klares Nein", „Deutlichkeit", „ein unzweideutiges Urteil" und ein „entschiedenes Ja zur absoluten Gültigkeit der in der Hl. Schrift niedergelegten Wahrheiten" gefordert. Die „dankbar zu würdigenden" Stellungnahmen von Bischof Haug seien nicht mehr ausreichend; der Landeskirchentag selbst als „die gewählte Vertretung der Landeskirche"[130] müsse nun reden. Gleichzeitig wurden die Abgeordneten zur Eile angetrieben, der „schlichte Mann aus dem Volke" – den die Verfasser des Briefes zu repräsentieren vorgaben – habe schon zu lange warten müssen. Beck begründete auch den Schritt an die Öffentlichkeit, da „auf Grund von Erfahrungen sonst zu befürchten wäre, er [der Brief] müßte auf dem Weg über die Ausschüsse verstauben." Dies Schicksal habe wohl das im Frühjahr 1952 eingesandte Schreiben „aus unserem Kreis" mit Vorschlägen zur Pfarrersausbildung ereilt; daher erinnerten die Verfasser im letzten Abschnitt an diese Eingabe und mahnten den Landeskirchentag eindringlich zum Handeln. Der Brief endete emphatisch: Die Verfasser postulierten schlicht die gänzliche Übereinstimmung mit den Landeskirchentagsabgeordneten und sahen sich mit ihnen im Abwehrkampf vereint: „[D]er Herr der Kirche, der uns ja diese Aufgabe sichtbar vor die Füße legt, wird uns auch den Weg zeigen und die Türen öffnen und Weisheit und Kraft dazu schenken. Laßt uns, liebe Brüder, auch in diesem Stück handeln ‚getreu dem Erbe der Väter'[131]!"

Der Offene Brief 1952 stellte einen zweiten Meilenstein in der Reaktion des

---

duelle Existenz. Das Vergangene ist also wesentlich in seiner Gegenwartsbedeutung, nicht in seiner historischen Faktizität." GASSMANN, Art. Bultmann.

130 Eine kleine aber wahrnehmenswerte Abweichung vom Verfassungstext: Laut der Verfassung der Landeskirche §4 vertritt der Landeskirchentag „die Gesamtheit der evangelischen Kirchengenossen" – nicht aber „die Landeskirche". Vgl. DAS RECHT DER EVANGELISCHEN LANDESKIRCHE IN WÜRTTEMBERG, Verfassung der Evangelischen Landeskirche.

131 Vgl. §1 der Verfassung der Evangelischen Landeskirche in Württemberg.

konservativ-gemeinschaftsnahen Flügels der Württembergischen Landeskirche dar. Er nahm, ebenso wie das vorangegangene Flugblatt von 1951, die Positionen und Voten – und die Missverständnisse – des voraufgegangenen Jahrzehnts auf und verlieh ihnen in konzentrierter Form Ausdruck. An ihm zeigte sich paradigmatisch ein zentraler Punkt des weiteren Streits – dass nämlich die Konservativen, während sie gegen Bultmann anrannten, eigentlich David Friedrich Strauß und Ferdinand Christian Baur treffen wollten. Dieses Phänomen wiederholte sich beim Offenen Brief 1961 und ist bis heute in zahllosen Stellungnahmen und Pamphleten aus dem evangelikalen Spektrum anzutreffen.

2.2.2 Reaktionen

Die unmittelbaren Reaktionen auf den Offenen Brief 1952 hielten sich – anders als neun Jahre später – noch sehr in Grenzen. Landeskirchentagspräsident Paul Lechler nahm zu Beginn der nächsten Landeskirchentagssitzung kurz Stellung, signalisierte Übereinstimmung in der Ablehnung Bultmanns, wies aber gleichzeitig das Ansinnen einer schnellen öffentlichen Stellungnahme des Landeskirchentags sowie den Trödelei-Vorwurf („in den Ausschüssen verstaubt") mit deutlichen Worten zurück. Derartig gewichtige Probleme müssten nun einmal zuerst gründlich beraten werden, weshalb er, Lechler, auch diesen Offenen Brief an den zuständigen Ausschuss für Lehre und Kultus verwiesen habe[132]. Bemerkenswert ist, dass der LKT, offensichtlich auf Betreiben der Kirchenleitung, das Thema schon zwei Tage später wieder aufgriff – allerdings in nichtöffentlicher Sitzung[133]. Was beraten wurde, ist daher nicht mehr zu klären. Glücklicherweise fand aber immerhin das Antwortschreiben des LKT Eingang in die Akten des OKR[134]. Es bewegt sich ganz im Horizont des Haug'schen Hirtenbriefs: Der LKT beteuerte seine Beunruhigung ob der Tatsache, „dass ein so kenntnisreicher [...] Ausleger des Neuen Testaments wie Professor Bultmann [...] sich so augenfällig in Widerspruch setzt mit dem Wortlaut und eigentlichen Sinn der neutestamentlichen Schriften" und stellte an Bultmann die Frage, ob der Maßstab seiner Auslegung denn wirklich „durch die Heilige Schrift selbst" und nicht vielmehr durch den modernen Menschen bestimmt sei. Zwar sei den Pfarrern „das ehrfürchtigste und sorgfältigste Studium der Heiligen Schrift auch in ihrer menschlich-geschichtlichen Seite zur Pflicht" zu machen, ein „blosses Verdammungsurteil" aber sei nicht dienlich. „Es wäre weder geistlich, noch

---
132 VERHANDLUNGEN DES 4. EVANGELISCHEN LANDESKIRCHENTAGS, 1174.
133 EBD., 1257.
134 Antwort des 4. Ev. Landeskirchentags auf den Offenen Brief der Evang.-Kirchlichen Arbeitsgemeinschaft für biblisches Christentum (veröffentlicht im Evang. Lehrerboten vom 1. November 1952), datiert 14. 11. 1952. LKAS, AR Gen. 356 Ia, I Theologische Lehrfragen, A Entmythologisierung (Bultmann) 1950–1966.

fruchtbar, die hier unvermeidliche Auseinandersetzung autoritär unterbinden zu wollen." Daher schließe sich der LKT erneut der Erklärung des Landesbischofs vom 29. Januar 1951 an.

Die Verfasser des Offenen Briefes dürften mit dieser Antwort kaum zufrieden gewesen sein, zeigte sie doch abermals deutlich die Grenze auf, die die Kirchenleitung – sei es in Gestalt des Landeskirchentags, sei es in Gestalt des Landesbischofs – nicht zu überschreiten gewillt war. Landesbischof Haug erwähnte den Offenen Brief in seinem Jahresbericht für 1952 bezeichnenderweise mit keiner Silbe mehr[135].

2.3 Positionen im Bultmannkonflikt 1952

Da der Konflikt um die Theologie Bultmanns und seiner in Württemberg tätigen Schüler in den 1950er Jahren nicht nur zwischen AGBC und Kirchenleitung ausgetragen wurde, ist eine knappe Darstellung der Positionen der anderen Akteure in diesem Streit bereits an dieser Stelle notwendig. Daher werden im Folgenden die Voten des Landesbruderrates der Württembergischen Bekenntnisgemeinschaft und der Kirchlich-theologischen Sozietät sowie der Tübinger theologischen Fakultät vorgestellt.

2.3.1 Stellungnahme des Landesbruderrats

Wie schon in der Zeit des Kirchenkampfes, so erwies sich auch in der Auseinandersetzung mit der Bultmann-Theologie der Bruderrat als verlässlicher Unterstützer des Landesbischofs. Zwei Stellungnahmen, die im Frühjahr 1952 beziehungsweise im Februar 1953 in der offiziellen Zeitschrift der Württembergischen Pfarrerschaft „Für Arbeit und Besinnung"[136] veröffentlicht wurden, befürworteten jeweils die Positionen, die Bischof Haug in der Bultmanndebatte und in der Frage der Verbalinspiration vertrat. Die erste Äußerung zur Bultmanntheologie ist insofern interessant, als Joachim Beckmann sie im Kirchlichen Jahrbuch der EKD komplett abdruckte und den Text explizit in den Kontext der Bekennenden Kirche stellte:

„Gegen Ende des Jahres 1951 [sic] erschien zum ersten mal aus den Kreisen der Bekennenden Kirche eine ‚Erklärung zur Bultmannschen Theologie'. Es charakterisiert die das ganze Jahr hindurch besonders in Württemberg lebendige Spannung, dass es der Landesbruderrat der Bekenntnisgemeinschaft in Württemberg war, der sich zu einer öffentlichen Äußerung genötigt sah. Damit ist nun

---

135 Verhandlungen des 4. Evangelischen Landeskirchentags, 1296–1303.
136 FAB 6 (1952), 18–23 bzw. 7 (1953), 62–66. Beide Stellungnahmen wurden jeweils auch als Sonderdrucke veröffentlicht.

auch ein beachtliches Glied der Bekennenden Kirche Deutschlands auf den Plan getreten, und zwar mit einem kräftigen Einspruch aus dem Bewußtsein um die hier von der Kirche geforderte Entscheidung."[137]

Bemerkenswert erscheint zum einen die Wahrnehmung, es bestehe und agiere im Deutschland des Jahres 1952 noch immer eine Bekennende Kirche, zum anderen die offensichtliche Hochschätzung der württembergisch-bruderrätlichen Stellungnahme. Diese scheint durch den Text, der an keiner Stelle über die Stellungnahmen Haugs in dessen Bischofsbericht beziehungsweise Hirtenbrief hinausging, nicht wirklich gerechtfertigt.

Ganz im ductus des bischöflichen Schreibens Haugs vom Januar 1951[138] begründete der Bruderrat sein Schreiben aus der Verpflichtung des Pfarramtes, „die Botschaft vom Heil Gottes zu bezeugen, das in dem Namen, in der Person und im Werk Jesu Christi beschlossen ist"[139] und präsentierte schon am Ende des ersten Abschnitts sein (Vor-)Urteil über das „Rezept der Bultmannschen Theologie", das „die Wirklichkeit der Versöhnung, des todüberwindenden Herrn und Seiner kommenden Welt entleeren würde und infolgedessen den Menschen, denen unser Dienst gilt, nur[140] noch ein neues Selbstverständnis anzubieten wüßte?! [sic]" Im Blick auf die Gemeinden wurde festgehalten, dass zwar „nicht alle Bestreiter Bultmanns mit einer genügenden Kenntnis seiner Theologie gesprochen haben"[141], dass Bultmanns Lehre aber „die Unbefestigten zu Fall [brächte] und [...] den im Wort Gegründeten zum Anstoß" werde: „Sie verwirrt die Gewissen und zersetzt die Gemeinde." Es folgte der Dank an „Landesbischof D. Haug", der „in einem seelsorgerlichen Brief an die Pfarrer unserer Landeskirche [...] ein klares Wort der Abwehr und Warnung gesprochen" habe. Eine „Überschreitung der mit dem Bischofsamt gegebenen Befugnisse" vermochte der Landesbruderrat darin nicht zu erkennen. Ausdrücklich bedauerten die Verfasser, dass „die *Bekennende Kirche* in ihrem leitenden Gremium, dem Reichsbruderrat, die Frage ‚Kerygma und Mythos' wohl verhandelt", nicht aber öffentlich Stellung genommen habe. Mit einem weiteren Rückbezug auf den Kirchenkampf rechtfertigte der württembergische Bruderrat sein Handeln: „[V]iele Pfarrer und Laien, mit denen wir uns aus der Kampfzeit der Kirche verbunden wissen, [teilen] unsere Sicht der Lage", um dann, wiederum ganz parallel zu Haugs Hirtenbrief, mit einer ausführlichen Würdigung der Person und des theologischen Werks Rudolf Bultmanns fortzufahren – nicht, ohne abermals den Kirchenkampf, d. h. Bultmanns Zugehörigkeit zur Bekennenden Kirche zu

---
137 KJ 78 (1952), 216.
138 Vgl. oben 43.
139 Soweit nicht anders angegeben beziehen sich alle Zitate des folgenden Abschnitts auf KJ 78 (1952), 216–221.
140 Dies schlichte „nur" offenbart den ganzen Dissens bzw. möglicherweise das Unverständnis gegenüber Bultmanns Ansatz.
141 Man wird wohl mit einiger Sicherheit annehmen dürfen, dass hier auf das zwar engagierte, aber doch reichlich grobschlächtige Flugblatt „Es geht um die Bibel" angespielt wird.

erwähnen. Die Kritik richtete sich – auch hier analog zu Haug – gegen den falschen Grundansatz: Nicht die Absicht zu interpretieren sei falsch, sondern die Basis, wonach „Ausgangspunkt und Ziel [der Theologie bei Bultmann, d. Verf.] das ‚Selbstverständnis' des Menschen" bilde. Wenig überraschend kam der Bruderrat denn auch zum gleichen Ergebnis wie der Bischof: „[W]ir sehen uns durch das Bultmannsche Programm der ‚Entmythologisierung' vor die *Entscheidung* gestellt, ob wir das volle, ungekürzte [sic] Evangelium oder einen philosophisch gefärbten Extrakt desselben auf die Kanzel tragen wollen." Interessant mag noch die Feststellung sein, dass sich unter den 13 Unterzeichnern zwei Laien finden, einer davon Paul Heiland. Er wird 16 Jahre später in der unmittelbaren Vorgeschichte zur Gründung der Kritischen Kirche eine wichtige Rolle spielen.

Der Vollständigkeit halber sei noch erwähnt, dass der württembergische Landesbruderrat im darauffolgenden Jahr eine kurze Stellungnahme „Zur Frage der Verbalinspiration"[142] veröffentlichte. Auch hier entsprach Position und Argumentation dem von Landesbischof Haug in der Synode Vorgetragenen[143].

2.3.2 Ernst Fuchs und die Kirchlich-theologische Sozietät[144]

Auch im Falle der Kirchlich-theologischen Sozietät in Württemberg kommt man nicht umhin festzustellen, dass die Fronten Anno 1952 ebenfalls noch immer in etwa so verliefen wie Anno 1934[145]: Die Sozietät sah den Landesbischof, seine Handlungen, Haltungen und Verlautbarungen kritisch. Haug beschrieb in seinem Synodalbericht für 1951 detailliert die Reaktion der Sozietät auf seinen Hirtenbrief wobei die Verbindung von Ernst Fuchs und der Sozietät nicht näher erläutert wurde:

„Scharfen Widerspruch gegen meine Ausführungen vor dem Landeskirchentag erhob Dozent D. Ernst Fuchs in Tübingen [...]. Lebhaft diskutiert wurde die Bultmannfrage und meine Stellungnahme [...] in den Reihen der Kirchlich-Theologischen Sozietät. Sie hat mich auf Peter und Paul [1951] zu einer Aussprache [...] eingeladen. [...] Zu dieser Aussprache war auch D. Fuchs und eine große Zahl Tübinger Theologiestudenten erschienen. Wir sprachen am Vormittag über prinzipielle Fragen der Auslegung des Neuen Testaments an Hand eines Referats von Pfarrer Hermann Diem, der den Barthschen Standpunkt vortrug

---

142 Zur Frage der Verbalinspiration. Äußerung des Landesbruderrats der Evang. Bekenntnisgemeinschaft Württemberg. In: FAB 7 (1953), Heft 4 (15. 2. 1953). Ebenfalls als Sonderdruck verfügbar. Wieder abgedruckt in KJ 79 (1953), 66–70.
143 Vgl. oben 52.
144 Zur Position und zum Agieren der Sozietät vgl. auch Wassmann, Fall.
145 Laut Thierfelder bestand die Sozietät seit 1930, auch wenn sie den Namen erst seit 1936 führte, vgl. Thierfelder, Art. Sozietät.

[...]. Am Nachmittag kam es zu einer Aussprache mit D. Fuchs über die Auslegung von Röm 4, 23–25, wobei ich die Frage an D. Fuchs stellte, ob hier mit dem Zeugnis des Paulus von der Auferstehung unseres Herrn Jesus von den Toten ein reales Handeln Gottes an dem Gekreuzigten und durch ihn an uns gemeint oder ob das paulinische Zeugnis von der Gottestat der Auferweckung Jesu von den Toten nur ein mythologischer Ausdruck für die Bedeutsamkeit des Kreuzes für uns sei, wie Bultmann meine. Die Aussprache ergab keine Klarheit."[146]

Da Fuchs im Rahmen einer Sozietätstagung am 29. Juni in Pfäffingen[147] eine öffentliche Diskussion mit dem Landesbischof führte, kann wohl davon ausgegangen werden, dass die Sozietät Fuchs als einen der ihren, um nicht zu sagen als einen ihrer Wortführer betrachtete[148]. Da Fuchs zudem, ehe 1959 Ernst Käsemann nach Tübingen kam, die „Figur" war, auf die sich die Ablehnung der pietistisch-konservativen Kreise konzentrierte, sei hier seine Position dargestellt[149].

Ernst Fuchs hat seinen Standpunkt im Streit um Bultmann 1954 unter dem Titel „Das Programm der Entmythologisierung" veröffentlicht. Die 17-seitige Streitschrift erschien als Heft 3 der „Schriftenreihe der Kirchlich-theologischen Sozietät in Württemberg" – ein weiteres Indiz dafür, dass Fuchs für die Sozietät sprach. In drei Fragekreisen wollte Fuchs das Konzept Bultmanns vorstellen: „Was ist die Entmythologisierung [und] wohin gehört sie? [... W]as tut sie? [... W]as soll die Entmythologisierung?"[150]. Dabei ging er von der These aus, dass „[u]nter Entmythologisierung in der neutestamentlichen Wissenschaft die konsequente Analyse des Weltbildes der neutesta-

---

146 VERHANDLUNGEN DES 4. EVANGELISCHEN LANDESKIRCHENTAGS, 1077.
147 In den Akten des Oberkirchenrats finden sich ausführliche Protokolle (einige davon bedauerlicherweise in Steno). Der dort gehaltene Vortrag von Hermann Diem „Kanon, Schriftlehre und biblische Hermeneutik" liegt als Manuskript bei, das Co-Referat von OKR Wolfgang Metzger ist nur im Protokoll von „Vikar [Manfred?] Stohrer" wiedergegeben, ebenso die lebhafte Diskussion zwischen Landesbischof Haug, Diem, Metzger, Fuchs, aber auch Pfr. Schick, Gomaringen, Pfr. Traub der reformierten Gemeinde Stuttgart u. a. Der Protokollant vermerkte noch „Die Tagung war vor allem von Tübinger Studenten stark besucht." LKAS, AR Gen. 356 Ia Handakten Landesbischof Haug, darin: Handakten Landesbischof Haug Entmythologisierung – Schriftwechsel 1949–1951. Der Vortrag Diems, den er Haug vorab zusandte, sei „ein Abschnitt aus einem größeren Buch: Theologie als kirchliche Wissenschaft. Handreichung zur Einübung ihrer Probleme, das ich eben zum Druck fertig mache – und ich werde manches kürzen und in die Redeform übersetzen müssen." Brief Diem an Haug, 23. 5. 1951. Vgl. DIEM, Theologie I, 91–111 (§11 Biblische Hermeneutik). Wassmann hat für seine Darstellung der Pfäffinger Tagung zudem Zeitzeugenaussagen sowie eine Übertragung des stenografierten Protokolls von Wolfgang Metzger herangezogen; vgl. WASSMANN, Fall, 166, Fn. 160.
148 Schon unter den fünf „Predigten aus Württemberg" von 1936 (TEH 1936, 38), allesamt aus dem Umfeld der Sozietät, ist eine von Ernst Fuchs (15–21). Als „Exponent" der Kirchlich-theologischen Sozietät apostrophiert ihn Johannes Wischnath in seinem ungemein aufschlussreichen und quellengesättigtem Aufsatz vgl. WISCHNATH, Wendepunkt, 51.
149 Zur Rolle von Ernst Fuchs in jenen Jahren vgl. WISCHNATH, Wendepunkt.
150 FUCHS, Programm, 4.

mentlichen Verkündigung"[151] zu verstehen sei, die aber „nur Rahmenarbeit"[152] leiste. Schon hier wäre zu fragen, ob Fuchs in seinem Bemühen, gegen „Widerstände gegen die Arbeit der Entmythologisierung, [die] nicht nur mit Methodenfragen, sondern auch mit falschen und verhängnisvollen Glaubensauffassungen zusammenhängen" anzugehen, nicht Bultmanns Ansatz unzulässig verkürzte. Fuchs konzentrierte sich ganz auf die Abgrenzung der neutestamentlichen Wissenschaft gegenüber der Auslegung und der Predigt. Er reduzierte das Entmythologisierungsprogramm auf eine rein historisch-explorative Methode der Wissenschaft, auf die Analyse der neutestamentlichen Zeit- und Ideengeschichte und vernachlässigte dabei m. E. Bultmanns Intention, den Glaubenden durch konsequente Entmythologisierung der neutestamentlichen Verkündigung auf ihren existentialen Kern in die Entscheidungssituation zu führen, die ihm die Möglichkeit des neuen Seins, im Glauben durch Gottes Gnade befreit aus der Weltverfallenheit[153], offenbaren würde.

Fuchs schlug einen großen Bogen von der „jungen" Disziplin der *neutestamentlichen Wissenschaft* über die schon im Neuen Testament angelegte und (in Bezug auf die Schriften des Alten Testaments) praktizierte *Auslegung* zur *christlichen Predigt*[154]. Diese habe „nur einen einzigen Text. Dieser Text heißt und ist Jesus selber. Auf ihn wartete das Alte Testament [...]. Ihn legt das Neue Testament aus". Deshalb gelte christliche Bibelauslegung immer „nur Einem – sie galt immer Jesus selber" und nicht etwa dem Weltbild Jesu. Die Funktion der universitären neutestamentlichen Wissenschaft gegenüber der kirchlichen Predigt sah Fuchs in der Kritik. Diese sei notwendig, da, wie „die unevangelische Zunahme der liturgischen Bewegung"[155] zeige, „die Predigt ihrer Predigtaufgabe nicht mehr in zureichendem Maße" nachgekommen sei. Aufgabe der Predigt sei „die Begegnung mit Jesus selbst", nicht „wahllos Historien erzähl[en]." Die neutestamentliche Wissenschaft müsse aber nicht nur Kritik an einer unevangelischen Predigt üben, sondern auch am Evangelium selbst, so dieses die Erinnerung an die Fehlbarkeit seiner Akteure (wie beispielsweise die Apostelgeschichte im Blick auf Petrus) verwische[156]. Dann aber verstieg sich Fuchs zu einer etwas seltsam anmutenden logischen Kette: Sogar Kritik an Jesus selbst sei angemessen, da schon Paulus Jesu Kreuz als ein Ärgernis bezeichne. Jeder, der sich über Jesus, ja über Gott selbst ärgere, kritisiere diese: „Wir kritisieren Gott, weil er Sünde und Leid zuläßt"[157]. Diese Kritik sei aber gottgewollt, weil sie uns zur Kritik an uns selbst verhelfe. „Dann wäre uns Jesus auch zu dem Zweck gesandt, uns in die ernstliche Kritik an uns

---

151 EBD., 3.
152 EBD., 4.
153 Vgl. oben 58, Fn. 126.
154 FUCHS, Programm, 5 f.
155 EBD., 9.
156 EBD., 8.
157 EBD.

selbst zu führen. Wenn wir uns aber an Jesus stoßen sollen, so darf auch die neutestamentliche Wissenschaft davon nicht ausgenommen werden."[158] Fuchs Gleichsetzung von (zumal wissenschaftlicher) Kritik und dem Ärgernis des Kreuzes bliebt unerläutert und unbegründet.

Nach dieser Rechtfertigung der Kritik als eminent evangelisch, definierte Fuchs anschließend Entmythologisierung an sich als Kritik an einer „falsche[n], [...] verkehrte[n] Begegnung mit Jesus"[159]. Um dies zu illustrieren, stellte Fuchs am Beispiel der synoptischen Ostererzählungen im Folgenden einerseits die – als inkonsequent und unlogisch qualifizierten – Argumente der Gegner für ein Festhalten am Bibeltext, andererseits die eigentliche, entmythologisierte Botschaft des Evangeliums dar: Die Begegnung verschiedener Menschen (Petrus, Johannes, Magdalena u. a.) mit dem Auferstandenen. Polemisch führte Fuchs das Argument der „Gegner der Entmythologisierung"[160] vor, es komme nicht auf die Besonderheiten der einzelnen Evangelien an, „sondern hauptsächlich auf das Ereignis der Auferstehung Jesu"[161]. Genau dieses Ereignis werde aber, genau genommen, in keinem der Evangelien berichtet, sondern nur die auf dieses Ereignis folgenden Erlebnisse des Jüngerkreises, was die Entmythologisierungsgegner jedoch nicht daran hindere, „an möglichst vielen Tatsachen dieser Art, die sie Heilstatsachen nennen, fest[zu]halten. In der römischen Kirche kommt neuerdings das Dogma von der leiblichen Himmelfahrt Mariens dazu."[162] Den Gegnern fehle es schlicht „an der methodischen Besinnung"[163] und auch die Frage, wer letztlich entscheide, was als Heilstatsachen zu glauben sei, sei in der evangelischen Kirche nicht entschieden.

Hier könne die neutestamentliche Wissenschaft durch ihr Hinweisen auf die literarische Qualität der Evangelien hilfreich eingreifen, indem sie die Ostererzählungen als „Predigten in Kurzform" verständlich mache. Dies führe dann zu der Erkenntnis, dass die Evangelisten in einem Weltbild beheimatet waren, das uns Heutigen nicht mehr eigen ist. Dieses Weltbild sei aber mitnichten Inhalt ihres Glaubens, sondern lediglich „selbstverständliche Voraussetzung des Denkens"[164] gewesen. Dem Evangelium zentral sei nicht das Welt*bild*, sondern Gottes *Wort*, das es zu hören gelte. Dieses Wort sei „die hocherfreuliche Wahrheit, daß wir Jesus nicht in den Gräbern, nicht in der Erde, überhaupt nirgends *suchen* sollen, sondern daß Er uns *sucht* und besucht, wie er seine Jünger suchte und besuchte."[165] Für Fuchs war damit jedes Festhalten und Starren auf vermeintliche Heilstatsachen zutiefst unevange-

---

158 EBD.
159 EBD., 9.
160 EBD., 11.
161 EBD.
162 EBD.
163 EBD., 12.
164 EBD., 13.
165 EBD., 14.

lisch, da es allein auf das Hören ankomme: „Was hört der Glaube? Er hört Jesus, den historischen Jesus sprechen: *Ich bin bei dir!* Das *ist* das ganze Evangelium."[166]

Ziel der Entmythologisierung ist nach Fuchs ein dreifaches: Sie solle „uns zu Jesus führen"[167] und damit gleichzeitig Predigthilfe sein. Und sie solle helfen, „daß wir uns nicht in überholte [sic], zeitbedingte [sic] Vorstellungen der Bibel verfangen, sondern an der Frage nach dem Weltbild zu unterscheiden lernen, was zum Inhalt des Glaubens gehört und was nicht."[168] Den Widerstand gegen die Entmythologisierung fand Fuchs „nicht überzeugend" und wunderte sich, dass nicht „jeder, der seine ganze Hoffnung auf Gott setzen möchte, [froh sei,] wenn er merkt, daß ihm Jesu Besuch angekündigt wird". Schließlich sei nicht Gott entmythologisiert worden, „sondern eine auf überholte Weltvorstellungen nicht achtende, das Neue Testament […] mißverstehende Verkündigung."[169] In einer letzten Schleife interpretierte Fuchs diesen Widerstand als Furcht vor der Nähe Jesu, mithin einen „versteckten Unwillen gegen Gott."[170] Auch bei Fuchs fand sich schließlich der Rückbezug zur Kirchenkampfzeit, wenn er fragte, ob es eben diese „Furcht vor der Furcht vor Gott [sei, die] uns schon in der Zeit vor 1945 so heillos lähmte und einem bösen Geist zur Herrschaft verhalf?"[171] Bemerkenswert, dass ein Verfechter der Entmythologisierung und der Rationalität im Blick auf die NS-Zeit just von einem „Geist" spricht. Fuchs endete mit einer Exhortatio, die gleichermaßen verteidigend wie evangelistisch war: „Nicht ein Weltbild, sondern der lebendige Gott will von uns geglaubt sein."[172]

Es bleibt die Frage, warum Ernst Fuchs von den konservativen Kreisen in der Landeskirche als anstößigstes und prominentestes Ärgernis angesehen wurde[173]. Seine polemischen Spitzen mochten nicht gerade deeskalierend und versöhnend wirken, in der Sache jedoch nahm er einen eminent kirchlichen, die Verkündigung Christi in den Mittelpunkt stellenden Standpunkt ein. Systematisch betrachtet erscheint seine Darstellung der Entmythologisierung als „konsequente Analyse des ntl. Weltbildes" und „nur Rahmenarbeit" gegenüber Bultmanns Ansatz der existentialen Anrede des Menschen etwas verkürzend – was Fuchs allerdings nur den Vorwurf, zu verharmlosen, nicht aber, die Jugend zu verderben hätte eintragen dürfen. Im Kern blieb auch bei Fuchs die fundamentale Differenz bestehen zwischen jenen, die wie Martin Haug und den Gemeinschaftsmännern an den „Heilstatsachen" als unver-

---

166 EBD., 15.
167 EBD., 16.
168 EBD.
169 EBD., 17.
170 EBD.
171 EBD.
172 EBD.
173 Vgl. Aktennotiz zum Gespräch zwischen den Verfassern des Flugblatts und dem OKR am 14. 1. 1952; LHA, Ordner „L.Hofacker-Kreis 1951–1969".

zichtbaren Glaubenswahrheiten festhielten, und den Bultmannianern, die sich am verkündigten Christus genügen ließen.

2.3.3 „Für und Wider die Theologie Bultmanns. Denkschrift der Ev. theol. Fakultät der Universität Tübingen"[174]

Die stärkste und nachhaltigste Wirkung hatte zweifellos das Gutachten der Tübinger Fakultät, das dem Landeskirchentag am 11. März 1952 vorgelegt wurde[175]. Ein wenig erstaunlich erscheint zunächst, dass diese Denkschrift nicht von den Neutestamentlern der Tübinger Fakultät Otto Michel[176] und Otto Bauernfeind (als Fachkollegen Bultmanns) erstellt worden war, sondern von den Kirchenhistorikern Hanns Rückert[177] und Gerhard Ebeling[178]. Erklären mag Rückerts Autorenschaft sein von der deutsch-christlichen Vergangenheit offensichtlich unbeschädigter Einfluss an der Fakultät: Helmut Thielicke, zu jener Zeit Inhaber des Lehrstuhls für Systematische Theologie,

---

174 UNIVERSITÄT TÜBINGEN, Fakultätsdenkschrift. Eine umfassende und ungemein spannende Darstellung der Genese der Denkschrift auf Grundlage der im Universitätsarchiv Tübingen lagernden Dokumente liefert WISCHNATH, Wendepunkt. Hier findet sich auch eine aufschlussreiche Darstellung des Konflikts um Ernst Fuchs zwischen der Tübinger Fakultät und der württembergischen sowie der rheinischen Kirchenleitung. Die knappe Darstellung der Ereignisse in Albrecht Beutels instruktiver und gut lesbaren Ebeling-Biographie weist leider zahlreiche Ungenauigkeiten und Fehler auf; so ist beispielsweise Hanns Rückert 1952 nicht, wie von Beutel behauptet, „Fakultätsvertreter" im 4. LKT, sondern erst ab 1954 im 5. LKT, vgl. EHMER / KAMMERER, Handbuch, 305. Bedauerlich ist, dass Beutel zwar erstmalig eine interessante „Chronik der Bultmann-Fuchs-Sache in Württemberg" von 1986 aus dem Nachlass Ebelings auswertet, den Aufsatz Wischnaths aber nicht zur Kenntnis genommen hat. Gänzlich unverständlich ist, dass Beutel den konkreten Anlass sowohl des Haug'schen Hirtenbriefs als auch der Denkschrift, nämlich das Flugblatt von 1951, mit keinem Wort erwähnt und nur diffus und unzutreffend von „Klagen über den als atheistisch [!] diffamierten Einfluß" Bultmanns, die von „neu[sic!]pietistischen Kreisen forciert[]" worden seien, spricht. BEUTEL, Ebeling, 159–161, 159.
175 Vgl. VERHANDLUNGEN DES 4. EVANGELISCHEN LANDESKIRCHENTAGS, 1087. Im Rahmen der anschließenden Aussprache über den Bischofsbericht nahmen verschiedene Abgeordnete auch zu der Denkschrift Stellung vgl. VERHANDLUNGEN DES 4. EVANGELISCHEN LANDESKIRCHENTAGS, 1087–1104.
176 Zu Michels Rolle bei der Entstehung des Fakultätsgutachtens und danach vgl. WISCHNATH, Wendepunkt.
177 Synodalpräsident Paul Lechler leitete die Verlesung der Denkschrift mit dem Hinweis ein, nicht der gewählte Vertreter der Fakultät, Prof. Karl Fezer, werde die Denkschrift vortragen, sondern Rückert, der sie „in ihren Grundzügen selbst entworfen hat." VERHANDLUNGEN DES 4. EVANGELISCHEN LANDESKIRCHENTAGS, 1087. Rückert hat die Denkschrift später in seiner Aufsatzsammlung veröffentlicht: RÜCKERT, Vorträge, 404–433. Für diesen Hinweis danke ich Gisa Bauer.
178 Das Archiv der Universität Tübingen bewahrt den Nachlass Rückerts auf. Im Repertorium ist zu der Denkschrift vermerkt: „Gemeinsam verfaßt mit Gerhard Ebeling und am 11. 3. 1952 von Rückert Hanns vor dem Landeskirchentag verlesen" UAT, Bestand 207: Nachlass Hanns Rückert (1901–1974), Anhang 2: Veröffentlichungen 1924–1972, 1952 , Anh 2,73.

bezeichnete Rückert als „die wohl zentrale Figur"[179] beim Neubeginn 1945. Otto Michel berichtete in seiner Autobiografie, es seien für diese Denkschrift zwei Entwurfsversionen ineinander gearbeitet worden, ohne allerdings Verfasser oder Inhalte zu benennen[180]. Er erwähnte enigmatisch – wie häufiger in seiner Autobiografie – dass auch von ihm ein Entwurf erwartet worden sei, er diesen aber nicht beigebracht habe, was ihn einige Sympathien gekostet habe. Gerhard Ebeling, 1945 bis 1947 zunächst Assistent Hanns Rückerts, 1947 bis 1954 Professor für Kirchengeschichte, ab 1954 für Systematik[181] und enger Freund von Ernst Fuchs, wurde von Rückert hinzugezogen. Ebeling, zu jener Zeit Dekan der Tübinger Fakultät, erklärte später, er habe vor allem die Annahme der Denkschrift durch den Fakultätsrat bewirkt[182]. Laut Rückert stammte jedoch „[d]er Absatz ‚Der Glaube und die Heilstatsachen' [...] in der Formulierung ganz von G. Ebeling."[183]

Sowohl aus den Synodalprotokollen als auch aus der Denkschrift selbst geht hervor, dass sie auf „Anregung der Kirchenleitung"[184], genauer wohl auf Veranlassung Martin Haugs[185] entstanden ist. Zu den Voraussetzungen, die die Denkschrift in Ton und Inhalt ganz offensichtlich prägten, gehörte das Flugblatt „Es geht um die Bibel". Dies nicht nur insofern, als es laut Haugs Bericht ihn zu seiner Bitte an die Fakultät um eine Stellungnahme unmittelbar veranlasst hatte, sondern auch als Folie, vor der die Tübinger Theologen ihre Position entfalteten – sei es, wenn sie um das Vertrauen der Gemeinde warben, Geduld forderten, oder sei es, wenn sie im letzten Abschnitt ganz direkt den Pietismus angriffen, dessen „kirchlicher Geltungsanspruch [sich] zu immer größerer Ausschließlichkeit"[186] gesteigert habe[187].

---

179 THIELICKE, Gast, 215.
180 MICHEL, Anpassung, 109. Laut Beutel sind „[a]m 31. Januar 1952 [...] Köberle und Rückert mit der Erstellung von Entwürfen beauftragt worden." BEUTEL, Ebeling, 160, leider ohne Beleg der Behauptung; was aus Köberles Entwurf wurde, berichtet Beutel nicht. Wischnath hingegen erwähnt schriftlich niedergelegte „Überlegungen" des Systematikers Adolf Köberle, die aber gegen den „viel weiter ausgreifenden und überzeugend formulierten Entwurf" Rückerts und Ebelings „nicht ernstlich in Betracht" gekommen seien (WISCHNATH, Wendepunkt, 60). Möglicherweise bezog Michels Bemerkung auf diesen Text; eine Zusammenführung der beiden Entwürfe (Köberle bzw. Rückert-Ebeling) hat aber sicher nicht stattgefunden.
181 Vgl. BEUTEL, Ebeling, 539f. („Zeittafel")
182 EBELING, Weg, 52f. <http://www.hermes.uzh.ch/publications/Hermeneutische-Blaetter/HB 2006_Ebeling.pdf> (16.6.2011).
183 RÜCKERT, Vorträge, 404, Fn. 1. Beutel beschreibt die Denkschrift undifferenziert als Gemeinschaftsleistung Ebelings und Rückerts, ergänzt jedoch maliziös: „Rückert betrachtete die Denkschrift als sein eigenes Werk: Das Autorenhonorar ging allein an ihn". Ebelings Einbeziehung in den Entstehungsprozess bzw. seinen Anteil am Text der Denkschrift wird jedoch nicht präzise erläutert. BEUTEL, Ebeling, 160.
184 UNIVERSITÄT TÜBINGEN, Fakultätsdenkschrift, 3.
185 Vgl. oben 51.
186 UNIVERSITÄT TÜBINGEN, Fakultätsdenkschrift, 44.
187 Vgl. den erläuternden Brief von Hanns Rückert an Pastor Hermann Haarbeck, Präses des Gnadauer Verbandes vom 15. 5. 1953: „Der letzte Absatz ist unmittelbar veranlasst durch die

Die Denkschrift gliederte sich in fünf Abschnitte von recht unterschiedlicher Länge und theologischem Gewicht. Nach einer kurzen Einleitung, die den „Geist[] des gegenseitigen Vertrauens und der inneren Verbundenheit"[188] zwischen Fakultät und Landeskirche betonte und die enge Verbindung und Zusammengehörigkeit von Theologie und Kirchenleitung beschwor, begann Rückert den Hauptteil mit einem weiten theologiegeschichtlichen Bogen. Unter der Prämisse „[d]ie gegenwärtige Krise der Theologie wird ihrem Wesen nach verkannt, wo man meint, sie sei durch R. Bultmann *hervorgerufen*"[189], begann ein Durchgang durch die Geschichte, denn „[d]as große Thema der Theologie ist seit mehr als zwei Jahrhunderten die Auseinandersetzung mit der Aufklärung und mit dem neuen, auf Vernunft und Erfahrung begründeten Verständnis der Welt und des Menschen"[190]. Während die katholische Theologie diese Herausforderung mit einer „Restauration der Scholastik" beantwortet habe, habe die evangelische Theologie die Herausforderung angenommen, sich Aufklärung, Idealismus und Romantik gestellt und es gewagt, „die christliche Wahrheit in den Denkformen der Neuzeit auszusagen."[191]. Besonders einschneidend sei dabei „die Übernahme der philologisch-historischen Methode und ihre durchgängige Anwendung auf die Bibel"[192] gewesen. Hier wie auch sonst sei es zu manchen Fehlentwicklungen gekommen, die aber „durch die ständige Selbstkontrolle und Selbstkorrektur der Forschung" bald behoben worden seien. Im Ergebnis müsse man „mit Dank bekennen, daß durch die historisch-kritische Methode lebendige Einsichten in die Tiefe der biblischen Offenbarung gewonnen worden sind, die wir nicht mehr her-

---

Flugblätter, die im Winter 1951/52, unterzeichnet von einigen als zum Pietismus gehörig bekannten Männern des Landes, in Württemberg verbreitet worden waren und scharfe Angriffe gegen die Theologie der Fakultäten und insbesondere der Tübinger Fakultät enthielten. Sätze aus diesen Flugblättern schweben der Denkschrift vor, wenn sie […] davon spricht, es gäbe [sic] im Pietismus Kreise, die diejenigen als ‚Ungläubige' ansehen, die nicht in ihrem Sinn, d. h. im Sinn der Verbalinspiration, ‚Bibelgläubige' sind. Wären diese Flugblätter nicht erschienen, so wäre der letzte Absatz der Denkschrift bestimmt nicht geschrieben worden. Er ist also als Verteidigung, nicht als Angriff gemeint. Auch in dieser Lage, wie sie damals, im März 1952, gegeben war, geht die Denkschrift von der Voraussetzung aus, daß es begrenzte, zahlenmäßig vielleicht gar nicht erhebliche Kreise im württembergischen Pietismus sind, die jene Denkweise der Unduldsamkeit vertreten. Die Denkschrift hat nie daran gedacht, dem Pietismus als Ganzem oder auch nur dem württembergischen Pietismus diese Gesinnung unterzuschieben." Zitiert bei BAUER, Bewegung, 259. Rätselhaft bleibt dennoch, dass Rückert sich zu diesen theologisch unnötigen und politisch höchst unklugen Formulierungen im letzten Kapitel der Denkschrift hatte hinreissen, und dass die anderen Mitglieder der Fakultät diese hatten passieren lassen.
188 UNIVERSITÄT TÜBINGEN, Fakultätsdenkschrift, 3.
189 EBD., 5.
190 EBD.
191 EBD., 6.
192 EBD., 7.

geben können und dürfen"[193]. Rückert fasste Ertrag und Anspruch der biblischen Theologie zusammen:

> „Die philologisch-historische Methode hat sich im Laufe des 19. und beginnenden 20. Jahrhunderts in der gesamten evangelischen Theologie durchgesetzt. Wer sich gegen sie wendet, wendet sich gegen die Theologie und gegen die wissenschaftlich-theologische Ausbildung der Pfarrer überhaupt".

Hierin seien sich, so versicherte Rückert, alle Tübinger „theologischen Lehrer" einig. Eher nebenbei denunzierte Rückert die „Lehre von der Verbalinspiration": Sie werde dem eigentlichen Wunder, nämlich dem „wirklichen Eingehen Gottes in die Geschichte, d[em] Geheimnis der Fleischwerdung des Wortes" nicht gerecht. Für die Zeit zwischen den Kriegen hob Rückert Karl Barths Römerbrief und Karl Holls Lutheraufsätze als inspirierende Neuaufbrüche der Theologie hervor, die dann aber durch den Aufstieg des Nationalsozialismus und die daraus entstehende „Bedrohung der christlichen Substanz"[194] jäh abgebrochen seien. Der „Kirchenkampf" habe zu einem Stillstand in der theologischen Diskussion geführt. In der Krise um Bultmanns Theologie werde die Kontroverse um die liberale Theologie nun fortgesetzt; die Krise sei „nicht *Ursache*, sondern *Symptom*" und habe sich notwendig aus der Entwicklung der Theologie „seit Schleiermacher und F. Chr. Baur"[195] ergeben.

Schon in diesem ersten Abschnitt wird die Handschrift Rückerts eminent deutlich. Die historische Herangehensweise zeichnet den Kirchenhistoriker aus und durch die Bezugnahme auf Holl, Baur und Schleiermacher zeigte er seinen eigenen theologischen Hintergrund auf, war er doch bekanntermaßen Lieblingsschüler[196] und Nachfolger Karl Holls[197] in Berlin und (indirekt) in Tübingen. Holl seinerseits sah sich erklärtermaßen als verspäteter Schüler Baurs[198]. Baur wiederum stand in seiner frühen Schaffenszeit maßgeblich unter dem Einfluss Schleiermachers[199]. Rückerts großes Thema war in seinem gesamten theologischen Oeuvre die Auseinandersetzung mit dem Liberalismus beziehungsweise der liberalen Theologie[200].

Im zweiten Abschnitt weitete Rückert den Blick von zwei auf zwanzig

---

193 EBD., 8.
194 EBD., 9.
195 EBD., 11.
196 „Rückert ist Holls Lieblingsschüler, der ihn sehr hoch einschätze, und das mit Recht." Hans Lietzmann an Gerhard Kittel, 10. 2. 1930. Zitiert nach BRÄUER, Gehorsam, 205.
197 EBD., 207.
198 Vgl. KÖPF, Art. Baur, 1185. Sowohl Baur als auch Holl waren Vorgänger Rückerts und Ebelings auf den Tübinger Lehrstühlen für Kirchen- und Dogmengeschichte. Vgl. die schön kommentierte Liste der Tübinger Kirchenhistoriker auf der Homepage der Universitätsbibliothek Tübingen <http://www.ub.uni-tuebingen.de/fachgebiete/sondersammelgebiete/ssg-1-theologie/theologie-in-tuebingen/ev-kirchenhistoriker.html> (16. 6. 2011).
199 KÖPF, Art. Baur, 1183.
200 Vgl. WESSELING, Art. Rückert.

Jahrhunderte Geschichte der christlichen Theologie, die lehre „daß es in ihr keinen Stillstand und keinen Abschluß gibt. Die Erkenntnis *einer* Generation ist oft in der nächsten schon veraltet."[201] Ziel aller Theologie sei „die volle, unverkürzte Erfassung der Christus-Offenbarung in den Denk- und Anschauungsformen dieser bestimmten Zeit"[202], die aber niemals *ganz* erreicht werde. Sogar „die Theologie der Größten, eines Augustin oder eines Luther, war nicht *die* Theologie schlechthin, sondern Durchgangspunkt einer bis heute unabgeschlossenen Entwicklung." Dabei sei die theologische Forschung als ein beständiges Pendeln zwischen „dem Text der heiligen Schrift und den Denkformen des modernen Menschen"[203] vorzustellen. Der Theologe laviere stets zwischen dem Bemühen um eine „den Menschen von heute wirklich treffende Auslegung" und der Gefahr, „aus vermeintlicher Treue gegen den Text diesen nur nachzusprechen, statt ihn auszulegen". In fein abgemessenen Argumentationsschritten führte Rückert den Leser beziehungsweise die synodalen Ersthörer der Denkschrift an die Bultmann-Problematik heran. Indem er zunächst die behauptete Bultmann-Krise in die wesentlich größere Liberalismus-Krise einordnete, relativierte er die vermeintliche Sündenlast Bultmanns und verteilte sie auf mehrere Schultern. Indem er dann die Relativität und Zeitgebundenheit *jeglicher* theologischer Erkenntnis herausstellte, relativierte er auch das vermeintliche Gefahrenpotential der Bultmann-Theologie und betonte zugleich die Selbstkontroll- und Selbstkorrekturmechanismen der theologischen Wissenschaft, die einer kirchlich-lehramtlichen Kontrolle weder bedürften noch sie dulden könnten. Allerdings wehrte er zugleich dem Vorwurf, Kirche und Theologie verkämen „zu einem Sprechsaal [...] in dem alle möglichen Meinungen in uneingeschränkter Redefreiheit das Wort führen können" und führte als Beleg die Mitwirkung der Fakultät am jüngst verabschiedeten Lehrzuchtgesetz der Landeskirche[204] sowie ein Gut-

---

201 UNIVERSITÄT TÜBINGEN, Fakultätsdenkschrift, 11.
202 EBD., 12.
203 EBD., 13.
204 Verabschiedet am 1. 2. 1951. Das zuweilen als „lex baumann" apostrophierte Lehrzuchtgesetz verdankte sich der Erfahrung der Machtlosigkeit der Kirchenleitung gegenüber den DC-Pfarrern. Diese hatten nicht wegen ihrer (Irr-)Lehren des Dienstes enthoben werden können, sondern allenfalls auf Grundlage von §57 des Pfarrergesetzes, wonach ein Pfarrer in den Wartestand versetzt werden kann, „wenn seine Stellung in der Gemeinde oder in einem sonstigen Arbeitsbereich unhaltbar geworden ist und ein gedeihliches Wirken in einer anderen Gemeinde oder in einem anderen Arbeitsbereich zunächst nicht erwartet werden kann oder die Versetzung auf eine andere Stelle aus anderen Gründen nicht möglich erscheint". Schon kurz nach seiner Verabschiedung wurde dieses Gesetz auf den katholisierenden Pfarrer Richard Baumann angewandt, gegen den – auf sein eigenes Drängen hin – ab April 1951 ein Lehrzuchtverfahren eröffnet wurde, das mit seiner Entlassung aus dem Dienst endete. Zum „Fall Baumann" vgl. dessen eigene Darstellung in: BAUMANN, Lehrprozeß. Harry Wassmann hingegen stellte unter Verweis auf eine Äußerung Paul Schempps die These auf, das Lehrzuchtgesetz sei eine „Anti-Bultmann-Dosis" gewesen, es sei „mit den Entwicklungen des Jahres 1950 ins Fahrwasser der sich ausbreitenden Anti-Bultmann-Stimmung" geraten. In der Tat finden sich in den Diskussionen des Landeskirchentages zum Entwurf und zur Verabschie-

achten „zu einem bestimmten Fall [...], daß er unter dieses Gesetz falle"[205] an[206]. Rückert fasste den Inhalt des zweiten Abschnitts mit der Absicht zusammen, „die aus dem Wesen der Theologie abzuleitenden Perspektiven festzulegen, unter denen diese Auslegung [des Evangeliums] geschehen muß, wenn sie sachgemäß sein soll."

Im dritten Teil unternahm es Rückert, Bultmanns Position, die „im Schnittpunkt" der „Überlieferung des Liberalismus"[207] und der „Hinwendung zu Luther" liege, genauer zu beschreiben. Die „scharfe kritische Interpretation der neutestamentlichen Texte" im Gefolge der liberalen Theologie ermögliche es Bultmann, zum Verständnis der Einträge der nicht-christlichen Umwelt zu kommen und so zu unterscheiden und zu „erkennen, was das Neue und Einzigartige, das aus dem Christusglauben selbst geborene ist"[208]. Antiliberal sei Bultmann hingegen in seinem Desinteresse am „historischen Jesus – dem Idol des 19. Jahrhunderts", zu welchem ihn seine Verwurzelung in der reformatorischen Theologie und deren Hochschätzung des Glaubens – in Ablehnung eines als katholisch denunzierten Glaubensbegriffs, der den Glauben mit dem „Fürwahrhalten historischen Tatsachen" gleichsetze – führe[209]. Diese doppelte Herkunft sei es, die die verwirrende Mehrdeutigkeit von Bultmanns theologischem Konzept bedinge und die auch dazu führe, dass „innerhalb der

---

dung des Lehrzuchtgesetzes (1950 und 1951), neben zahlreichen Rückbezügen auf Kirchenkampf und Deutsche Christen, etliche im- und explizite Verweise auf Bultmann, seine Entmythologisierungstheologie und seine Schüler in Pfarrer- und Dozentenschaft. Entgegen diesen möglicherweise bei manchen Abgeordneten vorhandenen Intentionen wies Bischof Haug in der Synodaldebatte ausdrücklich darauf hin, dass nicht daran gedacht sei, mittels der Lehrzuchtordnung „der theologischen Forschung und den theologischen Lehrern unserer künftigen Pfarrer irgendwelche falschen Zäune zu errichten. Sie sollen das Recht zum Irrtum behalten, denn das muß riskiert werden, wenn um die Wahrheit gerungen wird." Vgl. Haug vor dem LKT, VERHANDLUNGEN DES 4. EVANGELISCHEN LANDESKIRCHENTAGS 491–507, insb. 492 (30. 1. 1950), sowie 910–934 (1. 2. 1951) und WASSMANN, Fall, 163 f. insb. Fn. 143. Vermutlich ist Johannes Petrus Michael zuzustimmen, der 1953 für die in Basel erscheinenden „Apologetischen Blätter" einen überaus klugen und gut informierten Aufsatz über „Evangelische Lehrzucht und ihre Anwendung. Zum Entscheid gegen Richard Baumann" verfasste: „Man hat die evangelische Lehrzuchtordnung vom 1. Februar 1951 mit gewissem Recht eine ‚Lex Baumann' genannt, und es wird daher dem Verfahren vorgeworfen, man habe ein Gesetz ad hoc geschaffen, nachdem das Delikt bereits begangen war. Man könnte sie aber auch eine ‚Lex Fuchs' nennen nach dem Bultmannschüler Ernst Fuchs, der mit seinem Anhang (der württembergischen Sozietät) die Anwendung der Lehrzuchtordnung gebremst hat, um nicht selber unter die Räder zu kommen." MICHAEL, Lehrzucht, 242.

205 UNIVERSITÄT TÜBINGEN, Fakultätsdenkschrift, 16.
206 Gemeint ist erneut der „Fall" Richard Baumann bzw. die Gutachten der Fakultät vom 15. 2. 1947 und 3. 12. 1951 dazu; vgl. BAUMANN, Lehrprozeß.
207 UNIVERSITÄT TÜBINGEN, Fakultätsdenkschrift, 17.
208 EBD., 18.
209 Dieser postulierte Glaubensbegriff Bultmanns war es denn auch, den Otto Michel in seinem „Kritischen Wort zu einem Fakultätsgutachten", mit dem er sich im Februar 1953 von der Linie der Fakultät distanzierte, problematisierte, vgl. KJ 79 (1953), 62–65.

Fakultät Bultmanns Theologie verschieden aufgefasst und beurteilt wird"[210]. Rückert beeilte sich jedoch zu betonen, dass es nicht etwa „zwei Parteien" gebe, sondern dass sich „die Unterschiede [...] so gruppieren [lassen], daß einige sich in erster Linie für verpflichtet halten, den Finger auf die Gefahren zu legen, die Bultmanns Unternehmen in sich trägt", während andere „es umgekehrt als die vordringlichste Aufgabe ansehen, [...] den Wahrheitsgehalt seiner Theologie herauszuarbeiten."[211] In dieses „Für und Wider, in den lebendigen Prozeß der Auseinandersetzung mit Bultmann, der unter uns im Gange ist", wolle man den Landeskirchentag hineinsehen lassen und stelle dazu drei zentrale Punkte heraus: Bultmanns „Anschluß an die Existenzphilosophie", die Entmythologisierung an sich sowie Glaube und Heilstatsachen[212].

„Mit gewichtigen Gründen sind die Theologen immer wieder gewarnt worden worden, sich überhaupt oder allzu tief mit der Philosophie einzulassen."[213] Rückert stellte die globale Distanz der Theologie zur Philosophie, den „unverrückbaren Gegensatz von göttlicher und menschlicher Weisheit", voran und evozierte damit sogleich die gesamte Ahnengalerie, die auch die Gegner Bultmanns als Gewährsmänner anführten: „Luther, der Pietismus, A. Schlatter und K. Barth". Die „schweren Krisenerscheinungen des 19. Jahrhunderts" seien mitverursacht durch die Selbstauslieferung der zeitgenössischen Theologie an „die philosophischen Systeme der Romantik, Hegels und Kants". Dies mache Bultmanns Nähe zur modernen Existenzphilosophie samt ihrer weitgehenden Übernahme der Begrifflichkeit von vornherein verdächtig. Eine Umdeutung der christlichen Texte sei unvermeidbar, die existentiale Exegese gerate zwangsläufig, zumindest partiell, zur existentialphilosophischen Eisegese des Neuen Testaments. Letztlich werde dann, wie Rückert wiederum unter Verweis auf die liberale Theologie urteilte, „die Offenbarung in Christus aufgelöst in eine philosophische Idee, um die man auch abgesehen vom Neuen Testament weiß und die zeitlos giltig [sic] ist."[214] Allerdings könne nur „Unverstand" dies Bultmann als Absicht „unter[]schieben". Dennoch: Durch den Anschluss an die Existenzphilosophie sei Bultmanns Blick verengt:

> „Es liegt bei ihm eine Verkürzung der neutestamentlichen Verkündigung vor. Aus dem unerschöpflichen Reichtum der Welt- und Lebensbezüge, in denen dort die Bedeutung der Erlösung in Christus gepriesen wird, zeigt sich in der Perspektive Bultmanns nur ein schmaler, um nicht zu sagen: ärmlicher Ausschnitt."

---

210 UNIVERSITÄT TÜBINGEN, Fakultätsdenkschrift, 19.
211 EBD., 20.
212 Rückert räumte vor der Synode ein, dass „Christologie und Jesusbild" ein weiterer zentraler Punkt sei, der aber wegen der gebotenen Kürze keine Aufnahme gefunden hatte. Vgl. VERHANDLUNGEN DES 4. EVANGELISCHEN LANDESKIRCHENTAGS, 1099.
213 UNIVERSITÄT TÜBINGEN, Fakultätsdenkschrift, 20.
214 EBD., 21.

Hier befanden sich die Tübinger Professoren ganz in Übereinstimmung mit dem im Hirtenbrief niedergelegten Urteil von Landesbischof Haug. Nun aber schloss sich eine argumentative Hinwendung zur Philosophie an: Die Kirche müsse sich *unablässig* mit der Philosophie auseinandersetzen, „weil es sich um das *vergegenwärtigende* Verstehen der Schrift handelt und die Philosophie nun einmal der bündige Ausdruck des Zeitgeists ist."[215] Und so rief Rückert nun die eingangs gegen die Philosophie ins Feld geführten Zeugen zu deren Verteidigung auf: „Luther, Schlatter und Barth können sich ihre Antithese gegen die Philosophie nur leisten und trotzdem Theologen bleiben, weil sie in einer philosophiegesättigten theologischen Tradition stehen". Der Anschluss an die Philosophie sei für die Theologie unverzichtbar, da nur so „Elemente der biblischen Wahrheit neu aufgeschlossen"[216] würden, die zuvor nur verkürzt und den Zeitgenossen nicht zugänglich gewesen waren. In einem zweiten Durchgang nahm Rückert, nachdem er den Bedenken gegen die Philosophie im Allgemeinen ihren Platz zugewiesen hatte, die Bedenken gegen die Existenzphilosophie im Besonderen in den Blick. Wenn die Existenzphilosophie tatsächlich „die ganze Verschlossenheit des modernen Menschen in sich selbst und seiner Diesseitigkeit mitsamt ihrer verzweifelten Nähe zum Nihilismus ausdrückt" sei sie in der Tat ein sehr fragwürdiges Hilfsmittel zur Exegese des Neuen Testaments. Allerdings enthalte sie „von ihrer Vorgeschichte her auch starke und zentrale christliche Elemente", für die wiederum Luther, nun ergänzt durch Blaise Pascal und Sören Kierkegaard als Gewährsleute benannt wurden. Von der Vorgeschichte der Existenzphilosophie nahtlos zu Bultmann übergehend konstatierte Rückert, es bestehe kein Zweifel daran, „daß in Bultmanns Auslegung des Neuen Testaments das System der Existenzphilosophie gesprengt wird, insofern das abgründige Rätsel des menschlichen Lebens weder in diesem selbst enthalten ist noch aus ihm selber gelöst werden kann." Während die Existenzphilosophie zur Entscheidung zwischen Freiheit und Unfreiheit rufe, die sie im Menschen selbst begründet sehe, rufe Bultmann zur Entscheidung zwischen Glaube und Unglaube, die aber eine dem Menschen unverfügbare Wirkung des Wortes Gottes sei. Somit müsse man Bultmanns Theologie zugestehen, dass sie durch die Nutzung der „philosophischen Sprache des modernen Menschen" diesem das „Ärgernis des Kreuzes in seiner ganzen Schärfe sichtbar [mache...] in der unmittelbaren persönlichen Begegnung des Einzelnen mit Gott."[217] Problematisch bleibe dabei die Verkürzung des Heilsgeschehens auf das Kreuz Christi, die aber in Bultmanns System unvermeidbar sei, da es nach dessen Überzeugung „nur in der Begegnung mit dem Wort vom Kreuz zu einem neuen Selbstverständnis des Menschen kommt" – wohlgemerkt, nicht mit dem *Geschehen* am Kreuz,

---

215 Ebd., 22.
216 Ebd., 23.
217 Ebd., 24.

sondern mit dem *Wort* vom Kreuz. Geburt, Leben, Lehre und sogar Auferstehung Jesu,

„diese ganze Welt eines gläubigen Realismus, in der die großen Väter des Württembergischen Pietismus gelebt haben, ist in Bultmanns Theologie verdrängt zugunsten einer Auffassung der Erlösung, in der sich ihre Wirkung darauf zu beschränken scheint, daß sie dem einzelnen eine neue Möglichkeit des Sich-Selbst-Verstehens [...] erschließt. Liegt darin" so fragt Rückert scheinbar rhetorisch „nicht eine ganz extreme Spiritualisierung und Subjektivierung der Verkündigung"²¹⁸?

Mitnichten; die gerade postulierte besorgniserregende „Verarmung" der Verkündigung sei nichts anderes als eine absolut notwendige und legitime „Einengung auf das zentrale Thema des Neuen Testaments." Ganz wie bei Luther sei bei Bultmann „das Ein und Alles [...] die Lehre von der Rechtfertigung allein durch den Glauben."²¹⁹ Geschickt stellte Rückert eine starke Parallele zu Luthers Theologie her, die Bultmann „in einer völlig anderen Begriffssprache, aber inhaltlich sehr getreu ausdrück[e]" und fügte hinzu: „Auch der Hinweis auf das eine, was not ist, kann" – bei Luther ebenso wie bei Bultmann – „eine Verkürzung genannt werden." Was trotz des Konsens in diesem Punkt bleibe, sei die Kritik daran, dass Bultmann seinen „Ansatz nicht genügend entwickelt, daß er in der Kraft, mit der er es tut, unendlich weit hinter Luther zurückbleibt"²²⁰. Hier gelte es weiter zu arbeiten.

Nach dieser beeindruckend umfassenden und rhetorisch geschickten Einordnung Bultmanns in den theologiegeschichtlichen Hintergrund ging die Denkschrift in einem kurzen zweiten Unterabschnitt auf den Begriff der Entmythologisierung ein. In einem ebenso banalen wie beckmesserischen Auftakt wurde „das Wort ‚Entmythologisierung' [als] eine Sünde gegen die deutsche Sprache [und] inhaltlich eine der unglücklichsten Schöpfungen Bultmanns" denunziert, da der enthaltene Mythosbegriff unklar und schillernd sei²²¹; Bultmann möge doch den eingeführten Begriff durch einen besseren ersetzen – eine Forderung, die sich nur durch völlige Unkenntnis des Wissenschaftsbetriebs plausibel erklären ließe. Es folgte eine stufenweise Definition, wonach Entmythologisierung zunächst schlicht die Unterscheidung von „Wort Gottes und dem geschichtlich bedingten Menschenwort, in, mit und unter dem es sich in der Schrift bezeugt, zwischen dem Evangelium und den spätantiken Denk- und Anschauungsformen, in die das Neue Testament eingebettet ist", sei. Dies sei nicht mehr als „eine Binsenweisheit, vor

---

218 Ebd., 25.
219 Ebd., 26.
220 Ebd., 27.
221 Es drängt sich wieder und wieder die Frage auf, ob in den zuweilen geradezu als *allergisch* zu bezeichnenden Reaktionen auf die Entmythologisierung ein Rest unbewusst gewordener Ablehnung des Rosenberg'schen „Mythus" mitschwingt. Die durchaus nicht seltene Verwendung des Wortes „Mythus" in der latinisierten Form mag ein Indiz dafür sein.

der kein Theologe erschrecken und der er sich nicht entziehen kann", in dieser Hinsicht werde die Entmythologisierung – verstanden als die Anwendung der historisch-kritischen Methode – „von allen Theologen praktiziert"[222]. Nun aber gehe es Bultmann, zumindest in der Wahrnehmung einiger Fakultätsmitglieder, um mehr. Indem er die „Maßstäbe des immanent-kausalen Geschichtsdenkens und des modernen naturwissenschaftlichen Weltbilds"[223] über den Wahrheitsgehalt des Neuen Testaments entscheiden lasse, mache sich Bultmann der Rationalisierung, mithin des „extreme[n] Liberalismus" und der „Auflösung der Theologie" schuldig. Andere Fakultätsmitglieder hingegen gestünden Bultmann honorige Motive zu: „[D]as Wort Gottes [solle] nicht verwechselt werden mit den menschlich-weltanschaulichen Aussagen, in die es hineingebunden ist." So verstanden wolle die Entmythologisierung nichts anderes, als in einem großen „Schrumpfungsproz" die – wieder ein wohlfeiles Lutherzitat – „nuda vox Dei" freilegen. Entmythologisierung sei also gerade keine Rationalisierung, sie wolle vielmehr im Gegenteil die neutestamentliche Botschaft „aus aller Bindung an Gegenständliches befreien."[224] Die Forderung der Entmythologisierung sei nur mehr, dass „die Theologie […] mit den Mitteln je ihrer Zeit versuchen [müsse], die Transzendenz auszusagen".

Indem Rückert abschließend die beiden Interpretationsmöglichkeiten von Bultmanns Ansatz als klares „Entweder – Oder" gegeneinander abwog, traten wiederum seine persönlichen Zentralthemen hervor: Sollte das Ziel der Entmythologisierung sein, „das Neue Testament […] ins Moderne [zu] übersetzen" um dann, nach erfolgreichem Abschluss dieser Übersetzung, „die Predigt und den Kultus in der neuen, reinen Begriffssprache zu halten", so wäre dies tatsächlich „eine Ausgeburt des Rationalismus und […] ein Rückfall in den Liberalismus", der mit allen Mitteln zu bekämpfen sei. Wenn Entmythologisierung hingegen nichts anderes als Auslegung wolle, und zwar in Form einer unablässigen Pendelbewegung zwischen den neutestamentlichen Ausdrucksformen und „der Sprache eines modernen Weltbildes", bei der „die Bibel selbst unter uns aufgeschlagen", die Exegese „nach wie vor und jeden Tag neu"[225] die niemals endende zentrale Aufgabe der Theologie bleibe, dann sei sie „redliche theologische Arbeit", die die Kirche nicht zu fürchten brauche. Bultmann selbst habe sich eindeutig für die letztere Interpretation ausgesprochen. Die eigentliche Entscheidung darüber aber werde, so Rückert, im Fortgang der theologischen Forschung fallen, die die Fakultät nach besten Kräften unterstützen wolle.

---

222 Im Hinblick beispielsweise auf den erklärtermaßen „biblisch" arbeitenden Tübinger NT-Kollegen Otto Michel, dessen Schüler Gerhard Maier 1974 ausdrücklich „Das Ende der historisch-kritischen Methode" ausrief, und etliche andere Zeitgenossen, scheinen gewisse Zweifel an dieser Globalaussage angemessen.
223 UNIVERSITÄT TÜBINGEN, Fakultätsdenkschrift, 28.
224 EBD., 29.
225 EBD., 30.

In dem aus Gerhard Ebelings Feder stammenden letzten Unterabschnitt des dritten Teils – in Joachim Beckmanns Urteil „der wichtigste und umstrittenste"[226] – wurden Bultmanns Aussagen zu „Glaube und [] Heilstatsachen" untersucht. Ebeling sah „alle von Bultmann angerührten Probleme mit einer bezwingenden Strenge" auf die Kernfrage aller Theologie zulaufen: „Was heißt Glaube an Jesus Christus?'" In der Beantwortung dieser Frage entscheide sich denn auch Bultmanns Stellung zu Schrift und Bekenntnis. Die gängigsten Vorwürfe gegen die Entmythologisierungstheologie zusammenfassend fragte Ebeling, ob bei Bultmann letztlich nicht nur subjektive Gläubigkeit und Anthropologie übrig blieben. Ebeling problematisierte erneut die verwendeten Begrifflichkeiten, die in beiden Lagern weder selbst- noch allgemeinverständlich seien und verdeutlichte dies am Glaubensbegriff: „Wir sind es gewohnt, zu unterscheiden zwischen dem objektiv gegebenen Glaubensinhalt und dem subjektiven Glaubensakt."[227] Dies führe aber leicht zum Missverständnis des Glaubensaktes als einer Tat des Menschen, der sich „das göttlich Objektive [den Glaubensinhalt] subjektiv aneignet. Damit aber wäre das Wesen des Glaubens in sein Gegenteil verkehrt." Es sei genuin reformatorisch, zu betonen, dass uns „die Offenbarung Gottes in der Geschichte [...] nicht anders als im Wort der Verkündigung"[228] begegne. Meine man hingegen, „das Heilsgeschehen erst einmal als historisches Ereignis darstellen zu können, zu dem dann die Verkündigung davon und der Glaube daran als ein zweites und drittes hinzukommen, so [...] ist die Eigenart des Heilsgeschehens verfehlt." Es sei Bultmanns Verdienst, darauf hinzuweisen, dass der unauflösliche „Zusammenhang von Offenbarung, Wort und Glaube" im „landläufigen Objekt-Subjekt-Schema" nicht richtig zum Tragen komme. Allerdings seien durchaus Zweifel daran angebracht, ob Bultmanns Betonung des anthropologischen Aspekts jeglicher Rede von Gott diesem Missverständnis wirklich effektiv wehre. Am Bekenntnis zur Auferstehung Christi werde diese Problematik besonders deutlich, entsprechend habe hier auch die Kritik an Bultmann ihren Ausgangspunkt genommen. Relativierend stellte die Denkschrift fest, „[g]ewisse ungeschützte Äußerungen Bultmanns, noch dazu [...] vergröbert wiedergegeben"[229], ließen den Eindruck entstehen, als leugne Bultmann die Auferstehung Christi. In Aufnahme der Formulierung aus dem Flugblatt „Es geht um die Bibel" konstatierte die Fakultät nun aber: „Es ist nachweislich falsch, wenn Bultmann die Absicht untergeschoben wird, das Bekenntnis zu Jesus Christus als dem Auferstandenen *zu streichen*."[230] Die

---
226 KJ 78 (1953), 169. Mit dieser Begründung beschränkte sich Beckmann darauf, nur diesen Abschnitt im KJ abzudrucken. Beckmann würdigte die Ausgewogenheit der Denkschrift, stellte aber zugleich fest, dass dieses „Ja und Nein, dies Zwar-Aber" Landessynode und Gemeinschaftskreise größtenteils nicht habe befriedigen können. KJ 78 (1953), 173 f.
227 UNIVERSITÄT TÜBINGEN, Fakultätsdenkschrift, 32.
228 EBD., 33.
229 EBD., 34.
230 EBD., 35. Hervorhebung d. Verf.

feine Differenz zwischen dem Bekenntnis von der *Auferstehung Christi* beziehungsweise von *Christus als dem Auferstandenen* sollte dabei nicht übersehen werden. Bultmann, so fuhr die Denkschrift fort, wehre dem Missverständnis, die Auferstehung sei eine Tatsache, „die abzulösen wäre vom Kreuz und deren Wirklichkeit sichergestellt werden könnte abgesehen vom Glauben." Ein solches Verständnis der Auferstehung als historischer Tatsache verstelle den Blick darauf, dass „wir allein durch das Glaubenszeugnis der Apostel Zugang zu Christi Auferstehung haben [... und] die Botschaft von der Auferstehung allein auf den Glauben abzielt und allein im Glauben bejaht werden kann."[231] Zusammenfassend kritisierte die Denkschrift die konservative Position scharf: „Wird aus der Auferstehung ein Tatsachenbeweis, auf dessen Überzeugungskraft sich der Glaube stützen kann, so versteht man die Auferstehung schon nicht mehr als Tat Gottes, sondern sieht in ihr nur noch einen wunderhaften Naturvorgang." Ein solcher Glaube suche „Garantien ... außerhalb des Wortes". Es bleibe Bultmann allerdings vorzuwerfen, dass es „ihm bisher bestenfalls nur mangelhaft gelungen [sei], die richtigen Anliegen, die man bei ihm finden kann, überzeugend durchzuführen."

Die letzten beiden Punkte der Denkschrift nahmen schließlich noch deutlicher als die vorigen – wenn auch zumeist verklausuliert – das Flugblatt des Beck-Freundeskreises auf. So wurden zunächst die Probleme der akademischen Jugend beziehungsweise des Theologennachwuchses diskutiert. Die „Klagen [] über die zerstörenden Einflüsse"[232] der Bultmanntheologie wurden mit unterschiedlich stichhaltigen Argumenten zurückgewiesen: So seien die von konservativer Seite beschriebenen „zahlreichen Katastrophen im Glaubensleben junger Theologen" keinesfalls die Regel. Die Begegnung mit Bultmann als meisterlichem Exegeten und charismatischem Lehrer sei hingegen für viele eine „innere Befreiung"[233] aus dem Dilemma von theologischer Wissenschaft und kirchlicher Verkündigung. Dass „eine auffällig große Zahl gescheiterter [...] theologischer Existenzen" im Umkreis der Bultmanntheologie anzutreffen sei, könnte hingegen auch daran liegen, dass sich „theologische Randsiedler, die die Anlage und den Keim zur Katastrophe bereits in sich tragen, von Bultmann angezogen fühlen"[234]. Dafür sei Bultmann aber schlechthin nicht verantwortlich zu machen – eine eher mäßig substantielle Argumentation. Schlicht und klar hingegen wurden Gerüchte über „unmögliche, zweifelnde oder gar frivole Äußerungen"[235] von Theologiestudenten als eben solche denunziert und die Hörer zu sorgfältiger Prüfung des Wahrheitsgehalts ermahnt. Die hohe Zahl der Studienabbrecher erschien der Tübinger Fakultät eher durch das „Schicksal der gesamten jungen Generation

---

231 EBD., 36.
232 EBD., 37.
233 EBD., 38.
234 EBD., 40.
235 EBD., 38.

von heute, die durch die schweren seelischen und geistigen Erschütterungen der letzten Jahre anfällig und wenig widerstandsfähig geworden ist"[236], erklärbar. „Grobe Ungeschicklichkeiten" von Vikaren ließen sich nach Ansicht der Denkschrift durch eine bessere Ausbildung in Gestalt eines „längeren Aufenthalt[s] im Pfarrseminar und im Lehrvikariat" vermeiden. Der gegenwärtige Pfarrermangel habe dazu geführt, dass den unmittelbar nach bestandenem Examen voll pfarramtlich eingesetzten Vikaren keine Zeit bleibe, „das Universitätsstudium innerlich [zu] verarbeiten und sich in die neuen Aufgaben ein[zu]leben". Generell beurteilten die Tübinger Professoren die „persönlichen Krisen"[237] und „inneren Gefährdungen"[238] als unverzichtbaren Teil des Theologiestudiums, als „notwendiges Mittel der Auslese". Ganz wie Landesbischof Haug in seinem Hirtenbrief – jedoch ohne dessen militärische Diktion – konstatierte Rückert: „Wer der Anfechtung erliegt, die seine christliche Erziehung auf der Universität durchmachen muß, von dem ist es mehr als fraglich, ob er einen guten Pfarrer abgegeben hätte, wenn er vor dieser Anfechtung behütet geblieben wäre."

Die Denkschrift endete mit „zwei Bitten an den Landeskirchentag". Er möge sich zum einen dafür einsetzen, dass „das Gespräch über die Theologie Bultmanns ruhigere Formen annehme". Die Fakultät halte „ein kirchliches Verdammungsurteil"[239] für unangebracht, die aus Bultmanns Ansatz entstehenden Spannungen zwischen Theologie und Gemeindefrömmigkeit seien als notwendig auszuhalten. Die Anteilnahme der Gemeinden an der Theologie „mit ihrer Fürbitte und mit ihrem sachlichen Interesse" sei den Theologen sehr erwünscht. Man erbitte sich aber „ein gewisses Maß an Vertrauen, das uns als auch einen Stand in der Kirche Jesu Christi anerkennt"[240]. Noch weniger verhüllt und diplomatisch war die in der zweiten Bitte formulierte Kritik am Pietismus: Man sei sehr besorgt über „gewisse Entwicklungstendenzen in der württembergischen Landeskirche". Der Pietismus entferne sich von seiner „ursprünglichen und lange bewahrten Gestalt"[241] und nehme gegenüber der theologischen Wissenschaft mehr und mehr „einen kriegerischen und aggressiven Zug an", insbesondere in seinem Insistieren auf der (Verbal-)Inspirationslehre. Der Angriff gipfelte in dem Vorwurf: „Endlich und vor allem aber steigert sich sein kirchlicher Geltungsanspruch zu immer größerer Ausschließlichkeit."

Dass die anschließenden Beteuerungen, wie viel die Tübinger Professoren selbst dem (ursprünglichen, bengel'schen) Pietismus verdankten und wie sehr sie sich dem christlichen Glauben jener „Männer und Frauen" [sic] verbunden fühlten, kaum mehr gehört wurden, und dass die Reaktionen sowohl im

---

236 EBD., 39.
237 EBD., 40.
238 EBD., 41.
239 EBD., 42.
240 EBD., 43.
241 EBD., 44.

Landeskirchentag als auch in der Öffentlichkeit diesen letzten und sachlich recht belanglosen Abschnitt der Denkschrift ganz unverhältnismäßig hervorhoben, war kaum verwunderlich. Mochte Rückert auch im Nachhinein betonen, dass man nicht den Pietismus als Ganzes, sondern lediglich eine möglicherweise auch nur recht kleine Gruppe innerhalb des Pietismus habe angreifen wollen, dass es mithin darum gegangen sei, das Hausrecht der nichtpietistischen Christen in der Kirche Christi zu verteidigen, die von Wilhelm Busch seinerzeit als uneigentliche Kirche abqualifiziert worden waren[242] – die scharfe Attacke auf den letzten Seiten der Denkschrift verschärfte den Gegensatz zwischen der Fakultät und der Landessynode, der Landeskirche und vor allem natürlich den Gemeinschaften. Es bleibt daher unverständlich, was Rückert und Ebeling zu diesem inhaltlich-argumentativ unnötigen, diplomatisch unklugen Frontalangriff bewog beziehungsweise warum ihre Kollegen in der Fakultät diesen letzten Abschnitt nicht vor der Veröffentlichung strichen oder veränderten – weder Bultmann, noch die theologische Wissenschaft, noch die Landeskirche zogen aus diesem Schlusswort irgendwelchen Nutzen.

2.4 Institutionelle Festigung der *Evangelisch-kirchlichen Arbeitsgemeinschaft für biblisches Christentum* bis 1965

Die Dekade nach dem ersten Offenen Brief der AGBC war geprägt durch die organisatorische Ausdifferenzierung und strukturelle Festigung des biblisch-konservativen Netzwerks um Julius Beck. Dies soll im Folgenden aus zwei Perspektiven beschrieben werden: Zum einen an Hand beispielhafter Aktionen beziehungsweise Handlungsschwerpunkte der AGBC, wie sie unter anderem in der Wahl(kampf)arbeit der AGBC erkennbar sind. Zum anderen an Hand der Organisations- und Mobilisierungsformen, die die AGBC entwickelte und prägte, insbesondere der Ludwig-Hofacker-Konferenz.

2.4.1 Wahlen 1953

Zwar hatte Julius Beck erklärt, mit dem Offenen Brief 1951 „die Debatte über Prof. Bultmann schließen"[243] zu wollen, jedoch legte er in der Folge keineswegs die Hände in den Schoß. Allerdings verlagerten sich die Schwerpunkte etwas: Beck und seine Freunde traten gewissermaßen vor der Zeit den „Marsch durch die Institutionen" an und suchten ihre Ziele auf dem Weg durch den Lan-

---

242 Licht und Leben 7, vgl. oben 37.
243 Julius Becks Begleitschreiben an den OKR zum „Offenen Brief", 24. 10. 1952. LKAS, AR Gen. 356 Ia, I Theologische Lehrfragen, A Entmythologisierung (Bultmann) 1950–1966.

deskirchentag durchzusetzen. Im Gegensatz zu den Vertretern des progressiven Spektrums war bei den führenden Männern des konservativen Flügels von Anfang an ein Bewusstsein für Möglichkeiten (und Grenzen) der Einflussnahme auf den Kurs der Landeskirche über den Landeskirchentag vorhanden. Im Hinblick auf Julius Becks eigene, wegen der Verabschiedung der Theologinnenordnung 1948 abrupt beendete Zeit als LKT-Abgeordneter[244] mag dies verwundern. Beck war mit seinen Hauptanliegen – Bewahrung des alten Gesangbuchs sowie Ausschluss der Frauen vom Predigtamt – nicht erfolgreich gewesen. Dennoch hielt er konsequent an der Methode der Einflussnahme durch Eingaben an den LKT fest und suchte für die Zukunft den Einfluss seines Kreises durch gezielte Wahlvorbereitung (um das hier noch nicht wirklich zutreffende Wort „Wahlkampf" zu meiden) auszubauen. Der erste Schritt hierzu war der Aufbau eines Netzes von Vertrauensleuten in allen Bezirken der Württembergischen Landeskirche, die ihrerseits, sofern sie nicht selbst kandidieren wollten, geeignete Kandidaten finden sollten. In einem undatierten Schreiben[245] wandte sich die AGBC[246], vermutlich im Frühjahr 1953, an die „Glaubensbr[ü]der". Ziel der Gruppe sei es,

> „an der Besserung und Stärkung unserer Kirche mitzuwirken und möglichst viele Mitchristen, insbesondere Nichttheologen (,Laien') zum gleichen Dienst zu bewegen. [...] Ein Teil unserer Aufgabe wird darin bestehen, in den kirchlichen Körperschaften mitzuwirken, [...] ganz besonders im Landeskirchentag." Gesucht würden daher „Menschen [sic! Nicht: ,Männer'] [...], die als treue Beter im Gehorsam Jesu Christi stehen".

Alsdann folgten recht detaillierte Angaben, was im Hinblick auf die Gewinnung von Kandidaten und die Aufstellung von Wahllisten für Kirchengemeinderäte, Bezirkskirchentage und den Landeskirchentag zu tun sei. Die AGBC erbat zudem die Meldung der Vertrauensleute und Kandidaten an den „Schriftführer" Beck und erbot sich, „Werbung" in Form von Mundpropaganda und durch Versammlungen in den Gemeinden zu machen. Außerdem bot sie „Zusammenkünfte und Besprechungen mit Vertrauensleuten der ganzen Gegend" an. Bemerkenswert ist der Schluss des Briefes: Im Hinblick auf das gemeinsame Ziel müssten „etwaige persönliche Beziehungen" zurückgestellt werden. Es komme ausschließlich auf die „Gewinnung der geeigneten Kandidaten" an, denn dann „werden sich auch die Gemeinschaften dafür einsetzen." Diese beiden Schlussbemerkungen verweisen auf die fragmentierte Gemeinschaften-Landschaft Württembergs, in der die jeweiligen Partikularinteressen und Gruppenidentitäten des öfteren eine gemeinsame

---

244 Vgl. unten 253 sowie OEHLMANN, Grenze, 51–54.
245 Hektographiertes Schreiben der AGBC, vermutlich Frühjahr 1953; LHA, Ordner „L.Hofacker-Kreis 1951–1969". Die folgenden Zitate sind, soweit nicht anders angegeben, diesem Dokument entnommen.
246 Unterschrift fehlt, vermutlich der Vorsitzende Emil Schäf.

Arbeit verhinderten[247]. Offensichtlich versuchte die AGBC den Erfolg, der Julius Beck 1950 mit der Bildung der „Einheitsfront gegen Bultmann" gelungen war[248], hier zu wiederholen und die Gemeinschaften für ein gemeinsames Handeln zu gewinnen.

Unmittelbares Resultat dieses Aufrufs war eine Sitzung am 29. August 1953. In einem Schreiben vom 8. September wurde im Nachgang zu dieser Sitzung das genaue rechtliche Prozedere der Kandidatenmeldung erläutert und die „Vertrauensleute und Kandidaten" zur Eile gemahnt. In „einer größeren Zahl von Bezirken" seien schon Listen gemeldet, immer, so wurde erneut versichert, „gemeinsam mit den Gemeinschaften, christlichen Verbänden und Jugendorganisationen"[249]. Wiederum bot sich die AGBC als eine Art Wahlkampfzentrale an. Daher wurde eine „Handreichung" für das Verhalten von Kandidaten in Wahlversammlungen beigelegt und erneut um Meldung der Kandidaten an Beck gebeten, um dann „[v]on hier aus [...] jeweils die Leitungen der Gemeinschaften, christlichen Verbände und Jugendorganisationen [zu] benachrichtigen." Das Schreiben endete mit zwei interessanten Hinweisen. Im Blick auf eventuelle Gegenkandidaten wurde festgehalten: „Wir werden sie nicht bekämpfen, sondern lediglich die unsrigen wählen." Und als ‚Schibboleth' für geeignete Kandidaten wurde „insbesondere [...] auf eine klare und entschiedene Stellung zur Schrift" verwiesen.

In den Unterlagen des Liebenzeller Missionslehrers und AGBC-Gründungsmitglieds Reinhard Hildenbrand[250] finden sich Beispiele für die konkrete Vorgehensweise. So wandten sich die Mitglieder des Vorstands der AGBC mit ihrem Anliegen offensichtlich direkt an ihnen persönlich bekannte Menschen und versuchten, diese selbst zur Kandidatur zu bewegen oder sie als Vertrauensmänner und Mittler zu gewinnen, um auf diese Weise Informationen über geeignete Kandidaten zu erhalten. Zuweilen führte das zentral gesteuerte Vorgehen aber auch zu Konflikten mit den lokalen (Gemeinschafts-)Netzwerken, wie im Fall Leonbergs, wohin Reinhard Hildenbrand von der AGBC-Zentrale quasi entsandt werden sollte; dies missfiel nicht nur den dortigen Pfarrern, sondern auch einigen Gemeinschaftsleitern, die bereits ihren eigenen Kandidaten ausgesucht hatten[251]. Trotz solcher gelegentlicher Differenzen zeugen die erhaltenen Kandidatenlisten[252] von der fleißigen und erfolgreichen Arbeit der AGBC: Für die 43 „weltlichen" und 21 „geistlichen"

---

247 Vgl. unten 96.
248 Vgl. Protest! Lehrerbote 1950, Heft 24 (unpaginiert). Unterzeichner sind die Altpietistische, Hahn'sche, Süddeutsche, Liebenzeller und Pregizer Gemeinschaft sowie der Württembergische Brüderbund und „Villa Seckendorff".
249 Hektographiertes Schreiben AGBK (Schäf, Beck, Müller), 8. 9. 1953; LHA, Ordner „L.Hofacker-Kreis 1951–1969".
250 LHA, Ordner „L.Hofacker-Kreis 1951–1969".
251 Brief R. Hildenbrand an „Br. Döffinger", 30. 9 1953, sowie Durchschlag des Briefs von Pfr. Eberhard Weissenstein an Julius Beck, 1. 10. 1953; LKAS, AR Gen. 127.
252 Schreiben der AGBC, 22. 10. 1953; LHA, Ordner „L.Hofacker-Kreis 1951–1969".

Institutionelle Festigung 85

Sitze, die zu besetzen waren[253], unterstützte die AGBC 39 (davon 4 Frauen) beziehungsweise 18 Kandidaten, von denen wiederum 27 beziehungsweise 14 gewählt wurden. Offensichtlich im Kontext dieses noch zumeist recht zurückhaltend[254] und unter der Oberfläche geführten Wahlkampfes entstanden verschiedene Grundsatzpapiere der AGBC, in denen Glaubensgrundlage und Arbeitsziele der Gruppe beschrieben wurden. So wurde die undatierte „Verfassung" der AGBC, zusammen mit dem vom elfköpfigen Vorstand unterschriebenen Beitrittsaufruf, dem *Lehrerboten* vom 1. Februar 1953 beigelegt und gleichzeitig dem OKR Stuttgart zugesandt[255]. Sie basierte auf einem fünf-seitigen „Leitsätze"-Entwurf, der vermutlich aus der Feder Julius Becks stammte[256]. Emil Schäf, seit Herbst 1952 Vorsitzender der AGBC[257], verkündete im Juli 1953 per Rundschreiben „Die ‚Richtlinien der Evangelisch-Kirchlichen Arbeitsgemeinschaft für biblisches Christentum' liegen nun gedruckt vor; ausserdem sind auch unsere ‚Verfassungen' wieder vorrätig"[258]. Als drittes Grundsatz-

---

253 VERHANDLUNGEN DES 5. EVANGELISCHEN LANDESKIRCHENTAGS, 8.
254 Für klare und explizite ‚Wahlwerbung' findet sich nur ein Beleg: an die Tübinger „Freunde" schrieb Paul Müller, Stuttgart am 3. 11. 1953 in einem hektographierten Brief: „Es ist für jeden CVJMer klar, daß er diesen Männern (den zuvor aufgelisteten Kandidaten Pfr. Rößle [sic], Karl Hiller und Karl Wezel) seine Stimme gibt. Sein Recht zu wählen, ist zugleich auch seine Pflicht." LKAS, AR 125, 1950–1959 (Wahl 1953).
255 Vgl. Lehrerbote 2 (1953), 22; Verfassung der AGBC samt aufgeklebtem OKR-Umlauf-Formular mit Datum vom 6. 2. 1953; LKAS, A126, 1177.
256 Gegen WOLFSBERGER, Geschichte, 13, wonach Emil Schäf gleichermaßen „Entwürfe für eine Bekenntnisgrundlage [d. h., die oben genannten, in der späteren ‚Verfassung' der AGBC als ‚Bekenntnisgrundlage' bezeichneten ‚Leitsätze', d. Verf.] und eine Ordnung" verfasst habe. Beide Texte sollten laut Wolfsberger „als Gesprächsgrundlage für die ‚verfassungsgebende Versammlung' verwendet werden", der er, anhand des [auf Einladung oder Protokoll?] „bes. vermerkten Losungswort[es] aus Ps. 138,2" das Datum des 11. 8. 1952 zuordnete. Dies wirft allerdings die Frage auf, warum die Veröffentlichung der ‚Verfassung' sich fast ein halbes Jahr, bis Februar 1953, hingezogen hätte. Bei der sonstigen schnellen Arbeitsweise der AGBC erscheint dies wenig plausibel. Noch unwahrscheinlicher erscheint, dass, wenn beide Texte gleichzeitig entstanden und beraten wurden sind, diese mit Abstand von wiederum fast einem halben Jahr veröffentlicht wurden – und dies in Zeiten des „Wahlkampfes", wo derartige Positionspapiere dringend benötigt wurden. Für die „Richtlinien" legen die äußere Form (Durchschlag, im Gegensatz zu den von Schäf offensichtlich präferierten Hektographien) und der Stil, sowie die Bezugnahme Schäfs im Anschreiben zum Entwurf der „Richtlinien" m. E. eine Verfasserschaft Becks nahe, denn Schäf verwies auf die ‚Bekenntnisgrundlage', nicht auf ‚Leitsätze' – sprach also von der bereits publizierten oder in Publikation begriffenen Fassung.
257 Laut Wolfsberger hat Schäf den Vorsitz der AGBC bei einer Sitzung am 6. 9. 1952 übernommen. Dies ist anhand der vorliegenden Quellen nicht nachweisbar, erscheint aber plausibel, da der Offene Brief 1952 den Landeskirchentagsabgeordneten mit einem auf den 25. 10. 1952 datierten und von Schäf und Beck (in dieser Reihenfolge!) unterzeichneten Begleitschreiben zugeschickt wurde. LKAS, AR Gen. 356 Ia, I Theologische Lehrfragen, A Entmythologisierung (Bultmann) 1950–1966. Vgl. WOLFSBERGER, Geschichte, 12.
258 Rundschreiben AGBC, datiert „Juli 1953", gez. Schäf; LHA, Ordner „L.Hofacker-Kreis 1951–1969".

papier wurde eine „Handreichung für die Wahl zum Landeskirchentag"[259] auf Becks Bitte hin vom Calwer Stadtpfarrer Dr. Adolf Geprägs erstellt[260] und auf der öffentlichen Versammlung der AGBC am 29. August 1952[261] verteilt. Über diese Handreichung kam es zu einem massiven Konflikt zwischen den führenden Laien in der AGBC, Beck, Schäf und Paul Müller und den drei Theologen Friedrich Schick, Lic. Theodor Schreiner und Julius Roessle, die das vorgelegte Papier scharf kritisierten und einen eigenen Entwurf vorlegten. Die Laien, die in der öffentlich ausgetragenen Kontroverse (die Versammlung am 29. August war das erste öffentliche Auftreten der AGBC in dieser Form und im Kontext der Wahl gewesen) eine massive Gefährdung des Ansehens und der Ziele der AGBC sahen, reagierten entsprechend:

> „Br. Schäf [...] hat inzwischen Br. Schick einen Abschiedsbrief gesandt. [...] Br. Schreiner wird sich auf andere Weise verabschieden; Br. Roessle wohl auch.[262] [... W]ir haben [bei der Versammlung am 29. 8.] eine Niederlage erlitten; unsere eigenen Freunde haben sie uns – bewußt – zugefügt. Wir *können* uns nicht ein zweites Mal dieser Möglichkeit aussetzen."[263]

Worum es bei diesem Streit inhaltlich ging, ist nicht mehr festzustellen. Aus dem Briefwechsel zwischen Beck, Hildenbrand und Schick drängt sich der Eindruck auf, dass der Grund des Konflikts eher im Anspruch auf die theologische „Führung" der AGBC lag, die sowohl die „Laien" Beck, Schäf, Müller als auch die Theologen Schick, Schreiner und Roessle jeweils für sich beziehungsweise ihre Gruppe reklamierten. Bemerkenswert ist dabei Becks implizite Unterscheidung zwischen negativ konnotierten „,Theologen' (jetzt kann ich nicht ‚Brüder' sagen)"[264] und jenen Pfarrern, die, wie Adolf Geprägs oder „Landesjugendpfarrer Claß", in Becks Wahrnehmung mit den Zielen der AGBC übereinstimmten und seinen Plänen dienlich waren. Die kritische Wahrnehmung von Pfarrern und Pfarramt prägte auch die oben erwähnten Grundsatzpapiere der AGBC, in denen sich der Prozess der Selbstverständigung beziehungsweise Identitätsbildung der Gruppe widerspiegelt.

Die offensichtlich etwas früher formulierte, zunächst „Leitsätze"[265], dann

---

259 LHA, Ordner „L.Hofacker-Kreis 1951–1969".
260 Vgl. Brief Beck an Hildenbrand vom 4. 9. 1953; LHA, Ordner „L.Hofacker-Kreis 1951–1969".
261 Vgl. Brief Hildenbrand an Beck, 2. 9. 1953, in dem die Ereignisse auf der Versammlung erörtert sowie die allgemeine Verteilung der Handreichung scharf kritisiert wurden bzw. Einladung zur Versammlung AGBC, „August 1953", gez. Schäf; LHA, Ordner „L.Hofacker-Kreis 1951–1969".
262 In der Tat verließen sowohl Roessle als auch Schreiner 1955 den württembergischen Pfarrdienst, um Pfarrstellen in der rheinischen bzw. westfälischen Kirche zu übernehmen. Schick blieb bis zu seiner Zurruhesetzung 1957 Pfarrer von Gomaringen, zog sich aber offensichtlich aus der Arbeit der AGBC zurück; im Protokoll der Vorstandssitzung vom 18. 2. 1956 wurde er noch als fehlend genannt, später tauchte sein Name nicht mehr auf; LHA, Ordner „L.Hofacker-Kreis 1951–1969".
263 Beck an Hildenbrand, 4. 9. 1953; LHA, Ordner „L.Hofacker-Kreis 1951–1969".
264 Beck an Hildenbrand, 4. 9. 1953.
265 „Neuer Entwurf der Leitsätze, wesentlich erweitert"; LHA, Ordner „L.Hofacker-Kreis

"Bekenntnisgrundlage" genannte Erklärung der AGBC begann mit einer Einleitung, in der zunächst pointiert das Ziel der Arbeit benannt wurde: „[D]ie Ausbreitung des unverkürzten und unverfälschten Wortes Gottes und die Wahrung des Ev. Bekenntnisses in Kirche und Gemeinde". Als „Mittel" wurden nicht nur „Wort und Schrift [...,] Versammlungen und Evangelisationen", sondern dezidiert auch die „Mitarbeit in den verschiedenen kirchlichen Körperschaften" genannt. Schließlich wurden die Traditionen aufgezeigt, in deren Kontinuität sich die AGBC sah: Die „württembergischen Väter", namentlich Bengel und Oetinger, als deren verpflichtendes Erbe besonders die „Treue, mit der sie jedes einzelne Schriftwort ernstgenommen haben" sowie ihre „prophetische Schau" hervorgehoben wurden. Im Anschluss daran wurde die „Verbundenheit mit den landeskirchlichen pietistischen Gemeinschaften älteren und neueren Ursprungs" herausgestellt und explizit die Nachfolge der „Ev. Kirchlichen Vereinigung" beansprucht.

Schon in dieser Einleitung trat das Proprium der AGBC anschaulich zu Tage: Die AGBC präsentierte sich als streng bibelzentriert und wiewohl die Ziele der AGBC positiv formuliert waren, war die Abwehrhaltung gegen das vermeintlich durch Bultmann verkürzte und verfälschte Evangelium deutlich herauszuhören. Daneben scheinen die Besonderheiten der Persönlichkeit Julius Becks Niederschlag gefunden zu haben: Das für einen Hahner so untypische (kirchen-)politische Engagement ebenso wie die Berufung auf den den Hahnern nahestehenden Christoph Oetinger; der Verweis nicht nur auf Schrift und Bekenntnis, sondern ebenso auf die „prophetische Schau", die für Michael Hahn ebenso wie für Oetinger bedeutsam war. Schließlich die Überbrückung der alten Differenzen zwischen den verschiedenen pietistischen Traditionen „älteren und neueren Ursprungs", die Julius Beck offensichtlich von Anfang an für unverzichtbar gehalten hat und auch partiell zu realisieren vermochte.

Die insgesamt 21 Bekenntnissätze folgen, mit interessanten Abweichungen, dem trinitarischen Schema des Apostolicums. Allerdings stehen nicht etwa Schöpfung und Schöpfer am Beginn, sondern die Heilige Schrift, deren „göttliche Eingebung, [...] Autorität und [...] Allgenugsamkeit" (Artikel 1) bekannt wurde. Auch der Schöpfungsartikel enthielt eine signifikante Abweichung vom Apostolicum: Nicht die Erschaffung der Welt durch Gott wurde bekannt, sondern „die Schaffung eines [präexistenten, d. Verf.] Planes zum Heil der Menschheit" (2.). Neben der „durch den Sündenfall bewirkte[n] gänzliche[n] Verderbtheit der menschlichen Natur" (3.) wurde insbesondere „das Vorhandensein Satans, der ein persönliches Wesen ist", (4.) betont. In den Sätzen über Jesus Christus wurden die Aussagen über den „Heilsplan" (7.) (in der publizierten Fassung „Heilsrat") wieder aufgenommen und Jesu Menschwerdung, Sühnetod, leibliche Auferstehung und Mittlerschaft be-

---

1951–1969". Soweit nicht anders angegeben stammen alle folgenden Zitate dieses Abschnitts aus diesem Dokument.

kannt. Vom Heiligen Geist wurde nur sehr knapp festgehalten, dass er „bekehrt, heiligt, versiegelt, leitet und das rechte Verständnis der Schrift im Gehorsam des Glaubens verleiht." (10.)

Die folgenden Artikel bilden die besonderen Anliegen der AGBC ab: So pries Artikel 13 „die grosse Gabe, die uns Gott in unserer evangelischen Kirche geschenkt hat", verbunden mit der Warnung vor der „Gefahr der Veräußerlichung". Artikel 14 galt dem „christlichen Predigtamt und der Ausbildung der Pfarrer", also dem Zentralthema der AGBC schlechthin. Dem Predigtamt wurde im 15. Artikel das „allgemeine Priesteramt" (später „Priestertum") als ein „Gegengewicht [...] gegen das unbiblische Übergewicht der kirchlichen Ämter" zugeordnet – diese kritische Spitze fehlte in der Endversion. Es folgten in Artikel 18–21 weitere Referenzen auf die Hahnisch-Beck'sche Theologie: So wurde die „Existenz der Engel" betont, „deren Leugnung eine der unseligen Früchte des theologischen Liberalismus darstellt", der „Dienst Jesu an den unseligen Geistern" nach 1. Petr. 3, 19, und die „überschwengliche Herrlichkeit der unsichtbaren Welt" bekräftigt. Die „Wir bekennen"-Sätze schlossen mit einem indirekten Bekenntnis zur „Wiederbringung aller Dinge"[266], indem die „Verpflichtung der Christenheit [betont wurde], die mit den letzten Dingen zusammenhängenden Fragen" wie eben Allerlösung, 1000jähriges Reich und das Kommen des Herrn „im Lichte der Bibel zu durchdenken und [...] zu erfassen".

Den Abschluss der Leitsätze bildeten „Schlußbemerkungen", in denen die Stellung zur Bibel erneut als das zentrale Kriterium hervorgehoben wurde: So solle „keine Scheidewand aufgerichtet werden gegen diejenigen, die in einzelnen Punkten anders denken – wenn sie sich nur immerhin durch [...] das gesamte Zeugnis der Hl. Schrift [...] leiten lassen". Schließlich wurde der „theologische Liberalismus" erneut explizit verdammt, da er den „Glaubensstand der evangelischen Christenheit [mit dem sich die Leitsätze in voller Übereinstimmung sahen, d. Verf.] angefressen und teilweise bis ins Mark zerstört" habe.

Die von Wolfsberger behaupteten[267] Bezüge der Bekenntnisgrundlage der AGBC zur Glaubensbasis der Evangelischen Allianz von 1846 halten einer differenzierten Analyse nicht ohne weiteres Stand. Zwar finden sich in Artikel eins bis sechs der Bekenntnisgrundlage zum Teil sogar wörtliche Parallelen zur Allianz-Basis. Die Unterschiede dürfen jedoch keinesfalls negiert werden. So fand das in der Basis hervorgehobene „right and duty of private judgment in the interpretation of the Holy Scriptures"[268] bei der AGBC keinerlei Parallele, was darauf schließen lässt, dass dieses Recht den württembergischen

---

266 Apokatastasis panton, auch Allerlösungslehre. Wurde und wird von Michael Hahn und seinen Anhängern vertreten, steht jedoch im Widerspruch zu CA XVII und brachte daher Hahn und den Seinen massive Kritik von Seiten der etablierten Kirche ein.
267 Vgl. WOLFSBERGER, Geschichte, 13.
268 The Doctrinal Basis of the Evangelical Alliance, 1846; zitiert nach SCHAFF, Creeds, 827 f.

Gemeinschaftsmännern um Beck ebenso wie ihren potentiellen Anhängern schlicht eine Selbstverständlichkeit war. Ebenso vor dem Hintergrund des Pietismus zu sehen sind die Abweichungen in Artikel sieben bis neun der Bekenntnisgrundlage, die das allgemeine Priestertum, die Notwendigkeit der kirchlichen Gemeinde und die schriftgemäße Ordnung der Kirche thematisieren, wohingegen sich die Basis mit der Feststellung der „divine institution of Christian ministry" begnügte. In der Eschatologie vertraten die Evangelische Allianz und die AGBC entgegengesetzte Positionen: Die Allianz vertrat dezidiert den doppelten Ausgang des Gerichts, wohingegen die AGBC, zwar nicht mehr so klar wie im Entwurf, aber immer noch deutlich erkennbar, die „Vollendung", das heißt die Allerlösung als eschatologisches Konzept vertrat.

So mag Wolfsberger darin zuzustimmen sein, dass die ersten sechs Artikel der AGBC tatsächlich bis in den Wortlaut hinein an die Basis der Allianz „angelehnt"[269] seien. Diese Thesen beinhalten das Gemeingut konservativ-protestantischer Theologie. Die theologischen Differenzen im zweiten Teil und damit die Originalität der Bekenntnisgrundlage der AGBC hat Wolfsberger augenscheinlich nicht wahrgenommen. Auffällig bleibt, dass die im Entwurf sehr ausführliche und ausdifferenzierte Bekenntnisgrundlage der AGBC für die Veröffentlichung enorm gekürzt und theologisch deutlich entschärft wurde. Das Hahnische Sondergut war allenfalls noch in Ansätzen und für den kundigen Leser sichtbar, so dass nur der Kernbestand biblisch-konservativer Theologie übrig blieb. Es ist zu vermuten, dass der Vorstand der AGBC hier Korrekturen vornahm, um die AGBC im württembergischen Pietismus mehrheitsfähig zu machen. Dies entspräche Becks eigenem Appell, das Trennende hintan zu stellen[270] und war auf lange Sicht für den Erfolg der AGBC konstitutiv.

Das zweite theologische Grundsatzdokument der AGBC, die etwas später verfassten „Richtlinien", standen ebenfalls im Kontext der Landeskirchentagswahl 1953; Schäf notierte im Anschreiben zum Entwurf der Richtlinien an die „Brüder": „Das Wort ‚Wahl' habe ich absichtlich nicht verwendet. Die Richtlinien sind dazu bestimmt, dass sie jedermann sagen, was die etwaigen Kandidaten unserer Richtung wollen und vertreten."[271] Zugleich nahm er in bezeichnender Weise Bezug auf die offensichtlich schon bestehende „Bekenntnisgrundlage": Er finde,

„dass prinzipiell auch in unserer Bekenntnisgrundlage dasselbe steht, wie in den Richtlinien. Was aber dort als Bekenntnis gesagt wird, wird hier zu den Zielen, die

---

269 WOLFSBERGER, Geschichte, 13.
270 Vgl. oben 83.
271 Dieses wie auch die folgenden Zitate dieses Abschnitts stammen, soweit nicht anders vermerkt, aus dem Entwurf zu den Richtlinien der Evangelisch-Kirchlichen Arbeitsgemeinschaft für biblisches Christentum bzw. Richtlinien der Evangelisch-Kirchlichen Arbeitsgemeinschaft für biblisches Christentum; LHA, Ordner „L.Hofacker-Kreis 1951–1969".

wir erreichen wollen, was dort statisch ist, wird bei den Richtlinien dynamisch. (Ach, dass sie doch recht dynamisch wären.)"

Die Richtlinien ergänzten also die ehernen Grundsätze (Bekenntnisgrundlagen) in Form eines Wahlprogramms. Entsprechend waren die Richtlinien nicht in Bekenntnissätze, sondern in „Forderungen" untergliedert, war der Aufbau nicht ans Apostolicum angelehnt, sondern ging von den zentralen Anliegen der AGBC aus. Sie kreisten um zwei Themenschwerpunkte: Rechte, biblische Verkündigung und Aufwertung der Gemeinde beziehungsweise der Laien. Lediglich der sechste und letzte Punkt der Richtlinien verließ dieses Spektrum und forderte eher allgemein und von jedem Christen, sich des missionarischen Auftrags bewusst zu sein und diesen zumindest „durch das schlichte Zeugnis seines Lebens" zu erfüllen. Die Punkte eins bis fünf enthielten verschiedene Aspekte der genannten Hauptanliegen: Die Ablehnung der modernen Theologie beziehungsweise „aller Versuche, der Gemeinde das Wort Gottes ganz oder auch nur teilweise zu nehmen", die Berufung zum Verkündigungsdienst in erster Linie aufgrund der „Wiedergeburt" des Kandidaten – nicht auf Basis „theologische[r] Examen"; damit einhergehend Ausweitung und Aufwertung der Verkündigung durch Laien: „[M]ehr als bisher [sind] neben den akademisch gebildeten Theologen auch geeignete und bewährte Männer [sic] der Jugendarbeit, der Inneren und Äußeren Mission, sowie auch andere geeignete Gemeindeglieder zur Verkündigung heranzuziehen." Das deutlich hörbare Misstrauen gegen die (akademisch gebildeten) „Theologen" fand seinen Höhepunkt in der fünften Forderung, die zunächst konstatierte: „Schon früh in der langen Geschichte [der Christenheit] haben Theologen die Gemeinde weithin entmündigt." Gegenläufige „Bestrebungen unserer heutigen Kirche" seien daher „auf stärkste zu unterstützen". In die gleiche Kerbe schlug die voraufgehende Forderung, in der „unbrüderliches Verhalten des Verkündigers" kritisiert wurde – gleichzeitig jedoch auch der „fromme Egoismus des Gemeindeglieds" – beide, Verkündiger wie Gemeindeglied, müssten sich auf „die rechte [d. h. biblische] Stellung" besinnen.

Am interessantesten ist die zentrale, dritte Forderung. Thematisiert wurde hier erneut die rechte schriftgemäße Verkündigung in Abgrenzung zu „rasch wechselnden theologischen Systemen oder von besonderen Lieblingsthemen". Besonders hervorgehoben wurde nun aber die „Ablehnung der Irrlehre, dass nach dem Tod alle Menschen in den Himmel kommen". Dies wirkt zunächst wie ein Widerspruch zu der in den Leitsätzen ausdrücklich bekannten „Wiederbringung Aller". Berücksichtigt man jedoch den theologischen Hintergrund Schäfs und des engsten Kreises der AGBC – die Lehren Michael Hahns – so löst sich dieser Widerspruch auf: Im Anschluss an Oetinger interpretierte Hahn 1. Petr. 4, 6 und ähnliche Bibelstellen dahingehend, dass „Christus im Totenreich *nach* Gerichten die Apokatastasis in Aussicht gestellt habe."[272] In einer der

---

272 GROTH, Wiederbringung, 122.

wenigen Selbstdarstellungen der Hahn'schen Gemeinschaft wurde die Apokatastatis-Theologie folgendermaßen zusammengefasst:

> „Die Lehre von der Wiederbringung aller Dinge ist M. Hahn besonders wichtig; es ist die Lehre, dass alle vernünftigen Kreaturen, insbesondere also die abgefallenen Engel und Menschen, wenn auch großenteils erst nach überstandenen schweren Gerichten, schließlich freiwillig unter das Zepter Jesu Christi, des Königs aller Könige, sich beugen werden, dass, wie sie in Adam alle – ohne Ausnahme – sterben, so auch in Christo alle – ohne Ausnahme – lebendig gemacht werden sollen und sonach Gott zuletzt wirklich ‚alles in allen' sein werde."[273]

Die abgelehnte „Irrlehre" ist also nicht die Apokatastasis-Lehre Hahns, die Beck und vermutlich auch anderen führenden Männern der AGBC wie Schäf und Paul Müller durchaus am Herzen lag. Abgelehnt wurde das „Verschweigen des Gerichts", also eine Allerlösungslehre, die nicht, wie bei Hahn, durchaus von einem oder gar mehreren post-mortalen Reinigungsgerichten ausgeht, sondern alle Menschen ohne Unterschied zur ewigen Seligkeit bestimmt sieht. Leider findet sich in den vorhandenen Dokumenten keinerlei Hinweis auf den Anlass für diese konkreteste theologische „Forderung" der AGBC für die Landeskirchentagswahl 1953. Allerdings liegt die Vermutung nahe, dass die Überlegungen Karl Barths zur Allversöhnung in dem just in jenem Jahr erschienenen Band IV/1 der Kirchlichen Dogmatik die Folie für Schäfs Verwerfung bilden[274].

Mit der in der „Verfassung" enthaltenen „Bekenntnisgrundlage", den „Richtlinien" und der „Handreichung", die die Glaubensbasis und die Forderungen der AGBC nochmals konkreter und detaillierter in eine Anweisung zum Wahlkampf umformulierte, war das biblisch-konservative Netzwerk und die von ihm unterstützten Kandidaten und Kandidatinnen gut ausgerüstet und entsprechend erfolgreich[275]; am 13. Januar 1954 schrieb der selbst ebenfalls in den LKT gewählte Emil Schäf an die Mitglieder der AGBC, das arbeitsreiche zurückliegende Jahr resümierend: „Mit den Ergebnissen der Wahl zum Landeskirchentag dürfen wir zufrieden sein."[276] Am 17. Februar 1954 teilte Schäf den Leitern der Gemeinschaftsverbände mit: „Der Landeskirchentag ist gewählt und hat sich bei einer Rüstzeit in Boll einigermaßen kennen gelernt. Seine Zusammensetzung ist so, daß wir eine Arbeit im Sinne

---

273 M. Hahn'sche Gemeinschaft, Hahn'sche Gemeinschaft, 117 f.
274 Barth, KD IV/1. Für den Hinweis auf Karl Barth als möglichen Gegenpol zu Schäf danke ich Traugott Kögler; für differenzierte Informationen zur apokatastasis ton panton bei Karl Barth Daniela Milz-Ramming, die mir ihre gleichnamige Zulassungsarbeit zur I. Kirchlichen Dienstprüfung aus dem Jahr 1998 freundlicherweise zur Verfügung gestellt hat. Die detaillierteste Untersuchung des Themas bietet nach wie vor Janowski, Allerlösung.
275 Vgl. oben 85.
276 Rundbrief der AGBC 13. 1. 1954; LHA, Ordner „L.Hofacker-Kreis 1951–1969".

unserer bekannten Grundsätze erhoffen dürfen."²⁷⁷ Diesem Schreiben war ein vertrauliches Grundsatzpapier „Unsere Arbeitsrichtung im LKT" beigelegt, in dem Schäf zukunftsweisend die Arbeit der biblisch-konservativen Abgeordneten umriss. Schäf sah offensichtlich die AGBC als Größe eigenen Rechts nun im LKT präsent. Das Papier führte den latent Theologen-feindlichen Ton der Richtlinien fort: Der „wesentliche" [welch bemerkenswerte Formulierung! d. Verf.] Teil der Kirche werde „von den wohlorganisierten Theologen gebildet, die den immer schwerer werdenden Boden des ‚Volkes' recht und schlecht bearbeiten." Daraus sei eine „‚Hierarchie' (Priesterherrschaft)" entstanden, die zwar alt, nichtsdestotrotz aber wider das Evangelium sei. Als Gegenentwurf präsentierte Schäf die „missionierende[] Bruder- oder Gemeindekirche", in der der Pfarrer (nur) Bruder sei. Um die Anliegen der AGBC – Zurückdrängung der „Priesterherrschaft" und Aktivierung der Gemeindemitglieder – im LKT durchzusetzen, forderte Schäf, dass die AGBC-nahen Abgeordneten sich „zu einem Freundeskreis²⁷⁸ zusammen[]schließen und fest zusammen[] halten [sollten], um die großen Ziele allen entgegenstehenden Schwierigkeiten zuwider durchzuführen", dabei aber „trotzdem nicht zur Partei (Fraktion – Gruppe) zu werden, sondern bei allem entschiedenen Ringen die Brüderlichkeit auch den Mitchristen gegenüber mit vollem Ernst aufrecht zu erhalten". Damit waren der Vorläufer des Gesprächskreises „Lebendige Gemeinde" im LKT etabliert und alle Stichworte, die schon früher²⁷⁹, mehr noch aber in den kommenden Jahren und bis in die heutige Zeit die Diskussion um die Arbeitsweise der Landessynode prägen (Freundes- beziehungsweise Gesprächskreis, Partei, Fraktion), benannt.

In den folgenden Jahren war die Arbeit der AGBC innerhalb und außerhalb der Synode geprägt vom Widerstand gegen die Einführung des staatlichen Kirchensteuereinzugs²⁸⁰, welcher vom Landeskirchentag nach langer und kontroverser Debatte am 16. März 1955 beschlossen wurde²⁸¹, sowie vom immer wiederkehrenden „Notschrei" gegen den Untergang der Kirche. Die

---

277 Durchschlag eines Briefs von Schäf namens der AGBC an die Leiter der Gemeinschaftsverbände, 17. 2. 1954; LHA, Ordner „L.Hofacker-Kreis 1951–1969".
278 Hier nahm Schäf einen Terminus und eine Organisationsform auf, die schon im 4. LKT eine Rolle gespielt hatte: verschiedentlich finden sich in den Protokollen des 4. LKT Verweise auf den „Freundeskreis [Julius] Beck"; Theodor Dipper hatte 1948 in seinen ausführlichen Überlegungen zur Arbeitsweise des LKT jegliche Gruppenbildung, auch die Sammlung Gleichgesinnter in „Gesinnungsgemeinschaften" oder Freundeskreisen (Vgl. z. B. VERHANDLUNGEN DES 4. EVANGELISCHEN LANDESKIRCHENTAGS, 280 u. ö.) ausdrücklich als dem Wesen des Landeskirchentags als „Synode und nicht Parlament" (Theodor Dipper, Äußerung zur Arbeitsweise des Landeskirchentags; LKA Stuttgart A126 AR 125 III) widersprechend, kategorisch abgelehnt. Vgl. HERMLE / OEHLMANN, Gruppen, insb. 277–279.
279 Vgl. Dipper, Äußerung zur Arbeitsweise des Landeskirchentags; LKA Stuttgart A126 AR 125 III
280 Vgl. Schäfs große Rede vor dem LKT: VERHANDLUNGEN DES 5. EVANGELISCHEN LANDESKIRCHENTAGS, 108–110 (12. 5. 1954). Im Anschluss „gekürzt" als Flugblatt gedruckt: Die Kirchensteuerfrage, LHA, Ordner „L.Hofacker-Kreis 1951–1969".
281 Vgl. VERHANDLUNGEN DES 5. EVANGELISCHEN LANDESKIRCHENTAGS, 242.

Diskussion um ein neuerliches scharfes Protest-Votum Schäfs, einen Text namens „Die Not der Kirche", den Schäf im Januar 1956 den Brüdern im Vorstand der AGBC zu Beratung vorlegte, zeitigte ein ebenso unerwartetes wie folgenschweres Ergebnis, das die Zukunft der AGBC und das Gesicht der württembergischen Landeskirche beziehungsweise den landeskirchlichen Pietismus gleichermaßen nachhaltig beeinflusste.

2.4.2 Die Entstehung der Ludwig-Hofacker-Konferenz

Durch Wegzug beziehungsweise altersbedingten Rückzug von etlichen Brüdern war der Vorstand der AGBC bis Mitte der 1950er Jahre erheblich geschrumpft; Schäf bemühte sich daher um adäquaten Ersatz und konnte unter anderem Walter Tlach gewinnen[282]. Tlach, erst kurz zuvor von einem fünfjährigen Einsatz als Missionslehrer am Seminar der Rheinischen Mission in Wuppertal-Barmen nach Württemberg zurückberufen und mit dem Amt des Landesjugendpfarrers betraut, brachte gleich in der ersten Vorstandssitzung, an der er teilnahm, ganz neue Ideen in den etablierten Kreis ein[283]. Zunächst votierte er massiv gegen die von Schäf zur Publikation vorgesehene Philippica; laut Schäf sollte sein im Protokoll der Sitzung noch als „Bilanz"[284] bezeichneter Text, der offenbar in scharfen Worten die kirchliche Situation in Württemberg beschrieb, ein „Hammer sein, mit dem er [Schäf] den feindlichen Wall zerschlagen wollte."[285] Tlach hingegen schlug einen ganz anderen Ton an und entfaltete ein neues Programm für die AGBC:

> „Tlach: Ich stehe mitten drin in der Arbeit, von der auch die Bilanz spricht. Er glaubt nicht, dass man durch solche Artikel weiterkommt; wir müßten Fakten schaffen: Die Menschen direkt zu Gott führen. Es lohnt sich nicht, die so verwirrte Theologie zu bekämpfen mit Schriftstücken. [...] Die Stunde der Grundsatzgespräche ist noch nicht da; dagegen müssen wir Tatsachen schaffen und das Salz des Wortes hineingeben in das Volk, besonders in die Jugend. Als ganz praktische Punkte schlägt er vor:
>
> a. die Einladung der Leute zur Beichte.
> b. Wichtig erscheint ihm die Frage einer freien theologischen Schule in Württemberg. (Hier müßte man sich in acht nehmen vor Prof. Rückert, Tübingen, der

---

282 Vgl. Brief Schäf an AGBC-Vorstand, 10. 10. 1955; LHA, Ordner „L.Hofacker-Kreis 1951–1969". Zu Person und Werk Tlachs vgl. OEHLMANN, Tlach, sowie OEHLMANN, Blumhardt-Jünger.
283 Vgl. Sitzungsprotokoll 18. 2. 1056; LHA, Ordner „L.Hofacker-Kreis 1951–1969".
284 Aus einem späteren Brief Schäfs ist zu schließen, dass Schäf, trotz des gegenteiligen Vorstandsbeschlusses, diese „Bilanz" unter dem Titel „Die große Not der Kirche" im Lehrerboten 1956, Heft 10/11, 76 f., veröffentlicht hatte. Schäf an Vorstand, Durchschlag, 22. 8. 1956; LHA, Ordner „L.Hofacker-Kreis 1951–1969".
285 Sitzungsprotokoll 18. 2. 1956; LHA, Ordner „L.Hofacker-Kreis 1951–1969".

scharf dagegen wäre).[286]

c. Mitarbeit an einer neuen Gemeindeordnung: betr. Pfarrbesetzung, weltliche Mitleitung des Kirchengemeinderats.

d. Eine Veränderung der Dozierung der Dinge auf der Hochschule.

[...]

Tlach macht noch einen ganz anderen Vorschlag: Er schlägt vor – in gewisser Nachahmung der Teerstegens[sic]-Konferenzen im Norden – eine ‚Glaubenskonferenz' für unsere pietistischen Kreise vor. Alle sollen dazu geladen werden. Als Tagungsort schlägt er Stuttgart, Furtbachstr. 6/8 – Das Haus des jungen Mannes – vor."[287]

Diese Glaubenskonferenz wurde unmittelbar beschlossen und für den Fronleichnamstag 31. Mai 1956 vorbereitet.

Hanspeter Wolfsberger, ein Schüler Tlachs am Tübinger Bengelhaus und einer der ersten, der sich mit seiner Examensarbeit über die „Geschichte der Evang.-Kirchl. Arbeitsgemeinschaft für biblisches Christentum" von 1975 um eine wissenschaftliche Aufarbeitung der Vorgänge bemühte, ging in seiner Analyse von Tlachs Rolle wohl nicht fehl, wenn er schreibt, Tlach habe

„die Einsicht [gewonnen], dass die bisherige Arbeit der EABC [= AGBC; d. Verf.] sich zu sehr auf Abwehrmaßnahmen beschränkt habe, daß zu viel Kampftätigkeit zur Abwehr ‚nichtbiblischer Aktionen und Einflüsse' entwickelt wurde. Tlach, von der Tersteegensruh-Konferenz in Essen kommend, brachte eine andere Vorstellung mit. Pastor Wilhelm Busch, der Essener Jugendpfarrer, hatte ihm von den vielen Besuchern aus Württemberg bei der jährlichen Tersteegensruh-Konferenz berichtet und von deren Wunsch, solch ein ‚Gemeinschaftsfest' auch in der heimatlichen Region zu haben. In diesem Gespräch ergab sich der ‚Auftrag' W. Busch's an Tlach, sich um die Gründung und Gestalt einer solchen Konferenz in Württemberg zu kümmern."[288]

---

286 Hier befand sich Tlach ganz auf der Linie der AGBC seit dem ersten Gespräch mit dem OKR am 14. 1. 1952. Das Anliegen einer zuverlässig „biblischen" Ausbildung des Theologennachwuchses ist ein durchgehender Zug der Arbeit der AGBC und wird von Tlach im ABH ab 1971 realisiert.

287 Sitzungsprotokoll 18. 2. 1956; LHA, Ordner „L.Hofacker-Kreis 1951–1969".

288 WOLFSBERGER, Geschichte, 17. Wolfsberger belegt seine Darstellung mit Verweis auf ein Gespräch, das er mit Tlach geführt habe. Tlach selbst berichtete: „In der letzten Woche, die ich vor meinem Umzug nach Württemberg (da habe ich dann ja das Jungmännerwerk geleitet) in Wuppertal war, war ich noch bei Busch und habe mit ihm einfach so ein paar Sachen besprochen. Dann sagt er zu mir: ‚Einen Auftrag hast Du, wenn Du nach Württemberg kommst: das zu übertragen, was die Tersteegenskonferenz bei uns ist!'" Auch die Struktur der Konferenz schrieb Tlach Busch zu: „Busch sagte mir im September 1953 in Essen, als ich ihn besuchte: ‚1) Nicht das Geringste an Kirchenpolitik, auch nicht für den Pietismus! 2) Nur Texte und nichts Thematisches!'" Über die spätere Verschiebung von der Bibel- zur Themen-Konferenz äußerte Tlach sich ablehnend vgl. (auch für die vorstehenden Zitate) Befragung von Walter Tlach durch Stephan Zehnle, August 1989. Unveröffentlichtes Transkript in Händen der Verf. [fürderhin zitiert als Zehnle, Befragung Aug. 1989].

Die Einladung zur „Frühjahrskonferenz zur Erweckung und Vertiefung des evangelischen Glaubens"[289] wurde in gewohnter Weise im Lehrerboten veröffentlicht, zusammen mit einer Vorstellung der AGBC aus der Feder Emil Schäfs[290]. Mitte Juli druckte der Lehrerbote Schäfs Bericht über das Ereignis ab:

> „Was der Glaubenskonferenz ihr besonderes Gepräge gegeben hat und sie vor einer Überfütterung mit Referaten bewahrt hat, das ist ein Dreifaches: Die köstliche Gebetsgemeinschaft, die überaus wertvollen, ganz kurzen Zeugnisse unter der trefflichen Leitung von Jugendpfarrer Walter Tlach und die zahlreichen packenden und gewinnenden Lieder. So wurde diese Konferenz für alle Teilnehmer ein starkes Erlebnis, das zu dem Beschluß geführt hat, am nächsten Fronleichnamstag, am 20. Juni 1957, wieder eine solche Glaubenskonferenz durchzuführen."[291]

Dieser Plan allerdings scheiterte am Widerstand der auf ihre Eigenständigkeit bedachten landeskirchlichen Gemeinschaften. Anscheinend war es der AGBC nicht gelungen, die im Entwurf zu den Leitsätzen betonte Verbundenheit mit den Gemeinschaften sowie die Überzeugung, dass deren „Dienst auch in der Gegenwart [...] unentbehrlich"[292] sei, glaubwürdig zu vermitteln; die Gemeinschaften sahen im Agieren der AGBC nicht nur im Vorfeld der Wahl 1953, sondern auch im Blick auf die Frühjahrskonferenz offensichtlich eine Grenzüberschreitung und Bedrohung ihrer Interessen. Daher blieb auch der Versuch der AGBC, den Stuttgarter Prälat Immanuel Pfizenmaier als ehrlichen Makler beziehungsweise „Treuhänder"[293] einzuschalten, erfolglos. Im Juni 1957 erläuterte Schäf in einem Rundbrief an „Mitglieder und Freunde" der AGBC, warum die angekündigte Fortsetzung der Frühjahrskonferenz nicht zu stande gekommen war:

> „Es hat sich Widerstand dagegen erhoben, daß diese Glaubenskonferenz von unserer Arbeitsgemeinschaft sozusagen allein durchgeführt wird; das sei eigent-

---

289 Die Nähe des Titels zu den „Bünder Konferenzen" in Westfalen dürfte kein Zufall sein. Tlach war, während seiner Zeit als Missionslehrer in Barmen, dort ein gern gesehener Referent gewesen und brachte neben den Eindrücken von der Essener Tersteegensruhkonferenz sicher auch Anregungen aus dieser Quelle mit nach Württemberg. Vgl. MIKOTEIT, Bünder Konferenz, 123, Fn. 66.
290 Vgl. Lehrerbote 1956, Heft 9, 69f.
291 Schäf, Die Glaubenskonferenz an Fronleichnam, Lehrerbote 1956, Heft 14, 109f., 110. Die von Schäf angekündigte Konferenz 1957 hat nicht stattgefunden; erst 1958 konnte man den Plan realisieren. Seitdem finden diese Treffen in etwas wechselnder Form kontinuierlich statt, heute unter dem Namen *Christustag*.
292 „Neuer Entwurf der Leitsätze, wesentlich erweitert"; LHA, Ordner „L.Hofacker-Kreis 1951–1969".
293 Briefentwurf Schäf an Pfizenmaier, 4. 8. 1956; LHA, Ordner „L.Hofacker-Kreis 1951–1969".

lich Sache aller Gemeinschaften miteinander. [... D]eshalb versuchten wir, die Gemeinschaften dafür zu gewinnen."²⁹⁴

Darüber aber seien Monate vergangen, ehe klar wurde, dass die Gemeinschaften sich nicht wie von der AGBC gewünscht beteiligen würden. Die dann von der AGBC wiederum allein und überstürzt im Februar 1957 begonnenen Vorbereitungen scheiterten an der Kürze der Zeit.

In Julius Becks Protokoll der Vorstandsitzung vom 20. Juni 1957 wurden die Probleme noch deutlicher benannt und in interessanter Weise interpretiert: Der Impuls, die Gemeinschaften einzubinden, sei von Walter Tlach ausgegangen. Die ablehnende Haltung der Gemeinschaften bezog sich laut Becks Protokoll in erster Linie auf den von der AGBC gewählten (Um-)Weg über den kirchlichen Amtsträger Pfizenmaier, „da bei den Gemeinschaften leider häufig eine innere Ablehnung, um nicht zu sagen, ein Mißtrauen gegen die Kirche vorliegt." Aus Becks eigenen Texten ist eine solche Ablehnung beziehungsweise Mißtrauen häufig genug ebenfalls herauszuhören; inwieweit die anderen württembergischen Gemeinschaften hier tatsächlich die gleichen Vorbehalte gegen die Kirche und ihre Amtsträger hegten, ist nicht zu klären. Der Verdacht liegt nahe, dass die Reserve der Gemeinschaften weniger der Kirche als vielmehr der zunehmend selbstbewusst auftretenden AGBC und einem möglicherweise vermuteten Primats- oder gar Alleinvertretungsanspruch der AGBC galt. Leider sind entsprechende Unterlagen oder Aussagen von Seiten der Gemeinschaftsleiter nicht verfügbar. In Becks Protokoll jedenfalls kam derartiges nicht zur Sprache. Lediglich eine fehlende „Neigung zu brüderlicher Zusammenarbeit" wurde den Gemeinschaften von Beck attestiert. Auf der eigenen Seite wurden also nur taktische, nicht aber inhaltliche Fehler gesehen. Interessant ist die Folgerung, die die Männer um Beck und Schäf aus den zurückliegenden Ereignissen zogen: Die Gemeinschaften zeigten keine Bereitschaft, für die Frühjahrskonferenz (unter Federführung der AGBC) zusammenzuarbeiten. Ergo „muß es hier, wenn überhaupt, umgekehrt gehen: nicht über eine Vereinigung der Gemeinschaften zur Glaubenskonferenz, sondern über die Glaubenskonferenz zu einer Annäherung der Gemeinschaften untereinander."²⁹⁵

In einem Rundbrief an die Mitglieder im Mai 1958 fasste Schäf das Problem der Zersplitterung des Pietismus ebenso wie das Anliegen der AGBC in ein sprechendes Bild:

„Württemberg ist ein Kernland des Pietismus; es ist reich an eigenartigen Menschen. Dadurch ist es bei uns dazu gekommen, daß es etwa zehn mehr oder weniger verschiedene Richtungen des Pietismus gibt. Das ist Reichtum und Armut zugleich. Ein Bild: Von ferne schon erkennt man eine einzeln stehende Linde an

---

294 Rundschreiben Schäf/AGBC, 20. 6. 1957; LHA, Ordner „L.Hofacker-Kreis 1951–1969".
295 Protokoll der Vorstandssitzung am 20. 6. 1957 durch Julius Beck; LHA, Ordner „L.Hofacker-Kreis 1951–1969".

Institutionelle Festigung 97

ihrem eigenartigen Wuchsbild. Manchmal kommt es vor, dass eine solch königliche Krone anscheinend mehrere Stämme hat. Tritt man näher hinzu, so sieht man, daß es in Wirklichkeit eine kleine Gruppe von Bäumen ist, die aber so harmonisch zusammengewachsen sind, daß trotzdem das von Gott gegebene Wuchsbild klar und ungestört ausgestaltet worden ist. [...] Einem solchen Zusammenwachsen zu dienen soll eine Hauptaufgabe dieser Glaubenskonferenz [d. h. Frühjahrskonferenz] sein."[296]
Hier tritt die implizite Agenda der AGBC deutlich zu Tage: Die Vereinigung der Gemeinschaften beziehungsweise zumindest die Vereinigung der Kräfte in Form eines Netzwerks, um gemeinsam mehr bewegen und bewerkstelligen zu können – sei es, um eine Großveranstaltung wie die ab 1959 „Ludwig-Hofacker-Konferenz"[297] genannte Versammlung des württembergischen Pietismus zu organisieren, sei es, um geballten politischen Einfluss auf die Entscheidungen in Landessynode und Kirchenleitung auszuüben[298].

2.4.3 Der Offene Brief 1961 – Wiederholung oder Weiterentwicklung?

Ein knappes Jahrzehnt nach dem ersten Offenen Brief von 1952[299], trat die AGBC zu Neujahr 1961 erneut mit einem solchen an die Öffentlichkeit, um abermals auf die Gefahren der Modernen Theologie, insbesondere für den theologischen Nachwuchs, hinzuweisen und die Kirchenleitung – endlich! – zu entschiedenem Handeln zu bewegen.
Hatte Schäf noch im oben zitierten Rundbrief vom Mai 1958 der Hoffnung Ausdruck verliehen, die AGBC würde sich „hoffentlich möglichst bald [...] überflüssig gemacht"[300] haben, so sahen sich die Männer um Schäf und Beck offensichtlich schon sehr bald doch erneut zum Handeln gezwungen. Im Herbst 1959 stand wieder eine Wahl zum Landeskirchentag an, die von der AGBC weitgehend nach dem gleichen Muster wie schon 1953 begleitet und ebenfalls wiederum erfolgreich bestritten wurde. Sowohl Emil Schäf als auch Alfred Braun, die bislang im LKT die Anliegen der AGBC vertreten hatten, hatten nicht mehr kandidiert. Die zumindest von Schäf als anstrengend und aufreibend empfundene Arbeit im LKT fand also zunächst ein Ende. Die Anliegen jedoch, für die es einzutreten galt[301], waren in den Augen der Männer

---
296 Rundbrief AGBC/Schäf, 21. 5. 1958; Sammlung Franz Nau – Offener Brief.
297 Heute „Christustag". Vgl. www.christustag.de (abgerufen am 12. 2. 2015). Emil Schäf hatte zunächst den Namen „Albrecht-Bengel-Konferenz" in Erwägung gezogen. Paul Müller und Alfred Ringwald votierten für „Hofacker"; vgl. Brief Schäf an Vorstand AGBC 25. 3. 1959; LHA, Ordner „L.Hofacker-Kreis 1951–1969".
298 Vgl. hierzu auch HERMLE, Evangelikale.
299 Vgl. oben 55.
300 Rundbrief AGBC/Schäf, 21. 5. 1958; Sammlung Franz Nau – Offener Brief.
301 Themen, die von Schäf und anderen Abgeordneten des AGBC-Netzwerkes im 5. LKT eingebracht bzw. unterstützt wurden, waren u. a. die kontrovers diskutierte Frage des staatlichen

keineswegs erledigt. Das schon im Offenen Brief von 1952 zentrale Anliegen der Sorge um die „jungen Theologen" beziehungsweise um eine angemessene Ausbildung des theologischen Nachwuchses wurde erneut virulent. Noch zum Ende der alten Wahlperiode hatte Schäf im LKT eine Initiative zur Überprüfung der Pfarrersausbildung angestoßen[302], die AGBC hatte in dieser Sache eine Denkschrift[303] eingereicht, die auch ordnungsgemäß vom Ausschuss für Jugend und Unterricht bearbeitet und von dessen Vorsitzenden Helmut Claß im LKT ein Jahr später beantwortet worden war[304]. Insgesamt aber setzte sich bei der AGBC immer stärker der Eindruck durch, dass die Anliegen von 1952 weitestgehend unerledigt, der Impuls versandet sei.

Was genau den Anstoß zum zweiten Offenen Brief gegeben hat, ist nicht mehr festzustellen. Unterlagen der Akteure, die die Genese dieses Textes erhellen würden, sind leider nicht vorhanden. Der früheste Beleg ist ein Rundschreiben Schäfs an die Unterstützer des Offenen Briefes vom 30. Dezember 1960, in dem er sich für eine offensichtlich gegenüber der ursprünglichen Planung verzögerten Veröffentlichung entschuldigte: „Gewiß haben viele schon manchmal gefragt: Was ist auch nur los mit dem Offenen Brief? Wo hängt er? Das ist doch eine Erzlangweilerei!"[305] Schäf erläuterte, dass eine Reihe wichtiger Unterstützer auf zwei Zusätzen, nämlich Dank gegenüber den befreundeten Theologieprofessoren sowie gegenüber Landesbischof und Kirchenleitung bestanden hätten. Er skizzierte das weitere Vorgehen: der Offene Brief werde dem Landesbischof überbracht, der Tübinger Fakultät zugesandt werden, danach erscheine er Mitte Februar im Lehrerboten und als

---

Kirchensteuereinzugs, vgl. u. a. VERHANDLUNGEN DES 5. EVANGELISCHEN LANDESKIRCHENTAGS, 97–135, darin 108–110 Schäfs lange ablehnende Stellungnahme, die (gekürzt) von der AGBC gedruckt und verteilt wurde, vgl. LHA, Ordner „L.Hofacker-Kreis 1951–1969". Außerdem die Frage nach einer evangelischen Form der Einzelbeichte, die der 5. LKT von der vorangegangenen Synode übernommen und durch die ganze Legislaturperiode hindurch bearbeitet hat, vgl. 5. LKT, 182; 1106–1110 u. ö. sowie Arbeitspapiere und Liturgie-Entwürfe der AGBC in NL Nau/Offener Brief (undatiert, Frühjahr 1959). In den Rundbriefen der AGBC berichtete Schäf wiederholt von der Arbeit im LKT, zuweilen erfreut, weil ein Anliegen erfolgreich eingebracht werden konnte (Pfarrernachwuchs, Rundbrief 5. 5. 1959, NL Nau/Offener Brief), häufig auch resignativ: „ich [habe] im Landeskirchentag schon gesagt, dieses Gremium sei der Legalisierungsstempel der Kirchenleitung. Natürlich ist dies bei vielen Dingen durchaus in Ordnung. Allein ich bin der Meinung, daß dies allein der Würde und der Aufgabe dieses ‚Hohen Hauses' nicht entspricht". (Rundbrief 5. 8. 1959, NL Nau/Offener Brief). Schon im Blick auf die Wahl 1959 sind „Elf Thesen zu unserer Aufgabe an der Kirche" verfasst, in der sich das geistlich-politische Programm der AGBC niederschlägt, vor allem ein grundsätzliches Unbehagen an der Volkskirche, die schon in Schäfs Rede zur Kirchensteuer stark negativ konnotiert war und die er in den Thesen abgelöst bzw. ergänzt sehen wollte durch „eine Missionskirche, in der Pfarrer und Gemeinde als Missionare in der Volkskirche zusammenwirken"; NL Nau/Offener Brief.
302 Vgl. VERHANDLUNGEN DES 5. EVANGELISCHEN LANDESKIRCHENTAGS, 969 (15. 10. 1958).
303 Vgl. Emil Schäf: Die Ausbildung der Pfarrer, in: FAB 10 (1956), Nr. 4, 15. 2. 1956.
304 Vgl. VERHANDLUNGEN DES 5. EVANGELISCHEN LANDESKIRCHENTAGS, 1079 f.
305 Rundschreiben AGBC/Schäf vom 30. 12. 1960; NL Nau/Offener Brief.

Flugblatt im Druck. Schäf beendete seinen Brief mit einer durchaus hellsichtigen Segensbitte: „Er [Gott] führe uns und unsere Kirche mit seiner starken Hand gnädig in und durch das spannungsreiche Jahr 1961."
Es ist anzunehmen, dass neben dem mittlerweile seit 15 Jahren von den Männern des biblisch-konservativen Spektrums betriebenen Kampf gegen Rudolf Bultmann als vorrangigem Opponenten, der auch in Schäfs Stellungnahmen vor dem Landeskirchentag immer wieder deutlich hervortrat, die Abwehr gegen den seit 1959 an der Universität Tübingen lehrenden Bultmannschüler Ernst Käsemann stand. Zwar wurde Käsemann im Offenen Brief nicht direkt genannt[306]. In der durch diesen Brief ausgelösten Diskussion aber wurde deutlich, dass die Sorge Schäfs und seiner Getreuen um die jungen Theologen in erster Linie deren Studium unter Käsemanns Katheder galt. Explizit genannt war im Offenen Brief lediglich Dr. Heinrich Buhr, Pfarrer in (Tübingen-) Pfrondorf, der vor allem durch einen Artikel im SPIEGEL im Sommer 1960 von sich reden gemacht hatte, wo er, gemeinsam mit dem Kieler Philosophieprofessor Walter Bröcker provokant als „himmliche[r] Revierreiniger" apostrophiert wurde. Die beiden hatten in einem gemeinsamen Büchlein in Anschluss an Martin Heideggers Philosophie eine „Theologie des Geistes"[307] entworfen und damit laut SPIEGEL „[z]u einer gründlichen Entrümpelung des christlichen Himmels – gründlicher noch als die des Entmythologisierungs-Theologen Rudolf Bultmann – [...] aufgerufen"[308]. Dieses Buch war von Fritz Rienecker im Lehrerboten einer ausführlichen Kritik unterzogen worden, allerdings erst nach Veröffentlichung des Offenen Briefs[309].
Mindestens ein weiterer SPIEGEL-Artikel gehörte zur theologischen Gemengelage, die die Männer der AGBC zum Handeln veranlasst hatte. Zu Weihnachten 1958 hatte das Hamburger Magazin – wie seither verlässlich beinahe zu jedem christlichen Hochfest – einen Artikel mit vermeintlich sensationellen Neuigkeiten über den christlichen Glauben und seinen Stifter veröffentlicht. Im vorliegenden Fall wurde unter der Überschrift „Der Erwählte"[310] auf nicht weniger als 14 Seiten der Stand der theologischen, insbesondere der historischen und archäologischen Forschung dargestellt. Breiten Raum nahm die dramatische Erzählung vom Fund des „Beduinen-

---

306 Eindeutig aber ist die in den Unterlagen der LHV festgehaltene Forderung „der Unterzeichner des offenen Briefes für das Gespräch mit dem Oberkirchenrat: [...] 2. Der Oberkirchenrat soll Stellung nehmen zu Professor Käsemann, besonders wegen dessen Ausführungen zu Johannes 2 Vers 1–11 vor Physikern, wo er das Wort Gottes lächerlich gemacht hat. Ist hier nicht ein Lehrzuchtverfahren angezeigt?". Undatierte Aktennotiz, LHA, Ordner „L.Hofacker-Kreis 1951–1969". Der beanstandete Vortrag Käsemanns ist nicht mehr zu eruieren.
307 Vgl. das gleichnamige Buch der beiden von 1960.
308 Versöhnung mit Aphrodite, SPIEGEL 1960, Heft 29, 56–59.
309 Fritz Rienecker: Kann man das noch „Theologie" nennen? Lehrerbote 1961, Heft 10, 68 f.
310 Der Erwählte, SPIEGEL 1958, Heft 52, 42–55.

knabe[n] Muhammad"³¹¹ 1947 in der Judäischen Wüste – die Schriftrollen vom Toten Meer – und die sich daran anschließende theologische Forschung zur Umwelt des Neuen Testaments ein. Die hier vorgetragenen Ergebnisse aus dem Bereich der neutestamentlichen Forschung dürften auch im Jahr 1958 für das Fachpublikum nicht mehr überraschend oder gar schockierend gewesen sein. Sie erfüllten aber wohl den Tatbestand, der schon 1950 Julius Beck auf den Plan gerufen hatte: Mit dem Artikel im SPIEGEL wurden diese Informationen einem breiten Publikum zugänglich, die theologische Diskussion war wieder einmal „durch die Decke ins Stockwerk der Gemeinde [ge]tropft[]"³¹².

Als weiterer Faktor wird eine vom Gießener Theologieprofessor Friedrich Hahn ausgelöste Diskussion um die Verwendung der historisch-kritischen Exegese im Rahmen des schulischen Religionsunterrichts gelten müssen. In den Stellungnahmen der Unterzeichner des Offenen Briefes, sei es bei Riedel vor dem LKT im Oktober 1961, sei es bei Franz Nau³¹³, tauchte immer wieder der Verweis auf einen Vortrag über „Die heutige Theologie in ihrer Bedeutung für die evangelische Unterweisung"³¹⁴ auf, der vom „Evangelischen Bund" als Sonderdruck an „die Religionslehrer versandt worden"³¹⁵ sei. Hahn trat klar für eine historisch-kritische Analyse der Bibel ein, lehnte die Verbalinspiration ausdrücklich und nicht ohne Schärfe ab³¹⁶. Im Hinblick auf den Religionsunterricht vertrat er mit Nachdruck die Ansicht, dass sowohl der

„historisch-menschliche[] Charakter wie de[r] Wort-Gottes Charakter deutlich zu machen [seien]. Nach meiner Erfahrung sind bereits Sekundaner, erst recht Primaner an den historisch-kritischen Fragen und dem Stand der Forschung interessiert. Wir sind es der jungen Generation schuldig, offen [...] auf diese Fragen einzugehen. Sonst setzen wir uns mit Recht dem Vorwurf der Unglaubwürdigkeit aus."³¹⁷

Entsprechend verwies Hahn denn auch auf neueste Literatur zu den Handschriftenfunden am Toten Meer, auf Bultmann, Günther Bornkamm und Götz

---

311 Der Erwählte, 42.
312 Paul Deitenbeck, zitiert nach SCHEFFBUCH, Entwicklung.
313 Z.B. im Manuskript „Koreferat zum ‚Offenen Brief' am 17. 4. 61"; NL Nau/Offener Brief.
314 HAHN, Theologie.
315 So ein Bericht/Zusammenfassung von unbekannter Hand in den Unterlagen von Franz Nau, der einem Brief an Emil Schäf vom 27. 1. 1961 beigeheftet ist. Ein Verweis auf Wilhelm Buschs Zeitschrift Licht und Leben („1/1961, S.12") lässt vermuten, dass erst Busch Hahns Vortrag zu Bekanntheit in konservativen Kreisen verhalf – als Auslöser für den Offenen Brief in Württemberg käme dies allerdings zu spät.
316 Vgl. HAHN, Glaubenslehre, 2: Die Bibel „ist Gottes Wort, sobald das in ihr enthaltene Zeugnis durch Gottes Geist dazu wird. Wann und wo das Biblische Zeugnis zur Anrede, zum Wort Gottes wird, darüber entscheidet Gott allein. [...] Gerade die so ehrfürchtig scheinende Lehre von der ‚Verbalinspiriertheit' der Bibel ist in Wirklichkeit heimliche Anmaßung des Menschen. Der Mensch versteht dann das Wort Gottes als eine Gegebenheit, über die er jederzeit verfügen kann."
317 HAHN, Glaubenslehre, 6.

Harbsmeier – allesamt Gewährsmänner jener Theologie, gegen die die AGBC angetreten war.

Zuletzt ist die Diskussion um die Thesen des Erlanger Neutestamentlers Ethelbert Stauffer zu nennen. Auch sie scheint Anteil an der den Offenen Brief auslösenden Gemengelage gehabt zu haben[318]. Stauffer, der während der frühen Jahre der NS-Diktatur mit deutschchristlichen Positionen sympathisiert[319] und noch 1959 in recht missverständlicher Diktion die „Entjudaisierung der Jesusüberlieferung"[320] als zentrale Aufgabe der Jesusforschung bezeichnet hatte, war ab 1934 Professor für Neues Testament in Bonn, seit 1948 in Erlangen. Wie so häufig bleibt zweifelhaft, ob die Männer der AGBC die theologischen Voraussetzungen und Argumentationen Stauffers, die sie pauschal kritisieren, auch wirklich durchdrungen haben[321]. In Hans-Karl Riedels Stellungnahme vor der Synode scheint es eher, als ob allein schon bestimmte Stichworte, wie Zweifel an der Verbindlichkeit des Kanons, am historischen Wert der Evangelien oder der Paulusbriefe[322] u. ä., die Ablehnung des konservativen Netzwerks auslösten. Die vielschichtigen Verweise in Stauffers Positionen, sei es auf die liberale Theologie des 19. Jahrhunderts, sei es, zumindest in der Wortwahl, auf die Rhetorik der Deutschen Christen, hat Riedel sicherlich nicht erfasst; die Übereinstimmung der Schlüsselbegriffe genügte, um Stauffer in eine Schublade mit Bultmann und Buhr zu stecken – eine wahrhaft eigenwillige Gesellschaft.

Eine umfassende zeitgenössische Analyse des Offenen Briefs, seiner Genese und seiner Wirkung lieferte der württembergischen Synodale und spätere Vorsitzende des Gesprächskreises EuK Hans Lachenmann in den Lutheri-

---

318 Indiz hierfür ist wiederum die Behandlung des Themas im Lehrerboten, vgl. Lehrerbote 1961, Heft 11, 77f. Wie schon im Fall Buhrs erfolgt die Auseinandersetzung im LB erst nach Publikation des Offenen Briefs – nichtsdestotrotz ist damit m. E. belegt, dass die Verfasser des Offenen Briefes sich mit diesen Themen konfrontiert sahen.
319 Vgl. KLEE, Art. Stauffer und WESSELING, Art. Stauffer oder auch SIEGELE-WENSCHKEWITZ / NICOLAISEN, Fakultäten.
320 Ethelbert Stauffer: „Die Botschaft Jesu damals und heute", Bern 1959, 10, bei Klee fälschlich als „Entjudung der Jesusüberlieferung" zitiert, vgl. Beitrag von „Pinguin52" vom 6. 1. 2011 auf der Diskussionsseite zum Artikel „Ethelbert Stauffer". <http://de.wikipedia.org/wiki/Diskussion:Ethelbert_Stauffer> (18. 6. 2012).
321 Wobei anzumerken ist, dass Stauffers Beiträge zur theologischen Forschung eher zweifelhaften Rang besitzen und wohl zu Recht weitestgehend vergessen sind. Stauffers eigenwillige und zuweilen befremdliche Mischung aus Bibel, Weltliteratur und Auslassungen zur aktuellen politischen und gesellschaftlichen Weltlage zeugt primär von der umfassenden Belesenheit des Autors und einem nicht geringen Geltungsdrang. Eine saloppe Bemerkung des Bonner Professors Michael Meyer-Blanck liefert eine ebenso knappe wie m. E. zutreffende Beschreibung und Bewertung des Neutestamentlers Stauffers: „Er war der Lüdemann der 1950er und 60er Jahre." (Meyer-Blanck im persönlichen Gespräch, 24. 6. 2012).
322 Riedel über Stauffer: Er lasse „von den Evangelien nur einige Sprüche des Herrn gelten..., die ganzen Briefe des Paulus nicht [...,] die Frage des Kreuzes, der Sünde, der Sündenvergebung [fegt er] völlig vom Tisch". VERHANDLUNGEN DER 6. EVANGELISCHEN LANDESSYNODE, 2. 10. 1961, 225 f.

schen Monatsheften 1964[323]. Unter dem Titel „Zwischen Theologie und Gemeindefrömmigkeit" beschrieb er die Situation als „Krise", die sich in mehreren „Schüben" vollzog. Die Krise sei zeitlich in den Jahren „vom Ende des letzten Krieges bis zur Gegenwart", räumlich „in Württemberg und Deutschland" zu verorten, wiewohl die zur Krise führenden „Spannungen" über diese Grenzen jeweils hinaus reichten. Die Ereignisse um das „Flugblatt" von 1951 stellte Lachenmann in einem ebenso knappen wie umfassenden Absatz dar. In den Jahren „1953 bis 1960" sei es „verhältnismäßig ruhig" geblieben, während allerdings das „Erbe Rudolf Bultmanns in gewandelter und teilweise radikalisierter Form weitergegeben und verbreitet wurde" und „die Fragen um den ‚historischen Jesus'" unter den Bultmannschülern – genannt werden nur die Württemberger Ernst Fuchs, Hans Conzelmann und Manfred Mezger – diskutiert wurden. Um 1960 begann es, nach Lachenmanns Beobachtung „wieder zu ‚kriseln'." Als Auslöser nannte er den wachsenden Einfluss der in Professorenstellen eingerückten Bultmannschüler, und die oben genannten SPIEGEL-Artikel zu Weihnachten 1958[324] beziehungsweise über Heinrich Buhr, „dessen ‚Theologie des Geistes' zwar nichts mit Bultmann zu tun hat, aber in gleicher Weise als zersetzend [sic] und ‚ungläubig' empfunden wurde." Lachenmann benannte Emil Schäf als Verfasser des Offenen Briefes 1961 und bemerkte kritisch, dieser habe sich „nicht die Mühe gemacht, den Brief allen Mitunterzeichnern im Wortlaut vorzulegen, sondern sich teilweise damit begnügt, die Unterschrift telephonisch einzuholen, auch von Leuten, die den ganzen Inhalt und die Formulierungen im Einzelnen nicht kannten." Gegen diese Darstellung findet sich weder in den Unterlagen Franz Naus noch in Hans Riedels Stellungnahme vor der Landessynode inhaltlicher Widerspruch – lediglich in verschiedenen Variationen der Hinweis, dass man „einen Brief nicht von 50 Leuten korrigieren lassen"[325] kann, dass der eine oder andere Unterzeichner mit dieser oder jener Formulierung nicht glücklich gewesen sei, dies aber der Zustimmung zum Ganzen keinen Abbruch getan habe[326].

Der Offene Brief 1961 selbst fällt sowohl im Inhalt als auch in seiner rhetorischen Qualität gegenüber dem Flugblatt 1951 und dem Offenen Brief 1952 deutlich ab. Es will scheinen, als sei Walter Tlachs Kritik an Emil Schäfs diesbezüglichen Fähigkeiten nicht gänzlich unbegründet: „[I]m Landeskirchentag spr[ä]che ich [d.h. Schäf] so, daß niemand mir mein Wort abneh-

---

323 Vgl. LACHENMANN, Theologie. Lachenmanns Bericht ist bei WOLFSBERGER, Geschichte, 34 zitiert, allerdings ohne korrekten bibliographischen Nachweis. Dieser findet sich bei STRATMANN, Evangelium, 34, der ganz offensichtlich auch Wolfsberger als Vorlage diente.
324 Bei Lachenmann ist fälschlich von 1959 die Rede – die Weihnachtsnummer 1959 befasste sich mit Karl Barth; der „historische Jesus" war in jenem Jahr nicht Thema.
325 VERHANDLUNGEN DER 6. EVANGELISCHEN LANDESSYNODE, 2.10.1961, 223. Auch WOLFSBERGER, Geschichte, 34f. kennt keinen Widerspruch gegen Lachenmanns Darstellung, die er allerdings dennoch anzuzweifeln scheint.
326 Entsprechend z.B. Franz Nau an Landesbischof Haug, 6.4.1961, NL Nau/Offener Brief.

me."³²⁷ In der Tat präsentiert der Offene Brief, ganz wie Schäfs Redebeiträge vor der Synode, eine schwer nachzuvollziehende Mischung aus verschiedensten Zitaten und scheinbar willkürlich aneinander gereihten Argumenten, Überlegungen und Forderungen.

Der Offene Brief setzte mit einer klassischen captatio benevolentiae ein: „[N]icht aus liebloser Kritiksucht, sondern gerade umgekehrt aus brennender Liebe zur evangelischen Kirche, die unsere Kirche ist und die wir in großer Not sehen"³²⁸ seien die folgenden Zeilen geschrieben. Diese Not wird im Folgenden durch den (vermeintlichen) Gegensatz „Theologie" und „Gemeinde" charakterisiert; ein „Riß" trenne die (Universitäts-) Theologie von dem „auf der Bibel gegründeten Glauben der Gemeinde"; viele Gemeindeglieder hätten deshalb das „Vertrauen [...] zur Fach[!]theologie" verloren und wollten ihren Kindern das Theologiestudium aus Sorge um deren Glauben nicht mehr gestatten. Die „Theologen" schienen diesen „Abstand" jedoch gar nicht wahrzunehmen, weshalb man sich zum Handeln gezwungen gesehen habe.

Es folgte eine Beispiel-Reihe, wie sie in den Argumentationen Schäfs, des LKT-Abgeordneten Riedel oder insgesamt im Lehrerboten häufiger anzutreffen ist: Lesefrüchte aus Erbauungsblättchen wie Wilhelm Buschs „Licht und Leben", kombiniert mit Berichten aus zweiter und dritter Hand, die zwar formal anonym, häufig bei Kenntnis der Situation aber ohne weiteres den entsprechenden Personen zuzuordnen sind, aus denen Schlüsse gezogen werden, die zuweilen nicht zwingend, häufig latent inkohärent sind. So folgt im Offenen Brief 1961 auf eine provokante These Buschs („,Ich bin überzeugt, daß der Grundschaden unserer Kirche die Ausbildung der Theologen an der Universität ist.'") ein Zitat aus einem Brief eines Lehrers an Landesbischof Haug; dieser Lehrer drohte an, seinen Söhnen das Theologiestudium nicht zu gestatten und abschließend der Bericht über eine Einladung von Seminaristen ins Evangelische Stift Tübingen, als dessen unmittelbare Folge – so unterstellt der Brief – ein Seminarist sich gegen das Theologiestudium entschieden habe.

Im folgenden kurzen Abschnitt trat exemplarisch Selbstverständnis und Selbstbewusstsein der AGBC zu Tage, daher sei er im Wortlaut zitiert:

„Diese Lage nötigt die *Gemeinde* des Herrn, auf den Plan zu treten, da es hier um ihre Existenz und ihre Aufgabe geht. Denn die Gemeinde ist keinesfalls ein nicht zu beachtender, bestenfalls ein zu behandelnder Gegenstand, sondern sie ist von Gott durch den Heiligen Geist zum Handeln als der eigentliche und verantwortliche

---

327 Bericht Schäfs über ein Gespräch mit Tlach, Durchschlag, 22. 8. 1956; LHA, Ordner „L.Hofacker-Kreis 1951–1969".
328 Offener Brief an die Leitung der Evangelischen Landeskirche in Württemberg und an die Evang.-theologische Fakultät in Tübingen, Stuttgart, Neujahr 1961. Veröffentlicht u.a. in Lehrerbote 1961, Heft 1, 11. Abgedruckt in EVANGELISCHER OBERKIRCHENRAT STUTTGART, Bibel, 5–9 (incl. Unterschriftenliste), sowie auszugsweise in KJ 88 (1961), 50 f.; STRATMANN, Evangelium, 34 f., u. ö. Soweit nicht anders angegeben sind die folgenden Zitate diesem Brief entnommen.

Träger des Evangeliums berufen. Die Gemeinde des Herrn muß deshalb die
Theologie zur Rede stellen und nach ihrer *Aufgabe* fragen".

Diese Gleichsetzung von AGBC und „Gemeinde des Herrn" erregte großen
Anstoß und wurde in der Folge von Gegnern ebenso wie von Sympathisanten
der AGBC kritisiert[329].

In die Form von Fragen nach der Aufgabe beziehungsweise der Grundlage
der Theologie gekleidet, beinhaltete der Offene Brief eigentlich die Überzeugungen der AGBC: So müsse es „das Hauptanliegen eines theologischen
Lehrers sein, seine Studenten zu Jesus Christus zu führen, sie ihn lieben zu
lehren, sie zur Verkündigung des ganzen Evangeliums [...] zuzurüsten", dies
alles unter der Prämisse, dass „[d]ie Schrift [...] eindeutig die Vernunft unter
den Gehorsam des Glaubens" stelle. „Theologieprofessoren, die vorwiegend
Philosophen, Philologen oder Historiker sind, sollten ernsthaft daran denken,
ihre theologischen Lehrstühle aufzugeben" – ein weiterer Spitzensatz des
Offenen Briefes, der scharfen Widerspruch erntete. In der Sache jedoch ging
der Offene Brief 1961 weder in der Analyse noch in den Forderungen über die
Dokumente des Anti-Modernismus-Kampfes zehn Jahre zuvor hinaus. Genauso wie damals wurde 1961 wiederum von der Kirchenleitung gefordert,
sich der Theologiestudenten „seelsorgerlich" und „geistlich" anzunehmen,
bei den kirchlichen Examina nicht nur auf die intellektuellen Fähigkeiten des
Bewerbers, sondern insbesondere auf „geistliche Gesichtspunkte" zu achten[330], sowie zu guter Letzt vom Instrument des Lehrzuchtverfahrens nicht nur
gegen katholisierende Geistliche, sondern gegen jene, „die den Glauben ihrer
Gemeinde zerstören", Gebrauch zu machen.

Im letzten Abschnitt erbaten sich die Unterzeichner „von Kirchenleitung
und Fakultät Antworten, die klare und befriedigende Wege zeigen, um dieser
brennenden Not abzuhelfen". Dass diese ausblieben, mag nicht zuletzt daran
gelegen haben, dass eine „klare Antwort" ohne eine „klare Frage" kaum befriedigend ausfallen kann – und der Offenen Brief stellt zwar unzweifelhaft
eine Problemanzeige, kaum aber eine präzise Frage dar.

Dem Brief entsprechend diffus im Inhalt, engagiert in der Emotionalität
und im Sendungsbewusstsein, gestalteten sich denn auch die zahllosen Reaktionen, die in Form von persönlichen oder wiederum offenen Briefen, Artikeln, Kommentaren und Leserzuschriften in FAB, dem Deutschen Pfarrerblatt, den Lutherischen Monatsheften, im Evangelischen Gemeindeblatt, den
Blättern der einzelnen Gemeinschaften bis hin zum Hamburger SPIEGEL
zuerst Württemberg und dann den ganzen deutschen Protestantismus

---

329 Vgl. Briefe an die Unterzeichner des Offenen Briefes bzw. an Franz Nau persönlich von Pfr.
Gottfried Rau, Mundingen, 7. 3. 1961; Gert Hummel, Tübingen (undatierte Hektographie)
u. ö. NL Nau/Offener Brief.
330 Was Gert Hummel zu der Vermutung veranlasste, der OKR werde zukünftig mit einem „Pis-
tometer" die Eignung der Kandidaten festzustellen suchen müssen.

Institutionelle Festigung 105

durchzogen[331]. Diese Reaktionen, wie auch die darauf erfolgenden Gegen-Reaktionen, in ihrer ganzen Breite und Tiefe darzustellen, würde den vorgegebenen Rahmen sprengen. Daher sind an dieser Stelle nur knapp die Reaktionen der beiden Adressaten, Kirchenleitung und Tübinger Fakultät zu skizzieren[332].

Die Kirchenleitung, die, entgegen Lachenmanns Darstellung[333], bereits kurz vor der Veröffentlichung des Offenen Briefes von der AGBC persönlich informiert worden war, antwortete am 14. März 1961[334] auf die an sie gerichteten Fragen. Die zweiteilige Stellungnahme, die mit einer Beschreibung der im Offenen Brief beschriebenen Krise und einer Solidaritätserklärung mit der Fakultät begann[335], fand ihren ersten Höhepunkt auf der vierten Seite: „Die biblischen Dokumente wollen, wie es ja die heutige Wissenschaft ihrerseits

---

[331] Exemplarisch sei hier nur auf den Sonderdruck des Stuttgarter Evangelischen Sonntagsblattes verwiesen, in dem Beiträge von Schäf, Lachenmann und Diem abgedruckt sowie durch Schriftleiter Fritz Mack zahlreiche Leserzuschriften rezipiert wurden: STUTTGARTER EVANGELISCHES SONNTAGSBLATT, Wort.

[332] Es muss an dieser Stelle leider auch darauf verzichtet werden, einen Blick auf die Reaktionen derer zu werfen, um die sich der Offene Brief in erster Linie sorgte: die Theologiestudenten in Tübingen. Nur erwähnt sei daher die spannende Kontroverse, die sich im Stiftskreis Koburg entspann: die aktiven Mitglieder dieses aus der DCSV hervorgegangenen Stiftskreises zählten sich in ihrer überwiegenden Mehrheit zur Anhängerschaft Käsemanns. Die „Altfreunde" hingegen standen dem Pietismus nahe. Einer von ihnen, Franz Nau, hatte den Offenen Brief mit unterzeichnet. Schon am 10. 2. 1961 trafen sich die aktiven Koburger mit Nau und dem von diesem mitgebrachten Emil Schäf zu einem Gesprächsabend. Die (mageren) Ergebnisse wurden im Semesterbrief der Koburger sowie in zwei Rundbriefen Naus nochmals reflektiert. NL Nau/Offener Brief sowie Sammlung Gerhard Oehlmann – Offener Brief. Zum Stiftskreis Koburg vgl. OEHLMANN, Tlach.

[333] „Da sich Landesbischof D. Haug während seiner Amtszeit sehr um ein vertrauensvolles Verhältnis zwischen Pietismus und Kirchenleitung bemüht hatte, war es auch nicht sehr schön, daß Bischof und Kirchenleitung erst durch ein gedrucktes Exemplar des ‚Offenen Briefes' von der Aktion in Kenntnis gesetzt wurden." LACHENMANN, Theologie, 566. Dagegen findet sich im LKAS nicht nur das maschinenschriftliche Original des Offenen Briefes, sondern unter dem 28. 12. 1961 ein Brief der AGBC/Schäfs mit der Mitteilung „Eine Reihe von Männern haben [sic] einen Offenen Brief an die Leitung der Evangelischen Landeskirche in Württemberg und an die Evangelisch-theologische Fakultät Tübingen ausgearbeitet. Wir möchten nicht, dass dieser Offene Brief Ihnen nur irgendwie zuflattert, sondern er soll Ihnen vor seiner Veröffentlichung persönlich überbracht werden." Daher wurde ein Termin erbeten und von Haug für den 7. 1. 1961 gewährt. Noch am 30. 12. 1960 legte Prälat Metzger eine Aktennotiz mit Überlegungen zum vermuteten Inhalt des Briefes („über den ‚Fall Buhr' hinaus") und zum weiteren Vorgehen an. OKR Paul Lutz, der bei der Übergabe anwesend war, hielt in einem schriftlichen Bericht vom 9. 1. 1961 nicht nur Atmosphäre und Gespräch, sondern auch eine bemerkenswerte Beobachtung fest: „Die beiden Besucher [Schäf und Handelsschulrat Johannes Fischer, Bebenhausen] waren von unserer kritischen Stellungnahme zu diesem ‚Offenen Brief' offensichtlich etwas betroffen;" LKAS, AR Gen. 350 VIII, Sonderakten Offener Brief.

[334] EVANGELISCHER OBERKIRCHENRAT STUTTGART, Theologiestudium, 10–17, 17.

[335] „[W]ir halten es [...] für ein Unrecht, wenn der ‚Offene Brief' irgend einer Lehrerpersönlichkeit unterstellt, sie habe die Absicht, ‚das Fundament des Glaubens planmäßig zu zerstören.'" EBD., 11.

auch klar herausgestellt hat, glaubenweckende Verkündigung sein."³³⁶ Mehrfach wurde darauf hingewiesen, dass es sich bei der Bibel um „Gottes Wort in einem menschlichen Gefäß"³³⁷ handele, und man nicht etwa aus falsch verstandener Verehrung der in ihr enthaltenen „göttlichen Wirklichkeit" „das Buch vergolden" dürfe. Während die Antwort mehrfach hervorhob, dass nur der Heilige Geist vollen Zugang zum „eigentlichen Inhalt der Schrift, ihr uns selbst erfassendes Christusgeheimnis"³³⁸ schenken könne, wurde gleichzeitig wiederholt die Unverfügbarkeit des Heiligen Geistes, für Fachtheologen ebenso wie für die Gemeinde, betont: „Wer sich eingesteht, daß weder Theologie noch die Gemeinde darüber verfügen, daß ein Mensch wirklich zum Glauben kommt, wird bescheiden denken."³³⁹ Den Mangel an solcher Bescheidenheit, so scheint es, kritisierte der OKR implizit am Offenen Brief und seinen Unterzeichnern.

Der zweite Teil der Antwort ging auf die Forderung nach stärkerer Begleitung beziehungsweise Kontrolle der Theologiestudenten ein. Die konstatierte Unverfügbarkeit des Heiligen Geistes führe die Kirchenleitung dazu, dass „wir dem Gedanken nicht zuzustimmen [vermögen], der den Schreibern des ‚Offenen Briefes' vorzuschweben scheint, als könne durch irgend eine Art von ‚Glaubensverhör' der Zugang zum Pfarramt gegen ‚Ungeeignete' abgeschirmt werden." Entsprechend wurde auch die geforderte Erweiterung der Prüfungskommissionen um Gemeindeglieder zurückgewiesen.

Schließlich wurde die Form des *Offenen* Briefs unter Verweis auf die „Regel Jesu" Mt 18,15 – Sündigt aber dein Bruder an dir, so geh hin und weise ihn zurecht zwischen dir und ihm allein – mit einiger Schärfe kritisiert: „Ein geistliches Handeln der Gemeinde, wie es die Unterzeichner des ‚Offenen Briefs' wünschen, sollte an dieser Stelle nicht mit öffentlichen Protestaktionen beginnen"³⁴⁰. Die im Offenen Brief geforderten Auswege aus der Not sah der OKR in „Gesprächen zwischen Theologie und Pietismus", die eingebettet sind in die „feste[] Gemeinschaft ..., die alle umfaßt: Lehrer, Studenten, Kirchengemeinde und Gemeinschaften". Die Antwort der Kirchenleitung unter Landesbischof Martin Haug wiederholte im Wesentlichen die Punkte, die Haug schon in seinem Hirtenbrief 1952 angeführt hatte: Die Unverzichtbarkeit der wissenschaftlichen Theologie und des theologischen Studiums sowie der daraus dem einzelnen Studenten erwachsenden Anfechtungen einerseits, die Forderung nach Gesprächsbereitschaft und gegenseitigem Respekt zwischen Universitätstheologie und „gläubiger Gemeinde" andererseits.

Die AGBC bestätigte den Eingang der Antwort in gewohnter Weise durch eine Notiz im Lehrerboten³⁴¹: Die in FAB publizierten Antworten der Kir-

---
336 EBD., 13.
337 EBD., 12.
338 EBD., 11.
339 EBD., 13.
340 EBD., 17.
341 Lehrerbote 1961, Heft 20, 143.

chenleitung und der Fakultät habe man „erhalten" beziehungsweise „zur Kenntnis genommen". Der Kirchenleitung wurde für ihre Mühen ausdrücklich gedankt, jedoch könne man „nicht unerwähnt lassen, daß diese Antwort den die Gemeinde besonders bewegenden Anliegen leider nicht gerecht geworden ist. Das gilt in erster Linie im Blick auf die Stellung zur Bibel." Geradezu trotzig will es erscheinen, wenn Paul Müller, der die „Erwiderung" unterzeichnete, beharrt: „Demnach bleibt das Anliegen des Offenen Briefes, der einen Widerhall in ganz Deutschland und darüber hinaus erhalten hat[342], weiterhin bestehen."

Dass die Antwort der Fakultät keines weiteren Wortes gewürdigt wurde, hat durchaus einleuchtende Gründe: Die Antwort der Tübinger evangelisch-theologischen Fakultät beschränkte sich auf einen knappen Absatz. Darin wurde dem Oberkirchenrat für seine Antwort gedankt, welche sich die Fakultät „zu eigen" mache. Im übrigen habe man dem 1952 in der Bultmann-Denkschrift Gesagten nichts hinzuzufügen. Zum Gespräch sei man gerne bereit, aber, so der brüske Schlusssatz, nicht mit allen:

„Die Fakultät bedauert jedoch sagen zu müssen, daß sie den ‚Offenen Brief' nicht als Grundlage für eine sachliche Auseinandersetzung ansehen kann; denn die Unterstellung, die theologischen Fakultäten seien Stätten, ‚in denen das Fundament des Glaubens planmäßig zerstört werden darf', schließe eine Verständigung aus."

Wieder einmal machten zugespitzte Formulierungen auf beiden Seiten die notwendige Aussprache und Auseinandersetzung in Württemberg unmöglich.

Diese weithin schlicht als Verweigerungshaltung verstandene Antwort verärgerte viele. Stellvertretend sei nur auf eine Reaktion verwiesen, die nicht wegen ihres Inhalts, wohl aber wegen ihres Verfassers interessant ist: Im August-Heft von FAB erschien eine Zuschrift, die die Antwort der Fakultät scharf kritisierte: Die Fakultät habe offensichtlich die Antwort der Kirchenleitung, die sie sich zueigen gemacht habe, erst gar nicht richtig gelesen, wenn sie meine, sich mit Berufung auf diesen Text „eine eigene Antwort ersparen zu können". Der zweite Satz der Fakultätserklärung sei „unverständlich", wenn Gesprächsbereitschaft proklamiert, im konkreten Fall das Gespräch aber verweigert würde: „Der eine scharf formulierte Satz im ‚Offenen Brief', der in der Fakultätserklärung zitiert wird, reicht nicht aus. Wer würde denn noch an der Fakultät studieren, wenn schon ein böser Satz jede zukünftige Verständigung ausschließen würde?"[343] Mit diesem pointiert formulierten Einspruch

---
342 So hatte beispielsweise der Gnadauer Gemeinschaftsverband mit einer eigenen, inhaltlich übereinstimmenden Erklärung auf den Offenen Brief reagiert; vgl. Lehrerbote 13 (1961), 61. In die gleiche Zeit fällt auch die Gründung des Bethelkreises, Vorläufer der „Bekenntnisbewegung ‚Kein anderes Evangelium'" um die Pfarrer Rudolf Bäumer, Paul Deitenbeck, Hellmuth Frey u. a., der die gleichen Anliegen wie die AGBC vertrat; vgl. STRATMANN, Evangelium, 37 f.
343 Abgedruckt im Lehrerboten 1961, Heft 16/17, 118 f.

betrat ein Akteur die landeskirchliche Bühne, der die kirchenpolitische Landschaft Württembergs in den nächsten Jahrzehnten entscheidend mitgestalten würde: Rolf Scheffbuch. Rückblickend resümiert er: „Mich hat der damalige Leserbrief [in FAB, d. Verf.] meinen bisherigen (zahlreichen) Freunden entfremdet – und mich in die Arme der Leute vom ‚Offenen Brief' getrieben."[344]

Mit dem Offenen Brief 1961 und der sich daran anschließenden Debatte hatte sich die AGBC endgültig als Speerspitze des württembergischen Pietismus jenseits fragmentierter Gemeinschaftenzugehörigkeiten etabliert. Die Kommunikationswege „Lehrerbote", Flugschriften und vor allem die immer erfolgreicher werdende Ludwig-Hofacker-Konferenz sicherten den Transport der Ideen an die kirchliche Basis. Da die Hofackerkonferenz immer mehr zum ‚Flaggschiff' und Markenzeichen der AGBC wurde, war es konsequent und einleuchtend, dass die AGBC 1963 ihren Namen in „Ludwig-Hofacker-Kreis"[345] (LHK) änderte und die sperrige Bezeichnung „Evangelisch-kirchliche Arbeitsgemeinschaft für biblisches Christentum" nur noch im Untertitel führte[346]. Das weitgespannte Netzwerk der persönlichen Bekanntschaften und Freundschaften der Vorstandsmitglieder verankerte die AGBC sicher im pietistisch-konservativen Milieu der Württembergischen Landeskirche. Da die AGBC/Ludwig-Hofacker-Vereinigung nie eine formelle Mitgliedschaft kannte, fehlen Mitgliederlisten, mit deren Hilfe sich Wachstum und Größe der Gruppe sicher nachweisen ließe. Auch die Unterlagen über Spendeneingänge, aus denen sich die Arbeit der AGBC/LHV finanzierte, sind nicht erhalten[347].

---

344 Rolf Scheffbuch, 1. 6. 2012.
345 Bei der formellen Eintragung ins Vereinsregister 1965 jedoch wurde noch der alte Name angegeben: „AGBC (Ludwig-Hofacker-Kreis)" vgl. Satzung vom 11. 12. 1965; LHA, Ordner „Geschichte, Satzung" (Gelber Ordner). Die Vereinsgründung wurde notwendig, um für die Veranstaltungen der AGBC Hallen anmieten, Verträge abschließen und nicht zuletzt Spendenbescheinigungen ausstellen zu können, vgl. GRÜNZWEIG, Ludwig-Hofacker-Vereinigung, 81. Die „Ludwig-Hofacker-*Vereinigung*" entstand ab 1963 aus der Erkenntnis heraus, dass die Arbeit des Ludwig-Hofacker-Kreises eine breitere Basis benötigte; Schäf regte daher an, „einen weiteren Kreis aufzuziehen, etwas einen erweiterten Unterzeichnerkreis." [die Unterzeichner des Offenen Briefes 1961, d. Verf.] Brief AGBC/Schäf, 22. 3. 1963; LHA, Ordner „L.Hofacker-Kreis 1951–1969".
346 Der neue Name findet sich zum ersten Mal auf dem Rundbrief Schäfs vom 23. 1. 1963 und wurde dann auf dem Programm der Hofacker-Konferenz 1963 erstmals in breiter Öffentlichkeit verwendet; LHA, Ordner „L.Hofacker-Kreis 1951–1969". Rolf Scheffbuchs Behauptung, diese Umbenennung sei 1968 durch Fritz Grünzweig vorgenommen worden, kann so nicht stimmen. Denkbar wäre, dass der 1963 neu in den Kreis berufene Grünzweig aber den Anstoß gab. Vgl. SCHEFFBUCH, Hofacker, 48.
347 Sie wären am ehesten im Nachlass des langjährigen Kassenwarts Dr. Paul Müller, Stuttgart zu erwarten. Dieser Nachlass ist nicht erhalten. Auskunft Rose Müller, Lorch (Nichte von P. Müller).

Im Blick auf die nächste Landeskirchentagswahl im Herbst 1965 verfasste Emil Schäf[348] erneut ein als „Vertraulich!" markiertes Grundsatzpapier, das ein Schlaglicht auf die angestrebte Entwicklung warf:

„Die Frage wurde [...] aufgeworfen, ob wir uns wieder an der Wahl zum Landeskirchentag beteiligen oder ob wir uns davon fernhalten sollen. Sollen wir versuchen, wieder eine ‚Gruppe A' aufzubauen? [...]

[D]ie Kirchenleitung [wird] sehr gegen eine solche Gruppenbildung sein, denn sie setzt ihren Willen natürlich viel leichter durch bei einer ungegliederten Schar großteils ehrfürchtiger Abgeordneter als wenn ihr eine Gruppe mit fest gefügtem Willen gegenüber steht. Und die Kirchenleitung hat reichlich Mittel zur Verfügung, um die Wähler zu beeinflussen [ergänze: ‚und stellt', d. Verf.] eine ziemlich geschlossene Phalanx dar, die einer sich bildenden Gruppe mit starkem Laieneinschlag sehr reserviert oder ablehnend gegenüber stehen wird.

Eine Gruppenbildung ist heute auch gar nicht mehr so einfach. Einstens, in den zwanziger Jahren, waren die Gegensätze offen: Positiv – Liberal. Heute ist die Lage einerseits viel gefährlicher, andererseits viel verworrener. Man darf weder liberal noch ungläubig sagen. Ausdrücke wie existentiale Interpretation versteht niemand. Auch geht es keineswegs nur um diese theologischen Begriffe, sondern ebenso auch um Hierarchie.

[...]

Besonders braucht man eine führende Persönlichkeit, wie es einst Prälat Römer gewesen ist [...] [sowie] ein klares, biblisch ausgerichtetes und zugkräftiges Programm. Ich möchte es bezeichnen mit dem Ausdruck *Lebendige Gemeinde*"[349].

Mehrere Aspekte sind an diesem Dokument bemerkenswert: erstens die klare Absicht der Gruppenbildung innerhalb der Landessynode; zweitens das – in den Schriften der AGBC immer wieder zu Tage tretende – massive Misstrauen gegenüber der Kirchenleitung und schließlich drittens nun nicht mehr nur beiläufig als „leeres Schlagwort"[350], sondern ganz pointiert verwendete die Bezeichnung „Lebendige Gemeinde", die nicht mehr nur, wie in früheren Texten, als Bezeichnung der von den Männern des biblisch-konservativen Flügels angestrebten ‚wahren Kirche' diente, sondern mehr und mehr zum Programm und Markenzeichen wurde. Der hier vorgezeichnete Weg wurde, etwas konzilianter im Stil aber gleichermaßen entschieden in der Sache, vom

---

348 Das Dokument trägt keine Signatur; da ein „ich" spricht, kann von einem einzelnen Verfasser ausgegangen werden; nach Kontext und Stil ist Emil Schäf am wahrscheinlichsten; LHA, Ordner „L.Hofacker-Kreis 1951–1969".
349 „Lebendige Gemeinde" im Original groß, gesperrt, unterstrichen und zentriert als eigenständiger Absatz.
350 „Jedenfalls aber muß endlich Schluß damit gemacht werden, den Ausdruck ‚Lebendige Gemeinde' als leeres Schlagwort zu verwenden." Grundsatzpapier; LHA, Ordner „L.Hofacker-Kreis 1951–1969".

neuen Vorsitzenden des Ludwig-Hofacker-Kreises weiter verfolgt, als sich im Herbst 1965 an der Spitze des LHK/AGBC ein Wechsel vollzog: Emil Schäf trat aus Altersgründen von der Leitung zurück und der 1963 in den LHK berufene Korntaler Pfarrer[351] Fritz Grünzweig übernahm den Vorsitz. Wie schon Walter Tlach[352] war auch Grünzweig überzeugt, die bisherige Arbeit des LHK bleibe zu sehr in der Abwehr stecken[353]. Er betrieb daher konsequent die Neuausrichtung hin zu einem kirchenpolitisch engagierten, missionarisch ausgerichteten Netzwerk. Auf seine Anregung hin erschien 1967 zum ersten Mal ein Rundbrief, der schnell zu einer Mitgliederzeitschrift ausgebaut wurde. Im Titel tauchte nun wiederum und prominenter als zuvor der Begriff auf, der in den kommenden Jahren zum Markenzeichen der kirchenpolitisch aktiven biblisch-konservativen Gruppen in Württemberg wurde: „Lebendige Gemeinde"[354]. Als in der 7. Landessynode die Bildung von Gesprächskreisen offiziell vollzogen wurde, gab sich die dem Pietismus nahestehende Gruppe zunächst den Namen „Bibel und Bekenntnis"; doch schon in der nächsten Landessynode 1971 erfolgte die Umbenennung in „Lebendige Gemeinde". 2011 schließlich nahm auch die Ludwig-Hofacker-Vereinigung diesen Namen an[355].

---

351 Seitdem ist die Leitung dieser Organisation, die aus dem kirchlichen Handeln engagierter und stolzer Laien-Theologen entstanden ist, fest in den Händen von Pfarrern.
352 Vgl. oben 94.
353 GRÜNZWEIG, Ruhm, 257–261, insb. 258.
354 LG-Info, Heft 1, Januar 1967 (ursprünglich: Lebendige Gemeinde. Freundesbrief der Evangelisch-kirchlichen Arbeitsgemeinschaft für biblisches Christentum (Ludwig-Hofacker-Vereinigung)).
355 Genauer: „Lebendige Gemeinde – ChristusBewegung in Württemberg".

3. Geschichte der Evangelischen Bekenntnisgemeinschaft in Württemberg 1945 bis 1965

Die Geschichte der Gruppierung, die heute unter dem Namen „Evangelium und Kirche" (EuK) als Gesprächskreis in der Landessynode sowie als „Arbeitsgruppe Evangelium und Kirche (Evang. Bekenntnisgemeinschaft), Vereinigung innerhalb der evangelischen Landeskirche"[1] in Württemberg präsent ist, ist deutlich geradliniger und somit knapper darstellbar als die weit verzweigten Entstehungsprozesse, die das Bild der Frühphase bei Lebendiger Gemeinde und Offener Kirche prägen. Dies liegt daran, dass sich EuK nicht nur ideell und personell aus dem Erbe des sogenannten Kirchenkampfes[2] speist, sondern auch in der Organisationsstruktur seit der Gründung 1934 unter dem Namen „Evangelische Bekenntnisgemeinschaft in Württemberg" (BG) kontinuierlich besteht. Theodor Dipper, Gründer und bis zu seinem Tod Leiter der BG, verfasste 1966 selbst eine Darstellung über die Entstehung der Gruppe und ihrer Aktivitäten bis 1939[3]. Charakteristisch für die Position Dippers und der BG während der NS-Diktatur war die unverbrüchliche Loyalität zu Landesbischof Wurm beziehungsweise zur Landeskirche – selbst dann noch, als Wurm sich brüsk von Dipper abwandte[4]. Diese grundsätzliche Loyalität zur Landeskirche, ihren Amtsträgern und Institutionen, prägt bis heute die Position von EuK, weshalb diese Gruppe, in Abgrenzung zur „biblisch-konservativen" Haltung des Kreises um Julius Beck als „kirchlich-konservativ"[5] bezeichnet werden soll. Gemeint ist damit, dass die BG sich in

---
1 Vgl. <www.evangelium-und-kirche.de> [30. 8. 2014].
2 Zur Problematik dieses Begriffs vgl. MEHLHAUSEN, Art. Nationalsozialismus und Kirchen, 43 f.
3 DIPPER, Bekenntnisgemeinschaft; der Titel ist insofern irreführend, als Dippers Bericht 1939 endet. Darüber hinaus gibt es verschiedene Darstellungen der Geschichte von BG bzw. EuK, vor allem anlässlich von Jubiläen, vgl. SCHERRIEBLE, Sammlung; BLAICH / DOPFFEL, Geschichte; BLAICH, Bruderrat. Hinzu kommt Joachim Scherribles Untersuchung über Dippers Leben und Werk in der Stadt Reichenbach während der NS-Zeit: SCHERRIEBLE, Reichenbach. Die Quellenlage zum vorliegenden Gegenstand ist außergewöhnlich gut, da Dipper Veröffentlichungen und Korrespondenz im Zusammenhang mit der BG sorgfältig sammelte und archivierte. Dieser Nachlass befindet sich als „D 31" im LKAS.
4 Vgl. HAAG, Dipper, 441–443.
5 Präziser müsste formuliert werden „*landes*kirchlich-konservativ", was aber sprachlich allzu garstig wäre. Hans Lachenmann lieferte eine launige aber treffende Definition: die BG sei „im Grunde lutherisch-schwäbisch-konservativ. Allerdings mit dem Hintergrund des Kirchenkampfes, der ja in Württemberg eine besondere Rolle gespielt hat. Auch bei Barmen." Als zusätzliches Kennzeichen der BG nannte er, „dass fast alle wichtigen Leute" der Landeskirche zur

ihren Haltungen und Handlungen in aller Regel „staatstragend" verhielt, in dem Sinne, dass sie den institutionellen ebenso wie den geistlich-theologischen Bestand der Evangelischen Landeskirche in Württemberg zu sichern und zu bewahren suchte.[6]

Von Beginn an war die „Organisation der Bekenntnisgemeinschaft [...] nach den unerfreulichen Erfahrungen mit Frontbildung durch Einzelunterschriften so bescheiden wie möglich gehalten [...]: keine persönlichen Mitglieder, nur in jedem Bezirk ein Vertrauensmann"[7]. Geleitet wurde die BG von einem durch die Vertrauensleute (VL) gewählten Landesbruderrat (LBR). Vertrauensleute in den Bezirken[8] wurden „von der Pfarrerschaft der Bezirke nach vorausgehender Fühlungnahme mit dem Landesbruderrat berufen"[9], de facto jedoch wohl häufig schlicht durch den LBR beauftragt[10]; sie waren das Bindeglied zwischen LBR und der Basis, also denjenigen evangelischen Christen (vornehmlich Pfarrern), die sich der Bekennenden Kirche in ihrer gemäßigten – das Wurm'sche anstatt das dahlemitische Kirchenregiment

---

BG gehört hätten, namentlich Haug, Eichele, von Kehler und auch Sorg (der gleichzeitig zur LHV gehört habe). Lachenmann, Interview.

6 Peter Spambalg fasste Position und Aufgabe der Gruppe 1970 folgendermaßen zusammen: „Wir hielten und halten es für notwendig, zielbewusste theologische Arbeit zu treiben, die nicht nur einem irgendwie gearteten Wissenschaftsbegriff, sondern der Kirche verpflichtet ist. Kritik an der Kirche ist dabei notwendig einbegriffen, doch erfolgt sie vom Evangelium her und ist deshalb positive Kritik." (EuK-Info 1970, Heft 2, 19) Diese Ausrichtung versah Spambalg mit dem Etikett „progressive Mitte", fügte aber hinzu, dass sich dieses „mit Barmen begonnen[e]" Programm „in die Schlagworte ‚konservativ' oder ‚progressiv' nicht einfangen läßt." Mit gleichem Recht kann man daher m. E. behaupten, dass dieses Programm gleichermaßen „konservativ" wie „progressiv" sei und dass folglich Spambalgs Definition der „progressiven Mitte" der von mir vorgeschlagenen Bestimmung der Gruppe als „kirchlich-konservativ" nicht widerspricht. Das Selbstverständnis der BG als einer Art institutioneller Vorarbeiterin der Landeskirche ist beispielsweise darin zu erkennen, dass sie, gleich dem LKT, einen institutionellen Vertreter der Tübinger Fakultät zuwählte (bis zur Auseinandersetzung mit Ebeling 1952) und dass sie bis in die späten 1950er Jahre einen direkten Kontakt zum OKR pflegte, dem Landesbischof oder den jeweils zuständigen Oberkirchenräten mit großer Selbstverständlichkeit ihre Anliegen vortrug, FAB als ihr legitimes Publikationsorgan betrachtete (vgl. unten 113, Fn. 20) etc. Inhaltlich wurde dieses Selbstverständnis an den diskutieren Themen deutlich, die immer wieder von der Realität der Institution Landeskirche ausgingen, sei es bei der Frage der Kirchensteuer (LBR-Protokoll vom 27. 5. 1946 u. ö.), sei es bei jener der Kirchenzucht (28. 4. 1947 u. ö.), der Tauforndung (27. 5. 1948 u. ö.), der Kirchengemeinde- und Kirchenbezirksordnung (25. 4. 1949,) des Pfarrstellenbesetzungsgesetzes (23. 2. 1956); alle LKAS, D 31, 89.

7 DIPPER, Bekenntnisgemeinschaft, 48; Häufiger als der Begriff „Vertrauensmänner" erscheint „Vertrauensleute"; beide Begriffe wurden synonym verwendet.

8 Die Begriffe Dekanat und Kirchenbezirk werden in der Württembergischen Landeskirche weitestgehend synonym verwendet.

9 Bericht über die Vertrauensleutezusammenkunft der Württ. Bekenntnisgemeinschaft am 31. 3. 1948; LKAS, D 31, 78.

10 Auskunft Walter Blaich (31. 7. 2012) bzw. Wilhelm Kürschner (30. 8. 2012): „Wenn ein Mitglied verzogen ist, wurde es dem dortigen Bezirksvertreter übergeben (falls es dort einen gab, sonst – was nicht selten vorkam – wurde eben dieses Mitglied gefragt, ob es dieses Amt übernehmen will)."

Geschichte der Evangelischen Bekenntnisgemeinschaft in Württemberg 113

befürwortenden – Form[11] zugehörig fühlten[12]. Die Vertrauensleute[13] gaben die vom LBR per Rundschreiben versandten Informationen an interessierte Amtsbrüder und Gemeindeglieder weiter[14], sammelten deren Beiträge ein und leiteten diese an die Zentrale weiter. Diese Struktur blieb bis in die 1970er Jahre unverändert. Als die BG ihren Namen – wegen der Verwechslungsgefahr mit der 1966 entstandenen „Bekenntnisbewegung ,Kein anderes Evangelium'" – 1970 in „Arbeitsgruppe Evangelium und Kirche" änderte, wurde gleichzeitig aus dem Bruderrat ein „Leitungskreis", die Vertrauensleute wurden zu „Bezirksvertretern"[15], die von den „Bezirksgruppen" gewählt wurden[16].

Die von der BG gepflegte Struktur der indirekten Kommunikation ermöglicht die historische Untersuchung der Themen, Positionen und Aktionen der BG auf Grundlage der im Nachlass Dipper vollständig[17] vorhandenen Rundbriefe Dippers an diese Vertrauensleute aus den Jahren 1946 bis 1967[18] sowie der Protokolle der Sitzungen des Landesbruderrats 1945 bis 1969[19]. Zuweilen ist FAB[20], die offizielle Zeitschrift der württembergischen Pfarrer-

---

11 Die radikale, d. h. streng dahlemitische BK wurde in Württemberg von der Kirchlich-theologischen Sozietät um Hermann Diem, Paul Schempp und Heinrich Fausel u. a. repräsentiert, vgl. THIERFELDER, Art. Sozietät.
12 Wilhelm Kürschner erläutert für die Zeit des III. Reichs: „In vielen Bezirken ging man davon aus, dass fast alle irgendwie zur Bekenntnisgemeinschaft gehörten." Auskunft Kürschner 30. 8. 2012. Eine förmliche Mitgliedschaft gab es wohl erst seit 1971; zuvor galt als Mitglied, wer seinen Beitrag bezahlte; zusätzlich gab es „den Interessentenstatus: Interessenten bezahlten einen kleineren Beitrag, eine Abo-Gebühr, und bekamen das Heft." Auskunft Kürschner 31. 8. 2012 bzw. 8. 9. 2012.
13 Oder auch „Vertrauensmänner".
14 Häufig im Rahmen der „Pfarrkranz" oder „Diözesanverein" (kurz „DV") genannten monatlichen geselligen Treffen der Pfarrer (samt Pfarrfamilien und Pfarrwitwen) eines Kirchenbezirks. Auskunft Kürschner; vgl. auch den Vermerk „Bitte, vor den Neujahrspfarrkränzen zu lesen!" auf dem Rundbrief von 31. 12. 1953. Die Tradition der DVs wird in den meisten württembergischen Dekanaten bis auf kleine Reste wie den „Neujahrs-DV" nicht mehr gepflegt.
15 In der Version von 2005 um „/Bezirksvertreterinnen" ergänzt, vgl. Satzung der Arbeitsgruppe Evangelium und Kirche (Evang. Bekenntnisgemeinschaft) e.V., 72636 Frickenhausen-Tischardt, Robert-Koch-Straße 2, §11 <www.evangelium-und-kirche.de/media/pdf/Euk_Satzung.pdf> [31. 8. 2012]. Seit 1997 ist die Arbeitsgruppe EuK ein als gemeinnützig anerkannter eingetragener Verein (Auskunft Kürschner 30. 8. 2012).
16 Vgl. EuK-Info 1970/2, 17; wie bei der Umbenennung der Ludwig-Hofacker-Vereinigung in „Lebendige Gemeinde" im Jahr 2011, sollte auch schon bei der Umbenennung von BG in EuK die Nähe zum gleichnamigen Synodalgesprächskreis zum Ausdruck gebracht werden.
17 Der sichere Nachweis der Vollständigkeit ließe sich nur durch Abgleich des 260 Blätter umfassenden Büschels LKAS, D 31, 78 mit ähnlich umfänglichen Parallelüberlieferungen erbringen. Solche sind jedoch nicht verfügbar/bekannt. Die inhaltliche Geschlossenheit der im LKAS vorhandenen Sammlung lässt Lücken, zumal signifikante, unwahrscheinlich erscheinen – es darf daher m. E. Vollständigkeit angenommen werden.
18 Seit 1957 ergänzt durch die gedruckte Mitgliederzeitschrift „Evangelium und Kirche. Rundbrief der Evangelischen Bekenntnisgemeinschaft in Württemberg", heute „Evangelium und Kirche Informationen" (zitiert als EuK-Info).
19 Ebenfalls vollständig erhalten im Nachlass Dippers; LKAS, D 31, 88–90.
20 In Württemberg als „a und b" bekannt. Die große Nähe zwischen der Zeitschrift FAB und dem

schaft, heranzuziehen; vor allem in den ersten Jahren nach dem Krieg war sie das inoffizielle Publikationsorgan der BG. Diese Quellen vermitteln ein getreues Abbild der Arbeitsprozesse und Diskussionen in der BG, das zu einer unerwarteten Erkenntnis führt: Die Geschichte der Evangelischen Bekenntnisgemeinschaft in Württemberg 1945 bis 1965 ist wesentlich die Geschichte einer Rechtfertigungskrise. Anhand dieser Leitthese soll im folgenden die Geschichte der BG in thematischen Querschnitten dargestellt werden. Diese Abweichung von der Chronologie schuldet sich dem Umstand, dass die BG – im Gegensatz zu den anderen relevanten Gruppen in der Landeskirche – schon seit der NS-Zeit existent, in ihren Strukturen etabliert und gefestigt war. Somit kann das Aufzeigen des Entstehungsprozesses einer Gruppe aus persönlichen Freundeskreisen und diffusen Netzwerken heraus also in diesem Fall entfallen. Anhand der Querschnitte ist es möglich, knapp und anschaulich das eigentliche Proprium, das Prägende und Eigentümliche der BG in der kirchenpolitisch-theologischen Landschaft Württembergs aufzuzeigen.

3.1 Geschichte einer Rechtfertigungskrise

Wer die Veröffentlichungen zur Geschichte von BG beziehungsweise EuK studiert, stößt wiederholt auf die erstaunt-indignierte Feststellung, dass trotz guter Quellenlage diese Geschichte bislang keinen wissenschaftlichen Bearbeiter gefunden habe. Weder für die BG, noch für ihren Gründer und langjährigen Leiter Dipper, dessen Nachlass im LKAS zur Nutzung offen steht, ist bislang ein derartiges Projekt begonnen worden. Ein Grund hierfür könnte meines Erachtens darin liegen, dass die Geschichte der BG zwar reich an solider theologischer Arbeit, aber arm an spektakulären Ereignissen ist. Aufsehenerregende Aktionen wie etwa die Flugblätter, die vom biblisch-konservativen Kreis gedruckt oder 1968/69 von den Unterstützern der sozialethisch-theologisch orientierten Theologie von der Zuschauertribüne des Hospitalhofs auf die Abgeordneten der Landessynode hinunter geworfen worden sind, sucht man bei der BG vergeblich.

Ein weiterer Grund mag sein, dass die Geschichte der BG spätestens ab 1945, vielleicht schon ab Oktober 1934 die Geschichte einer permanenten Rechtfertigungskrise war, die wenig originäre Initiativen und schillernde Persönlichkeiten bot, vielmehr stets im Schatten dominierender Personen wie der Landesbischöfe Wurm oder Haug auf Seiten der Landeskirche, Paul

---

LBR ergab sich nicht zuletzt daraus, dass der Schriftführer von FAB Anfang der 1950er Jahre, Helmut Lamparter, zugleich führendes Mitglied des LBR war. Lamparter schied jedoch 1955 aus dem LBR aus, vgl. LBR-Protokoll vom 7. 10. 1955; LKAS D 31, 88. In den Folgejahren zeigte sich, dass der LBR sich nicht mehr ohne Weiteres darauf verlassen konnte, dass seine Verlautbarungen in FAB abgedruckt wurden.

Schempp, Hermann Diem oder auch Walter Schlenker auf der Seite der radikaleren Brüder stand. Die BG hatte sich immer in dienender Funktion gesehen, in der Zuarbeit für die Landeskirche. Die Eigenidentität und damit die Gewissheit der Sinnhaftigkeit des eigenen Handelns beziehungsweise die Daseinsberechtigung der Gruppe wurde darüber immer wieder fraglich.

Wohlgemerkt, mit der Feststellung des Krisenhaften in der Geschichte der BG soll weder der Beitrag dieser Gruppe zu Bestehen und Entwicklung der Württembergischen Landeskirche in Frage gestellt noch viel weniger die Lebensleistung Dippers geschmälert oder abgewertet werden. Vielmehr soll damit das Augenmerk auf die Tatsache gelenkt werden, dass in den Dokumenten der BG ungewöhnlich häufig und über einen langen Zeitraum hinweg durchgängig die Frage nach Sinn und Ziel, nach Anspruch und Berechtigung der eigenen Arbeit thematisiert und bearbeitet wurde. Es will scheinen, als habe die BG nicht, wie beispielsweise die Kirchlich-theologische Sozietät, innerhalb weniger Jahre ihre Identität, ihren Stil und ihre Platzierung im ‚System' der Landeskirche ausgebildet und eingenommen, sondern habe versucht, unter beständiger Beobachtung der Vorgänge und Veränderungen in der Landeskirche immer wieder von neuem Antwort zu geben auf die Frage ‚Warum gibt es die BG überhaupt (noch)?'

1963 fand dieses Fragen und In-Frage-gestellt-Werden in besonders prägnanter Weise Ausdruck in zwei Briefen, die im seit 1959 erscheinenden gedruckten „Rundbrief" im Nachhinein veröffentlicht wurden. Fast 20 Jahre nach dem Ende der NS-Diktatur und des damit verbundenen sog. Kirchenkampfes, gut 30 Jahre nach Gründung der BG trat hier die postulierte „Rechtfertigungskrise" sowohl in der Frage als auch in der Antwort besonders deutlich hervor. Daher sollen diese beiden Dokumente, die einen charakteristischen Zug dieser Gruppe beleuchten, die Darstellung der Geschichte der BG in der Nachkriegszeit einleiten.

3.1.1 „Da scheint Württemberg ja ein anachronistisches Rudiment zu besitzen?"[21]

Unter der Überschrift „In eigener Sache. Ein Briefwechsel über Berechtigung und Arbeit der Bekenntnisgemeinschaft heute"[22] veröffentlichte Theodor Dipper den Brief eines Amtsbruders („Pfarrer N.N. in X"), datierend vom 13. Mai 1963 sowie seine Antwort auf diesen Brief vom 30. September 1963. Pfarrer „N.N." war, wie er einleitend schrieb, schon an seinem früheren Dienstort Vertrauensmann der BG gewesen; nach dem Wechsel in einen anderen Bezirk habe man ihn erneut gebeten, diesen Posten zu übernehmen. „N.N." aber bewegten „einige Fragen und Bedenken": Zwar lese er regelmäßig

---
21 EuK-Info 1963, Heft 3, 56.
22 Soweit nicht anders angegeben alle folgenden Zitate aus EuK-Info 1963, Heft 3, 55 f.

die Veröffentlichungen der BG und „sehe daran, daß da etliche Brüder sind, die fleißig theologisch arbeiten", dass Tagungen veranstaltet würden, „die mit Themen geradezu überlastet" seien und deren Ergebnisse „man auch pünktlich noch zu lesen" bekomme. Allein: „Auf dem Pfarrkranz aber kommt die BK[23] nicht mehr zum Wort wegen der allgemeinen Abneigung der Amtsbrüder." Die Übernahme des offensichtlich wenig begehrten Amtes des Vertrauensmannes hatte N.N., wie er schrieb, an die Bedingung geknüpft, dass ihm die Amtsbrüder „dann aber auch keine Not [...] machen, wenn ich käme, Beiträge einzusammeln". Dies führte zu lautstarkem Protest: „Kommt ja gar nicht in Frage, wir werden doch nicht für etwas spenden müssen, was wir ablehnen." N.N. summierte: „So also ist die Lage! Die BK ist in eine hoffnungslose Minorität versetzt. Sie ist sozusagen ‚Opposition' geworden, wenn auch nicht im Landeskirchentag, so doch in der Pfarrerschaft." Die Gründe hierfür sah N.N. darin, dass die BG ebenso wie „unsere Kirchen [sic]" die kirchlich-theologische Entwicklung verschlafen hätte:

> „Die Barmer Bekenntnisse [sic] sind Historie geworden und geben auf die heute brennenden Fragen nicht mehr die vollständige Antwort. Die Fronten liegen theologisch und kirchenpolitisch heute völlig anders, sie gehen quer durch die Reihen derjenigen hindurch, die einst in der BK beisammen gestanden hatten."

Zum Beleg seiner Analyse zitierte N.N. aus einem Brief Ernst Bizers an die „Freunde der Kirchl. Arbeit Alpirsbach: ‚Die BK existiert heute nicht mehr; alle ihre Organe haben ihre Funktion aufgegeben'", um dann spöttisch fragend festzustellen „Da scheint Württemberg ja ein anachronistisches Rudiment zu besitzen?" Weiter fragte N.N., die Lage der BG in Württemberg analysierend:

> „Sind wir noch mehr als ein Restbestand von etwas Vergangenem, der aus dieser Vergangenheit lebt, in Wahrheit aber gegenüber [...] der gewandelten theologischen Situation keine Zukunft mehr hat? Haben wir noch eine kirchliche Aufgabe? (Zumal die BK die klare Stellungnahme in den Fragen der jüngsten Zeit entweder vermissen ließ oder ohne Applaus ihrer Restmitglieder [!] Verlautbarungen herausgab, die nichts bewirkten, die keinen Brand in die Herzen warfen!)" N.N. zog

ein recht persönliches Resümee: „Ich möchte Ihnen damit sagen, daß ich vorerst und seit langem keine große Freude an der BK mehr habe. Ob es nicht richtiger wäre, die alte Front, die schon längst zerbröckelt ist, aufzugeben und in neuen Fronten um die neuen Probleme zu ringen? Zumal die Mehrzahl der Mitglieder der BK das längst stillschweigend getan haben [sic] und nur die Organisation noch

---

23 „BK" war die innerhalb der BG geläufige Eigenbezeichnung. „Die Bezeichnung ‚BG' wurde nach meiner Erinnerung nicht benutzt. Wenn eine Abkürzung, dann BK oder Bek.Gem." Auskunft Kürschner 13. 8. 2012. Ob sich diese Bezeichnung von „Bekennende Kirche" herleitet oder von „Bekenntnisgemeinschaft", ist nicht mehr zu klären; zumindest im Protokoll des allerersten Nachkriegstreffens des LBR am 18. 6. 1945 erscheinen beide Abkürzungen, nicht synonym: „Beschluß: Rundschreiben an die Amtsbrüder der BG. Rücksprache mit Prälat Hartenstein über den Aufbau der BK und event. Neuerscheinen des Evang. Kirchenblattes." LKAS, D 31, 88.

vorhanden ist? [...] Ich hoffe, daß Sie mich noch so weit kennen, daß Sie mir diese Worte zu gute halten [...] Die BK war mir lieb und ich klage wie David ‚Es ist mir leid um Dich Bruder Jonathan!' [2. Sam 1,26] Aber ich gestehe, daß ich auch keinen Weg aus der gegenwärtigen Situation weiß."

Diese schon beinahe als Nachruf zu bezeichnende Analyse der Situation der Bekenntnisgemeinschaft 1963 dürfte die damalige Lage durchaus zutreffend beschreiben. In den Rundbriefen an die Vertrauensleute fand sich praktisch in jedem Schreiben die Bitte und Mahnung, die Beiträge pünktlich beizubringen. Die Einladungen zu den Herbsttagungen der BG ergingen immer mit der Betonung, wie wichtig die Teilnahme sei; oft folgte noch ein weiterer Brief, der die Vertrauensmänner über die niedrige Zahl der bislang eingegangenen Anmeldungen informierte und sie aufforderte, die Amtsbrüder erneut zur Teilnahme einzuladen, um nicht zu sagen zu nötigen. Alles in allem ergibt sich das Bild einer eher auf Pflicht denn auf Neigung basierenden Unternehmung. Im Landesbruderrat wurde Zustand und Aufgabe der BG angesichts der „Müdigkeit" der Mitglieder und des gesunkenen Interesses wiederholt besprochen, mangels geeigneter Ideen und Alternativen blieb es aber immer wieder beim Fortsetzen des Gewohnten[24].

Theodor Dippers Antwort an den angefochtenen Amtsbruder erfolgte erst vier Monate später und begann entsprechend mit dem Bedauern über die Verzögerung, dem Verweis auf „sehr vieles, was mich gerade [...] in Anspruch nahm" und der Erklärung, er, Dipper, würde den Bruder gerne besucht und „die Sache" direkt diskutiert haben, was aber leider auf absehbare Zeit nicht möglich sei. Den inhaltlichen Teil begann Dipper mit einem Widerspruch gegen Bizers Position: „Was die Bekennende Kirche betrifft, so hat Bizer nicht recht." Allerdings nur, wenn man Dippers Definition von BK folgt:

„Wer die Bekennende Kirche nur als Notkirchenregiment angesehen hat, muß selbstverständlich sagen, daß heute nichts mehr davon existiert. [...] Aber unsere württ. Bekenntnisgemeinschaft hatte nie kirchenleitende Funktion. Sie war immer eine Arbeitsgemeinschaft, die sich ohne kirchenregimentliche Ansprüche für das Geschehen in der Kirche mitverantwortlich wußte"

– diese Aufgabe sei keinesfalls obsolet, die BK in Gestalt der württembergischen BG also weiterhin lebendig und notwendig.

In dieser von der Definition abhängigen Argumentation trat ein Grundproblem der BG seit 1934 hervor: In der Tat hatte die BG sich konsequent geweigert, im Anschluss an die Bekenntnissynode von Dahlem das rechtmäßige Kirchenregiment für sich zu beanspruchen und die offizielle Kirchenleitung in Gestalt von Landesbischof Wurm für illegal zu erklären. Die Kirchlich-theologische Sozietät hat genau diesen Schritt immer wieder von Dipper gefordert. Hier lag die Wurzel der postulierten ‚permanenten Recht-

---

[24] So am 27. 4. 1961 (dort auch Zitat), 26. 9. 1963, 24. 9. 1964 und öfter, vgl. LKAS, D 31, 89.

fertigungskrise' der BG: Diejenigen Württemberger, die 1934 der dahlemitischen (radikalen) BK zuneigten, sahen sich von der BG enttäuscht und schlossen sich der Kirchlich-theologischen Sozietät an. Jene hingegen, die zwar die Deutschen Christen sowie die staatlichen Ein- beziehungsweise Übergriffe in den kirchlichen Bereich ablehnten, eine radikale Trennung vom angestammten staatsnahen Kirchentum aber nicht befürworteten, sahen ihre Anliegen durch Landesbischof Wurm, den machtvollen „Kirchenführer", bestens vertreten. Sein auf die Integrität der etablierten Landeskirche abzielender diplomatischer Koexistenz-Kurs – der einen gelegentlichen Widerspruch gegen Maßnahmen des Staates (moderat und zumeist nichtöffentlich vorgetragen) nicht ausschloss – fand die Zustimmung der großen Mehrheit der Kirchenglieder. Die BG konnte in diesem System kein Proprium für sich reklamieren, kein eigenes Profil ausbilden und wurde daher zur dienenden Zuarbeiterin für die bischöflich geführte und repräsentierte Kirchenleitung. Diese gemäßigte Haltung war während der NS-Zeit für viele Amtsbrüder attraktiv. Außerdem erscheint es wahrscheinlich, dass etliche unter ihnen auch deshalb ihren BG-Beitrag bezahlten, weil damit die in die Illegalität der BK gegangenen Amtsbrüder in den zerstörten Landeskirchen unterstützt wurden. Nach 1945 aber, als die Bekenntnispfarrer im Rheinland oder in Brandenburg wieder ganz regulär ihr Gehalt von den jeweiligen Kirchenleitungen – die sie nun oftmals selbst stellten – erhielten, erlosch eine wesentliche Motivation, Beiträge an die württembergische BG zu entrichten[25]. Die BG hatte während des Kirchenkampfes theologisch und kirchenpolitisch weder in der Württembergischen Kirche noch gegenüber den anderen BKs im Reich eine klar umrissene Eigenidentität ausgebildet – was notwendig zu der Frage führen musste, wozu man ihrer dann (zumal nach 1945) bedürfe.

Dipper schloss in seinem Antwortschreiben an N.N. einen Rundblick an und stellte den status quo der BK in den umliegenden Landeskirchen dar: In Bayern[26], Baden, Kurhessen und Hannover existiere die BK noch, in den an-

---

25 Eine Evaluation des LBR 1961 ergab, dass „rund 350 Brüder" ihren Beitrag regelmäßig bezahlten. LBR-Protokolle 27. 4. 1961; LKAS, D 31, 89. Das ist ein Viertel der knapp 1500 Pfarrer im Dienst der Landeskirche, vgl. Angaben des Haushaltsplans für 1960, VERHANDLUNGEN DER 6. EVANGELISCHEN LANDESSYNODE, Beilagenband, 19. Leider liegen mir keine Vergleichsaus aus den 1930er Jahren vor; der Bericht Dippers über die Finanzkraft der BG 1937 lässt aber eine deutlich höhere Zahl von Beitragszahlern vermuten vgl. DIPPER, Bekenntnisgemeinschaft, 193.

26 Die Situation in Bayern bietet einen höchst interessanten Vergleichspunkt: auch die „Pfarrerbruderschaft" genannte BK in Bayern geriet ab Ende der 1950er Jahre in eine Krise; wie in Württemberg, so drängte sich auch hier die Frage nach der weiteren Berechtigung und Aufgabe der BK auf. Hinzu kam der Generationenkonflikt zwischen den älteren Brüdern, die die ‚Kampfzeit' noch selbst miterlebt hatten, und den jüngeren Jahrgängen, die erst nach dem Ende von Krieg und NS-Dikatatur mit dem Studium begonnen hatten. Der signifikante Unterschied zu Württemberg liegt darin, dass in Bayern viele der reformorientierten jüngeren Brüder, beispielsweise der spätere Landesbischof Hermann von Loewenich, in der Pfarrbruderschaft Mitglied waren und blieben, so dass diese zur „Wiege des AEE" [Arbeitskreis Evangelische Erneuerung] (so HAGER, Jahrzehnt, 45) wurde und dadurch eine neue Identität entwickelte. In

deren „Kirchen im Westen" existierten allenfalls noch Reste, zum Teil in der neuen Gestalt der Kirchlichen Bruderschaften[27]. In der DDR jedoch, in Sachsen und Thüringen mache die BK „ziemlich aktiv weiter". Der Reichsbruderrat schließlich sei „im wesentlichen nur noch ein Instrument der Information und des [...] Austauschs mit den Brüdern in der DDR". Damit war ein Alleinstellungsmerkmal der BG benannt. Im Gegensatz zur Gruppe um Julius Beck, die bis in die 1960er Jahre hinein mit ihren Anliegen fast ausschließlich auf die Württembergische Landeskirche fokussiert war, bildete für die BG immer der Gesamtzusammenhang der EKD und damit insbesondere das Schicksal der Amts- und Glaubensgeschwister in der DDR einen wesentlichen Aspekt ihres Denkens und Handelns. Davon zeugt nicht zuletzt die Paten-/Partnerschaft beispielsweise der Württembergischen mit der Thüringischen Landeskirche, die wesentlich auf den Kontakten und Strukturen aufbaute, die in der Zeit des Dritten Reiches über den Lutherrat geschaffen und auf beiden Seiten von den Mitgliedern der BK getragen worden waren.[28]

„Mit alledem ist aber die Grundfrage nach der heutigen Aufgabe der Bekenntnisgemeinschaft in unserer Landeskirche noch nicht beantwortet", räumte Dipper ein. Er gestand zu, dass ein Gutteil der Mitglieder wohl aus alter Anhänglichkeit noch dabei sei, setzte dann aber einen überraschenden Gegenakzent: Die Kirche sei „heute in einer ungeheuerlichen [sic] Expansion begriffen", sei eine „auseinanderfließende Kirche", die in der Gefahr sei, „die unveräußerliche Mitte in der theologia crucis" zu verlieren. Es gebe „Extremisten in den verschiedensten Sparten" und einen „Individualismus [...], der die Gemeinschaft [...] in Frage stellt." Gegenpol dieser Bewegung sei „die kirchliche Organisation und unsere Kirchenleitung", die aber immer mehr zur „kirchlichen Bürokratie" herabgestuft werde. Hier kam ganz deutlich der (landes-)kirchlich-konservative Aspekt der Dipper'schen Ekklesiologie zum Ausdruck: Den Fliehkräften, die auf den einzelnen Christenmenschen wie auf die Gemeinden im Land einwirkten, sei als Korrektiv die Landeskirche gegenüber gestellt, die „Gemeinschaft und [...] Gemeinsamkeit" wahre. „Kirchliche Organisation" wurde hier positiv verstanden als Garant der Beständigkeit und Einheit.

Im Folgenden beschrieb Dipper den Ort der BG: Es gehe um „beharrliche, am Zentrum der Schrift ausgerichtete Arbeit, die [...] nicht in großen Erklärungen nach außen tritt, sondern unter dem Wort zusammenzuführen sucht". Diese Arbeit habe, so war Dipper sich sicher, „eine nicht unerhebliche Ausstrahlung in unserer Landeskirche [...], auch wenn die Bekenntnisge-

---

Württemberg hingegen ereignete sich der Institutionalisierungsprozess dieses Flügels außerhalb und unabhängig von der BG (vgl. unten 172). Zu den Entwicklungen in Bayern vgl. HAGER, Jahrzehnt, insb. 45–50; zur Person Hermann von Loewenichs in Vorbereitung befindliche Biografie von der selben Autorin.

27 Zur Entstehung der Bruderschaften, primär im Rheinland und in Württemberg, vgl. BUCHSTÄDT, Bruderschaften.
28 Vgl. RITTBERGER-KLAS, Kirchenpartnerschaften, hier insb. 153–157.

meinschaft als solche in den Kirchenbezirken und bei den einzelnen Pfarrern wenig zu Wort kommt, was übrigens abgesehen von der akuten Kampfzeit immer so gewesen ist."

Interessant ist Dippers Perspektive für die Zukunft: Die BG solle nicht „für alle Zeiten weiterexistieren", vielmehr warte er

> „auf die jüngere Generation, daß sich dort so etwas ähnliches neu bildet, daß unsere Jugend zur Mitte der Kirche ruft und in freier Mitverantwortung die kirchliche Arbeit mitträgt und prägend auf sie einwirkt. [...] Was wäre gewonnen, wenn in der jungen Generation sich so etwas herausbildete wie damals im Jahr 1930 die KTA! Wir könnten dann mit Freuden zurücktreten und den Jungen das Feld überlassen."

Es drängt sich die Frage auf, ob Dipper in seinem Sehnen nach „so etwas wie 1930" nicht die tatsächlich vorhandenen Aufbrüche unter der jüngeren Generation übersah. In seiner Ausrichtung auf die „Mitte" nahm er möglicherweise nicht wahr, dass die neuen Initiativen eher an den jetzt als virulent empfundenen Rändern entstanden, beispielsweise in Gestalt der Siedlungspfarrer, der EKD-weiten Kirchenreformbewegung[29] oder auch des konservativen Bethelkreises[30]. So aber schien die primäre Begründung für das Weiterexistieren der BG für Dipper darin zu liegen, dass sich noch nichts Neues gebildet habe, das, in den Augen Dippers und seiner Genossen, die Arbeit der BG überflüssig gemacht hätte. Ob das Erreichen eines solchen Punktes im Leben einer Gruppe wirklich als wahrscheinlich gelten kann, darf füglich bezweifelt werden; schließlich hat sich auch die Kirchlich-theologische Sozietät – entgegen ihrem eisern hochgehaltenen Grundsatz – formal nie wirklich aufgelöst[31]. So konnte Dipper dem Amtsbruder „N.N. in X." am Ende im Hinblick auf die fragliche Übernahme des Vertrauens-Amtes auch nicht mehr an Motivation und Begründung bieten als: „Selbstverständlich wären wir alle Ihnen dafür sehr dankbar."

Während es der BG, wie hier dargestellt, also nie wirklich gelungen ist, eine eigene nach außen hin deutlich wahrnehmbare und unverwechselbare Identität im Chor der Stimmen in der Württembergischen Landeskirche zu entwickeln und somit die Frage nach Berechtigung und Aufgabe der Gruppe immer virulent blieb, leistete die Gemeinschaft über Jahre hinweg solide theologische Arbeit auf vielen Themenfeldern, die für die Landeskirche als Ganze oder für die Kirchengemeinden beziehungsweise die Pfarrer vor Ort relevant erschienen.

---

29 Vgl. unten 172.
30 Vgl. STRATMANN, Evangelium, 55–59.
31 Vgl. DIEM, Ja, 271 f.

3.2 Aktionsfelder der Württembergischen Bekenntnisgemeinschaft

Um das Proprium der BG und ihren Beitrag zur Geschichte der Württembergischen Landeskirche zu verstehen, sollen im Folgenden mehrere Themen- und Handlungsfelder vorgestellt werden, die von der BG 1945 bis 1965 in besonderer Weise bearbeitet wurden. Dabei werden zum einen Korrelationen beziehungsweise Überschneidungen mit anderen Gruppen aufgezeigt, zum anderen aber wird insbesondere die spezielle Theologie und das Kirchenverständnis der BG untersucht werden.

3.2.1 Arbeitsweise der Synode[32]

Das wohl ursprünglichste und langlebigste Thema Dippers beziehungsweise der BG war die Reflexion über den angemessenen Modus der synodalen Arbeit, das (theologische) Fragen nach der Art und Weise, die diesem kirchlichen Leitungsgremium angemessen sei. Von 1948, im ersten nach dem Krieg neu gewählten Landeskirchentag, bis 1966, als die Bildung von Gruppen im LKT erstmals (nach 1945) in aller Offenheit thematisiert wurde, fand sich das Thema zuverlässig zu Beginn jeder Legislaturperiode in den Mitteilungen der BG; der LBR erörterte das Thema regelmäßig[33]. Von besonderem historischem Interesse sind drei veröffentlichte Texte: Die 1948, unmittelbar als Reaktion auf die erste Sitzung des 4. LKT[34] von Dipper verfasste „Äußerung zur Arbeitsweise des Landeskirchentages"[35] sowie der Vortrag des badischen Kirchenjuristen Otto Friedrich[36] vor dem LBR[37], der 1959 in EuK-Informationen

---

32 Eine gründliche verfassungsrechtliche Darstellung der hier vorzustellenden Themenkreise „Gruppenbildung" und „mittelbare oder unmittelbare Wahl" findet sich in der lesenswerten Untersuchung von NÄRGER, Synodalwahlsystem. Närger beschreibt nicht nur den Diskussionsprozess, der nach 1918 dazu führte, dass ein Teil der Landeskirchen in Deutschland sich von der zuvor ausschließlich praktizierten mittelbaren Wahl abwandten und die Urwahl einführten, sondern stellt auch detailliert die Argumente pro und contra Kirchenparteien vor, die in der Reformdebatte der 1960er Jahre eine Rolle spielten. Zudem finden sich bei ihm alle wesentlichen Literaturverweise.
33 LBR-Protokolle vom 24. 11. 1947, 3. 12. 1953, 27. 11. 1958, 23. 4. 1959, 8. 3. 1962, 23. 4. 1964, 29. 4. 1965 und öfter; LKAS, D 31, 88–90. Dass dieses Thema auch heute noch in BG/EuK lebendig ist, zeigte sich mir in einem Gespräch mit der damaligen Reutlinger EuK-Synodalen Hanna Fuhr am 26. 12. 2012.
34 19. bis 21. 1. 1948, vgl. VERHANDLUNGEN DES 4. EVANGELISCHEN LANDESKIRCHENTAGS, Inhaltsverzeichnis.
35 Datiert „Nürtingen, den 31. Januar 1948"; Dipper hat diese Äußerung unmittelbar an den OKR gesandt sowie am 7. 5. 1948 dem Rundbrief an die Vertrauensleute der BG beigelegt. LKAS, A126 AR 125 III (zusätzlich hier auch Abschriften Briefwechsel Lempp–Dipper) bzw. LKAS, D 31, 78. Beide Fassungen sind inhaltlich identisch.
36 OKR-Vizepräsident Dr. Rudolf Weeber hatte ihn als kundigen Referenten empfohlen. LBR-Protokoll, 25. 4. 1959; LKAS, D 31, 89.

veröffentlicht und bemerkenswerter Weise sechs Jahre später unverändert erneut abgedruckt wurde[38]. Schließlich ein Vortrag von Johannes Maisch von 1966, der auf die Situation des neuen Landeskirchentags unter LKT-Präsident Oskar Klumpp reagierte und einen fundamentalen Bruch zum Dipper'schen Konzept, das über zwei Jahrzehnte hinweg nahezu unverändert geblieben war, darstellte[39]. In diesen drei Texten wird paradigmatisch das personelle und theologische Profil der BG sichtbar. So war beispielsweise der Text von 1948, der über 20 Jahre hinweg die Position der BG bestimmte, nicht etwa eine im LBR erarbeitete oder auch nur abgestimmte Stellungnahme, sondern ein genuines Produkt Dippers. Alle drei Texte zeigen das solide theologische Handwerk, das in der BG betrieben wurde. Die zweimalige Veröffentlichung des Vortrags von Friedrich 1959 und 1965 mag als Indiz für die Stagnation und Erstarrung der BG Anfang der 1960er Jahre gedeutet werden, ebenso wie der Text von Maisch 1966 nicht nur den Neuaufbruch in der 7. LS widerspiegelte, sondern zugleich die inhaltliche Neuorientierung und personelle Veränderung in der BG dokumentierte. Zu fragen ist, welche theologischen und ekklesiologischen Konzeptionen in diesen Stellungnahmen erkennbar werden und wie diese über den Zeitraum von knapp zwei Jahrzehnten hinweg beibehalten beziehungsweise modifiziert wurden.

Unmittelbarer Auslöser von Dippers „Äußerung zur Arbeitsweise des Landeskirchentages"[40] scheint ein Brief von Prälat Lic. Wilfried Lempp, Schwäbisch Hall, vom 24. Januar 1948[41] gewesen zu sein, in dem dieser zwar eine formal ungruppierte Synode begrüßte, das faktische Vorhandensein von zwei „Gesinnungsgemeinschaften" – eine den Gemeinschaften nahestehend, die andere aus Bekenntnisgemeinschaft und Sozietät erwachsen – konstatierte und nachdrücklich die Bildung einer dritten Gruppe forderte, in der diejenigen Abgeordneten zu organisieren wären, die sonst „nur sehr viele Einzelgänger" wären. Diese Intention lehnte Dipper scharf ab. Seinem persönlichen Brief an Lempp[42] fügte er die oben genannte „Äusserung" bei, die er den Vertrauensleuten der BG, dem OKR und vermutlich auch den Abgeordneten des LKT zugehen ließ. Indirekt reagierte Dipper mit seinem Memorandum auf ein Referat von Prälat Martin Haug, das dieser bei der Rüstzeit der neugewählten LKT-Abgeordneten am 10. Januar 1948 in Bad Boll gehalten hatte[43].

Während Haug eine dezidiert theologische Konzeption einer „evangeli-

---

37 Am 4. 6. 1959, vgl. LBR-Protokoll zum Tag; LKAS, D 31, 89.
38 Friedrich, Was ist eine Synode, EuK-Info 1959, Heft 4, 5053; wieder abgedruckt in EuK-Info 1965, Heft 2, 18–21.
39 Maisch, Wie können wir unsere Mitarbeit in der Synode sinnvoll vorbereiten?, EuK-Info 1966, Heft 3, 46–51.
40 Soweit nicht anders angegeben alle Zitate nach LKAS, D 31, 78.
41 Vgl. LKAS, A126 AR 125 III.
42 Vgl. LKAS, A126 AR 125 III.
43 Vgl. „Wesen, Auftrag und Dienst einer Evangelischen Synode. Schlusssätze des Referats Haug bei der Rüstzeit des Landeskirchentags in Bad Boll am 10. Januar 1948"; LKAS, D 1, 197.

schen Synode"⁴⁴ im Rahmen einer „synodalen Kirchenordnung"⁴⁵ entwarf, ging es Dipper um detaillierte, teilweise geradezu technische Regelungen der Arbeitsweise der „kirchliche[n] Synode"⁴⁶. Dabei waren beide sich darin einig, dass Christus „über der Synode" (Dipper) stehe beziehungsweise diese von ihm „ihre Vollmacht und ihren Auftrag erhalte" (Haug). Während Haug dann aber herausarbeitete, dass die Synode die Vertretung der gesamten Kirche sei, die insbesondere über die Reinheit der Lehre zu wachen, das Erbe der Väter zu wahren und die Ordnung in Ämtern und Leitung der Kirche zu gewährleisten habe, legte Dipper den Schwerpunkt seiner Überlegungen auf den Vollzug dieser Arbeit. Dabei lässt die große Nähe mancher Formulierungen Dippers zum Haug'schen Referat vermuten, dass Dipper Haugs Ausführungen positiv aufnahm und weiterführte. So betonten beide insbesondere, dass die Arbeit der Synode geprägt sein müsse vom *„angespannten"* (Haug) beziehungsweise *„gemeinsamen"* Hören auf Wort und Willen des Herrn"⁴⁷ (Dipper). Interessant und charakteristisch war der Dissens in der Frage der Gruppen innerhalb des LKT. So sprach sich Haug unbefangen für die Fortführung des angestammten Usus aus: Die Entscheidungsfindung des LKT geschehe unter anderem auch „in offenem brüderlichem Gespräch der verschiedenen Arbeitsgruppen und Kreise untereinander"⁴⁸. Dipper vertrat eine ganz andere Ansicht: Von den Erfahrungen im 3. LKT, der zunächst von den klar als Kirchenpartei auftretenden Deutschen Christen dominiert war, abgestoßen, wollte 1948 eine breite Mehrheit der LKT-Abgeordneten einen Neuanfang machen. Schon vor der „Äußerung" hatte Dipper offensichtlich einen entsprechenden Vorstoß gemacht,⁴⁹ der unter anderem von dem einflussreichen Finanz-Oberkirchenrat Otto Seiz unterstützt wurde. Nach Dippers Meinung widersprach es der

---

44 Haug, Wesen.
45 Haug, Wesen; Bemerkenswert ist diese Aussage insofern, als die württembergische Kirchenordnung üblicherweise als „episkopal-synodal" bezeichnet wird. Dass Haug, noch unter der Ägide Landesbischof Wurms, auf den Zusatz „episkopal" verzichtet, mag darauf hindeuten, dass ihm eine Verschiebung bzw. Korrektur der Machtverhältnisse in der Kirchenleitung notwendig erschien; dass er in seinem Referat deutlich darauf hinwies, dass „,Kirchenleitung' im vollen Sinne [...] die Amtsträger der leitenden Kirchenämter mit der Synode zusammen" seien, deutet in diese Richtung.
46 Dipper, Äußerung.
47 Hervorhebung d. Verf.; von der Änderung des Adjektivs abgesehen hat Dipper die Formulierung wörtlich von Haug übernommen.
48 Derartige Gruppen, Freundeskreise und Zusammenschlüsse bestimmter Richtungen innerhalb der Landessynode hatten seit deren Beginn 1869 mehr oder weniger stark ausgeprägt existiert, vgl. HERMLE / OEHLMANN, Gruppen, insb. 267–270. In der 1948 gültigen Geschäftsordnung der Landessynode waren sie fest verankert: Gemäß § 10 Abs. 2+3 sowie § 60 Abs. 7 war bei der Wahl des Ältestenbeirats und der Ausschüsse ausdrücklich die paritätische Vertretung aller Gruppen, sowie sogar die Repräsentanz der „keiner Gruppe angehörenden Mitglieder [des LKT], wenn ihre Zahl mindestens sieben beträgt", zu gewährleisten. Zitiert nach dem Redebeitrag von Otto Seiz am 20. 1. 1948, in dem er seinen Eilantrag auf Abschaffung eben dieser Regelung begründete, vgl. VERHANDLUNGEN DES 4. EVANGELISCHEN LANDESKIRCHENTAGS, 21.
49 Vgl. Dippers entsprechende Bemerkung EBD., 23.

„Würde der Synode, den Gang und das Ergebnis der Verhandlungen im Voraus durch inoffizielle Vorbesprechungen in und zwischen sogenannten Gesinnungsgemeinschaften vorwegnehmen und sichern zu wollen, sie erweist sich vielmehr darin als echte Synode, dass sie das Wagnis des Glaubens auch in ihrer Arbeitsweise nicht scheut [...]. Je mehr die Synode von diesem Arbeitsprinzip abweicht, desto mehr entwertet sie ihr eigenes Handeln und macht es zur blossen Kulisse, hinter der sich die eigentlichen und wesentlichen Vorgänge abspielen. Die ‚Verhandlungen' der Synode sind dann nur noch das Mittel, um den bereits vorweggenommenen Ergebnissen öffentlichen und rechtlichen Charakter zu verleihen [...]. Die Synode betrachtet grundsätzlich die Plenarsitzung als den Ort, wo die Begegnung, die Klärung und die Entscheidung in allen Fragen stattfindet. Sie befiehlt sich für dieses Wagnis der Leitung des Heiligen Geistes."[50]

Umfassende Information der Abgeordneten und ordentlich ausgearbeitete Vorlagen des Oberkirchenrats würden „zwischengeschaltete Vorbesprechungen des inoffiziell versammelten Plenums" überflüssig machen. Zwar gestand Dipper zu, dass es zuweilen nötig oder wünschenswert erscheinen könne, in „Aussprachekreise auseinanderzutreten" – die Abgrenzung zu den regulär bestehenden Ausschüssen des LKT, die Dipper nicht in Frage stellte, wird an dieser Stelle jedoch nicht recht klar. Als „dringend erwünscht" erachtete Dipper, „dass die Pfarrerschaft und die Gemeinde in ihren Arbeitskreisen die kirchlichen Fragen durcharbeitet und dass die Synodalen an dieser Arbeit beteiligt sind". Daher sei die gesamte kirchliche Öffentlichkeit über Termine und Themen der Landessynode rechtzeitig im voraus zu informieren.

Kritisch sah Dipper hingegen die Teilnahme der Öffentlichkeit an den Sitzungen des LKT: Das „Wagnis" der Plenardebatte könnte hier negativ beeinflusst werden. So sei „[d]ie Teilnahme der Öffentlichkeit an den Beratungen [...] nicht durchweg erwünscht und heilsam." Oftmals hemme der Gedanke an die öffentliche Wirkung die freie Debatte, „deshalb [solle die Öffentlichkeit] nur bei besonders bedeutsamen Verhandlungsgegenständen und möglichst nach einer gewissen Klärung des Gesprächs zugelassen werden" und sei zudem, abgesehen von Ehrengästen, auf „evangelische Gemeindeglieder" zu beschränken. Pressevertreter kamen in Dippers Konzeption nicht vor.

All dies führte Dipper zu einem ebenso prägnanten wie kategorischen Schluss:

„[D]ie dauernde Konstituierung von Gesinnungsgemeinschaften oder die Aufteilung aller Synodalen in Gesinnungsgemeinschaften oder gar der Einbau solcher Gesinnungsgemeinschaften in die Arbeitsweise der Synode [ist nicht] erforderlich. Die Synode als solche nimmt keine Kenntnis von dem Vorhandensein[51] oder

---

50 Dipper, Äusserung.
51 Diese etwas seltsame Formulierung wird dahingehend zu interpretieren sein, dass Dipper vor dem tatsächlichen Vorhandensein bestimmter Gruppen (beispielsweise des Freundeskreises um Julius Beck, vgl. oben 52) nicht schlicht die Augen verschloss, sie aber aus der eigentlichen Synodalarbeit ausschließen wollte.

Nichtvorhandensein von Gesinnungsgemeinschaften. Sie baut ihre Arbeit so aus [sic], dass jeder Synodale an ihr vollen Anteil haben kann [...] und sie wacht darüber, dass ihre Arbeit sich in ihren geordneten Organen unter der Herrschaft des Wortes Gottes vollzieht und nicht in inoffizielle Gruppen abwandert."[52]

In einem Rundbrief an die Vertrauensleute vom 9. Juni 1948[53] berichtete Dipper von der zweiten Tagung des Landeskirchentags, die vom 18. bis 21. Mai stattgefunden hatte und in der die neuen Grundlinien der Arbeitsweise erstmals praktisch erprobt worden waren. Dipper zog ein positives Fazit: Der LKT habe beschlossen, „den ganzen Gang der Arbeit von der Information bis zur Beschlussfassung in seinen geordneten Organen ohne Vorbesprechung irgendwelcher Gruppen zu leisten." Aus der Geschäftsordnung des LKT seien daher alle Bestimmungen zum Gruppenproporz getilgt worden. Eine neue jedoch sei hinzugekommen: Um „der Gefahr der Majorisierung einer Minderheit zu begegnen, wurde die Bestimmung aufgenommen, daß ‚bei der Zusammensetzung der Ausschüsse die mancherlei Gaben und Kräfte berücksichtigt werden sollen, die im LKT lebendig sind.'" Dipper schloss seine Darstellung ohne weiteren Kommentar. Ob die genannte Regelung jedoch wirklich eine wesentliche Verbesserung gegenüber der alten, formalen Ordnung war, erscheint zumindest fraglich. Für Dipper schien allein zu zählen, dass das Prinzip der gemeinsamen Beratung und Beschlussfassung nun in Geltung war. Daher berichtete er auch über die Auswirkungen positiv: „Es wurde sehr konzentriert gearbeitet, sodass für Sonderbesprechungen kaum eine Möglichkeit war. [...] Künftig [muss] durch eine noch gründlichere, vorausgehende Information noch für eine bessere Fundierung der Arbeit gesorgt werden." Zudem müsse nun „vor allen Entscheidungen Gelegenheit zu einer gründlichen Aussprache im Plenum gegeben" werden – kurz: Das Arbeitspensum der Abgeordneten vor und während den LKT-Sitzungen vergrößerte sich durch die Dipper'sche Arbeitsweise massiv. Zwar berichtete Dipper, die Synodalen hätten „wiederholt ihre Freude über dieses gemeinsame Arbeiten ausgesprochen"; jedoch waren nicht zuletzt die Klagen der Synodalen über das enorme Arbeitspensum knapp 20 Jahre später Grund für die (Wieder-)Einführung der Gruppen.

1953, nach der Wahl zum 5. LKT, dem Dipper wieder angehörte, fand sich nur ein kurzer Bericht über Wahlkampf und Wahlergebnis in den Rundbriefen. Trotz der gewohnten und prinzipiellen Zurückhaltung der BG im Vorfeld der Wahl – „Wir haben alles vermieden, was an eine kirchliche Partei erinnert"[54] – säßen nun mehr Abgeordnete aus ihrem Umfeld im LKT als zuvor. Auch seien „Versuche einer kirchlichen Gruppenbildung [...] nur in bescheidenem Umfang zum Zug"[55] gekommen. Wesentlich dramatischer war in

---

52 Dipper, Äußerung, 3.
53 Rundbrief VL 9. 6. 1948. LKAS, D 31, 78. Soweit nicht anders angegeben siehe dort.
54 Rundbrief VL 31. 12. 1953; LKAS, D 31, 78.
55 Rundbrief VL 31. 12. 1953. In der Diskussion im LBR am 3. 12. 1953 fiel hingegen der etwas

Dippers Augen offensichtlich die Tatsache, dass aufgrund der nun geltenden Wahlordnung gut zwei Drittel der Abgeordneten neu in den LKT gekommen waren und so Kontinuität und effektiver Fortgang der Arbeit in Zweifel standen. Einen verhalten positiven Bericht der ersten Tagung des neuen LKT lieferte Dipper im Juli 1954, in dem er erneut hervorhob, dass es keine Parteien geben dürfe und dass sich der neue LKT, trotz gewisser gegenteiliger Tendenzen vor der Wahl, in diesem Sinne entschieden habe[56].

Erst 1959 fanden wieder grundlegende Reflexionen zu Gestalt und Aufgabe der Synode ihren Niederschlag in den Rundbriefen der BG. Der LBR hatte den Rechtsreferenten der badischen Landeskirche OKR D. Dr. jur. Otto Friedrich[57] zu einem Vortrag gebeten, der in seinen inhaltlichen Grundzügen unter dem Titel „Was ist eine Synode" im mittlerweile gedruckt erscheinenden Rundbrief veröffentlicht wurde[58]. Der einleitende „Gruß" der Herausgeber an die neugewählten Synodalen empfahl diesen ausdrücklich Friedrichs Referat zur Lektüre, um ihnen dabei zu helfen, „den Landeskirchentag [...] in seiner Stellung und Aufgabe [...] zu verstehen". Ob dies gelang, bleibt angesichts der unkommentiert und unerläutert dargebotenen Beispiele von Verfassungskonzeptionen für Synoden von der Reformation bis zur Gegenwart und von Baden bis Westfalen allerdings zweifelhaft. Friedrich beantwortete die im Titel gestellte Frage zunächst „vordergründig" mit der lapidaren Feststellung „die Synode ist das Kirchenparlament", um dies dann sofort zu problematisieren und zu fragen, ob dieses Parlament nun eher einer modernen Volksvertretung entspreche oder „den Landständen der konstitutionellen Monarchie". Letzteres scheint ihm nach der Württembergischen Kirchenverfassung von 1920 am wahrscheinlichsten, wenn auch nicht korrekt, denn in dieser sei die grundlegende Unterscheidung von Staat als „Ordnung Gottes" und Kirche als göttlicher Setzung, „den Menschen zum ewigen Heil", vernachlässigt. Entsprechend dürfe auch nicht verwischt werden, dass die Staatsgewalt vom Volke ausgehe, die Kirchengewalt jedoch allein von Christus: „In der [ergänze: sichtbaren, institutionellen, d. Verf.] Kirche [...] muß es menschliche Herrschaft geben. Diese hat aber ihre Legitimation nicht im Auftrag des Kirchenvolkes, sondern in Christus."[59] Sodann untersuchte Friedrich die Um-

---

sonderbar anmutende Satz: „Der LKR [lies LBR, d. Verf.] stellt dar, was früher die Gruppe I war." Vgl. LBR-Protokoll zum Tag; LKAS, D 31, 88. Damit reklamierte der LBR das schon von der AGBC beanspruchte Erbe der Synodalgruppe um Prälat Römer für sich. Vgl. oben 56 bzw. HERMLE / OEHLMANN, Gruppen, 268–271.

56 Rundbrief VL vom 8. 7. 1954; LKAS, D 31, 78.
57 Zu Otto Friedrich und seinem nicht unproblematischen Verhältnis zur Kirchenverfassung nach 1919 vgl. GERNER-WOLFHARD, Landeskirche, insb. 316–318.
58 EuK-Info 1959, Heft 4, 50–53, erneut abgedruckt in EuK-Info 1965, Heft 2, 18–21. Alle folgenden Zitate, soweit nicht anders angegeben, dort.
59 Entsprechend Dipper: „es [geht] bei kirchlichen Wahlen nicht um die Durchführung eines demokratischen Prinzips in der Kirche, sondern um die Berufung von Männern und Frauen zur Mitwirkung an der geistlichen Leitung durch die Gemeinde." Dipper: Die Novelle zur kirchlichen Wahlordnung; EuK-Info 1959, Heft 2, 29–32, 29.

setzungsversuche dieses Grundanliegens in einem geschichtlich-geographischen Durchgang, um zuletzt auf die Kirchenordnung der Provinz Sachsen ablehnend zu verweisen, in welcher die Synode „oberste Vertretung der Gemeinde"[60] sei. Hier sei der „Gesetzgeber [...] fehlgegangen", denn die „Rechtsfigur der Vertretung, der Repräsentation, trifft hier nicht die Sache. Nicht die Gemeinden, nicht die Kirchengenossen geben der Synode ihre Legitimation, sondern allein der Herr der Kirche". Aus diesem Befund leitete Friedrich drei konkrete Feststellungen ab: Die Urwahl sei „wenig geeignet für die Bildung einer Synode"[61]; ein „Proportionalwahlsystem" würde einer Synode „nicht entsprechen, weil es formierte Gruppen – um nicht zu sagen Parteien – voraussetzt" und eine „Teilung der Gewalten nach staatlichem Recht" widerspreche der „Einheit der Kirchengewalt in Jesus Christus"[62].

Friedrich traf mit seinen sehr juristisch-schematisch gehaltenen Ausführungen sicherlich den Geschmack Dippers und des LBR. Auch der LBR sah das württembergische Urwahlprinzip kritisch[63]; eine Gegenüberstellung von Landessynode und Bischof samt Oberkirchenrat nach der Manier der ‚checks and balances' widersprach gleichzeitig auch fundamental dem von Martin Haug in seinem Referat ausgeführten Verständnis von Kirchenleitung[64], das die BG teilte. Nach wie vor wurde die Zergliederung der Synode in Gruppen oder gar Parteien als größtes anzunehmendes Übel angesehen[65]. So publizierte die BG mit dem Vortrag Friedrichs in ihrem Rundbrief eine gelehrte kirchenrechtliche Untersuchung, die zugleich die von der BG seit rund 20 Jahren vertretenen Positionen untermauerte. Allein, eine Weiterentwicklung war bei diesem Kernanliegen Dippers nicht recht zu erkennen. In „Erwägungen zur Kirchlichen Lage"[66], die im Heft 1965 unmittelbar an Friedrichs wieder abgedrucktes Referat anschlossen, erörterte Dipper selbst die Situa-

---

60 Zitiert nach Friedrich, Synode, 53.
61 Hier ist er einer Meinung mit OKR-Vizepräsident Dr. Rudolf Weeber, vgl. EuK-Info 1959, Heft 1, 14. Bemerkenswerter Weise ist dem Bericht über Weebers Position des Hinweis beigefügt, dass Weeber damit nur eine Minorität im OKR repräsentiere. Diese Mehrheitsverhältnisse änderten sich offensichtlich in den folgenden Jahren, denn 1964 stellte Weeber einen Entwurf zu einer neuerlichen Novelle ausführlich in EuK-Info vor, in dem diesmal die Urwahl schon nicht einmal mehr erwähnt war. Weebers Ausführungen dazu waren nun zwar etwas moderater im Ton, aber umso vielfältiger in den Argumenten. Vgl. Rudolf Weeber: Zum Entwurf einer kirchlichen Wahlordnung. In: EuK-Info 1964, Heft 1, 2–7, insb. 4–6.
62 In die gleiche Richtung geht Dippers Feststellung „Es ist [...] nicht richtig, innerhalb einer Synode [...] die einen als Brüder, die anderen nur als Mitglieder des Kollegiums anzusehen." Rundbrief VL vom 8. 7. 1954; LKAS, D 31, 78.
63 Vgl. Dippers Stellungnahme zur Wahlgesetznovelle 1964: die neue Ordnung sei mit einer „nicht notwendigen und im Entwurf nicht vorgesehenen Hypothek belastet, mit der Beibehaltung der Urwahl." EuK-Info 1964, Heft 2, 36.
64 Vgl. Haug, „Wesen, Auftrag und Dienst einer Evangelischen Synode. Schlußsätze des Referats Haug bei der Rüstzeit des Landeskirchentags in Bad Boll am 10. Januar 1948"; LKAS, D 1, 197.
65 So konnte Dipper den LKT als „Gemeinde unter dem Wort" bezeichnen, worin die paulinische Ablehnung der „Parteiungen", σχίσματα (1. Kor. 1, 10ff), sicherlich unterschwellig mitklingt.
66 EuK-Info 1965, Heft 2, 22–30.

tion: Die neuen „Großwahlkreise" sah er kritisch, das Urwahlprinzip sei zumindest unter diesen Umständen problematisch, da es nicht mehr möglich sein werde, dass die Bewerber „sich in hinreichender Weise den Wählern vorstellen. Man wird auf Flugblätter angewiesen sein."[67] In dieser Lage könnte „eine gewisse Gruppenbildung" hilfreich sein, da sie „dem Wähler einen Anhaltspunkt dafür gibt, daß die Wahlbewerber eines Wahlvorschlags der Richtung seines kirchlichen Wollens entsprechen." Die Gruppen allerdings, die Dipper als Zugeständnis an die großen Wahlbezirke zulassen wollte, trugen in seiner Beschreibung latent utopische Züge, denn eine solche Gruppe „darf nicht das Ihre suchen, nicht ihre Leistung hervorheben und die der anderen heruntersetzen [...] kurzum sie darf alles das nicht tun, was eine politische Partei tut und tun muß." Es dürfe nie um Mehrheiten, sondern immer nur um gemeinsam errungene Entscheidungen gehen. Inakzeptabel blieben für Dipper „Gruppen mit eigenem Selbstverständnis[, die im LKT] als Dauereinrichtung nebeneinander bestehen". Zufrieden stellte Dipper fest, dass derartiges bislang noch nicht vorhanden sei und unterstrich für die BG: „Es ist nicht unsere Absicht, als Gruppe mit eigenen Wahlvorschlägen hervorzutreten."[68] Im Blick auf die Arbeit in der zukünftigen 7. LS ließ Dipper die Gruppen-Frage offen. Allerdings entstand der Eindruck, als ob Dipper seine 1948 entworfene Vision der ungruppierten Arbeitsweise als auslaufend beziehungsweise gescheitert angesehen hätte:

> „[D]ie jetzige Arbeitsweise der Synode [ist] unbefriedigend. Viele Synodale leiden darunter, daß sie mangelhaft orientiert sind und daß sie erst im Laufe einer langen Debatte die eigentliche Fragestellung zu Gesicht bekommen. Der Arbeitsweg der Synode wird auf diese Weise sehr umständlich. Wenn es möglich wäre, eine Gruppierung nicht im Sinne von Parteien, sondern im Sinne einer Arbeitsmethode ohne alle Begleiterscheinungen des Parlamentarismus zu vollziehen, so wäre das sehr zu erwägen."[69]

So blieb von Dippers Ansatz eines explizit theologisch-kirchlichen Verständnisses des Landeskirchentags als „Synode" vordergründig nicht mehr als die Umbenennung des „Landeskirchentags" in „Landessynode", die am

---

67 EuK-Info 1965, Heft 2, 23. Der Notwendigkeit von Flugblättern suchte die BG gerecht zu werden, indem sie ein Flugblatt mit ihrem „Wahlprogramm" entwarf, es jedoch ausdrücklich nicht als Wahlpropaganda einer Gruppe publizierte, sondern als eine Art Vorlage, das Kandidaten nach Gutdünken verwenden durften vgl. unten 136.
68 EuK-Info 1965, Heft 2, 24. Diese Aussage ist korrekt insoweit die BG nicht eigene Bewerberlisten aufgestellt hat. Das Flugblatt, das die BG zur Wahlvorbereitung herausgegeben hatte, ist m. E. aber sehr wohl als *inhaltlicher* Wahlvorschlag einer Gruppe anzusehen. Dipper scheint hiervor die Augen verschlossen zu haben.
69 EuK-Info 1965, Heft 2, 24. Zu den Konsequenzen, die die Synode aus dieser Misere zog, vgl. unten 200.

15. April 1964 nach einem Votum Dippers, aber eher en passent im Rahmen der Beratungen zur Wahlordnungs-Novelle geschah[70].

In der 7. LS saß ein neuer, veränderter Kreis von BG-nahen Synodalen; unter ihnen nahm von Anfang an Johannes Maisch eine führende Rolle ein[71]. Für die EuK-Informationen[72] fasste er die Ergebnisse eines Vortrags mit Diskussion unter jenen Synodalen zusammen, die 1966 die grundsätzliche Neubestimmung des Verhältnisses der BG zur Arbeit in der Landessynode einleiteten. Maisch knüpfte inhaltlich an Dippers Standortbestimmung an: Die Synodalen seien in der Vergangenheit häufig nicht ausreichend informiert gewesen, um ihr Amt wirklich ausfüllen zu können, die Plenardebatten seien dadurch langwierig und mühsam geworden. Seine Überlegungen zu einer Gruppenbildung in der Landessynode leitete Maisch mit der Feststellung ein, dass die meisten Synodalen während der Rüstzeit in Bad Boll im Januar 1966 „erhebliche Bedenken gegenüber einer Aufteilung der Synode in Gruppen" gehabt hätten, die Frage aber weiterhin virulent bleibe. Er verwies mit einem knappen historischen Rückblick über die Geschichte der Landessynode bis zurück ins Kaiserreich darauf, dass die Synoden seit 1945 zwar ungruppiert, davor aber gruppiert gewesen seien: „Ehe man aus dem einen oder dem anderen ein Dogma macht, sollte man nüchtern zu erkennen suchen, daß das eine wie das andere bestimmte geschichtliche Voraussetzungen hatte." Mit diesem situationsorientierten Ansatzpunkt schlug Maisch gleich zu Beginn einen ganz anderen Ton an, als Dipper in seiner wahrhaft dogmatischen „Äusserung" von 1948. Nach Maischs Überzeugung waren die Gruppierungen ursprünglich aus der „Diskussion zwischen dem in unserer Landeskirche immer relativ starken Pietismus und der liberalen Theologie der Vergangenheit" hervorgegangen. Da diese liberale Theologie aber einerseits durch die dialektische Theologie Karl Barths, andererseits durch den Kirchenkampf „weitgehend überholt" sei, sei auch diese Form der Gruppierung überholt. Die ungruppierte Synode der Nachkriegszeit sei aber weniger aus theologischen Gründen[73] entstanden, als vielmehr aus der Erfahrung der „Einheitsfront" gegen die Deutschen Christen und das NS-Regime. Jedoch: „Es liegt in der Natur der Dinge, daß solche durch einen Angriff von außen herbeigeführten Einheitsfronten keine ewige Dauer zu haben pflegen." Zumal es innerhalb der Landeskirche mittlerweile wieder gravierende „Meinungsverschiedenheiten"

---

70 VERHANDLUNGEN DER 6. EVANGELISCHEN LANDESSYNODE, 744–746.
71 Als Sprecher der neuen Synodalgruppe „Evangelium und Kirche" wurde allerdings Peter Spambalg benannt, vgl. EBD., 33. Maisch war seit 1949 Mitglied des LBR, Spambalg seit 1961, vgl. LBR-Protokoll 25. 4. 1949; LKAS, D 31, 88 bzw. 26. 1. 1961; LKAS, D 31, 89. Theodor Dipper war für die 7. LS nicht mehr gewählt worden; er hatte erneut im Wahlkreis 12 (Schorndorf, Gmünd, Welzheim, Gaildorf) kandidiert, sich aber gegen Pfarrer Hartmut Dehlinger, Gründungsmitglied der Kritischen Kirche, nicht durchsetzen können.
72 Vgl. EuK-Info 1966, Heft 3, 46–51. Alle Zitate, soweit nicht anders angegeben, dort.
73 Gegen Dipper, der für seine Forderungen für die Arbeitsweise der Synode 1948 rein theologisch begründet hatte.

gebe, die sich doch „mit einer gewissen Zwangsläufigkeit auch in der Synode widerspiegeln" müssten. Maisch favorisierte eine Synode, die den de facto vorhandenen Dissens abbildete, gegenüber einer, die zwanghaft versuchte, „eine Einheit oberhalb aller Gegensätze zu verkörpern."

Maisch stellte noch eine zweite grundsätzliche Vorüberlegung an, indem er das Verhältnis von Synode und parlamentarischem System näher beleuchtete: So sei eine Synode zwar

> „sicher nicht einfach dasselbe wie ein politisches Parlament. Man wird aber nüchtern sehen müssen, daß sie nach ihrem Zustandekommen, nach ihrer Aufgabe und nach ihrer Arbeitsweise mit einem solch weltlich demokratischen Vertretungskörper doch weit mehr Ähnlichkeit hat, als etwa mit dem zu ihrem Verständnis so häufig bemühten Apostelkonzil."

An diese fundamentale, ironisch formulierte Kritik an Dippers Position schloss Maisch eine interessante Bemerkung im Blick auf das Verhältnis der Deutschen zu Parteien an: Obgleich die Parteien in weltlichen Parlamenten „auf der ganz schlichten Erkenntnis [beruhten], daß eine qualifizierte Diskussion in einem Gremium von sehr vielen technisch unmöglich ist", habe man sie im „größten Teil des deutschen Volkes [...] mindestens sehr lange nur als unnötige Störenfriede [...,] als die ‚alten Raben' der Zwietracht" gesehen. Mit beißender Kritik an dieser ja auch von der übergroßen Mehrheit des deutschen Protestantismus der Weimarer Zeit, sicher auch von vielen Mitgliedern der BG, vertretenen Position klagte Maisch: „Diese romantische Fehlinterpretation der Rolle der Parteien hat entscheidend zum Heraufkommen des Nationalsozialismus und seiner Einparteienherrschaft beigetragen."

Den status quo in der Landessynode zusammenfassend stellte Maisch fest, es bestünden bislang allenfalls „Ansätze zu einer Gruppenbildung" und die vorhandenen Gruppen würden jeweils nur von wenigen Personen getragen. Zwar sei die Mehrheit der Synodalen an den dort vermittelten Informationen interessiert, zu einer „Bindung" an die Gruppen sei es dabei aber nicht gekommen. In ausdrücklichem Rekurs auf Synodalpräsident Klumpp hielt Maisch fest, die „allseitige[] Offenheit und Durchlässigkeit dieser Gruppen dürfte daher durchaus der Meinung der meisten Synodalen entsprechen". Maisch sah in der gruppierten Synode sogar pädagogisches Potential: „Sie würde [...] den einzelnen in einer heilsamen Weise daran erinnern, daß wir zur Übersetzung[74] unserer Überzeugungen in wirksame Entscheidungen die Kooperation mit den anderen nicht entbehren können."

Maisch sah, anders als Dipper und Klumpp, die „dynamische Richtungsbildung" – im Gegensatz zu festen Gruppierungen – allerdings auch mit Problemen behaftet. Zwar werde durch diese Arbeitsweise alles vermieden, was Parteien oder gar Fraktionen ähneln würde. Doch sei es utopisch zu

---

74 Die Wortwahl „Übersetzung" – nicht etwa „Durchsetzung" – erscheint mir bedacht und bedenkenswert.

glauben, ein Synodaler könnte neben allen Ausschuss- und Plenarsitzungen auch noch die Zeit finden, sich bei allen Informationsgruppen umfassend zu informieren. Bemerkenswert auch Maischs luzide Beobachtung, dass diese Informationsgruppen, sofern sie nur von wenigen Personen getragen würden, in großer Abhängigkeit blieben von den „außersynodalen Stellen, die sie ins Leben gerufen haben." Maisch erkannte schon zu diesem frühen Zeitpunkt die Spannung, die spätestens seit den 1970er Jahren immer wieder zu beobachten war, dass es zwischen der jeweiligen Synodalgruppe und der zugehörigen Landesvereinigung immer wieder zu erheblichen Differenzen kam[75].

Aus der Erkenntnis, dass Gruppierungen in einem „Großvertretungskörper" für dessen Funktionieren schlicht notwendig seien, und aus einer differenziert-positiven Haltung gegenüber dem Parlamentarismus, ergab sich für Maisch die Vision, die Arbeit in der LS möge zukünftig unterstützt werden durch „die partnerschaftliche Diskussion mit anderen in einer kontinuierlichen Zusammenarbeit in einem übersehbaren Kreis." In einer vorläufigen Positionsbestimmung des Synodalkreises „Evangelium und Kirche" beschrieb Maisch das Verhältnis zu „den Brüdern aus dem Pietismus, von denen manche unserem Kreis früher zeitweilig angehört haben", mit der ihnen allen gemeinsamen Ausrichtung auf das Evangelium und den „evangelischen Auftrag" der Kirche und die Kritik an der Dominanz der Bultmann-Theologie in den theologischen Fakultäten. Im Blick auf die Unverzichtbarkeit der wissenschaftlichen Theologie (samt der historisch-kritischen Methode) für die Kirche grenzte Maisch seine Gruppe gegen „Bibel und Bekenntnis" ab. Auch die Wahrnehmung eines vermeintlichen Wächteramtes der Gemeinde, wie es die „Bekenntnisbewegung ‚Kein anderes Evangelium'" (BKAE) praktiziere, die „frisch-fröhlich in frommen Massenversammlungen die Gemeinde zur Richterin über tatsächliche oder angebliche Irrwege der Theologie macht", lehnte Maisch ab. Zugleich bedauerte er die „bestürzende Entfremdung" zwischen Theologie und Gemeinde, die die BG schon früher immer wieder kritisiert hatte. Auch gegenüber der „Evangelischen Erneuerung"[76] zog Maisch Grenzen: Zwar bestehe Einigkeit in dem Ziel, das Evangelium in die jeweilige Zeit zu vermitteln. Der Maßstab jedoch stehe für die BG außer Frage: „Nicht das Denken des Menschen, das des modernen ebenso wenig wie das des antiken Menschen, kann der Maßstab für das Evangelium sein, sondern dieses Evangelium bleibt selber Gericht über jedes menschliche Denken." In einem Seitenhieb gegen die Kirchlichen Bruderschaften und die EKD gleichermaßen kritisierte er schließlich, dass letztere sich von ersteren allzu lange „die The-

---

75 So beispielsweise 2005/2006 bei der Frage des Verkaufs des Studienhauses Birkach, den die OK-Synoldale und Vorsitzende des Finanzausschusses, Wiebke Wähling, gegen das ausdrückliche Votum der Landesvereinigung OK unterstützte; vgl. VERHANDLUNGEN DER 13. EVANGELISCHEN LANDESSYNODE, 1399 bzw. Anstöße 2005, Heft 4, 1 f.
76 Vgl. unten 227.

matik der theologischen Besinnung" habe diktieren lassen, anstatt selbst nach der „Substanz der eigenen Botschaft zu fragen". Maisch resümierte:

„Wir sollten uns [...] nicht fürchten, zwischen einem romantischen Konservatismus und einem Modernismus um jeden Preis einen Weg des Maßes und der Nüchternheit zu gehen, in Offenheit für die Meinungen und Anliegen anderer Kreise, aber auch mit dem Willen, ihnen das Feld der Entscheidung nicht allein zu überlassen."

Ein Motto, das die Arbeit der entstehenden Gruppe „Evangelium und Kirche" wohl durchaus treffend beschrieb und beschreibt.

Die Analyse der einschlägigen Texte der BG zur Frage der Arbeitsweise der Synode lässt meines Erachtens den Schluss zu, dass das über eineinhalb Jahrzehnte hinweg maßgebliche, von Theodor Dipper geprägte und von ihm selbst in der Synode wieder und wieder praktizierte und verfochtene, primär theologisch akzentuierte Verständnis der Synode als „Gemeinde" und genuin kirchliche Versammlung abgelöst wurde durch ein der parlamentarischen Demokratie grundsätzlich positiv gegenüber stehendes, technisch-funktionalistisch geprägtes Verständnis, wie es sich in Johannes Maischs Aufsatz zeigte. Die grundsätzliche Ablehnung jeglicher Gruppenbildung in der Synode, die nur dadurch praktikabel gewesen war, dass man ganz bewusst das „tatsächliche Vorhandensein nicht zur Kenntnis"[77] nahm, wurde von der jüngeren Generation in der BG beziehungsweise in der Synode offensichtlich nicht mehr geteilt. Zwar wollte Maisch, wie auch die 7. LS insgesamt, noch die klare Abgrenzung einer kirchlichen Synode gegenüber einem weltlichen Parlament gewahrt wissen; in der technischen Ausgestaltung der Arbeit aber und um der Effektivität – und damit indirekt um des Gewichts der Synode insgesamt Willen – hatte man die (Ab-)Scheu vor parlamentarischen Gepflogenheiten in begrenztem Maße hinter sich gelassen. Die Diskussion um die synodale Arbeitsweise und um Synodalgruppen, die in den öffentlichen Stellungnahmen nur schlaglichtartig 1948, 1959 und 1966 wahrnehmbar wurde, war im LBR über all die Jahre hinweg immer wieder geführt worden. Dabei ist bemerkenswert, dass die Thematik in den frühen Nachkriegsjahren nur ganz gelegentlich, ab 1958 annähernd jährlich, ab Mitte der 1960er mehrmals jährlich bei den Sitzungen dieses Gremiums erörtert wurde[78].

Auf der personellen Ebene drängt sich der Eindruck auf, dass Dipper um die Mitte der 1960er Jahre seine dominante Stellung innerhalb der BG verlor beziehungsweise abgab. In der LBR-Sitzung am 24. September 1964 bot er gar seinen Rücktritt an, um einen Neuanfang zu ermöglichen: „Es könnte sichtbar werden, daß der LBRat nicht eine Vereinigung alter Kämpfer, sondern eine

---
77 Dipper, Äußerung.
78 Vgl. oben 121, Fn. 33.

Arbeitsgemeinschaft für Evangelium und Kirche sei."[79] Dipper blieb Vorsitzender der BG bis zu seinem plötzlichen Tod 1969; allerdings wurde – zu seiner Entlastung und um einen Wechsel sanft einzuleiten – bei der Neukonstituierung des LBR im Herbst 1964 das Amt des Vorsitzenden des LBR abgespalten und zusammen mit dem Vize-Vorsitz der BG Peter Spambalg übertragen[80]. Im Jahr zuvor, in einer Diskussion um Stand und Zukunft der BG, hatte Johannes Maisch gefordert, die traditionsreiche Bezeichnung „Arbeitsgemeinschaft Evangelium und Kirche" als neuen Namen zu verwenden[81], den Dipper schon 1958 vorgeschlagen hatte[82]; er war zunächst aber nur als Titel des neuen Rundbriefs etabliert worden[83], die Umbenennung der BG erfolgte erst 1970[84]. Die direkten Rundbriefe Dippers an die Vertrauensleute wurden in dieser Zeit immer seltener und immer stärker auf organisatorische Mitteilungen wie Einladungen zu Tagungen und ähnliches reduziert. Der gedruckte Rundbrief gewann an Umfang und Format und wurde offensichtlich zum Leitmedium für diejenigen Pfarrer und Laien, die sich der BG zugehörig fühlten. Da hier nun ein größerer Kreis von Brüdern innerhalb und außerhalb des LBR zu Wort kam, wurden auch die Stimmen, die im Namen der BG sprachen, vielfältiger.

3.2.2 Wahlen

Der Frage nach der Arbeitsweise der Synode eng verwandt war das Agieren der BG im Kontext der kirchlichen Wahlen. Der Befund ähnelt dementsprechend in den Grundzügen dem vorhergehenden: Bis Mitte der 1960er Jahre galt die Devise, die BG selbst trete bei Wahlen nicht in Erscheinung, sie wolle stattdessen „dafür eintreten, dass die Wahl in brüderlicher Weise durchgeführt wird, dass man kirchlich bewährte, befähigte Wahlbewerber aufstellt[85] [und dabei auch] den gesamtkirchlichen Gesichtspunkten [...] Rechnung"[86] trage.

---

79 LBR-Protokoll 24. 9. 1964; LKAS, D 31, 89.
80 LBR-Protokoll 19. 11. 1964; LKAS, D 31, 89.
81 LBR-Protokoll 26. 9. 1963; LKAS, D 31, 89.
82 Leider ohne jegliche Begründung. Der inhaltliche Zusammenhang zwischen der BG und der bei der Kirchenwahl 1933 unter diesem Namen auftretenden Jungreformatorischen Bewegung ist offensichtlich (vgl. Dippers Erinnerung an 1933 und die explizite Gleichsetzung von BG und Jungreforatorischer Bewegung in EuK-Info 1965, Heft 2, 22). Warum aber dieser dezidiert für eine Kirchenpartei – und nur außerhalb Württembergs – verwendete Name nun für die BG sinnvoll und angemessen erschien, ist nicht unmittelbar einleuchtend, aber nicht mehr zu klären. Vgl. LBR-Protokoll 10. 6. 1958; LKAS, D 31, 89, sowie Auskünfte von Wilhelm Kürschner und Walter Blaich, 15. 1. 2013 bzw. 5. 2. 2013.
83 LBR-Protokoll 23. 10. 1958; LKAS, D 31, 89.
84 „Arbeitsgruppe Evangelium und Kirche", vgl. EuK-Info 1970, Heft 2, 17; 1997 wurde diese zum „e.V.", vgl. BLAICH / DOPFFEL, Geschichte, 7.
85 „[A]uch Frauen", fügte Dipper diesem Kandidatenprofil 1959 ausdrücklich hinzu, vgl. Rundbrief VL, 12. 5. 1959; LKAS, D 31, 78.
86 Rundbrief VL 31. 12. 1953, vgl. LKAS, D 31, 78.

Gezielte Wahlpropaganda, wie sie im Umfeld der AGBC[87] schon zu diesem frühen Zeitpunkt nachweisbar war, findet sich bei der BG folgerichtig nicht. Sie beschränkte sich 1947, 1953 und 1959 auf überparteiliche beziehungsweise klandestine Wahlwerbung. So wurde systematisch auf dem Weg über die Vertrauensmänner nach „geeigneten" Kandidaten gesucht[88], Listen erstellt und verbreitet[89]; „Leitsätze für die bevorstehenden kirchlichen Wahlen und die Arbeit der kommenden Kirchenvertretung" sowie eine „Handreichung für Vorträge zur Kirchenwahl 1947" sollten insbesondere „den Nichttheologen unter den Wahlbewerbern" helfen[90].

Bei aller propagandistischen Abstinenz jedoch fällt auf, dass der LBR sehr wohl wahltaktische Überlegungen anstellte. So wurde in der Sitzung vom 28. August 1947 die Frage erörtert: „In welchem Bezirk soll der Vorsitzende […] kandidieren?" Da neben Dipper auch LBR-Mitglied Helmut Lamparter im Uracher Bezirk wählbar war, wurde verabredet: „Für Urach wird der Vorsitzende Lamparter-Mittelstadt vorschlagen und darüber mit Stadtpfarrer Boßler-Metzingen sprechen. Lamparter seinerseits wird am kommenden Montag […] im Uracher Pfarrkonvent Dipper vorschlagen."[91] Da es offensichtlich nicht möglich war oder inopportun erschien, sich selbst für eine Kandidatur zu bewerben, wurde verabredet, wer wen wo vorschlägt, um auf

---

87 Vgl. oben 85, Fn. 254.
88 Bitte Dippers, „uns solche Theologen und Nichttheologen zu nennen, die wir der Gemeinde für die Wahl in den Landeskirchentag vorschlagen können." Rundbrief VL 17. 6. 1947; LKAS, D 31, 78.
89 Rundbrief VL 29. 7. 1947; vgl. LKAS, D 31, 78. Bemerkenswert dabei: auf dieser Empfehlungsliste der BG fanden sich auch die Fabrikanten Karl Beck, Gomaringen, Oscar Braun und Hans-Karl Riedel, beide Esslingen, sowie Studiendirektor Schäf aus Zuffenhausen – Führungsfiguren des biblisch-konservativen Netzwerks. Offensichtlich gab es zu diesem Zeitpunkt in dieser Hinsicht noch keine Berührungsängste oder möglicherweise auch schlicht kein Problembewusstsein. Im Vorfeld der Wahl 1953 stellte Dipper die AGBC in einem Rundbrief ausdrücklich vor und beurteilte sie recht kritisch: „Bedauerlich ist freilich die kirchenpolitische Note […] [D]ie jetzige Mitgliederwerbung […] erinnert sehr an eine Parteibildung. Es wäre ein schlimmer und folgenreicher Rückschritt zu einem kirchlichen Parlamentarismus, wenn wir uns auf den Weg kirchlicher Parteibildung begeben wollten. Aus diesem Grund können wir nicht empfehlen, sich dieser Arbeitsgemeinschaft anzuschließen." Rundbrief VL, 23. 2. 1953; LKAS, D 31, 78. Schärfer fiel sein Urteil dem LBR gegenüber aus: „Früher war der Pietismus an führende Männer der Gruppe I theologisch ‚angebunden'. Jetzt hat er sich selbständig gemacht, gerät in eine Entfremdung, ja Opposition zur Kirche und zur Pfarrerschaft hinein und fällt Leuten zum Opfer, denen die Qualität echter geistlicher Führung kaum zugestanden werden kann. Diese Entwicklung kann nur mit grösster Sorge betrachtet werden." LBR-Protokoll 29. 10. 1953; LKAS, D 31, 88.
90 Rundbrief VL 9. 10. 1947; LKAS, D 31, 78. Die „beiliegende Handreichung" war in den Archivalien leider nicht auffindbar. Für die „Leitsätze" vgl. FAB 1 (1947), Heft 6, Beilage, 3–7. Neben „Grundsätzliche[n]" Überlegungen zu „Glaube und Geschichte", „Volkskirche und Gemeindekirche", „Amt und Gemeinde", „Einzelgemeinde und Gesamtkirche", „Landeskirche, Evang. Kirche in Deutschland und Oekumene" fand sich „Praktisches" zu den Themen des neu zu wählenden Landeskirchentags – alles aber so unkonkret und diffus, dass das spezielle Anliegen der BG oder gar Empfehlungen für Kandidatur oder Wahl nicht ersichtlich wurden.
91 LBR-Protokoll 28. 8. 1947; LKAS, D 31, 88.

diese Weise sicher zu stellen, dass vom LBR gewünschte Kandidaten auf (aussichtsreiche) Plätze kamen[92]. Auch Dipper und seine Gefolgschaft bemühten sich also in gewisser Weise, Einfluss auf die kirchlichen Wahlen zu nehmen – allerdings eher im Verborgenen. Nach der Wahl 1953 war offensichtlich Kritik am Vorgehen der BG laut geworden, so dass sich Dipper zu einer Stellungnahme genötigt sah; im Rundbrief verteidigte er die politische Enthaltsamkeit der BG:

„Für manche war es eine Enttäuschung, dass die Bekenntnisgemeinschaft bei dieser Wahl kaum in Erscheinung getreten ist. [...] Wir hatten bei der Vertrauensleutezusammenkunft im Frühjahr verabredet, dass wir wie 1947 bei der kommenden Wahl nicht als kirchliche Gruppe neben anderen Gruppen mit eigenen Kandidaten [...] hervortreten. [...] Wir haben alles vermieden, was an eine kirchliche Partei erinnert".

Dennoch sei über den 5. LKT immer wieder gesagt worden, er sei wesentlich „durch die Erkenntnisse und Erfahrungen der Bekennenden Kirche bestimmt gewesen" und im neugewählten 6. LKT „haben wir trotz unserer Zurückhaltung mehr Abgeordnete als im früheren, die sich zur Bekenntnisgemeinschaft rechnen." Als wolle er dem Vorwurf des parlamentarischen Denkens zuvor kommen, ergänzte Dipper: „Aber es wird auch hier nicht die Arithmetik ausschlaggebend sein."[93]

Erst 1964 sind Veränderungen wahrnehmbar: Im Protokoll der LBR-Sitzung im Juni ist einerseits eine bemerkenswerte Bestandsaufnahme der kirchenpolitischen Landschaft festgehalten; Dipper stellte fest:

„Stärker als bei früheren Wahlen werden Gruppen in Erscheinung treten: Die *Fundamentalisten*, die wohl nicht Leute ihrer Partei, aber doch ihres Vertrauens aufstellen werden; Die *Ev. Akademie Bad Boll* wird, z. B. über die AGFA [Evangelische Aktionsgemeinschaft für Arbeitnehmerfragen, d. Verf.], im ganzen Land nach Kandidaten suchen; die *Kirchl. Bruderschaften* werden in Erscheinung treten; vielleicht werden sich auch *Vertreter der modernen Theologie* zusammenfinden. Hier wäre es gut, wenn die Bekenntnisgemeinschaft zu bestimmten Formulierungen gelangen könnte, die in seelsorgerlich-warnender Weise Grenzen aufzeigen und Richtungen weisen könnten. Es geht nicht um die Aufstellung eines Parteiprogramms, aber [sic] um Hilfe und Orientierung für die Wähler: Unter

---

92 An der Person Dippers ist dieses Verfahren gut zu beobachten: er kandidierte insgesamt vier Mal erfolgreich für den LKT, jedes Mal in einem anderen Bezirk. Lediglich 1947 war das der Bezirk, in dem er zu diesem Zeitpunkt lebte. Die anderen Male wurden die Bezirke offensichtlich nach den Erfolgschancen ausgewählt. Vgl. EHMER / KAMMERER, Handbuch, 121. Entsprechende Belege für die Wahl 1953 vgl. Rundbrief VL 23. 2. 1953; LKAS, D 31, 78; für 1959 vgl. Rundbrief VM 12. 5. 1959; LKAS, D 31, 78. 1965 kandidierte Dipper erneut im Wahlbezirk Schwäbisch Gmünd, unterlag aber, vgl. Flugblatt „Wahlen – in der Kirche? Ein Wort zur Wahl der Landessynode 1965; LKAS, AR Gen. 127.
93 Rundbrief VL 31. 12. 1953,4, vgl. LKAS, D 31, 78.

welchen Gesichtspunkten ist zu wählen? [...] Die Bek.gemeinschaft sollte nicht als eigene Gruppe auftreten!"[94]

Dippers Reaktion blieb auch angesichts einer veränderten Situation unverändert; er lehnte jegliches parteiartige Agieren seitens der BG ab, sah den Auftrag der Gruppe vielmehr in einem quasi paränetischen Dienst an der Kirche in toto. Dass Dipper in diesem Kontext an *Seelsorge* dachte, ist für sein Verständnis der dienenden und zurüstenden Funkion der BG, zugleich für das implizite, latent patriarchale Selbstverständnis als Pastoren-Vereinigung bezeichnend – wer anders als ein Pfarrer würde im Blick auf eine wie auch immer geartete Wahlempfehlung an „Seelsorge" denken?

Jedoch, die Dippers Votum folgende Aussprache im LBR offenbarte Veränderungen, denn die anderen LBR-Mitglieder zogen abweichende Schlüsse aus der Situation: Hermann Feghelm forderte, man solle „zur Sammlung rufen, damit Extreme ausgeschaltet werden." Otto Mörike sah die Aktivierung der Wähler als Hauptanliegen der BG, Christoph Dinkelaker wollte „konkrete Wahlvorschläge" und Peter Spambalg „Richtlinien, um die Breite dessen festzulegen, was wir vertreten und verantworten können." Erstmals scheint eine Diskussion um das Verhalten der BG im Wahlkampf stattgefunden zu haben. Das Ergebnis war von seltsam zwittriger Natur, denn die BG veröffentlichte im Sommer 1965 ein Flugblatt, das unter dem Titel „Evangelium und Kirche" nicht nur allgemein zum Wählen aufrief, sondern in drei Punkten entfaltete, was die BG als „Aufgabe der Synode" ansah. Eingeleitet durch die Fragen „Was ist die Botschaft der Bibel? Was dient dem Aufbau der Gemeinde? Was sind wir unserem Volke schuldig?" wurde jeweils ein Problemkreis benannt: Das Verhältnis von moderner Theologie und Gemeinde, von Ortsgemeinde und Landeskirche, von Kirche und Staat. Daraus wurde abgeleitet, welche Art „Männer und Frauen" für diese Arbeit geeignet und daher zu wählen seien[95]. Den Vertrauensleuten wurde der Entwurf mit dem Hinweis zugeschickt, dass „am Schluß noch Platz sein [werde], daß der Bewerber, der davon Gebrauch machen will, seinerseits mit einem eigenen Aufdruck die Wähler ansprechen kann."[96] Die Endfassung ging im September an die Vertrauensmänner, allerdings nicht als Druck, „da mit einem vom Landesbruderrat unterzeichneten Flugblatt oder mit dem Kopf ‚Evangelium und Kirche' nicht viele etwas anfangen können."[97] Der Text möge als „Handreichung" für eigene Flugblätter verwendet werden, Änderungen seien ausdrücklich gestattet[98]. Dergestalt hielt die BG also auch 1965 formal noch am Prinzip der

---

94 LBR-Protokoll 4. 6. 1964; LKAS, D 31, 89.
95 Abgedruckt in EuK-Info 1965, Heft 2, 30–32. Bemerkenswerterweise hat Dipper für seine eigene ‚Wahlwerbung' dieses Flugblatt nicht verwendet, vgl. Flugblatt „Wahlen zur Landessynode im Wahlkreis 12: Schorndorf, Gmünd, Welzheim, Gaildorf am 5. Dezember 1965. Ihre Kandidaten auf Wahlvorschlag 2"; LKAS, AR Gen. 127.
96 Rundbrief VL 19. 7. 1965; LKAS, D 31, 78.
97 Rundbrief VL 30. 9. 1965; LKAS, D 31, 78.
98 Hoch interessant ist ein Blick auf die Rezeption des Flugblattes in der Wahlwerbung von 1965: so

reinen Personenwahl und an ihrer Abstinenz von Propaganda für eine Gruppe fest und unterstützte „geeignete" Personen. De facto jedoch zeigten sich in dem Flugblatt erste Schritte zu einem ausdifferenzierten Selbstverständnis und damit zu einer eigenen, sich von anderen abgrenzenden Identität einer bestimmten Gruppe, zumal hier der Name „Evangelium und Kirche" zum ersten Mal (und leider wieder ohne weitere Erläuterung)[99] im Zusammenhang mit der Arbeit der BG innerhalb der Württembergischen Landessynode auftauchte. Das Wahlflugblatt 1965 belegt: Der Schritt zur klar erkennbaren kirchenpolitischen Gruppe war auch für Dippers BG nicht mehr weit – und er war auf die Dauer unvermeidbar.

3.2.3 Bultmann Debatte

Die Bultmann-Debatte fand vergleichsweise wenig Widerhall in der BG[100]. Der LBR entsprach 1952 einer inoffiziell geäußerten Bitte Bischof Haugs[101] und

---

finden sich im Beitrag des eher konservativen „Wahlvorschlag A"-Esslingen wörtliche Zitate aus dem dritten Abschnitt (Volkskirche) und – deutlich modifiziert – Anklänge an den ersten (Theologie und Gemeinde); vgl. Wahlprospekte in LKAS, AR Gen. 127. In Stuttgart wurde das Flugblatt bei „Wahlvorschlag B: Gemeinde in unserer Zeit" in allen drei Punkten (Bibel, Gemeinde, Kirche und Staat) intensiv verwendet; für diesen Wahlvorschlag kandidierten u. a. die LBR-Mitglieder Gerhard Müller, Obersontheim und Gerhard Dopffel, Stuttgart; vgl. Wahlprospekte in LKAS, Zugang 2006-7, NL Oskar Klumpp; in den mir ebenfalls vorliegenden Unterlagen für Tübingen, Esslingen/N. und Schorndorf/Welzheim/Schwäbisch Gmünd finden sich keine Übereinstimmungen mit dem Flugblatt der BG.

99 Vgl. oben 133, Fn. 82.
100 In den LBR-Protokollen findet sich das Thema zum ersten Mal am 1. 11. 1950 unter der Überschrift „die Theologie Bultmanns und unser Ordinationsgelübde". Die Mitglieder des LBR – außer dem Fakultätsvertreter Prof. Gerhard Ebeling – waren sich in ihrer Ablehnung der Bultmannschen Theologie einig vgl. LKAS, D 31, 88. 1952 war das Thema im Zusammenhang mit Bischof Haugs Hirtenbrief und der Ausarbeitung der Stellungnahme ständig präsent, danach aber erst wieder 1960, als sich der LBR von Prof. Friedrich Lang über den Stand der Forschung zum „historischen Jesus" informieren ließ, vgl. Protokolle vom 25. 1. , 22. 2. , 29. 3. , 19. 7. , 27. 9. , 1. 11. und 29. 11. 1951; LKAS, D 31, 88 bzw. 20. 10. 1960; vgl. LKAS, D 31, 89.
101 Einladung des OKR 21. 6. 1950 zu einer Besprechung an Evang.-Theol. Fakultät Tübingen, LBR, Sozietät und KTA: „Eine an die Kirchenleitung gerichtete Bitte, ein Wort an die kirchliche Öffentlichkeit zu richten und darin eine deutliche Warnung vor der Gefährdung des kirchlichen Bekenntnisses durch die Entmythologisierung auszusprechen, ist von der Kirchenleitung abgelehnt worden. Sie hält es aber für ihre Pflicht, dafür besorgt zu sein, dass die im Amt befindlichen ständigen und unständigen Geistlichen die Möglichkeit haben, mit dem Wesen und der Tragweite der [...] Probleme so vertraut zu werden, dass ihnen [...] eine eigene Urteilsbildung ermöglicht wird." LKAS, AR Gen. 356 Ia, I Theologische Lehrfragen, A Entmythologisierung (Bultmann) 1950-1966. Die erwähnte Bitte dürfte diejenige von Mag. Hellmuth Frey sein, die dieser im Frühjahr 1950 an alle Kirchenleitungen der EKD versandt hatte, vgl. Antwortschreiben Wurm an Frey, 11. 4. 1950; LKAS, AR Gen. 356 Ia, I Theologische Lehrfragen, A Entmythologisierung (Bultmann) 1950-1966/Handakten Landesbischof Haug

erarbeitete, wenn auch mit einer gewissen Verzögerung, eine Informationsschrift für die Amtsbrüder[102], die in allen wesentlichen Punkten mit den von Haug in seinem Hirtenbrief formulierten Positionen in Einklang stand. Interessant sind – abgesehen vom erstaunlich geringen Stellenwert, den der Konflikt um Bultmann für die BG gehabt zu haben scheint – zwei Aspekte: Zum einen die Vorgeschichte der Bultmann-Debatte innerhalb der BK noch während des Krieges. Zum anderen die Auseinandersetzung zwischen Dipper und dem Tübinger Kirchenhistoriker Gerhard Ebeling, die die Veröffentlichung der Bruderrats-Stellungnahme 1952 begleitete.

Die Frage, ob Bultmanns Theologie sich noch innerhalb der von Schrift und Bekenntnis gesetzten Grenzen bewege, hatte die BK schon seit Bultmanns Vorträgen 1941 beschäftigt. Für Bultmann sprach dabei immer seine klare Parteinahme für die Bekennende Kirche[103]; aber viele der BK-Theologen nahmen Anstoß an der von Bultmann vertretenen existentialen Ausrichtung der Theologie. So distanzierte sich der LBR Kurhessen-Waldeck schon bald nach der Veröffentlichung des Vortrags Ende 1941[104] mit einer differenzierten Stellungnahme von Bultmanns Ansatz[105], und innerhalb der Berliner BK kam es zu einer scharfen Polemik von Seiten des Studentenpfarrers Otto Dilschneider, von Hans Asmussen und Hans-Joachim Iwand gegen Bultmann[106]. In Württemberg zeugen unter anderem Helmut Thielickes[107] ausführliche Stellungnahmen[108] vom Interesse des OKR an der „Abwehr der Bultmann'schen Lehre"[109]. In den Nachkriegsakten der BG findet sich im Rundbrief vom Juni 1949[110] erstmals ein Niederschlag der Problematik. Im Zusammenhang mit der Neukonstituierung des LBR und den damit

---

Entmythologisierung Schriftwechsel 1949–1951, sowie Haug zur Sache VERHANDLUNGEN DES 4. EVANGELISCHEN LANDESKIRCHENTAGS, 1076.

102 Siehe oben 62.

103 Noch in der Diskussion um die Erklärung des Württembergischen LBR gegen Bultmann spielte dies eine Rolle: „Lamparter ist sehr beunruhigt von der Frage, dass Bultmann doch einst unser Bruder war im Kampf der bekennenden Kirche zu einer Zeit, da die meisten Theologieprofessoren schwiegen. Er fragt, ob Bultmann nicht vielleicht doch vom selben Feuer Glut nehme wie wir, nur sich an dem Feuer die Finger verbrannt habe." LBR-Protokolle, 29. 11. 1951; LKAS, D 31, 88.

104 Heft 7 der „Beiträge zur evangelischen Theologie", vgl. WASSMANN, Fall, 147.

105 Undatierte Stellungnahme; LKAS, D 31, 28.

106 Vgl. HAMMANN, Bultmann, 315 f. sowie WASSMANN, Fall, 148.

107 Helmut Thielicke war als Leiter des extra für ihn von Wurm geschaffenen „Theologischen Amts der Württembergischen Landeskirche" engster Berater des Bischofs in derartigen Fragen. Vgl. THIELICKE, Gast, 160 sowie WASSMANN, Fall, 150, der auch den „anti-Bultmann" Aspekt dieser Personalie beleuchtet.

108 Vgl. entsprechende Voten Thielickes z. B. in den Unterlagen Karl Hartensteins zur Entmythologisierung LKAS, D 23, 219.

109 So Haug an Thielicke 28. 12. 1950; LKAS, AR Gen. 356 Ia, I Theologische Lehrfragen, A Entmythologisierung (Bultmann) 1950–1966, Handakten Landesbischof Haug Entmythologisierung Schriftwechsel 1949–1951.

110 Rundbrief VL vom 2. 7. 1949; LKAS, D 31, 78.

einhergehenden Überlegungen „über die heutige Aufgabe der Bekennenden Kirche" wurde neben dem „Dienst an den Amtsbrüdern und Gemeinden" die Ausübung des „Wächteramt[s]" benannt, ausdrücklich „auch dann, wenn dies Männer aus den Reihen der Bekennenden Kirche betrifft." Konkret stellte der LBR einen Antrag an den Reichsbruderrat: „Der Württ. Landesbruderrat bittet den Reichsbruderrat zu prüfen, ob die Theologie Bultmanns noch mit der biblischen Verkündigung vereinbar ist."[111] Informationen über die Reaktion oder die Erkenntnisse des Reichsbruderrates waren in den folgenden Rundbriefen nicht enthalten, lediglich zwei Jahre später der Hinweis, dass der Reichsbruderrat auf einer „ordentlichen Tagung am 14. und 15. 1.[1951] [...] die durch Bultmann aufgeworfenen Fragen bespr[e]chen"[112] werde. Die Bultmann-Frage wurde zu jenem Zeitpunkt aber ganz offensichtlich überlagert von den schlagzeilenträchtigen Aktionen Martin Niemöllers sowie von dem, vom Reichsbruderrat-Geschäftsführer Herbert Mochalski mitverantworteten, Flugblatt „An die Gewehre? Nein!"[113], so dass Dipper Ende Februar lediglich festhielt: „Vor allen Dingen dürfen wir dafür dankbar sein, dass beim letzten Landeskirchentag ein klares und vollmächtiges Wort zur Frage Bultmann gesprochen wurde."[114]

Die „Erklärung zur Bultmannschen Theologie" wurde im Januar 1952 in FAB veröffentlicht[115]; den gleichzeitig erstellten Sonderdruck übersandte Dipper nicht nur Bischof Haug und der Evangelisch-Theologischen Fakultät in Tübingen, sondern zusätzlich noch den Professoren Otto Michel und Gerhard Ebeling[116] persönlich. In einem eher formlos gehaltenen Begleitschreiben beschrieb er noch einmal die Notwendigkeit des Schrittes:

„Was ich befürchtet habe, hat sich mir inzwischen bestätigt. Von einem Gemeindeglied, das ich in seiner kirchlichen Haltung sehr achten muss, und das in Gemeinschaftskreisen eine erhebliche Bedeutung hat, wurde mir erklärt:

1. Sie können die Kirchenleitung nicht verstehen, dass sie der Bultmann'schen Theologie gegenüber nur Erklärungen abgebe, aber nicht zu einem konkreten Handeln, d. h. zur Verweigerung der Ordination komme.

---

111 Vgl. LBR-Protokoll vom 30. 5. 1949; LKAS, D 31, 88.
112 Rundbrief VL 4. 1. 1951; LKAS, D 31, 78.
113 Vgl. GRESCHAT, Protestantismus, 37.
114 Rundbrief VL 20. 2. 1951; LKAS, D 31, 78. Gemeint ist offensichtlich der Bischofsbericht Martin Haugs vor dem LKT am 29. 1. 1951, vgl. VERHANDLUNGEN DES 4. EVANGELISCHEN LANDESKIRCHENTAGS, 781–793.
115 LANDESBRUDERRAT DER WÜRTTEMBERGISCHEN BEKENNTNISGEMEINSCHAFT, Bultmann-Erklärung; sie war von Lamparter im Auftrag des LBR entworfen und dann mehrfach überarbeitet worden, vgl. LBR-Protokolle vom 19. 7. 1951, 21. 9. 1951, 1. 11. 1951, vgl. LKAS, D 31, 88. Nicht alle LBR-Mitglieder waren bereit, diesen Text zu unterzeichnen; Werner Jetter, später Professor in Tübingen, war ebenso wie Eberhard Weismann der Meinung, die Stellungnahme komme zur Unzeit, vgl. Dipper an Mörike u.a., 12. 12. 1951; LKAS, D 31, 69.
116 Michel und Ebeling waren in den zurückliegenden Jahren nacheinander als Fakultätsvertreter Mitglied des LBR gewesen; vgl. LKAS, D 31, 88.

2. Sie lehnen es ab, den Gottesdienst zu besuchen, wenn diese Theologie auf der Kanzel erscheine.

3. Er habe schon eine ganze Reihe junger Leute dringend vor dem Theologiestudium, insbesondere vor dem Studium in Tübingen, gewarnt. Dabei handele es sich gerade um solche Leute, auf die wir größten Wert legen müßten."[117]

Eine Woche später antwortete Otto Michel mit einem freundlich-akademischen Brief, in dem er Dipper und dem LBR sein Mit-Leiden an den aufgeworfenen Fragen zusicherte und seine eigene Position in drei Punkten darstellte; dabei betonte er die Unverzichtbarkeit der historisch-kritischen Exegese und stellte darüber hinaus fest:

„Wir können heute nicht mehr anders als in irgend einer Form zu entmythologisieren; wir wissen aber auch, dass jede Verkündigung und Auslegung in dieser Möglichkeit begrenzt und gefährdet ist. Es gibt keine legitime und gesicherte Methode der Entmythologisierung. R. Bultmann glaubt, durch seine Ablehnung des Mythus [sic] die Wahrheit des Evangeliums nicht zu gefährden [...]. Aber diese Absicht genügt nicht, da bei der Bultmannschen Theologie notwendig eine Verkürzung des Evangeliums entsteht."[118]

Auf die von Dipper mitgeteilten Ansichten des „Gemeindeglieds" ging Michel nicht ein. Anfang Februar erfolgte die ganz anders geartete Reaktion Gerhard Ebelings[119]. Der Hintergrund ist einem Schreiben des LBR-Mitglieds Heinrich Lang an Dipper zu entnehmen:

„Dieser Tage erhielt ich einen Studentenbrief aus Tübingen, der in eine ziemliche Not und Verwirrung hineinsehen läßt. [...] Vor allem bezieht sich die Aufregung auf das Begleitschreiben, mit dem Du unsere Landesbruderratserklärung [...] an die Professoren Dr. Michel und Ebeling gesandt habest. Michel soll erklärt haben: er hätte unserem Gutachten weithin zustimmen können, aber angesichts dieser Erklärung könne er nur Nein sagen[120]. Ebeling soll sich noch schärfer geäußert, sich über Diffamierung der gesamten Fakultät beklagt und das Gespenst einer Kirchenspaltung an die Wand gemalt haben. Auch habe Ebeling eine Verwahrung an die Kirchenleitungen, Kultusministerien und Fakultäten in ganz Westdeutschland gesandt. Unter den Studenten besteht offenbar eine große Erregung, und es wird der Gedanke weitergetragen: jede sachliche Diskussion sei durch jenes Begleitschreiben unmöglich gemacht worden. [... Unter den Studenten sei der Eindruck entstanden], Du oder der LBRat hätte [sic] die Absicht, vor der ganzen

---

117 Dipper an Michel und Ebeling, 15. 1. 1952, Abschrift; LKAS, D 31, 69. Wassmann, der den Brief nach einem Exemplar im Bultmann-Nachlass (UBT Mn 2) zitiert, sieht in dem dritten Punkt eine Aussage Dippers selbst. Diese Annahme scheint mir nach Duktus und Schriftbild der mir vorliegenden Abschrift nicht haltbar; WASSMANN, Fall, 168.
118 Michel an Dipper, 21. 1. 1952; LKAS, D 31, 69.
119 Ebeling an Dipper (Abschrift), 4. 2. 1951; LKAS, D 31, 69.
120 Mit ähnlichen Worten berichtete dies „Walter Abele, stud. theol., Tb-Derendingen" in einem Brief an Dipper vom 4. 2. 1952; LKAS, D 31, 69.

Fakultät und vor dem Studium in Tübingen zu warnen, die wissenschaftliche Forschung überhaupt zu diffamieren, [...] und womöglich die baldige Errichtung einer kirchlichen Hochschule in Württ. zu betreiben."[121]

Ebelings Brief an Dipper enthielt im wesentlichen die gleichen Elemente, allerdings in größtmöglicher Schärfe und Direktheit. Ebeling dankte einleitend für Gutachten samt Begleitschreiben, um dann sofort zum Angriff überzugehen: Der Sinn des Begleitschreibens sei offensichtlich, ihm „im Ton unmissverständlicher Drohung [...] eine zusätzliche Eröffnung zu machen." Das von Dipper angeführte Gemeindeglied stelle „drei lapidare Forderungen: Verweigerung der Ordination, Spaltung der Gemeinde und Warnung vor dem Studium an den theologischen Fakultäten". Dipper lasse seine Übereinstimmung mit diesen Forderungen erkennen, was ihn, Ebeling auch nicht weiter überrasche[122]. Überraschend hingegen sei, dass Dipper sich mit seiner Haltung hinter den Worten eines Gemeindeglieds verstecke:

„Wollten Sie diesen Forderungen damit größere Autorität geben, als sie in Ihrem eigenen Munde hätten, indem Sie die Stimme der Gemeinde zu Worte kommen lassen und gewissermassen die Truppen aufmarschieren lassen, die als realer Machtfaktor im Hintergrund stehen? Oder wollten Sie Ihrem Vorstoss die unverbindliche Form eines Versuchsballons geben, da die Äusserung eines Gemeindeglieds billigerweise nicht in allen Einzelheiten auf die Goldwaage gelegt werden darf, während man von dem Wort eines Dekans erwarten muss, dass man ihn dabei behaften kann?"[123]

Nach weiteren dreieinhalb dicht beschriebenen Seiten, in denen Ebeling in an Grobheit grenzender Schärfe seine Sicht darlegte, schloss er seinen Brief: „Ich bitte Sie, sehr verehrter Herr Dekan, in der Schärfe meines Schreibens den Erweis zu sehen, dass ich Ihre Äußerungen ernst genommen habe, und erwidere Ihren brüderlichen Gruß. Ihr (gez.) Ebeling."[124] Dipper antwortete umgehend mit einem nahezu ebenso langen Brief, dessen Tenor, es sei ihm „kaum erklärlich, dass Sie mich in dieser Weise missverstehen konnten"[125], das ganze Schreiben durchzog.

---

121 Heinrich Lang an Dipper, 7. 2. 1952; LKAS, D 31, 69. Der erwähnte Brief stammte von „unserem Bundesbruder Wilhelm Kürschner, („Marabu"), Stiftler, Sohn unseres Bruders Kürschner in Zell a.N." Pfarrer i.R. Wilhelm Kürschner, 1966 bis 2007 „Rechner" der BG bzw. von EuK, bestätigte mir, dass er dies gewesen, „Marabu" sein Kreisname bei der AV Föhrberg gewesen, Heinrich Lang zudem einige Jahre später sein Schwiegervater geworden sei. In nuce zeigt diese Konstellation ein Soziogramm der württembergischen Pfarrschaft ebenso wie der „Rekrutierungs"-Mechanismen der kirchlichen Gruppen. Auskunft Kürschner 15. 1. 2013 und 5. 3. 2014.
122 Die Haltung Dippers war Ebeling aus den zurückliegenden LBR-Sitzungen hinlänglich bekannt, vgl. z. B. LBR-Protokoll vom 30. 11. 1950; LKAS, D 31, 88.
123 Ebeling an Dipper, 4. 2. 1951; LKAS, D 31, 78.
124 Ebeling an Dipper, 4. 2. 1951; LKAS, D 31, 78.
125 Dipper an Ebeling, 8. 2. 1952; LKAS, D 31, 78.

Der Vorfall illustriert in großer Deutlichkeit die aufgeheizte und Überreaktionen provozierende Stimmung, in der sich, zumal in Tübingen, die Diskussion um die Theologie Bultmanns abspielte. Entsprechend fiel das Resümee in der nächsten Sitzung des LBR aus:

> „Die Lage in Tübingen ist ziemlich katastrophal und treibt auf einen grossen Krach zu, einerseits zwischen O.K.R. und Fakultät, andererseits zwischen den Professoren selbst. Eine ruhige Arbeit ist droben kaum mehr möglich, ständig gibt es Zwischenfälle. Ein Gespräch mit Michel gab erschütternde Einblicke in die Krise der Studenten-Theologenschaft."[126]

Eine sachlich-nüchterne Auseinandersetzung, wie Haug sie gewünscht hatte, war kaum mehr möglich.

Zusammenfassend ist festzustellen, dass die BG die Bultmann-Debatte ganz im Rahmen ihrer (landes-)kirchlich-konservativen Grundüberzeugung begleitete: Bestehen und Entwicklung der Württembergischen Landeskirche bewahrend und fördernd, stützte sie in ihren Äußerungen Landesbischof Martin Haug und die Kirchenleitung. Sie teilte die Sorge der Gemeinschaftskreise vor der Gefährdung des Bekenntnisses durch die Entmythologisierung, setzte sich aber insofern von ihnen ab, als sie nicht der Verwechslung von Entmythologisierung und historisch-kritischer Methode unterlag, die die Stellungnahmen der AGBC und ähnlicher Gruppen durchzog. Auch ist offensichtlich, dass für die Theologen um Dipper durch Bultmanns Umgang mit der Bibel nicht in gleichem Maße ein Nerv getroffen war, wie für den (im besten Sinne!) Pietisten Julius Beck, für den das Antasten des Bibel*textes* einem Rühren an das Heiligste gleich kam. Als die AGBC 1961 erneut mit einem Offenen Brief gegen die Bultmann-Theologie aktiv[127] wurde, ließ sich der LBR – möglicherweise auch in Reaktion auf die Berufung Ernst Käsemanns nach Tübingen – durch eine Serie von Referaten auf den neuesten Stand der theologischen Forschung bringen[128]; eine direkte Reaktion auf den Offenen Brief wurde jedoch, wiewohl für notwendig befunden, nicht verwirklicht, so dass Dipper am 28. September 1961 bitter feststellte: „Es ist peinlich, dass wir als Bek.gemeinschaft zu dem ‚Offenen Brief' der Pietisten nicht Stellung genommen haben. Sind wir nicht mehr an der ‚Front'?"[129]

---

126 LBR-Protokoll 28. 2. 1952; LKAS, D 31, 88. (Das Wort „Studenten" ist im Manuskript durchgestrichen und handschriftlich durch „Theologen" ersetzt.) Die „Krise" unter den Professoren beschreibt eindrücklich WISCHNATH, Wendepunkt.
127 Vgl. oben 97.
128 20. 10. 1960 Friedrich Lang: „Der historische Jesus"; 27. 4. 1961 Ernst Käsemann: „Sola scriptura als Frage an die gegenwärtige Exegese'"; 8. 6. 1961 Hermann Feghelm: „Voraussetzungen der Theologie Rudolf Bultmanns und seiner Schüler"; 20. 7. 1961 Repetent Dr. Rolf Schäfer: „Die Entwicklung der Bultmannschüler"; 28. 9. 1961; Heinrich Heinrici: „Die Position Gerhard Ebelings in der heutigen Theologie", vgl. alle LKAS, D 31, 89.
129 LBR-Protokoll 28. 9. 1961; LKAS, D 31, 89.

3.2.4 Wiederbewaffnung und Atomwaffen-Frage

Ganz im Gegensatz zum AGBC-Vorsitzenden Emil Schäf, der zum Thema Atomrüstung lakonisch feststellte „Die Hauptsache am Christentum ist Christus [... W]äre es nicht geboten, dass wir uns nicht bloß mit so vielen anderen Fragen befassen...?"[130], beschäftigte sich Theodor Dipper und mit ihm die BG auf verschiedenen Ebenen und über eine längere Zeit hinweg mit dieser „anderen Frage". Zwar nicht in der Beurteilung, wohl aber im Blick auf die Relevanz des Themas war sich die BG demnach mit den Gruppen des sozio-theologisch orientierten Flügels[131] einig. Die kirchlich-theologischen Themen, die im Kontext der Rüstungs-Diskussion berührt wurden, waren höchst vielfältig; so war mit der Frage der Wiederbewaffnung gleichzeitig die Frage nach der deutschen Einheit gestellt, die Frage nach Wehrdienst allgemein und dem Kriegsdienst (mit oder ohne Waffe) der Pfarrer, nach der Haltung der Kirche gegenüber jenen Gliedern, die den Dienst an der Waffe verweigern[132] ebenso wie gegenüber jenen, die ihn leisten würden. Ganz grundsätzlich wurde im Rahmen dieser Auseinandersetzung über das politische Amt der Kirche und die Rolle der Amtsträger darin gestritten[133], gleichzeitig und überaus kontrovers auch über die Frage nach dem Engagement eines Christen in politischen Parteien, mithin in *der* christlichen (oder doch katholischen?) Partei ‚C'DU[134]. Aus der Vielzahl von Themen und Stellungnahmen sollen im Folgenden drei Texte der BG exemplarisch vorgestellt werden: „Kirche und Remilitarisierung" von 1950[135], die grundsätzlichen Überlegungen zum politischen Amt der Kirche von 1951[136] sowie schließlich Dippers Erklärung zur Frage der atomaren Bewaffnung von 1958[137].

Der Verlauf der Diskussion in BG und LBR über die Jahre ist typisch für die

---

130 Emil Schäf in Reaktion auf den Bischofsbericht 1957, 26. 3. 1958; VERHANDLUNGEN DES 5. EVANGELISCHEN LANDESKIRCHENTAGS, 826. Dass es auch ganz andere Stimmen im Pietismus gab, zeigte sich im Votum von Paul Heiland, EBD., 820 f.
131 Zu denken ist hier v. a. an den Einsatz der Kirchlichen Bruderschaft bzw. ihrer Vorläufer gegen die Remilitarisierung, vgl. BUCHSTÄDT, Bruderschaften. Für die Begriffsdefinition des ‚soziotheologischen Flügels' vgl. unten 154.
132 Zur Geschichte der Kriegsdienstverweigerer-Betreuung in der Württembergischen Landeskirche vgl. EBERHARDT, Betreuung.
133 Zum ganzen Komplex vgl. GRESCHAT, Protestantismus, 27–79.
134 Vgl. GRESCHAT, Protestantismus, insb. 47–52; BUCHSTÄDT, Bruderschaften, insb. 259–262, 287–291 u. ö.
135 Rundbrief VL 12. 10. 1950; LKAS, D 31, 78.
136 Rundbrief VL 12. 10. 1950; LKAS, D 31, 78.
137 Rundbrief VL 23. 4. 1958; LKAS, D 31, 78. Das Jahr 1958/59 bildete den vorläufigen Abschluss der Remilitarisierungsdebatte. Erst der NATO-Beschluss zur atomaren Nachrüstung rückte dieses Thema wieder in den Fokus der kirchlichen ebenso wie der allgemeinen Öffentlichkeit und führte in der Folge u. a. zur Wiederbelebung der Ostermarschbewegung, zur Friedens- und Anti-Atom-Bewegung und nicht zuletzt zur Gründung der Partei „Die Grünen"; vgl. GRESCHAT, Protestantismus, 70–73, 170–179.

Arbeit dieser Gruppen: Lange und geradezu skrupulös zu nennende theologische Referate[138], Erörterungen und Disputationen, dabei aber keine klare Positionsbestimmung. Die theologisch-politische Diskussion wurde gleichzeitig immer wieder überlagert von der Auseinandersetzung um und mit Martin Niemöller und vor allem Herbert Mochalski im Reichsbruderrat, da diese beiden spätestens mit dem Flugblatt „An die Gewehre? Nein!"[139] ganz bewusst vom theologischen Reflektieren zum politischen Agieren übergegangen waren. Der württembergische LBR wollte diesen Schritt nicht mitgehen[140]. Dass die BG in ihren Überlegungen auch jene Aspekte berücksichtigte, die zwar nicht zwischen Tauber und Bodensee, wohl aber im gesamtdeutschen Kontext relevant waren, resultierte aus der Einbindung der BG in das gesamtdeutsche Netzwerk der Bruderräte. Dies ist ein Specificum der BG im Spektrum der kirchenpolitischen Landschaft Württembergs und basierte vor allem auf Dippers vielfältigen Aktivitäten und Ämtern: Ab 1956 als Vorsitzender des Reichsbruderrates[141], später u. a. als Vorsitzender des EKD-Synodalausschusses für die Militärseelsorge[142], weitete er durch seine Verbindungen und Informationen in einzigartiger Weise den württembergischen Horizont der BG[143].

Die Beschäftigung mit der Wiederaufrüstung ergab sich logisch aus der Frage der politischen Verantwortung der Kirche, die seit 1945 als Erbe des Kirchenkampfes beziehungsweise Verpflichtung auf Grund des Versagens der Kirche angesichts der NS-Diktatur wahrgenommen und vom Bruderrat der EKD 1946 im Darmstädter Wort verbindlich niedergelegt worden war. Mit den Bestrebungen Adenauers zur Remilitarisierung Deutschlands ab 1949 trat

---

138 24. 1. 1952 „Wehrdienst der Pfarrer"; 29. 10. 1953 „Evangelium und Wehrpflicht"; 28. 10. 1954 „Wehrpflicht und Kriegsdienstverweigerung" (theologische Aspekte); 31. 1. 1955 „Kriegsdienstverweigerung" (juristische Aspekte); alle LKAS, D 31, 88. 27. 11. 1957 „Christen und Atomwaffen"; 30. 1. 1958 „Das rechte Wort in Jesu Namen angesichts der Atomwaffen"; LKAS, D 31, 89
139 Vgl. BUCHSTÄDT, Bruderschaften, 148–155.
140 Auf die vielfältigen und diffizilen Probleme, die aus Niemöllers und Mochalskis öffentlichkeitswirksamen Aktivitäten für die anderen Personen und Gruppen der BK-Nachfolgeorganisationen erwuchsen, vor allem die Probleme im Hinblick auf die Brüder im Osten, kann im Rahmen dieser Arbeit leider nicht eingegangen werden. Ebenso unberücksichtigt bleiben muss die gesellschaftliche Kontroverse um den antikatholischen Affekt, der von Niemöller und anderen immer wieder durch Aussagen wie „[d]ie derzeitige westdeutsche Regierung war im Vatikan empfangen und geboren in Washington" angeheizt wurde (Niemöller, zitiert bei GRESCHAT, Protestantismus, 29). Niemöller verband damit die Unterstellung, Adenauer betreibe Remilitarisierung und Westeinbindung, um die Wiedervereinigung mit den mehrheitlich protestantischen Gebieten im Osten und damit eine Stärkung des Protestantismus in Deutschland zu verhindern (vgl. GRESCHAT, Protestantismus, 49).
141 Ab 1956, vgl. LBR-Protokoll 26. 4. 1956; LKAS, D 31, 88.
142 Vgl. GRESCHAT, Protestantismus, 64.
143 Auch die Kirchliche Bruderschaft (ab 1957) war locker in ein größeres Netzwerk eingebunden, ebenso die Gruppen aus dem Bereich der Kirchenreformbewegung – das besondere Bewusstsein und Verantwortungsgefühl für die ganze EKD einschließlich der zunehmend abgetrennten Kirchen in der DDR aber eignete nur der BG.

somit erstmals konkret der Fall ein, dass Christen, allen voran Martin Niemöller, leiser und differenzierter auch Gustav Heinemann[144], sich angesichts politischer Entwicklungen zum Reden genötigt sahen – diesmal wollte man nicht wieder durch Schweigen mitschuldig werden[145]. Die Positionsbestimmung der EKD fand zunächst im April 1950 in Berlin-Weißensee statt; die Synode verständigte sich darauf, „dass der Friede bereits in Christus gegeben sei und dass es nun darauf ankomme, diese Realität in Wort und Tat zu bezeugen"[146]. Trotz eines flammenden Appells Niemöllers blieb die beschlossene Resolution unkonkret und unverbindlich, „eine Ansammlung theologischer Richtigkeiten und politischer Allgemeinplätze"[147].

Dipper sah sich im November 1950 genötigt, in einem Rundbrief an die Vertrauensleute auf das Flugblatt „An die Gewehre? Nein!" zu reagieren[148]. Zunächst konstatierte er „ausdrücklich […], dass die Bruderschaften der Bekennenden Kirche nicht mit der Bekennenden Kirche selbst und ihren geordneten Organen verwechselt werden dürfen." Dann stellte er fest: „[D]as Gespräch über die Wiederaufrüstung [sei] von klaren theologischen Voraussetzungen her zu führen. Weil es daran fehlt, gibt es so viele Mißverständnisse, so viel Verwirrung". Die Vertrauensleuteversammlung am 12. Oktober 1950 in Schmie habe daher ein „Wort über die theologischen Voraussetzungen des Gesprächs über die Wiederaufrüstung" unter dem Titel „Kirche und Remilitarisierung"[149] verabschiedet, das an die Amtsbrüder verteilt werden sollte. Ergänzt wurde dieses Thesenpapier durch einen Aufsatz Dippers in FAB[150]. Dieser Aufsatz dürfte weitgehend identisch sein mit einem im LBR-Protokoll vom 1. November 1950 erwähnten „Memorandum"[151] Dippers. Zu jener Sitzung war Werner Mochalski, Geschäftsführer des Bruderrats der BK und treibende Kraft hinter dem Flugblatt „An die Gewehre? Nein!", hinzugezogen worden, um „die Frage der Remilitarisierung Westdeutschlands durch[zu]spr[e]chen"; vor allem jedoch wurde Mochalski „deutlich gesagt, dass es mit der Aufgabe eines Geschäftsführers der Bekennenden Kirche unvereinbar ist, solche Aktionen zu unternehmen, auch nicht als Privatmann."[152] Bemerkenswert ist die Feststellung im Protokoll der LBR-Sitzung, Dipper komme in seinem Memorandum

> „praktisch zu denselben Ergebnissen für unsere westdeutsche Situation […] wie Niemöller, [während er] jedoch dessen theol. Voraussetzungen scharf angreift, weil sie eine schwärmerischen Vermischung der beiden Reiche darstellen. Er

---
144 Vgl. GRESCHAT, Protestantismus, 33–35.
145 Vgl. EBD., 28 f.
146 EBD., 35.
147 EBD., 36.
148 Vgl. Rundbrief VL 14. 11. 1950; LKAS, D 31, 78.
149 Rundbrief VL 14. 11. 1950; LKAS, D 31, 78.
150 DIPPER, Wiederaufrüstung.
151 LBR-Protokoll 1. 11. 1950; LKAS, D 31, 88.
152 So Dipper an die VL, Rundbrief VL 16. 11. 1950; LKAS, D 31, 78.

nimmt besonders scharf gegen die erwähnte Flugschrift Stellung (a) theol. unklar b) keine klare Abgrenzung von theol. u. pol. Denken c) verbunden mit einer pol. Schau, die nicht den Tatsachen entspricht)".

Dipper bemängelte letztlich vor allem, dass der Anschein erweckt worden sei, die Autoren der Flugschrift sprächen im Namen der BK. Heinrich Lang sah die Grenze des politischen Auftrags der Kirche überschritten: „Nicht mehr proph. Zeugnis, sondern ‚politische Willensbildung!'", dies sei ein „Irrweg". Und Johannes Maisch urteilte: „In einer solchen Frage, die eine Frage der politischen Einsicht und Stellungnahme ist, gibt es nicht nur eine einzige, von Gottes Wort her gebotene Entscheidung". Das Fazit: „Hände weg davon!" Werner Mochalskis Beteuerung, es sei bei dem Flugblatt um „einen ‚Aufschrei und Notschrei' aus der Bedrängnis des Gewissens" gegangen, um ein „Ernstnehmen des Wortes Gottes in einer konkreten Situation"[153], vermochte die Männer des württembergischen Bruderrates nicht zu beeindrucken.

Das kurz zuvor von der Vertrauensleuteversammlung beschlossene Grundsatzpapier[154] benannte vier Problemkreise: In der Frage, ob „nicht heute jeder Krieg [...] so total zerstörend" sei, dass er prinzipiell abgelehnt werden müsse, blieb die Position der BG uneindeutig: Einer „grundsätzlichen Ächtung der obrigkeitlichen Gewalt [konnten wir nicht] zustimmen." Ein Teil der Brüder wollte keine Rechtfertigung mehr für einen Krieg als Notwehr gelten lassen, andere jedoch sahen „nur einen graduellen Unterschied" zu früheren Kriegen und hielten daher an der traditionellen bellum iustum-Theorie fest. Ob die Remilitarisierung Deutschlands Krieg verhindere oder nicht vielmehr gerade herbeiführe, und ob der Bolschewismus überhaupt militärisch überwunden werden könne, erschien den Vertrauensleuten offensichtlich zweifelhaft: „[J]ede Aufrüstung [... hat] ein Gefälle zum Krieg hin." Der Bolschewismus sei keine politische, „sondern [eine] geistige, dämonisch-antichristliche Macht" und könne dementsprechend nicht mit Gewalt bekämpft werden. Wenn aber „Aufrüstung auf Kosten des sozialen Wohnungsbaus und Lastenausgleichs" gehe, würde das deutsche Volk für „bolschewistische Infiltration" anfällig. Diese bemerkenswerte Verknüpfung von Fragen der Rüstung und Fragen der Sozialpolitik findet sich in den Dokumenten der Zeit verschiedentlich.

Während im Blick auf die Kriegsdienstverweigerung nur von einem „beschwörenden [...] Appell" Helmut Lamparters berichtet wurde, sich der Frage „angesichts des apokalyptischen Charakters unserer Zeit mit letztem Ernst und ganzer Leidensbereitschaft zu stellen", ist die letzte protokollierte Frage bemerkenswert: Sei politisches Engagement oder

> „bereits der Rückzug aus dem politischen Raum geboten? [...] Hier wäre zu besprechen gewesen, ob der offene Brief Niemöllers und der Bruderschaften der

---
153 Rundbrief VL 16. 11. 1950; LKAS, D 31, 78.
154 Rundbrief VL 12. 10. 1950; LKAS, D 31, 78.

Bekennenden Kirche an den Bundeskanzler gebilligt wird, und ob etwa Bruder Heinemann in seinem Anliegen weiterhin unterstützt werden müßte (u. U. durch Bildung einer politischen Gruppe unter seiner Führung). Darüber kam es leider zu keiner weiteren Aussprache."

Zusammenfassend ist festzuhalten: Im Herbst 1950 lagen die brennenden Fragen, die im Kontext der Remilitarisierungsdebatte im deutschen Protestantismus debattiert wurden, auch bei BG und LBR auf dem Tisch. Dass die Beantwortung, noch dazu in solch eklatanter Weise wie im Papier der Vertrauensleuteversammlung vom Oktober 1950, vermieden, geradezu verweigert wurde, ist kaum erklärbar. Einen Hinweis zum Verständnis gibt möglicherweise das Verhalten der EKD: Die enormen Differenzen, die zwischen Niemöller auf der einen und dem konfessionellen Luthertum auf der anderen Seite aufgebrochen waren und die EKD in ihrem Bestand ernsthaft zu bedrohen schienen, wurden in mühevoller Diskussion mit einer Kompromißformel überbrückt: „Die Kirche sagt Frieden und meint ihn auch. Sie ist entschlossen, dem Frieden in der Welt zu dienen und hört darum nicht auf, zum Frieden zu mahnen und für den Frieden zu beten."[155] Mehr war nicht konsensfähig.

Die Frage nach dem politischen Amt der Kirche beantwortete Dipper letztlich 1952 in einem Rundbrief an „Vertrauensleute, Glieder und Freunde der Bekenntnisgemeinschaft"[156]. In Reaktion auf Martin Niemöllers vielbeachtete Reise nach Moskau, über die Dipper die Vertrauensleute differenziert und überaus fair ins Bild setzte[157], kam er zu einer „grundsätzlichen theologischen Besinnung"[158] über die Ämter von Kirche und Staat sowie über das angemessene Verhalten kirchlicher Amtsträger im politischen Bereich. Interessant ist, dass Dipper bei seinen Überlegungen von Barmen V „als einem unvoreingenommenen Zeugen" ausging. Das Zitat, auf das er seine Argumentation aufbaut, entstammte jedoch nicht der barthianisch geprägten Barmer Erklärung, sondern Hans Asmussens dezidiert lutherischer Einbringungsrede: „Beide, Staat und Kirche, sind gebundene, diese im Bereich des Evangeliums, jener im Bereich des Gesetzes. Ihre Bindung bezeichnet den Raum ihrer Freiheit."[159] Entsprechend entfaltete Dipper seine Thematik in den

---

155 Erklärung des Rates der EKD vom 17. 11. 1950, SILOMON, EKD-Ratsprotokolle, 417.
156 In den Rundbriefen 1950 war sie, im Kontext des Mochalski-Flugblatts, immer wieder aufgetaucht, aber nicht ausführlich bearbeitet worden. Dies geschah nun, Rundbrief VL 19. 2. 1952; LKAS, D 31, 78.
157 „So wird man abschließend […] sagen müssen: die Reise selbst war eine gute Sache. Die Begleitumstände aber waren nicht durchweg erfreulich." Rundbrief VL 19. 2. 1952; LKAS, D 31, 78.
158 Rundbrief VL 19. 2. 1952.
159 Rundbrief VL 19. 2. 1952. Dipper leitete dieses Zitat eher subtil als „[d]ie in der Barmer Synode gegebene Erläuterung zu Barmen V" ein, maß ihm aber offenbar gleiche Dignität zu wie der BTE. Dies ist insofern adäquat, als von der Bekenntnissynode 1934 ausdrücklich die BTE „im Zusammenhang mit dem Vortrag von Pastor Asmussen als christliches, biblisch-reformato-

Bahnen der klassischen Zwei-Reiche-Lehre: Kirche und Staat stünden unter dem selben Herrn, mit jeweils getrennten Aufträgen. „Da aber Gesetz und Evangelium unlöslich zusammengehören, fallen die beiden Bereiche nicht auseinander, und gibt es auch für die Kirche einen politischen Auftrag." So gehöre zum Auftrag der Kirche „diese Wohltat [d.i. die göttliche Anordnung der Aufgabe des Staates] und den damit verbundenen göttlichen Auftrag [zu] bezeug[en]", mithin, den Staat in dieser Hinsicht zu stützen und zu legitimieren, zugleich aber auch das Wächteramt gegenüber dem Staat auszuüben und „an Gottes Reich, an Gottes Gebot und Gerechtigkeit, und damit an die Verantwortung der Regierenden und Regierten" zu erinnern. Dieses generelle Wächteramt könne, so Dipper, „im einzelnen Fall" konkret werden in Gestalt von „Richtlinien [...] innerhalb deren sich die politische Gestaltung bewegen muß, wenn das Gebot Gottes nicht verletzt werden soll", ganz eventuell „auch einmal [in] eine[m] konkreten Rat" zur gottgefälligen Lösung eines bestimmten Problems. Einschränkend fügte Dipper aber hinzu:

> „Doch ist die positive Gestaltung selbst mit so vielen Fragen des politischen Ermessens verbunden, da sich hier die Grenze ankündigt, an welcher der Auftrag der Kirche endigt, weil sie jenseits dieser Grenze nicht mehr mit der Verbindlichkeit des Wortes Gottes reden kann."

Schließlich sah Dipper im Wächteramt zugleich auch ein „Trostamt" verwirklicht: „[U]nsere Politiker können nun einmal ihre Entscheidungen nicht von der Bergpredigt ablesen und bedürfen in ihrem Amt dieses Trostes der Kirche." Dipper betonte zusammenfassend drei Aspekte: Der politische Auftrag sei „stets ein Auftrag der Verkündigung", beziehe sich primär „auf die Fundamente politischen Handelns" und ende „in den konkreten Fragen der Politik dort, wo nicht mehr in der Verbindlichkeit des Wortes Gottes geredet werden kann."[160]

Im Anschluss an diese grundsätzlichen Erwägungen blickte Dipper auf die kirchlichen Verlautbarungen seit 1949[161] zurück und urteilte, dass diese Verlautbarungen mehr und mehr die durch Barmen V gesetzten Grenzen dehnten beziehungsweise überschritten und zuletzt nicht mehr Äußerungen mit

---

risches Zeugnis" verabschiedet wurde (Faksimile abgedruckt bei NORDEN / SCHOENBORN / WITTMÜTZ, Lehre, 74). So mag in Dippers Rekurs auf die BTE ein Beleg für die von Hartmut Ludwig und anderen vertretene These zu sehen sein, dass die Rezeption der BTE wesentlich von Asmussens Rede bestimmt war – zumal bei der V. These: „Die Differenz zwischen Barths Konzeption und Asmussens Interpretation ist bei der fünften These besonders auffällig. Hier sind Kirchen- und Staatsbegriff kontrovers." LUDWIG, Erklärung, 138. Insgesamt drängt sich der Eindruck auf, als folge Dipper auch in den Kontroversen der 1950er Jahre noch dem Barmenverständnis Asmussens: „kein politischer Kampf, sondern reiner Kirchenkampf" (so Eberhard Bethge über Asmussen, zitiert bei LUDWIG, Erklärung, 138).

160 Rundbrief VL 19. 2. 1952; LKAS, D 31, 78.
161 Kirchenkonferenz in Eisenach, Juli 1949; Synode in Weisensee, April 1950; Rat der EKD August 1950, Reichsbruderrat September 1950.

„kirchlicher Dignität", sondern „Vot[en] eines Kreises verantwortlicher, christlicher Männer zur verantwortlichen Überprüfung bei der Gewissensentscheidung des einzelnen Staatsbürgers und der Regierung" gewesen seien; dagegen sei nichts einzuwenden, zumal – hier ließ Dipper sogar seine persönliche Meinung durchblicken – vieles gegen eine Wiederbewaffnung Deutschlands spreche. Bekräftigend wiederholte er: „Ein theologisches und kirchliches Problem entsteht erst dann, wenn diese politische Entscheidung in den Auftrag der Kirche und damit in die Verkündigung der Kirche mit einbezogen wird", d. h. ganz konkret, wenn „ein politisch anders denkendes Gemeindeglied in dem Prediger auf der Kanzel und dem Seelsorger am Krankenbett nur den politischen Gegner, nicht aber den Pfarrer zu sehen vermag."[162] Ganz den Grundlinien der BG verpflichtet führte Dipper das gestellte Problem, Kirche und Wiederbewaffnung, einer soliden theologischen Klärung zu; diese erfolgte auf Basis traditioneller lutherischer Modelle anhand der BTE, und hatte dabei nicht zuletzt das praktische pastorale Handeln in der Gemeinde vor Augen.

Ein halbes Jahrzehnt später nahm Dipper nochmals Stellung; obwohl inzwischen die Bundeswehr gegründet, der Militärseelsorgevertrag abgeschlossen[163] und die kirchliche Kriegsdienstverweigerer-Unterstützung organisiert war, stand das Thema Remilitarisierung erneut auf der Tagesordnung der EKD-Synode. Durch das Göttinger Manifest im Frühjahr 1957 war die Gefährlichkeit der Atomrüstung einer breiten Öffentlichkeit zum ersten Mal richtig bewusst geworden und durch das Büchlein „Die Christen und die Atomwaffen" des Berliner Theologieprofessors Helmut Gollwitzer wurde Ende 1957 speziell die kirchliche Öffentlichkeit mit der Thematik konfrontiert. Gollwitzer wies angesichts des totalen Vernichtungspotentials der Atomwaffen jegliche theologische Rechtfertigung eines Krieges zurück. Noch schärfer formulierten die Kirchlichen Bruderschaften ihre Ablehnung jeglicher Atomrüstung. In einer Anfrage an die EKD-Synode im März 1958 erklärten sie den status confessionis für gegeben[164]; Befürwortung oder auch nur „Neutralität dieser Frage gegenüber ist christlich nicht vertretbar. Beides bedeutet die Verleugnung aller drei Artikel des christlichen Glaubens."[165]

Theodor Dipper schrieb kurz vor dem Zusammentreten der Synode Ende April an die Vertrauensleute[166] und stellte im Blick auf die bevorstehende Synode grundsätzliche theologische Überlegungen zur Frage der atomaren Rüstung an. Diese waren streng logisch aufgebaut und unterschieden zunächst zwischen der Position, „daß der Atomkrieg keine neue, von der früheren Art der Kriegsführung grundsätzlich unterschiedene Kampfweise" sei, und jener,

---

162 Rundbrief VL 19. 2. 1952; LKAS, D 31, 78.
163 Vgl. GRESCHAT, Protestantismus, 60–66.
164 Vgl. unten Kap 3.2.
165 Zit. nach GRESCHAT, Protestantismus, 68. Vgl. auch BUCHSTÄDT, Bruderschaften, 300–314.
166 Rundbrief VL 23. 4. 1958; LKAS, D 31, 78.

die im Atomkrieg etwas elementar Neues und Anderes sah. In ersterem Fall gelte Barmen V, woraus zu folgern sei, „daß einer militärischen Bedrohung, der man nicht anders begegnen kann, eine entsprechende militärische Bereitschaft, einer atomaren Bedrohung also auch eine entsprechende atomare Bereitschaft[,] gegenüberstehen muß."[167] Der streng logische, sehr formal argumentierende Aufbau ließ Dippers Distanz zu dieser Haltung erahnen. Er begnügte sich jedoch zunächst mit der abschließenden Feststellung: „Aber letztlich ist es eine Frage des politischen und militärischen Ermessens, also in erster Linie eine Sache der Politiker"[168].

Die gegenteilige Auffassung vom Atomkrieg als etwas kategorial Neuem und Anderem erörterte Dipper wesentlich ausführlicher und mit deutlich wahrnehmbarer, wenn auch nicht explizit geäußerter Sympathie[169]. Für diese Auffassung sprachen laut Dipper zum einen das Vernichtungspotential der Waffen:

> „Wenn das Ergebnis eines solchen Krieges unvermeidlich Vernichtung und u. U. die Selbstvernichtung der kämpfenden Völker ist, so ist es nicht mehr möglich, ,unter Androhung und Ausübung von Gewalt für Recht und Frieden' [...] Sorge zu tragen"[170].

Zum anderen die unvermeidlichen Kollateralschäden durch die buchstäblich grenzenlose atomare Verseuchung sowie der Umstand, dass im Zuge der Erstschlagstaktiken formelle Kriegserklärungen nicht mehr möglich wären und die Entscheidung über Krieg und Frieden binnen einer Viertelstunde zu fallen haben würde. Er resümierte: „Die Verantwortung für einen solchen Krieg übersteigt [...] das menschliche Vermögen." Aufbauend auf diese Überlegungen erkannte Dipper als das zentrale theologische Problem die Frage, ob ein solcher totaler und vernichtender Krieg noch der in Barmen V sanktionierten staatlichen Gewaltandrohung beziehungsweise -anwendung entspräche oder ob es sich dabei nicht viel mehr um „eine in ihren Ausmaßen geradezu grauenhafte Übertretung des 5. Gebots" handle. Sofern die Feststellung der EKD-Synode 1956 richtig sei, derzufolge „„Massenvernichtungsmittel durch keinen Zweck geheiligt werden'" können, sei klar,

> „die Frage der atomaren Bewaffnung [ist] nicht mehr eine politische Ermessensfrage, mit der die Kirche nur mittelbar etwas zu tun hat. Es geht in dieser Sache dann unmittelbar um den der Kirche aufgetragenen Dienst, nämlich um die Bezeugung des Gebotes: Du sollst nicht töten."

---

167 Rundbrief VL 23. 4. 1958.
168 Rundbrief VL 23. 4. 1958.
169 Das Maximum an persönlicher Stellungnahme war für Dipper offensichtlich mit dem Satz „Es ist aus der Darstellung wohl deutlich geworden, wo ich selbst glaube, stehen zu müssen." erreicht; Rundbrief VL 23. 4. 1958.
170 Rundbrief VL 23. 4. 1958.

Im letzten Teil seiner Erörterung ging Dipper auf einige bekannte Einwände gegen diese Position ein und verteidigte sich gegen den Vorwurf, der LBR hätte, gleich der Kirchlichen Bruderschaft, eine offizielle Erklärung abgeben müssen. Dies habe der LBR bewusst unterlassen, da er einerseits in der Frage nicht einer Meinung sei und andererseits nicht der EKD-Synode habe vorgreifen wollen. Der LBR habe stattdessen eine Eingabe an die EKD-Synode gerichtet und darum gebeten,

> „die Frage der Stellung der Christenheit zur atomaren Bewaffnung deutscher Armeen [...] zu klären und aus dem Wort der Synode vom Juni 1956, ‚daß Massenvernichtungsmittel durch keinen Zweck geheiligt werden können‘, die Konsequenzen für uns heute zu ziehen.'"

Dippers nüchterne, geradezu trockene formallogische Argumentationskette mag durch ihre scheinbare Distanz und Kälte befremden. Die emotionsgeleiteten, ungeschützt postulierenden und emphatisch fordernden Stellungnahmen im Stil der Sozietät oder der Kirchlichen Bruderschaft wecken im ersten Moment mehr Sympathie, mehr Zustimmung. Aber bei genauerer Betrachtung wird deutlich: In der ungeheuren Komplexität und der unvorstellbaren Tragweite der diskutierten Fragen kann nur ein sehr schematisches, ein Argument um das andere analysierendes Vorgehen zu einem Urteil führen, das der kritischen Überprüfung stand hält.

So wird auch im Verhalten der BG gegenüber der Remilitarisierung Westdeutschlands und den damit verbundenen Fragen das selbe Muster erkennbar, das schon bei den zuvor betrachteten Handlungsfeldern deutlich wurde: Die prägende Gestalt war Theodor Dipper; zwar gab es durchaus eine gewisse Meinungsvielfalt, die auch nicht verschwiegen oder unterdrückt wird, dominierend aber waren immer Dippers Voten, zumal in der veröffentlichten Meinung der BG. Die Position der BG war, beim Thema Wiederbewaffnung wie auch sonst, als lutherisch, konservativ und auf die Landeskirche als Institution wie als geistliche Einheit ausgerichtet zu bezeichnen, dabei zugleich der Barmer Theologischen Erklärung verpflichtet und stets darauf bedacht, den „Ertrag des Kirchenkampfes" zu bewahren und fruchtbar zu machen. Daher wurden die jeweils aktuellen Probleme immer auch vor dem Hintergrund der Erfahrungen der Bekennenden Kirche in der NS-Zeit reflektiert. Die Lösungsansätze standen in dieser Kontinuität und suchten die Einheit dieser Gemeinschaft in der gesamten EKD beziehungsweise im geteilten Deutschland zu wahren. Diese besondere Loyalität gegenüber der EKD, die allein die Gewähr für die bleibende Verbundenheit der BK-Kirchen in Ost und West und der divergierenden konfessionellen Bestrebungen zu gewährleisten schien, prägte und kennzeichnete im württembergischen kirchenpolitischen Kontext ausschließlich die BG. Ihren Überzeugungen suchte die BG vor allem durch Information der Pfarrerschaft und Einflussnahme auf die Entscheidungsprozesse der Kirchenleitung Geltung zu verschaffen. Dies geschah jedoch nicht in Gestalt einer ‚pressure-*group*‘, sondern vor allem durch das Agieren besonders renommierter und gut vernetzter Persönlichkeiten. Entsprechend kann auch im Blick auf die Synode nicht von einer Präsenz der *Gruppe* BG gesprochen werden; die BG wirkte im hier untersuchten Zeitraum primär durch Personen in die Synode hinein, die dort die Anliegen der BG vertraten.

4. „Außersynodale Opposition"[1] – die Vorgeschichte der Offenen Kirche

Nur im Krebsgang ist es möglich, die diffuse Vorgeschichte beziehungsweise die vielfältigen organisatorischen und thematischen Vorläufer der Offenen Kirche (OK) zu ermitteln. Denn einerseits gibt es für die OK angeblich

> „keine Gründung", denn „[a]ls am 8. Juli 1972 rund 50 Teilnehmerinnen und Teilnehmer der Arbeitstagung der ‚Aktion Synode 71' eine neue Organisationsform beschlossen und sich den Namen ‚Offene Kirche – Evangelische Vereinigung in Württemberg' gaben, ging es um eine Fortsetzung bereits laufender Arbeit."[2]

Andererseits verweist die OK mit einigem Stolz und sehr präzise auf ihren ideellen Geburtstag und -ort: Am 7. November 1968 sei in Leonberg-Ramtel die „Kritische Kirche" (KK) gegründet worden[3]. Doch schon der heutige Ehrenvorsitzende und damalige Mitbegründer Fritz Röhm hob hervor, dass jene „Initiative zur Bildung der ‚Kritischen Kirche' […] aus den Gruppen der Siedlungspfarrer, des Eltinger Kreises und der Kolonie im Ramtel"[4] heraus entstanden war – und, wie sich zeigen wird, noch aus einigen weiteren. Um diese Gruppen, ihre Leitbilder und Anliegen zu identifizieren und zu verstehen, wird es notwendig und zweckmäßig sein, die bei der förmlichen Gründung der Kritischen Kirche im November 1968 in Leonberg-Ramtel anwesenden oder kurz danach als Mitglieder in den Unterlagen präsenten Personen näher anzuschauen und nach ihren bisherigen theologisch-kirchenpolitischen Zugehörigkeiten und Affinitäten zu fragen.[5] Dieser personalen Herangehensweise inhärent ist das Problem, dass eine Person häufig mehreren kirchlichen, theologischen oder gesellschaftlichen Interessengruppen angehörte oder nahestand, und dass somit durch den Nachweis einer bestimmten Person bei einem bestimmten Ereignis mitnichten eindeutig ist, welche Gruppe diese Person zu diesem Zeitpunkt präzise repräsentierte. Dieses auf systematischer Ebene unbefriedigende Ergebnis dürfte aber der per se organisch-diffusen Gestalt (kirchen-)politischer Gruppen just angemessen sein.

---

1 Vgl. unten 197 bzw. NÄRGER, Synodalwahlsystem, 202.
2 RÖHM, Geburtswehen, 12.
3 EBD., 15.
4 RÖHM, Wurzel, 55.
5 Dieser Umstand erfordert ein Abweichen vom bisherigen Strukturprinzip der vorliegenden Arbeit, wonach zunächst die Genese der Gruppen 1945 bis 1965 jeweils separat vorgestellt wurde, anschließend der Zeitraum der 7. Landessynode 1966 bis 1971 größtenteils gruppenübergreifend darzustellen sein wird. Da eine Vorgeschichte der OK vor ihrer Gründung nicht überliefert und auch nicht ansatzweise offensichtlich ist, bleibt nur der beschriebene Ansatz beim Gründungsakt.

In den bislang über die Entstehungsgeschichte der OK vorliegenden Berichten werden diverse Personen, Themen und nicht zuletzt Orte genannt, die als Kristallisations- und Knotenpunkte der sozio-theologisch orientierten beziehungsweise interessierten Gruppen in Württemberg gelten können. Da die bislang zuweilen gewählte Bezeichnung dieser Gruppen als „liberal" fälschlich eine Verbindung zur Liberalen Theologie des 19. Jahrhunderts oder gar zur Freien Demokratischen Partei („FDP – Die Liberalen") nahelegt, die Bezeichnungen „progressiv" oder „modern" („moderne Theologie") hingegen ausgesprochen nichtssagend sind, wurde im Blick auf die klassifizierenden Eigenarten der Gruppe sowie in Abgrenzung zu den „biblisch-konservativen" beziehungsweise „kirchlich-konservativen" Gruppen die Bezeichnung „sozio-theologisch" gewählt. Dieser Terminus bringt nicht nur den typischen Konnex von Theologie und gesellschaftsdiakonisch-situationsethischem Bewusstsein[6] zum Ausdruck, sondern gleichzeitig auch die Affinität zur Soziologie, wie sie unter anderem von Werner Simpfendörfer geradezu als typisches Merkmal dieser Gruppe konstatiert wurde[7] und wie sie auch bei den Frontmännern der Neuen Linken (Rudi Dutschke!) zu finden war.

Im Folgenden soll anhand der bekannten Fixpunkte erhoben werden, welche Strömungen in der OK zusammenflossen und welche Trägergruppen für die Entstehung dieser Vereinigung prägend waren. Grundsätzlich ist dabei davon auszugehen, dass in der OK und ihren unmittelbaren Vorläuferorganisationen – also der im November 1968 gegründeten Kritischen Kirche[8] sowie in der Synodalgruppe Evangelische Erneuerung[9] – Menschen zusammenfanden, deren Leitbild der moderne Mensch in den modernen Lebens- und Arbeitsbedingungen war, die von der modernen, d. h. historisch-kritischen Theologie geprägt, von einem Gefühl der Verantwortlichkeit der Kirche

---

6 Als Beleg mag die klassische Ausformulierung dieser Anliegen in der Zielbeschreibung der Kolonie im Ramtel dienen: „Wir suchen [...] nach einer Verkündigung, die die theologischen Erkenntnisse von heute und die Situation der Menschen in unserer Zeit gleichermaßen ernst nimmt. Wir suchen nach Formen und Arbeitsweisen der Kirche, die solcher Verkündigung nicht widersprechen, sondern sie unterstützen." Schreiben vom 1. 6. 1964, zitiert bei WACKER, Kirche, 226. Daneben kann das Gemeindereformprojekt im Ramtel gleichzeitig als Zeuge für die behauptete Soziologie-Affinität dienen, da sie in einem bemerkenswerten Umfang Soziologie betrieb und soziologische Erkenntnisse und Begleitung in Anspruch nahm. Vgl. detailliert WACKER, Kirche bzw. knapper und mit zeitlichem Abstand NUDING, Ramtel.
7 SIMPFENDÖRFER, Vortrag „Kirchenreform".
8 Vgl. unten 336. Entgegen dem bei Röhm erweckten Eindruck, die OK habe sich nur durch eine Namensänderung direkt aus der KK heraus entwickelt (mit einem Zwischenschritt, der „Aktion Synode '71") ist festzuhalten, dass die KK noch selbständig bestand, als die OK 1972 (als eingetragener Verein) gegründet wurde. Allerdings löste sich die KK kurz darauf förmlich auf, das verbleibende Vereinsvermögen ging an die OK über. Vgl. NL Fuchslocher/KK. Viele Mitglieder der KK traten in den Folgejahren der OK bei – jedoch nicht alle: so beispielsweise dezidiert der spätere EuK-Vorsitzende Walter Blaich „ich [war] so lange Mitglied, wie es die Kritische Kirche gab." Auskunft Blaich 26. 4. 2013.
9 Vgl. unten 227.

für die Gesellschaft durchdrungen, an Reformen in der Kirche interessiert[10] und vom Willen auch zur dezidiert politischen Aktion geleitet waren[11]. Ihre Anliegen überschnitten sich daher nicht selten mit denen der „Wurzeln"[12] der Neuen Sozialen Bewegungen (Demokratisierung, Frieden und Abrüstung, Frauenrechte, Ökologie, Dritte/Eine Welt etc.) und der Studentenbewegung[13], von der sie immer wieder auch die Aktionsformen wie Flugblätter, sit-ins und ähnliches übernahmen.

4.1 Fixpunkt: Ramtel, 7. November 1968

Neben den bekannten und bis heute in der OK präsenten Gründungsmitgliedern wie Fritz Röhm, Heiner Küenzlen oder Elfriede und Hartmut Dehlinger[14] und den verstorbenen ‚Übervätern' wie Paul-Gerhard Seiz, Werner Simpfendörfer und Manfred Fischer finden sich in den Dokumenten aus dem Umfeld der Gründung etliche Namen, die auf Vorgängergruppen beziehungsweise bestimmte theologische und (kirchen-)politische Strömungen schließen lassen. So waren unter den 89 Personen, die am 7. November 1968 im Ramtel anwesend waren und mit ihrer Unterschrift unter ein „Memorandum" die KK mitbegründet[15] haben, acht von 17 Mitgliedern des erweiterten Eltinger Kreises[16], acht Siedlungspfarrer[17], fünf Pfarrer der Kirchlichen Bruderschaft (KB)[18]; nicht weniger als sechs der Anwesenden lebten in Bad Boll, zehn gehörten zur Kolonie im Ramtel[19]. Sechs der Anwesenden hatten auch schon einen Brief im Mai 1966 unterschrieben, in dem sich eine Gruppe württembergischer Pfarrer an ihre Amtsbrüder wandte, um vor den Gefahren

---

10 Vgl. zur „Kolonie" im Ramtel unten 178.
11 Wie die Mitglieder der stets aktionsbereiten und öffentlichkeits-affinen Kirchlichen Bruderschaft, vgl. BUCHSTÄDT, Bruderschaften.
12 Zu den Neuen Sozialen Bewegungen (NSB) vgl. RUCHT, NSB.
13 Zum Konnex KK und Studentenbewegung vgl. SIMPFENDÖRFER, Vortrag „Kirchenreform".
14 Vgl. zu Fritz Röhm: Anstöße 2013, Heft 1, 4; zu E. und H. Dehlinger: STEPPER, Vielfalt, 46–49, zu H. Küenzlen sein Beitrag über Ernst Käsemann in Anstöße 2005, Heft 1, 9 bzw. EHMER / KAMMERER, Handbuch, 232.
15 Memorandum „Kritische Kirche" mit Unterstützerliste, 7. 11. 1968, Hektographie, NL Hermann Söhner, Kopie im Besitz der Verf..
16 Eltinger Kreis Mitgliederliste bei WACKER, Kirche, 235.
17 Ermittelt anhand der Teilnehmerliste der Tagung „Pfarrer aus Siedlungsgemeinden, Bad Boll, 4.–6. 6. 1963, Hektographie, NL Hermann Söhner, Kopie im Besitz der Verf. Diese Liste umfasst sicherlich nicht alle Siedlungspfarrer; so bezeichnet sich beispielsweise Walter Blaich als Mitglied der „AG Württ. Siedlungspfarrer", war aber offensichtlich bei dieser Tagung nicht anwesend. Auskunft Blaich 26. 4. 2013.
18 Mitgliedschaft nach Auskunft von KIRCHLICHE BRUDERSCHAFT IN WÜRTTEMBERG / GÜNZLER, Evangelium, 37 bzw. Brief Irmgard Anger an Martin Günzler, 12. 8. 1998; LKAS, NL Kirchliche Bruderschaft, unverzeichnet.
19 Mitgliederliste bei WACKER, Kirche, 22–24.

eines vierfachen Fundamentalismus zu warnen, der sich in den Augen der Briefschreiber in der Ludwig-Hofacker-Konferenz und, noch deutlicher, in den Aktivitäten von Pfarrer Walter Abele namens der „Bekenntnisgemeinschaft ‚Kein anderes Evangelium'" manifestierte[20]. Insbesondere diese Gruppe, laut Aussage des damals beteiligten Pfarrers Hermann Söhner allesamt Mitglieder der in Bad Boll angesiedelten „AG Industriepfarrer", ist in den vorliegenden Darstellungen über die Geschichte der OK gänzlich unbeachtet geblieben[21] – zu Unrecht, wie darzulegen sein wird.

Die genannten Gruppen[22] hatten bis zum November 1968 eine sehr unterschiedliche Geschichte – so lässt sich die KB bis 1957 zurück verfolgen, die ihr nahestehende Kirchlich-theologische Sozietät bis zurück in die Zeiten des sogenannten Kirchenkampfes. Die Siedlungspfarrer traten seit den 1950er Jahren in Erscheinung, der politisch aktive Teil der Industriepfarrer – geschart um den Neckargartacher Pfarrer Eugen Fuchslocher – erst ab 1966. Dem entsprechend ist für dieses Segment der kirchenpolitischen Landschaft Württembergs eine stringent-chronologische Darstellung, wie sie in den voraufgehenden Kapiteln für den biblisch-konservativen sowie für den kirchlich-konservativen Flügel gegeben werden konnte, nicht möglich. Vielmehr ist die bis heute für die kirchliche ‚Linke' typische Vielfalt beziehungsweise Disparatheit schon in der Vorgeschichte sichtbar. Daher kann nur schlaglichtartig die Genese der wichtigsten Trägergruppen dieser Bewegung beleuchtet, prägende Personen und zentrale Themen vorgestellt werden.

4.2 Die älteste Vorläufergruppe: Kirchliche Bruderschaft in Württemberg[23]

Drei Namen stehen für die KB: Walter Schlenker, dem sogar ein damaliger Gegner in kritischer Anerkennung einen „hemdsärmeligen, geradezu rüden – und doch darin auch souveränen – Stil"[24] attestierte. Er führte ab 1962[25] die

---

20 Vgl. unten 182.
21 Vgl. RÖHM, Geburtswehen, RÖHM, Wurzel, STEPPER, Vielfalt.
22 Hansjörg Kammerer hat 2005 die Vorgeschichte der OK neben der KB bzw. Sozietät vor allem mit der Freien Volkskirchlichen Vereinigung, den Arbeitervereinen bzw. der Evangelisch Sozialen Vereinigung und den Religiösen Sozialisten in Verbindung gebracht. Während für die Freie Volkskirchliche Vereinigung immerhin noch bis zum Beginn der 1960er Jahre eine gewisse Aktivität nachzuweisen ist, spielten die beiden anderen Gruppen nach 1945 keine nennenswerte Rolle mehr. Daher ist Kammerer dahingehend zu korrigieren, dass allenfalls Teile des von diesen Gruppen propagierten Gedankenguts von der OK aufgenommen worden sind. Eine stringente Entwicklung von diesen Gruppen hin zur OK gab es jedoch – mit Ausnahme der KB – nicht. Hansjörg Kammerer: Vordenker und Wurzeln der Offenen Kirche. In: Anstöße 2005, Heft 4, 8 f.
23 Die folgende Darstellung basiert, soweit nicht anders angegeben, für den Zeitraum bis 1960 auf BUCHSTÄDT, Bruderschaften.
24 So Rolf Scheffbuch an Verf., 25. 9. 2012.

Bruderschaft und griff mit zahlreichen Büchern und Broschüren[26], mit unzähligen Flugschriften und Artikeln in das kirchliche Zeitgeschehen ein. In seine Ägide bis zu seinem krankheitsbedingten Rückzug 1988 fiel die Blütezeit der KB. Schlenker hatte die Geschäftsführung von den beiden Gründern der KB Gotthilf Weber[27] und Dr. Herbert Werner[28] übernommen. Die KB trat am 1. Juli 1957 mit einer bundesweit verbreiteten „Entschließung [...] gegen die[] mißbräuchliche Benutzung des Namens ‚christlich' durch die CDU"[29] ins Licht der Öffentlichkeit. Diese Erklärung, die aus Protest gegen die von Konrad Adenauer im Wahljahr 1957 propagierte Alternative von „christlichem" und „kommunistischem" Deutschland entstanden war, fand über Württemberg hinaus Beachtung[30]. Die Unterzeichner, 14 Pfarrer und acht Laien, hatten sich einen Monat zuvor beim jährlich stattfindenden Treffen von Lesern der „Stimme der Gemeinde" zusammengefunden und zu weiterer kirchlich-politischer Aktion verabredet. Am 29. Juni 1957 fand daraufhin in Stuttgart-Zuffenhausen die Gründung der „Kirchlichen Bruderschaft in Württemberg" statt. Die Geschäftsführung übernahmen die oben genannten Pfarrer Weber und Werner; die Namensgebung erfolgte in bewusster Anlehnung an die Bruderschaften junger Theologen der Bekennenden Kirche unter dem Nationalsozialismus und verband sich mit dem Anspruch: „Wir sind die wahren Nachfahren der Bekennenden Kirche und halten deren Erfahrungen und Erkenntnisse für richtungweisend."[31] Die Bruderschaft trat damit auch in das Erbe der Kirchlich-theologischen Sozietät in Württemberg ein, die 1951 über dem Streit um die Entmythologisierung „zerbrochen"[32] beziehungsweise in theologischer Detailarbeit steckengeblieben und zunehmend isoliert war[33].

---

25 Vgl. ANGER, Anfänge, 11.
26 Vgl. die unvollständige Bibliographie in KIRCHLICHE BRUDERSCHAFT IN WÜRTTEMBERG / GÜNZLER, Evangelium, 20–22; ein besonderes ‚Kleinod' unter Schlenkers Flugblättern ist sein „Brief an die Verbannten im Evangelischen Stift", mit dem er in die hitzige Debatte um den Damenparagraph eingriff und die Stiftler, im Gewand des Propheten-Briefes (Jer. 29) und im Duktus einer (oberflächlich gelesen) Solidaritätsadresse in unnachahmlicher Weise zurechtweist. Brief Schlenker an Evang. Stift, o.J [1969?]; LKAS, NL Klumpp. Zum Streit um den Damenparagraphen im Tübinger Stift vgl. HAHN / MAYER, Evangelische, 224.
27 Zu Weber vgl. EHMER / KAMMERER, Handbuch, 370.
28 Zu Werner vgl. BUCHSTÄDT, Bruderschaften, 530.
29 Vgl. KJ 84 (1957), 62.
30 Vgl. auch ANGER, Anfänge, 7 f.
31 So Schlenker in einem Rückblick 1985. Brief Schlenker an Wolfgang Schweitzer, 2. 10. 1985; LKAS, NL Kirchliche Bruderschaft.
32 So Hermann Diem rückblickend in seiner Autobiografie: DIEM, Ja, 270.
33 Vgl. Paul Schempps nüchtern-bittere Analyse im Vorwort seiner „Christenlehre" von 1958: „Kirchliche und praktische Gegenwartsfragen, neue theologische Kontroversen drängten sich auf, auch unter uns wuchs das Spannungsfeld der verschiedenen theologischen Probleme, Aufgaben und Stellungnahmen, und so stockte die Arbeit an einer nach Form und Aktualität auf die Gegenwart zielenden Zusammenfassung des christlichen Glaubens und hörte schließlich auf." Paul Schempp, Christenlehre in Frage und Antwort, Bad Cannstatt 1958, zitiert bei BUCHSTÄDT, Sozietät, 119. Aufstieg und Niedergang der Sozietät sowie das Entstehen der

Hermann Diem, Gründungsmitglied und Leitfigur der Sozietät, bestätigte 1974 den „Erbanspruch" der KB, indem er feststellte: „Der mehr kirchenpolitisch interessierte Teil [der Sozietät] gründete die ‚Kirchliche Bruderschaft in Württemberg', die unter der Leitung von Walter Schlenker heute noch erfreulich tätig ist"[34]. Aufschlussreich ist die von Diem angezeigte Einschränkung: Der „mehr kirchenpolitisch interessierte Teil" habe in der KB fortgelebt – der alte harte Kern der Sozietät, der durch alle Kämpfe hindurch Karl Barths Dictum „Theologie und nur Theologie [...] treiben. Etwa wie der Horengesang der Benediktiner im nahen Maria Laach"[35] durchgehalten und verteidigt hatte, gehörte nicht dazu. Die Sozietäter hatten sich immer als Theologen und Pfarrer, niemals aber als Akteure der (Kirchen-)Politik verstanden[36]. Hingegen agierte die KB von Anfang an bewusst auf den weltlich-politischen Raum hin, um hier die Verantwortung des Christenmenschen für das Gemeinwesen wahrzunehmen[37]. Die Tradition der Sozietät nahm die KB vor allem in dem Anspruch auf solide theologische Arbeit auf[38]. Schlenker verfasste Dutzende von Predigten und Predigmeditationen[39]; außerdem war der KB immer die *theologische* Begründung ihrer Aktionen und Texte wichtig, weshalb ihr Hauptkritikpunkt an der Offenen Kirche bis heute eine – tatsächliche oder

---

Bruderschaft aus der Sozietät heraus und in Abgrenzung von ihr ist überaus detailliert und ausführlich dargestellt bei BUCHSTÄDT, Bruderschaften.

Herbert Werner beschrieb das Verhältnis zur Sozietät in einem Gespräch mit dem LBR: „Die Sozietät sind sauber arbeitende Theologen, aber kommen zu keinem Beschluss. Wir wollen ein Stosstrupp sein, der miteinander auf dem Wege ist." (Protokolle des LBR, 27. 11. 1957; LKAS, D 31, 89).

34 DIEM, Ja, 271. Offensichtlich ist, dass sich die führenden Köpfe der Sozietät (Hermann Diem, Paul Schempp, Heinrich Fausel, Ernst Fuchs, Richard Widmann; von den jüngeren Werner Jetter oder Gerhard Holzapfel) in den Reihen der KB nicht wiederfinden.

35 BARTH, Existenz, 3.

36 Zur Sozietät vgl. THIERFELDER, Art. Sozietät. Inwieweit eine derartige Definition von (kirchen-)politischem Handeln haltbar ist, bliebe zu diskutieren. Sie beeinflusste aber wesentlich das Selbstverständnis der Akteure und ist nicht auf (progressive) Theologen beschränkt: auch die Gründer der AGBC waren sich darin einig, dass man „eben *keine* kirchenpolitische Gruppe" sein wolle (Hildenbrand an Schäf, 7. 9. 1956; LHA, Ordner „L.Hofacker-Kreis 1951–1969").

37 Den deutlichsten Ausdruck fand dies in Schlenkers Schrift „Politik in der Kirche", in der er der Kirche als „Oase der Ruhe" ausdrücklich ein Absage erteilte und stattdessen „politische Predigt" und einen „politischen Gottesdienst" forderte – allerdings mit einer deutlich anderen Akzentuierung als Dorothee Sölles ebenfalls *„politisches* Nachtgebet". SCHLENKER, Politik.

38 Gründer Herbert Werner hatte diese Nuancen im Verhältnis zur Sozietät 1957 so formuliert: „Die Sozietät besteht weiter. Wir meinen, dass sie eine andere Aufgabe hat als wir, nämlich die Aufgabe rein theologischer Arbeit. Auch wir können unsere Arbeit natürlich nur auf Grund rechter theologischer Erkenntnisse tun, aber dies vorausgesetzt, geht es uns doch vor allen Dingen um die Praxis kirchlichen Lebens in der heutigen Welt und um unsere Verantwortung gegenüber den Mitmenschen." Zitiert bei BUCHSTÄDT, Sozietät, 126.

39 Diese wurde u. a. in FAB veröffentlicht; von 1990 bis 1997 gab Schlenker namens der KB eine 18-teilige Broschüre mit Predigten verschiedener Verfasser heraus, darunter zahlreiche von ihm selbst, vgl. KIRCHLICHE BRUDERSCHAFT IN WÜRTTEMBERG / GÜNZLER, Evangelium, 14 f.

vermeintliche – "theologische Flachheit" ist[40]. Das zentrale Anliegen beschrieb Schlenker unter dem Titel "Politische Diakonie der Christen" in einem Artikel für das Stuttgarter Sonntagsblatt 1967: Es gehe "um einen neuen Pietismus, um eine Form des Glaubens und der Frömmigkeit, die das Leben in der modernen, durch die Technik geprägten Welt einschließt und die Verantwortung für die Welt und den konkreten Menschen ernst nimmt"[41]. Damit waren die Schlagworte der Bultmann-Theologie – der moderne Mensch in der technisierten Welt – ebenso angesprochen wie diejenigen der im Umkreis der Evangelischen Akademie Bad Boll, in den Kreisen der Siedlungs- und Industriepfarrer beheimateten "Gesellschaftsdiakonie". Deren Aufgabe hatte ihr Nestor Eberhard Müller gleichermaßen in der "Pflege des Gesprächs mit der Kirche Fernstehenden und de[m] Gedankenaustausch über berufliche und sozialethische Probleme" wie in der "seelsorgerliche[n] Dimension [...], nicht nur im Blick auf persönliches, sondern auch auf berufliches Handeln, nicht nur im Blick auf Familie und Freundschaft, sondern auch auf Gesellschaft und Staat"[42] gesehen. Deutlich traten schon hier Themenschwerpunkte hervor, die in den späten 1960er Jahren zu Gravitationszentren bei der Sammlung der sozio-theologisch gesinnten Gruppen in Württemberg werden würden[43]: Die Ausrichtung auf den modernen Menschen, dessen Leben durch die Gegebenheiten der modernen Arbeits- und Lebenswelt geprägt ist und der mit einer Verkündigungspraxis, die noch geradezu das in sich geschlossene dörfliche Gemeinwesen des 19. Jahrhunderts vor Augen hat, nicht adäquat erreicht werden kann[44].

Die Arbeit der KB kreiste in den ersten Jahren vor allem um die Frage der Wiederbewaffnung der Bundesrepublik, des Wehrdienstes und der Atomrüstung. In der schon im Juli 1957, nur wenige Wochen nach der ersten gemeinsamen Aktion verfassten Grundsatzerklärung "Worum es geht. Ein Wort der kirchlichen Bruderschaft in Württemberg"[45] umriss die KB ihre Position. In einer Art verkehrtem Verheißung-und-Erfüllung-Schema listete die KB in fünf Abschnitten die "Hoffnungen" auf, die in der Zeit der "Not der Kirche" unter der NS-Diktatur durch die Neuaufbrüche der BK lebendig geworden seien. Diesen Hoffnungen aber stünden ebenso viele "Enttäuschungen" gegenüber, weil nach 1945 Stück um Stück das von der BK Erreichte wieder zurückgenommen worden sei, mithin

---

40 So Martin Günzler und andere wiederholt zur Verfasserin. Der Vergleich der Dokumente zeigt allerdings, dass die Stellungnahmen der KB mit den theologischen Ausarbeitungen der alten Sozietät kaum vergleichbar sind.
41 Zitiert nach KIRCHLICHE BRUDERSCHAFT IN WÜRTTEMBERG / GÜNZLER, Evangelium, 20.
42 FISCHER, Akademie, 37.
43 Vgl. unten Kapitel 3.3.
44 Diese hatte Eberhard Müller schon 1953 frappierend klar in der Analyse und eindeutig in den Folgerungen zu Papier gebracht: MÜLLER, Welt, hier: 3–5.
45 LKAS, NL Kirchliche Bruderschaft; vgl. auch STKL 1957, Heft 16, Sp. 505–508; soweit nicht anders angegeben alle folgenden Zitate hier.

> „[d]ie Kräfte der Konservierung der alten Kirche, der Selbstbehauptung und der Selbstfechtfertigung, der Reaktion und des rücksichtslosen Egoismus, des Militarismus und der Gleichgültigkeit gegenüber dem Grunde, auf dem die evangelische Kirche steht und fällt, die Oberhand bekommen"

hätten. „Hoffnung" hatten die nun in der KB organisierten Männer gesetzt u. a. in die Erneuerung der Kirche aus dem Wort Gottes, aus dem Gemeinsinn der verschiedenen Bekenntnisstände in Barmen 1934 und aus der enthierarchisierten „Kirche von Brüdern und Schwestern". Das Stuttgarter Schuldbekenntnis galt ihnen als Zeichen der Bußfertigkeit und für eine „fürderhin wacher auf Gottes Wort hören[de] und gehorsamer ihre Verantwortung den Menschen gegenüber wahrnehmen[de]" Kirche. Mit dem Darmstädter Wort des Bruderrats 1947 schien sich die Kirche endlich zur Arbeiterklasse hin zu öffnen und das Wort zum Frieden der EKD-Synode 1950 stellte in den Augen der Bruderschafter ein klares und eindeutiges Bekenntnis für den Frieden und gegen Militarismus dar. Von der hoffnungsvollen Annäherung von Katholiken und Protestanten unter „der Diktatur Hitlers" sei nichts geblieben als die CDU, deren evangelische Mitglieder „schon längst gezwungen [seien], im katholischen Fahrwasser mitzuschwimmen" und der „Rekatholisierung Deutschlands den Weg [zu] bereiten." Als Folge all dieser Enttäuschungen habe sich nun auch in Württemberg eine Kirchliche Bruderschaft gebildet, die gemeinsam mit den gleichnamigen Gruppen in den anderen Teilen Deutschlands „in derselben Sorge und derselben Aufgabe aufs engste verbunden" sei – allerdings blieb diese „Aufgabe" in der von Herbert Werner unterzeichneten Erklärung gänzlich unkonkret. Den einzigen Hinweis gab die Feststellung, es sei

> „an der Zeit, daß wir als Glieder der evangelischen Kirche laut und deutlich Nein sagen zu den Wegen, die bei uns immer mehr beschritten werden und nach besseren Wegen suchen. Sie sind uns im Kampf der Bekennenden Kirche um ein besseres Verständnis der Schrift und durch die Worte der Kirche in den Jahren nach dem Zusammenbruch [...] gezeigt worden. Wir brauchen nur auf ihnen weiterzugehen."

Was Werner, Weber und ihre Freunde unter „Aufgabe" und „Weg" tatsächlich verstanden, wird anhand von Aktionen und Dokumenten der KB zu zeigen sein. Wichtig ist festzuhalten, dass in dieser ersten Grundsatzerklärung die Themen Schriftverständnis, Kirchenhierarchie, Verhältnis der Kirche zu Staat und Politik, die Öffnung der Kirche zur Arbeiterschaft sowie eine kritische Haltung zu Militär, Militärdienst und -seelsorge und zumal zur Atomrüstung angesprochen wurden – diese Themen sollten das Engagement der KB bis zu ihrer Auflösung im Jahr 2012 prägen und, vermittelt durch Menschen wie Walter Schlenker, Eberhard Buder, Dankwart

Zeller oder Werner Dierlamm, auch in die OK einfließen und präsent bleiben[46].

Sammlung und Aufbau der KB geschah in den folgenden Monaten vor allem durch die überaus rege Reise- und Vortragstätigkeit sowie umfangreiche Korrespondenz von Herbert Werner und Gotthilf Weber. Anders als vormals die Sozietät, die ihre Arbeit wesentlich in den (in der Nachkriegszeit immer seltener werdenden) überregionalen Treffen leistete, sollte die KB bewusst dezentral organisiert sein; die erste Gesamttagung der KB auf Landesebene fand erst 1959 statt[47]. Außerdem „ging es den beiden [Werner und Weber] darum, nicht nur Theologen, sondern vor allem ‚Laien' zu erreichen"[48]. Nachdem die Bundestagswahl 1957 mit 39,7 % der Wählerstimmen für die CDU (50,2 % für die Union insgesamt) geendet und Konrad Adenauer den „Höhepunkt seiner Macht"[49] beschert hatte, verlagerte die KB ihren Interessenschwerpunkt von der direkten Parteipolitik auf die Friedens- beziehungsweise Atomrüstungsfrage. Bereits im Frühjahr 1957 hatte das von 18 bekannten Atomforschern veröffentlichte „Göttinger Manifest" die deutsche Öffentlichkeit für die Gefahren der Atomrüstung sensibilisiert; theologisch setzte sich Helmut Gollwitzer im Herbst desselben Jahres in seinem Aufsatz „Die Christen und die Atomwaffen" mit der Thematik auseinander[50]. Diese Schrift wurde von der KB intensiv rezipiert und in zahlreichen Vorträgen vorgestellt und diskutiert[51]. Die Beschäftigung resultierte zunächst, im Dezember 1957, in der Erklärung „Einmal ist Schluss!, Aufruf der Kirchlichen Bruderschaft in Württemberg angesichts des Beschlusses der Bundesregierung[52], die Bundeswehr mit atomaren Waffen auszurüsten und in der Bundesrepublik Raketenabschussbasen zu errichten"[53]. Zentraler Vorwurf der KB an die Bundesregierung war, trotz aller Warnungen die atomare Bewaffnung der Bundeswehr beschlossen zu haben und damit „unser Land zum Magneten zu machen, der im Ernstfall mit Notwendigkeit die Atombomben und Raketen des Gegners der westlichen Völker auf sich zieht." Außerdem verzichte die

---
46 Vgl. hierzu beispielhaft Werner Dierlamms Aufsatz „Endlich aufhören! Den Krieg nicht mehr lernen!" in Anstöße 2013, Heft 2, 1 f.
47 Vgl. BUCHSTÄDT, Sozietät, 127.
48 ANGER, Anfänge, 9.
49 GRESCHAT, Protestantismus, 74; siehe hier auch für die detaillierten Ergebnisse und ihre Analyse.
50 Vgl. EBD., 66 f., auch für den weiteren gesellschaftspolitischen Kontext.
51 Vgl. ANGER, Anfänge, 9.
52 Wohl eher der Beschluss des NATO-Gipfeltreffens vom 16. – 19.12.1957 in Paris, bei dem beschlossen wurde, Atomwaffen unter US-Kommando in Europa zu stationieren; die deutsche Bundesregierung unterstützte diese Pläne und veranlasste am 25. 3. 1958 mit ihrer Mehrheit einen entsprechenden Bundestagsbeschluss, der bis heute Gültigkeit besitzt. Vgl. <http://einestages.spiegel.de/static/topicalbumbackground/1594/atomwaffen_fuer_die_bundeswehr.html> (19. 6. 2013).
53 Die Erklärung der KB wurde am 17. 12. 1957 beschlossen; abgedruckt bei BUCHSTÄDT, Bruderschaften, 481 f.

Bundesregierung damit de facto auf die Wiedervereinigung Deutschlands. Die genuin theologische Begründung der Erklärung ist ausgesprochen dünn: Einerseits wüssten sich „Christen [...] für das Heil und Wohl unserer Mitmenschen verantwortlich", andererseits habe Gott befohlen „seine Schöpfung zu bewahren". Das politische Anliegen stand ebenso wie die politische Argumentation klar im Vordergrund. Eine größere öffentliche Aufmerksamkeit scheint dieser Erklärung nicht zuteil geworden zu sein, ebenso wenig der bruderschaftlichen Anti-Atom-Erklärung vom 3. Februar 1958[54]. Ganz anders jedoch der nächste Text, an dem die württembergische Bruderschaft beteiligt war: In der Absicht, „die Synode der Evangelischen Kirche in Deutschland zur Wahrnehmung ihrer Verantwortung zu bringen, richteten die Kirchlichen Bruderschaften im März 1958 eine Anfrage an die Synode."[55] In zehn Thesen, die Karl Barth für die Bruderschaften verfasst hatte[56], wurde jegliche Atomrüstung entschieden abgelehnt[57]. Da in einem Atomkrieg eine Unterscheidung von Kombattanten und Zivilbevölkerung nicht mehr möglich sei und sogar die kommenden Generationen durch die atomare Verseuchung der Umwelt in Mitleidenschaft gezogen würden, wurden Atomwaffen prinzipiell verworfen. Durch sie sei „der Krieg endgültig so bestialisch geworden [...], dass eine Teilnahme an ihm mit dem Willen Gottes unmöglich vereinbart werden kann (Gollwitzer)"[58]. Aus der zweiten Barmer These wurde sodann nicht nur das Verbot der „Billigung und Mitwirkung" an einem Atomkrieg, sondern darüber hinaus das Gebot „der Abwehr drohenden Verderbens" als eines „Akt[s] der Diakonie, den wir Christen der bedrohten und geängsteten Welt heute schulden"[59] abgeleitet. Den massivsten Widerspruch und das größte öffentliche Echo erfuhr die letzte der zehn Thesen: In den ersten acht wurde in mannigfachen Wendungen der Atomkrieg, seine Vorbereitung und jegliche Beteiligung daran abgelehnt, mithin als „Sünde gegen Gott und den Nächsten" gebrandmarkt; in der neunten These wurden alle Christen aufgefordert, sich Derartigem „vorbehaltlos und unter allen Umständen zu versagen". Die zehnte jedoch konstatierte kategorisch: „Ein gegenteiliger Standpunkt oder Neutralität dieser Frage gegenüber ist christlich nicht vertretbar. Beides be-

---

54 Erklärung der Kirchlichen Bruderschaften im Rheinland, Westfalen, Nordwestdeutschland, Württemberg, der KTAs Pfalz und Hessen sowie der Sozietät in Baden zur Atomaren Bewaffnung und der Errichtung von Raketenabschussbasen, Mühlheim-Ruhr, 3. 2. 1958, vgl. KJ 1958, 20 f.
55 SCHLENKER, Politik, 35. Hier auch auszugsweise das Dokument, vgl. SCHLENKER, Politik, 36 f. Außerdem in KJ 1958, 29–33.
56 Barth selbst habe darauf bestanden, seine Autorenschaft zu verheimlichen, um den Erfolg nicht von vorn herein zu gefährden. Vgl. GRESCHAT, Protestantismus, 68.
57 Ganz ähnlich die Argumentation Dippers vgl. oben 149.
58 Anfrage an die Synode der EKD, KJ 1958, 30.
59 Bemerkenswert hier insbesondere die Nähe der Formulierung zu den Anliegen Eberhard Müllers („Diakonie", „Welt heute") – der allerdings stand politisch auf der entgegengesetzten Seite.

deutet die Verleugnung aller drei Artikel des christlichen Glaubens."[60] Karl Barths ursprünglichen Schluss „und den Bruch mit der einen, heiligen, allgemeinen Kirche" hatten die Bruderschaften gestrichen – damit aber die Schärfe dieser status-confessionis-Erklärung nur unwesentlich abgemildert[61]. Stattdessen evozierten sie durch die Feststellung, „[d]ie Bedrohung [...] durch die Atomwaffen fordert uns Christen heute ebenso wie im Kirchenkampf die Judenfrage"[62], Kirchenkampfatmosphäre und Bekenntnisnotstands-Pathos, wie es 1950 schon Herbert Mochalski in seiner Flugschrift „An die Gewehre" und Karl Barth in einem Offenen Brief getan hatten[63]. Derartige Verweise auf den Kirchenkampf wurden von allen Akteuren der 1950er und 1960er Jahre verwendet – positiv, um ein vermeintliches „Erbe" für sich zu reklamieren, negativ, um den Gegner zu denunzieren und zu diskreditieren[64].

Das Thema Wiederbewaffnung/Atomrüstung blieb ein zentrales Anliegen der KB, das auch in die „Grundsatzerklärung der Kirchlichen Bruderschaft in Württemberg"[65] Eingang fand und damit zum Kernbestand der Themen dieser Gruppe gerechnet werden muss. Die Grundsatzerklärung entstand Ende 1958, nach der zweiten gemeinsamen Studientagung der Bruderschaften in Frankfurt im Oktober, bei der in der „Frankfurter Erklärung" erneut die zehn Thesen gegen die Atomrüstung aufgenommen und bestätigt worden waren[66]. Im übrigen wurden in der Grundsatzerklärung die Barmer Theologische Erklärung von 1934, die Stuttgarter Schulderklärung von 1945 sowie das Darmstädter Wort des Reichsbruderrats von 1947 abgedruckt und aktualisierend kommentiert. So konstatierte der Text beispielsweise im Blick auf die (Un-)Wirksamkeit der BTE nach 1945:

„Eine der bürgerlichen Gesellschaftsordnung verbundene, mit der herrschenden Partei im Staate sympathisierende, durch die Art des Steuerabzugs vom Staat abhängige, die hergebrachte Art der Taufe, Konfirmation, Trauung und Bestattung ihrer Glieder konservierende Volkskirche etablierte sich aufs neue" und habe die „guten Anfänge [...] zur Erneuerung der Kirche"

---

60 KJ 1958, 32.
61 Vgl. GRESCHAT, Protestantismus, 68, Fn. 127. Bei Greschat auch ausführlich die verschiedenen Reaktionen und die Auswirkungen auf die EKD-Synode im April 1958.
62 KJ 1958, 29.
63 GRESCHAT, Protestantismus, 38; 50.
64 Vgl. in diesem Sinne Joachim Beckmanns wiederholte Äußerungen gegen Dorothee Sölle, vgl. CORNEHL, Sölle, 266 f. bzw. GRESCHAT, Protestantismus 140, Künneth, Bergmann und Busch bei der Gründungsversammlung der BKAE 1966, vgl. GRESCHAT, Protestantismus, 97 f. oder Dietzfelbingers berühmtes Glaubenskampf-Dictum vor der EKD-Synode 1971, vgl. GRESCHAT, Protestantismus, 123.
65 Die Kirchliche Bruderschaft in Württemberg (Grundsatzerklärung); LKAS, NL Kirchliche Bruderschaft. Verantwortlich für dieses Flugblatt sind laut Fußzeile Herbert Werner, Hans Rücker, Gotthilf Weber und – schon hier – Walter Schlenker.
66 Vgl. BUCHSTÄDT, Bruderschaften, 326–334.

verspielt und vergessen. Die KB sehe die Gefahr, „daß Jesus Christus zwar als Zuspruch der Vergebung der Sünden, aber nicht als Gottes kräftiger Anspruch auf unser *ganzes* Leben gepredigt wird."[67] Entsprechend führte die KB in Anschluss an das Stuttgarter Schuldbekenntnis ihr Anliegen aus, sie arbeite hin „auf ein besseres Verständnis des Wortes Gottes, auf eine den Menschen in seiner heutigen Situation suchende Predigt, auf ein wacheres Hören und Beten und darauf, daß das, wozu Gottes Wort mahnt, getan und das, wovor es warnt, unterlassen werde." Die KB bekräftigte, in Anschluss an das Darmstädter Wort, dass sie

> „keiner bestimmten Gesellschaftsordnung, keiner Ideologie, keiner Wirtschaftsform, keinem Herkommen, keinem Brauchtum, keiner politischen Partei, keiner Staatsform und keiner kirchlichen Struktur so verpflichtet [sei], daß sie [die KB, d. Verf.] die Frage ‚Was willst du, Herr, daß wir tun sollen?' nicht über alles stellen muß."

Als letztes Dokument der Grundsatzerklärung wurde die oben bereits genannte Frankfurter Erklärung der Kirchlichen Bruderschaften abgedruckt; diese argumentierte zunächst, in Analogie zur 2. These der Barmer Theologischen Erklärung, streng christologisch und in klassischer Bekenntnis-Verwerfung-Struktur für Christi Anspruch auf die ganze Welt, den „Anspruch des Glaubensgehorsams" auch im „politischen Dasein" sowie „die Mitverantwortung der Christen für den Staat". Daraus wurde gefolgert:

> „In Wahrnehmung solcher Mitverantwortung müssen wir bekennen: Die Einbeziehung von Massenvernichtungsmitteln in den Gebrauch staatlicher Machtandrohung und Machtausübung kann nur in faktischer Verneinung des Willens des seiner Schöpfung treuen und dem Menschen gnädigen Gottes erfolgen."

Anders als die BG sah die KB keinen Raum für persönliche politische Entscheidungen[68]; ebenso wie in der Anfrage an die EKD-Synode wurde auch hier Neutralität in dieser Sache als unchristlich abgelehnt. Im Kommentar zu diesem Dokument stellte die „Grundsatzerklärung" der KB Württemberg fest, dass der Verweis auf die lutherische Zwei-Reiche-Lehre unstatthaft sei, denn diese verführe zu „Heuchelei und Zwiespältigkeit" anstatt zur gebotenen klaren Entscheidung. Die Erklärung endete mit der Feststellung der KB, sie nähme in ihrer Arbeit die dem Christen auferlegte Verantwortung wahr und stehe damit „im Dienst ihres Herrn und unserer Kirche"[69].

Eine ganz andere Richtung hatte Herbert Werners scharfzüngiger Zwischenruf „Volkstrauertag?"[70]:

---

67 Die Kirchliche Bruderschaft in Württemberg (Grundsatzerklärung). Hier auch alle weiteren Zitate, soweit nicht anders angegeben.
68 Vgl. oben 143.
69 Weitere Erklärungen zur Atom-, Wehrdienst- und Rüstungsproblematik der KB finden sich bei BUCHSTÄDT, Bruderschaften sowie SCHLENKER, Politik und ANGER, Anfänge.
70 Undatiertes Flugblatt; quellenkritische Angaben und Wirkungsgeschichte bei BUCHSTÄDT,

„Pius XII., das Oberhaupt der Katholischen Kirche ist tot. Die gläubigen Katholiken aller Welt trauern um ihn. Wir Evangelischen respektieren diese Trauer. [...] Was wir Evangelischen nicht verstehen, ist, dass wir von Regierungsseite zum Mittrauern aufgefordert wurden".

Nach dem Tod Pius' XII. am 9. Oktober 1958 hatte die deutsche Bundesregierung eine dreitägige Trauerbeflaggung auf allen öffentlichen Gebäuden angeordnet. Ganz in der Linie des „C-Protests" ein Jahr zuvor fragte die Bruderschaft nun: „Leben wir in der Bundesrepublik bereits in einem völlig katholisch beherrschten Lande?" Die Reformation habe „im Papsttum den Inbegriff der Häresie gesehen"; auch wenn sich in den seitdem vergangenen 400 Jahren möglicherweise manches geändert habe, so sei die Ökumene keinesfalls soweit gediehen, wie es diese obrigkeitlich anbefohlene Mit-Trauer, ebenso wie die ausufernde Berichterstattung in den Medien[71], suggeriere. Werner konstatierte: „Wir sind nach den nahezu 20 Pontifikaljahren Pius XII. so weit von Rom entfernt wie eh und je. [An] unserer Auffassung vom Papsttum [hat sich] nichts geändert. Das Papsttum ist uns heute wie vor 400 Jahren Inbegriff aller Häresie." Erst in den letzten Sätzen wird deutlich, dass Werners Gegner nicht in erster Linie Pius XII. oder die katholische Kirche war: Er forderte von den deutschen Kirchenleitungen,

> „gegen die Gewissensverletzung und Überzeugungssteuerung durch Bundes- und Landesregierungen, durch Rundfunk, Presse und Wochenschauen und gegen die Vorspiegelung der falschen Tatsache, als ob wir bereits alle katholisch wären, offiziell Verwahrung"

einzulegen. Die KB-Aktion zielte also erneut auf den politischen Katholizismus in Deutschland beziehungsweise die vermeintliche „Rekatholisierung" Deutschlands ab. Als Walter Schlenker dieses Dokument elf Jahre später erneut abdruckte, tat er dies nun in der erklärten Absicht „zu zeigen, wie sich durch Papst Johannes XXIII. und durch das Konzil das ganze Klima zwischen den beiden Konfessionen gewandelt hat."[72]

Werners Text ist in jeder Hinsicht als ‚Glosse' zu bezeichnen, einerseits aufgrund ihres salopp-provozierenden Stils, andererseits, da das Thema ‚Katholizismus' nicht über den Status einer ‚Randbemerkung' in Arbeit und Selbstverständnis der KB hinauskam. Schon im Januar 1959 befasste sich die

---

Bruderschaften, 345; Walter Schlenker nennt Herbert Werner als Verfasser – das Dokument selbst ist ohne Verfasserangabe; SCHLENKER, Politik, 47.

71 Vgl. dazu SCHLOTT, Tod; die viele, zumal protestantische, Zeitgenossen irritierende, ausufernde Berichterstattung über Sterben, Tod und Beisetzung Johannes Pauls II. im Jahr 2005 war also kein *neues* Phänomen des 21. Jahrhunderts, ebenso wenig jene zur Papstwahl 2013, die, in konsequenter Fortführung der „Tradition", alle zur Verfügung stehenden Medien nutzte – sogar „Twitter", vgl. Papstwahl2013: „Jorge Maria Bergoglio ist der neue Papst." 13. 3. 2013, 12:14 PM [PDT = 20.14 Uhr CET]; <https://twitter.com/Papstwahl2013/status/311918272691986432> (25.06.2013).

72 SCHLENKER, Politik, 47.

KB, vertreten durch Hans Rücker, Gotthilf Weber und Dankwart Zeller[73] wieder mit der Wehrdienst- beziehungsweise Wehrdienstverweigerungs-Problematik. Mit einem „Wort an die Gemeinden zum Landesbusstag" [Sonntag Invocavit, 15. Februar 1959] verbreitete die KB zwar weder neue Positionen oder Argumente, löste aber dennoch einigen Aufruhr aus, da sie diese Stellungnahme zwecks Kanzelabkündigung direkt an alle Pfarrer versandte. Dagegen erhob sich von Seiten der Kirchenleitung heftiger Widerspruch. Auch der Landeskirchentag und zahlreiche Amtsbrüder reagierten: Das Recht, allgemeine Kanzelabkündigungen zu erlassen, eigne ausschließlich der Kirchenleitung; einseitige politische Stellungnahmen und überhaupt jegliche Politik habe auf der Kanzel nichts zu suchen[74]. Die vertretenen Positionen entsprachen den schon in der Frankfurter Erklärung niedergelegten: Wehrdienst sei heutzutage generell „Wehrdienst mit Atomwaffen", dieser sei grundsätzlich abzulehnen, Neutralität sei nicht möglich; die Kirche müsse für Kriegsdienstverweigerer eintreten. Die Debatte um die Art und Weise des bruderschaftlichen Vorgehens reichte bis in den Landeskirchentag und bis in die BG: Vor dem LKT griff Landesbischof Haug im Rahmen seines Bischofsberichts im April 1959 die Angelegenheit auf, umriss die Ereignisse des zurückliegenden Jahres, erinnerte an die EKD-Synode 1958 in Berlin und die ökumenische Konferenz in Nyborg und kritisierte daran anschließend, dass die Bruderschaften erneut *ihre* Antwort auf die Atomfrage, die sie „als die allein geistliche und allein mögliche ansehen […] nun plötzlich wieder, trotz aller Gespräche […] wie vor einem Jahr gebieterisch und drohend von der Kirchenleitung fordern."[75] Es gebe aber in der Landeskirche auch zahlreiche Christen, die nach gründlicher Gewissensprüfung zu anderen Antworten als die KB kämen; stellvertretend für diese formulierte Haug acht Fragen: Unter anderem, ob es denn eine eindeutige biblische Weisung zur atomaren Frage gebe, ob eine individuelle kategorische Verweigerungshaltung wirkliche Nachfolge sei und der Christ sich der Mitverantwortung für das Gemeinwesen entziehen könne; wie die Bergpredigt heute richtig zu verstehen und der Obrigkeit der schuldige Gehorsam zu leisten sei? Haug differenzierte die allzu simple Gleichsetzung von Krieg und atomarem (totalem Vernichtungs-)Krieg, sowie die Haltung des Christen zum „Gleichgewicht des Schreckens". Zuletzt

---

[73] Formal trat die KB nicht in Erscheinung, sondern ein „Freier Arbeitskreis evangelischer Pfarrer der Landeskirche in Württemberg"; warum diese scheinbare Distanzierung zur KB vorgenommen wurde, ist nicht zu klären. Sowohl in Schlenkers als auch in Angers historischen Rückblicken wird dieses Dokument selbstverständlich in die Geschichte der KB eingeordnet, vgl. SCHLENKER, Politik, 37 f sowie ANGER, Anfänge, 10 – dort werden die drei Verfasser ausdrücklich als „ein Arbeitskreis der Bruderschaft" bezeichnet. Ausführlich zu Genese und Wirkung vgl. BUCHSTÄDT, Bruderschaften, 347–357.

[74] BUCHSTÄDT, Bruderschaften, 351 f.

[75] Haug, Bischofsbericht; VERHANDLUNGEN DES 5. EVANGELISCHEN LANDESKIRCHENTAGS, 991.

kritisierte Haug, laut Werner[76], grundsätzlich das politische Engagement der Kirchlichen Bruderschaft, indem er ausrief:

„Genug und mehr als genug! Es ist für unsere Kirche und für mich beschämend, daß ich so viel von den ‚übrigen', den sekundären Dingen reden muß, die nach dem Wort Jesu in Matth. 6,33 denen von Gott dreingegeben werden sollen, die zuerst nach seinem Reich und seiner Gerechtigkeit trachten."

Auf diesen vermeintlichen Versuch, sich von den Problemen der Gesellschaft zu dispensieren und in den kirchlichen Elfenbeinturm zurückzuziehen, reagierte die Bruderschaft direkt und scharf: Werner antwortete in der „Stimme der Gemeinde" auf die Fragen des Landesbischofs. Haugs finalem Ausruf entgegnete er ebenso empathisch mit Barmen II: „Keineswegs genug oder gar mehr als genug! Der Anspruch Jesu Christi auf unser ganzes Leben ist für Christen nicht etwas Sekundäres, dem als das Primäre der Glaube an die Heilstatsachen gegenüberstünde."[77] Im Übrigen stellte Werner den von Haug aufgeworfenen Fragen Punkt für Punkt erneut die Überzeugung der KB gegenüber. Auch die BG leistete kurz darauf ihren Beitrag zur Diskussion, den Stil der Bruderschaft kritisierend und inhaltlich ganz im Ductus des Landesbischofs. Im Mitgliederrundbrief war ein Offener Brief an Werner abgedruckt, der die Anliegen der KB sowie des Landesbischofs abwägend erörterte, zu Sachlichkeit und Mäßigung in der durchaus als notwendig erkannten Debatte aufrief und vor allem das unehrerbietige Verhalten der KB gegenüber dem Landesbischof rügte[78].

Die KB führte die Diskussion fort, indem sie in den folgenden Stellungnahmen einen Komplex explizit thematisierte, der in der kirchlichen wie der säkularen Diskussion um die Atomrüstung implizit immer mitschwang: Die Haltung gegenüber der „Weltmacht im Osten", gegenüber dem Kommunismus, dem systematischen Atheismus der DDR beziehungsweise des Ostblocks. Die Debatte um die Wiederbewaffnung der Bundesrepublik verlief von Anfang an vor dem Hintergrund des Kalten Krieges, die Frage nach der (atomaren) Selbstverteidigung war immer auch die Frage danach, wie ein Christ zu einem atheistischen Staat stehen könne, mithin, ob das kommunistische Gesellschaftssystem eine lebbare Option für die Menschen in

---

76 Werner kürzte Haugs Bericht allem Anschein nach bewusst sinnentstellend. Für den Originalwortlaut vgl. Haug, Bischofsbericht; VERHANDLUNGEN DES 5. EVANGELISCHEN LANDESKIRCHENTAGS, 993.
77 Allerdings bewies Landesbischof Haug mit seinem „genug" möglicherweise mehr Gespür für die öffentliche Stimmung: laut Greschat „spielte die atomare Frage zu diesem Zeitpunkt, also schon im Sommer 1958, kaum noch eine Rolle." GRESCHAT, Protestantismus, 70.
78 „Wenn wir anderen alle uns auch erlauben würden, so wie Sie den Landesbischof persönlich vorzunehmen und ihn stellvertretend für alle andern öffentlich abzureiben..." Offener Brief an Herrn Pfarrer Dr. Werner, Zuffenhausen; EuK-Info 1959, Heft 3, 33–38, hier: 34. Intern diskutierte der LBR in seiner Sitzung am 23. 4. 1959 die Kanzelabkündigung zum Landesbußtag sowie Landesbischof Haugs Reaktion im LKT darauf durchaus kontrovers, vgl. LBR-Protokoll 23. 4. 1959; LKAS, D 31, 89.

Deutschland sein könne oder ob es mit der „Absage an Gottes Herrschaft über alle Welt, [als] Ungehorsam gegen das erste Gebot Gottes und damit gegen alle anderen"[79] gleichzusetzen sei[80]. Die erste Landesversammlung der KB, die für den 7. und 8. November 1959 nach Stuttgart einberufen wurde, war denn auch ganz diesem Thema gewidmet. Josef Hromádka, Heinrich Vogel, Johannes Hamel, Martin Niemöller und, kurzfristig für den verhinderten Ernst Wolf einspringend, Gotthilf Weber beleuchteten in ihren Vorträgen das Verhältnis des Christen zur Obrigkeit im Allgemeinen und zur atheistisch-kommunistischen Obrigkeit im Besonderen; Hromádka ließ es sich angelegen sein zu betonen, dass sich Atheismus als solcher nicht auf die östliche Hemisphäre beschränke, sondern generell ein Phänomen der Gegenwart sei – Kommunismus und Atheismus dürften nicht vereinfachend gleichgesetzt werden[81]. Mit Vogel und Hamel kamen zwei Vertreter der Bruderschaften im Osten zu Wort, die sich, in aller Treue zum Erbe von Barmen, um eine christliche Existenz im DDR-Staat mühten. Anders als die BG, die die Verbundenheit mit den Brüdern im Osten stets hochhielt und jene durch Besuchsreisen und Hilfs-Pakete zu unterstützen suchte, dabei aber stets größtmögliche Distanz zum DDR-Regime wahrte, versuchte die KB wirklich ein „Verhältnis" zum kommunistischen System zu entwickeln und sich mit dem staatlich verordneten Atheismus ebenso wie mit den realexistierenden Möglichkeiten kirchlichen Lebens in der DDR auseinanderzusetzen. Dass die KB und ihre Mitglieder dem Kommunismus gegenüber prinzipiell offener gegenüberstanden als die anderen kirchlichen Gruppierungen, zeigte sich auch in der Tatsache, dass offensichtlich eine ganze Reihe KBler Mitglied in der von Josef Hromádka initiierten, zuweilen als „kommunistische[] Tarnorganisation[]"[82] bezeichneten, Christlichen Friedenskonferenz waren[83]. Dies schlug sich unter anderem in der bruderschaftlichen Reaktion auf das Büchlein „Obrigkeit?" von Otto Dibelius aus dem Jahr 1959[84] nieder, das EKD-weit heftige Kontroversen hervorrief. Dibelius hatte darin der DDR-Regierung grundsätzlich die Legi-

---

79 So Haug fragend im o. g. Bericht, VERHANDLUNGEN DES 5. EVANGELISCHEN LANDESKIRCHENTAGS, 993.
80 Diethard Buchstädts Feststellung, wonach sich „[i]n den Jahren [sic] 1959 [...] die Aktivitäten der Bruderschaften [...] von der Atomdebatte auf die Auseinandersetzung mit [dem] kommunistischen Staat" (BUCHSTÄDT, Bruderschaften, 416) verlagerten, ist insofern dahingehend zu präzisieren, dass es sich bei dieser Themenänderung nicht um eine Interessenverlagerung, sondern um eine stringente Fortführung und Weiterentwicklung des zuvor Bearbeiteten handelte.
81 Die Vorträge der Tagung erschienen als Buch: KIRCHLICHE BRUDERSCHAFT IN WÜRTTEMBERG / WEBER, Christen. Für eine ausführliche Darstellung der Tagung vgl. BUCHSTÄDT, Bruderschaften, 371–374.
82 So u. a. bei VOLLNHALS, Abteilung, 36.
83 Diese Vermutung legt sich aus handschriftlichen Ergänzungen („CFK") hinter etlichen Namen auf einer „Anschriftenliste KBiW – Erweiterter Leiterkreis – Stand Juni 1969" nahe; LKAS, NL Kirchliche Bruderschaft.
84 Vgl. DIBELIUS, Obrigkeit.

timität abgesprochen; für Machthaber in einem totalen Staat gelte das paulinische Gebot, die Obrigkeit zu achten (Röm. 13), nicht. Die Schrift gipfelte in der Aussage, er, Dibelius, wolle gerne dieses „Regime [...] um Gottes und um des Herrn Jesus Christus willen überwunden sehen"[85]. Erwartbar genug erhielt Dibelius reichlich Beifall aus dem konservativen Lager in der Bundesrepublik, während die Brüder in der DDR Dibelius' provozierende Aussagen als wenig hilfreich in ihrem Ringen um einen modus vivendi für die Christen in der DDR empfanden[86]. Auch die Reaktion der Kirchlichen Bruderschaften war vom Mühen um Brückenbau und Verständigung mit den Brüdern im Osten geprägt: Die von Herbert Werner entworfene und von Karl Barth redigierte, während der Berliner Studientagung der Bruderschaften im Juni 1960 erneut modifizierte Stellungnahme wurde letztendlich von den versammelten Bruderschaften abgelehnt[87]. Dennoch hielt Herbert Werner an der Erklärung fest und nach einer weiteren Überarbeitung[88] veröffentlichte er sie in der „Stimme der Gemeinde" und versandte sie innerhalb der KB Württemberg[89].

Die primären Themenfelder der KB – Wahrnehmung der gesellschaftlichen Verantwortung des Christen insbesondere im Blick auf „christliche" Politik und politischen Katholizismus, Krieg/Kriegsdienst im Atomzeitalter, sowie Vereinbarkeit von Christentum und Kommunismus beziehungsweise Atheismus – sind mit diesen Dokumenten aus den ersten Jahren des Bestehens der Kirchlichen Bruderschaft in Württemberg im Wesentlichen umrissen. Diese Anliegen prägten auch in den Folgejahren das Engagement und die Stellungnahmen der KB. 1962 führte die Berufung von Herbert Werner zum Professor an die Pädagogische Hochschule Frankfurt zur Umbildung der Leitung der KB. An die Stelle des „ersten" und „zweiten Vorsitzenden" trat nun ein „Vorstand", dem zunächst neben Werner und Weber Hans Rücker, Irmgard Anger[90] und Walter Schlenker angehörten[91]. Letzterer hatte „vorläufig" die „Geschäftsführung" übernommen, wurde aber binnen kurzer Zeit nicht nur zum „Vorarbeiter"[92], sondern de facto zur zentralen Figur und zum Leiter

---

85 Zitiert nach BUCHSTÄDT, Bruderschaften, 368 f.
86 Vgl. EBD., 368–370.
87 Zur Genese des Textes und zur Studientagung vom 15.–18. 6. 1960 vgl. EBD., 405–416.
88 Im Rahmen einer Konferenz mit der hessischen KB, vgl. EBD., 421.
89 Ausführlich zu Dibelius' Obrigkeitsschrift und dem Ringen der Bruderschaften um eine angemessene Reaktion bei EBD., 405–427. Erklärung der KB Württ als Beilage zu Bruderschafts-Rundbrief von Werner vom 28. 7. 1960; LKAS, NL Kirchliche Bruderschaft; auch abgedruckt in in STKL 1960, Heft 15/16, Sp. 477 und JK 1960, 484 f. vgl. EBD., 421. Von dem bei Buchstädt erwähnten Offenen Brief an Dibelius ist in Werners Rundbrief nicht die Rede.
90 Irmgard Anger führte die Geschäftsstelle der KB bis zu ihrem Tod am 4. 1. 2007; sie war ursprünglich die Pfarramtssekretärin von Dr. Herbert Werner in Stuttgart-Zuffenhausen und gehörte zu den Gründungsmitgliedern der KB, vgl. Rundbrief der Evang. Sozietät 1/2007; LKAS, NL Kirchliche Bruderschaft und Auskunft Martin Günzler.
91 Rundschreiben der KB an Freunde und Mitglieder, 29. 11. 1962, 3; LKAS, NL Kirchliche Bruderschaft. Hier ist weiter festgehalten, dass „wesentliche Beschlüsse vom Leiterkreis gefasst" würden, dem die Leiter der regionalen Kreise angehören.
92 Vgl. Verfasserangabe bei SCHLENKER, Weg.

der KB, die er mit enormem Einsatz (und Erfolg), aber auch mit dem Anspruch auf Gefolgschaft führte[93]. Die von Schlenker in den folgenden Jahren im Auftrag der Bruderschaft veröffentlichten Stellungnahmen[94] standen klar in der Kontinuität der früheren Verlautbarungen und Aktionen. Eine nennenswerte Veränderung in Thematik und Zielsetzung der KB hat sich durch den Übergang der Leitung an Walter Schlenker offensichtlich nicht ergeben. Im Blick auf die Frage, welche Themen und Anliegen der späteren KK/OK dem „Erbe" der KB zuzuordnen sind, ist festzuhalten, dass primär die KB und ihr nahestehende Netzwerke wie die rostra theologica[95], Versöhnungsbund und Pro-Oekumene[96], Themen mit weltweitem Horizont verhandelten: So 1967 den Vietnamkrieg, 1971 das Verhältnis zu Polen oder die Überlegungen zum Israel-Palästina-Problem 1973[97].

Einen Schlüssel für das Verständnis von Walter Schlenkers jahrzehntelangem Engagement – der, mutatis mutandis, auch für die anderen Mitglieder der KB wird gelten können – findet sich zu Beginn der Schrift „Politik in der Kirche". Unter der Überschrift „Kirche als ‚Oase der Ruhe'?" zitierte Schlenker aus dem Protokollbuch des Kirchengemeinderats Kemnats die Wünsche der Gemeinde für die Neubesetzung der Pfarrstelle 1937[98]: Der neue Pfarrer solle „auf biblischem Boden" stehen und ein „lebendiger" und „allgemein verständlicher" Prediger sein. Vor allem aber habe der Kirchengemeinderat „noch besonders zum Ausdruck gebracht, daß aus der Predigt das politische Moment völlig ausgeschaltet bleiben möge."[99] Schlenker erläuterte diesen Vorgang: Der vorherige Pfarrer sei „gewiß kein politisch engagierter Streiter und keine Kampfnatur" gewesen, habe aber „den Gegensatz von Christusgeist und Hitlergeist erkannt" und sich verpflichtet gefühlt, seine Gemeinde darauf hinzuweisen. Die daraus resultierende „Unruhe" sei von Teilen der Gemeinde missbilligt worden. Die Kirchenleitung habe bei der Besetzung der Pfarrstelle dem Wunsch der Gemeinde entsprochen, die „Gemeinde erhielt, was sie wollte: Einen milden Nationalsozialisten als Pfarrer und eine Pfarrfrau, die

---

93 Wiederholt wurde von den Zeitzeugen, halb kritisch, halb anerkennend festgestellt, die Bruderschaft sei „über lange Jahre hinweg nach ‚Gutsherren Art' geleitet worden". So z. B. Martin Günzler, Heinrich Schmid u. a. bei der Tagung der Evangelischen Sozietät in Herrenberg, 9. 2. 2013.
94 Vgl. Publikationsliste, KIRCHLICHE BRUDERSCHAFT IN WÜRTTEMBERG / GÜNZLER, Evangelium, 20.
95 Die rostra theologica war ein kirchenreformerischer Kreis, der sich dezidiert *theologisch* mit den konservativen Kräften in der Württembergischen Landeskirche auseinandersetzen wollte. Etliche seiner führenden Mitglieder hatten durch Studienaufenthalte im Ausland, insbesondere in den USA, wichtige theologische Impulse erhalten, die die Arbeit der rostra prägten. Vgl. GEBERT, rostra, sowie die dort genannte Literatur.
96 Zum Verhältnis KB und verwandter Netzwerke vgl. Brief Walter Schlenker an Wolfgang Schweitzer, 2. 10. 1985, 2; LKAS, NL Kirchliche Bruderschaft.
97 Vgl. Liste der „Verlautbarungen" der KB 1963 bis 1990 in KIRCHLICHE BRUDERSCHAFT IN WÜRTTEMBERG / GÜNZLER, Evangelium, 21 f.
98 Schlenker hatte diese Pfarrstelle 1965–1975 inne.
99 Zitiert bei SCHLENKER, Politik, 5.

bald die Führung der harmlosen NS-Frauenschaft übernahm". Unmissverständlich stellte Schlenker aber im Anschluss an diese Episode fest, dass es schlechterdings unmöglich sei, gänzlich „unpolitisch" zu sein, da „derjenige, der sich zur Politik nicht äußert [... durch] sein Schweigen [... de facto] den Maßnahmen und Unternehmungen der regierenden Politikern"[100] zustimme. Scharf pointiert erläuterte er:

„Viele Zeitgenossen und Kirchenleute, die den Mitchristen das politische Wort und die politische Tat verwehren und von der Kirche ‚nur das reine Evangelium' hören wollen, haben damit – wissentlich oder unwissentlich – den Boden dafür bereitet, daß die CDU-Regierung ihre Pläne ungestört durchführen und ihr Verständnis einer ‚christlichen Politik' durchsetzen konnte."

Dem Wunschgebilde einer politikfreien Kirche stellte Schlenker das Beispiel des Pfarrers Julius von Jan gegenüber und zitierte weite Teile von dessen berühmter Predigt zum Bußtag 1938, mit der von Jan klar und unumwunden die Ereignisse in der sogenannten „Kristallnacht" kritisiert hatte[101]. Es scheint, als leite sich Schlenkers Motivation negativ aus der Erfahrung der schweigenden Kirche unter dem NS-Regime, positiv aus dem Beispiel der wenigen „Gerechten" wie von Jan oder Niemöller ab. Größtes Übel aber scheint für die Bruderschafter jenes Schweigen gewesen zu sein, das sich durch den Rückzug in eine scheinbar politikfreie, reine Evangeliumsverkündigung „– wissentlich oder unwissentlich –" den Herrschenden widerspruchslos unterordnet; diese Mehrheit war für die KBler jener Jahre die schweigende Mehrheit der Ära Adenauer. Noch deutlicher brachte Schlenker diese Haltung bei der Verabschiedung Herbert Werners aus Zuffenhausen 1962 zum Ausdruck. Hier begründete Schlenker die KB folgendermaßen:

„Sie ist aus der Sorge heraus entstanden, die geistlichen Erkenntnisse des Kirchenkampfes könnten verloren gehen, die Kirche könnte von neuem schuldig werden, durch Schweigen und Gewährenlassen, durch Rückzug in die Innerlichkeit, durch Angleichung und Anpassung an die weltlichen Mächte und Geister, durch Zustimmung zu der obrigkeitlich betriebenen Massenmordvorbereitung im Osten wie im Westen."[102]

In größtmöglicher Klarheit zeigt sich hier die Übereinstimmung im Motiv des „Kirchenkampf-Erbes" beziehungsweise der Furcht vor einem erneuten Versagen der Kirchen, das Schlenker und die Bruderschaft mit der BG ebenso wie mit manchen Vertretern des konservativen Lagers teilten. Die klar gegen die

---

100 EBD., 6.
101 Vgl. METZGER, Kristallnacht.
102 Ansprache beim Gemeindeabend zur Verabschiedung von Pfarrer Dr. Werner in Zuffenhausen (undatiert), Beilage zum (Offenen) Brief von Walter Schlenker an Dr. Herbert Werner zu dessen 70. Geburtstag, 20. 3. 1972. LKAS, NL Kirchliche Bruderschaft.

CDU beziehungsweise den politischen Katholizismus in Deutschland ausgerichtete Orientierung dieses Engagements war hingegen das Spezifikum der KB.

4.3 Kirchenreform und Gesellschaftsdiakonie – „Die Gemeinde vor der Tagesordnung der Welt"[103]

Die zweite Wurzel der KK/OK führt zurück in die Kirchenreformbewegung und zur sogenannten gesellschaftsdiakonischen[104] Aufgabe der Kirche, die Eberhard Müller, Gründer der Evangelischen Akademie Bad Boll, in den Focus kirchlicher Aufmerksamkeit rückte. Müller hatte in seiner 1953 publizierten Schrift „Die Welt ist anders geworden"[105] festgestellt[106], dass die Einheit von Wohn- und Arbeitsplatz, die die bäuerlich-handwerkliche Gesellschaft geprägt hatte, in der modernen Industriegesellschaft nicht mehr die Regel, sondern der seltene Ausnahmefall sei. Da Kirche zumeist nur am Wohnort eines Menschen präsent sei, beispielsweise in Form von Hausbesuchen des Pfarrers, habe sie kein Wissen mehr um die Arbeitsverhältnisse des Menschen und ergo keine Kompetenz zur Beratung und Seelsorge, wenn an dieser Stelle Probleme aufträten[107]. Daraus folgerte Müller zum einen, dass die Kirche sich systematisch für die Welt der Arbeit öffnen, sich für sie interessieren und ihre Vertreter zu sich einladen müsse, um mit ihnen ins Gespräch zu kommen – dies verwirklichte Müller vor allem in der Tagungsarbeit der Akademie Bad Boll[108]. Zum anderen seien Pfarrer zu schulen und auszusenden, die in besonderer Weise in die moderne, industrielle Arbeitswelt hinein gingen, Sachkompetenz erwürben und Kontakte knüpften. Zu diesem Zweck wurden

---

103 Vgl. Überschrift des zweiten Vortragsteils von SIMPFENDÖRFER, Vortrag „Kirchenreform".
104 Mit dem Begriff ‚Gesellschaftsdiakonie' versuchen ihre ‚Väter' (Eugen Gerstenmaier, Olov Hartman, Heinz-Dietrich Wendland) deutlich zu machen, dass christliche Liebestätigkeit sich nicht auf die Zuwendung zum hilfsbedürftigen Individuum beschränke, sondern „daß die Kirchen und in ihnen die Christen zu gesellschaftlichem und politischem Dienst aufgrund der christlichen Botschaft verpflichtet seien." REITZ-DINSE, Theologie, 132; hier auch weiterführende Literatur.
105 MÜLLER, Welt.
106 Dieses Buch wurde vom OKR allen Pfarrämtern zugeschickt; Werner Simpfendörfer unterstreicht die nicht zu unterschätzende Bedeutung mit der lapidaren Feststellung: „Der Vorgang und das Buch initiierten und organisierten den kirchlichen Streit der nächsten 20 Jahre in Württemberg." SIMPFENDÖRFER, Vortrag „Kirchenreform".
107 Eine sehr eindrucksvolle, beinahe lyrische Schilderung dieser Situation bot Walther Küenzlen den Synodalen 1963 bei deren Tagung zu Fragen der Akademiearbeit, vgl. VERHANDLUNGEN DER 6. EVANGELISCHEN LANDESSYNODE, 2. 5. 1963, 533.
108 Einen knappen Bericht über Entstehung und Arbeit der Akademie gab Müller 1955 dem LKT, vgl. VERHANDLUNGEN DES 5. EVANGELISCHEN LANDESKIRCHENTAGS, 10. 11. 1955, 335–338. Ausführlich in seiner Biografie MÜLLER, Widerstand. Mehr Information zur Akademie Bad Boll findet sich bei FISCHER, Aufbruch, zur Akademiearbeit in Deutschland insgesamt vgl. TREIDEL, Akademien.

von der Akademie, unter der Leitung von Werner Simpfendörfer, ab 1966 „Industriepfarrer"[109] ausgebildet und organisiert.

Gesellschaftsdiakonie, dieses Ernstnehmen des Menschen in der heutigen Welt beziehungsweise seiner je spezifischen Situation und das Ausrichten des Evangeliums in diese Situation hinein, wurde auch zum Generalthema der vielgestaltigen Kirchenreformbewegungen in den 1960er Jahren[110]. Die Kirchenreformbewegung im engeren Sinne war im Kontext des Deutschen Evangelischen Kirchentags entstanden und fragte zum Beispiel nach neuen Möglichkeiten und Formen von Liturgie und Gottesdienstgestaltung (beispielsweise durch „Neue Lieder" oder Laienpredigten)[111], aber auch nach Möglichkeit und Notwendigkeit struktureller Veränderung und Reform der Kirche[112]. Im Bereich der württembergischen Landeskirche war der oben bereits erwähnte Werner Simpfendörfer der wichtigste Mentor dieser Bewegung[113]. Für den aus Korntal stammenden Sohn des Reichstagsabgeordneten und späteren württemberg-badischen beziehungsweise baden-württembergischen Kultusministers Wilhelm Simpfendörfer und Bruder zweier weiterer württembergischer Pfarrer (Jörg und Gerhard Simpfendörfer) war schon während eines Auslandssemesters in Edinburgh im Rahmen des Theologiestudiums die ökumenische Begegnung zu einem zentralen Anliegen geworden: „Die Konfrontation mit Studierenden aus Ländern, die von den Nazis überfallen und weitgehend ‚judenrein' gemacht worden waren, lehrte ihn im Schockverfahren, dass Ökumene kein harmonisches Familienleben ist, sondern schmerzhafte Versöhnungsarbeit bedeutet."[114] Seine auf dieser Grundüberzeugung basierende „ökumenische Existenz"[115] führte ihn nach dem Vikariat und einer Repetentur am Seminar Blaubeuren an die Akademie Bad Boll, wo er ab 1956 zunächst als Pressereferent, später als Referent für gemeindebezogene Arbeit, für Ökumene und zuletzt als Stellvertretender Leiter bis 1969 zahlreiche Akademie-Projekte begleitete. Auf diese Weise wurde er zu einem höchst bedeutungsvollen und wirkmächtigen Bindeglied und Impulsgeber zwischen den verschiedenen Richtungen progressiv-gesellschaftsbe-

---

109 Heute „Kirchliche Dienste in der Arbeitswelt".
110 Eine gründliche Aufarbeitung und Auswertung der Kirchenreformbewegung steht leider noch aus. Ansätze in Gestalt von Einzeluntersuchungen finden sich in den Sammelbänden HERMLE / LEPP / OELKE, Umbrüche und FITSCHEN / HERMLE / KUNTER / LEPP / ROGGENKAMP-KAUFMANN, Politisierung.
111 Für die spezifisch württembergische Situation vgl. SIMPFENDÖRFER, Vortrag „Kirchenreform".
112 Vgl. LEUDESDORFF, Salz, 99 f.
113 Soweit nicht anders angegeben sind die folgenden biographischen Angaben dem Vortrag DEJUNG / KLATT, Simpfendörfer-Vortrag entnommen. Vgl. auch DEJUNG / KLATT, Simpfendörfer sowie Werner Geberts Artikel in Anstöße 2007, Heft 2, 15–17.
114 DEJUNG / KLATT, Simpfendörfer-Vortrag, 5. Exakt gleichlautend bei Gebert, der nach Auskunft von Hans-Gerhard Klatt die Vorarbeiten der Boller Referenten verwendete. Auskunft H.G. Klatt 4. 9. 2013.
115 Simpfendörfer, zitiert nach EBD., 5.

zogener kirchlicher Arbeit – wie der Kirchenreform-Bewegung, den Siedlungspfarrern oder der kirchlichen Industriearbeit[116]. Von 1961 bis 1967 wurde er zusätzlich vom Ökumenischen Rat der Kirchen (ÖRK) zum Sekretär einer großen Studie über die missionarisch-reformerischen Potentiale der Kirche[117] berufen, die für seine weitere Arbeit in Genf und ab 1973 wieder in Württemberg wegweisend werden sollte[118]. In dieser Studie erschien zum ersten Mal im deutschen theologischen Sprachraum der Begriff von der „Tagesordnung der Welt", auf die die Kirche sich einzulassen habe[119]. Dieser Ausdruck wurde zum Leitwort der sozio-theologisch orientierten Gruppen in Württemberg, denn er brachte genau deren Vision einer auf den heutigen Menschen in seiner tatsächlichen Lebenssituation eingehenden Kirche auf den Punkt[120]. Simpfendörfer selbst führte diese Überlegungen, in Anspruch und Abgrenzung theologisch anspruchsvoll, in der Einleitung des ersten Bandes der von ihm, Paul-Gerhard Seiz und Gerhard Wacker betreuten Reihe „Kirchenreform"[121] aus:

„Unsere Gesellschaft wird von einer gewaltigen Unruhe bewegt, die auch in die Kirchen eingedrungen ist. Theologie und Verkündigung, politische und moralische Vorstellungen, Ordnungen und Einrichtungen – alles ist im Fluß. Es wird immer deutlicher, daß sich die Kirche mit diesem Wandlungsprozeß nicht länger

---

116 Vgl. EBD. sowie SIMPFENDÖRFER, Vortrag „Kirchenreform".
117 WORLD COUNCIL OF CHURCHES / REFERAT FÜR FRAGEN DER VERKÜNDIGUNG / WESTEUROPÄISCHE ARBEITSGRUPPE, Kirche; Simpfendörfer übersetzte nicht nur dieses, sondern noch mindestens ein weiteres für die Reformbewegung zentrales Buch: Harvey Cox' „Stadt ohne Gott" von 1966.
118 Die Bedeutung der ÖRK-Untersuchung für Württemberg betonte auch Hans-Martin Freudenreich; Interview Freudenreich.
119 Bernhard Ott hat die Begriffsgeschichte vermutlich korrekt zurückverfolgt: „The concept ‚the world sets the agenda' was introduced to the discussion by Walter Hollenweger in 1966 (‚The World is the Agenda', in Concept XI, September 1966, Geneva: WCC). The *Leitmotiv* was further developed in The Church for Others (Geneva: WCC, 1967: 23–27). It became a current term around the Uppsala 1968 Conference". OTT, Fragmentation, 94, Fn 26. Die erwähnte Studie ‚Church for Others' hat Werner Simpfendörfer ins Deutsche übertragen, vgl. WORLD COUNCIL OF CHURCHES / REFERAT FÜR FRAGEN DER VERKÜNDIGUNG / WESTEUROPÄISCHE ARBEITSGRUPPE, Kirche. Die Bedeutung, die die Weltkirchenkonferenz in Uppsala 1968 für Programm und Selbstverständnis der KK/OK hatte, wird nicht zuletzt darin deutlich, dass die Männer des Gesprächskreises Bibel und Bekenntnis ihre Mitsynodale Dr. Anne-Lore Schmid, EKD-Delegierte in Uppsala, liebevoll-spöttisch „Miss Uppsala" nannten. Vgl. Interviews Rolf Scheffbuch, Kurt Feuerbacher.
120 Vgl. Hollenweger im Anschluss an Überlegungen zum Apostolischen Glaubensbekenntnis: „One thing is sure: If we recite a Creed, which spoke precisely to the agenda of the third or forth century, we must not wonder, if nobody finds it neither exciting nor helpful. […] It is of course not enough to take seriously the agenda of our worlds. In this agenda, the Church has to confess Christ, she has to participate in the *missio Dei* , to proclaim and identify the *shalom* of God." HOLLENWEGER, Agenda, 20.
121 Kirchenreform, 5 Bde, Stuttgart 1968–1970.

nur geistig und theoretisch auseinandersetzen kann. Sie ist zu konkreten Konsequenzen [...] herausgefordert."¹²²

Unter der provokativen Überschrift „Die Tagesordnung der Welt – Entscheidungsfrage der Kirchenreform" erläuterte Simpfendörfer anhand des damals die Republik schockierenden Vorfalls bei der Christvesper 1967 in der Berliner Gedächtniskirche¹²³ das Programm einer Kirche, die sich der „Tagesordnung der Welt" stellt: Die Gottesdienstbesucher in Berlin, die die „Störer" teilweise recht gewaltsam aus der Kirche hinaus befördert hatten, hätten zwar „mit gutem Recht [aber] mit schlechten Mitteln"¹²⁴ gehandelt, denn schon Paulus habe eindringlich Gastfreiheit und den Schutz des „Fremdlings" von den Gemeinden gefordert. Dennoch sei die Reaktion verständlich – erinnere doch die Studentenaktion manch einen an die „Methoden der SA"¹²⁵: „Man fürchtet die Wiederkehr der Deutschen Christen." Klarsichtig und selbstkritisch stellte Simpfendörfer fest: „[I]st nicht eben das ihre Losung gewesen, was nun jener westeuropäische Schlußbericht fordert: daß es ‚der Welt erlaubt sein muß, die Tagesordnung der Kirchen aufzustellen'?", und führe dies nicht unweigerlich zu einem „Debakel [wie] 1933 [...], als die Kirche ihre Tagesordnung von der Welt bestimmen ließ und eines Tages beim ‚Arierparagraphen' landete?" Theologisch versiert nahm er aber sogleich den Kritikern vom Stile eines Joachim Beckmann¹²⁶ den Wind aus den Segeln, indem er differenzierte: „Aber der Irrweg der Deutschen Christen lag keineswegs darin, daß sie die Tagesordnung der Welt gelten ließen, sondern darin, daß sie die Bearbeitung und Beantwortung dieser Tagesordnung von dort übernahmen."¹²⁷ Eine Kirche hingegen, die sich auf die Tagesordnung der Welt nicht einlasse, laufe Gefahr – hier bezog sich Simpfendörfer in seiner Kritik auf Bonhoeffer – sich von der Welt zu distanzieren und hinter ihre Mauern zurückzuziehen. Es bleibt zu fragen, ob alle Weg- und Gesinnungsgenossen Simpfendörfers diesen feinen Unterschied zwischen dem Aufstellen der Tagesordnung und der Bearbeitung der Tagesordnung immer haben mitvollziehen können. Der berechtigten Forderung nach einer Kirche, die die Welt von heute wahrnimmt und ihr aus dem Auftrag des Evangeliums heraus entspricht, tut dies jedoch keinen Abbruch. Diese Forderung wird die Dokumente und Programme der KK/OK von Beginn an prägen und durchziehen.

---

122 SIMPFENDÖRFER, Vorwort, 5.
123 Eine Gruppe von Studenten um Rudi Dutschke hatten den Gottesdienst gestört um gegen den Vietnamkrieg zu protestieren. Die Gottesdienstbesucher setzten sich zum Teil handgreiflich zur Wehr; es kam zu einem Handgemenge, bei dem Dutschke eine Platzwunde erlitt. Vgl. EGW 1969, Nr. 4, 1, 6 (samt Titelbild einer Polizeikette vor dem Altar).
124 SIMPFENDÖRFER, Einleitung, 9.
125 EBD., 10.
126 Beckmann denunzierte 1968 Dorothee Sölles Theologie öffentlich als Irrlehre, gegen die die Theologie der Deutschen Christen harmlos gewesen sei. Vgl. CORNEHL, Sölle, 266 f.
127 SIMPFENDÖRFER, Einleitung, 11.

Neben der Ökumene und der Liturgiereform[128] war die „Siedlung" beziehungsweise die „Kirche in der Siedlung" ein Interessenschwerpunkt der Reformkräfte[129]: Im Umfeld der KK/OK ist die Siedlung „Ramtel", ein Ortsteil von Leonberg, in besonderer Weise bekannt und geradezu berühmt[130], denn hier fand im November 1968 die Gründungsversammlung der KK statt. Führende Persönlichkeiten der KK/OK, wie Paul-Gerhard Seiz und Fritz Röhm sind mit dem Ramtel-Projekt verbunden, und nicht zuletzt war der Aufbau der Kirchengemeinde in der dortigen Trabantenstadt das von Werner Simpfendörfer am intensivsten betreute und dokumentierte Kirchenreformprojekt[131]. Am Ramtel sei daher im Folgenden das Programm der „Kirche in der Siedlung" exemplarisch dargestellt.[132]

4.3.1 Ramtel – Paul-Gerhard Seiz[133]

„Die moderne Wohnsiedlung ist Neuland […]. Die Trennung von Wohnwelt und Arbeitsraum ist hier manifest. Die Distanz zur Verwaltung, zum feierabendlichen Vergnügungskonsum, zum kulturellen Leben hat sich zu einer beinahe vollstän-

---

128 Zu den Ansätzen einer Reform des Gottesdienstes, der Kirchenmusik sowie des Kirchenbaus vgl. SIMPFENDÖRFER, Vortrag „Kirchenreform".
129 Simpfendörfer stellte im 1. Band der Reihe Kirchenreform bewusst „[d]rei junge Kirchliche Bewegungen" vor: die Ökumenische Bewegung, das Arbeitsgruppe Kirchenreform des Deutschen Evangelischen Kirchentags und die Arbeitsgemeinschaft Siedlungspfarrer an der Akademie Bad Boll; SIMPFENDÖRFER, Einleitung, 5.
130 Vgl. RÖHM, Wurzel, RÖHM, Geburtswehen, NUDING, Kirche, NUDING, Ramtel.
131 Neben den in der Reihe „Kirchenreform" von Simpfendörfer, Seiz, Wacker und anderen publizierten Dokumenten und Auswertungen existieren auch im Archiv der Akademie Bad Boll noch umfangreiche Unterlagen zur Arbeit im Ramtel von Simpfendörfer, Seiz und der Leiterin der Studienabteilung Marlies Cremer. Dass Werner Simpfendörfer sich so stark im und für den Ramtel engagierte, mag auch daran gelegen haben, dass er seit 1961 mit Paul-Gerhard Seiz persönlich befreundet war. Vgl. DEJUNG / KLATT, Simpfendörfer-Vortrag, 9.
132 Weitere gut 20 „Siedlungen", in denen in ähnlicher Weise von engagierten jungen Pfarrern das Problem/Phänomen der Kirche in der „Schlafstadt" wahrgenommen und bearbeitet wurde, lassen sich, wenn auch wohl unvollständig, anhand der Teilnehmerlisten der Siedlungspfarrertagungen im Archiv der Akademie Bad Boll ermitteln (Aktenbestand 17b Direktorium Seiz, Siedlungsgemeinden 1966–1969). Eine abschließende Analyse des gesamten Strukturreform-Projekts mit insgesamt sechs Testbezirken wurde 1974 veröffentlicht: INSTITUT FÜR PRAKTISCHE THEOLOGIE, Konzeption.
133 Da das Ramtel-Projekt an sich ebenso wie in seiner Bedeutung für die Genese der KK/OK bereits mehrfach und ausführlich dargestellt worden ist, konzentriert sich die folgende Analyse auf eine eher systematisierende Zusammenfassung der Elemente, Personen und Motive, die für das Netzwerk der späteren KK/OK-Gründer bedeutsam und typisch sind. Eine Darstellung des Ramtel-Projekts mit wissenschaftlichem Anspruch bietet NUDING, Ramtel; eher persönlich-kommemorativ RÖHM in der Gedenkschrift für Paul-Gerhard Seiz: RÖHM, Wurzel bzw. in der Jubiläumsfestschrift der OK: RÖHM, Geburtswehen. Ausführliche zeitgenössische Dokumentationen sind zusammengefasst in der von Werner Simpfendörfer verantworteten Reihe: Kirchenreform, Stuttgart 1968–1970.

digen Beziehungslosigkeit verdünnt [... . Die Siedlung] ist reine Privatwelt. Hier liegt die Ursache der Hauptkrankheit in der Siedlung: der Langeweile."[134]

Mit dieser Lagebeschreibung beginnt Paul-Gerhard Seiz' Bericht über das Gemeinderefom- beziehungsweise -aufbauprojekt in Leonberg-Ramtel. Ausgehend von der Anonymität der urbanen Nachbarschaft, dem Fehlen einer gut durchmischten Altersstruktur, von (Frei-)Raum und Infrastruktur sah Seiz sich mit einer Gemeindesituation konfrontiert, die mit einer klassischen Gemeindestruktur nicht vereinbar schien:

„Wache Gemeindeglieder und der Pfarrer erkannten [...]: das traditionelle Gemeindebild und Gemeindeprogramm funktioniert hier nicht mehr. Hier sind neue Arbeitsformen gefordert. Hier ist Notwendigkeit und Chance, von einem neuen Ansatz her zu denken und zu handeln. Dieser Ansatz aber hieß: Kirche für die Siedlung. Die Gemeinde baut sich auf, indem sie die Siedlung mit aufbaut."[135]

Der Ortsteil Ramtel war – wie viele ähnliche Neubausiedlungen im Umland der großen Städte – in den 1950er Jahren geplant und erschlossen worden. Binnen zehn Jahren fanden dort rund 5000 Neubürger Wohnraum. Sie stammten zur Hälfte aus den deutschen Ostgebieten und der DDR, jeweils ein Viertel kam aus Baden-Württemberg beziehungsweise dem restlichen Bundesgebiet. Die Berufstätigen gingen ihrer Arbeit in aller Regel außerhalb der Siedlung nach, die meisten in Betrieben im Großraum Stuttgart. Zwei Drittel der Menschen waren evangelisch. Kirchlich betreut wurden die evangelischen Christen zunächst von den Pfarrern des jenseits der Autobahn A81, etwa drei Kilometer entfernt liegenden Dorfes Eltingen. 1959 wurde innerhalb der Ramtel-Siedlung die sogenannte „Baracke", eine Behelfskirche mit 120 Sitzplätzen für die Neubaugemeinde errichtet. Ein Jahr später bekam die Gemeinde einen eigenen Pfarrer, Paul-Gerhard (genannt „PG") Seiz.

Seiz, Sohn des Stuttgarter Oberkirchenratsjuristen und Synodalen Otto Seiz, wurde 1960 zunächst auf die Pfarrstelle Eltingen III berufen, die mit Gründung der eigenständigen Versöhnungskirchen-Gemeinde im Ramtel 1963 dieser zugewiesen wurde. Seine Vision war, der spezifischen Situation der Gemeinde im Neubaugebiet durch eine adäquate Neustrukturierung kirchlicher Arbeit gerecht zu werden: „*Gemeinde in Dienstgruppen*' lautete das Konzept im Ramtel. Dieses Gemeindeprojekt war ein Gemeindeaufbaumodell."[136] Zu diesem Projekt trat aber nun noch ein zweites, dezidiert kirchenreformerisch ausgerichtetes Projekt hinzu. Denn was Seiz in sein Ramteler Pfarramt einbrachte, war seine aus dem Pietismus heraus erwachsene Theologie und dazuhin ein verschworener Kreis von Studienfreunden, die

---

134 SEIZ / SIMPFENDÖRFER / WACKER, Ramtel, 70. Auch die folgenden Angaben sind diesem Aufsatz entnommen.
135 EBD., 71.
136 NUDING, Ramtel, 16.

„Semestralliga"[137]. Um einige befreundete Laien erweitert, wurde diese innovativ denkende und hochmotivierte Gruppe zum „Eltinger Kreis"[138]. Nicht nur lud der Eltinger Kreis 1961 die Unterzeichner des „Offenen Briefes"[139] zu (leider ergebnislosen) offiziösen Gesprächen ein[140]; die „Eltinger" beschlossen auch 1963 ein konkretes kirchenreformerisches Experiment: Die *„Kolonie"*[141]. Wie einst die Pioniere im Wilden Westen wollten sie „auf vorgeschobenem Posten"[142] – das heißt im Ramtel – das Neuland urbar machen. Zu diesem Zwecke zogen einige der Kreismitglieder („Kolonisten") mit ihren Familien in die Ramtel-Siedlung[143], andere begleiteten das Experiment aus der näheren und weiteren Umgebung. Motivation war die Überzeugung, dass „[d]as Evangelium von der Rechtfertigung des Gottlosen [...] eine Kirche [will], die mit dem Gottlosen in der Welt zu leben und in selbstloser Liebe für ihn da zu sein bereit ist."[144] In diesem unter dem Schlagwort „Proexistenz" zusammengefassten Credo und ihrem Engagement im Ramtel sahen die „Kolonisten" Dietrich Bonhoeffers Forderung nach einer „Kirche für andere" verwirklicht[145]. Sie wollten die in der Neubausiedlung vorfindlichen modernen Gesellschaftsstrukturen ernst nehmen und ihnen mit neuartigen kirchlichen Angeboten Rechnung tragen. Zu diesem Zwecke integrierten sich die Kolo-

---

137 Zum illustren Kreis der Mitglieder vgl. NUDING, Kirche, 96.
138 Vgl. WACKER, Kirche, 235.
139 Vgl. oben 97.
140 Vgl. RÖHM, Wurzel, 54–62.
141 Das Kolonie-Projekt war ein sehr spezieller Sonderfall der Kirchenreformbewegung. Da der führende Kopf dieses Freundeskreises, Seiz, im Ramtel Pfarrer wurde, wurde das Kolonie-Projekt in das Gemeindeaufbauprojekt Ramtel integriert. Für die Situation der Siedlungen und der Siedlungspfarrer ist es aber nicht typisch. In den Berichten gehen Kolonieprojekt und Siedlungsprojekt häufig ineinander über, was Verwirrung schafft. Da aber keine der anderen Siedlungen, wie Stuttgart-Fasanenhof, Nellingen-Parksiedlung, Calw-Heumaden u.a.m. so detailliert dokumentiert sind wie Leonberg-Ramtel, führt für die historische Analyse dieses Zweigs der Kirchenreformbewegung und ihrer Trägergruppen am Ramtel kein Weg vorbei. Zur Kolonie vgl. die ausführliche Darstellung bei NUDING, Ramtel, 22–37.
142 NUDING, Kirche, 24.
143 Darunter Fritz Röhm, heute Ehrenvorsitzender der OK.
144 WACKER, Kirche, 232. Hier findet sich auch eine aufschlussreiche Charakterisierung der Ramteler Koloniemitglieder: „Die Theologen des ‚Eltinger Kreises' luden [zur Mitarbeit in der Kolonie] ein: – Freunde, von denen sie wußten, daß sie zu den ‚Protestanten ohne Kirche' gehörten – Bekannte, bei denen sie entdeckt hatten, daß diese theologisch progressiv interessiert oder schon engagiert waren – Gemeindeglieder [...] mit nonkonformistischem Verhalten gegenüber Pfarrern (‚Herr Pfarrer, das ist nicht wahr', hatte einer im Gottesdienst seiner Gemeinde während der Predigt protestiert), gegenüber der Gemeindepraxis (‚Warum muß man eigentlich jeden Sonntag in die Kirche gehen?'), gegenüber kirchlichen Gesetzen (‚Die Kirchensteuer ist mir nicht zu hoch, doch zu gesetzlich, darum trete ich aus der Kirche aus; denn das muß ich tun, wenn ich den staatlichen Kirchensteuereinzug nicht mitmachen kann.')". WACKER, Kirche, 22.
145 Ob damit Bonhoeffers fragmentarischer „Entwurf einer Arbeit" für eine zukünftige Kirche wirklich recht und erschöpfend verstanden ist, sei dahingestellt; vgl. BONHOEFFER / BETHGE, Widerstand, 415 f. sowie zu seiner Interpretation durch die Kirchenreformbewegung KÜHN, Kirche, 153–159.

nisten in die verschiedenen „Dienstgruppen" des Gemeindeaufbauprojekts Ramtel. Das übergeordnete Projekt der „Gemeinde in Dienstgruppen" sollte, auf sorgfältigen soziologischen Analysen aufbauend, stets ausführlich dokumentiert, evaluiert und wissenschaftlich begleitet[146], eine Kirchenreform im kleinen Maßstab durchspielen und „Modelle einer ‚Ortsgemeinde von morgen'"[147] liefern. In ihrer Theologie von der historisch-kritischen Exegese geprägt, wollten die Kolonisten diese Methode „auch kirchlichen Arbeitsformen gegenüber konsequent anwenden", sei doch beispielsweise die „übliche Gottesdienstzeit […] in der bäuerlich orientierten Gesellschaft festgesetzt und […] darin angemessen"[148] gewesen – heute aber sei sie es nicht mehr. Wer kirchliche Strukturen und Gewohnheiten ungeprüft übernehme, so die Überzeugung der Kolonisten, bewahre damit nicht etwa das Evangelium, sondern betreibe „eine falsche Anpassung an die Erfordernisse vergangener Zeiten; das hat vor allem Ernst Lange[149] mehrfach nachgewiesen." Um nicht Christen von heute in ein Korsett von Gestern zu zwängen, sei „eine genaue Analyse der Siedlung" unabdingbar, bei der die Gemeinde sich nicht scheuen dürfe, „alle technischen Hilfsmittel beizuziehen – von Karten und Plänen über Statistiken bis zu Computern[!]."[150] Die Siedlung im Ramtel wurde unter der Anleitung der Bad Boller Sozialreferentin Marlies Cremer genauestens analysiert[151]; der niederländische Soziologe Willy Eichholtz[152] begleitete das Kolonie-Projekt über den gesamten Zeitraum hinweg. Zudem wurde eine halbe Pfarrstelle zur Organisation und Betreuung der Kolonie vom OKR für den Zeitraum des Projekts genehmigt und finanziert – im Ramtel wie insgesamt in der Kirchenreformbewegung zeigte sich nicht nur eine durchaus paulinische Hochschätzung der verschiedenen Gaben und Dienste, sondern auch eine große Leidenschaft für Spezialisten, Experten, Methoden[153] und spezielle pfarramtliche Sonderdienste.

Dass durch die gleichzeitige Durchführung zweier Kirchenreformprojekte (die „Gemeinde in Dienstgruppen" und, darin integriert, die „Kolonie") die Ramteler Ortsgemeinde überfordert wurde, wurde den Beteiligten wohl erst langsam deutlich. Spannungen traten auf, da die Kolonie Arbeitsfelder prio-

---

146 „und wenn notwendig auch begraben." SIMPFENDÖRFER, Vortrag „Kirchenreform".
147 WACKER, Kirche, 235.
148 SEIZ, Kirche, 16.
149 Der Theologe und Ökumeniker Ernst Lange, persönlicher Freund Werner Simpfendörfers, war neben Bonhoeffer, Harvey Cox und John A. T. Robinson wichtigste theologische Referenz der sozio-theologisch ausgerichteten Theologen und Laien.
150 SEIZ, Kirche, 16 f.
151 Vgl. grundsätzlich CREMER, Gemeindeanalyse, sowie die Unterlagen Cremers zur Arbeit im Ramtel im Archiv Bad Boll (14b Studienabteilung).
152 Angaben zur Person bei WACKER, Kirche, 187. Eichholtz betreute ganz ähnlich geartete Projekte im Rahmen des großen „Delta-Planes", der ab 1955 tiefgreifende Umstrukturierungen in der ganzen niederländischen Küstenregion zum Zwecke des Hochwasserschutzes einleitete, vgl. EICHHOLTZ, Randstadt und EICHHOLTZ, Kerk.
153 Vgl. exemplarisch die Rolle Eichholtz' im Ramtel, WACKER, Kirche, 34 f, 187–211.

risierte, die für die Gemeinde nicht im Vordergrund standen. Der Bericht der abschließenden Visitation hielt fest, dass die Gemeinde die Arbeit der Kolonisten nach deren Rückzug 1968 an vielen Stellen nicht habe weiterführen können, was zu Rückschlägen in der Aufbauarbeit und zu entsprechender Frustration geführt habe[154]. In gewisser Weise typisch für die sozio-theologisch geprägten Gruppen erscheint auch, dass es den Kolonisten nicht gelang, eine gemeinsame und tragende spirituelle Praxis zu entwickeln: „Als geistliches Element [... ist] ‚nur die theologische Arbeit' übrig geblieben"[155]. Bonhoeffers „Kirche für andere"-Dictum aufgreifend, stellt Nuding hier wohl treffend fest:

> „Eine Kirche, die sich nur im Dienst für andere verzehrt, erneuert sich eben nicht und findet für sich selbst keine Raststätten, um neue Kraft zu tanken und sich immer wieder neu als Gemeinschaft zu konstituieren, die dann wieder in der Welt kraftvoll tätig werden kann."[156]

Die Ausrichtung auf die Gemeinde von morgen, die Hinwendung zum Menschen in der urbanen Welt und das große Vertrauen in die Methoden und Lösungsansätze der zeitgenössischen Soziologie teilten die vorwiegend jungen Pfarrer[157], die, in ähnliche Gemeinden eingewiesen, sich gemeinsam als „Siedlungspfarrer" verstanden[158]. Werner Simpfendörfer hatte die Pfarrer in den Siedlungen kontinuierlich begleitet, hatte in der Akademie Bad Boll regelmäßig Tagungen für sie und ihre Anliegen veranstaltet und immer wieder auch Gespräche mit dem OKR veranlasst und vermittelt. 1966 hatte sich aus dem Kreis dieser Pfarrer zunächst der „Siedlungsbeirat" gebildet, dem neben Paul-Gerhard Seiz und Werner Simpfendörfer die Pfarrer Werner Dierlamm, Eugen Stöffler, Martin Weber (alle Mitglieder der KB) und Hans Hermann sowie die Boller Soziologin Marlies Cremer angehörten[159]. Dieser Beirat or-

---

154 Vgl. NUDING, Ramtel, 37 f.
155 EBD., 32, ein Dokument der „Arbeitsgruppe ‚Das geistliche Element in der Kolonie'" von 1968 aufnehmend. Dieses Dokument liegt mir nicht vor.
156 EBD., 32.
157 Vgl. exemplarisch Teilnehmerliste der Siedlungspfarrertagung Juni 1963, Archiv der Akademie Bad Boll Aktenbestand 17b Direktorium Seiz, Siedlungsgemeinden 1966–1969: unter den 25 Pfarrern (davon ein Pfarrverweser und drei Vikare) waren neun ab 1930 geboren, elf zwischen 1920 und 1929. Fünf waren zwischen 1898 und 1909 geboren, die Jahrgänge dazwischen fehlen.
158 Nuding berichtete ausführlicher über die „Arbeitsgemeinschaft Siedlungspfarrer"; NUDING, Ramtel, 18 f. Vgl. auch DEJUNG / KLATT, Simpfendörfer-Vortrag, 10 sowie etwas ausführlicher SCHÄFER, Siedlungspfarrer. Die Namensform „AG S." findet sich in den mir zugänglichen Dokumenten der Siedlungspfarrer selbst nicht; zu finden ist sie erst in dem Flugblatt „Kritische Kirche stellt sich vor", wo die AG Siedlungspfarrer als „wichtige[r] personelle[r] und sachliche[r] Ausgangspunkt" der KK bezeichnet wird. Flugblatt 21. 4. 1969, NL Söhner, Kopie im Besitz der Verf.
159 Brief Simpfendörfer an „Pfarrer und Vikare in Siedlungsgemeinden", Januar 1965; Archiv Bad Boll, Aktenbestand 17b Direktorium Seiz, Siedlungsgemeinden 1966–1969. W. Simpfendörfer erinnerte sich: „Paul-Gerhard Seiz war ihr Vorsitzender, ich war der Sekretär." SIMPFENDÖRFER, Vortrag „Kirchenreform".

ganisierte von da an die gemeinsamen Tagungen, organisierte Studienreisen zu Siedlungsprojekten in europäischen Metropolen[160] und zu anderen Reformprojekten in Deutschland, erstellte Literaturlisten für die Siedlungspfarrer und fungierte gleichzeitig gegenüber dem OKR als ‚pressure group' für deren Anliegen[161]. Zudem betreiben die Siedlungspfarrer immer wieder intensive soziologische Studien über die Situation in ihren Gemeinden und suchten dazu den interdisziplinären Austausch mit „Soziologen, Stadtplanern, Architekten, Sozialpädagogen, Gemeinwesenarbeitern [und] soziologischen Beratern"[162]. Auch hier zeigt sich der ausgesprochen hohe „Stellenwert, den die Soziologie als leitende Bezugswissenschaft [in den Augen der soziotheologisch orientierten Theologen] innehatte."[163]

Am 29. Oktober 1968 tagte die „Vollversammlung württembergischer Siedlungspfarrer" und beschloss unter anderem einen Offenen Brief an die Mitglieder der Landessynode, in dem der Rücktritt des Synodalpräsidenten Oskar Klumpp und das Schweigen des OKR dazu bedauert und Aufklärung gefordert wurde; 29[164] Siedlungspfarrer unterzeichneten diesen Brief namentlich[165]. Dies ist die einzige erhaltene dezidiert kirchenpolitische Äußerung der Siedlungspfarrer. Die personellen Überschneidungen zu den anderen Trägergruppen der KK/OK sind jedoch so groß, dass die „Siedlungspfarrer" als Plattform beziehungsweise Teil des Netzwerkes zu betrachten sind, aus dem die KK/OK hervorgegangen ist. Sie bildeten „die erste starke Gruppierung, die aktiv in der Gemeinde [...] an der Struktur [...] der Kirche etwas verändern wollte."[166] Die grundlegende Überzeugung und leitende Idee dieser Gruppe formulierte das Dreigestirn Simpfendörfer-Seiz-Wacker überaus knapp und treffend: „Wir wollten es wagen, die Methoden und Ergebnisse

---

160 „Wir haben Studienfahrten zu verwandten Projekten in Italien, Frankreich, Holland und England gemacht und von ihnen das meiste gelernt. Vor allem in Frankreich und in den Niederlanden begegnete uns zum ersten mal die manifeste Qualität einer säkularisierten oder in der Säkularisierung befindlichen Gesellschaft und wir haben die Gemeinden beobachtet, wie sie auf diese Herausforderung antworteten." (SIMPFENDÖRFER, Vortrag „Kirchenreform").
161 Vgl. die Briefe der Ausschussmitglieder im Kontext von Gesprächen mit der Kirchenleitung, z. B. Januar 1965 oder 9. 5. 1967.
162 DEJUNG / KLATT, Simpfendörfer-Vortrag, 10.
163 EBD., 10, Fn. 44.
164 Laut Simpfendörfer gehörten insgesamt etwa 50 Pfarrer zu dieser Gruppe, vgl. SIMPFENDÖRFER, Vortrag „Kirchenreform".
165 Vgl. Vollversammlung der Württ. Siedlungspfarrer, An die Mitglieder der Evangelischen Landessynode, 28. 10. 1968; Sammlung Oehlmann/Blaich; Begleitschreiben Seiz' an Landesbischof Eichele, Archiv Bad Boll, Aktenbestand 17b Direktorium Seiz, Siedlungsgemeinden 1966–1969.
166 So Hans-Martin Freudenreich im Interview. Freudenreich sieht eine durchgehende Entwicklung vom Bultmannkonflikt bzw. dem „Spannungsverhältnis zum Pietismus" über „Kriegsdienstverweigerer-Sachen und Erwachsenentaufe" zu Kirchenreform, die schließlich zur Gründung der Kritischen Kirche führte. Wenn auch sehr holzschnittartig, so ist diese Interpretation doch m. E. im Prinzip zutreffend.

der historisch-kritischen Theologie sorgfältig auf den Text der Wirklichkeit von Kirche und Welt heute anzuwenden."[167]

4.3.2 Industriepfarrer – Eugen Fuchslocher

Zwischen der zuvor vorgestellten Gruppe der Siedlungspfarrer und den Industriepfarrern, also jenen Pfarrern, die sich besonders intensiv darum bemühten, Kirche in Kontakt mit der Arbeitswelt zu bringen, gab es eine ganze Reihe von Überschneidungen, sowohl in personeller Hinsicht als auch im Blick auf ihre Anliegen, ihre Themen und nicht zuletzt auch ihre kirchlich-theologisch-politischen Grundüberzeugungen. Ein besonders wichtiger und interessanter – und dennoch seltsamerweise weitgehend vergessener – Protagonist in diesem Netzwerk war Eugen Fuchslocher, der im Folgenden näher vorzustellen sein wird und an dessen Person und Handlungsweise eine Reihe zentraler Punkte besonders gut zu verdeutlichen sein werden.

Die Industriearbeit gehörte zu den Grundanliegen der Akademie Bad Boll, die Eberhard Müller mit seinem Team zunächst vor allem in den berühmten „Querschnittstagungen" realisierte, bei denen Mitarbeiter jeweils eines Betriebes – aus allen Hierarchieebenen – in Bad Boll gemeinsam die anstehenden Probleme bearbeiteten[168]. Dieser Ansatz war in den 1950er Jahren neu und revolutionär und, wie die Veröffentlichungen zeigen, sehr erfolgreich. In den 1960er und 1970er Jahren jedoch verlagerte sich die Arbeit weg von Betriebstagungen „am Dritten Ort"[169] hin zu kirchlicher Präsenz vor Ort[170]. Zu diesem Zweck begann die Tagungsarbeit für „Industriepfarrer"[171], die auf

---

167 SEIZ / SIMPFENDÖRFER / WACKER, Ramtel, 76. Der zitierte Satz bezog sich zunächst auf die „Kolonie", ist als eine Art Credo aber m. E. ohne weiteres auf die Gruppe der Siedlungspfarrer übertragbar.
168 Eine Beschreibung dieses Tagungskonzepts findet sich bei VELLER, Theologie, 62–65. Für eine ausführliche Darstellung und Würdigung des „Boller Modells" vgl. HÜBNER, Markt, 175–192.
169 Vgl. WIMMER, Arbeitswelt, insb. 88. Grundsätzlicher zur Frage der Ausrichtung der Akademie vgl. DAUR, Forum.
170 In Berichten vor dem 5. LKT 1955 über die Arbeit von Bad Boll ist von solcher Industriearbeit vor Ort und durch den jeweiligen Ortspfarrer noch nicht die Rede, vgl. VERHANDLUNGEN DES 5. EVANGELISCHEN LANDESKIRCHENTAGS, 27. 1. 1955, 193 und 10. 11. 1955, 335–338; ebenso wenig im Bericht von Akademiepfarrer Walther Küenzlen über die Industriearbeit der Akademie vor der Landessynode 1963; vgl. VERHANDLUNGEN DER 6. EVANGELISCHEN LANDESSYNODE, 2. 5. 1963, 533–535.
171 Die Bezeichnung „Industriepfarrer" ist irreführend. Er wurde einerseits für die in Bad Boll angestellten Pfarrer mit Arbeitsschwerpunk „Kirche und Arbeitswelt" (heute: „Kirchlicher Dienst in der Arbeitswelt") verwendet – der erste dieser „Industriepfarrer" war ab 1950 Jörg [!] Simpfendörfer. Zum zweiten wurden Gemeindepfarrer mit besonderem Interesse für „Industriefragen" so bezeichnet. Für diese Gruppe, die sich, analog zu den „Siedlungspfarrern", in ihren Gemeinden mit einer speziellen kirchlich-gesellschaftlichen Situation konfrontiert sahen, bot Bad Boll Begleitung in Form von Tagungen u. ä. an. Auf diesen Tagungen entstand ein Netzwerk, wiederum analog zur AG Siedlungspfarrer. Als Name sei zunächst der Begriff

kirchenpolitischer Ebene zu höchst folgenreichen Nebeneffekten führte. Offensichtlich auf Initiative und persönliche Auswahl Werner Simpfendörfers[172] hin wurden im Dezember 1965 15 Pfarrer zu einem zweiwöchigen „Einführungskurs für Pfarrer in Industriefragen" für April 1966 nach Bad Boll eingeladen[173]. Eugen Fuchslocher war zu diesem Zeitpunkt bereits seit zehn Jahren Pfarrer in Neckargartach, einer großen Gemeinde im Hinterland von Heilbronn. Über seine Situation und die dort begonnene Arbeit gibt er Jahre später einen Bericht, der geradezu idealtypisch Anliegen und Vorgehensweisen der Industriepfarrer darstellt[174]:

> „Neckargartach, ein Stadtteil von Heilbronn, war damals noch nach der Mehrheit seiner Bewohner eine Arbeiterwohngemeinde. Bei allen Wahlen erzielte die SPD immer die größten Erfolge und gewann die meisten Stimmen. Vorwiegend arbeiteten die berufstätigen Frauen und Männer in den Betrieben der Stadt Heilbronn und in Neckarsulm. Von wenigen Ausnahmen abgesehen, hatten die Arbeiter kaum Kontakt zur Kirche, nahmen auf jeden Fall am kirchlichen Leben so gut wie nicht teil. Der Gemeindepfarrer mußte sich also fragen, wie er Kontakt zu dieser großen Schicht in der Gemeinde bekommen könne, zumal er diese Gemeindeglieder ja bei seinen Hausbesuchen tagsüber nicht antraf. So beschlossen der Vikar und der Gemeindepfarrer, den Versuch zu machen, die Männer, und natürlich auch die betreffenden Frauen, in ihrer Arbeitswelt aufzusuchen, um sie selbst und das Milieu, in dem sie mindestens acht Stunden am Tag verbrachten, kennen zu lernen. So kam es zu *Betriebsbesuchen*.
>
> Um in einen Betrieb zu kommen, brauchte man zunächst eine Kontaktperson, die den Besuch vermittelte. Das war in einem Fall ein Konfirmandenvater – Obersteiger im Salzwerk – oder ein Betriebsratsvorsitzender – der sich wieder in die Kirche aufnehmen ließ – oder ein leitender Angestellter – Mitglied des Kirchengemeinderats der Nachbargemeinde –: man mußte also nach solchen Kontaktpersonen suchen.

„Steinbeis-Kreis" aufgekommen (in Erinnerung an „den ‚Vater' der schwäbischen Industrie" Ferdinand von Steinbeis), dies habe sich jedoch nicht durchgesetzt. SÖHNER, Station, 2 sowie Postkarte Helmut Mayer, Oberndorf a.N. an Eugen Fuchslocher, 29. 3. 1967: „Ich freue mich auf's [sic] Wiedersehen im Steinbeiß-Kreis in Boll." NL Fuchslocher KK.

172 „Das war nun ganz stark Simpfendörfers Vision, dass er Pfarrer, die Interesse haben an der Industrie, da etwas befähigt, dass die mehr drauf zugehen können." Interview Söhner. Außerdem habe man die Arbeit der Akademie stärker mit der Gemeindearbeit vernetzen wollen. SÖHNER, Stationen, 1.

173 Einladungsschreiben von Prälat Hege, 20. 12. 1965 an Pfr. Baisch, Brennberger, Erdmann, Fuchslocher, Günzler, Heckler, Hermann, Mayer, Metzger, Schlenker, Söhner, Ulshöfer, Völlm, Wissner, Wittmann. NL Söhner, Kopie im Besitz der Verf. Laut Söhner habe Hege die Einladung in seiner Funktion als Akademie-Kuratoriumsvorsitzender verantwortet; vgl. Interview Söhner.

174 Da mir sonst keinerlei ähnliche Dokumente oder Darstellungen dieser Industriepfarrer-Arbeit bekannt sind, sei diese Beschreibung exemplarisch ganz zitiert: Eugen Fuchslocher an „Frau Ruf", 7. 2. 1979; NL Fuchslocher. Die Identität der Adressatin war leider nicht zu klären.

Im Betrieb kam es dann darauf an, daß man einen guten Begleiter durch das Werk hatte, der einen auf die Gemeindeglieder aus Neckargartach aufmerksam machen konnte. Außerdem war es wichtig, daß man nicht nur Gespräche mit der Betriebsleitung, sondern auch mit dem Betriebsrat führte. Es war hilfreich, wenn man etwas Sachverstand mitbrachte oder eigene Erfahrungen durch die Tätigkeit in einem Industriebetrieb mitbrachte[175].

Die Besuche hatten ein positives Echo bei allen Beteiligten. Daraus ergab sich ein weiterer Schritt: Die *Wochenendtagung* für Gemeindeglieder eines bestimmten Betriebes, zu der auch ihre Frauen eingeladen waren. Diese Tagungen wurden in Verbindung mit der evang. Akademie Bad Boll durchgeführt und von dem für das Dekanat zuständigen Sozialsekretär geleitet.

Sehr wichtig war die Tagungsvorbereitung: persönliche Einladung, Themenfindung in Vorgesprächen, Teilnehmer gewinnen aus den verschiedenen Verantwortlichkeitsbereichen des Betriebes vom Hilfsarbeiter bis zum leitenden Angestellten, evtl. Beteiligung des Betriebes an den Kosten. Der Gemeindepfarrer hielt bei den Tagungen die Stunde der Besinnung und war sonst eben einfach dabei und bereit zu persönlichen Gesprächen. Entspannung und Humor sollten bei den Tagungen nicht zu kurz kommen. Referenten vermittelte die Akademie. Auch innerbetriebliche Probleme kamen zur Sprache.

Gelegentliche *besondere Abende* mit einschlägigen Themen im Rahmen der Gemeindearbeit für in den Industriebetrieben Tätige kamen hinzu.

Auf örtlicher Basis oder auf der Basis des Dekanatsbezirkes kam es zur Bildung von *Arbeitsgemeinschaften*, die sich ständig mit den Fragen und Problemen ‚Kirche und Arbeitswelt' befaßten. Dabei war die evang. Akademie Bad Boll durch den zuständigen Industriepfarrer bzw. Sozialsekretär dann federführend.

Wie stark die Akademie Bad Boll nach dem Krieg bahnbrechend war für neue Wege bei der Suche nach Möglichkeiten des Dienstes der Kirche in der Industrie- u. Arbeitswelt, wäre ein umfangreiches eigenes Kapitel [... Es folgt eine Stichwortartige Darstellung der Akademiearbeit; d. Verf.]. Es gab übrigens auch Kurse für Pfarrer aus Gemeinden mit überwiegend Gemeindegliedern, die in Industriebetrieben beschäftigt waren. [...]

Die Aktionen in diesem ganzen Bereich zeigten einen großen Nachholbedarf der Kirche im Blick auf Kontakte und Informationen zur Welt der Industrie vor allen Dingen zu den Arbeitern."

---

175 Hierüber verfügte Eugen Fuchslocher. Er war 1953 auf dem sogenannten II. Bildungsweg ins Pfarramt gekommen, nachdem er zuvor in seiner Heimatstadt Esslingen/N. eine Lehre als Werkzeugmacher absolviert hatte, dann an der Jugendleiterschule Haus Heinstein, Eisenach (1931/32) und an der Evangelistenschule Johanneum, Barmen (1935-38) zum „Jugendwart" (heute: Jugenddiakon) ausgebildet worden war. Vgl. LKAS, PA Eugen Fuchslocher.

Kirchenreform und Gesellschaftsdiakonie

Diese Überzeugung teilte Fuchslocher mit den zumeist jüngeren Kollegen, die mit ihm zusammen zu der „Industriepfarrer"-Tagung 1966 eingeladen worden waren und, unter etwas anderem Blickwinkel, auch mit den Siedlungspfarrern[176]. Das für den Fortgang des kirchenpolitischen Prozesses in Württemberg wichtigste Ergebnis dieser Tagung war jedoch nicht der Kompetenzgewinn der Teilnehmer in Fragen der Arbeitswelt. Just in jenen zwei Wochen kam den in Boll versammelten sozio-theologisch orientierten Pfarrern die Einladung zur 10. Ludwig-Hofacker-Konferenz für den 9. Juni 1966 in die Hände[177]. In jenen Wochen und Monaten kurz nach der offiziellen Gründungs-Großveranstaltung der „Bekenntnisbewegung ‚Kein anderes Evangelium'" am 6. März 1966 in Dortmund war die Sensibilität beziehungsweise Animosität gegenüber Aktionen des evangelikalen Spektrums offensichtlich besonders groß war. Nur so ist zu erklären, dass die Industriepfarrer[178] sich direkt provoziert fühlten, als sie die Einladung unter dem Motto „Die unsichtbare Wirklichkeit" lasen; der Einladungstext erläuterte:

> „Die große Mehrzahl rechnet heute nur mit der sichtbaren Welt. Auch in das theologische Denken vieler ist diese Anschauung eingebrochen. Demgegenüber wollen wir uns zu dem biblischen Zeugnis von der unsichtbaren Welt bekennen, die alles umgreift, durchdringt und bestimmt. Wir wollen uns bekennen zu dem Herrn Jesus Christus, der da ist und der da war und der da kommt."[179]

„Die Verurteilung ‚vieler'[180]", so der damals beteiligte Hermann Söhner[181], „sahen wir auf uns bezogen und fanden dies diffamierend. Zudem war für uns die Aufteilung in sichtbare (unbiblisch) und unsichtbare (biblisch) Wirk-

---

176 Diese hatten den Focus eher auf die „Wohnwelt" des arbeitenden Menschen gerichtet, waren sich aber der Bedeutung und Herausforderungen der modernen Arbeitswelt für die kirchliche Arbeit in gleicher Weise bewusst.
177 Die Hofacker-Vereinigung hatte die Einladungen zur Hofacker-Konferenz direkt an alle Pfarrämter verschickt, vgl. Weber/Fuchslocher an Kollegen, Mai 1966; NL Söhner, Kopie im Besitz der Verf.; sowie Aktennotiz von Fritz Grünzweig zur LHK-Sitzung am 4. 1. 1966; LHA, Ordner „Sitzungen Kreis 1965–1975".
178 Der Einfachheit halber wird diese, wie oben dargelegt, zweideutige Eigenbezeichnung jenes Kreises aus den Dokumenten übernommen.
179 Einladung zur 10. Ludwig-Hofacker-Konferenz am 9. 6. 1966, Handzettel; Sammlung Oehlmann/Söhner. Als biblisches Leitwort war dem Haupttitel „Die unsichtbare Wirklichkeit" ein Vers aus dem Kolosserbrief vorangestellt: „Jesus Christus ist das Ebenbild des unsichtbaren Gottes" (Kol. 1, 15).
180 Beachtenswert und aufschlussreich, dass die (grammatikalisch) schlichte Feststellung „Die große Mehrzahl rechnet heute nur…" als „Verurteilung ‚vieler'" gehört wurde. Dies ist m. E. nicht die Interpretation Söhners 2007, sondern entspricht der Wahrnehmung der Beteiligten in der Situation.
181 Hermann Söhner ist ein typisches Beispiel für die Überschneidung von Siedlungs- und Industriepfarrern: er gehörte als Vikar in Marbach/N.-Hörnle-Siedlung zunächst zu den Siedlungspfarrern; ab 1965 in der Industriestadt Schwenningen/N. sah er sich mit Industriefragen konfrontiert und kam so zum Kreis der Industriepfarrer. Vgl. dazu den Artikel von Renate Lück in Anstöße, Heft 2, 16–18.

lichkeit ein völlig evangeliumswidriger Dualismus."[182] Schon damals habe eine Atmosphäre des Misstrauens zwischen Pietismus und dem sozio-theologischen Flügel geherrscht:

„Die zunehmenden Aktivitäten der pietistischen Bewegung beunruhigten uns. Der ‚Offene Brief' der ca. 60 Pietisten an Landesbischof Haug hatte ein Signal gesetzt. Ein erster Probelauf für einen Bekenntnistag stand in Reutlingen an[183]. Die Arbeit der Akademie stand unter ständigem Beschuß. Es war die Sorge [...,] daß alle Bemühungen um eine Öffnung der Kirche für die moderne Industriewelt als nicht schriftgemäß diffamiert würden und an diese Stelle biblizistisch konservativ verengte Perspektiven aufs Schild gehoben würden."[184]

Die in Bad Boll versammelten Theologen empfanden die Einladung zur Hofackerkonferenz 1966 mit der impliziten Kritik an jenen, die „nur mit der sichtbaren Welt" rechnen, als direkten Angriff auf ihr Programm einer Kirche in und für die Welt. Gerade ihr zentrales Anliegen, die Hinwendung der Kirche zum modernen Menschen in seiner realen Lebenswelt schien diffamiert und verurteilt. Nur so ist zu erklären, dass die Männer um Fuchslocher sich durch dieses zunächst eher abstrakt, gar etwas esoterisch wirkende Thema „Die unsichtbare Wirklichkeit" zu unmittelbarer und energischer Aktion herausgefordert sahen[185]. Sie beschlossen, zweigleisig vorzugehen:

„Wir sammelten Anschriften von Kollegen, von denen wir wußten oder vermuteten, daß sie unserer Haltung nahe standen. Wir formulierten in wenigen Sätzen unsere Kritik und unser eigenes Anliegen. Nach der Rückkehr vom Kurs versuchten wir [...] weitere Sympathisanten zu gewinnen und unser Anliegen weiterzutragen. Federführend waren nach meiner Erinnerung Eugen Fuchslocher und Werner Simpfendörfer."[186]

---

182 Auskunft Söhner Juli 2007.
183 Gemeint ist vermutlich eine Veranstaltung am 20. 11. 1965 mit Walther Künneth; über diese Veranstaltung sind leider keine näheren Informationen auffindbar. Interessant ist, dass im Vorfeld offensichtlich Unklarheit herrschte, wer der Veranstalter sei; Grünzweig hielt fest „Bruder Schäf sagt, die [AGBC] sei es; [...] Max Fischer, der in Württemberg den Gnadauer Gemeinschaftsverband vertritt, nimmt aber die Sache, wie in Backnang und Stuttgart, als die Seine in Anspruch. Ich sehe allgemein die Gefahr einer Rivalität zwischen dem Gnadauer Verband und dem Ludwig-Hofacker-Kreis." Aktennotiz Grünzweig zur Sitzung am 16. 10. 1965; LHA, Ordner „Sitzungen Kreis 1965–1975".
184 SÖHNER, Station, 1. Im Interview ergänzt Söhner: „dass man sich eigentlich im Grunde immer etwas den Glauben abgesprochen hat. Da steckte noch Bultmann, der offene Brief, und all diese Geschichten mit drin. Also, man hat das [die Hofacker-Konferenz, d. Verf.] sehr kritisch gesehen, auch dann so ein bisschen als ein Gegenüber zum Kirchentag. [...] [M]an hat einfach gewusst, man lebt natürlich hier mit unterschiedlichen Gruppierungen, muss das auch ein Stück weit hinnehmen."
185 „Die Thematik '66 war so, dass wir alle miteinander einer Meinung waren, also das können wir nicht ungeschehen vorbei gehen lassen. Da müssen wir etwas dazu sagen und uns dazu äußern." Interview Söhner.
186 SÖHNER, Station. Als dritten Ideengeber nannte Hermann Söhner Martin Günzler; dieser war

Resultat der abendlichen Gespräche in Bad Boll war zunächst ein „*Protokoll eines Pfarrergesprächs*"[187], das zusammen mit einem Anschreiben an rund 200 Kollegen[188] (darunter drei Frauen[189]) verschickt wurde[190]. Dieser Begleitbrief stellte ausdrücklich den Bezug zur Dortmunder BKAE-Kundgebung sowie zur Hofacker-Konferenz her. Der Verweis auf „die Beilage des Künnethschen Vortrages" bezieht sich vermutlich auf einen Vortrag Künneths vom Bekenntnistag in Reutlingen, der zusammen mit der Einladung zur Hofacker-Konferenz an die Pfarrämter verschickt worden war[191]. Gerade diese Kombi-

---

gleichzeitig führendes Mitglied der Kirchlichen Bruderschaft. Im Heilbronner Bezirk bildete Günzler zusammen mit Frieder Mörike, Eugen Stöffler, Erhard John (alle ebenfalls KB) und Eugen Fuchslocher einen Kreis von Kollegen, die sich montags zur Predigtbesprechung („Exegeticum") trafen, aber „da natürlich auch viel Kirchenpolitik gemacht" haben. Auf die aus dem Pietismus erwachsene Theologie Eugen Fuchslochers dürfte dieser Kreis versierter junger Theologen maßgeblichen Einfluss gehabt haben. Dieser Kreis organisierte u. a. in den 1960er Jahren für die progressiven Synodal-Kandidaten jeweils den Wahlkampf.

187 Protokoll eines Pfarrergesprächs am 26. 4. 1966; Hektographie, NL Söhner, Kopie im Besitz der Verf. Dass in einer kirchenpolitisch kritischen Situation mit einer Aktion innerhalb der Pfarrerschaft reagiert wird, ist m. E. nicht nur ein soziologisch naheliegendes Phänomen, sondern möglicherweise auch ein Spezifikum der Württembergischen Landeskirche und ihrer Pfarrerschaft: So reagierte im September 1934 Landesbischof Wurm auf die erzwungene Eingliederung Württembergs in die Reichskirche nicht etwa mit der Sammlung der Bekennenden Gemeinde(-glieder), sondern mit einem Abendmahlsgottesdienst in der Stuttgarter Stiftskirche, zu dem alle 1200 württembergischen Pfarrer samt ihren Ehefrauen eingeladen wurden; 800 kamen. Vgl. STROHM, Kirchen, 55.
188 Die Adressliste umfasste 168 Namen; auf Fuchslochers Original ist jedoch vermerkt „210St." vgl. NL Fuchslocher/KK.
189 Dorothea Widmann, Stuttgart und Hanna Keyler, Denkendorf sowie eine „Frau Springe" in Bad Boll. Widmann war Geschäftsführerin der Evangelischen Frauenhilfe; Keyler beim „Verband evangelischer Gemeindehelferinnen und Katechetinnen in Württemberg", vgl. Postkarte bei NL Fuchslocher/KK. „Frau Springe" ist mit einiger Wahrscheinlichkeit die Akademie-Mitarbeiterin Christa Springe, die sich besonders für die Geschlechtergerechtigkeit in der kirchlichen Industrie- und Sozialarbeit engagierte. Die aus Pommern stammende Theologin gehörte von 1975–1989 zur Redaktion der bruderschaftsnahen Zeitschrift „Stimme der Gemeinde" und war mit Horst Symanowski verheiratet. Auch in ihr wird also die Verknüpfung der gesellschaftsdiakonisch interessierten und bruderschaftlichen Netzwerke mit den Vorläufern der KK/OK deutlich. Zu Springe vgl. <http://de.wikipedia.org/wiki/Christa_Springe> (20. 9. 2013); für den Hinweis danke ich Gertrud Oehlmann.
Auffällig ist, dass es keine Verbindung zum Theologinnenkonvent unter Else Breuning bzw. Lenore Volz zu geben scheint, obgleich die dort zusammengeschlossenen Theologinnen wohl mehrheitlich eine moderne Theologie vertreten haben. Möglicherweise wollten Breuning bzw. Volz sich und ihren schwierigen Kampf (primär gegen die Vorbehalte des Pietismus) um das volle Predigtamt für Frauen nicht durch kirchenpolitische Aktivitäten im sozio-theologischen Spektrum diskreditieren. Zu Volz vgl. VOLZ, Talar.
190 Kollegen-Brief „Mai 1966", unterzeichnet von Martin Weber und Eugen Fuchslocher. Die Liste der 17 Gesprächsteilnehmer beinhaltet zehn der auf Prälat Heges Einladung genannten Industriepfarrer, dazu die Akademiepfarrer Beck, Herb, Hörrmann, W. Simpfendörfer, den Bruderschafter Eberhard Buder aus Faurndau und Werner Frank, Friolzheim. Martin Weber gehörte zur KB (er war der Sohn des KB-Gründers Gotthilf Weber) und zu den Siedlungspfarrern.
191 Vgl. Weber/Fuchslocher an Kollegen Mai 1966, Sammlung Oehlmann/Söhner sowie Protokoll

nation bietet m. E. eine plausible Erklärung für die massive Abwehr-Reaktion der Industriepfarrer, die durch die Hofacker-Konferenz 1966 und ihr Motto allein nicht gerechtfertigt erscheint. In der Kombination aber von Hofackerkonferenz und dem massiven und kämpferischen Auftreten des konservativen Flügels in Dortmund[192], das mit den Bekenntniskundgebungen von Künzelsau und Reutlingen 1965 auch in Württemberg Nachahmung fand, sahen die Industriepfarrer, wohl nicht ganz zu Unrecht, die Formierung der geschlossenen konservativ-biblizistischen Bewegung und damit die Geburt eines starken Gegners. Sie befürchteten, „daß die bevorstehende Ludwig-Hofacker-Konferenz [...] der Beginn einer württembergischen ‚Bekenntnisfront' [...] sein könnte."[193] Dritter Anstoß für die Boller Gruppe war „das Ergebnis unserer Synodalwahl"[194] 1966, die in den Augen der Industriepfarrer „kirchlich und theologisch einen ausgesprochenen ‚Rechtsrutsch' gebracht"[195] habe. Die Pfarrer sahen nun eine vierfache „Gefahr [...] innerhalb der Kirche [...]:

1. theologischer Fundamentalismus,
2. morphologischer Fundamentalismus (Fundamentalismus im Blick auf die kirchlichen Formen),
3. politischer und gesellschaftspolitischer Fundamentalismus,
4. moralischer Fundamentalismus."[196]

Als Reaktion auf diese Situation wurde ein auf die Synode hin orientiertes Aktionsprogramm skizziert. Nicht nur müsse man „für den freien Raum in der Kirche" eintreten, sondern vor allem diejenigen Synodalen stärken, die einen solchen Kampf unterstützten und „in der ganzen Landeskirche Verbindungen herstell[en ...] zwischen allen, denen die Freiheit der Kirche und ihres Dienstes am Herzen liegt." Kurz: Die in Boll versammelten Pfarrer riefen zur Bildung eines Gegen-Netzwerkes auf. Bemerkenswert ist dabei, wie unklar

---

der Sitzung des LH-Kreis vom 16.10. und 11. 12. 1965; LHA, Ordner „Sitzungen Kreis 1965–1975". Künneths Vortrag (KÜNNETH, Bekenntnis) war im Lehrerboten abgedruckt und in einer Auflage von 1000 Exemplaren als Broschüre verteilt worden, vgl. Protokoll der Sitzung des LH-Kreis vom 4. 1. 1966; LHA, Ordner „Sitzungen Kreis 1965–1975".

192 Zur Dortmunder Kundgebung der BKAE vgl. HERMLE, Evangelikale, 334 f, sowie STRATMANN, Evangelium, 69-75, insb. 72 f. Ob allein schon in der Wahl des Ortes für Initiatoren wie Zeitgenossen ein Statement lag, ist aus den Dokumenten leider nicht zu klären: In eben dieser Westfalenhalle hatte sich am 18. 3. 1934 mit einem rheinisch-westfälischen „Gemeindetag unter dem Wort" die Bekennende Kirche im Westen des Reiches gegründet. Vgl. SCHOLDER, Kirchen II, 112.

193 Ergebnisprotokoll eines Pfarrergesprächs am 26. 4. 1966, Sammlung Oehlmann/Söhner.

194 Weber/Fuchslocher an Kollegen Mai 1966, Sammlung Oehlmann/Söhner.

195 Ergebnisprotokoll eines Pfarrergesprächs am 26. 4. 1966, Sammlung Oehlmann/Söhner.

196 Ergebnisprotokoll eines Pfarrergesprächs. Der Begriff des „morphologischen Fundamentalismus" tauchte schon in der ÖRK-Studie auf, vgl. WORLD COUNCIL OF CHURCHES / REFERAT FÜR FRAGEN DER VERKÜNDIGUNG / WESTEUROPÄISCHE ARBEITSGRUPPE, Kirche, 22. Er sei von der Westeuropäischen Arbeitsgruppe geprägt worden als Bezeichnung für „die[] starre Haltung, die in der Ortsgemeinde die kirchlich-normative Lebensform sieht"; WILLIAMS, Gemeinden, 26.

und schwammig das eigene Anliegen beschrieben wurde. Eine diffuse „Freiheit" war Leitstern gegen die wesentlich konkretere Losung „Bibel und Bekenntnis" des biblisch-konservativen Flügels. Dass das Boller Aktionsprogramm zunächst eindeutig gegen die BKAE ausgerichtet war, geht aus der Aufforderung an die Kollegen hervor, zu beobachten, „ob und wie sich die Dortmunder Bewegung bei uns auswirkt – sei es in Form von Gruppenbildungen, sei es in Form von Veranstaltungen und Werbungsunternehmungen". Diese Beobachtungen seien an Eugen Fuchslocher zu übermitteln. Sobald ein gewisser Überblick gewonnen sei, wolle man ein Treffen von gleichgesinnten Kollegen, „evtl. mit Gemeindegliedern", organisieren, bei dem über weitere Schritte beraten werden solle, „damit es nicht zu einer gegenseitigen Verketzerung kommt und die Freiheit der Verkündigung und des Dienstes unter dem Evangelium in unserer Kirche erhalten bleibt."[197]

Die Reaktionen waren gemischt: „[E]s reichte von gereizten Reaktionen (,Ich möchte mich nicht auf einer Liste mit Heinrich Buhr sehen!'[198]) bis zur beschwörenden Mahnung, in dieser Sache die Auseinandersetzung aufzunehmen."[199] Der Aufruf, Beobachtungen über Bekenntnis-Aktivitäten zu sammeln und weiterzugeben, stieß auf mancherlei Kritik[200], wurde aber auch befolgt[201].

Die Gründung der „BKAE – Raum Hohenlohe" durch den bald darauf landeskirchenweit einschlägig bekannten Pfarrer Walter Abele[202] und ihre

---

197 Ergebnisprotokoll eines Pfarrergesprächs am 26. 4. 1966, Sammlung Oehlmann/Söhner. Zwecks der Vernetzung wurde die Empfängerliste mit verschickt.
198 Zu Heinrich Buhr vgl. oben 99.
199 Rundbrief Fuchslocher 9. 11. 1966, Sammlung Oehlmann/Söhner.
200 So z. B. Helmut Aichelin an Fuchslocher, 23. 11. 1966: „Das Aufstellen von ,Vertrauensmännern' in einzelnen Bezirken hat sicherlich nicht ganz zu Unrecht etwas den Verdacht eines Überwachungssystems erregt." NL Fuchslocher/KK.
201 Beispielsweise von Vikar Dieter Kneule, Birkenfeld, der zwar nichts Bemerkenswertes in seinem direkten Umfeld entdeckt hatte, „obwohl Bad Liebenzell nicht so weit weg liegt und der Schwarzwald für besondere Gemeinschaften und religiösen Enthusiasmus aufgeschlossen ist." In der Lokalzeitung jedoch hatte er eine Meldung über die Gründung der Bekenntnisbewegung, Landesgruppe Baden gefunden, die er Fuchslocher weitermeldete. Interessant an Kneules Schreiben ist zweierlei: Zum einen richtet er den Blick unmittelbar auf die nächste Synodalwahl und fordert strategisch, schon jetzt „konkrete Punkte für einen ,Schlachtplan'" zusammenzustellen und zudem auf die Abschaffung der Listenwahl hinzuwirken, da sie den Pietismus bevorzuge. Zum anderen findet sich bei ihm zum ersten Mal eine direkte Referenz auf einen württembergischen Exponenten des Pietismus: „Vor allem halte ich es für äußerst notwendig, daß wir daran gehen, Rolf Scheffbuch kaltzustellen. Gegen ihn muß unbedingt etwas unternommen werden. Er kann uns noch gefährlicher werden, als er es potentiell schon ist." Brief Kneule an Fuchslocher 11. 9. 1966; NL Fuchslocher/KK. Studienrat Kurt Dittert, Göppingen suchte am 23. 2. 1966 bei Fuchslocher um „Weisung" nach, ob er dem OKR melden solle, dass sich „die Pietisten (Theologen und Laien) aus den Dekanaten Göppingen und Geislingen" getroffen und einen Religionsunterrichtsboykott gegen „moderne[] Theologen" verabredet hätten. Die Namen von beteiligten (konservativen) vier Kollegen fügte er gleich bei vgl. NL Fuchslocher/KK.
202 Die anerkannten Führungsfiguren des Pietismus wie Grünzweig, Scheffbuch u. a. hatten in der

erste große Veranstaltung in der Künzelsauer Stadthalle am 16. Oktober 1966, an der auch Exponenten der LHV (Fritz Grünzweig) und des Gnadauer Verbandes (Max Fischer) teilnahmen[203], schien die Befürchtungen der Industriepfarrer zu bestätigen. Im November 1966 lud daher Fuchslocher einen Kreis von einigen Dekanen und etwa 30 befreundeten Theologen und Laien zu einem Treffen „Betr.: Weitere Beschäftigung mit der Bekenntnisbewegung ‚Kein anderes Evangelium'"[204] ein. Neben einer knappen Situationsanalyse sollten „Überlegungen hinsichtlich der Mittel und Methoden" einer sinnvollen Auseinandersetzung angestellt werden, sowie insbesondere eine „Hilfestellung" für „jüngere Amtsbrüder [für] ihre Begegnung (oder ihren Zusammenstoß?) mit der von ‚Dortmund' (und der Ludwig-Hofacker-Konferenz) geprägten Gemeindefrömmigkeit" ersonnen werden. Bezeichnend sind drei Aspekte dieses Schreibens: Erstens, dass weiterhin „Dortmund" als Gegner gesehen wurde; zwar wurde die LHK wiederum dazu in Beziehung gesetzt, aber es ist keine direkte Front gegen den Pietismus, zumal den spezifisch Württembergischen, sichtbar. Abgesehen von Walter Abele, der weniger als Repräsentant einer Gruppe denn als ein höchst eigenes Phänomen wahrgenommen wurde, fanden sich die Feindbilder des sozio-theologischen Netzwerks zunächst in Westfalen. Zum zweiten ist auffällig, dass die als notwendig erachtete Unterstützung der jungen Theologen genau die gleichen topoi in den Blick nahm wie drei Jahre später die berühmt-berüchtigte Esslinger Vikarserklärung[205]: „Wir leiden an den Erwartungen, die ein Großteil der Gemeinde an unser Verständnis der Bibel heranträgt"[206]. Und zuletzt: der Ort – das erste genuine und offizielle Treffen dieser Gruppe fand im Ramtel-Hof, dem Gemeindezentrum von Paul-Gerhard Seiz' Gemeinde in Leonberg statt. Aufschlussreich ist dabei vor allem Fuchslochers erläuternder Zusatz: „Wir hoffen, daß die geographische Wahl des Ortes Ihnen die […] Anfahrt […] erleichtert." Dieser Hinweis wirft ein quasi „entmythologisierendes" Licht auf die Eigen-Historiographie der KK/OK, die dazu neigt, den Gründungsort „Ramtel" symbolisch aufzuladen und zu überhöhen und aus Paul-Gerhard Seiz, der Kirchenreform und dem Kolonieprojekt eine lineare und geographisch verortete Entwicklungslinie auf die Gründung der KK hin zu kon-

---

Folge immer wieder ihre liebe Not mit diesem, zu extremen Positionen, rechthaberisch-denunziatorischen Eingaben und beleidigenden Äußerungen neigenden Bruder, vgl. exemplarisch das Votum des BB-Sprechers Martin Pfander nach dem Klumpp-Rücktritt: „So wurde etwa auch Herr [sic] Pfarrer Abele vorgeworfen, seine Schreiben seien ‚töricht und anmaßend'. (Zuruf: Sind sie auch – lebhafter Beifall.) Es tut uns leid, daß jener gelegentlich nicht den richtigen Ton findet". VERHANDLUNGEN DER 7. EVANGELISCHEN LANDESSYNODE, 10. 11. 1968, 481.
203 Vgl. Rundbrief Abele an alle Pfarrämter Dezember 1966 samt Dokumentation der Künzelsauer Veranstaltung, Sammlung Oehlmann/Söhner. Vgl. auch BAUER, Bewegung, 516.
204 Rundbrief Fuchslocher 9. 11. 1966, Sammlung Oehlmann/Söhner.
205 Vgl. unten 373.
206 Esslinger Vikarserklärung, abgedruckt bei DRECOLL, Jahr, 250–253, 251.

struieren. Durch Fuchslochers Bemerkung wird hingegen offensichtlich, dass der Ramtel gewählt worden war, weil hier ein dieser Gruppe zur Verfügung stehender Versammlungsort gegeben war (wie ihn potentiell jedes Gemeindehaus eines der beteiligten Pfarrer geboten hätte); Alleinstellungsmerkmal des Ramtel und damit wohl entscheidender Faktor war hingegen seine verkehrstechnisch einzigartig günstige Lage, die auch von ganz anderen Gruppen in jener Zeit genutzt und geschätzt wurde[207]. Da dieser Treffpunkt ab 1966 im sozio-theologischen Kreis etabliert war, war es vermutlich eine Selbstverständlichkeit, dass das Treffen im November 1968 ebenfalls dort stattfand.

Inhaltlich sei jenes erste Treffen 1966, so Zeitzeuge Hermann Söhner, sehr schwierig gewesen, denn die theologischen Positionen divergierten: „Da waren durchaus ein paar ganz starke Barthianer dabei, da waren Leute, die noch im Krieg waren, aus der Gefangenschaft zurückgekommen sind, und dann waren wir, wir waren leidenschaftliche Fuchsianer, Käsemannianer, Existentiale Interpretation, historisch-kritische Theologie"[208]; aber immerhin konnten Grundzüge einer Organisationsstruktur gebildet werden, was unmittelbar zur Bildung von Unterstützergruppen in einzelnen Dekanaten führte[209]. Söhner interpretierte im Rückblick die hier zu Tage tretende Disparatheit der theologischen Positionen ganz grundsätzlich als „das Elend der ‚Linken'". Dem ersten Treffen folgte laut Hermann Söhner kurz darauf ein zweites, „so eine Art Gründungsversammlung". Bei diesem Treffen wurde ein Offener Brief an die Landessynode beraten, der, von Gerhard Simpfendörfer, entworfen[210], zuerst von einer „Kommission" und bei einer erneuten Vollversammlung am 30. Januar 1967[211] bearbeitet und schließlich im März 1967 dem gesamten Adressatenkreis zur Ratifizierung zugesandt wurde[212]. Bezeichnend ist, dass Fuchslocher die Stellungnahme als „Resultat vieler redaktioneller Bemühungen" apostrophierte, den Erstellungsprozess erläuterte und abschließend kategorisch feststellte: „Wir können keine Sitzung mehr abhalten!" Es müsse jetzt gehandelt werden, Änderungswünsche und „Einzelbedenken [seien] auf später [zu] verschieben"[213]. Das fünfseitige Resultat mit dem sperrigen Titel „Überlegungen angesichts der gegenwärtigen Mei-

---

207 So beispielsweise vom württembergischen Landesinnungsverband für Flaschner und Installateure für ihre Regionaltreffen im Hotel Eiss. Auskunft Reinhold Hermle 3. 11. 2013.
208 Interview Söhner. Söhner verwies illustrierend darauf, dass der „Pragmatiker" Kurt Rommel, damals ebenfalls Pfarrer in Schwenningen, ganz frustriert zurückgekommen sei, da keine greifbaren Ziele erreicht worden seien.
209 Zum Beispiel gemeinsam für die Dekanate Sulz/N. und Tuttlingen, die Söhner koordinierte; der Bruderschafter Helmut Mayer aus Oberndorf/N. sei der führende Kopf gewesen, vgl. Interview Söhner, Sammlung Oehlmann/Söhner.
210 Rundbrief Fuchslocher 8. 12. 1966, Sammlung Oehlmann/Söhner.
211 Einladungsbrief Fuchslocher 18. 12. 1967, Sammlung Oehlmann/Söhner.
212 Rundbrief Fuchslocher März 1967, Sammlung Oehlmann/Söhner.
213 Rundbrief Fuchslocher März 1967. Hier zeigt sich ein ganz anderer Arbeitsstil als beispielsweise bei der KB, die ihrem „Vorarbeiter" in aller Regel volle Freiheit ließ und vertrauensvoll unterschrieb und unterstützte, was dieser vorlegte.

nungsverschiedenheiten – *Gedanken des Friedens zum Streit in der Kirche*" wurde zusammen mit fast 100 Unterschriften[214] Anfang April 1967 Synodalpräsident Klumpp mit Bitte um Weitergabe an die Synodalen übergeben. Bezugspunkt der Stellungnahme war die bevorstehende Klausurtagung der Landessynode auf der Insel Reichenau[215] zu „Theologie und Gemeindefrömmigkeit". Die Verfasser der Eingabe hofften, so Fuchslocher im Begleitbrief, „das Gespräch über diese Frage, das durch Frontenbildung oft kaum mehr möglich erscheint, zu fördern." Seine Gruppe charakterisierte er als

> „Arbeitsgemeinschaft auf Zeit, die [...] zum Gespräch über die kirchl.-theologischen Fragen ermutigt und sich gegen jede Enge im Verständnis von Schrift und Bekenntnis wendet. Der Arbeitskreis fühlt sich an keine der drei Gruppen in der Synode[216] gebunden. Er weiß sich jedoch verbunden mit allen, die nüchtern an der Bibel bleiben."[217]

Der Text der „Gedanken" selbst ist wenig prägnant – eine eher diffuse Zusammenstellung von erwartbaren Positionen. So wurde unter der Überschrift „Unser Umgang mit der Bibel" die Relevanz der historisch-kritischen Methodik bekräftigt und die Inspirationslehre als „philosophische Spekulation [...] von Plato übernommen" abgelehnt. Die Verfasser forderten eine bessere Unterrichtung der Gemeinden, damit diese sich selbst ein Urteil bilden könnten. Eine biblizistische Schöpfungslehre wurde abgelehnt zugunsten eines Verständnisses, das die Welt als Gottes Schöpfung und damit als grundsätzlich gut bejaht, woraus eine Sendung in die Welt beziehungsweise „für sie" abgeleitet wurde. In einer Ausweitung des Gottesdienstbegriffs über den klassischen Sonntagsgottesdienst hinaus und der durchgehenden Betonung der ökumenischen Ausrichtung finden sich typische topoi der Kirchenreformbewegungen und, mit einiger Wahrscheinlichkeit, die Handschrift Werner Simpfendörfers wieder. Insgesamt ist die Stellungnahme als solche kaum als besonders gewichtig und folgenreich zu erachten. Wichtig ist viel mehr der durch ihre Erstellung beförderte Prozess der Organisation und beginnenden institutionellen Ausdifferenzierung des sozio-theologischen Netzwerkes.

Dieses trat erneut in Aktion, als der Heidenheimer Dekan Walter Tlach in einer „Theologischen Beilage" zum Informationsbrief der BKAE eine „Antwort an Ernst Käsemann"[218] veröffentlichte. Erneut war es Gerhard Simpf-

---

214 Stellungnahme und Unterzeichnerliste in LKAS, Zugang 1995-6, Handakten Scheffbuch. Die vielfältigen Rückmeldungen sind vollständig erhalten im NL Eugen Fuchslocher; Kopie in Händen der Verf.
215 Ausführlicher zu den Reichenautagungen vgl. unten 236.
216 Bibel und Bekenntnis, Evangelische Erneuerung, Evangelische Mitte vgl. VERHANDLUNGEN DER 7. EVANGELISCHEN LANDESSYNODE, 30.
217 Begleitbrief zur Stellungnahme, 6. 4. 1967; LKAS, Zugang 1995-6, Handakten Scheffbuch.
218 TLACH, Antwort; Tlach setzte sich darin sehr kritisch mit Käsemanns damals gerade erschienenem Buch „Ruf der Freiheit" auseinander, analysierte aber auch „die derzeitige Lage

endörfer, der den Text für eine „Erklärung"[219] zu Tlachs „Antwort" formulierte und diesen Anfang Mai 1968 über den bestehenden Verteiler an die „Amtsbrüder" versandte[220]. Tlach hatte am Schluss seiner durchaus wissenschaftlich-objektiv gehaltenen Käsemann-Kritik auf den Konflikt in der korinthischen Gemeinde (1. Kor) verwiesen: Paulus habe die Gegner „nicht gleich mit eisernem Besen ausgeräumt", sondern sie „gewinnen" wollen. Ebenso wolle er Käsemann „ehrlich gewinnen", denn er habe „von ihm zu viel gelernt, um ihn nicht achten zu müssen." Tlach zerstörte aber diesen vermittelnden Ausgang, indem er schloss: „Aber schmerzlicherweise taucht am Ende des 1. Korintherbriefs ein *Anathema* auf, von Paulus selbst doch wohl mit eigener Hand angefügt. […] Muß es auch bei uns so weit kommen?"[221]

Auf diese kaum verhüllte Anathema-Drohung gegen Käsemann reagierte Simpfendörfer mit der Feststellung: „In unserer Kirche […] findet in zunehmendem Maße ein Kesseltreiben gegen einen profilierten Lehrer […] statt." Tlach wird nicht genannt, sondern lediglich als „ein Dekan" apostrophiert[222], der „mit Hilfe von ‚theologischen Informationen'" Käsemann „verketzert". Simpfendörfer betonte, Käsemann sei mitnichten ein „unfehlbarer Lehrer der Kirche, sowenig wie irgend sonst jemand." Man sei gemeinsam „in der Nachfolge Jesu Christi […] auf dem Weg" und erkläre sich deshalb „mit ihm solidarisch". Aufschlussreich die abschließende „Verwerfung"[223]: „[W]ir bestreiten entschieden, dass die theologischen Unterschiede zwischen Professor Käsemann und einigen Theologen der Bekenntnisbewegung das Recht geben, unsere kirchliche Gemeinschaft in Frage zu stellen." Dekan Tlach wurde hier ganz offensichtlich als Mitglied[224] beziehungsweise Repräsentant der Bekenntnisbewegung gesehen. Die Bekenntnisbewegung – nicht der württembergische Pietismus – war in den Augen Simpfendörfers und seiner Unterstützer Akteur in dieser Auseinandersetzung und damit Adressat des Protestes der sozio-theologisch orientierten Kreise. Noch einmal verlief also die Frontlinie in der kirchlichen Auseinandersetzung nicht zwischen Pietisten

---

zwischen der theologischen Arbeit an unseren deutschen Fakultäten und der christlichen Gemeinde" insgesamt. TLACH, Antwort, 1.
219 Erklärung zu Dekan Tlachs Antwort an Ernst Käsemann, undatierte Hektographie, Kopie in Händen der Verf.
220 Simpfendörfers Anschreiben an die „Amtsbrüder" ist ein Subskriptum „an die Unterzeichner der Synodal-Eingabe 1967" mit Bitte um Unterzeichnung und Rücksendung „an E. Fuchslocher" beigefügt und von Fuchslocher, Alfred Herb und Martin Weber unterzeichnet; etwa 160 Unterstützer schlossen sich der Erklärung, teilweise auch erst nachträglich an, vgl. LANGE, Kirche, 28 sowie für die Originalunterschriften NL Fuchslocher/KK.
221 TLACH, Antwort, 8.
222 Im Begleitschreiben nannte Simpfendörfer Tlach und seine „Antwort" präzise und sprach von einer „törichten Hexenjagd in unserer Kirche". G. Simpfendörfer/Fuchslocher/Herb/Weber: Begleitschreiben zur „Erklärung", Mai 1968, Kopie in Händen der Verf.
223 Der kurze Text umfasste drei Abschnitte: eine Situationsbeschreibung, die Solidaritätserklärung und die Verwerfung des Anspruchs der ‚bekennenden' Theologen.
224 Dass Tlach Mitglied der BKAE war, ist belegt; vgl. OEHLMANN, Blumhardt-Jünger, 295 f.

und „Modernen" in Württemberg, sondern richtete sich gegen die Einflüsse der evangelikalen Bewegung westfälischer Prägung. Dies änderte sich in den Auseinandersetzungen um den Kirchentag in Stuttgart 1969[225]. Zwar spielte auch hier der Einfluss der BKAE eine wichtige und problematische Rolle – da diese jedoch im Kontext der Kirchentagsvorbereitung immer gemeinsam mit den Exponenten des Württembergischen Pietismus wie Fritz Grünzweig, Rolf Scheffbuch oder Martin Pfander auftraten, veränderte sich im sozio-theologischen Lager die Wahrnehmung des „Gegners"[226]. Der vermeintliche Feind saß nun nicht mehr in Dortmund, sondern in Fellbach[227].

Am 28. Oktober 1968, zwei Tage nachdem der Rücktritt des Synodalpräsidenten Oskar Klumpp publik geworden war[228], wurden zunächst die Siedlungspfarrer, wiederum zwei Tage später der Industriepfarrerkreis um Eugen Fuchslocher erneut aktiv. Die Vollversammlung der Siedlungspfarrer, die sich in Stuttgart zu ihrem jährlichen „Arbeitstag" versammelt hatte, beschloss auf Antrag von Seiz eine Reihe von Offenen Briefen[229]: So wurden an Landrat Klumpp eine Solidaritätsadresse gesandt, an den OKR ein Schreiben mit der Aufforderung, Stellung zu nehmen und „die Vorgänge", die zu Klumpps Rücktritt geführt hatten „so weit als möglich offen zu legen". Das Präsidium des Deutschen Evangelischen Kirchentages wurde gebeten, sich ebenfalls mit Klumpp zu solidarisieren und Konsequenzen zu erwägen: „von der Absage des Kirchentags bis zu einer offenen Diskussion auf dem Kirchentag über die zunehmende Diffamierung und den sich abzeichnenden geistlichen Terror in der Kirche". Ein weiteres Schreiben der Siedlungspfarrer ging an alle Synodalen der Landeskirche, die ebenfalls zu Solidaritätskundgebungen „– etwa ebenfalls Niederlegung des Mandats –" beziehungsweise zur Selbstauflösung der Synode aufgefordert wurden. Dieses Schreiben der Siedlungspfarrer wurde gleichzeitig an alle KTA-Leiter versandt, mit der Bitte, Situation und notwendige Schritte bei der nächsten Sitzung zu beraten sowie die Presse vor Ort zu informieren – was der Aktion zu breiter und landeskirchenweiter öffentlicher Wahrnehmung verhalf und möglicherweise eine Erklärung dafür

---

225 Vgl. hierzu ausführlich Kapitel 5.4.1.
226 Dass diese Auseinandersetzung damit in die Evangelikale Bewegung selbst hinein verlagert wurde und ein Gutteil der Konflikte in der Kirchentagsvorbereitung mit Konflikten zwischen dem traditionell landeskirchlichen württembergischem Pietismus und dem latent zum Freikirchentum tendierenden westfälisch-norddeutschen Evangelikalismus zu erklären ist, wird im folgenden Kapitel dazulegen sein.
227 Die Verhandlungsdelegation des württembergischen Pietismus bei den Kirchentagsvorbereitungen um Walter Tlach, Fritz Grünzweig und Rolf Scheffbuch nannten sich nach ihrem Konstituierungsort „Fellbacher Kreis". Vgl. Stellungnahme von Martin Pfander, VERHANDLUNGEN DER 7. EVANGELISCHEN LANDESSYNODE, 479.
228 Vgl. u. a. Zeitungsausschnitte aus der Stuttgarter Zeitung vom 26. 10. 1968, Sammlung Oehlmann/Blaich.
229 Der Antrag sowie die verschiedenen Schreiben vgl. Sammlung Oehlmann/Blaich. Der Brief an die Synodalen trägt 29 Unterschriften.

bietet, warum sich im kollektiven Gedächtnis die Gründung der KK mit den Siedlungs-, nicht aber mit den Industriepfarrern verbunden hat.

Seiz fügte seinem Antrag eine Begründung bei, die geradezu paradigmatisch zeigt, wie einerseits immer noch die BKAE benannt, andererseits implizit bereits der gesamte Pietismus als Gegner wahrgenommen wurde:

> „Ich stelle diesen Antrag als einer, der selbst geistlich alles dem Pietismus verdankt. Ich habe immer versucht, aus diesem Erbe heraus für die Kirche von heute und von morgen tätig zu sein. Jetzt aber darf keiner den Angriffen der Bekenntnisbewegung mehr untätig zusehen. Ich bin mir bewußt, dass das Unvermögen von uns Theologen der verschiedenen Richtungen, Grund und Kern unseres Glaubens klar zu formulieren und anderen die Angst vor den notwendigen Änderungen in der Kirche zu nehmen, zu der Verschärfung des Kampfes beigetragen hat. Dennoch gilt es jetzt zu handeln. Dr. [sic] Klumpp ist es wesentlich zu verdanken, daß in unserer Kirche eine ernsthafte Demokratisierung eingesetzt hat und längst fällige Reformen in die Wege geleitet wurden. Wollen wir diesen Prozeß weitertreiben, dann müssen wir deutlich reden und konsequent tätig werden."

Letzteres initiierte Eugen Fuchslocher: Gemeinsam mit Martin Weber und Alfred Herb versandte er am 30. Oktober einen Informationsbrief an diejenigen, die die Synodaleingabe 1967 oder die Erklärung zu Tlach unterzeichnet hatten und stellte fest, dass es zunächst sinnvoller sei „bestehende kirchliche Gremien einzuschalten, als eine Unterschriftenaktion aus dem Kreis der Pfarrer" zu organisieren. Durch Pfarrvereine, Kirchlich-theologische Arbeitsgemeinschaften, Pfarrkonvente, Kirchengemeinderäte und Kirchenbezirkstage sollten Anträge verabschiedet werden, die von der Synode vollständige, öffentliche Aufklärung der Vorgänge sowie eine „Klärung der vorhandenen ‚innerkirchlichen Spannungen'" forderten, desgleichen von Landesbischof und OKR Information und eine „eindeutige[]" Stellungnahme. All dies solle durch Pressemitteilungen, Leserbriefe oder sonstige Aktionen öffentlich bekannt gemacht werden. Trotz dieser zunächst deeskalierenden Strategie wurden die Empfänger des Fuchslocher-Briefes bereits darauf vorbereitet, dass es nötig werden könne, sich zu treffen und dass die Adressaten sich dafür vorsichtshalber „zunächst den Donnerstagnachmittag und -abend in der kommenden Woche" freihalten mögen. Dieser Donnerstag war der 7. November.

Am 31. Oktober erging unter dem Briefkopf „Redaktionsausschuß der ‚Gedanken des Friedens zum Streit…'"[230] und der ‚Erklärung'" sowie „Redaktionsausschuß der ‚Vollversammlung Württembergischer Siedlungspfarrer'"[231] an einen offensichtlich ausgeweiteten Adressatenkreis die Einladung zu einem Treffen am Donnerstag 7. November in Leonberg-Ramtel[232]. „Ein-

---
[230] Für diesen unterzeichneten erneut Herb, Weber und Fuchslocher.
[231] Vertreten durch Marlies Cremer, Paul-Gerhard Seiz, Gerhard Wacker und Eugen Stöffler.
[232] Die verschiedentlich vertretene Ansicht, das Ramtel-Treffen sei eine „spontane" Reaktion

ziger Tagesordnungspunkt: Entwurf eines Aktionsplans für Maßnahmen im Blick auf die bevorstehende Synodalsitzung[233] im Zusammenhang mit dem Rücktritt des Synodalpräsidenten Klumpp."[234] Es erfolgte die knappe Aufforderung, weitere Unterstützer, alles verfügbare Material sowie Vorschläge für den Aktionsplan mitzubringen. Dass es nun, entgegen dem Votum vom 30. Oktober, zu einer Versammlung und damit der Konstituierung einer Aktionsgruppe kam, wurde offensichtlich von Eugen Fuchslocher veranlasst. In dem Entschließungsantrag[235], den Seiz und W. Simpfendörfer am 7. November den etwa 100 im Ramtel Versammelten vorlegten, wurde Fuchslocher ausdrücklich als „Initiator" des Treffens bezeichnet und also solcher für das Präsidium vorgeschlagen. Diesem gehörte er zusammen mit Hans-Martin Freudenreich, Rolf Lüpke, Klaus Roth-Stielow und Gerhard Wacker für die kommenden Monate an. Mehr noch: Er war offensichtlich der geschäftsführende Vorsitzende, denn laut der ersten Vorläufigen Satzung erhielt die KK ihren Sitz in Neckargartach, in Fuchslochers Pfarrhaus (Kirchbergstr. 2)[236], und auch das erste Konto der Kritischen Kirche wurde bei der „Genossenschaftsbank Heilbronn-Neckargartach"[237] eingerichtet[238].

Eugen Fuchslocher war bis zur Vollversammlung der KK am 8. März 1969 Mitglied des „Vorläufigen Präsidiums"; für die Wahl zum nun neuen Präsidium kandidierte er nicht mehr[239]; den Dokumenten zufolge entstand das zweiseitige Programmpapier „KK stellt sich vor" nach seinen Vorarbeiten[240] und auch die Erstellung der Dokumentation zum Fall Rothschuh scheint er koordiniert zu haben[241]. Danach taucht sein Name in den Protokollen der Vollversammlungen nicht mehr auf. In den Mitgliederlisten der KK und ab 1972 der OK erscheint er hingegen weiterhin, so dass anzunehmen ist, dass er bis zu seinem Tod 1986 Mitglied blieb. Warum er sich so schnell und so konsequent aus der ersten Reihe der KK-Aktivisten verabschiedete und nur noch Mitglied blieb, konnte nicht ermittelt werden. Ein Faktor mag der Pfarrstellenwechsel von Neckargartach nach Spaichingen im Sommer 1969

---

gewesen sei, ist damit zu relativieren; vgl. RÖHM, Geburtswehen, 15 sowie noch expliziter LANGE, Kirche, 28.
233 Die Synode trat am 10. November 1968 zur regulären Herbsttagung zusammen.
234 Herb/Weber/Fuchslocher, Einladung für den 31. 10. 1968; Sammlung Oehlmann/Blaich.
235 Paul-Gerhard Seiz, W. Simpfendörfer: Versammlung „Ramtelhof 7. 11. 1968" Antrag. Sammlung Oehlmann/Blaich.
236 Vorläufige Satzung KK, undatiert, Sammlung Oehlmann/Blaich/Protokolle. Vgl. Briefkopf der KK z. B. Rundbrief 2. 12. 1968; Sammlung Oehlmann/Söhner.
237 Kassenwart aber war wohl Hilmar Schmidt, ebenfalls Neckargartach, vgl. Protokoll KK 24. 11 1968; Sammlung Oehlmann/Söhner.
238 Zur weiteren Geschichte der KK/OK vgl. Kapitel 4.
239 Einladung 25. 2. 1969 bzw. Protokoll 8. 3. 1969; Sammlung Oehlmann/Söhner.
240 Vgl. Rundbrief des KK Präsidiums 22. 4. 1969; Sammlung Oehlmann/Blaich/Protokolle. Die Vorstellung selbst ist unterzeichnet „Abgeschlossen am 21. April 1969 durch Eberhard Buder"; Sammlung Oehlmann/Blaich/Protokolle.
241 Vgl. Protokoll der Vollversammlung am 8. 3. 1969; Sammlung Oehlmann/Blaich/Protokolle.

gewesen sein, ein anderer zunehmende gesundheitliche Probleme[242]. Letztlich ist nicht zu klären, warum Eugen Fuchslocher, der geradezu ein „Katalysator der ‚OK in being'"[243] war und von verschiedenen Zeitzeugen als einer der führenden Männer des sozio-theologischen Netzwerkes benannt wurde[244], fast unmittelbar nach der Institutionalisierung dieses Netzwerkes in Gestalt der KK von der kirchenpolitischen Bildfläche verschwand. Gleichfalls wenig verständlich ist, dass die zweite Generation der KK/OK diesen unorthodoxen Protagonisten – Arbeitersohn aus Esslingen, Johanneumsabsolvent, Pfarrer auf dem II. Bildungsweg – anscheinend gänzlich vergessen hat[245].

Fuchslocher selbst fertigte 1978 in einem Brief an die Leiter der Evangelistenschule Johanneum „so etwas wie eine Bestandsaufnahme"[246] an. Darin bekannte er:

> „Ich fand nie einen Zugang zu den sogenannten ‚Bekennenden Gemeinschaften', auch nicht zur ‚Ludwig-Hofacker-Konferenz' und auch nicht zur sogenannten ‚Lebendigen Gemeinde', obwohl ich dort Freunde von mir weiß. Dagegen hielt ich es für mich für richtig, mich damals in der außersynodalen Opposition mit zu engagieren. Heute unterstütze ich den Gesprächskreis ‚Offene Kirche' in unserer Landessynode."

Er stehe dem Kirchentag „ganz positiv, selbstverständlich nicht unkritisch" gegenüber, hingegen kritisierte er die Ablehnung der neuen EKD-Grundordnung durch die Landessynode[247] und nannte es „reichlich überheblich, daß die ‚Lebendige Gemeinde' ihre theologische Meinung zum Weltmaßstab der Christenheit macht."[248] Mit Blick auf Ökumene und Rassismusdebatte schloss Fuchslocher seine Stellungnahme „zu einigen mir aktuell erscheinenden Fragen" mit dem bemerkenswerten Satz: „Was Martin Luther King in den USA gesagt und getan und gelitten hat, hat mich mehr betroffen als das, was Billy Graham auf der ganzen Welt sagt und nicht tut." Dieses Credo für ein gesellschaftlich waches, verantwortliches Christentum, das Kirche auf die Stra-

---

242 Vgl. LKAS, PA Eugen Fuchslocher bzw. Auskunft Gerhard Fuchslocher; in dieselbe Richtung weist eine Mitteilung Fuchslochers an Fritz Röhm: „Inwieweit ich mich in der neuen Vereinigung engagieren kann, muß ich mir noch überlegen. Man wird älter und muß mit seinen Kräften ‚haushalten'!" Fuchslocher an Röhm, 16. 6. 1972; NL Fuchslocher/KK.
243 So Rolf Scheffbuch über Fuchslocher, den er „bis heute als einen [s]einer entscheidenden Seelsorger bezeichne." Scheffbuch 25. 9. 2012.
244 So Auskunft von Rolf Scheffbuch und Martin Günzler. Vgl. auch LANGE, Kirche, 28 oder SIMPFENDÖRFER, Vortrag „Kirchenreform".
245 Vgl. oben 156, Fn. 21.
246 Handschriftlicher Vermerk auf dem Durchschlag des Briefs an Berewinkel und Bieneck, 5. 3. 1978. Fuchslocher musste die Einladung zum 40-jährigen Jubiläum seiner Einsegnung aus gesundheitlichen Gründen ablehnen und verband diese Mitteilung mit einer elfseitigen Lebens-und Schaffensbilanz. NL Fuchslocher.
247 Vgl. hierzu SCHLOZ, Württemberg.
248 Dies ist wohl eine Anspielung auf die bittere Auseinandersetzung in der Landessynode um das Antirassismusprogramm des ÖRK.

ßen bringt und sich nicht in ein „geistliches Ghetto" zurückzieht, dürfte für Fuchslochers Leben und Werk bezeichnend, für die Motivation der Vorväter und Gründer der KK/OK leitmotivisch sein.

Zusammenfassend ist also festzuhalten: Die Suche nach der Herkunft der KK/OK führte zu Gruppen der „außersynodalen Opposition" in Württemberg, die bei unterschiedlicher Akzentuierung deutliche gemeinsame Züge aufweisen: So war ihnen die Hinwendung zum Zeitgenossen und zu den Problemen der Gegenwart ein Anliegen; sie sahen sich, stärker noch als die BG, durch ihren christlichen Glauben zu gesellschaftlichem und politischem Handeln herausgefordert und scheuten dabei auch den Konflikt mit den kirchlichen Institutionen nicht. Ihr theologisches Profil bezogen sie größtenteils aus den Entwürfen Bultmanns und seiner Schüler, wobei vor allem in der KB auch Karl Barth noch eine wichtige Rolle spielte. Die historisch-kritische Methode war ihnen ein selbstverständliches und unverzichtbares Handwerkszeug des Exegeten. Als Gegner auf politischer Ebene wurde der deutsche politische Katholizismus und speziell Konrad Adenauers Militär- und Rüstungspolitik angesehen. Im theologisch-kirchenpolitischen Bereich war zunächst primär die BKAE das Gegenüber; dieser Bezugspunkt verschob sich aber (erst!) im Kontext der Auseinandersetzungen um den Stuttgarter Kirchentag auf den Württembergischen Pietismus. Anders als die BG standen die Vertreter des sozio-theologischen Flügels der Amtskirche stets eher skeptisch gegenüber – ungeachtet der Tatsache, dass es in der Kirchenleitung immer wichtige Fürsprecher für ihre Anliegen gab[249]. In der Akademie Bad Boll fanden die kirchenreformerischen Bestrebungen ihren Ort, in der „Stimme der Gemeinde" sowie zahlreichen eigenständigen Büchern, Broschüren und Flugschriften ihre Publikationsorgane. Bei Gründung der KK brachten diese Gruppen und ihre führenden Köpfe das eminent theologische Interesse an der Verkündigung des Evangeliums in die heutige Situation ein, den Willen, aus der als „Pastorenkirche" wahrgenommenen Kirche eine „Kirche für Andere" zu machen und dabei insbesondere auf die Arbeiterklasse zuzugehen. In dieser „Kirche für morgen"[250] wollten sie sich der „Tagesordnung der Welt" stellen und diese mit den geeignet erscheinenden Mitteln – seien es soziologische Analysen, seien es politische Aktionen – bearbeiten.

Über die Umsetzung dieser kirchenreformerischen Agenda in Württemberg fällte einer ihrer wichtigsten Akteure, Werner Simpfendörfer, bei einem Vortrag 1988 ein sehr kritisches Urteil:

> „Was wir [...] als Kirchenreform bezeichnet haben, war 1967 im Wesentlichen gelaufen und von der 68er Bewegung, soweit sie die Kirche tangierte, entweder aufgenommen oder aufgegeben. Kirchenpolitisch hat sie in Württemberg den

---

249 Zu nennen wäre hier beispielsweise Roland Tompert oder, auf EKD-Ebene, Rüdiger Schloz sowie KK-Gründungsmitglied Dr. Wolfgang Huber.
250 Vgl. Bericht über die Arbeitssitzung der Aktion Synode '71 am 28. 5. 1970; LKAS, K 28, 1.

Humus für die Offene Kirche gebildet und in der EKD zu einer kirchlichen Widerstandskultur beigetragen."

Noch wesentlich schärfer ging Simpfendörfer mit dem zentralen Anliegen der Demokratisierung der Kirche ins Gericht:

„An dieser Front haben wir wohl den entscheidenden Pyrrhus-Sieg errungen und die Kirchenreform verloren. Denn wir haben zwar eine Scheindemokratie erreicht, indem wir manifeste Gruppierungen in der Synode durchsetzten, aber wir haben nicht abgeschätzt, dass das württembergische Wahlrecht den konservativen Kräften eine lockere Mehrheit verschaffen würde."[251]

Um zu verstehen, wie Simpfendörfer zu dieser Einschätzung gelangen konnte, ist im Folgenden die Diskussion um die Arbeitsweise der Synode nachzuzeichnen, bei der abermals Eugen Fuchslocher eine zentrale Position einnahm.

---

251 SIMPFENDÖRFER, Vortrag „Kirchenreform".

Zwischenspiel: Gruppierungen in der Synode – die Diskussion der 6. Landessynode um ihre Arbeitsweise

Wieder und wieder ist zu lesen, Oskar Klumpp habe die als „Gesprächskreise" bezeichneten Gruppen – manche fordern, den Ausdruck „Parteien" beziehungsweise „Fraktionen" zu verwenden[1] – in der Landessynode installiert[2]. Dies ist insofern korrekt, als die Gesprächskreise in der 7. LS unter seiner Präsidentschaft zum ersten Mal seit 1945 offen zu Tage traten. Klumpp sah sie als probates Mittel, um die Arbeit der Synode zu straffen und effektiver zu gestalten, bestand dabei jedoch darauf, dass die Gesprächskreise sich nicht wie Fraktionen verhalten dürften. Vier Merkmale sollten die Arbeit prägen: „1. freiwillig, 2. offen, 3. durchlässig, 4. tolerant"[3] sollten die Kreise sein. Allerdings hatte Klumpp die Gruppenbildung mitnichten veranlasst; bei seiner ersten Rede als Synodalpräsident stellte er fest: Die Gruppen

> „haben als Problem schon bei der Vorbereitung der Wahlen in vielen Wahlkreisen eine bedeutende Rolle gespielt. […] Heute sind wir der Erörterung darüber, ob Gruppenbildungen stattfinden sollen und können, enthoben, weil die Gruppen gebildet sind. Soweit sie jedoch nicht effektiv gebildet sind, so sind sie so intensiv in Bildung begriffen, daß ein Zurück in dieser Beziehung wohl nicht mehr möglich ist. […] Es haben sich drei Gruppen gebildet, die ich in alphabetischer Reihenfolge zitiere."[4]

Diese „Erörterung" hatte – und das ist weithin vergessen – bereits in der voraufgehenden 6. Landessynode breiten Raum eingenommen, so dass festzuhalten ist: Klumpp hat weder die Gesprächskreise installiert noch war er ihr Ideengeber. Vielmehr hat er, wie zu zeigen sein wird, eine Empfehlung der 6. LS in die Tat umgesetzt.

Verschiedentlich war in der Wahlperiode der 6. LS der Unmut über die aufwändige, mühsame und zeitraubende Synodalarbeit laut geworden. So schrieb beispielsweise der EuK-Vorsitzende Theodor Dipper 1965: „[D]ie jetzige Arbeitsweise der Synode [ist] unbefriedigend. Viele Synodale leiden darunter,

---
1 KADEN, OK, 42.
2 Für einen Überblick über die Geschichte der Gruppierungen innerhalb der württembergischen Landessynode vgl. HERMLE / OEHLMANN, Gruppen.
3 VERHANDLUNGEN DER 7. EVANGELISCHEN LANDESSYNODE, 31.
4 Bibel und Bekenntnis, Evangelische Erneuerung und Evangelium und Kirche; vgl. EBD., 30.

daß sie mangelhaft orientiert sind und daß sie erst im Laufe einer langen Debatte die eigentliche Fragestellung zu Gesicht bekommen. Der Arbeitsweg der Synode wird auf diese Weise sehr umständlich."[5] Schon 1962 war das Problem – das virulent schon länger existierte – in der Synode offensichtlich geworden. Bei der Tagung zum Fragenkreis „Kirche und Mission" war als Resultat ein Wort an die Gemeinden geplant gewesen. Nach zahlreichen Referaten, Berichten und Aussprachen wurde am Abend des vierten Tages klar, dass man auch nicht annähernd zu einem Textentwurf oder auch nur einer inhaltlichen Klärung oder zum Konsens über ein solches Wort gekommen war[6]. In zunehmd hektischer Debatte wurde erörtert, ob man das Thema vielleicht noch einmal vertagen solle, die theologische Grundlagendiskussion buchstäblich über Nacht nachholen könne oder die Abfassung einer Verlautbarung doch an einen Ausschuss delegieren wolle. Oder ob schlicht die ganze Synodaltagung falsch geplant und die Zeit vertan sei. Eugen Fuchslocher brachte die Frustration der Synodalen auf den Punkt und brachte zugleich einen Vorschlag für die zukünftige Arbeitsweise ins Spiel:

> „[E]s zeigt sich meines Erachtens ein Mangel in der Arbeitsweise des Landeskirchentags. Es ist uns, den einzelnen Abgeordneten, manchmal recht schwierig, sich eine Meinung über die jeweiligen Gegenstände der Beratung zu bilden. Nach meinem Dafürhalten müßte etwa der erste Tag [...] dazu dienen, daß in kleinen Gruppen die Punkte der Tagesordnung besprochen und die Abgeordneten sich dabei über die Probleme mehr orientieren und in die ganzen Fragen einarbeiten können. [...] Sicherlich würden dann unsere Diskussionen im Plenum auch ein anderes Niveau erhalten."[7]

Eine unmittelbare Reaktion auf Fuchslochers Strukturvorschlag ist in den Synodalprotokollen nicht nachweisbar; zwei Jahre später jedoch stellte der Ausschuss für Kirche und Öffentlichkeit, dem Fuchslocher angehörte[8], den Antrag,

> „daß sich der Landeskirchentag auf einer seiner nächsten Sitzungen selber zum Thema macht, d.h. daß er sich gründlich und vielseitig mit seiner Herkunft, seiner Struktur und seiner Aufgabe befaßt. Was für eine Funktion hat der Landeskirchentag in der augenblicklichen Lage der Landeskirche, der Ökumene und der Theologie, und mit welcher Form seiner Arbeit könnte er dieser Situation am angemessensten gerecht werden. Diese Frage sollte einmal bedacht werden, damit der vielfach bestehende Eindruck, die Synode sei in ihrer gegenwärtigen Beschaffenheit weitgehend unorganisch und aktionsunfähig, nicht auf sich beruhen bleibt."[9]

---

5 EuK-Info 1965, Heft 2, 22–30, 24. Vgl. auch oben 121.
6 Vgl. VERHANDLUNGEN DER 6. EVANGELISCHEN LANDESSYNODE, 436 f.
7 EBD., 467.
8 Vgl. Liste der Ausschussmitglieder: Protokolle 6. LS, Beilagenband, 5.
9 VERHANDLUNGEN DER 6. EVANGELISCHEN LANDESSYNODE, 686 f.

Der Antrag war aus einem Memorandum des Ausschussvorsitzenden Hans-Jürgen Schultz[10] entstanden, der schon am 17. Januar 1964 festgehalten hatte, dass in der Synode immer wieder Unzufriedenheit über die eigene Arbeitsweise laut würde: Die Synoden dauerten immer länger, „der einzelne Synodale [sei] entweder überfordert oder überfahren [...]. Mangelnde Information bewirk[e] vielfach mangelndes Engagement."[11] Immer wieder würden grundlegende Themen nur beiläufig abgehandelt, während Nebensächlichkeiten breiten Raum in der Synodaldebatte gewönnen. In der Folge befasste sich der Ausschuss, von der LS mit der Vorbereitung der geforderten Plenartagung beauftragt, intensiv mit dem Thema. Von Anfang an bestand ein gewisser Zeitdruck, da die Legislaturperiode im Herbst 1965 endete, so dass Theodor Dipper bei seinem Votum zu dem Antrag schon zu bedenken gab, dass eine solche thematische Synodalsitzung zwar sehr wünschenswert sei, man sich aber darüber im Klaren sein müsse, dass möglicherweise nur noch „ein aide memoire für den nächsten Landeskirchentag"[12] erreicht werden könne. Der Ausschuss ließ sich im Verlauf der folgenden Monate von den Tübinger Kirchenhistorikern Martin Elze und Klaus Scholder über Synoden seit der Zeit der Alten Kirche informieren[13], beantragte erfolgreich die Einführung einer nichtöffentlichen Fragestunde zu Beginn einer jeden Synodalsitzung[14] und diskutierte darüber, ob die Befugnisse der geschäftsführenden Ausschüsse erweitert werden sollten oder ob deren Aufgaben zum Teil von „fraktionsähnlichen Intensivgemeinschaften wahrgenommen werden sollten, die auch bei der Vorbereitung der kirchlichen Wahlen in den einzelnen Kirchenbezirken aktiv werden könnten."[15] Im Protokoll der Oktober-Sitzung des Ausschusses findet sich eine Beschreibung des status quo:

> „Gegen eine feste Gruppen- (Fraktions-)bildung bestehen insofern Bedenken, als solche Gruppen im Landeskirchentag früher bestanden und s.Z. offenbar zwischen den Fraktionen, gewissermaßen hinter den Kulissen, die Dinge ausgehandelt wurden und vom Plenum selbst dann im Grunde keine echte Entscheidung mehr gefordert war."[16]

---

10 Schultz war seit 1957 Redakteur des Kirchenfunks beim SWR und mit seinen Sendereihen (z. B. „Kritik an der Kirche" 1958 oder „Frömmigkeit in einer weltlichen Welt" 1959) ein wichtiger Promotor der Kirchenreform vgl. EHMER / KAMMERER, Handbuch, 335.
11 Hans-Jürgen Schultz: Entwurf einer Empfehlung 17. 1. 1964; Archiv der Landessynode, 6. LS/Ausschuss für Kirche und Öffentlichkeit/Hauptakten; fast wörtlich übernommen in Schultz' Ausschussbericht vor der LS, VERHANDLUNGEN DER 6. EVANGELISCHEN LANDESSYNODE, 686.
12 Dipper, EBD., 688.
13 Vgl. Sitzungsprotokoll vom 20. 10. 1964, 4; LKAS, AL 2, 6. LS/Ausschuss für Kirche und Öffentlichkeit/Sitzungen.
14 Sitzungsprotokoll vom 16. 6. 1964, 1; LKAS, AL 2, 6. LS/Ausschuss für Kirche und Öffentlichkeit/Sitzungen.
15 Sitzungsprotokoll vom 16. 6. 1964, 2.
16 Sitzungsprotokoll vom 20. 10. 1964, 2. LKAS, AL 2, 6. LS/Ausschuss für Kirche und Öffentlichkeit/Sitzungen. Dies ist eine getreue Wiedergabe von Dippers Situationsanalyse 1948, vgl. oben 121.

Für die aktuelle Lage stellten die Ausschussmitglieder jedoch fest:

> Es „wird zu bedenken sein, daß tatsächlich nicht jeder einzelne Synodale im Plenum immer noch einmal und auch noch [sic] seine Meinung zum Ausdruck bringen muß. Er wird unter Umständen dazu dann weniger das Bedürfnis haben, wenn er vorher in einem der Geschäftsausschüsse, wie sie bestehen, oder in einem nach anderen Gesichtspunkten zu bildenden Arbeitsausschuß, zu Wort kam."[17]

Derartige Arbeitsausschüsse waren in der 6. LS wiederholt gebildet worden, um in kleineren Gruppen große Themenkomplexe zu erörtern; so beispielsweise thematische Grundsatzreferate[18] oder Bischofsberichte[19]. Sie waren ganz offensichtlich das Modell für die Gesprächskreise, die Klumpp 1966 beschrieb: thematisch ausgerichtet, jedermann offen, dem Informationsaustausch beziehungsweise der Meinungsbildung dienend und damit der Synode effektiv zuarbeitend. Letztlich kam, was Dipper vorausgesehen und Fuchslocher befürchtet[20] hatte: Bei der letzten Tagung der 6. LS konnte Eugen Fuchslocher als Berichterstatter des Ausschusses lediglich noch die Ergebnisse der Ausschussarbeit vorlegen, die in eine Empfehlung für die neu zu wählende 7. LS mündeten[21]: Zuerst, so Fuchslocher, gelte es zu bedenken, wie das Verhältnis von Synode und OKR zu definieren sei, wobei es jedoch nicht darum gehen könne,

> „daß etwa die Synode nur darüber klagen darf, daß sie in ihrer Arbeit nicht genügend ernstgenommen wird, sondern daß sich vielmehr die Synode fragen muß, ob sie sich in ihrer Arbeit so qualifiziert, daß sie ein ernstgenommenes [wohl „ernstzunehmendes", d. Verf.] Gegenüber für den Oberkirchenrat darstellt."

Im Blick auf die Arbeit der Geschäftsausschüsse stellte Fuchslocher fest, dass deren Arbeit an sich gut und hilfreich sei, im Plenum aber des öfteren nicht die rechte Wertschätzung erfahre, was dann zur Folge habe, dass es zu langen und „ermüdend[en]" Debatten komme, die „nicht immer das wünschenswerte Niveau" hätten. Gründe dafür vermutete Fuchslocher wiederum in mangelnder Information und überschießendem Redebedürfnis der Synodalen. Er folgerte:

---

17 Sitzungsprotokoll vom 20. 10. 1964, 3. Bemerkenswert, jedoch wohl realistisch, das geringe Vertrauen, das die Ausschussmitglieder in die verbale Selbstzucht ihrer Mitsynodalen hatten. Das genannte Problem war offensichtlich ein verbreitetes Übel, wie das Bonmot belegt, das Ernst Kammerer einige Jahre später aus einem nächtlichen Gespräch am Rande einer EKD-Tagung berichtete: „Selig ist der Synodale, der nichts zu sagen hat und trotzdem schweigt." KAMMERER, Rande.
18 Vgl. Tagungsübersicht 27. 2. 1962 oder 16. 10. 1962, VERHANDLUNGEN DER 6. EVANGELISCHEN LANDESSYNODE, 337 bzw. 421.
19 Vgl. Tagungsübersicht 14. 4. 1964 oder 19. 10. 1965, EBD., 693 bzw. 989.
20 EBD., 687.
21 Soweit nicht anders vermerkt alle folgenden Zitate: EBD., 1009 f.

"Von daher ergibt sich die Frage, ob die Geschäftsausschüsse nicht einer Ergänzung bedürfen, etwa durch fraktionsähnliche Arbeitskreise oder Intiativausschüsse, die auf Anregung des Präsidiums, oder durch Initiative von Synodalen – etwa von Gesinnungsfreunden oder von solchen, die auf einem Gebiet besondere Sachkenntnis haben – gebildet werden."

Mit dieser „Frage" des Ausschusses für Kirche und Öffentlichkeitsarbeit standen die „fraktionsähnlichen Arbeitskreise", wie sie seit 1966 und bis heute die Arbeit der Württembergischen Landessynode prägen, erstmals offen zur Debatte. Mit der vorgeschlagenen „Anregung des Präsidiums" hat Oskar Klumpp diese Kreise in der 7. LS ins Leben gerufen.

Den Bedenken gegen Gruppierungen in der LS begegnete Fuchslocher im Oktober 1965 mit dem Hinweis, weniger die Fraktionsbildung in den Landeskirchentagen vor 1945 sei ein Problem gewesen, als vielmehr die Geheimdiplomatie hinter den Kulissen[22]. Mit den neu zu bildenden gesinnungs- oder auch kompetenzorientierten[23] Gruppen könne hier ein neuer Weg beschritten werden. Zudem sei nicht zu vergessen, dass ja bereits „[g]ewisse Gruppierungen [...] vorhanden [seien], etwa durch die Freunde aus dem Kreis des Pietismus." Es müsse mithin „auch nur der Schein eines Fraktionszwanges" vermieden werden; vielmehr müsse ein „Fraktionsvertrauen" entstehen, durch welches ein Synodaler sich auf Informiertheit und Votum des anderen verlassen und sich ggf. auch eines zusätzlichen Redebeitrags enthalten könne, da er ja wisse, dass eine Angelegenheit bereits „von Gesinnungsfreunden in seinem Sinn beraten und entschieden" worden sei. Zu seinem großen Bedauern, so Fuchslocher, bleibe nun der 6. LS keine andere Möglichkeit, als diese Analysen und Empfehlungen an die kommende LS weiterzugeben, verbunden mit der dringenden Empfehlung, „diese Fragen [...] gleich zu Anfang ihrer Arbeit wieder auf[zu]greifen." Dies geschah.

---

22 Vgl. oben 202, Fn. 16.
23 Fuchslocher: „Arbeitskreise[], die mehr von einer soziologischen Gruppierung ausgehen [...] und sich mit Gegenständen aus den Verhandlungen der Synode beschäftigen, die ihnen besonders naheliegen." VERHANDLUNGEN DER 6. EVANGELISCHEN LANDESSYNODE, 1010.

5. Fluchtpunkt 1968 – Die 7. Landessynode als Inkubator der kirchenpolitischen Ausdifferenzierung in Württemberg

War es in den vergangenen drei Kapiteln darum gegangen, das Werden und Wachsen der kirchlichen Interessengruppen im *vorsynodalen Raum* zu beschreiben, so soll im Folgenden der Fokus zunächst primär auf der Arbeit der Synode beziehungsweise dem Agieren der unterschiedlichen Gruppen *innerhalb der Synode* liegen. Dabei wird zuerst der Formierungsprozess der vier Gesprächskreise 1965 zu beleuchten sein, dann der Verlauf der Auseinandersetzungen, des Gesprächs, der Zusammenarbeit ebenso wie der Konfrontation, die in den von Oskar Klumpp maßgeblich initiierten Reichenau-Tagungen besonders deutlich zu Tage trat. Ziel wird sein, die Dynamik zu beschreiben, die aus „offenen, durchlässigen, toleranten"[1] Informationskreisen zunehmend klar begrenzte, mit Eigenidentität und Gruppenbewusstsein ausgestattete Gesprächskreise werden ließ. In einem weiteren Schritt wird der Blick abermals geweitet, um die spezifischen identitätsstiftenden Ereignisse und Elemente der hinter den einzelnen Gesprächskreisen stehenden Landesgruppen, wie sie im Wahlkampf vor der Synodalwahl 1971 erkennbar werden, herauszuarbeiten. Dabei wird das „lange" Jahr 1968[2] in zweifacher Hinsicht als „Fluchtpunkt"[3] begriffen: Zum einen im Sinne eines Brennpunkts, in dem sich verschiedene Ereignislinien treffen und Dinge zum „Brennen" bringen können: Die Vorarbeiten für den Kirchentag 1969 in Stuttgart führten im November 1968 zum Rücktritt Oskar Klumpps; dieser Rücktritt wirkte über den begrenzten Raum der Synode hinaus erneut in den vorsynodalen Raum, denn er bildete die Initialzündung für die sozio-theologisch gesinnten Kreise zur Gründung der Kritischen Kirche, was in der Folge wiederum die Etablierung des konservativ-nichtpietistischen Standpunkts in der Evangelischen Sammlung zeitigte[4]. Während die Frage der Frauenordi-

---

1 Vgl. unten 229.
2 In Analogie zum von Hugh McLeod postulierten „langen Jahrzehnt" 1959–1971; vgl. MCLEOD, Religion, 37.
3 Im übertragenen Sinne ist 1968 ein „Fluchtpunkt", da dieses Jahr, gleich dem Fluchtpunkt in einem barocken Gemälde, die gesamte Wahrnehmung der Betrachter bzw. Beteiligten bestimmt und beeinflusst. Dies wird exemplarisch am Gründungsmythos der Evangelischen Sammlung zu zeigen sein. Angeregt wurden die Überlegungen zur „Fluchtpunkt"-Motivik als historiographisches Deutemodell von Helmut Walser Smith's Buch „Fluchtpunkt 1941".
4 Da der Rücktritt Klumpps rückblickend nachgerade zum Mythos geworden ist, auf den sich – positiv wie negativ – die verschiedensten Richtungen und Gruppen berufen und der in der

nation innerhalb der Gesprächskreise noch kontrovers diskutiert wurde, wurden die Reihen in der Abwehr des progressiven Protests geschlossen, wurden Außengrenzen definiert und die eigene Identität zunehmend deutlich etabliert. Der „Streit um Jesus" auf dem Kirchentag 1969 führte die Polarisierung innerhalb des Protestantismus jedermann plastisch vor Augen und der „Fall Rothschuh" und nicht zuletzt die Esslinger Vikarserklärung, die im November 1969 das „lange Jahr" abschloss, brachten noch einmal auf den Punkt, was die Wurzel all der genannten Auseinandersetzungen, ja letztlich aller Auseinandersetzungen in der protestantischen Kirche von 1945 (Bultmann) bis 2013 (Homosexualität) ist: Die Frage nach Autorität und Verbindlichkeit der Bibel.

Um die Ereignisse im Kontext der 7. Landessynode zu verstehen, ist es unverzichtbar, sich die Ausgangslage deutlich zu machen. Der Jurist Martin Dietrich, zum damaligen Zeitpunkt Oberbürgermeister der Stadt Backnang und 1966 bis 1986 Mitglied der Württembergischen Landessynode, beschrieb diese 1972 rückblickend in einem Erfahrungsbericht vor dem Gesprächskreis Evangelium und Kirche[5]. Dietrich entwarf in diesem Text so gekonnt ein Panorama der kirchlichen und gesellschaftlichen Lage und fasste in kaum zu überbietender Klarheit und Prägnanz die relevanten Informationen zusammen, dass dieses Dokument hier ausführlich zitiert und mit seiner Hilfe die wesentlichen Voraussetzungen der im Folgenden darzustellenden Ereignisse erläutert werden sollen:

> „Die 7. Landessynode unterschied sich von Anfang an von allen vorherigen dadurch, daß alle Synodalen unmittelbar vom Kirchenvolk gewählt waren. In der 6. Landessynode – ursprünglich noch Landeskirchentag – hatte nur in 18 der 40 Kirchenbezirke eine Urwahl stattgefunden. Die 7. Synode war selbstbewußter, öffentlichkeitsfreudiger als ihre Vorgängerinnen. Demokratische Legitimität hat die synodale Arbeit gestärkt.
>
> Als die 7. Synode 1965 gewählt wurde, waren kirchliche und allgemein politische Landschaft, die beide sehr stark in die synodale Arbeit hineinwirken, noch ganz anders. Erhard war auf dem Höhepunkt seiner Laufbahn, Brandt auf dem Tiefpunkt. Die goldenen 60er Jahre waren mitten in der Blüte, die Rezession 1966 noch unbekannt, niemand ahnte, daß 1 Jahr später Kiesinger der 1. Bundeskanzler einer großen Koalition würde. Es gab noch keine Studentenunruhen, keine Mondlandung, keine mittelfristige Finanzplanung, keine Steuerreform usw., usw.[6]

Erinnerung höchst umstritten ist, erscheint es an dieser Stelle angezeigt, den Versuch einer Rekonstruktion der Ereignisse zu unternehmen.

5 Martin Dietrich: Erfahrungsbericht eines Laien in der 7. Landessynode, vorgetragen vor dem Gesprächskreis „Evangelium und Kirche" am 15. 1. 1972; LKAS, AL 2 8. LS, 1. LS, 13 Gesprächskreise.

6 Greschat widmet den 1960er Jahren ein ganzes Kapitel: „Ein Jahrzehnt der Umbrüche". In den von Dietrich skizzierten Zeitrahmen fallen bei Greschat die Stichworte „Ostdenkschrift", das II.

Bei der Wahl zur Synode gab es in ganz wenigen Wahlkreisen getrennte Listen und dann auch nur örtlich auftretende, aber keine über das ganze Land weg geschlossene mit einheitlicher Werbung und einheitlichem Namen auftretende Gruppe wie diesmal die ‚Lebendige Gemeinde‘ oder ‚Aktion Synode '71‘. Synodalwahl war fast reine Persönlichkeitswahl, etwas weniger positiv ausgedrückt: Honoratiorenwahl.

Kirchlich-theologisch waren die streitenden Parteien des Jahres 1965 aus der Perspektive des Jahres 1972 sämtlich Erzväter – auch die modernen. Ob Bultmann, Ebeling, Käsemann oder Fuchs, der Streit ging um biblische Themen, um Christus, die Auferstehung, die Wundergeschichten, nicht um Theologie der Revolution, Zulässigkeit von Gewaltanwendung, Unterstützung revolutionärer Gruppen in der 3. Welt.

So verschieden das alles bei Beginn der Arbeit der 7. Synode war, darin ist die Situation gleich: jeder Synodale betritt Neuland, auch wenn er vorher noch so engagiert und versiert in kirchlicher Arbeit war.

Eine wichtige Frage, gerade für den Laien, war deshalb am Anfang der 7. Synode: Wie arbeiten wir? Eifer, guter Wille sind wichtig, die richtige Arbeitsmethode aber ist nicht weniger wichtig.

Es gab zwei Richtungen; die eine: Jeder Anklang an ein weltliches Parlament ist zu vermeiden, keine Fraktionen, jeder Synodale soll in echter Unabhängigkeit niemand als seinem Gewissen und dem Evangelium verpflichtet sein und so mit allen anderen beraten und schließlich entscheiden.

Die andere Richtung: Sosehr Synode in ihren Sachentscheidungen und Aufgaben anders ist als ein weltliches Parlament, im Formalen, nämlich im Willensbildungsprozess und in der Arbeitsmethode ist sie den gleichen Gesetzen unterworfen wie ein weltliches Parlament. Jede Frage ist schließlich auf die Alternative ja/nein zuzutreiben, allenfalls die Enthaltung ist noch möglich. Ja und nein sind selten 100 %ig klar, oft geben in der Fülle der Argumente 51 % Überzeugung das Ja oder Nein der Abstimmung.

Vor jeder Abstimmung ist Information notwendig. Wer gibt sie? Jeder, der sie allein gibt, ob Präsident oder Oberkirchenrat, hat damit großen Einfluß. Der Präsident allein wäre überfordert. Der Oberkirchenrat allein kann die Breite notwendiger Information nicht gewährleisten. Überläßt man die Dinge sich selbst, so öffnet man unkontrollierter Information, unkontrollierbarem Einfluß in der Synode die Tür. Deshalb entschied sich die Synode für Information in Gesprächskreisen[7], die für jeden Synodalen offen sind. Nach der Information wird in

---

Vatikanum, „Kein anderes Evangelium", sowie „‚Dritte Welt‘ und Ökumene"; vgl. GRESCHAT, Protestantismus, 80–120.

7 Dietrich betonte zu Recht das Stichwort „Information". Hingegen ist Schäfers Interpretation, die Gesprächskreisbildung 1966 habe sich „in Anlehnung an die Gruppen […] der Weimarer Zeit"

diesen Gesprächskreisen auch die Fülle der Argumente gewissermaßen gefiltert und gesichtet und auf einige wenige Hauptrichtungen reduziert. Dies ermöglicht eine rasche, für jedermann durchsichtige und kontrollierbare Entscheidung in der Synode.

Die Bildung von Gesprächskreisen war eine gute Entscheidung. Sicherlich hat sie auch ihre Gefahren, nämlich die Fraktionsbildung. Gefahren eines ungeordneten Haufens sind aber viel größer."[8]

Dietrich begann seinen Bericht mit der Feststellung, dass das Selbstbewusstsein der 7. LS wesentlich in ihrer klaren demokratischen Legitimierung begründet lag. Diese war durch Veränderungen im Wahlrecht zustande gekommen: Bis 1965 war es vielfach üblich gewesen, nicht mehr Kandidaten aufzustellen, als Mandate zu vergeben waren; gemäß §48 der Kirchlichen Wahlordnung (KWO) in der Fassung von 1946 war in diesem Falle keine Wahl nötig. Dieses „Wahlsurrogat" war einst „als eine Notlösung, eine Lückenklausel gedacht gewesen"[9]. Die neue KWO schob dem ausufernden Gebrauch dieser Klausel einen Riegel vor und führte zudem die für die Wahlvorbereitung und Wahl 1965 bedeutungsvolle Bedingung ein, dass der Wahlvorschlag drei mal mehr Kandidaten zu benennen habe, als Mandate zu vergeben seien. Gleichermaßen folgenreich war die Veränderung in den Wahlkreisen: Die zuletzt 49 Bezirke wurden zu 22 Großwahlbezirken zusammengefasst. Dies geschah in der Absicht, für die Wahl zur Landessynode von der Urwahl auf eine mittelbare Wahl überzugehen[10], bei der die Kirchengemeinderäte als „Wahlmänner"[11] fungieren sollten. Nach Ansicht des Rechtsausschusses sei „das System der Urwahlen durch die Lebensverhältnisse überrollt worden; [...] d]er einfache Wähler hat vielfach keine Kenntnis der Kandidaten" mehr. Es sei daher schlicht eine „Frage der Zweckmäßigkeit", die den Wechsel im Wahlmodus erzwinge. Intention der Großwahlbezirke war gemäß dem ersten Entwurf zur Gesetzesnovelle, „eine breitere Streuung der Synodalen" zu ermöglichen, „so daß neben den Vertretern der Mehrheit auch andere Richtungen leichter zum Zuge kommen, die Synode sich lebendiger lockert, an Profil gewinnt und in ihr die kritische Mitarbeit abweichender und ergänzender Strömungen fruchtbar wird." Zudem sollten sie „die Aufstellung und Vorstellung qualifizierter Kandidaten erleichtern."[12] Letzteres wäre möglicherweise tatsächlich der Fall gewesen, hätten sich die Kandidaten im Vorfeld der Wahl nur den vom Entwurf vorgesehenen Wahlmännern vorstellen müs-

---

vollzogen, aus den Quellen nicht zu belegen (SCHÄFER, Synode, 732.). Für die Kontinuitäten zwischen der alten „Gruppe I" und der AGBC vgl. oben 56.

8 Der Bericht fuhr mit einer kursorischen Darstellung der wesentlichsten Themen der 7. LS fort.
9 So Martin Heckel bei der Vorstellung des Entwurfs der neuen Ordnung; VERHANDLUNGEN DER 6. EVANGELISCHEN LANDESSYNODE, 561.
10 Vgl. hierzu die Diskussion der BG im Kontext der KWO-Novelle 1964, oben 128.
11 VERHANDLUNGEN DER 6. EVANGELISCHEN LANDESSYNODE, 561.
12 Begründung zum Entwurf der Wahlordnung; 6. LS-Beilagen, 199.

sen. Die Synode verweigerte jedoch nach längerer, teils heftiger Debatte und nicht zuletzt aufgrund eines pro-Urwahl Votums von Altbischof Haug dem Rechtsausschuss (und dem OKR) in dieser Angelegenheit die Gefolgschaft und verwies die Vorlage zurück in die Ausschüsse[13]. Im April 1964 wurde der überarbeitete Entwurf erneut heftig diskutiert und Eugen Fuchslocher stellte letztlich den Antrag auf Beibehaltung der Urwahl, der in der Folge angenommen wurde[14]. Durch diese Beibehaltung der Urwahl bei gleichzeitiger Änderung der Wahlbezirke wurden für die Wahlkampagne 1965 Bedingungen geschaffen, die von vielen Beteiligten als problematisch empfunden wurden[15].

Letzte wichtige Neuregelung der Wahlordnung 1966 war die Abschaffung des sogenannten „Springens", wonach in 45 von 47 (KWO 1946) bzw. 49 (KWO 1953) Bezirken bei jeder Wahl abwechselnd ein Laie *oder* ein Geistlicher zu wählen sei. Darüber hinaus wurde der Sonderstatus Stuttgarts abgeschafft: Seit 1929 hatte im Kirchenbezirk Stuttgart das Verhältniswahlrecht gegolten[16], nun wurde in der ganzen Landeskirche nach reinem Mehrheitswahlrecht entschieden.

Ob Dietrichs spöttische Bemerkung, die Synodalwahl sei eine „Honoratiorenwahl" gewesen, zutraf, ist objektiv nicht zu entscheiden. Sicher ist, dass durch die geforderte hohe Kandidatenzahl eine bemerkenswerte Anzahl neuer, junger Kandidaten auf die Listen kam, die zuweilen auch die Wahl gegen die etablierten Amtsinhaber gewannen[17]. Die Wahlvorbereitung, das bestätigen Zeitzeugen und Archivmaterial gleichermaßen, war von den jeweiligen Personen geprägt. Einen Wettbewerb der Richtungen gab es nur in so weit, als Kandidaten bestimmte theologisch-kirchenpolitische Positionen vertraten[18].

Dietrichs Charakterisierung der Konfliktfelder, „Bultmann, Ebeling, Käsemann oder Fuchs, der Streit ging um biblische Themen", ist insofern erstaunlich, als die ausschließliche Nennung von Theologieprofessoren zu implizieren scheint, dass es sich um ein akademisch-theologisches Problem

---

13 Vgl. VERHANDLUNGEN DER 6. EVANGELISCHEN LANDESSYNODE, 597; Votum Haugs, 592.
14 Vgl. EBD., 714–760, insb. 751 (Antrag Fuchslocher).
15 Vgl. die Rückmeldungen der Dekanatämter zur Wahl; LKAS, AR Gen 127, Wahl 1965.
16 Vgl. EHMER / KAMMERER, Handbuch, 19 f., 24 f., sowie SCHÄFER, Synode, 731 f. Schäfers Bemerkung, wonach 1970 für Stuttgart das Verhältniswahlrecht wieder eingeführt worden sei, ist jedoch inkorrekt. Die Tatsache, dass die Synodalwahl in Württemberg keineswegs schon immer eine reine Personenwahl war, scheint nicht zuletzt im Kontext der aktuellen Diskussion nach der Kirchenwahl 2013 von einigem Interesse. Den Gründen, die 1929 zu der Sonderregelung für den Bezirk Stuttgart geführt hatten, kann an dieser Stelle nicht nachgegangen werden.
17 So beispielsweise im Wahlkreis Schorndorf, Schwäbisch Gmünd, Welzheim, Gaildorf, wo der junge Pfarrer Hartmut Dehlinger gegen Dekan Theodor Dipper die Wahl gewann; insgesamt finden sich unter den gewählten Synodalen 1966 nur 13, die schon der vorherigen Synode angehört hatten. Es erscheint durchaus berechtigt, in dem außergewöhnlich hohen Anteil an jungen und neuen Synodalen eine der Ursachen für die große Dynamik, die sich in der 7. LS entwickelte, zu vermuten.
18 Auf die Wahlkampagne 1965 wird noch einzugehen sein.

gehandelt habe. Wie im zweiten Kapitel nachgewiesen wurde, war es jedoch just die Reaktion der Gemeinden auf die moderne Theologie beziehungsweise das Engagement der Laien gegen „Bultmann", das die Kontroverse in Württemberg auslöste und befeuerte. Interessanterweise nannte Dietrich keinen der konservativen Exponenten wie Künneth oder Frey.

Auch die Gegenüberstellung Dietrichs ist aufschlussreich: Zu Beginn der 7. LS sei der Streit um biblische Themen gegangen; die Konflikte der frühen 1970er Jahre sah Dietrich auf einem anderen Feld: „Theologie der Revolution, Zulässigkeit von Gewaltanwendung, Unterstützung revolutionärer Gruppen in der 3. Welt." Wolf-Dieter Hauschild verwies in diesem Zusammenhang darauf, dass „[d]ie Vermischung von politischen und theologischen Positionen seit 1970 zu einem kirchlichen Grundproblem"[19] geworden sei und benannte die bei Dietrich nur angedeutete große Auseinandersetzung um das Antirassismusprogramm des ÖRK und insbesondere den Sonderfonds zur Unterstützung revolutionärer Gruppen[20]. Schon der Zeitgenosse Dietrich hat die von Hauschild als generelle Problemlage skizzierte Situation offensichtlich im Kontext seines synodalen Engagements wahrgenommen[21].

Den größten Raum gab Dietrich in seinem Bericht den methodischen Veränderungen in der Arbeit der 7. LS: der Bildung der Gesprächskreise. Dies ist als Hinweis darauf zu werten, wie einerseits einschneidend und wichtig, andererseits umstritten und fragwürdig diese Neuerung von den Synodalen erlebt wurde. Dietrich setzte mit seiner Darstellung beim Initialproblem ein: Der Neuling, als Laie zumal, erlebte die synodale Arbeit als höchst herausfordernd, bei der „Eifer" und „guter Wille" allein nicht genügten. Den grundlegenden Dissens sah Dietrich in der Fragestellung, ob die Arbeit der Synode in jeder Hinsicht nichts mit einem „weltlichen Parlament" gemein habe beziehungsweise haben dürfe, oder ob nicht vielmehr bei aller grundsätzlicher Verschiedenheit „im Formalen, im Willensbildungsprozeß und in der Arbeitsmethode", also in der Struktur von Debatte und Abstimmung, eine Übereinstimmung bestehe[22]. Letzteres ist in Dietrichs Augen der Fall, weshalb er die Bildung der Gesprächskreise positiv wertete und die Alternative abschließend zuspitzte: Die Gefahr der Fraktionenbildung – der es selbstverständlich zu widerstehen gälte – sei weit geringer als die „Gefahren eines

---

19 HAUSCHILD, Kirche, 78.
20 Die „Theologie der Revolution" als Spielart der Befreiungstheologie ist in der Tat in den späten 1960er Jahren in Deutschland rezipiert worden. Als Meilenstein hierfür mag das Büchlein von Rendtorff und Tödt gelten: RENDTORFF / TÖDT, Theologie. Eine der wenigen systematischen Einordnungen findet sich in Thielickes Theologischer Ethik, bezeichnenderweise aber erst in der 4. Auflage von 1987; siehe dort für weiterführende Literatur; THIELICKE, Ethik, 483–498. Für die Auseinandersetzung in Württemberg vgl. HERMLE, Lied.
21 Insgesamt zur vielfältigen Thematik der Politisierung der Kirche vgl. FITSCHEN / HERMLE / KUNTER / LEPP / ROGGENKAMP-KAUFMANN, Politisierung. Zu den Schwierigkeiten des Politisierungsbegriffs vgl. OEHLMANN, Synoden, 62, Fn. 2.
22 Vgl. zu dieser Frage auch die grundsätzlichen Überlegungen bei HERMLE, Landessynode, insb. 233–237.

ungeordneten Haufens". Manch eine der eher spontan entstandenen und wenig reflektierten Entscheidungen der 6. LS – wie beispielsweise die wenig durchdachte Beibehaltung der Urwahl bei gleichzeitiger Vergrößerung der Wahlkreise in der KWO 1964 – scheint Dietrich Recht zu geben.

5.1 Strukturelle Ausdifferenzierung der Gruppen

5.1.1 Wahlkampagne 1965

In der Vorbereitung zur Synodalwahl 1965 waren gegenüber den Wahlen von 1959 und 1953 einerseits einige interessante Neuerungen zu beobachten, während andererseits die Kontinuität in Stil, Form und auch Aufwand noch deutlich überwog. Aus diesem Grunde wäre auch der Begriff „Wahl*kampf*" unzutreffend, weshalb der neutralere einer „Wahlkampagne" gewählt wurde. Darunter ist eine organisierte, bewusste und – zumindest teilweise – strategisch geplante, sowie parteilich geführte, jedoch nicht primär auf Auseinandersetzung mit konkurrierenden Akteuren und Auffassungen ausgerichtete Wahlvorbereitung zu verstehen. Am Beispiel der BG, die sich strikt auf eine nicht-parteiliche, vor allem an den kirchlich-institutionellen Interessen orientierte, allgemein motivierende und informierende Wahlwerbung beschränkte, war dies oben bereits gezeigt worden[23].

Die Ludwig-Hofacker-Vereinigung (LHV) unter Emil Schäf hatte beschlossen, ihre Anliegen unter dem Leitmotiv „Lebendige Gemeinde" zu propagieren[24]. Schon in einem Brief Schäfs vom März 1963[25] – allerdings noch ohne Konnex zur Wahl – tauchte dieser Ausdruck auf, bemerkenswerter Weise begleitet von dem Verweis auf Franz von Hammersteins gleichnamiges Buch, dessen Titel der Berliner Theologe „von uns übernommen" habe[26]. Ab Sommer 1964 sind dezidierte Wahlvorbereitungen nachweisbar: So sandte Schäf am 7. Juli den „Brüdern" des Hofackerkreises den „erste[n] Entwurf zu einer ‚Parole'" und bat sie um ihre Meinung und etwaige Korrekturen[27]. Der Ausdruck „Lebendige Gemeinde" überschrieb nun einen Text, in dem das äu-

---

23 Vgl. oben 133.
24 Vgl. oben 109.
25 Schäf an Vorstand, 22. 3. 1963; LHA, Ordner „L.Hofacker-Kreis 1951–1969".
26 Gemeint ist offensichtlich Hammersteins Buch „Lebendige Gemeinde – aber wie?" von 1962. Schon im Herbst 1960 hatte die AGBC Hammerstein zu einem Vortrag „Lebendige Gemeinde, ja – aber wie?" nach Stuttgart eingeladen, vgl. LB 12 (1960), Heft 20, 144. Die augenscheinlich überraschende Verbindung zwischen Schäf und dem dezidierten Niemöller-Schüler Dr. Franz von Hammerstein konnte nicht näher geklärt werden.
27 Brief Schäf, 7. 7. 1964; LHA, Ordner „L.Hofacker-Kreis 1951–1969". Grünzweig weist diese Texte und das Motto „Lebendige Gemeinde" der Autorenschaft Paul Müllers zu; vgl. GRÜNZWEIG, Ruhm, 254.

ßerlich „glänzende Bild" der Kirche, das sich dem „staatlichen Kirchensteuereinzug" verdanke, mit einer vermeintlichen inneren Leere kontrastiert wurde: Der Kirchenbesuch sei schlecht, die „lebendige Gemeinde [..., die das] Salz der Erde und Licht der Welt" sei, fehle. Als zentrales Problem identifizierte Schäf das „Einmannsystem in unserer Kirche. Alles bestimmt bekanntlich der Pfarrer." Er forderte Laien als Vorsitzende in den Kirchengemeinderäten und Bezirkssynoden. Zweiter Kritikpunkt war die Verkündigung, die in Schäfs Augen zwar bemüht und gelehrt sei, aber zu viel „billige Gnade predigt." In der folgenden scharfen Kritik an der „modernen Theologie" und dem „Neurationalismus" wiederholte Schäf die bekannten Positionen der AGBC gegen die historisch-kritische Theologie. Indirekt rekurrierte er auch auf Bultmann, indem er der auf diesen zurückgehenden, „nahezu die gesamte Theologie" beherrschenden Richtung vorhielt, sie „streicht [...] alle Wunder, insbesondere die Auferstehung und die Himmelfahrt, aber auch die Erlösung durch Jesus Christus". Die Anklänge an das berühmte Flugblatt von 1951 mit den durchgestrichenen Apostolicums-Sätzen sind unüberhörbar[28]. Schäfs „Parole" geriet zum Ende hin etwas agitatorisch, als er seine Darstellung der modernen Theologe mit einer Anekdote einer „ökumenischen Tagung 1963 in Montreal"[29] illustrierte: Dort habe nach dem Referat eines „bekannte[n] deutsche[n] Theologen" – offensichtlich der historisch-kritischen Richtung – ein „russischer Erzpriester" das Wort ergriffen und festgestellt: „Uns ist diese Art historischer Wissenschaftlichkeit in Rußland sehr gut bekannt. Nur ist es bei uns so, daß die Leute, die in Rußland solche Ansichten vertreten, nicht behaupten, Christen zu sein. *Sie sind Atheisten*"[30]. Dieser Vorfall zeige laut Schäf „erschütternd, wo wir in unserer Kirche stehen." Es gelte, „diese Philosophie [sic] zu bekämpfen, zu überwinden und auszumerzen."

Dieser Text wurde, allerdings mit erheblichen Änderungen, am 10. Januar 1965 als Anzeige auf der hinteren Umschlagseite des Stuttgarter Evangelischen

---

28 Vgl. oben 45.
29 Gemeint ist die Weltkonferenz für Glaube und Kirchenverfassung 1963 in Montreal. Die Anekdote scheint eine Übernahme aus Carl F.H. Henrys dezidert „evangelical" (der Begriff taucht hier bereits auf) und unterschwellig auch anti-kommunistisch geprägtem Beitrag für die Zeitschrift Christianity Today zu sein. Schäf nutzte allerdings eine nicht in allen Teilen zutreffende Übersetzung, denn Henry schrieb: „A Russian Orthodox Churchman told New Testament Scholars [!] of the Bultmann school (which contends that the miracles of the Bible are myths) that ‚in Russia we do not need theologians to tell us' that the gospel miracles are myths: this is part of the Communist creed." (Vgl. CARL F.H. HENRY, Reply, 33). Historischer Kern dieser Erzählung dürfte mit einiger Wahrscheinlichkeit Ernst Käsemanns Montrealer Vortrag über die Kirche im Neuen Testament („Begründet der neutestamentliche Kanon die Einheit der Kirche?") gewesen sein; „über kein anderes Referat [ist] in Montreal so leidenschaftlich [...] diskutiert worden." (WORLD COUNCIL OF CHURCHES / COMMISSION ON FAITH AND ORDER / RODGER, Montreal, 14 f.); detaillierter bei SATTLER, Kirche, 18 f.
30 Der letzte Satz im Original unterstrichen; im amerikanischen Original ist zwar allgemein viel, an dieser speziellen Stelle jedoch nicht von Atheisten die Rede, vgl. CARL F.H. HENRY, Reply, 33.

Sonntagsblattes[31] veröffentlicht und bildete den Auftakt zu einer Anzeigenserie. In zehn ganzseitigen Anzeigen unter dem gleichbleibenden Titel „Lebendige Gemeinde – Träger kirchlichen Handelns" entfaltete die AGBC ihr Konzept einer biblisch-konservativ geprägten kirchlichen Erneuerung aus dem Laienstand heraus. Die Themenauswahl war ungewöhnlich: So wurden nicht nur in mehreren Texten Rechte und Pflichten der Laien in der kirchlichen Arbeit hervorgehoben[32] oder die grundsätzliche Bedeutung und Funktionsweise der Landessynode[33] erläutert, sondern auch dezidiert theologische Themen wie Mission, christliche Lebensführung oder gar die Eschatologie behandelt[34], oder gefragt, wann „eine evangelische Theologie diesen Namen mit Recht"[35] verdiene. Schließlich wurde aber auch ganz praktisch erläutert, wie die Wahl zur Landessynode vonstattengehe und wie genau ein gültiger Wahlvorschlag einzureichen sei[36]. Besonders diese Anzeige erinnert stark an die Handreichung von 1953[37] und belegt erneut, dass die AGBC sich neben ihrer inhaltlichen Arbeit vor allem darum bemühte, Laien zu mobilisieren und in den Stand zu versetzen, die von der Wahlordnung vorgegebenen Fristen und Formen zu wahren um eigene, nicht vom jeweiligen Ortspfarrer initiierte und bestimmte Wahlvorschläge einzureichen. Zu dieser eher technisch-taktischen Arbeit gehörte auch, dass die AGBC, wie schon bei den vorhergehenden Wahlen, frühzeitig an leitende Männer aus den verschiedenen Gemeinschaften herantrat, um diese entweder zu einer Kandidatur zu bewegen oder sie zumindest als Vertrauensmänner des konservativen Netzwerkes im jeweiligen Wahlkreis zu gewinnen[38]. In der Folge wurden erneut[39] detaillierte Listen derjenigen Theologen und Laien erstellt, die in den jeweiligen Wahlkreisen kandidieren und dabei die Linie der AGBC vertreten würden, sowie von den eigenen Vertrauensmännern in den einzelnen Wahlkreisen[40]. Diese taktische Wahlvorbereitung wurde durch einen als „Vertraulich!" gekenn-

---

31 Dass diese Anzeigen nicht (auch) im Evangelischen Gemeindeblatt für Württemberg erschienen, dürfte daran liegen, dass vor der Fusion von Sonntagsblatt und Gemeindeblatt im Jahr 1974 das Stuttgarter Sonntagsblatt als Organ des württembergischen Pietismus galt. Auskunft Rainer Lächele 14. 2. 2014. Ein Indiz hierfür ist, dass Emil Schäf verschiedentlich das Sonntagsblatt lobte und seinen Bezug nachdrücklich empfahl, vgl. z. B. Briefe von Schäf, 14. 5. 1962 oder 23. 1. 1963; LHA, Ordner „L.Hofacker-Kreis 1951–1969" oder auch Lehrerbote 17 (1965), 92.
32 Anzeigen vom 28. 2. und 28. 3. 1964.
33 Anzeige vom 9. 5. 1964.
34 Anzeigen vom 26. 6., 31. 10. und 21. 11. 1964.
35 Anzeige vom 8. 8. 1964.
36 Anzeige vom 13. 6. 1964.
37 Vgl. oben 84.
38 Undatierter Briefentwurf ABGC an „Sehr verehrter, lieber Bruder!"; LHA, Ordner „L.Hofackerkreis 1951–1969", ebenso Brief Hildenbrand an Pfr. Heinz Sturm, 12. 2. 1965; LHA, Ordner „L.Hofackerkreis 1951–1969". Die hier gesuchten Vertrauensmänner sind nicht identisch mit den zuweilen ebenfalls als „Vertrauensmänner" bezeichneten Mitgliedern des offiziellen Ortswahlausschusses gemäß §7 der KWO.
39 Vgl. oben 84.
40 Vgl. LHA, Ordner „L.Hofackerkreis 1951–1969".

zeichneten Brief Paul Müllers Ende 1964 fortgesetzt, in dem dieser vermutlich dem Kreis der Vertrauensmänner davon Mitteilung machte, dass es in „einem großen Wahlkreis" bereits gelungen sei, eine Zusammenarbeit „der uns nahestehenden Gemeinschaften und Brüder" zu erreichen und „geeignete Bewerber" aufzustellen. Da diese Bewerber nicht gut selbst für sich werben und Wahlveranstaltungen einberufen könnten, sollten dies die „Vertrauensmänner" übernehmen; sie sollten zudem „in den Gemeinschaften unsere Anliegen vertreten." Um etwaigen Missverständnissen vorzubeugen, betonte Müller namens der AGBC:

> „Es geht ja hierbei nicht um eine Sache unserer Arbeitsgemeinschaft, die Ihnen aber unterstützend zur Seite stehen möchte, sondern darum, daß wir in der zukünftigen Landessynode solche gläubigen Vertreter haben, die auf dem Boden der ganzen Heiligen Schrift stehen und von daher die Anliegen der bibelgläubigen Gemeinde zum Wohl unserer Kirche vertreten."

Diese vordergründig überparteilich-kirchliche Botschaft prägt auch jeweils die Schlusssätze der Sonntagsblatt-Anzeigen, wenn beispielsweise im Kursivsatz hervorgehoben wurde: „Darum ist es wichtig, daß zur Synode Personen kommen, in denen diese göttliche Kraft wirksam ist."[41] Hier wurde der Charakter der Personenwahl, auf den ja auch die BG in ihren Wahlvorbereitungen immer größten Wert legte[42], noch gewahrt. Bei der Mehrzahl der Anzeigen wählte die AGBC jedoch bereits eine explizitere Aufforderung: „Wir bitten, bei den nächsten kirchlichen Wahlen darauf zu achten, daß solche Personen aufgestellt und gewählt werden, die klar und entschieden die Gedanken der *Lebendigen Gemeinde* vertreten."[43]

Ein für die Dynamik in der späteren Synodalgruppe „Bibel und Bekenntnis" bedeutsamer Aspekt dürfte die von Müller betonte Zusammenarbeit zwischen den verschiedenen örtlichen Gemeinschaften einerseits und der AGBC andererseits sein. Dass diese Zusammenarbeit zwischen Alt- und Neupietismus vor Ort sowie zwischen lokalen und überregionalen Netzwerken nicht immer reibungslos verlief, hatten schon die Spannungen um die Frühjahrskonferenz 1957[44] sowie die Auseinandersetzung zwischen Reinhard Hildenbrand und den Leonberger Gemeinschaftsleitern 1953[45] gezeigt. Ein Brief aus dem Wahlkreis 17 Freudenstadt-Calw-Neuenbürg-Nagold lässt eine ähnliche Gemengelage für 1965 erahnen: CVJM-Jugendwart Fritz Kaupp schrieb im Auftrag eines „Ausschuss[es] zur Bildung eines Wahlvorschlags ‚Lebendige Gemeinde'"[46] an die „verantwortlichen Brüder aus den verschie-

---

41 Stuttgarter Evangelisches Sonntagsblatt, 26. 9. 1964.
42 Vgl. oben 136.
43 Stuttgarter Evangelisches Sonntagsblatt, 10. 1., 28. 3., 9. 5., 13. 7., 8. 8., 31. 10., 21. 11. 1964.
44 Vgl. oben 95.
45 Vgl. oben 84.
46 Nicht nur im Nordschwarzwald wurde Schäfs „Parole" („Lebendige Gemeinde") zum Kennwort der biblisch-konservativen Wahlvorschläge. Auch in Stuttgart, Tübingen/Balingen u. ö. fand

denen Gemeinschaften" und berichtete, dass ein „Kreis aus verantwortlichen Gliedern der Jugendarbeit" einen Wahlvorschlag beschlossen habe. Nun sei ein Treffen notwendig, um das weitere Vorgehen abzustimmen: „Wir haben es für notwendig erachtet, daß Sie von den Gemeinschaften und wir von der Jugendarbeit, an dieser Stelle einmal unsere Bruderschaft praktizieren sollten. Es darf bei der Wahl zur Landessynode nicht um Vereinsmeierei gehen, sondern wir müssen uns alle der Verantwortung bewußt sein, die wir tragen im Blick auf unsere Kirche." Dass Gemeinschaften und Jugendarbeit per se nicht zusammenarbeiteten und eher ihre jeweiligen Partikularinteressen vertraten beziehungsweise ihre eigenen Kandidaten unterstützten, ist hier mit Händen zu greifen und wird von den Zeitzeugen bestätigt. So berichtete Kurt Feuerbacher, der in eben diesem Wahlkreis kandidierte, er sei seinerzeit gleichzeitig „Vorstand des örtlichen CVJM" und Bezirksleiter des Jungmännerwerks gewesen. Paul Heiland, Geschäftsführer des Jungmännerwerks und Mitglied der Landessynode, habe Anfang 1965 die Bezirksleiter auf die bevorstehende Wahl hingewiesen und zur Nominierung von jungen Kandidaten aufgerufen. Feuerbacher habe dies im Nagolder Bezirksarbeitskreis berichtet, worauf die dort Versammelten festgestellt hätten: „Das ist ganz einfach, wir stellen Dich auf. So bin ich Kandidat geworden [...]. Ich war ausgesprochener Vertreter der Jugendarbeit"[47], der aber die Unterstützung der Gemeinschaftskreise brauchte, um in der Wahl erfolgreich zu sein. Die von Fritz Kaupp geforderte „praktizierte Bruderschaft" im Wahlkreis 17 funktionierte; neben Feuerbacher wurde mit Lienhard Pflaum, Missionsdirektor von Bad Liebenzell, ein bekannter Vertreter des Neupietismus (und Mitglied des Hofackerkreises) nominiert, der Landwirt Ernst Fuhr war dem Altpietismus zuzurechnen. Gewerbelehrer Hermann Meng gehörte gleichermaßen zur Altpietistischen Gemeinschaft und zur Jugendarbeit. Innerhalb der 7. LS jedoch bleiben die unterschiedlichen Strömungen und Interessen im Gesprächskreis Bibel und Bekenntnis offensichtlich zunächst nicht nur für Außenstehende wie Hartmut Dehlinger sichtbar[48], sondern spielten, wie zu zeigen sein wird, auch im Abstimmungsverhalten immer wieder eine problematische Rolle[49].

Öffentlich kaum wahrgenommen, schlossen sich auf der anderen Seite des kirchenpolitischen Spektrums Kirchliche Bruderschaft, Kirchlich-theologische Sozietät und die Freie Volkskirchliche Vereinigung (FVV)[50] zu einer

---

    sich dieser Begriff, wenn nicht als Bezeichnung so doch zumindest als Leitwort in den Publikationen der entsprechenden Kandidaten. Vgl. LKAS, Zugang 2006-7, NL Oskar Klumpp, 2.
47 Interview Feuerbacher.
48 Dehlinger berichtet von massiven Spannungen zwischen den Gruppen des Alt- bzw. Neupietismus, des CVJM und der Gruppe um Max Fischer. Auskunft Dehlinger, 17. 1. 2014.
49 Vgl. unten 251.
50 Die FVV ist Ende der 1970er Jahre im Bund für Freies Christentum aufgegangen. Zur Geschichte der FVV bzw. des Bundes vgl. den Artikel „Um die Wahrhaftigkeit des Glaubens" im Stuttgarter

„Arbeitsgemeinschaft für evangelische Erneuerung" (AGEE) zusammen[51]. Allerdings scheint dieses Bündnis in der Vorbereitung der Wahl nur ganz punktuell eine Rolle[52] gespielt zu haben. Die FVV berichtete erst lange nach der Wahl, im Herbst 1966 in ihrer Zeitschrift „Freies Christentum" von diesem Zusammenschluss[53]. Walter Schlenker erwähnte ihn in seinem KB-Weihnachtsrundbrief 1965[54] nur ganz am Rande. Innerhalb der 7. LS wurde die AGEE insofern wirksam und wichtig, als einige führende Männer der beteiligten Gruppen in die Synode gewählt wurden und dort den „Arbeitskreis Evangelische Erneuerung" bildeten[55]. Zu nennen wären der Cannstatter Dekan Gotthilf Weber, Mitgründer der KB, aus den Reihen der späten Sozietät der Balinger Pfarrer und spätere Tübinger Dekan Reinhard Hermann, sowie der prominente und hoch angesehene Leiter der FVV, der Stuttgarter Pfarrer Rudolf (Rudi) Daur[56].

Einen Gesamteindruck vom Verlauf der kirchlichen Wahlen 1965 bieten die vom OKR bei den Dekanatämtern angeforderten Berichte[57]. 1965 galt das besondere Interesse der Kirchenleitung einer möglichen Anwendung der „Wahlzuchtbestimmungen des §2 Abs. 2 und 5 WO"[58], dem örtlichen Vorge-

---

Sonntagsblatt vom 13. 8. 1967 sowie eine undatierte Selbstvorstellung der FVV von Rudolf Griesinger; LKAS, D32, 1. Außerdem RÖSSLER, Geschichte; eine ausführliche Geschichte der FVV durch Martin Rössler ist in Vorbereitung; Auskunft Rössler, 19. 12. 2013. Zur Verbindung der FVV mit den vormaligen DC Württembergs vgl. LÄCHELE, Volk, 202–212.

51 Zu der nicht nur im Namen zutage tretenden Nähe zum „Arbeitskreis Evangelische Erneuerung" in der bayerischen Landeskirche vgl. HAGER, Jahrzehnt, 45–69.

52 Lediglich in Esslingen/N. ist ein dezidiert von der AGEE unterstützter Wahlvorschlag nachweisbar: „Kirche für die Welt von morgen, Arbeitsgemeinschaft für evangelische Erneuerung, Vorschlag B zur Wahl der Landessynode am 5. 12. 1965 im Wahlkreis Esslingen a.N."; für die AGEE unterzeichnete Martin Weber. (Der konkurrierende Wahlvorschlag A, der maßgeblich vom Esslinger Männerwerk getragen wurde, firmierte als „Kirche in der Welt von heute") Zwei Wahlvorschläge aus Stuttgart („Kirche von heute für die Welt von Morgen") bzw. Degerloch („Um die Erneuerung der Kirche") können ebenfalls dem Umfeld der AGEE zugeordnet werden. Alle LKAS, AR Gen. 127.

53 Vgl. FrChr 1966, Heft 12, 183 f.

54 Kirchliche Bruderschaft/Schlenker, An unsere Mitglieder und Freunde, Dezember 1965/Januar 1966; LKAS, NL Kirchliche Bruderschaft.

55 Vgl. unten 227. Im genannten Aufsatz ist von „sieben Mitglieder[n] der Landessynode" die Rede, die an der Tagung der AGEE im September 1966 teilnahmen. Nach den vorliegenden Informationen ist davon auszugehen, dass der Synodale Gesprächskreis EE insgesamt nicht sehr viel größer war. Vgl. FrChr 1966, Heft 12, 183 f.

56 Daur und sein Freund und Mitsynodaler, der Musiker Hans Grischkat, waren zugleich Führungsfiguren des Bundes der Köngener; vgl. BRANDENBURG / DAUR, Brücke. Martin Rössler betont, dass Daur vielfältig engagiert war und keinesfalls nur als Vertreter der FVV oder der Köngener in der Synode gesehen werden dürfe; Auskunft Rössler, 19. 12. 2013.

57 LKAS, AR Gen 127; dort finden sich auch die Berichte der vorausgehenden wie der späteren Wahlen.

58 „Wahlzucht" wurde demzufolge nur „in verschwindend wenigen Gemeinden" geübt, u. a. wegen Mischehe oder „wilder Ehe" bzw. gegen einen „sektiererische[n] Pfingstler"; vgl. Mayer, Zusammenfassende Auswertung der Erfahrungsberichte der Kirchenbezirke (Dekanatämter) über die kirchlichen Wahlen 1965, 2; LKAS, AR Gen. 127.

hen bei der Erstellung von Wählerlisten sowie der in jenem Jahr erstmals möglichen Briefwahl. Darüber hinaus wurde nach dem Zustandekommen der Wahlvorschläge und nach den „Erfahrungen [...] mit der Urwahl der Landessynode im Zusammenhang mit der Bildung räumlich ausgedehnter Wahlkreise" gefragt. Dem OKR gingen 48 Berichte zu, die durch den Leiter der Rechtsabteilung, ORK Dr. Rudolf Mayer, zu einem Gesamtbericht zusammengefasst wurden. Insgesamt zog Mayer in seinem Bericht eine positive Bilanz; so habe sich durch den Verzicht auf die persönliche Anmeldung zu den Wählerlisten die Wahlbeteiligung generell erhöht, in einzelnen Fällen gar verdoppelt[59]; die Urwahl habe zu einem „größere[n] Interesse an der Synode und am kirchlichen Wählen" geführt und helfe, „die Verantwortlichkeit der Gemeindeglieder anzureizen"[60] und zu aktivieren. Hinsichtlich der neuen, großen Wahlbezirke, die häufig zwei, teilweise bis zu vier[61] Dekanate umfassten, fiel das Urteil negativ aus: So hätten Kandidaten aus dem jeweils kleineren Bezirk de facto keine Chance[62] und es sei insgesamt nicht möglich, die Kandidaten einer so großen Zahl an Wahlberechtigten hinreichend persönlich bekannt zu machen.[63] Nur „Wahlbewerber mit ‚Hinterland' oder ‚Hausmacht', also aus überörtlich und überbezirklich tätigen Werken und Richtungen"[64] hätten Aussichten auf eine erfolgreiche Kandidatur gehabt. Als Beleg wies beispielsweise der Dekan von Öhringen auf das „seltsame[] Ergebnis [hin], daß in dem weithin konservativen und bäuerlichen Wahlkreis 9 zwei Frauen gewählt wurden."[65] Zuweilen mag sogar der Status als „Sohn des früheren hiesigen Dekans" eine Rolle gespielt haben, wie der Esslinger Dekan im Blick auf Pfr. Hans Lempp berichtete.[66] Der Ravensburger Dekan Johannes Maisch, der selbst erfolgreich kandidiert hatte, bestätigte ebenfalls die Relevanz der überörtlichen Bekanntheit, wertete diese aber für seinen Wahlkreis positiver, indem er feststellte, dass „ein reines Zufallsergebnis" ausgeschlossen gewesen sei, da

---

59 Vgl. Mayer, Auswertung, 5; LKAS, AR Gen 127. Schäfer gibt eine Gesamtwahlbeteiligung von 35 % an, vgl. SCHÄFER, Synode, 732.
60 Mayer, Auswertung, 18; LKAS, AR Gen 127.
61 So z. B. Wahlkreis 9, Künzelsau, Neustadt a.K., Öhringen, Schwäbisch Hall oder Wahlkreis 12, Schorndorf, Gaildorf, Welzheim, Schwäbisch Gmünd.
62 Vgl. Mayer, Auswertung, 8; LKAS, AR Gen 127. Dies berichtet auch Hans-Martin Freudenreich, der als Pfarrer von Upfingen im Wahlkreis Reutlingen-Urach erfolglos kandidierte, vgl. Interview Freudenreich.
63 Vgl. Mayer, Auswertung, 16; LKAS, AR Gen 127.
64 Derartige überörtliche Wahlvorschläge seien in der Regel vom CVJM, dem Jungmänner- bzw. Mädchenwerk, aus den Gemeinschaften oder von Theologen-Kreisen gekommen, vgl. Mayer, Auswertung, 7 f; LKAS, AR Gen 127.
65 Diese waren Margarethe Zeuner, Oberin des Diakonissenmutterhauses Schwäbisch Hall und Benedicta Freifrau von Berlichingen, „in Landfrauenkreisen tätig und bekannt", Dekanat Öhringen an OKR, 24. 1. 1966; LKAS, AR Gen 127.
66 Dekan von Esslingen/N. an OKR 28. 1. 1966; LKAS, AR Gen. 127.

„ein Wahlvorschlag vorhanden war, der mit dem Dekan des einen Kirchenbezirks und dem Laiensynodalen des anderen Kirchenbezirks von vorn herein einfach deswegen den anderen Vorschlägen [...] überlegen war, weil je eine Persönlichkeit auf diesem Wahlvorschlag wenigstens in *einem* Kirchenbezirk bekannter war als alle anderen."[67]

Zuweilen scheint die kirchliche Qualifikation zugunsten anderer Aspekte ganz in den Hintergrund getreten zu sein, was einen Dekan zu folgendem Erfolgskriterien-Katalog bewog: „a) in der Öffentlichkeit bekannt! b) in kirchlichen Kreisen bekannt! c) in pietistischen Kreisen bekannt! d) Funktion und Titel im bürgerlichen Leben! e) Funktion und Ämter im kirchlichen Leben!"[68] Darüber hinaus hatte ein anderer Dekan vor allem die „weibliche[] Seite" im Verdacht, ihre Wahlentscheidung „nach dem sympathischen Gesicht"[69] in den bebilderten Wahlprospekten zu treffen, und immer wieder wurde ein „Lokal- oder Nachbarschaftspatriotismus"[70] konstatiert. Der Öhringer Dekan urteilte zusammenfassend, „die Urwahl in einem so großen Wahlbezirk ist kompletter Unsinn"[71]. Trotz mancher kritischer Rückmeldungen wurde die Urwahl, die 1966 ja zum ersten Mal so umfassend durchgeführt worden war, nach diesem Praxistest insgesamt eindeutig positiver beurteilt als noch im Vorfeld der Änderung der KWO 1964[72].

Über die Kandidatenvorstellungen und Wahlwerbung berichteten die Dekane überwiegend wohlwollend und zufrieden. Häufig seien die Wahlvorbereitungen von den Persönlichkeiten und nicht etwa von ideologischen Gegensätzen geprägt gewesen und die Kandidatenvorstellungen „in einer betont sachlichen und zurückhaltenden Weise"[73] verlaufen. Insgesamt jedoch hätten die persönlichen Kandidatenvorstellungen aufgrund der Ausdehnung der Wahlbezirke bei der 1965er Wahl eine „untergeordnete Rolle" gespielt. Dennoch berichteten alle Dekane, dass derartige Veranstaltungen – in Einzelfällen mit bis zu 1500, häufig mit einigen Dutzend, gelegentlich nur mit wenigen Besuchern – abgehalten worden seien[74]. Bevorzugtes Medium für die Wählerinformation waren jedoch „Informationsblätter [...] mit Bildern, kurzen Lebensabrissen und zum Teil auch einigen Leitsätzen". Derartige gemeinsame

---

67 Dekan von Ravensburg an OKR 22. 2. 1966; LKAS, AR Gen. 127.
68 Mayer, Auswertung, 16; LKAS, AR Gen 127. Der Dekan von Crailsheim wertete das Ergebnis in seinem Bezirk ebenfalls als warnendes Beispiel: mit Friedrich Gronbach hatte dort ein Vorsitzender des Bauernverbandes und Kreistagsmitglied die kirchliche Wahl gewonnen, Kraft zu Hohenlohe-Langenburg hat sich vor allem als „Fürst" und Oldtimer-Sammler einen Namen gemacht. Vgl. Dekanat Crailsheim an OKR, 23. 2. 1966; LKAS, AR Gen. 127, sowie EHMER / KAMMERER, Handbuch 161, 197.
69 Mayer, Auswertung, 17; LKAS, AR Gen 127.
70 Mayer, Auswertung, 13.
71 Zitiert Mayer, Auswertung; Original Dekan von Öhringen an OKR 24. 1. 1966; LKAS, AR Gen. 127.
72 Mayer, Auswertung, 15; LKAS, AR Gen 127.
73 So Dekan von Ravensburg an OKR 22. 2. 1966; LKAS, AR Gen. 127.
74 Mayer, Auswertung, 10 f; LKAS, AR Gen. 127.

Faltblätter aller Kandidaten eines Bezirkes gab es in fast allen Wahlkreisen. Sie waren in aller Regel betont nüchtern sachlich gehalten, so dass nur „für den Kundigen [...] einige Akzente"[75] erkennbar gewesen seien, allerdings hätten „[d]ie meisten Wahlvorschläge [...] ein Kennwort[76] [enthalten], aus dem sich die Richtung des Vorschlags schon ergab."[77] Die in den Akten des OKR überlieferten Werbematerialien zeigen allerdings ein etwas anderes Bild, nur der kleinere Teil der Wahlvorschläge enthält ein solches Kennwort[78]; der überwiegende Teil besteht aus den beschriebenen „kurzen Lebensabrissen" und wird in dieser Hinsicht den Ansprüchen an eine Personenwahl (in Abgrenzung zu einer Richtungswahl) vollauf gerecht. Im Blick auf etwaige Kennwörter war es nur der AGBC gelungen, mit „Lebendige Gemeinde" eine erkennbare „Marke" zu etablieren.

„Zum Thema Wahlkampf" stellte Mayer summierend fest: „Überall war festzustellen, daß dieser Synodalwahl ein wirklicher Wahlkampf vorausgegangen ist, für den es in den zurückliegenden Wahlen kaum etwas Vergleichbares gibt."[79] Dieser sei „zum Teil mit freudiger Überraschung, weithin aber auch mit Kopfschütteln und Ablehnung zur Kenntnis genommen" worden. Das Kirchenvolk reagierte zumeist abwehrend auf „scharfe[] Pressefehden"[80]. Die als „wilde Werbungen"[81] oder „rücksichtslose Flugblattwerbung"[82] beschriebenen Versuche, bestimmte Wahlvorschläge einseitig und parteilich zu propagieren, wurde als „marktschreierische Art [..., die] der Kirche unwürdig sei"[83], abgelehnt. Ebenso wurde eine Zeitungsannonce in Zuffenhausen, die augenscheinlich bewusst am Samstag vor dem Wahltag geschaltet wurde[84] und nur mit „Ein Freundeskreis" unterzeichnet war, als „Verstoß gegen die guten Sitten, zumal im kirchlichen Raum" empfunden[85]. Im Wahl-

---

75 Dekan von Brackenheim am OKR, 5. 1. 1966; LKAS, AR Gen 127.
76 Wie beispielsweise „Lebendige Gemeinde" oder „Evangelische Erneuerung".
77 Mayer, Auswertung, 8; LKAS, AR Gen 127.
78 So ist beispielsweise weder in den Vorstellungen von Gotthilf Weber (Cannstatt), noch von Reinhard Hermann (Balingen) das Stichwort „Evangelische Erneuerung" zu finden. Vgl. LKAS, AR Gen 127.
79 Mayer, Auswertung, 13; LKAS, AR Gen 127. In der Frage „Wahlkampf" oder „Wahlkampagne" wird der Vergleichspunkt als entscheidender Faktor zu berücksichtigen sein: Mayer verglich 1965 mit den früheren Wahlen und wertete die Ereignisse der jüngsten Vergangenheit als Wahlkampf. Verglichen mit den Wahlvorbereitungen der 1970er Jahre erscheint nur der mildere Begriff einer Kampagne angemessen.
80 Mayer, Auswertung, 14; LKAS, AR Gen 127.
81 Dekanat Waiblingen an OKR, 14. 2. 1966; LKAS, AR Gen 127.
82 Dekanat Marbach/N. an OKR, 8. 2. 1966; LKAS, AR Gen 127.
83 Mayer, Auswertung, 14; LKAS, AR Gen 127.
84 Zu einem „Zeitpunkt [...], der offensichtlich keine Erwiderung mehr zulassen sollte", Dekanat Zuffenhausen an OKR, 20. 12. 1965; LKAS, AR Gen 127.
85 Dekanat Zuffenhausen an OKR, 20. 12. 1965; LKAS, AR Gen 127. Die Annonce hatte für Dekan Gotthilf Weber, Pfr. Immanuel Steudle, Gustav Jäger, Lisbeth Wurst, Werner Scholz und Karl Schoppmann geworben und war nach den Recherchen des Zuffenhäuser Dekans Rentschler von den Pfarrern Josua Osthof und Eugen Stöffler veranlasst worden.

bezirk Tübingen/Balingen hingegen, wo alle vier Wahlvorschläge eine recht rege Anzeigen-Kampagne betrieben, führte dies offensichtlich nicht zu nennenswerten Verstimmungen[86].

Festzuhalten ist, dass die Synodalwahl 1965 noch immer ein Wettstreit der Persönlichkeiten war. Die Wahlkampagne war von Personen, nicht von Gruppen geprägt[87], so dass eindeutig nicht von einem „Lagerwahlkampf"[88] gesprochen werden kann – dies wird erst 1971 so sein. Allerdings: Die theologisch-kirchenpolitischen Netzwerke – allen voran das biblisch-konservative – waren im Hintergrund präsent und aktiv. Aufschlussreich ist, dass offensichtlich ähnlich (progressiv) ausgerichtete Netzwerke 1965 noch nicht untereinander vernetzt waren, so dass sich verschiedentlich die Kandidaten dieser Richtung gegenseitig blockierten: Dies war beispielsweise in Tübingen der Fall, wo der „Wahlvorschlag ‚Lebendige Gemeinde'" seine beiden Bewerber[89] durchbrachte, die anderen drei Wahlvorschläge jedoch nur zwei ihrer insgesamt neun Kandidaten[90]. Im Vergleich zur Situation in der 8. LS fällt der deutlich geringere Anteil an konservativen Synodalen auf, hingegen waren erheblich mehr BG-nahe Kandidaten – vor allem Pfarrer – gewählt worden, als dies in der Folge (und noch stärker bis heute), der Fall sein würde. Auch dies ist ein Beleg dafür, dass 1965 noch unverkennbar die Person und ihre Bekanntheit wahlentscheidend war, nicht eine bestimmte „Parole" oder gar „Partei".

5.1.2 Arbeitsweise der Synode – dritter Teil der Auseinandersetzung und vorläufiger Schluss[91]

Die Berichte über die Bildung der Gesprächskreise in der Landessynode sind vielfältig, diffus und zuweilen widersprüchlich. Nachweisbar ist, dass es von

---

86 Vgl. Zeitungsausrisse in LKAS, AR Gen 127 sowie Zugang 2006-7, NL Oskar Klumpp 2.
87 Ein Beispiel hierfür mag sein, dass Reinhard Hermann berichtete, er (resp. ein nicht näher definiertes „wir") habe Oskar Klumpp zur Kandidatur bewogen; dennoch finden sich Klumpp und Hermann in den Unterlagen auf zwei verschiedenen Wahlvorschlägen wieder, was aber offensichtlich dem Wir-Gefühl keinen Abbruch tat. Vgl. Wahlunterlagen bei LKAS, Zugang 2006-7, NL Oskar Klumpp 2, Interview Hermann.
88 Vgl. z. B. Interview Ottmar.
89 Pfr. Joachim Braun und Dr. Bernhard Hermelink.
90 Pfr. Reinhard Hermann und Landrat Oskar Klumpp; vgl. Wahlprospekt; LKAS, Zugang 2006-7, NL Oskar Klumpp, 2. Diese drei Wahlvorschläge scheinen aus dem Umfeld der AGEE (Hermann) bzw. der BG (Gerhard Ottmar) zu kommen. Die Liste Oskar Klumpp-Peter Stuhlmacher kann keinem Netzwerk zugeordnet werden.
91 Vgl. hierzu auch HERMLE / OEHLMANN, Gruppen; die dort dargebotenen Ergebnisse spiegeln unseren damaligen Erkenntnisstand. Abweichungen zu dem im Folgenden darzustellenden Verlauf der Ereignisse erklären sich aus neueren Funden. Zur Geschichte von kirchenpolitischen Gruppierungen vgl. auch den erhellenden zeitgenössischen Beitrag von Ernst Gottfried Mahrenholz: MAHRENHOLZ, Parteiungen, sowie den Überblick bei NÄRGER, Synodalwahlsystem, 177–204. Dass die Debatte um „Demokratie in der Kirche" in jenen Jahren an Momentum

Seiten des biblisch-konservativen Netzwerkes bereits vor der Wahl Überlegungen gab, die auf die Neubildung von Richtungsgruppen abzielten[92]. Gleichzeitig hatte sich in der BG die Erkenntnis durchgesetzt, dass eine Bildung von Gruppen aus Gründen der praktischen Arbeit unabdingbar sei. Dabei schien Theodor Dipper im Blick auf die Wahlvorbereitung in den neuen Großwahlkreisen, allen theologischen Vorbehalten zum Trotz, an Richtungsgruppen gedacht zu haben; Johannes Maisch hingegen strebte für die Arbeit in der Synode Informationskreise an[93]. In den Darstellungen und unter den Zeitzeugen besteht darüber hinaus darin Einigkeit, dass es Oskar Klumpp gewesen sei, der die Gruppenbildung initiiert habe; dass dies so nicht ganz korrekt ist, wurde im voraufgehenden Kapitel gezeigt[94]. Wie aber vollzog sich die von der 6. LS empfohlene Bildung von Informativgruppen und wie kam es, dass diese „Gesprächskreise" sich offensichtlich doch sehr schnell – und gegen die erklärte Intention Klumpps – zu Richtungsgruppen modifizierten?

Bei der traditionellen „Rüstzeit" für die Synodalen, einer mehrtägigen Tagung in Bad Boll, die der konstituierenden Sitzung jeder neugewählten Synode vorausgeht[95], wurden am 7. Februar 1966 zwei wegweisende Vorträge gehalten[96]. Helmut Claß, zu diesem Zeitpunkt Vorsteher der evangelischen Diakonieschwesternschaft Herrenberg, war gebeten worden, mit „Erfahrungen und Anregungen eines bisherigen Synodalen"[97] den Anfang zu machen[98]. Ausgehend von der Umbenennung des Landeskirchentags in Landessynode, entwarf Claß zunächst sein Verständnis dieser Institution: Nicht „Parlament" und schon gar nicht „Scheinparlament, das lediglich seine Akklamation zu Maßnahmen der Kirchenleitung zu geben"[99] habe, solle die Synode sein; auch nicht eine von drei Gewalten im montesquieu'schen Sinne. Positiv definierte er die Synode als ein Organ der Gemeinde Gottes, das den Dienst der Leitung übernommen habe und diesen als freies Gegenüber zu Bischof, OKR, der Pfarrerschaft und den Gemeinden ausübe. Im Blick auf den einzelnen Synodalen (nicht mehr „Abgeordneten"!) hielt Claß dementsprechend fest, dass

---

gewann, belegt auch der Umstand, dass die Zeitschrift Pastoraltheologie 1969 dem Themenkomplex ein komplettes Heft widmete, mit lesenswerten Aufsätzen erneut von Mahrenholz, aber auch von Gert Otto u. a.

92 Vgl. oben 109.
93 Vgl. oben 129.
94 Vgl. oben 200.
95 Diese Rüstzeiten wurden nachweislich seit 1948 durchgeführt, vgl. oben 122.
96 Vgl. Tagesordnung der Rüstzeit der 7. Württ. Evang. Landessynode, 7.-8. 2. 1966; LKAS, AL 2, 7. LS, A. Allgemeines.
97 Helmut Claß: Erfahrungen und Anregungen eines bisherigen Synodalen. Referat bei der Rüstzeit der neugewählten 7. Landessynode am 7. 2. 66 in Bad Boll; LKAS, AL 2, 7. LS, A. Allgemeines. Soweit nicht anderweitig ausgewiesen finden sich alle folgenden Zitate dort.
98 Noch sechs Jahre später empfahl Martin Dietrich in seinem Vortrag vor dem Gesprächskreis EuK (vgl. oben) dieses Referat nachdrücklich zur Lektüre.
99 Claß zitiert hier nach eigener Aussage den „Präsidenten der 6. Landessynode", also Dr. jur. Heinz Autenrieth.

dieser sich weder als Exponent einer theologischen oder gar kirchenpolitischen Richtung und auch nicht als Interessenvertreter seines Wahlkreises verstehen dürfe, vielmehr durch Gespräch und Kooperation die Zusammenarbeit aller Synodaler zu gewährleisten und so für alle Glieder der Landeskirche zu agieren habe. Eigens verwies Claß auf die nicht unerhebliche Arbeitsbelastung durch das Synodalamt und verknüpfte damit die Forderung, „den Arbeitsstil der Synode so rationell wie möglich zu gestalten".

Aus seinen „Erfahrungen aus dem 4.-6. Landeskirchentag" leitete Claß anschließend „Anregungen" für die 7. LS ab: Das Verhältnis von Synode, Ortsgemeinde und Kirchenbezirk sei neu zu bedenken. Etliche der Ordnungen bedürften der Überprüfung: Claß nannte explizit die gerade novellierte Wahlordnung, aber auch die Kirchenverfassung und vor allem die Geschäftsordnung der Landessynode. Diese bedürfe dringend einer Neufassung, die unter anderem das Amt eines „nebenamtlichen theologischen Mitarbeiter[s]" für den Präsidenten schaffen sowie die Arbeitsweise der Synode der heutigen Zeit anpassen müsse. Hier nahm Claß zwei Punkte wieder auf, die schon der Ausschuss für Kirche und Öffentlichkeit der 6. LS herausgestellt hatte: Ein System von Geschäfts- und ad-hoc-Ausschüssen wie in der Bayerischen Synode sei zu etablieren, zudem seien „Informationskreise" einzurichten, damit nicht „alle Gesichtspunkte, die in den Geschäfts-Ausschüssen schon durchdiskutiert worden sind, im Plenum abermals zur Sprache kommen."

Die „Informationsgruppen"[100] erläuterte Claß unter der aufschlussreichen Überschrift „heiße Eisen"[101] näher:

„Ich würde es für die Synodal-Arbeit nicht für zuträglich halten, wenn theologisch oder gar ideologisch festgelegte Fraktionen sich bilden würden. Nach allen bisherigen Erfahrungen scheint es mir aber zweckmäßig zu sein, wenn Gruppen entstehen, die für alle Synodalen offen sind, denen an einer möglichst intensiven Information über bestimmte Sachfragen gelegen ist."

Aus dieser Äußerung wird deutlich, dass wesentliche Elemente der bislang generell Oskar Klumpp zugeschriebenen (respektive angelasteten) Synodalgruppen bereits im Referat von Helmut Claß benannt worden waren: Die Bildung von Kreisen innerhalb der Landessynode wird aus Gründen der Arbeitseffektivität ausdrücklich befürwortet; diese Gruppen werden als Informativgruppen definiert, die nicht „theologisch oder ideologisch"[102] – was wohl mit einiger Gewissheit als „kirchenpolitisch" interpretiert werden darf –

---

100 Claß verwendete die Begriffe „Informationsgruppen" und „Informationskreise" synonym.
101 Das zweite von Claß erwähnte „heiße Eisen" war die „Frage der Nachwahlen", in der er zur Zurückhaltung riet: Erst nach Bildung der Ausschüsse werde sichtbar, „welche personellen und sachlichen Lücken" auf diesem Wege zu schließen seien.
102 Der hier etwas untypisch verwendete Begriff „ideologisch" korreliert mit einer nachdenklichen Bemerkung Rolf Scheffbuchs im Interview 2007: „Je länger, desto mehr treibt mich die Frage um, ob nicht – mindestens im Unbewussten – die politischen Unterschiede zwischen Konservativismus und Progressivismus uns stärker als theologische Überzeugungen prägen."

geprägt sein dürften. Sie müssten stets für alle Synodale offen sein. Diese Komponenten prägten auch die Konzeption Klumpps.

Im Anschluss an Claß' Rückblick sprach Oskar Klumpp[103]. Sein deutlich ausführlicheres Referat[104] spannte einen weiten Bogen: Beginnend bei der Befindlichkeit der neuen Synodalen, zumal der Laien („Bangigkeit"), im Hinblick auf die bevorstehende Arbeit in der Synode, einem Ort der „schroffen Gegensätze und tiefen Widersprüche", gab Klumpp einen Ausblick auf die wesentlichen Themen, die die 7. LS beschäftigen würden. Ebenso wie Claß verwies er auf die anstehende Überprüfung der Wahlordnung und die Neubestimmung des Verhältnisses zur EKD. Detailliert erörterte er die Implikationen der Neufassung der Agenden, wobei er besonderen Wert auf Bedeutung und Problematik des Abendmahls für die Gemeinden legte. Einen eigenen Abschnitt widmete Klumpp dem „Schlagwort Säkularismus", das er als „die Hauptsache", ein allen Einzelthemen übergeordnetes Gesamtthema, klassifizierte. Klumpp ging es dabei nicht vorrangig um den Bedeutungsverlust der Kirche in der säkularen Welt, sondern um die Rolle der Kirche in der Welt von heute. Bezugnehmend auf ein Zitat Carl Friedrich von Weizsäckers, wonach „[d]ie Technik von heute das Brot von morgen" sei, betonte Klumpp, beinahe emphatisch, es gebe neben diesem physischen eben auch noch ein anderes, „viel wichtigeres Brot". „Dieses Brot zu reichen, ist unsere Kirche da. Diese Aufgabe aber erfüllt sie zur Zeit nur sehr mangelhaft. Ich bekenne Ihnen, daß ich ausschließlich deshalb versucht habe, in die Synode zu kommen, weil mir dieser Alpdruck keine Ruhe mehr gelassen hat."

Besonders interessant an diesen Ausführungen ist, dass Klumpp seine Überlegungen zur Rolle der Kirche in der Gegenwart um das ja schon im Wahlkampf sehr präsente Schlagwort „lebendige Gemeinde" zentrierte. So sei in den Wahlreden kein anderes Anliegen so häufig thematisiert worden wie der Fragenkreis „lebendige Gemeinde, mündige Gemeinde"[105]. Mit Blick auf die früheren Landeskirchentage stellte Klumpp fest, dass sich „diese Forderung nach einer lebendigen Gemeinde geradezu wie ein roter Faden durch alle einschlägigen Diskussionen" hindurchgezogen habe. Als Beleg für das andauernde Interesse am Thema und zur inhaltlichen Beschreibung zitierte Klumpp zwei Stellungnahmen der Bischöfe Haug und Eichele. Eicheles Frage, „ob es der Kirche überhaupt noch gegeben sei, an den Menschen von heute so hinzukommen und ihn so anzusprechen, daß es zu einer Begegnung zwischen

---

103 In den Akten findet sich keine Erklärung, warum gerade Claß und Klumpp um diese Referate an exponierter Stelle gebeten worden sind, ebenso wenig, warum der ‚Neuling' Klumpp zum Präsidenten gewählt wurde. Hartmut Dehlinger vermutet, dass mit dem *Landrat* Klumpp, in Analogie zum *Ministerialdirigenten* Autenrieth [und dem *Unternehmer* Lechler, d. Verf.], der Laie mit dem höchsten sozialen Status für dieses Amt prädestiniert war. Interview Dehlinger.
104 Oskar Klumpp: Erwartungen und Wünsche für die Synode. 7. 2. 1966; LKAS, AL 2, 7. LS, A. Allgemeines. Soweit nicht anderweitig ausgewiesen finden sich alle folgenden Zitate dort.
105 Dass sich ein Wahlvorschlag „sogar förmlich als ‚lebendige Gemeinde'" bezeichnet habe, erwähnte Klumpp eher beiläufig. Klumpp, Erwartungen, 19 f.

ihm und Gott kommen könne", scheint dabei implizit eine Definition dessen zu bieten, was Klumpp selbst unter dieser Fragestellung verstand. Klumpps Ausführungen zeigen, dass weder der Ausdruck „lebendige Gemeinde", noch das damit bezeichnete inhaltliche Anliegen einer Intensivierung des Gemeindelebens zu diesem Zeitpunkt ein exklusives Proprium des biblischkonservativen Flügels war. Hingegen stimmte die inhaltliche Füllung des Ausdrucks, wie Klumpp sie im Anschluss an Eichele intendierte, nicht ganz mit dem überein, was die Ludwig-Hofacker-Vereinigung unter diesem Titel in ihren Wahlanzeigen im Sonntagsblatt propagiert und gefordert hatte[106].

Wie vor ihm schon Claß sprach Klumpp zum Abschluss seines Referates die Frage der Arbeitsweise der Synode an, indem er die Forderung nach guter Information und Vorbereitung der Synodalen erneuerte und vor einem „Verhetzen" von Entscheidungen warnte. Ganz zuletzt findet sich die Passage, die im Folgenden den Verlauf der synodalen Arbeit, mehr aber noch die Erinnerung der Zeitgenossen prägte. Sie sei daher ausführlich zitiert:

> „Diese [vorgenannten, d. Verf.] Einzelheiten sind gewiß wichtig, sie sind aber lange nicht so wichtig, wie das Verhältnis und die Haltung, die wir Synodalen zueinander gewinnen und durchhalten müssen. Lassen Sie mich zum Schluß noch kurz darauf eingehen, da an vielen Orten davon gesprochen wurde und wird, wir hätten eine ‚Gruppenbildung' nötig. Es wird gewiss für unsere Arbeit und ihren Erfolg von Bedeutung sein, daß wir uns in einer gewissen Art formieren. Aber wir müssen auf der Hut sein, daß dies nicht zum Unsegen wird. Ich denke mir, die Gruppen sollten sich an Hand der einzelnen Problemkreise bilden und lediglich einen *sachlichen*[107] Grund haben. Vom Übel aber würde ich es halten, wenn von vornherein gegeneinander fest abgegrenzte Parteien sich bilden würden, zum Beispiel hie Pietismus, dort die anderen[108], hie Orthodoxie, dort Liberale. Ich meine, wir sollten unseren Ehrgeiz daran setzen, die Gruppen durchlässig zu machen [...]. Gewiß wäre es falsch und scheinheilig, wenn wir uns fortgesetzt versichern, daß wir im Grunde ja alle einig sind [...]. Im Interesse der Sache sollen die Gegensätze aufeinander stoßen, weil sonst ein gutes Ergebnis nicht herauskommt. Aber die Gegensätze sollen sachlich bleiben und niemals eine persönliche Note erhalten, dergestalt, daß womöglich eines Tages einer dem anderen den Guten Willen oder gar den guten Glauben in Zweifel zieht."

Bezeichnend an Klumpps Stellungnahme zur Gruppen-Frage erscheinen insbesondere zwei Punkte: Zum einen, dass er diese Frage in den Kontext von „Verhältnis und [...] Haltung [der] Synodalen zueinander" einordnete. Er wies ihr damit weder einen dezidiert technischen, noch gar einen politischtaktischen Charakter zu, vielmehr sah er sie offensichtlich im Bereich des

---

106 Vgl. oben 212.
107 Im Original unterstrichen.
108 Dass auch Klumpp keinen präzisen Begriff für die Nicht-Pietismus-Gruppe zu nennen weiß, unterstreicht die eingangs erörterte Problematik der Bezeichnung. Vgl. oben 154.

zwischenmenschlichen Miteinanders. Da er auch am Ende des betreffenden Abschnitts noch einmal den menschlichen Aspekt herausstrich – „Gegensätze sollen sachlich bleiben und niemals eine persönliche Note erhalten [...,] daß womöglich eines Tages einer dem Anderen den guten Willen oder gar den guten Glauben in Zweifel zieht" – geht man wohl nicht fehl in der Annahme, dass dieser Gesichtspunkt für Klumpp große Bedeutung hatte. Es mag auch ein Hinweis darauf sein, warum Klumpp im Sommer und Herbst 1968 so heftig reagierte, als er nicht nur seinen „*gute[n]* Glaube[n] in Zweifel"[109] gezogen sah, sondern seinen Glauben schlechthin.

Zum zweiten ist bemerkenswert, dass Klumpp das Thema zunächst nicht als *eigenes* Anliegen einleitete, sondern als ein Anliegen, das von außen an die Synodalen herangetragen worden war: Es werde „an vielen Orten davon gesprochen [...], wir hätten eine ‚Gruppenbildung' nötig." Im Unterschied zur breit tradierten Überlieferung, wonach Klumpp die Gruppen „erfunden" oder doch zumindest „initiiert" hätte, weist Klumpps Vortrag nur eine Stellungnahme zu einem bereits bestehenden und breit diskutierten Ansinnen auf. Auch darin, wie Klumpp diese Idee im Folgenden (positiv) aufnahm und inhaltlich ausdifferenzierte, präsentierte er keine gänzlich neuen und eigenen Ideen, sondern re-formulierte im Wesentlichen die Gruppen-Kennzeichen, die in der 6. LS vom Ausschuss für Kirche und Öffentlichkeit erarbeitet worden waren. Es bleibt die Frage, warum in der Erinnerung der Zeitzeugen, beziehungsweise der Überlieferung, der Anteil der 6. LS ebenso wie die in der Sache konformgehende Stellungnahme Helmut Claß' vergessen, Klumpps Anteil an der Gruppenbildung hingegen überdimensional gewachsen ist. Dazu beigetragen haben möglicherweise Klumpps gelungene Formulierungen und die Tatsache, dass sich laut Tagungsprogramm an diese beiden Referate eine längere Diskussionsphase anschloss, die während des Abendessens und dem abendlichen „zwanglosen Beisammensein im Café Heuss"[110] vermutlich bruchlos in die Situation mündete, die Peter Spambalg 1971 rückblickend beschrieb[111]:

„Als die 7. Landessynode Anfang 1966 in der Evangelischen Akademie Bad Boll erstmals zusammenkam um sich zu orientieren, saß man nach den Abendvorträgen noch zusammen. Bald stellte sich heraus, daß sich an bestimmten Tischen immer die gleichen Leute zusammenfanden, auch immer die gleichen Leute das Gespräch prägten, bestimmten und dann leiteten. Die Tische standen im gleichen Raum, niemand traf sich hinter verschlossenen Türen, jedem stand es selbstverständlich frei, von seinem Platz am Tisch aufzustehen und zu einem anderen

---

109 Klumpp, Erwartungen, 24. Hervorhebung d. Verf.
110 Vgl. Tagesordnung der Rüstzeit der 7. Württ. Evang. Landessynode, 7.– 8. 2. 1966; LKAS, AL 2, 7. LS, A. Allgemeines.
111 SPAMBALG, Gesprächskreise. Diese Broschüre resümiert die Arbeit der 7. LS. In kurzen, von den Synodalen verfassten Darstellungen werden die Schwerpunkte der zu Ende gehenden Legislaturperiode vorgestellt.

Tische hinüberzugehen und sich dort am Gespräch zu beteiligen. Ganz ähnlich ist es dann geblieben, als die Arbeit der Synode begann: Synodale, die gemeinsame Ziele hatten, trafen sich."[112]

Dass der hier berichtete Prozess ganz so zufällig und organisch verlaufen ist, ist zu bezweifeln. Vor allem die LHV hatte schon während des Wahlkampfs durch klare Organisationsstrukturen ihre Kandidaten unterstützt und vernetzt; auch widersprechen verschiedene Zeitzeugen-Aussagen der Darstellung Spambalgs – Hermann berichtete von der klaren Abgrenzung der BB-Abgeordneten[113], und auch Spambalg selbst hatte im LBR berichtet, „daß sich die Gruppe der Pietisten bemerkbar machte, die z. B. streng unter sich eine Informationssitzung hielt."[114] Rolf Scheffbuch hingegen erlebte den Offenen Gesprächskreis, also den Kreis von Synodalen, die sich keiner Richtung zuordnen wollten, als wenig offen: „[S]o geschlossen war keiner"[115]. Eindeutig ist Spambalgs Bemühen, das Gemeinsame aller Synodalen hervorzuheben und den Gesprächskreisen – wie vor ihm schon Johannes Maisch – zwar eine positive, aber strikt der Synodalarbeit dienende Rolle zuzuweisen. Nicht die Aufspaltung in Gruppen oder gar Fraktionen steht im Vordergrund der Darstellung, sondern die effiziente Arbeit der Landessynode. So werden auch abermals Klumpps Kennzeichen der Gesprächskreise bestätigend zitiert: „freiwillig, offen, durchlässig, tolerant"[116]. Doch Spambalgs Bericht offenbart auch, dass sich der Prozess der Gruppenbildung de facto schon im Juni 1966 in eine andere Richtung entwickelt hatte:

„[B]ei der 2. Sitzung [...] hatten sich dann drei Gruppierungen gebildet: ‚Bibel und Bekenntnis', ‚Evangelische Erneuerung', ‚Evangelium und Kirche'. Jeder dieser drei Kreise formulierte damals Ziele"[117]. Damit war Klumpps Konzept von „Gruppen [, die] sich an Hand der einzelnen Problemkreise bilden und lediglich einen *sachlichen* Grund haben"[118] ad absurdum geführt,

---

112 SPAMBALG, Gesprächskreise, 18.
113 Interview Hermann.
114 LBR-Sitzung 24. 2. 1966; LKAS, D 31, 90.
115 Scheffbuch, Interview. Diese Aussage ist insofern erstaunlich, als Oskar Klumpp zu diesem Gesprächskreis gehörte. Nach der Erinnerung Martin Hollands war er Klumpps „Erfindung", da er in dieser Gruppe „seine Gedanken laut durchdenken, die Stimmung der Synodalen erkunden und auf seine Ideen einstimmen wollte." Auskunft Martin Holland, 27. 1. 2014. Dass Klumpp just in seinem eigenen Kreis die von ihm so stark propagierte Durchlässigkeit und Toleranz nicht praktiziert hätte, erscheint zweifelhaft. Die Aussagen der Zeitzeugen liefern in dieser Hinsicht möglicherweise weniger Informationen über das damals Geschehene, als über die jeweilige Wahrnehmung und (auch rückblickende) Deutung des Geschehenen.
116 So Klumpps immer wieder zitierte Definition von der Synode am 10. 6. 1966, VERHANDLUNGEN DER 7. EVANGELISCHEN LANDESSYNODE, 31.
117 SPAMBALG, Gesprächskreise. Zu dieser Stabilisierung der Kreise passen auch die Überlegungen des LBR, in der Synode einen Antrag auf finanzielle Unterstützung der Informationstreffen in Gestalt von Fahrtkostenerstattung einzubringen, vgl. Antrags-Entwurf sowie LBR-Protokoll 26. 5. 1966; LKAS, D 31, 90.
118 Klumpp: Erwartungen und Wünsche für die Synode. 7. 2. 1966; AL 2, 7. LS, A. Allgemeines.

denn solche Gruppen bedürften sinnvollerweise weder programmatischer Namen, noch könnten sie je eigene Ziele haben. Die „Gesprächskreise" der 6. LS hatten jeweils nur ein technisches Ziel gehabt: Einen bestimmten Sachverhalt bestmöglich zu bearbeiten und zu diskutieren. Nun aber wurden inhaltliche Ziele benannt, so dass schon hier Schwerpunktebildungen und proprietäre Themen sichtbar wurden. So habe der *„Informationskreis Bibel und Bekenntnis"* (BB)[119] besonderes Interesse an „Fragen des Gemeindelebens" (lebendige Gemeinde!) bekundet, ebenso an „ethischen Fragen der heutigen Zeit, Ausbildung der Theologen, Beseitigung der theologischen Verwirrung, Öffentlichkeitsarbeit der Kirche". Vor allem mit den Themenbereichen Ausbildung und „theologische Verwirrung" sind genuine Themen des biblisch-konservativen Netzwerkes benannt; diese beiden Themenbereiche waren mit den Offenen Briefen 1952 und 1961 angegangen worden und hatten zur Bildung jenes Netzwerkes geführt.

Der *„Arbeitskreis Evangelische Erneuerung"* (EE) hingegen hob die Themen

„Zeitgemäße Verkündigung, evangeliumsgemäße Freiheit im kirchlichen Leben und in der wissenschaftlichen Forschung, Offenheit für Fragende und Suchende, [sowie die] Verantwortung und Selbständigkeit des einzelnen Gemeindeglieds und Verpflichtung der Kirche, zu Lebensfragen politischer Art Stellung zu nehmen"[120]

hervor. Letzteres ist das klassische und typische Anliegen der Kirchlichen Bruderschaft, wohingegen sich in der Thematik ‚evangeliumsgemäße Freiheit im kirchlichen Leben' wohl die der FVV nahestehenden Mitglieder der EE wiedergefunden haben, die Soziëtäter hingegen im Kampf für die freie und wissenschaftliche Theologie.

Die *„Arbeitsgruppe Evangelium und Kirche"* (EuK) definierte sich laut Spambalg, der dieser Gruppe vorstand, als „bewußte Mitte", die sich „nicht von vorn herein auf ein Programm festlegen" wollte, jedoch drei Desiderate für die Synodalarbeit formulierte: „Bemühung um das Evangelium und rechte Schriftauslegung; Aufbau einer mündigen und dienstbereiten Gemeinde [...,] Zeugnis von Christus [...] in den Lebensfragen unserer Zeit."[121] Die hier erkennbare doppelte Ausrichtung auf Bibel und Bekenntnis einerseits, Gegenwartsfragen andererseits, prägte bereits die Stellungnahme der BG.

Summierend ist festzuhalten, dass die in der zweiten Synodalsitzung manifest gewordenen Gesprächskreise bereits klar diejenigen Themen und Handlungsfelder besetzten, die die ihnen jeweils nahestehenden bezie-

---

119 Diese Formulierungen wie auch die Selbstvorstellungen der anderen beiden Gruppen sind großteils wörtlich dem Synodalprotokoll vom 10. 6. 1966 entnommen; VERHANDLUNGEN DER 7. EVANGELISCHEN LANDESSYNODE, 30 f.
120 Eine ausführlichere (Eigen-)Darstellung der Anliegen der EE bietet der Beitrag ihres Geschäftsführers Walter Kappus in Freies Christentum 1966, Heft 12, 183–186.
121 Diese Vorstellung ist als „Thesen zum Gesprächskreis ‚Evangelium und Kirche'" abgedruckt in EuK-Info 1966, Heft 3, 52.

hungsweise voraufgehenden außersynodalen Gruppen für sich etabliert und bearbeitet hatten. Spambalg fasste denn auch zusammen: „Bibel und Bekenntnis steht in Verbindung mit der Gemeinschaftsbewegung; Evangelische Erneuerung versteht sich als Sachwalter der progressiven, reformerischen Kräfte; Evangelium und Kirche steht der Evangelischen Bekenntnisgemeinschaft nahe und weiß sich dem Erbe des Kirchenkampfes verpflichtet."[122]

Den Offenen Gesprächskreis nannte Spambalg getrennt von den anderen, da er sich erst 1968 gegründet habe; er stehe der EE nahe[123]. In einem Beitrag für EuK-Info hatte Spambalg jedoch schon 1967 darüber berichtet, dass sich bei der Synodaltagung im November 1966

> „ein Kreis Nichtgruppierter ergeben [habe]. Der Synodalpräsident erklärte sich bereit, Synodale, die sich keinem der Gesprächs- und Informationskreise anschließen wollen, über Vorgänge und Probleme in der Landeskirche und in der Synode zu informieren, wie dies als Voraussetzung für fruchtbare Mitarbeit nötig ist."[124]

In diesem rein sachlich auf Information und Gespräch ausgerichteten Kreis dürfte Klumpps ursprüngliche Konzeption der Gesprächskreise am reinsten verkörpert gewesen sein; mit der Zeit jedoch wurde die Existenz einer „Gruppe von Nichtgruppierten [...] nicht nur [als] Widerspruch in sich selbst, sondern einfach [als] Blödsinn"[125] wahrgenommen – Hans Eißler forderte daher im November 1968 ultimativ, diese Gruppe solle sich als Gesprächskreis konstituieren, einen Sprecher sowie „einen besseren Namen [wählen] oder auf eine gemeinsame Vertretung und Beachtung als Gruppe verzichte[n]." Die erste Nennung des „Offenen Gesprächskreises" in den Synodalprotokollen findet sich denn auch am 21. Januar 1969[126]. Dass weder in Spambalgs Rückblick noch in den Synodalprotokollen eine programmatische Selbstvorstellung dieses Kreises genannt wird, entspricht seinem Charakter als Kreis derjenigen Synodalen, die sich keiner festen Richtung verschreiben wollten. Generell konstatierte Spambalg ab 1968 „eine stärkere Konsolidierung der Kreise".

Insgesamt stimmt Spambalgs Darstellung ex post mit dem Bild überein, dass sich aus den vorliegenden Dokumenten ergibt, zumal er für seinen Artikel offensichtlich die Protokolle der Synode herangezogen hat. Diese verzeichnen für die erste reguläre Sitzung, wie üblich, neben etlichen Reden nur eine Vielzahl von Wahlen. Zuweilen kann man hinter den Kandidatenlisten einen gewissen Gruppenproporz erahnen, wirklich manifest wurde dies jedoch nicht. In der zweiten Sitzung, am 10. Juni 1966, kamen die Gruppen

---

122 SPAMBALG, Gesprächskreise.
123 Dies ist unter anderem durch die von Reinhard Hermann berichtete enge Verbindung zwischen ihm und Klumpp durchaus plausibel. Vgl. Interview Hermann.
124 EuK-Info 1967, Heft 1, 27. In den Synodalprotokollen findet sich dazu nichts.
125 VERHANDLUNGEN DER 7. EVANGELISCHEN LANDESSYNODE, 670.
126 EBD., 714.

wieder dezidiert zur Sprache. Zunächst benannte Synodalpräsident Klumpp „die sogenannte Gruppenbildung" als einen der „3 [sic] Problemkreise"[127], die in zahlreichen Briefen von Mitsynodalen in der Zwischenzeit an ihn herangetragen worden seien. Dazu stellte Klumpp fest:

> „[D]ie Gruppenbildungen [...] haben als Problem schon bei der Vorbereitung der Wahl in vielen Wahlkreisen eine bedeutende Rolle gespielt." In Bad Boll habe sich gezeigt, dass „die Mehrheit unserer Synodalen einer solchen Gruppenbildung unter besonderen Voraussetzungen positiv gegenübersteht" und jetzt „sind wir der Erörterung darüber, ob Gruppenbildungen stattfinden sollen und können, enthoben, weil die Gruppen gebildet sind[128]. [...] Ich halte es für richtig, daß wir das hier in aller Deutlichkeit ansprechen und damit nicht hinterm Berge halten."[129]

Darauf folgte die Nennung der Namen und die oben zitierten Selbstvorstellungen der Gruppen.

Auf zwei Bemerkungen Klumpps ist besonders hinzuweisen: Zunächst leitete er die Selbstvorstellung der Gesprächskreise mit der Bitte ein, die Kreise nicht auf diese Vorstellungen „festzubinden [...,] denn die Gruppen sind selbst erst im Begriff, ihre Eigenart zu finden."[130] Dies ist insofern aufschlussreich, als daraus ersichtlich wird, dass diese neuen „Einheiten" in der Synode allesamt noch nicht als klar definierte und gegeneinander abgegrenzte „Institutionen" wahrgenommen wurden. Zwar war bereits bei dieser zweiten Synodaltagung offensichtlich, dass Klumpps Konzept von ideologiefreien Sach-Gesprächskreisen nicht realisierbar war. Wie genau jedoch die Zusammensetzung und Ausrichtung der Kreise zu beschreiben sei, war noch offen. Klar war laut Klumpp auch, „daß zwischen den die Gruppen und ihren voraussichtlich [!] einzunehmenden Standpunkten erhebliche sachliche Unterschiede entstehen werden", dass aber Einigkeit darin bestehe, dass alle Gruppen durch vier – in der Folge wieder und wieder zitierte – Eigenschaften gekennzeichnet sein sollten: „1. freiwillig, 2. offen, 3. durchlässig, 4. tolerant." Klumpp interpretierte diese Kennzeichen dahingehend, dass es jedem Synodalen frei stehe, sich einem dieser Kreise anzuschließen (oder auch nicht), einen anderen als seinen eigenen Kreis zu besuchen oder gegebenenfalls sich auch zu mehreren Kreisen zu halten, um bestimmte Fragen zu erörtern. Klumpp schloss mit abwägenden Überlegungen: Die Gefahren der Gesprächskreise lägen in „der Einseitigkeit, der Fraktionsbildung, des Ab-

---

127 EBD., 29. Die anderen beiden Themen waren die Zuwahlen und die Arbeitsweise der Synode.
128 Klumpp beschrieb die Gesprächskreise als eine Gegebenheit. Dieses Verständnis, wonach die Gesprächskreise formal unabhängig von der Synode bestehen, blieb fast 50 Jahre bestehen. Erst die 15. LS unternahm hier eine Änderung, indem sie in der konstituierenden Sitzung die Gesprächskreise qua Synodalbeschluss förmlich einrichtete, vgl. VERHANDLUNGEN DER 15. EVANGELISCHEN LANDESSYNODE, 33. Ich danke Martin Plümicke für diesen Hinweis.
129 VERHANDLUNGEN DER 7. EVANGELISCHEN LANDESSYNODE, 30.
130 EBD., 30.

schlusses, der Feindseligkeit, ja sogar der Gehässigkeit. Von diesen Gefahren und Risiken sind wir keineswegs frei." Wenn es aber gelinge, ihnen zu widerstehen, könnten die Kreise eine positive Wirkung entfalten: Man könnte dort Probleme vorbesprechen, ganz offen seine Meinung vertreten und idealerweise am Ende des Meinungsbildungsprozesses das Votum des Kreises von nur einem „besonders fachkundigen Sprecher" im Plenum vertreten lassen.

Mit der zweiten, höchst aufschlussreichen Bemerkung kam Klumpp einen halben Tag später nochmals auf das Thema Gruppenbildung zurück: „Ich werde darauf aufmerksam gemacht, daß ich über die Informations- und Gesprächskreise auch meinerseits von ‚Gruppen' gesprochen hätte. Ich nehme diesen Ausdruck mit dem Ausdruck des Bedauerns zurück. *Wir haben keine Gruppen. Wir haben Gesprächs- und Informationskreise.*"[131] An dieser, für den heutigen Leser kaum verständlichen Gegenüberstellung von „Gruppen" und „Gesprächs- und Informationskreisen" wird deutlich, welches Verständnis dieser neuen Synodalkreise sich den Zeitgenossen nahelegte, beziehungsweise welchem Missverständnis Klumpp und mit ihm die übergroße Mehrheit der Synodalen wehren zu müssen meinte: Es war nicht so sehr ein damals noch abstraktes Verständnis der Kreise als Fraktionen oder gar Parteien[132], sondern es waren ganz konkret und inhaltlich gefüllt „Gruppe I" und „Gruppe II" des Landeskirchentages 1919 bis 1933, also die Vertretung der „Positiven" im Gefolge des Prälaten Christian Römer beziehungsweise der Liberalen um Prälat Jakob Schoell[133]; gleichzeitig evozierte das Stichwort „Gruppen" wohl noch immer die Erinnerung an den offiziell gruppierten LKT (bis 1948[134]) sowie an dessen dunkelste Zeit, als die „Kampf*gruppe* Deutsche Christen" die Mehrheit der Abgeordneten stellte[135]. In der Ablehnung solcher Gruppen, einer solcherart gruppierten Synode, waren sich die Mitglieder der 7. LS einig.

Ein Problem stellt die Frage nach den Mehrheitsverhältnissen in der 7. LS dar. Da die Gesprächskreise nicht offizielle Einrichtung der LS waren, wurde die Zugehörigkeit zu einem bestimmten Kreis in den Synodalakten nicht festgehalten. Die Unterlagen der einzelnen Kreise sind mehrheitlich nicht erhalten. Einen Hinweis gibt der oben bereits zitierte Aufsatz Gerhard Schäfers von 1976: „Zum Gesprächskreis ‚Bibel und Bekenntnis' kamen 29 Abgeordnete zusammen, zum Gesprächskreis ‚Evangelische Erneuerung' und zum ‚Offenen Gesprächskreis' zählten etwa je 10-12 Abgeordnete, [...] ‚Evangelium

---

131 EBD., 41; Hervorhebung d. Verf.
132 Wie unklar die Nomenklatur und ungelöst das Problem bis heute ist, belegt schön der Leserbrief „Gesprächskreise in Anführungszeichen" von Fritz Röhm im Württembergischen Gemeindeblatt vom 29. 7. 2007, abgedruckt bei STEPPER, Vielfalt, 42.
133 Vgl. HERMLE / OEHLMANN, Gruppen, 267-270 sowie HERMELINK, Geschichte, 439, 467.
134 Für die Diskussion um die Tilgung der Gruppen aus der Geschäftsordnung des LKT 1948 vgl. oben 123.
135 Vgl. HERMLE / OEHLMANN, Gruppen, 270-273.

und Kirche' zählte etwa 25 Abgeordnete."[136] Abgesehen von dem Umstand, dass es den Offenen Gesprächskreis 1966 noch nicht in dieser Form gab, dürften Schäfers Zahlen den Zustand zu Beginn der Legislaturperiode in etwa korrekt wiedergeben[137]. In den Synodalprotokollen sind die Sprecher der ursprünglichen drei Kreise benannt: Martin Pfander für BB, Rudolf Daur für EE sowie Peter Spambalg für EuK[138]. Durch Äußerungen in Redebeiträgen wird bei manchen Synodalen die Affinität zu einem bestimmten Kreis deutlich, die genaue personale Zusammensetzung der einzelnen Kreise ist jedoch nicht mehr zu ermitteln, da entsprechende Unterlagen fehlen. Im Archiv der Landessynode sind einige Teilnehmerlisten von Gesprächskreistreffen erhalten, die aber weniger Zeugnis für eine bestimmte Gruppenkonstellation ablegen, als vielmehr belegen, was auch Martin Holland berichtet: „Im Offenen Gesprächskreis [waren] viele, die zwar z. T. einem anderen Gesprächskreis angehörten, aber zu den Einladungen des Präsidenten Klumpp kamen (z. B. der spätere Dekan Spambalg aber auch ich und Frau Braun), [… und] gerne die Gelegenheit nützten, Klumpps Einladung anzunehmen, weil er in ‚seinem' Gesprächskreis gerne seine Gedanken entwickelte und die Stimmung auslotete, wie seine Gedanken ankämen. Ich hatte es für weise gehalten, an diesem Brainstorming teilzunehmen. So dachten auch andere."[139] Neben Anwesenheitslisten des Offenen Gesprächskreises finden sich im Synodalarchiv nur einige Listen von BB; hier ist wesentlich weniger Fluktuation erkennbar. Sicher ist aber, dass zu den Besprechungen der einzelnen Kreise jeweils auf dem Weg über die Geschäftsstelle der Synode alle Synodalen eingeladen wurden[140].

---

136 SCHÄFER, Synode, 732.
137 Feuerbacher und Holland nennen für BB 31 Abgeordnete, sowohl Holland als auch Dehlinger erinnern sich für EuK an 26 bzw. „1/3 der Synodalen". Dehlinger wies EE und dem Offenen Kreis zusammen ein weiteres Drittel zu während Hollands Zahlen hier deutlich höher lagen, was aber vermutlich daher resultiert, dass er den Stand zum Ende der Legislaturperiode angibt, nachdem es etliche Wechsel gegeben hatte und sechs Jugenddelegierte zugewählt worden waren. Vgl. Interview Feuerbacher; Auskunft Dehlinger 17. 1. 2014 und Holland 25. 1. 2014. Bis 1971 waren insgesamt 15 Synodale ausgeschieden; während der drei Jugenddelegierten unter ihnen nicht ersetzt wurden, rückten für die 10 gewählten Mitglieder die jeweils zweitplatzierten Kandidaten nach, welche i. d. R. einer anderen Richtung angehörten und somit die Kräfteverhältnisse in der LS veränderten. Für den zugewählten Synodalen Peter Stuhlmacher wurde 1969 Klaus Scholder nachgewählt, Hermann Diem bei seiner Emeritierung durch Werner Jetter als Fakultätsmitglied abgelöst. Vgl. PRÄSIDIUM DER 7. WÜRTTEMBERGISCHEN EVANGELISCHEN LANDESSYNODE, Informationen, 20 sowie EHMER / KAMMERER, Handbuch, 58.
138 VERHANDLUNGEN DER 7. EVANGELISCHEN LANDESSYNODE, 33.
139 Auskunft Holland 25. 1. 2014. Diese nachweislich praktizierte Durchlässigkeit widerspricht der Erinnerung Rolf Scheffbuchs, vgl. oben 226. Möglicherweise ist Scheffbuchs Aussage mit einer (häufig anzutreffenden) Verwechslung von „Offenem Gesprächskreis" und „Evangelischer Erneuerung" zu erklären; beide Gruppen näherten sich einander zunehmend an, agierten in der 8. LS von Beginn an gemeinsam und fusionierten 1972 zum Gesprächskreis „Offene Kirche".
140 Vgl. LKAS, AL 2, 7. LS, C Präsidium. Eine interessante Entwicklung in dieser Hinsicht deutet sich im erbosten Redebeitrag Eberhard Mitzlaffs an, der im Oktober 1972 dem Gesprächskreis

Zumindest theoretisch waren die jeweiligen Gesprächskreise somit offen für Besucher aus anderen Kreisen, die Gesprächskreistreffen wurden nicht etwa geheim gehalten. Über die weitere Arbeit berichtete Spambalg in EuK-Info:

„Die Informations- und Gesprächsgruppen hatten sich [...] im Lauf des Sommers und Herbstes 1966 zu Arbeitssitzungen zusammengefunden. Man hatte Berichte entgegengenommen, theologische Grundsatzfragen diskutiert und Vorschläge für die künftige Arbeitsplanung der Synode erarbeitet. Bei der Herbstsitzung wurden Themen vorbereitet, die im Plenum diskutiert wurden. Man hatte Sprecher herausgestellt, auch Wahlabsprachen wurden teilweise getroffen."[141]

Bei der ersten „Arbeitstagung" der Synode im Herbst 1966 wurden die Auswirkungen der Existenz der Gesprächskreise denn auch deutlich wahrnehmbar; eher negativ in der Diskussion um die Wahl der württembergischen Vertreter für die EKD-Synode, wo in manchen Redebeiträgen ein gewisses Lagerdenken nicht zu übersehen war. Positiv dagegen eindeutig in der Diskussion um den im Bischofsbericht angerissenen Themenkreis „Theologie und Gemeindefrömmigkeit": Die Gesprächskreise hatten ganz offensichtlich vorab ihre Positionen bestimmt, die nun von drei Sprechern – ausdrücklich im Namen der Kreise – vorgetragen wurden[142].

Eine inhaltliche Definition der Gesprächskreise, wie sie in den Selbstvorstellungen vom 10. Juni 1966 ansatzweise deutlich geworden war, wurde in diesen Gesprächskreis-Voten zum Bischofsbericht nun zum ersten Mal in der Synodaldebatte erkennbar. Im Namen des Gesprächskreises EuK ergriff Johannes Maisch, in der ausdrücklich auf den Themenbereich „Theologie und Gemeinde" beschränkten Diskussionsrunde[143], als erster das Wort; anhand einer Anekdote suchte er „zu zeigen, in welcher Gefahr wir heute sind, von den theologischen Fronten her aneinander vorbei zu reden." Im Blick auf die Spannungen zwischen Theologie und Gemeinde, aber auch zwischen den unterschiedlichen „theologischen Generationen" stimmte er dem Landesbischof zu, der in seinem Bericht bestrebt gewesen sei „Verständnis für das Anliegen beider Seiten zu wecken". Für seinen Gesprächskreis konstatierte Maisch: „Wir [...] können uns mit keiner der heutigen theologischen Richtungen einfach identifizieren." EuK teile manche „Sorgen unserer Brüder vom

---

Lebendige Gemeinde vorwarf, eben diese gegenseitige Einladung und Offenheit zu verweigern. VERHANDLUNGEN DER 8. EVANGELISCHEN LANDESSYNODE, 244.
141 EuK-Info 1967, Heft 1, 27.
142 Maisch für EuK, Joachim Braun für BB, Hermann für EE; VERHANDLUNGEN DER 7. EVANGELISCHEN LANDESSYNODE, 75–79.
143 Der Bericht des Bischofs war, wie üblich, in die Abschnitte Ökumene, EKD, Württembergische Landeskirche gegliedert gewesen. Die Plenumsdiskussion bezog sich fast ausschließlich auf den württembergischen Teil, wobei Klumpp die Aussprache strukturierte, indem er vorgab, man möge zunächst über Theologie und Gemeinde, dann über die „Schulfrage" und schließlich über alles andere „worüber Sie das Bedürfnis haben mögen, sich zu äußern" debattieren. EBD., 75.

Pietismus", wende sich aber gleichzeitig dagegen, dass die Theologie in „alten Formeln", seien es jene der altprotestantischen Orthodoxie oder jene des Kirchenkampfes, erstarre. Er und seine Freunde hätten noch stets Vertrauen in die Theologie und gingen davon aus, dass Irrtümer von der Wissenschaft selbst bereinigt würden. Als bevorzugte Arbeitsfelder nannte Maisch die theologische Arbeit der Pfarrer sowie die theologische Unterweisung der Gemeinde: „Wir sollten [unserer Gemeinde] helfen zu erkennen, daß der Christliche Glaube nicht mit dem Glauben an die Bibel als ein [sic] unfehlbares Gut steht und fällt." Mit diesem Appell gegen die Verbalinspirationslehre stellte sich Maisch ebenso in die ungebrochene Tradition der BG-Äusserungen wie mit der Hochschätzung der (auch modernen) theologischen Wissenschaft. Mit der Betonung der Verbundenheit mit dem Pietismus rekurrierte Maisch auf Traditionsgut der BG, desgleichen mit dem Stichwort „Kirchenkampf" – auch wenn er sich auf dieses Erbe schon in gewissem Maße kritisch bezog. Alles in allem ist hier noch keine signifikante Entwicklung gegenüber den anderen zeitgenössischen Standpunkten der BG festzustellen.

Für BB trat Joachim Braun, Pfarrer beim Evangelische Gemeindedienst und Mitglied des Hofackerkreises ans Rednerpult. Er brachte zunächst das Bemühen seines Kreises zum Ausdruck, das Gespräch sachlich zu führen, andere Positionen zu würdigen und „sich in der Kunst des Hörens zu üben" – forderte eben diese Haltung im Gegenzug aber insbesondere auch von der „Berichterstattung über die kirchliche Lage im Rundfunk" ein. Diese Bemerkung ist insofern aufschlussreich, als sie nahelegt, dass der biblisch-konservative Flügel augenscheinlich schon zu diesem Zeitpunkt den Eindruck hatte, seine Anliegen würden in der Presse nicht angemessen dargestellt. Dieser Topos sollte in den folgenden Jahren in konservativen Reaktionen auf die Berichterstattung zum Klumpp-Rücktritt und ähnlichem vielfach wieder auftauchen und immer wieder auch die (tatsächliche oder vermeintliche) offizielle kirchliche Öffentlichkeitsarbeit zum Ziel haben[144]. In explizit dankbarer Aufnahme der sieben Punkte, in denen Bischof Eichele in seinem Bericht das „Unaufgebbare" des Glaubens zusammengefasst hatte[145], zählte Braun als unverrückbare Glaubenssätze die wahre Göttlichkeit Jesu, die „Realität der Sünde und der Erlösung", den Sühnecharakter des Abendmahls, das geschichtliche Verständnis von Oster- und Pfingstgeschehen, sowie die Erwartung einer „futurische[n ...] Weltvollendung" auf. Auch dass das Gebet „mehr als Meditation ist, mehr als ein Denken" bestätigte Braun und dankte dem Bischof, dass er „auch die so schwierigen mißverständlichen Worte wie Bekehrung, Wiedergeburt und Heiligung genannt" habe. Mit seinem Dank

---

144 So richtete sich die Kritik auch immer wieder gegen das Gemeindeblatt, das jedoch de facto kein Organ der Landeskirche, sondern ein freies Unternehmen ist. Eine Folge dieser vermeintlich inadäquaten Berichterstattung durch die etablierten kirchlichen oder kirchennahen Medien war die Gründung von idea 1970; vgl. HERMLE, Evangelikale, 344.
145 Vgl. VERHANDLUNGEN DER 7. EVANGELISCHEN LANDESSYNODE, 57.

vordergründig an die Adresse des Bischofs bekräftigte Braun die zentralen theologischen Anliegen des in der BB repräsentierten Pietismus und beanspruchte deren Beachtung und Gültigkeit. Eine explizite Zurückweisung erfuhr Dekan Gotthilf Weber – wohl stellvertretend nicht nur für die von ihm geleitete KB, sondern auch für die anderen in der EE kooperierenden progressiven Gruppen. Es könne, so Braun, „nicht völlig offen gelassen sein, welchen Inhalt, und welche Deutung im einzelnen die Grundtatsachen, die fundamentalen Tatsachen unseres Glaubens haben."[146] Braun schloss sein Votum mit dem Appell, nicht von einem Gegensatz von „Theologie und Gemeindefrömmigkeit zu sprechen, [denn ...] es handelt sich um ein Gegenüber von Theologie und Theologie." In „einem sauberen Ringen gilt es hier, unser Teil dazu beizutragen, daß nicht durch Mehrheitsbeschluß Wahrheit gefunden, sondern durch bessere Wahrheit Wahrheit erkannt wird." Brauns Aussage ist kaum anders zu verstehen, als dass er von der Existenz der einen Wahrheit überzeugt war, diese jedoch durch eine „Mehrheit" gefährdet sah, was ihn aber offensichtlich nicht an seiner Kenntnis eben dieser „besseren Wahrheit" zweifeln ließ.

Der Balinger Pfarrer Reinhard Hermann sprach für die EE; er griff das Bemühen des Bischofs auf, „Gräben zu überbrücken, die aufgerissen sind und einen Weg zu suchen [...], daß man sich finden kann." Entsprechend betonte Hermann die Bereitschaft seiner Gruppe zum theologischen Gespräch, verwahrte sich aber gegen Vorfestlegungen, wie sie in Brauns Stellungnahme gemacht worden waren: „[D]ie Frage nach Gott, [...] nach dem Grund des Glaubens, mit dem Begriff der unsichtbaren Wirklichkeit zu fassen, erscheint [uns] nicht möglich" – die moderne Naturwissenschaft und Psychologie fasse diesen Begriff ganz anders. Auch „die Formulierung, daß Gott ‚Person' ist", lehnte Hermann ab. Zwar wird aus Hermanns Ausführungen seine Position nicht zweifelsfrei ersichtlich – eine Distanz zu den überlieferten Glaubenssätzen ist klar erkennbar, ebenso der Bezug auf die moderne, vom naturwissenschaftlichen Weltbild geprägte Welt.

Das interessanteste Ereignis im Rahmen dieser Debatte war, dass der Leiter der Missionsschule Unterweissach, Pfarrer Max Fischer, dem durch Joachim Braun vorgetragenen Votum des konservativen Flügels noch ein weiteres, persönliches hinzufügte. Er stellte dabei einleitend heraus, dass er dezidiert als Vorstandsmitglied und Repräsentant der vom Landesbischof kritisch gewürdigten BKAE spreche und verteidigte deren Notwendigkeit und Existenzrecht – auch in Württemberg[147]. Anliegen der BKAE sei „eine bibeltreue

---

146 EBD., 77. Brauns Attacke gegen Weber gibt insofern Rätsel auf, als sich in den Synodalprotokollen kein Anknüpfungspunkt dazu findet. Weber hatte zwar in der Debatte zuvor das Wort ergriffen (EBD., 70), das dort Geäußerte steht aber in keinerlei Zusammenhang mit Brauns Vorwürfen.
147 Max Fischer hatte am 7. 3. 1965 den ersten „Bekenntnisgottesdienst" in Württemberg organisiert. Bezeichnenderweise nahm am diesem Gottesdienst der zuständige Prälat, an einem weiteren Gottesdienst gar der Landesbischof teil, was Hermann Diem zu der Feststellung

und gegenwartsnahe Verkündigung". Im Festhalten an den überlieferten Bekenntnissen gehe es „nicht nur um ein Zitieren und Wiederholen [...,] sondern [darum,] daß wir existentiell davon betroffen sind, und zwar bis ins tiefste Innerste hinein". Die vom Bischof kritisierten Großkundgebungen der BKAE rechtfertigte Fischer mit der Notwendigkeit, der (falschen) Verkündigung bei den Kirchentagen oder im Rundfunk etwas entgegenzusetzen:

„Wenn z. B. Herr Pfarrer Lorenzmaier im Rundfunk seinen Vortrag hält, erreicht er hunderte und tausende von Leuten [und erzählt ihnen,] daß Gott nicht Person sei, daß er nicht der Vater unseres Herrn Jesu Christi ist, daß die Bibel nicht Gottes Wort ist [...]. Da müssen wir die Gemeinde einmal zusammenrufen und sagen: So nicht."[148]

Dieses doppelte Votum von BB dürfte als Hinweis darauf zu werten sein, dass es innerhalb dieses Gesprächskreises von Beginn an Divergenzen zwischen den verschiedenen Richtungen des Alt- und Neupietismus, des CVJM und des Jungmännerwerks, und nicht zuletzt zwischen Pietismus und konservativen, aber nicht im Pietismus verwurzelten Kräften gab[149]. Hinzu kam möglicherweise, dass innerhalb der BB der Führungsanspruch unter den leitenden Männern noch nicht hinreichend geklärt war, so dass Hartmut Dehlinger rückblickend etwas ironisch einen „Profilierungswahn der Häuptlinge"[150] konstatieren konnte.

Im Blick auf die späteren Auseinandersetzungen um den Stuttgarter Kirchentag sind im November 1966 zwei Wortmeldungen am Rande beachtenswert: So erkundigte sich Konrad Eißler während der Haushaltsdebatte nach den Zahlungen der Landeskirche an den Evangelischen Kirchentag; die Veränderungen im Profil des Kirchentages ließen einen württembergischen „Beitrag mindestens prüfungswürdig" erscheinen[151]. Des weiteren wurde von einem Antrag Rolf Scheffbuchs aus dem Sommer 1966 berichtet, wonach der Kirchentag gebeten werden solle, „der Verkündigung des Wortes Gottes in Bibelarbeitsgruppen und in volksmissionarischen Vorstößen wieder den Raum [zu] geben, den sie bei früheren Kirchentagen gehabt hat."[152] Diese beiden Beiträge machen deutlich, dass das Unbehagen der biblisch-konser-

---

veranlasste, er finde es beunruhigend, „wenn in der Kirche Bittgottesdienste gegen die ungläubige Kirche und ihre Theologen gehalten werden und wenn Bischof und Prälaten sich daran sogar noch beteiligen." Vgl. HERMLE, Evangelikale, 332 f, Zitat: 333.
148 VERHANDLUNGEN DER 7. EVANGELISCHEN LANDESSYNODE, 77.
149 Von solchen Spannungen berichtet nicht nur, aus der Außensicht, Hartmut Dehlinger, sondern auch ‚Insider' Kurt Feuerbacher; Auskunft Dehlinger 17. 1. 2014, Interview Feuerbacher.
150 Auskunft Dehlinger 17. 1. 2014.
151 VERHANDLUNGEN DER 7. EVANGELISCHEN LANDESSYNODE, 147. Hochinteressant die sehr nachdrückliche Antwort von OKR-Vizepräsident Dr. Weeber: Die „Frage soll in den Gesprächskreis verlegt und aus der öffentlichen Diskussion herausgenommen werden." EBD., 147.
152 EBD., 155.

vativen Kreise an der Entwicklung des DEKT in den 1960er Jahren[153] auch in der Württembergischen Landessynode seinen Niederschlag gefunden hatte. In Eißlers Nachfrage scheint auch zum ersten Mal ein Hinweis auf die in den 1970er Jahren von der (dann) LG recht massiv betriebenen Politik „mit dem Scheckbuch"[154] auf[155].

Das vermutlich folgenreichste Resultat der Synodaldebatte über den Bischofsbericht beziehungsweise die Thematik „Theologie und Gemeindefrömmigkeit" war der Beschluss, im darauffolgenden Frühjahr eine viertägige „theologische Arbeitstagung" der Synode zu diesem Thema zu veranstalten, wobei Präsident Klumpp, der dies zunächst als eine Idee des Ältestenrates einbrachte, ausdrücklich empfahl:

> „Ich meine, daß wir mit dieser Tagung an einen Ort gehen, der auch landschaftlich einen gewissen Rahmen für eine solche Sache gibt. Es ist ja nicht ganz gleichgültig, wo man spazieren geht. [...] Ich würde [außerdem] nicht den kalten Winter vorschlagen, sondern eine Zeit, in der sich zukunftsfreudig die Frühlingsblumen melden (Heiterkeit)."[156]

Diese „Sitzung ganz besonderer Art"[157] fand vom 20. bis 23. April 1967 auf der Insel Reichenau statt.

5.2 Inhaltliche Ausdifferenzierung der Gruppen

5.2.1 Reichenau und Reichenau-Erinnerung: das Erlebnis der Einheit

In der Erinnerung der Zeitzeugen spielt vor allem die erste Sondertagung der Landessynode auf der Insel Reichenau 1967 eine besondere, herausgehobene Rolle. Insgesamt tagte die 7. LS drei mal nichtöffentlich auf der Insel: Vom 21. bis 23. April 1967 zum Thema „Theologie und Kirche"[158], vom 13. bis 17. Juni 1968 zur Frage „Was heißt: Ich glaube an Jesus Christus"[159] und schließlich vom 15. bis 17. April 1970 unter dem Titel „Herausgeforderte Kirche"[160] zum Problemkreis der Kirchen-Strukturreform. Obwohl auf der dritten Tagung

---

153 Vgl. BÄUMER / BEYERHAUS / GRÜNZWEIG, Weg, 274–276.
154 SCHMID / HERMANN, Konflikte.
155 Zu verweisen wäre auf die Stichworte „Konsequenzen", „ESG-Tübingen", ÖRK vgl. HERMLE / LEPP / OELKE, Umbrüche.
156 VERHANDLUNGEN DER 7. EVANGELISCHEN LANDESSYNODE, 90. Die erste Erwähnung einer solchen Arbeitstagung findet sich EBD., 60. Das mehrfach erwähnte „Arbeitsprogramm der Synode" war in den Akten nicht auffindbar.
157 Klumpp, EBD., 90.
158 Die dort gehaltenen Vorträge sowie die „Mitteilung an die Gemeinden" wurden veröffentlicht: EVANGELISCHE LANDESKIRCHE IN WÜRTTEMBERG / LANDESSYNODE, Reichenau I.
159 EVANGELISCHE LANDESKIRCHE IN WÜRTTEMBERG / LANDESSYNODE, Reichenau II.
160 EVANGELISCHE LANDESKIRCHE IN WÜRTTEMBERG / LANDESSYNODE, Reichenau III.

Inhaltliche Ausdifferenzierung der Gruppen

Anträge[161] beraten wurden, die zu wichtigen und nachhaltigen Veränderungen in der institutionellen Organisation führten und damit praktische und über Jahre fühlbare Wirkungen hatte, ist diese Tagung im ‚kollektiven Gedächtnis' der Landeskirche nur noch als schieres Faktum präsent – Reichenau III hat stattgefunden. Für die Frage nach der inhaltlichen Ausdifferenzierung der kirchenpolitischen Flügel ist sie irrelevant, da zum Zeitpunkt dieser Tagung durch die Kontroverse um den Stuttgarter Kirchentag die Fronten bereits weitestgehend geklärt waren. Daher sind für die vorliegende Untersuchung nur die ersten beiden Reichenau-Tagungen von Interesse, denn ihnen, zumal der 1967er Tagung mit den Referaten von Stiftsephorus Friedrich Lang, dem Käsemann-Assistenten Peter Stuhlmacher sowie dem Michel-Schüler Martin Hengel wird von den Zeitzeugen nicht nur inhaltlich, sondern vor allem emotional ein hoher Wert beigemessen[162]. So berichtete beispielsweise Kurt Feuerbacher:

„Reichenau I [war] für die Württembergische Kirche sicher eine gute Sache, [weil] die Synode einhellig ein Wort zur Auferweckung Jesu sagte. Im Wesentlichen ist das praktisch [auf Grundlage] von Stuhlmachers Referat und [durch] von Kelers Arbeitsgruppe gebastelt und zu Papier gebracht worden. Nachts um drei. [... D]ieses Votum – also, ich glaube, es gab gar keine Gegenstimme. Einmütig. Das hat man als großen Fortschritt erachtet."[163]

Inhaltlich erinnerte sich Feuerbacher, dass mit Reichenau I „der Bultmann-Theologie die Spitze genommen worden ist. [...] Das war schon ein Highlight in der Synode."[164] Auch Rolf Scheffbuch hielt fest: „In einem ‚Wort an die Gemeinden' stellte die Synode ihr Bekenntnis zur leibhaftigen [sic] Auferstehung Jesu heraus (Reichenau 1967)"[165] und wertete dies als einen Erfolg des Gesprächskreises BB und der guten Zusammenarbeit mit EuK. Ob Rolf Scheffbuch damit die Aussage des „Wortes an die Gemeinden" ganz zutreffend interpretierte, erscheint zumindest zweifelhaft. Als sicher dürfte gelten, das der biblisch-konservative Flügel das „Wort" so verstand. Es liegt nahe, dass die dort gebrauchte Formulierung, es bestehe Übereinstimmung darin, dass „Gott [...] den gekreuzigten Jesus von Nazareth von den Toten auferweckt" habe, von den verschiedenen Beteiligen unterschiedlich interpretiert worden ist, und dass ganz bewusst eine Formulierung mit einem gewissen Interpretationsspielraum vom Redaktionskreis um Hans von Keler gewählt worden

---

161 Änderung der Kirchengemeindeordnung, der Kirchenbezirksordnung, der Visitationsordnung sowie eine Orientierungshilfe zum Berufsbild des Pfarrers, vgl. EVANGELISCHE LANDESKIRCHE IN WÜRTTEMBERG / LANDESSYNODE, Reichenau III, 9.
162 Dies ist nicht zuletzt auch daran ablesbar, dass die 1967 beschlossene „Mitteilung" als einziges Reichenau-Dokument Aufnahme fand im Kompendium der Synodalbeschlüsse von 1983; vgl. ÄLTESTENRAT DER WÜRTTEMBERGISCHEN EVANGELISCHEN LANDESSYNODE, Worte, 61.
163 Interview Feuerbacher.
164 Interview Feuerbacher.
165 SCHEFFBUCH, Entwicklung.

war. So scheinen zwei Elemente konstitutiv für die „Reichenau-Erinnerung": Zum einen, dass hier eine Kompromissformel gefunden werden konnte, die die divergierenden Strömungen ein letztes Mal integrieren konnte. Zum anderen das persönliche Erleben, dass hier ein wirkliches theologisches Gespräch und nicht nur Debatten um Haushaltpläne und Gesetze stattgefunden hatte. Endlich wurde ein gemeinsames Suchen, Hören und Verstehen-Wollen wahrnehmbar und es kam das Gefühl auf, beim „Eigentlichen" angekommen zu sein. Wohl erstmals erlebten die Synodalen Gemeinschaft und „Einmütigkeit" untereinander – über die im Wahlkampf und in den ersten Sitzungen manifest gewordenen Gräben hinweg.

Hinsichtlich der historischen Situation ist festzuhalten, dass die erste Reichenau-Tagung auch in der landeskirchlichen Öffentlichkeit, zumindest in der Theologenschaft[166], Erwartungen und Hoffnungen weckte, die beispielsweise in den „Gedanken des Friedens zum Streit in der Kirche"[167] ihren Ausdruck fanden. Auch die „jungen Theologen", die dieses Schreiben an die Landessynode sandten, hatten die scharfen Trennlinien, die nicht nur in der Synode, sondern auch in den Gemeinden sichtbar und fühlbar geworden waren, wahrgenommen und erhofften sich von einer Sondertagung über die zentralen und strittigen theologischen Fragen wenn schon nicht Lösungen, so doch eine Rückkehr zum „Gespräch"[168]. Ähnlich definierte auch Oskar Klumpp 1967 den ‚Erfolg' von Reichenau I, wenn er im Vorwort zur Tagungsdokumentation festhielt:

> „Mit ihr [der „Mitteilung an die Gemeinden"] sollen nicht theologische Streitfragen oder gar Lehrsätze des Glaubens aufgestellt werden, vielmehr soll bezeugt werden, daß es auch über die in unserer Synode vertretenen verschiedenen theologischen Auffassungen hinweg zu einem offenen, vertrauensvollen Gespräch gekommen ist, daß Trennungsbestrebungen nicht erkennbar geworden sind und daß sich alle Synodalen in wichtigen Grundfragen unseres Glaubens einig wissen."[169]

Bezeichnend für die historische Entwicklung sind die unterschiedlichen Diskussionsverläufe auf den Reichenautagungen 1967 und 1968, die daher näher zu analysieren sind.

Noch in der Synodalsitzung im November 1966 hatte Klumpp namens des Ältestenbeirats der Synode zunächst vorgeschlagen, die „Theologische Arbeitstagung" – so die offizielle Bezeichnung – im Frühjahr 1967 solle sich inhaltlich auf die Exegese von einigen zentralen Bibelstellen konzentrieren, die

---

166 Die Berichterstattung beispielsweise im Gemeindeblatt ist erstaunlich gering; zumindest über das Wort an die Gemeinden 1967 wurde aber auch in der nichtkirchlichen Presse berichtet.
167 Vgl. oben 192.
168 Es ist bezeichnend, dass diese Synodaltagungen in den offiziellen Veröffentlichungen eben nicht als solche, sondern als „Reichenau-Gespräche" bezeichnet wurden.
169 EVANGELISCHE LANDESKIRCHE IN WÜRTTEMBERG / LANDESSYNODE, Reichenau I, 8.

durch Mitglieder der Synode, nicht durch „Kräfte von außerhalb" anzuleiten sei[170]. Die Vorbereitung solle der Ältestenrat zusammen mit dem Ausschuss für Lehre und Kultus übernehmen, wobei noch die Vorsitzenden der weiteren Ausschüsse hinzuzuziehen wären. Mit dieser Zusammenstellung „wäre gewährleistet, daß alle theologischen Auffassungen, die in der Synode vorhanden sind, in diesem vorbereitenden Gremium sich ausreichend zu Wort melden können, sowohl bei der Auswahl der Texte als auch bei der Auswahl der Exegeten." Bezeichnend für die Atmosphäre war Klumpps abschließende Bemerkung: „Wenn wir so vorgehen würden, könnte ich mir denken, daß wir alles getan hätten, was im Bereich des Menschenmöglichen liegt."[171]

Wiewohl die Größe des Vorbereitungsgremiums hinterfragt wurde, blieb es bei Klumpps Vorschlag. Im Blick auf den Inhalt jedoch wandte Hermann Diem ein: „Wir können nicht nur Exegese halten. [...] Auf alle Fälle müssen wir außer Exegese auch die dogmatische Besinnung dabei haben", und Scheffbuch fragte, ob man nicht – im Horizont des Problemkreises „Theologie und Gemeinde" – Kirchenrat Walter Warth um einen Bericht über seine „Erfahrungen mit den Vikaren" bitten solle[172]. Wie schon im Offenen Brief 1961 wurde offensichtlich auch 1966 noch die Kluft zwischen universitärer Theologie und Gemeindefrömmigkeit besonders deutlich und scharf in Gestalt der Vikare wahrgenommen, die sich im Zentrum dieses Spannungsfelds – von der Universität herkommend, auf dem Weg in die Gemeinden – befanden. Drei Jahre später würde diese Thematik mit der Esslinger Vikarserklärung ihren wohl prägnantesten und spektakulärsten Ausdruck finden[173]. Folgenreicher im Blick auf Verlauf und Ergebnis der Tagung war sicherlich das Votum von Helmut Claß:

„Heute morgen wurde en passant in einem Diskussionsbeitrag gesagt, daß der Schock dann einsetzen würde, wenn man zu glauben gezwungen wäre, daß die Bibel kein unfehlbares Buch ist. Wenn dem so ist, meine ich, sei es angezeigt, bei dieser Tagung die Entstehung des Neuen Testaments geschichtlich aufzuzeigen."[174]

Dieses Votum ist in zweierlei Hinsicht bemerkenswert: Erstens in der Wahrnehmung des zugrundeliegenden Kernproblems, dass konservativ-biblizistisch Glaubende die Ergebnisse der modernen Bibelwissenschaft als „Schock" empfänden, sich gar „gezwungen" sähen, ihren Glauben an die Unfehlbarkeit der Bibel aufzugeben – wobei davon auszugehen sei, dass moderne Theologen zwar ihre Erkenntnisse bekanntmachen und verteidigen, keinesfalls aber

---

170 Klumpp, Verhandlungen der 7. Evangelischen Landessynode, 90.
171 Ebd.
172 Ebd. Wiewohl über diese Anregung nicht förmlich abgestimmt wurde, wurde sie aufgenommen: Kirchenrat Walter Warth, Leiter des Pfarrseminars, gab am 23. 4. 1967 auf der Reichenau den von Scheffbuch gewünschten Bericht. Vgl. Protokoll der außerordentlichen, nichtöffentlichen Tagung auf der Insel Reichenau vom 20.–23. 4. 1966; LKAS, AL 2, 7. LS.
173 Vgl. unten 373.
174 Claß, Verhandlungen der 7. Evangelischen Landessynode, 91.

einen ‚Glaubenszwang' in der einen oder anderen Richtung ausüben. Aufschlussreich ist zweitens der Blick auf Claß' Therapieplan: Er wollte offensichtlich dem postulierten „Schock" entgegenwirken, indem er gerade auch die biblisch-konservativen Synodalen über den Stand der sogenannten Einleitungsfragen informieren ließ. Diese Aufgabe übernahm der Tübinger Neutestamentler, Stiftsephorus und Synodale Friedrich Lang mit einem Referat über „Die Entstehung des Neuen Testaments und die Probleme der Schriftauslegung". Ebenfalls Mitglied der Synode war Peter Stuhlmacher, der auf der Reichenau über „Das Auferstehungszeugnis nach 1. Korinther 15, 1–20" sprach. Für den dritten Beitrag über den „Kreuzestod Jesu Christi als Gottes souveräne Erlösungstat, Exegese über 2. Korinther 5, 11–21" ging das Vorbereitungsgremium von dem Anspruch, die Tagung nur mit Synodalmitgliedern zu bestreiten, ab: Der Michel-Schüler Martin Hengel hielt dieses Referat[175]. Diese Referentenauswahl könnte möglicherweise im Sinne eines Gruppenproporzes interpretiert werden: Prof. Otto Michel und damit wohl auch sein Schüler Hengel standen den biblisch-konservativen Kreisen nahe[176]. Friedrich Lang dürfte zum Umfeld der BG gezählt werden. Peter Stuhlmacher, der in Tübingen gemeinsam mit Oskar Klumpp „für eine freiheitliche Synode"[177] zur Wahl angetreten war, galt als Käsemann-Schüler sicherlich als Linker. Hier allerdings erlebten die konservativen Synodalen eine Überraschung, wie sich Kurt Feuerbacher erinnerte:

„Und dann hat er [d. h. Stuhlmacher, d. Verf.] die entscheidende Rede gehalten auf der Reichenau, zu der Auferweckung Jesu und ist dazu gestanden. Dann hat der Martin Pfander, das war unser Sprecher damals, Zahnarzt in Fellbach, gesagt: ‚Jetzt dachten wir, wir haben einen ganz Linken, an dem wir unsere Krallen wetzen können. Und jetzt hat er das entscheidende Wort gesagt.'"[178]

In dieser launig erzählten Anekdote kommt einiges von der 1966 in der Synode vorhandenen ideologischen Verkrustung zum Ausdruck, ebenso wie das Überraschende der Reichenau-Tagung: Dass die Synodalen einander plötzlich weniger als ‚Gruppenzugehörige' denn als Persönlichkeiten, bestenfalls als Mitchristen wahrnahmen. Dies wird auch in einer rückblickenden Aussage Klumpps deutlich: „[D]er Gesamtgehalt der Tagung hatte eben [...] das be-

---

175 Hermann Diems Forderung nach einer dogmatischen Besinnung wurde erst bei der zweiten Reichenau-Tagung erfüllt.
176 Otto Michel bringt diese Nähe in seiner Autobiographie häufig zum Ausdruck; vgl. MICHEL, Anpassung.
177 Anzeige Klumpp/Stuhlmacher, Zeitungsausriss 4. 12. 1965; LKAS, AR Gen 127.
178 Interview Feuerbacher. Im Protokoll der Synode findet sich Pfanders Äußerung beinahe wörtlich wieder; vgl. Protokoll Reichenau I, II, 4. Die Protokolle aller drei nichtöffentlicher Synodalsitzungen auf der Reichenau finden sich im LKAS, AL 2, 7. LS. Da die Paginierung jeden Tag neu beginnt, ist der jeweilige Sitzungstag mit römischer Ziffer vorangestellt.

glückende Ergebnis, daß das Trennende zurücktrat und das Einigende in den Vordergrund gerückt wurde."[179]

In Vorbereitung und Struktur der ersten Reichenau-Tagung waren die Gesprächskreise sehr präsent, wie auch ein ausführlicher und informativer Bericht Spambalgs in EuK-Info[180] belegt. Die verschiedenen Gesprächskreise hatten jeweils bis zu vier Vorbereitungstagungen veranstaltet, und auch die landeskirchliche Öffentlichkeit nahm einen gewissen Anteil: Neben dem bereits erwähnten „Kreis junger Theologen" erarbeitete auch die „rostra theologica"[181] eine Stellungnahme. Dekan Walter Tlach legte, vermutlich im Kontext seines Vorbereitungsreferats bei BB, ein „Glaubensbekenntnis heute" vor[182]. Nicht nur in der Ausschussbesetzung und möglicherweise in der Referentenauswahl hatte Synodalpräsident Klumpp sorgfältig auf Proporz geachtet, auch sein Vorschlag der Diskussionsleiter zu Beginn der Tagung folgt diesem Schema: Prof. Diem (EE) sollte das Gespräch nach dem Vortrag Langs leiten, Maisch (EuK) die Diskussion zu Stuhlmacher, Wagner (BB), der konservativ-lutherische Dekan von Degerloch, die Diskussion über Hengels Referat[183]. Das am zweiten Tag eingesetzte Redaktionsteam, das die „Mitteilung an die Gemeinden" erarbeitete, war ebenfalls sorgfältig „paritätisch"[184] besetzt. Außerdem wurde den Gesprächskreisen (und den Nicht-Gruppierten), nach jedem Referat Zeit zur Beratung eingeräumt. Die Diskussionen verliefen jedoch anders, als im Vorfeld erwartet worden war. Spambalg berichtete:

„Nach einer derartig intensiven Vorbereitung in den einzelnen Gruppen und nachdem klar formulierte Äußerungen aus verschiedenen Richtungen vorlagen, legte sich die Vermutung nahe, es träten bei den Diskussionen festgefügte Fronten in Erscheinung." Dass dies nicht geschah, führte Spambalg vor allem darauf zurück, dass sich „insbesondere auch die Nichttheologen durch eigene Lektüre dahingehend orientiert [hatten], daß es schlechterdings unmöglich ist, in der Vielfalt gegenwärtigen theologischen Denkens einen bestimmten theologischen Entwurf als verbindlich für den Glauben zu erklären."[185]

Hierzu dürfte ganz wesentlich auch das Referat Langs beigetragen haben, das überaus besonnen und um Zustimmung werbend das geschichtliche Werden des Kanons und den aktuellen wissenschaftlichen Stand der Kanonforschung und der neutestamentlichen Exegese präsentierte. Indem Lang mit den Syn-

---

179 Klumpp, Verhandlungen der 7. Evangelischen Landessynode, 183.
180 Spambalg, EuK-Info 1967, Heft 2, 10–19.
181 Zur rostra vgl. Gebert, rostra.
182 Vgl. Spambalg, EuK-Info 1967, Heft 2, 12 f.
183 Vgl. Protokoll Reichenau I, I, 10. De facto war es letztlich Dekan Weber, der die letzte Diskussion leitete. Leider finden sich keinerlei Hinweise, warum es zu dieser Umbesetzung kam.
184 Klumpp, Protokoll Reichenau I, II, 35. Mitglieder waren Maisch, von Keler (EuK), Braun, Pfander (BB), Diem, Weber (EE), von Bargen, Klumpp (Ungruppierte). Vgl. Protokoll Reichenau I, II, 35.
185 Spambalg, EuK-Info 1967, Heft 2, 14.

odalen geradezu eine Art kursorisches NT-Proseminar absolvierte, gelang es ihm, ein Verständnis für Anspruch und Grenzen der historisch-kritischen Methode zu vermitteln, das vielen Synodalen so bis zu diesem Zeitpunkt gefehlt hatte[186]. Für Spambalg war das hervorstechende Merkmal der anschließenden Diskussion,

„daß die Synodalen sich [offensichtlich] ihrem Gewissen verpflichtet wußten [... und ...] bewußt davon abs[a]hen, Ansichten oder gar Interessen irgendwelcher in der Kirche vorhandener Gruppierungen nur deshalb zur Geltung zu bringen, weil eben eine gewisse Zahl von Gemeindegliedern oder Theologen sie vertritt."[187]

Stuhlmacher bot mit seiner Exegese „Das Auferstehungszeugnis nach 1. Korinther 15, 1-20"[188] die exemplarische Anwendung der von Lang vorgestellten Theorie, noch dazu an einer ganz offensichtlich für viele Synodalen systematisch wie existenziell zentralen Fragestellung: Ostergeschehen und Auferstehung der Toten. Auch Stuhlmacher gelang es, mit einem konkret und sehr verständlich gehaltenen Referat[189], die Synodalen für die Ergebnisse seiner Wissenschaft einzunehmen, gar, manche Vorbehalte gegen seinen Lehrer Ernst Käsemann abzubauen, da er deutlich machen konnte, dass die Resultate der neutestamentlichen Forschung keineswegs per se zerstörend wirken mussten. In der Diskussion zu Stuhlmachers Referat gab es allerdings auch einige scharfe Voten, in denen aber primär die extremen Positionen anderer Neutestamentler – insbesondere Willi Marxens[190] und Herbert Brauns – aufgegriffen und von Stuhlmacher, beziehungsweise der theologischen Wissenschaft insgesamt, eine scharfe Grenzziehung[191] und Warnung gefordert wurde. Beispielsweise verwies Konrad Eißler darauf, dass es „1934 [gegen die DC, d. Verf.] Warnungen gebraucht" habe und forderte zwar nicht „einen synodalen Index [...] welche Männer man in Württemberg nicht lesen und studieren darf", wohl aber eine positive Aussage wie „etwa dieses Christusbekenntnis

---

186 Vgl. LANG, Entstehung sowie die anschließende Diskussion; Protokoll Reichenau I, I, 11–46. Es erscheint naheliegend, dass Lang bei der Beratung des Theologinnengesetzes im November 1968 in einer ganz ähnlichen Situation und Funktion bewusst erneut ‚eingesetzt' wurde. Vgl. Friedrich Lang: Der Dienst der Frau in der Gemeinde nach dem Zeugnis der Bibel, VERHANDLUNGEN DER 7. EVANGELISCHEN LANDESSYNODE, 589–594.
187 Spambalg, EuK-Info 9 (1967), Heft 2, 14.
188 STUHLMACHER, Auferstehungszeugnis.
189 Das dritte Referat von Martin Hengel zum Fragenkreis der Versöhnungslehre war gerade in diesem Punkt wesentlich weniger geglückt; Hengel stellte sehr differenziert die einzelnen Positionen dar, sodass offensichtlich zahlreiche Synodale den Überblick verloren. Die Diskussion zu Hengels Referat war wesentlich weniger lebhaft und weniger pointiert als die vorausgehenden, weshalb sie hier nicht dargestellt wird. Hengels Text findet sich ebenfalls in der Reichenau-Broschüre: HENGEL, Kreuzestod.
190 Holland befragte Stuhlmacher intensiv nach Marxens Positionen bzw. seiner Stellungnahme dazu; vgl. Protokoll Reichenau I, II, 15 f.
191 So z. B. Kammerer: „Wenn wir nun heute die Forderung einer Abgrenzung stellen, so nicht an Herrn Stuhlmacher persönlich, sondern an uns alle hier, als Synodale!" (Protokoll Reichenau I, II, 14).

von Herrn Dekan Tlach"[192]. Besonders aufschlussreich sind Voten, in denen Synodale, zumeist vom Hörensagen, scheinbare Entgleisungen bekannter Theologen anführten: So berichtete Dekan Hans Lempp, der Bonner Systematiker Hans-Joachim Iwand habe von „verruchten Laientheologen" gesprochen[193] und der Reutlinger Religionspädagoge Dr. Otto Dürr wollte über Käsemann gehört haben, jener behaupte von sich, „wer Jesus Christus gewesen ist, weiß ich besser als Lukas."[194] Rolf Scheffbuch kritisierte in seiner durchaus scharfen Wortmeldung „Grenzüberschreitungen [, die] laufend im Namen der Wissenschaft [...] gemacht werden". Aufschlussreich ist, dass seine Beispiele ausnahmslos aus dem Bereich der Medienarbeit stammten; so zitierte er eine Passage aus einem Schülerarbeitsheft von „Dr. Knigge [...]: ‚Wir sollten die Realität des Todes Jesu in ihrer letzten Radikalität ernst nehmen und uns nicht vor der Feststellung scheuen, daß Jesus im Grab blieb und verweste'"[195], eine entsprechende Aussage des Kinderfunk-Redakteurs Wilhelm Schmidt, ein kurz zuvor erschienenes SPIEGEL-Interview Bultmanns[196] und zuletzt eine Bemerkung von „Dr. Korzfleisch, unser[em] Chefkommentator des kirchlichen Lebens"[197]. Scheffbuch kontrastierte die inkriminierten Aussagen mit Stuhlmachers Referat: „Heute aber haben wir sauber wissenschaftlich gehört, daß das Grab Jesu leer war."[198] Allerdings weist diese Feststellung Scheffbuchs schon auf das oben angedeutete konservative Missverständnis hin, das den Rest der Tagung ebenso wie die Erinnerung an die Tagung Jahrzehnte später durchzieht. Zwar hatte Stuhlmacher in der Tat vom leeren Grab gesprochen, allerdings unter Hervorhebung des Umstandes, dass das schiere Faktum des leeren Grabes so zweideutig sei, dass schon die biblischen Berichte einer Missdeutung zu wehren sich genötigt gesehen hätten[199]. In der selben Linie liegen die oben zitierten Aussagen, Stuhlmacher beziehungsweise die auf der Reichenau versammelten Synodalen hätten sich zur leiblichen Auferstehung Jesu bekannt, wie Feuerbacher und Scheffbuch rückblickend behaupteten. Die Mitteilung an die Gemeinden konstatierte lediglich: „Gott hat den gekreuzigten Jesus von Nazareth von den Toten auferweckt", und schon während der Debatte um diese Mitteilung betonte Mitautor Hans von Keler „Wir haben statt von der leiblichen Auferstehung vom ge-

---

192 Protokoll Reichenau I, II, 22 f.
193 Protokoll Reichenau I, I, 40.
194 Protokoll Reichenau I, I, 15 – hier widersprach aber nicht nur Lempp, sondern sogar Joachim Braun, der dieses Diktum der Veröffentlichung eines Jugendpfarrers, „wahrscheinlich vom Cannstädter [sic] Rommel", „Gespräch zwischen einem Pfarrer und Herrn Lukas" zuordnete. Leider war ein entsprechendes Werk des damaligen Cannstatter Jugendpfarrers Kurt Rommel nicht auffindbar.
195 Vermutlich bezog sich Scheffbuch auf KNIGGE, Jesu.
196 Vgl. DER SPIEGEL vom 25. 7. 1966.
197 Protokoll Reichenau I, II, 14.
198 Protokoll Reichenau I, II, 14.
199 Vgl. STUHLMACHER, Auferstehungszeugnis, 48–50.

schichtlichen Ereignis gesprochen"[200]. Die Interpretationsoffenheit des schließlich verabschiedeten Textes scheint ein wesentliches Merkmal der Reichenau-Erinnerung zu sein. Durch diese Offenheit wurde einerseits die Zustimmung aller Synodalen, andererseits die jeweils parteiliche Auslegung durch die verschiedenen theologischen Richtungen möglich[201]. Dies kritisierte wenig später auch Werner Simpfendörfer in seinem Kommentar: „Mit dem, was da steht, ist dem schlichten Gemeindeglied heute jedenfalls nicht viel gedient; denn jede Richtung wird sich auf diese Sätze stützen können – wie vorher auch."[202]

In der Diskussion auf der Insel Reichenau jedoch überwog bei den Wortmeldungen, bei denen interessanterweise die Synodalen des Gesprächskreises BB überproportional vertreten waren, neben den Bedenken und Ressentiments die Zustimmung und das von Feuerbacher korrekt erinnerte Erstaunen. Ganz zentral und in dieser Form neu war dabei die von allen theologischen Richtungen geteilte Anerkennung der historisch-kritischen Methode und der Arbeit der Tübinger Exegeten; so stellte Holland unwidersprochen fest: „Das Ergebnis des gestrigen und des heutigen Tages [...] könnte man darin sehen, daß wir uns in der Anwendung der historischen Methode wohl unbestritten einig waren."[203] Joachim Braun bekannte:

„Ich habe mit Dankbarkeit gehört, daß kein theologischer Lehrer in Tübingen die Lehren von Herbert Braun oder radikalen Vertretern von Mainz gutheißt. Ich habe ebenso mit Dankbarkeit gehört, [...] daß keiner der theologischen Lehrer in Tübingen glaubt, daß man ohne den heiligen Geist auskommt."[204]

Er stellte fest, dass eben diese „Differenzierungen" zwischen den unterschiedlichen theologischen Schulen in den Gemeinden „überhaupt nicht bekannt" seien und bat dringend um eine Änderung dieses Missstandes.

Dem sollte die „Mitteilung an die Gemeinden" dienen, die unter Federführung von Hans von Keler in zwei nächtlichen Sitzungen des achtköpfigen Redaktionsausschusses erarbeitet wurde. Die Diskussion des ersten Entwurfs am Samstag (22. April) war noch höchst inhomogen und nahm bisweilen

---

200 Protokoll Reichenau I, III, 5.
201 Vgl. z. B. die „Anmerkungen zur ‚Mitteilung'" in LG-Info, Heft 2, Oktober 1967.
202 EuK-Info 1967, Heft 3, 22 f. Simpfendörfer hatte zuvor den ersten Abschnitt der Mitteilung paraphrasiert und etwas ironisch gefragt, „welcher ernstzunehmende Theologe [... diese Aussagen] je bestritten [habe]? [... D]arin sind sich ja nun auch Leute wie Prof. Käsemann und Pfarrer Deitenbeck, Prof. Fuchs und Prof. Künneth einig. [...] Hat man sich dort auf der Reichenau nur mit Hilfe von Verschwommenheiten geeinigt?"
203 Protokoll Reichenau I, II, 15. Dass der biblisch-konservative Flügel in der Folgezeit und bis in die jüngste Vergangenheit – zu nennen ist nur die vom späteren Bengelhaus-Rektor bzw. Landesbischof Gerhard Maier vertretene Position vom „Ende der historisch-kritischen Methode" – vielfach hinter diese Feststellung zurückgefallen ist, ist ebenso erstaunlich wie bedauerlich.
204 Protokoll Reichenau I, I, 44.

kuriose Züge an[205]. Während einzelne Änderungsanträge kontrovers und hitzig diskutiert wurden, mahnten einige Redner bereits zu Besonnenheit und Pragmatismus: „Wir sollten das vielleicht so lassen, sonst kommen wir nicht zu Rande. Es ist ja kein Bekenntnis, sondern eine Mitteilung."[206] Um überhaupt Aussicht auf Erfolg zu haben, einigte man sich schließlich darauf, am Abschlusstag nur noch über die dann vorgelegte Fassung abzustimmen und keinerlei Änderungsanträge mehr zuzulassen. Klumpp verwies bei der Vorstellung am 23. April eindringlich auf diesen Beschluss und rief dann die Abstimmung auf: „Darf ich fragen, wer stimmt dieser ‚Mitteilung der Württ. Landessynode an die Gemeinden', wie sie jetzt vorliegt, zu. Wer ist dagegen? Wer enthält sich der Stimme? (Beifall) Damit hat die Synode der Mitteilung einstimmig zugestimmt."[207] Auf diese bewegten Tage blickte Peter Spambalg in seinem Bericht zurück und stellte fest:

> „Zu Beginn der Tagung hatte man Grund zu der Annahme, dass sich nur sehr wenig Gemeinsames feststellen lassen und daß am Ende kaum mehr als eine einigermaßen klare Fixierung der Gegensätzlichkeiten herauskommen könne. Im Verlauf der gemeinsamen Bemühungen stellte sich jedoch heraus, daß eine viel breitere Basis da ist, […] als man zunächst vermuten durfte."

Auf Verwerfungssätze sei bewusst verzichtet worden, die positiven Formulierungen sollten „einladen, sich der gefundenen Übereinstimmung anzuschließen." Die Interpretationsbedürftigkeit der Mitteilung sei den Synodalen wohl bewusst gewesen; dennoch sei die einstimmige Annahme „nicht der momentanen Stimmung zuzuschreiben [gewesen], sondern dem verantwortlichen Entschluß jedes einzelnen."[208] Die Gesprächskreise hätten sich bei dieser Tagung bewährt, indem die Einzelfragen zunächst in den Kreisen vorbesprochen und erst danach im Plenum diskutiert wurden seien. In der Tat scheinen in den Diskussionsbeiträgen immer wieder Gesprächskreisvoten auf, die allerdings nicht trennend wirkten, sondern eher Detailfragen zu bündeln schienen. Insofern ist festzuhalten, dass beim ersten Reichenauegespräch die Gesprächskreise vor allem in der Struktur der Tagung und der Strukturierung der Diskussionsrunden sehr präsent waren und eine wichtige Rolle spielten. Die Gesprächskreise agierten aber zu keinem Zeitpunkt als Blöcke oder Lobbygruppen bestimmter Richtungen. Vielmehr wurde die existentielle Beteiligung vieler Synodaler deutlich. Hartmut Dehlinger stellte

---

205 „Schmid: Es ist doch ein weitergehender Antrag von Dr. Stuhlmacher da: ‚All dies', ‚Dies' oder Ausschuß! (Zuruf: ‚Oder etwas anderes'!) Dietrich: Wie wäre es, wenn man sagt ‚Das alles'! Der Scheffbuch'sche Antrag ist der weitestgehende. v. Keler: Entschuldigen Sie, wenn wir so weitermachen, werden wir nicht um 1/2 2 Uhr fertig, sondern gerade noch rechtzeitig zum Abendmahl in die Kirche kommen. D. Diem: Das ist kein Gesichtspunkt! v. Keler: Darüber sprechen wir nochmal nach Mitternacht. …" Protokoll Reichenau I, III, 40.
206 Lienhard Pflaum, Protokoll Reichenau I, III, 42.
207 Protokoll Reichenau I, IV, 21.
208 EuK-Info 1967, Heft 2, 17.

rückblickend zwei wichtige Elemente der Reichenau-Tagung heraus: Zum einen sei „ein Miteinander über verschiedene Grenzen hinweg" zustande gekommen, zum anderen „habe ich den Eindruck gehabt: Wir sind an einem zentralen Punkt. Etwas das unsere Kirche ausmacht." Es sei ein Erlebnis von Ernsthaftigkeit und Einheit gewesen, das nachhaltig wirkmächtig war[209].

Die zweite Reichenau-Tagung im Frühjahr 1968 zeugt von den sich verschärfenden Spannungen innerhalb der Landessynode. Erneut wurde der Vorbereitungsausschuss um Johannes Maisch mit Themenfindung und Referentenauswahl betraut, wobei zu Beginn offensichtlich erneut an eine exegetische Themenstellung gedacht war[210]. Es scheint aber, als sei dieses Mal Diems Einwand vom Vorjahr, die Exegese bedürfte notwendig der Ergänzung durch eine dogmatische Einordnung[211], berücksichtigt worden: Unter der Leitfrage „Was heißt: Ich glaube an Jesus Christus?" wurden nun Fragen der Christologie erörtert. Strukturell sind deutliche Parallelen zu Reichenau I erkennbar: Erneut waren durch die drei Diskussionsleiter[212] die drei etablierten Gesprächskreise repräsentiert, erneut gingen die Synodalen vor den Plenumsdiskussionen jeweils in die Gesprächskreise auseinander. Auch die Referentenauswahl legt einen Proporz der theologischen Richtungen nahe; nachdem 1967 Synodalmitglied und Stiftsephorus Lang referiert hatte, wurden 1968 zwei ehemalige Stiftsrepetenten um Vorträge gebeten: Dr. Friedrich Mildenberger, als Künneth-Schüler dem konservativen-Flügel zuzurechnen, informierte die Synodalen über „Probleme der Lehre von Christus seit der Aufklärung". Dr. Jörg Baur, Althaus-Schüler, württembergischer Pfarrer und ebenfalls vormaliger Repetent war ebenso wie Prof. Gerhard Ebeling um ein Referat über die Leitfrage der Tagung gebeten worden[213]. Ziel der Tagung war laut Peter Spambalg, der erneut für EuK-Info einen aufschlussreichen Bericht verfasste: „Man wollte sich ausschließlich innerhalb der Synode über Fragen gegenwärtiger Christologie informieren und wenn möglich verständigen."[214] Spambalg wies auch auf den aktuellen Hintergrund der Thematik beziehungsweise der Spannungen hin: „Seit dem Kirchentagsvortrag ‚Die Gegenwart Christi: Das Kreuz'[215], den Prof. D. Käsemann am 22. Juni 1967 gehalten hatte, war die öffentliche Diskussion[216] in den Gemeinden über die Lehre von

---

209 Interview Dehlinger.
210 Vgl. VERHANDLUNGEN DER 7. EVANGELISCHEN LANDESSYNODE, 369.
211 Vgl. oben 239.
212 Martin Holland, Reinhard Hermann, Johannes Maisch; vgl. Reichenau II, I, 6 f.
213 Maisch begründete dies damit, dass der Vorbereitungsausschuss den Vorwurf der Parteilichkeit befürchtet habe, wenn nur ein systematischer Entwurf präsentiert worden wäre. Vgl. DIEM, Bericht, 109; Protokoll Reichenau II, II, 3. Alle Referate wurden veröffentlicht, vgl. EVANGELISCHE LANDESKIRCHE IN WÜRTTEMBERG / LANDESSYNODE, Reichenau II.
214 EuK-Info 1969, Heft 2, 19–36, 19.
215 KÄSEMANN, Gegenwart.
216 Vgl. beispielsweise die ausführliche Stellungnahme Otto Rodenbergs im BKAE-Informationsbrief Nr. 9, Juli 1967. Da die BKAE Käsemann als DEKT-Referenten bereits in Vorfeld

Christus in eine starke Bewegung gekommen." Zahllose Streitschriften pro und contra seien in Württemberg im Umlauf gewesen. Käsemann hatte in seinem Vortrag den „Streit um das leere Grab" scharf kritisiert und betont:

> „Bei Paulus heißt es: ‚Fleisch und Blut werden das Reich Gottes nicht erben.' War das Grab auf Golgatha wirklich leer, trifft dieses Wort des Apostels auf Jesus offensichtlich nicht zu. Dann war Jesus nicht wirklich Mensch, sein Tod ein Scheintod, und seine Auferstehung nichts als Weiterleben nach kurzer Unterbrechung. Soll das unser Glaube sein?"[217]

Dass die Reichenau-Tagung unter diesen Voraussetzungen ein Wagnis war, brachte Synodalpräsident Klumpp mehrfach zum Ausdruck. Man habe „diesen ‚unbequemen' und ‚nicht ungefährlichen' Weg ‚mit Zittern und Zagen' beschritten"[218], denn es war im Vorfeld deutlich: „[H]ier sind Divisionen formiert und Fronten aufgerichtet und schwere Geschütze in Stellung gebracht; wer weiß, wer auf der Strecke bleibt [...] vielleicht die Kirche [selbst]"[219].

Die auf der Reichenau gehaltenen Vorträge waren recht anspruchsvoll, denn sie setzten ein großes Maß an systematisch-theologischem Vorwissen voraus und arbeiteten mit einer Fülle von Spezialbegriffen, die wohl kaum einem Laien und längst nicht allen anwesenden Theologen zu Gebote standen[220]; Diem hielt in seinem Bericht fest: „Das Unternehmen, die Fragen des zweiten Glaubensartikels [...] zur Aussprache zu stellen, bedeutete eine nicht geringe Zumutung an alle Beteiligten"[221] und ein Tagungsteilnehmer brachte seinen Eindruck von der vorherrschenden Verwirrung humorvoll auf den Punkt: „Es ist heute scheint's doch so schwierig, Christ zu sein, daß man dazu hochgebildeter Theologe sein muß, und wenn man Theologe ist, scheint es sehr schwer, Christ zu sein."[222] Dementsprechend war die Tagung so gestaltet, dass auf die Referate jeweils Diskussionsrunden folgten, die eng an der Struktur des gehörten Referates entlang gingen und in denen es primär um Verständnis- und Vertiefungsfragen ging. Für den Montag (17. Juni) war eine allgemeine Schlussdiskussion vorgesehen, doch zeigte sich, dass die Rückfragen zu Ebelings Vortrag sehr vielfältig waren, da manche seiner Formu-

---

  kategorisch abgelehnt hatte, war die negative Reaktion auf Käsemanns Vortrag vorprogrammiert; vgl. BAUER, Bewegung, 613.
217 KÄSEMANN, Gegenwart, 84.
218 DIEM, Bericht, 96. Da Diem in seinem Bericht den Verlauf der Tagung ausführlich und anschaulich beschrieben hat, kann an dieser Stelle auf eine Wiederholung verzichtet werden.
219 Protokoll Reichenau II, III, 27 f.
220 Feuerbacher erinnerte sich: „Als er [Ebeling] seinen Vortrag gehalten hat, da haben wir Laien gesagt, also, wir kommen da nicht mit, was der wollte. Und die Theologen haben gesagt ‚wir kapieren's auch nicht'." Interview Feuerbacher.
221 DIEM, Bericht, 96.
222 Protokoll Reichenau II, III, 6.

lierungen „als schockierend empfunden"[223] worden waren, so dass der ganze Komplex um die Frage der Auferstehung[224] – also jene Fragen, die einerseits schon bei der ersten Reichenau-Tagung exegetisch verhandelt worden waren, andererseits im Gefolge des Käsemann'schen Kirchentags-Vortrages seinerzeit besonders aktuell waren – vom Samstagabend auf Montagvormittag vertagt werden mussten. Diese Diskussionsrunde begann, im Gegensatz zu allen vorausgehenden Gesprächen mit einem Votum Lienhard Pflaums, in dem dieser ausdrücklich nicht für seine Person, sondern als Repräsentant „der Kreise des Pietismus, der Gemeinschaftsbewegung und anderer kirchlicher Gruppen in unserem Lande, wie auch über Württemberg hinaus, sowie der mit ihnen zusammenhängenden Werke der Mission und Diakonie"[225] sprach. Es ist nicht mehr zu klären, ob Pflaum hier als Repräsentant des Gesprächskreises BB das Wort ergriff – wiewohl Martin Pfander der eigentliche Sprecher war – oder ob hier primär an ein Votum des Neupietismus gedacht werden muss, dem Pflaum als Direktor der Liebenzeller Mission zuzurechnen ist[226]. Im Blick auf Pflaums Selbstvorstellung als Repräsentant der Gemeinschaftsbewegung beziehungsweise des Gnadauer Verbandes legt sich allerdings die Vermutung nahe, Pflaum habe hier die Stelle Max Fischers eingenommen, der bislang im Gesprächskreis BB, im LHK sowie insgesamt im biblisch-konservativen Spektrum dessen Positionen vertreten hatte[227]. Durch Fischers Tod am 15. Februar 1967 war hier eine Lücke entstanden, die sowohl auf der Reichenau als auch bei späteren Debatten durch Pflaum gefüllt wurde[228]. Eindeutig ist, dass an diesem Punkt nicht mehr nur die Synodalen als Person in das Reichenau-Gespräch involviert waren, sondern darüber hinaus „Kreise" sowohl im Hintergrund standen als auch – im Blick auf die bereits jetzt zur Sprache kommende Publikation der Referate – als zukünftiges Auditorium in den Blick kamen. Allerdings blieb Pflaums Votum das einzige, das explizit vom ‚Persönlichkeitsprinzip' der Reichenaugespräche abging. Es war so konfrontativ formuliert, dass Diem es in seinem Bericht als „das Gewitter" bezeichnete, „das von Anfang an drohend über der Tagung stand."[229] Synodalpräsident Klumpp formulierte in der ihm eigenen, salopp-treffenden Art,

---

223 DIEM, Bericht, 102.
224 Vgl. Abschnitt IX in Ebelings Vortrag, EBELING, Jesus, 64–69.
225 Protokoll Reichenau II, III, 2 f. bzw. DIEM, Bericht, 115.
226 Aufschlussreich ist, dass Diem in seinem Bericht explizit darauf hinweist, man habe „zu beachten, daß er sagte ‚Im Sinne', nicht im Auftrag"[sic]. DIEM, Bericht, 115.
227 Vgl. dazu Fischers Sondervotum bei der Vorstellung der Gesprächskreise vgl. oben 234.
228 Für diese Interpretation spricht auch eine frühere Bemerkung Fischers bei einem Vortrag vor dem LBR im Juli 1964, wonach er gemeinsam mit Pflaum und „Missionar Stöckle" in einen Dreierausschuss des Gnadauer-Verbandes für die Arbeit in Württemberg berufen worden sei; vgl. Protokoll LBR-Sitzung vom 9. 6. 1964; LKAS, D 31, 89, sowie der Umstand, dass Pflaum, der bereits seit einigen Jahren Mitglied des LHK war, im April des Jahres 1968 in den BAK der BKAE berufen wurde; vgl. BKAE-Informationsbrief Nr. 14.
229 Als Vorbote jenes „Gewitters" mochte eine kleine Kontroverse im Gemeindeblatt gelten: Rolf Scheffbuch hatte eine Meldung über das Vorbereitungstreffen von BB mit einem Vortrag

„es ist ja toll hergegangen. Was der Pflaum dem Ebeling hingehauen hat, war schon ganz starker Tabak, und man muß unseren impulsiven Herrn Stuhlmacher durchaus verstehen, wenn er da zugunsten seines von ihm zu Recht verehrten Lehrers auf die Palme gegangen ist."[230]

Pflaum betonte zunächst seine Selbständigkeit gegenüber dem „Professor": „Unser Glaube und der von diesem Glauben getragene Dienst hängen wahrlich nicht an einer Lehre", um Ebeling dann vorzuwerfen,

> „Ihre Bemerkungen [...] und Ihre Beurteilungen besagen also, daß unser Bezeugen [des leeren Grabes, d. Verf.], Glauben und Dienen des Evangeliums [sic] zu qualifizieren ist als Stehen wider das Gebot der Wahrhaftigkeit, als unchristlich und kindisch, als typische Fragestellung des Unglaubens, als Sichbewegen an der Grenze des Blasphemischen, als Werkerei. Ich frage, und zwar ganz sachlich, ohne Hörner und Zähne: Wird damit der Glaube und der Dienst vieler Jünger Jesu und weiter Kreise im Volk Gottes nicht verächtlich gemacht?"[231]

Stuhlmacher reagierte auf Pflaums gut viertelstündige Stellungnahme empört: Es seien „verleumdende Aussagen"[232] gemacht worden. Er sei schockiert über den Angriff gegen Ebeling, den er als einen seiner Lehrer bezeichnete, und darüber, dass nach dem Konsens über seine Exegese im Vorjahr nun Aussagen, die er als mit den seinen konform gehend sah, so massiv angegriffen wurden[233]. Ebeling reagierte jedoch – nachdem noch etliche weitere, wesentlich gemässigtere und sachlichere Beträge erfolgt waren[234] – erstaunlich gelassen, nachgerade geschickt, indem er den „Brüder[n] und Schwestern" und insbesondere dem „liebe[n] Bruder Pflaum [...] von ganzen Herzen dank[te]. Ihre Äußerung habe ich nicht als Verleumdung empfunden, weil ich daran die

---

Hermann Feghelms verfasst, in der zu lesen war, Feghelm sei zu dem Schluss gekommen: „So wichtig saubere historische Arbeit am Text sei, so falsch sei die sog. ‚historisch-kritische' Methode. Sie führe meist zu einer Vergewaltigung der Texte. Ohne Rücksicht auf den Wortsinn würden prinzipiell alle Texte auf das sich in ihnen ausdrückende persönlich-glaubensmäßige Selbstverständnis des Zeugen befragt." (EGW 1967, Heft 4) Dies zeitigte eine wütende Replik Ernst Käsemanns, der sich wunderte, dass der als ‚langjähriger Assistent' apostrophierte Feghelm „zwischen existentialer Interpretation und historisch-kritischer Methode so wenig zu unterscheiden gelernt hat"; dies sei „eine Diffamierung unserer Arbeit", „unfair", gar „Brunnenvergiftung" und „Hetze" (EGW 1967, Heft 6). Wiewohl zweifelhaft erscheint, dass Feghelm tatsächlich diesem Missverständnis unterlag, illustriert diese Episode gut die Atmosphäre, in der Reichenau II stattfand. Zeitungsausriss in LHA, Ordner „Verschiedenes Theologie". Feghelms scharfer Widerspruch erging ebenfalls im Gemeindeblatt; zitiert in BKAE-Informationsbrief 16, 14 f.

230 Protokoll Reichenau II, III, 28.
231 Protokoll Reichenau II, III, 3 bzw. DIEM, Bericht, 117.
232 DIEM, Bericht, 117; Protokoll Reichenau II, III, 4.
233 Vgl. DIEM, Bericht, 119; Protokoll Reichenau II, III, 7.
234 Darunter sogar vermittelnde Voten von Altlandesbischof Haug und Landesbischof Eichele, vgl. DIEM, Bericht, 120.

ganze Not unserer Gesprächssituation spürte"²³⁵. Ebeling interpretierte den aufgebrochenen Dissens im Wesentlichen als Missverständnis, versuchte, dieses auszuräumen und für seine Art zu Denken und Theologie zu treiben zu werben. Zugleich bestätigte er, dass seine Aussagen über die Auferstehung mit denen Stuhlmachers grundsätzlich übereinstimmten²³⁶.

Der Kontrast zwischen Reichenau I und Reichenau II ergibt sich, wie aufgezeigt worden ist, wesentlich aus den unterschiedlichen Zugängen. Hatten bei den exegetischen Vorträgen von 1967 noch ein Großteil der Synodalen – Theologen wie Laien – folgen und Anteil nehmen können, war dies bei den systematischen Referaten von 1968 offensichtlich nicht der Fall. Die Folge war, dass topoi diskutiert wurden, die nicht notwendigerweise im jeweiligen Vortrag begründet lagen, sondern allgemein virulent waren – so der „Streit um das leere Grab". Dass in dieser Fragestellung die Vorbehalte der Synodalen mit biblisch-konservativem Hintergrund größer waren als die derjenigen, die der modernen Theologie generell zuneigten und mit den Werken Käsemanns oder Ebelings vertraut waren, ist nicht weiter erstaunlich. Daher war das Konfliktpotential bei der zweiten Reichenau-Tagung wesentlich größer und kam deutlicher zum Ausdruck – allerdings nicht in einer Form, die auf ein geschlossenes Agieren der jeweilige Gesprächskreise oder auch nur des Informationskreises BB hindeuten würden. Auch die Überlegung, dass Reichenau II eine Fortführung der Auseinandersetzung um das Fakultätsgutachten beziehungsweise um den Offenen Brief 1952 darstelle – wie Altlandesbischof Haug in seinem Votum nahelegte – ist wohl nicht zutreffend. Einerseits wussten die (meisten) Synodalen, einem Votum Klumpps zufolge²³⁷, nichts von dieser ‚Vorgeschichte', andererseits ist praktisch auszuschließen, dass den Beteiligten der tatsächliche persönliche Anteil Ebelings am Fakultätsgutachten bekannt war²³⁸. So ist die zweite Reichenau-Tagung als ein Beleg für die sich verschärfenden Konflikte zu interpretieren, nicht aber im Sinne einer weiteren Ausdifferenzierung der Gruppenidentitäten und -abgrenzungen. Peter Spambalg schloss seinen Bericht mit der Feststellung:

> „Alles in allem: Niemand in der Synode konnte den Eindruck haben, daß eine gemeinsame Bekenntnisgrundlage in der Kirche nicht mehr vorhanden wäre. Die Spannungen, die vorhanden sind, blieben nicht verborgen. Sie sind aber nicht *der* Art, daß sie zur Trennung führen müßten."²³⁹

Schließlich: Zu der erstaunlich gelassenen Haltung und Reaktion von Gerhard Ebeling mag beigetragen haben, dass seine Frau Kometa ihm schon am

---
235 DIEM, Bericht, 121 f; Protokoll Reichenau II, III, 11.
236 Vgl. Protokoll Reichenau II, III, 22.
237 Vgl. Protokoll Reichenau II, III, 29.
238 Hanns Rückert wies erst bei der Wiederveröffentlichung des Gutachtens in seinen Gesammelten Aufsätzen vier Jahre später auf Ebelings Anteil hin, vgl. RÜCKERT, Vorträge, 404.
239 EuK-Info 1968, Heft 2, 36.

Nachmittag des 14. April telefonisch berichtet hatte, der lange erwartete Ruf auf die exquisit ausgestattete Forschungsprofessur in Zürich sei eingegangen[240].

5.2.2 Theologinnenordnung 1968

Die Auseinandersetzung um die Novellierung der Theologinnenordnung liefert ein instruktives Beispiel für den Prozess der Identitätsbildung, der zum Zeitpunkt der Verabschiedung der Theologinnenordnung im November 1968 noch keineswegs abgeschlossen war. Verschiedene Zeitzeugen berichteten, dass in dieser Frage innerhalb des Gesprächskreises BB kein Konsens erreicht werden konnte, zudem wird offensichtlich, dass innerhalb des konservativen Lagers Substrukturen vorhanden waren, die nur bei genauerem Hinsehen erkennbar werden.

Die Frage nach dem Predigtamt der Frau in der protestantischen Kirche stellte sich seit der Reformation, als geist- und wortmächtige Frauen wie Katharina Schütz-Zell[241] oder Marie Dentière[242] sich zur Predigt berufen wussten und diesen Anspruch gegen die Reformatoren verteidigten. Luther selbst blieb in der Frage nach dem Predigtamt der Frauen seltsam zurückhaltend – verwies einerseits auf den locus classicus 1. Kor 14, 34, gestand andererseits, vom Priestertum aller Gläubigen ausgehend, zu, alle Christen seien „Pfaffen, alle Weiber Pfäffinen [...]. Hie ist kein Unterschied"[243] oder „Ich will mich gerne demutigen, von weybern und kindern predigt tzu hoeren."[244] De facto übernahm Luther das gängige Verbot der öffentlichen Verkündigung durch Frauen, begründete es aber ethisch und kybernetisch:

„Denn ob wohl yederman tzu predigen gewallt hatt, so soll man doch niemant datzu gebrauchen, sich des auch niemant unterwinden, er sey denn fur andern datzu geschickt [...]. Also verpeutt Paulus den weybern tzu predigen ynn der gemeyn, da menner sind, wilche tzu reden geschickt sind, das eher und zucht gehalten werde. [...]. Darum foddert die ordnung, tzucht und eher, das weyber schweygen, wenn die männer reden: wenn aber keyn man prediget, so werß von noetten, das die weyber predigeten"[245].

---

240 Vgl. BEUTEL, Ebeling, 340.
241 MCKEE, Schütz-Zell.
242 DUNST, Dentière.
243 LUTHER, Ein Sermon von dem neuen Testament 1520; WA 6, 370.
244 LUTHER, Ein Widerspruch D. Luthers 1521; WA 8, 251.
245 LUTHER, Vom Missbrauch der Messe 1521, WA 8, 497 f. Die lange praktizierte Bestimmung, wonach Frauen nur vor Frauen und Kindern predigen durften, findet bei Luther keinen Anhaltspunkt. Für die Hilfe bei den Recherchen zu Luthers Position danke ich herzlich Dirk Ott-Schäfer.

Die Wahrung von „Ordnung, Zucht und Ehre" sowie das Prinzip des „rite vocatus" berufenen Predigers bilden das Fundament von Luthers Argumentation, in der er auf die einschlägigen Bibelstellen rekurriert, nicht aber auf ihnen seine Beweisführung aufbaut.

Im engeren Sinne ist die Frage nach der Frauenordination ein Thema des 20. Jahrhunderts. Seit der Öffnung der Universitäten für Frauen mussten die Kirchenleitungen Modi finden, die nun akademisch voll ausgebildeten Theologinnen in den Dienst der Kirchen zu integrieren. Dies geschah in lokal unterschiedlicher Art und Weise und vor allem mit unterschiedlicher Schnelligkeit: Während die Evangelisch-lutherische Kirche in Lübeck 1958 mit Dr. Elisabeth Haseloff die erste Frau in Deutschland zur Pfarrerin ordinierte[246], konnte sich die Evangelisch-lutherische Kirche von Schaumburg-Lippe erst 1991 zu diesem Schritt entschließen. Württemberg nimmt in diesem Spektrum insofern eine besondere Stellung ein, als mit der Theologinnenordnung 1968 zum ersten Mal in Deutschland eine Ordnung für den Pfarrdienst von Frauen ohne Zölibatsvorbehalt verabschiedet worden ist. Wie kam es dazu?[247]

Mit der Ordnung von 1948 hatte der Dienst der Theologinnen in der Landeskirche, der während des Krieges sehr umfassend und vielgestaltig geworden war, zu einer gesetzlichen Regelung (zurück-)gefunden, die zwar in rechtlicher Hinsicht für die Frauen positiv war, inhaltlich jedoch die durch die Kriegsnot vielfach aufgehobenen Grenzen wieder aufrichtete. Lenore Volz, zusammen mit Else Breuning wohl die wichtigste Vorkämpferin der Frauenordination in Württemberg, schrieb rückblickend:

> „In der Präambel wurde aus [den einschlägigen Bibelstellen] gefolgert, daß ‚das geordnete öffentliche Predigtamt [...] Aufgabe des Mannes' sei. [...] Ich weiß nicht, ob Sie empfinden können, was dies für uns bedeutete. Lassen Sie es mich an einem Bild deutlich machen: Wenn eine Tanne überall hellgrüne Spitzen treibt, ist dies ein Zeichen dafür, daß sie gesund und lebensfähig ist. Schneidet man diese Tanne auf ein Minimaß zusammen, so ist das grausam. Im Gehorsam gegen den Herrn der Kirche und im Vertrauen auf seine Kraft hatten wir uns ganz eingesetzt.

---

246 Noch mit übergemeindlichem Dienstauftrag, nicht als Gemeindepfarrerin.
247 Zur vielfältigen Geschichte der Frauenordination allgemein vgl. FRAUENFORSCHUNGSPROJEKT ZUR GESCHICHTE DER THEOLOGINNEN / BIELER, Schwestern; für Württemberg hat Erika Reichle die nach wie vor fundierteste Untersuchung vorgelegt, vgl. REICHLE, Theologin. Unverzichtbar für einen Eindruck der menschlichen Dimension wie auch der teilweise kuriosen praktischen Umsetzung der Bestimmungen ist VOLZ, Talar. Eine kurze Darstellung der Synodaldebatte 1948 findet sich bei HERMLE / OEHLMANN, Gruppen, 273–279, einen knappen Gesamtüberblick bietet mein Beitrag OEHLMANN, Grenze. Da hier die Ereignisse im vorsynodalen Raum, also vor allem die Lobbyarbeit der Theologinnen, ebenso die ihrer nicht wenigen Unterstützer, bereits ausführlich dargestellt worden ist, liegt der Fokus nun auf den Prozessen innerhalb der Synode bzw. innerhalb der Gesprächskreise, die durch diese Debatte ausgelöst oder befeuert wurden.

Und nun sollte dies auf einmal nicht recht gewesen sein? Es gab für uns damals keine Möglichkeit, uns zu wehren."[248]

Für die biblisch-konservativen Kreise in der Landeskirche waren aber auch schon die relativ bescheidenen Zugeständnisse, die die Theologinnenordnung von 1948 den Theologinnen machte, ein derartiges Ärgernis[249], dass Julius Beck beinahe auf den Tag genau ein Jahr nach der Wahl[250] sein Mandat niederlegte. Auf Nachfrage durch Synodalpräsident Paul Lechler rechtfertigte Beck – offensichtlich noch immer erbost – seinen Schritt:

„Die Theologinnen-Frage offenbarte zu meinem Schmerz, dass wohl allerlei beachtenswerte Gründe herangezogen wurden; aber es handelte sich kaum um biblische Fragestellungen, die doch die Hauptentscheidung bringen müssen. Gerade aber die biblischen Gründe, die ich vertrat, wurden als engherzig, als schwärzeste Reaktion, sogar als Beleidigung der Theologinnen bezeichnet. [...] Ich hatte [...] gegenüber so mancher romantischen Bibelauslegung durch mein Festhalten am klaren Wortlaut mein Gewissen entlastet; allerdings mit tiefem Bedauern auch wahrgenommen, wie stark die Theologie das Wort Gottes überwuchert. Hier kann ich nicht mehr mitmachen".[251]

Beachtenswert ist, dass Becks pointiert vorgetragener Widerspruch gegen die Theologinnenordnung in Zusammenhang gebracht wurde mit der Etablierung des „Freundeskreises Beck", der offensichtlich vielen Synodalen im Gefolge der Dipper'schen „Äußerung"[252] inopportun erschien, den Beck aber nachdrücklich verteidigte:

„Juristisch läßt sich gegen den Freundeskreis, der nicht der einzige ist, nicht das geringste einwenden. Ich lasse mich nicht in eine Clausur zwingen, wenn ich zum LKT gehe. [... E]s geht [dem Kreis, d. Verf.] um eine Vertiefung der Arbeit der Abgeordneten, die nun einmal nicht in der Lage sind, ohne weiteres öffentlich ihrer Meinung Ausdruck zu geben. Die persönliche Einstellung dieser Männer kommt nicht zum Zug ohne den Freundeskreis. Sie wollen sich nicht weltanschaulich ausschalten und faktisch beim Abstimmen als Werkzeug gebrauchen lassen. [... In der Ablehnung des Kreises] sehe [ich] eine Front gegenüber dem Pietismus, vielleicht auch nur eine solche der Theologen gegenüber den Nichttheologen."[253]

---

248 Konvent ev. Theologinnen in Württemberg, Lenore Volz, Rundbrief „Im Advent 1968", 3. Sammlung Oehlmann.
249 Bauer zeigt in ihrer Untersuchung über die Evangelikalen überzeugend, dass sich der Protest der speziell lutherisch ausgerichteten ‚Kirchlichen Sammlungen' eher am Widerstand gegen die Frauenordination denn am Widerstand gegen Bultmann entzündete; vgl. BAUER, Bewegung, 411–414.
250 19. 11. 1947.
251 Julius Beck an LKT-Präsident Lechler 25. 11. 1948, Abschrift; LKAS, AR Gen 126a.
252 Vgl. oben 122.
253 Julius Beck an LKT-Präsident Lechler 25. 11. 1948, Abschrift; LKAS, AR Gen 126a.

Die Theologinnenordnung wurde 1948 trotz Becks Gegnerschaft ohne Gegenstimmen (bei vier Enthaltungen) angenommen. Für die progressiv Gesinnten aber war offensichtlich, dass der erreichte status quo nicht auf Dauer zufriedenstellend war. Als daher 1958 mit dem staatlichen Gleichberechtigungsgesetz und der ersten Ordination einer Frau in einer deutschen lutherischen Kirche (Lübeck)[254] ein neuer Impuls in der Frage der Stellung der Frauen im Allgemeinen und der Theologinnen im Besonderen erfolgte, erschien die Zeit reif für einen neuen Anlauf[255]. Dieser begann im Herbst 1960 mit dem Artikel „Pfarrerin?" im Evangelischen Gemeindeblatt[256]. OKR Paul Lutz hatte darin die Möglichkeiten und Grenzen des Dienstes der Theologinnen nach der Ordnung von 1948 in Erinnerung gerufen und darzulegen versucht, dass eine Novellierung der 1948er-Ordnung nicht notwendig sei. LHK-Mitglied Oberstudiendirektor Alfred Braun schrieb daraufhin einen scharfen Protestbrief an Landesbischof, OKR und LKT, den er im Lehrerboten veröffentlichen sowie in gewohnter Manier zugleich als Flugblatt zirkulieren ließ. Ein halbes Jahr später legte der pensionierte Pfarrer Georg Helbig[257] im Lehrerboten nach: Unter dem Titel „Herren oder Diener des göttlichen Wortes?"[258] attackierte er gleichermaßen die moderne Theologie wie die Theologinnen[259]. In einer schwer nachvollziehbaren Mischung von Zitaten aus der Bibel, von Luther, Bengel, Bezzel, Augustin und anderen rechnete Helbig mit der Antwort der Kirchenleitung auf den Offenen Brief ebenso ab wie mit den Theologinnen, respektive, in Helbigs Worten, mit „der Frau [...,] die heute allerorten bei Mißachtung des ihr [...] geltenden Gebotes des Herrn nach dem geistlichen Amt strebt und sich dabei bisweilen gebärdet wie eine Hündin, die nach dem Knochen lechzt."[260] Wichtig ist, den hier etablierten Konnex zwischen moderner Theologie und Theologinnenfrage zu beachten. Für die führenden Männer des biblisch-konservativen Netzwerkes[261] war die Dis-

---

254 Außerdem beschloss die schwedische lutherische Staatskirche ebenfalls die Frauenordination; allerdings wurde erst 1970 die erste Schwedin ordiniert.
255 Vgl. REICHLE, Theologin, 193 f.
256 EGW 1960, Heft 38, 8 f.
257 Eine Aktennotiz Fritz Grünzweigs über ein Gespräch mit Max Fischer belegt, dass diese beiden Braun und Helbig als „radikale Elemente [...] rechts von uns" wahrnahmen. Aktennotiz 29. 12. 1965; LHA, Ordner „Rundschreiben 1965–75".
258 Lehrerbote 1961, Heft 10, 69–71.
259 Es sollte bedacht werden, dass zeitgleich die Vorarbeiten für den „Offenen Brief 1961" liefen; vgl. oben 97.
260 Helbigs krudes, bisweilen beinahe vulgäres Pamphlet hatte den zweifelhaften Erfolg, die württembergischen Theologinnendebatte gar in das Blickfeld des SPIEGEL zu rücken, der zunächst einige Zitates Helbigs unkommentiert abdruckte und, in einer späteren Ausgabe einen ausführlichen Artikel veröffentlichte; vgl. Der SPIEGEL 1961, Heft 38, 54 (Zitate), sowie Heft 42, 41 f. (Artikel „Paulus und Eva"). Es wäre zu bedenken, ob ein Teil von Helbigs Bitterkeit durch seinen Lebensweg bedingt war: der vormalige Domprediger zu Wittenberg war zuletzt Verweser der 4. Pfarrstelle in Heilbronn-Böckingen.
261 Emil Schäf verfasste 1968 eine Eingabe an die Synode, die inhaltlich Brauns und Helbigs Anliegen teilte.

kussion um die Theologinnenordnung einerseits ein Ausfluss der modernen Frauenemanzipation, andererseits ein genuines Resultat der historisch-kritischen Theologie, die die Geltung der Pauluswortr zum Dienst der Frau relativierte beziehungsweise in Frage stellte.

Letzteres war, positiv gewendet, durchaus korrekt, denn im Gegensatz zu den früheren Theologinnen erkannte Lenore Volz, dass die Frauenordination sachgerecht nicht aus der veränderten gesellschaftlichen Situation oder auch einer ‚geistlichen Notlage' heraus begründet werden dürfe, sondern exegetisch erarbeitet und begründet werden müsse[262]:

> „Diesem kräftigen Nein des Pietismus zur Theologin konnte nur mit biblisch-theologischen Argumenten begegnet werden. Anders war das Vorurteil nicht zu entkräften, uns Theologinnen gehe es um frauenrechtlerische Tendenzen, um Fragen der Gleichberechtigung. Nur auf dem Weg einer gründlichen exegetischen Arbeit [...] konnte der Widerstand des Pietismus überwunden werden."[263]

Dieser Generallinie folgte das Vorgehen der württembergischen Theologinnen bis 1968. Am 4. Dezember 1961 hielt Volz einen ersten Vortrag vor der KTA Bad Cannstatt: „Ist die Theologinnen-Ordnung von 1948 revisionsbedürftig?" Sie bejahte diese Frage mit der Begründung, die Ordnung von 1948 und insbesondere deren „theologische Aussagen [... seien ...] dogmatisch wie exegetisch z. T. nicht haltbar"[264]. Die in der KTA versammelten Kollegen pflichteten Volz' Thesen bei und schickten bereits am Folgetag ein entsprechendes Schreiben an den OKR, der aber auf der schon von OKR Lutz vertretenen Linie blieb: Die Ordnung von 1948 sei nicht revisionsbedürftig, sie biete genügend Spielräume für allfällige Ausnahmeregelungen[265].

In der Folgezeit entwickelte sich der Cannstatter Dekan Gotthilf Weber, Leiter der KB, ab 1966 Mitglied der Synode, zum tatkräftigen Promotor der Theologinnenfrage[266]. Weber dürfte seine Position auch in die AGEE eingebracht haben, wo sie offensichtlich positiv aufgenommen wurde; da der spiritus rector der Sozietät, Hermann Diem, schon während des Dritten Reiches für die Ordination von Frauen[267] eingetreten war, ist dies nicht verwunderlich.

---

262 Vgl. REICHLE, Frauenordination; Reichle weist den Topos der ‚geistlichen Not' Anna Paulsen zu. Ob es allerdings tatsächlich als „persönliches Verdienst von Pfarrvikarin Lenore Volz" anzusehen ist, „daß eine eingehende theologische Reflexion der Stellung der Frau in der Kirche in Gang kam" (REICHLE, Frauenordination, 141 f.), ist fraglich. Das Verdienst, in der Theologinnenfrage den biblischen Befund ins Zentrum gerückt zu haben, muss m. E. ebenso sehr den Gegnern derselben aus den Reihen des württembergischen Pietismus zugestanden werden.
263 VOLZ, Talar, 142.
264 VOLZ, Talar, 140.
265 Vgl. VOLZ, Talar, 143.
266 Die Stationen dieses Ringens sind bei VOLZ, Talar, 143–164 sowie REICHLE, Theologin detailreich und farbig geschildert; die vorliegende Untersuchung beschränkt sich daher im Weiteren auf die Analyse der Behandlung der Theologinnenfrage durch die verschiedenen kirchenpolitisch relevanten Gruppen.
267 Konkret: von Ilse Härter. Auch Diems Frau Anneliese war Theologin, die ihn während seines

Die AGEE hielt in ihrem Synodalarbeitsprogramm vom Herbst 1966 denn auch nur lapidar fest: „Die Übernahme eines Gemeindepfarramts durch eine Theologin muß rechtlich ermöglicht werden."[268]

Der LBR der BG begann schon 1962, sich mit der Frage zu beschäftigen, „weil auch der LKT über kurz oder lang auf sie zusteuere. Sie [die Theologinnenfrage] dürfe weder pragmatisch noch biblizistisch entschieden werden, sondern sei im Blick auf Ökumene, Theologie, Ethik und Psychologie genau zu untersuchen."[269] Diese Forderung wurde im April 1963 wiederholt, ein Referat von Lenore Volz vorgeschlagen[270], das jedoch zunächst nicht realisiert wurde – das Thema wurde von der Wahlvorbereitung und Ähnlichem überlagert. Im Juli 1966 erwog der LBR, eine Theologin in den Herausgeberkreis des EuK-Info zu berufen[271]. Im Frühjahr 1967 wurde Volz tatsächlich eingeladen und berichtete „Über die Lage der Theologinnen"[272]. In der Diskussion votierte Spambalg stark in Richtung des „Amtes sui generis", das Volz, im Gegensatz zu den älteren Theologinnen, ablehnte[273]. Auch die Frage einer verheirateten Theologin wurde thematisiert – eine „Frau und Mutter" könne keinen vollen Dienstauftrag bewältigen, sodass über Teilzeitlösungen nachzudenken sei – eine erstaunlich moderne Position. Auffällig ist, dass zwar durchgängig von einem (vermeintlichen) „Wesen der Frau" her argumentiert wurde, welches für dies oder jenes geeignet beziehungsweise ungeeignet sei; grundsätzliche Bedenken auf Basis des biblischen Befundes bestanden unter den Mitgliedern des LBR aber offensichtlich nicht. Im Februar 1968 fand auf der Basis eines zwischenzeitlich vorliegenden OKR-Entwurfs zu einer neuen Theologinnenordnung eine längere Diskussion statt[274], die aber seltsam diffus blieb: Der Feststellung von Kelers, dass aus 1. Kor. 14 kein Predigtverbot begründbar sei, stand Dippers apodiktische Aussage entgegen, dass die Entscheidung von 1948 auf der Gleichsetzung von Predigtdienst und Gemeindeleitung basiere und letztere „steht der Frau nicht zu. Man sollte sich diesen Gesichtspunkt auch heute wieder überlegen."[275] Zwar stellten die anderen Bruderratsmitglieder Dippers Votum nicht in Frage – sie nahmen es aber auch nicht auf. In der weiteren Diskussion fragte von Keler mehrfach nach der Partnerschaft von Mann und Frau im Pfarramt, während Hennig immer wieder auf das „Prop-

---

Kriegsdienstes auch auf der Kanzel vertreten hatte – so erfolgreich, dass Diem nach seiner Heimkehr von einem Gottesdienstbesucher zu hören bekam, er möge „lieber wieder [s]eine Frau predigen lassen, die könne es besser." DIEM, Ja, 144. Für die Stellungnahmen von Diem und der Sozietät zur Frauenordination vgl. HERBRECHT, Streit, 251–255.
268 Freies Christentum 1966, 186.
269 Protokoll der LBR-Sitzung vom 29. 11. 1962; LKAS, D 31, 89.
270 Vgl. Protokoll der LBR-Sitzung vom 4. 4. 1963; LKAS, D 31, 89.
271 Vgl. Protokoll der LBR-Sitzung vom 4. 6. 1966; LKAS, D 31, 90.
272 Protokoll der LBR-Sitzung vom 27. 4. 1967; LKAS, D 31, 90.
273 Vgl. OEHLMANN, Grenze, 46; REICHLE, Theologin, 206.
274 Vgl. Protokoll der LBR-Sitzung vom 29. 2. 1968; LKAS, D 31, 90.
275 Protokoll der LBR-Sitzung vom 29. 2. 1968; LKAS, D 31, 90.

rium der Frau" zurückkam. Durchgängig schien die Überzeugung der Männer durch, das vorfindliche Pfarramt sei durch eine Frau nicht zu bewältigen – wobei einer einwandte, man müsse „das ganze Pfarramt neu durchdenken, sodaß es für Mann und Frau besser paßt." Wirklich bedenkenswert und weiterführend erscheinen lediglich das Schlussvotum Dippers, der mit der Frage „Was sagen die Gemeinden?" auf die Akzeptanz einer neuen Ordnung durch die Gemeindeglieder hinwies, sowie Spambalgs salopp formulierte, aber inhaltlich treffende Warnung: „Pflaum ruft den status confessionis aus!" Ganz offensichtlich hatte die Mehrheit des LBR keine grundsätzlichen Einwände gegen eine Zulassung von Frauen zum vollen Pfarramt. Die üblicherweise angeführten Stellen des NT wurden als situationsbedingte Ordnungen, nicht als zeitlose Gebote interpretiert. Unübersehbar ist, dass mit der Theologinnenfrage das gesamte Amtsverständnis in der Württembergischen Landeskirche virulent wurde, das augenscheinlich für nicht wenige damalige Pfarrer fragwürdig und unklar geworden war. So ist auch Lenore Volz' wiederholt vorgebrachte Aussage zu interpretieren: „Es geht um die Bitte und die Notwendigkeit, Partner sein zu dürfen im Gespräch um die Neuordnung der Kirche und des Amtes."[276] Letztlich ist davon auszugehen, dass die Novelle der Theologinnenordnung für die der BG nahestehenden Mitglieder des Gesprächskreises EuK keine Infragestellung von Schrift und Bekenntnis darstellte, sondern lediglich eine Herausforderung im Blick auf alte Gewohnheiten und Rollenklischees sowie in Bezug auf die Regelung der praktischen Umsetzung des durch eine Frau bekleideten Pfarramtes[277].

Anders sah dies in den Reihen des biblisch-konservativen Netzwerkes aus: Für einen Teil schien in der Tat der status confessionis gegeben – jedoch nur für einen Teil. Dieser Umstand wurde im Verlauf der Diskussion offensichtlich und zu einer Herausforderung für das Selbstverständnis des Informationskreises BB.

Für das In-Gang-Kommen und den Verlauf der Synodaldebatte waren die unermüdlichen Anstrengungen von Lenore Volz wesentlich. Sie hatte nicht nur bei der BG für ihr Anliegen geworben, sondern war seit ihrem KTA-Vortrag 1961 unablässig tätig gewesen, hatte 1962 dem OKR die Aussage abgerungen, es bestünden keine grundsätzlichen exegetischen oder „dogmatische[n] Bedenken gegen Wortverkündigung und Sakramentsverwaltung vor der ganzen Gemeinde durch Theologinnen" mehr. Gemeindeleitung jedoch schien weiterhin – ganz im Sinne von Dippers Votum im LBR – ausgeschlossen[278]. Ein Vorstoß für die Amtsbezeichnung „Pfarrerin" wurde 1964 abgelehnt, während gleichzeitig in einigen anderen Landeskirchen „Pasto-

---

276 Protokoll der LBR-Sitzung vom 27. 4. 1967; LKAS, D 31, 90.
277 Diesem gesamten Themenkomplex, theologisch, medizinisch, soziologisch, widmete die BG ihre Jahrestagung im Oktober 1967: „Mann und Frau"; vgl. EuK-Info 1967, Heft 3, 27.
278 Vgl. VOLZ, Talar, 144 bzw. Rundbrief des Theologinnenkonvents, Advent 1968, Sammlung Oehlmann. Hier sind die beteiligten Personen genannt: Prälat Eichele und die Personalreferenten Lutz und Gottschick.

rinnen"-Gesetze verabschiedet[279] und so die Akzeptanz von Frauen auf der Kanzel generell vorangebracht wurde. Im Sommer 1964 war Volz Else Breuning, die aus Altersgründen den Vorsitz des Theologinnenkonvents abgeben wollte, in dieser Funktion nachgefolgt; ihr erklärtes Ziel war „die unbeschränkte Zulassung der Frau zum herkömmlichen Gemeindepfarramt als Voraussetzung für eine allgemeine Reform des Amtes"[280]. Unterstützt unter anderem vom Theologenehepaar Eva und Reiner Mauk[281], Pfarrvikarin Käthe Kunz, Pfarrer Immanuel Steudle und Dekan Gotthilf Weber, sowie beratend, von Stiftsephorus Friedrich Lang, arbeitete Volz ihr Cannstätter Referat zu einer Denkschrift aus[282]. Im Herbst 1966 wandten sich Weber und Volz an Synodalpräsident Klumpp und konnten ihn für ihr Anliegen gewinnen. Klumpp betrachtete eine Initiative zur Novellierung der Theologinnenordnung in der LS als aussichtsreich und riet, dass die Theologinnen, mit der Hilfe eines Rechtsanwaltes, selbst einen Entwurf für eine neue Ordnung erarbeiten sollten[283]. Der OKR seinerseits hatte ab Mitte der 1960er Jahre „unauffällig, ohne Lärmen"[284] mehr und mehr Vikarinnen mit Gemeindeaufgaben betraut und so einerseits Erfahrungen im praktischen Feld gesammelt, andererseits schrittweise die Akzeptanz in den Gemeinden befördert, so dass beispielsweise das Gemeindeblatt im Oktober 1967, kurz vor der ersten Beratung des Themas, mit dem Titelbild der jungen Vikarin Dorothea Margenfeld unter der Überschrift „Experiment des Oberkirchenrats geglückt" ausführlich und positiv über deren Tätigkeit in Esslingen-Zollberg berichtete[285].

Die Beratungen in der Synode begannen im Mai 1967 mit Vorberatungen im Ausschuss für Lehre und Kultus[286]. Eine erste Aussprache wurde für die Herbstsitzung der Synode geplant. Dabei sollte noch nicht ein Gesetzesentwurf beraten werden, sondern eine allgemeine Aussprache stattfinden, auf deren Grundlage dann möglicherweise ein Entwurf zu erarbeiten wäre[287] – für

---

279 So in Hannover, Westfalen, Thüringen, vgl. KJ 91 (1964), 40–50. Wesentliches Element all dieser Ordnungen waren jedoch Einschränkungen im Blick auf mögliche Stellen und für verheiratete Theologinnen.
280 REICHLE, Theologin, 206. Damit war die Abkehr vom „Amt sui generis" beschlossene Sache, auch wenn manche Theologinnen Volz' Ziel nur als „Maximalforderung zum Kampf um ein ‚Amt sui generis'" mittrugen (REICHLE, Theologin, 206).
281 Das Ehepaar Mauk fand sich ein Jahr später unter den Gründungsmitgliedern der KK.
282 Vgl. REICHLE, Theologin, 206.
283 Vgl. EBD., 207. Dieser diente in der Folge tatsächlich als Grundlage für den späteren OKR-Entwurf.
284 OKR Gottschick, VERHANDLUNGEN DER 7. EVANGELISCHEN LANDESSYNODE, 333.
285 Vgl. EGW 1967, Heft 41, 1, 8. Auch ein Jahr später begleitete das EGW die Theologinnendebatte befürwortend, unter anderem durch den Abdruck eines Auszugs aus Werner Jetters aktuellem Buch, in dem er nachdrücklich die vollen pfarramtlichen Rechte für die Theologinnen einforderte und dies mit einer exegetischen und einer kirchenhistorischen Besinnung untermauerte, vgl. „Die kirchliche Gleichberechtigung der Frau" in EGW 1968, Heft 37, 5 bzw. JETTER, Kirche, 96–101.
286 Vgl. Volz, Rundbrief des Theologinnenkonvents, 30. 8. 1967; Sammlung Oehlmann.
287 Vgl. VERHANDLUNGEN DER 7. EVANGELISCHEN LANDESSYNODE, 323.

die Synode ein bis dato ungewöhnliches Vorgehen. Schon im Vorfeld der Synodaltagung wurden den Synodalen die Eingaben der KTAs Cannstatt und Zuffenhausen zugesandt, die über den Sommer erarbeitet worden waren[288]. Beachtenswert ist dabei vor allem der Zuffenhausener Vorschlag, der eine neue „Theologinnenordnung" grundsätzlich ablehnte und stattdessen „die gleichrangige rechtliche Eingliederung der württembergischen Theologinnen, auch der Verheirateten, in den Dienst unserer Landeskirche"[289] forderte.

Die Synodalsitzung am 8. November 1967 verlief anders, als viele erwartet hatten: „Die Befürworter eines Pfarrerinnengesetzes – insbesondere die Theologinnen selbst – rechneten mit einer stürmischen Debatte über die[ ] Grundsatzfragen, die möglicherweise mit der Bildung einer ‚Bekenntnisfront' nach schwedischem Vorbild[290] enden konnte."[291] Jedoch, der ‚Sturm' blieb aus. Möglicherweise auf Grund der guten Erfahrungen, die man bei der ersten Reichenau-Tagung gemacht hatte, als auf der Grundlage gut verständlicher exegetischer Referate plötzlich scheinbar zementierte theologische Positionen miteinander ins Gespräch gebracht werden konnten, wurde beschlossen, auch die Theologinnen-Frage in der Synode mit einem Grundsatzreferat einzuleiten[292]. Ein auf Umwegen angefragter Tübinger Professor lehnte ab[293], woraufhin Enno Edzard Rosenboom, Leiter des Predigerseminars in Dortmund, gebeten wurde, über die Erfahrungen in der Westfälischen Kirche zu berichten. Rosenboom stellte den Synodalen zunächst in einem weiten Bogen die aktuellen Regelungen samt ihren unterschiedlichen Schwerpunkten in den einzelnen Gliedkirchen der EKD vor und betonte dabei immer wieder, dass „der Dienst der Frauen im Pastorenamt" mittlerweile schlicht „eine geistliche Wirklichkeit"[294] sei, die es anzuerkennen gelte. In einem exegetischen Abschnitt wies Rosenboom nachdrücklich darauf hin, dass 1. Kor. 14 und 1. Tim. 2 nicht als ein „Lehr- sondern [...] ein Lernverbot"[295] zu sehen sei und erläuterte dies; auch lasse sich aus der Timotheusstelle mitnichten eine Sub-

---

288 Vgl. NL Friedrich Lang, Handakte „Theologinnen"; Kopie in Händen der Verf.
289 KTA-Zuffenhausen, Einladung für 16. 10. 1967 bzw. Entwurf der Synodaleingabe. Sammlung Oehlmann/Theologinnen. Diese weitestgehende Version einer Änderung mag u. a. dadurch bedingt gewesen sein, dass der KTA-Zuffenhausen nicht nur die Pfarrer Steudle und Mauk angehörten, die an Volz' Denkschrift mitgearbeitet hatten, sondern auch die verheirateten Theologinnen Eva Mauk und Gertrud Oehlmann. Vgl. Unterzeichnerliste in NL Lang.
290 Gemeint ist wohl die „Kyrklig Samling kring Bibeln och Bekännelsen"; vgl. BAUER, Bewegung, 413.
291 REICHLE, Theologin, 210.
292 Vgl. auch Klumpps Ausblick auf das Programm der Herbstsitzung im Sommer 1967, VERHANDLUNGEN DER 7. EVANGELISCHEN LANDESSYNODE, 224.
293 Vgl. VOLZ, Talar, 150.
294 VERHANDLUNGEN DER 7. EVANGELISCHEN LANDESSYNODE, 326.
295 „Die Frauen sollen nicht ständig mit Rückfragen den Vortrag stören, zumal sie dann unter Umständen mit solchen Rückfragen sich selbst und ihren Mann [...] blamieren könnten." EBD., 329.

ordinationslehre ableiten, wie es unter anderem Peter Brunner[296] getan hatte[297]. Abschließend betonte Rosenboom, dass trotz allem mit „Ressentiments" gegenüber Pastorinnen gerechnet werden müsse, die aber in aller Regel bald verschwänden, und dass bei der Frage der verheirateten Pastorinnen „quer durch alle Landeskirchen ein Dissensus"[298] bestehe – eine verheiratete Pfarrerin war 1967 noch immer für die allermeisten Protestanten undenkbar. OKR Gottschick ging in seinem Koreferat kurz auf die Ordnung von 1948 ein, um anschließend festzustellen: „Ich würde meinen, man sollte die Grundsatzfrage bejahend beantworten, daß Frauen eine allgemeine Zulassung erhalten zum Pfarrdienst."[299] Seine Ausführungen beschränkten sich im Weiteren auf technische beziehungsweise rechtliche Fragen.

Synodalpräsident Klumpp entließ die Synodalen nach diesen Referaten zu Beratungen in den Gesprächskreisen. Die Kirchenhistorikerin Erika Reichle, die seinerzeit offensichtlich erst im Plenum und anschließend in der Beratung des Gesprächskreises BB anwesend war, berichtete von einer „spürbaren Begeisterung für die Theologinnen im kirchlichen Dienst"[300], die die Synodalen ergriffen habe. Auch sei in den Beratungen von BB die „theologische Grundsatzfrage ‚Frau im geistlichen Amt' [...] kaum angesprochen [worden.] Sie schien der Vergangenheit anzugehören." Der Kreis habe über die „Verheiratungsproblematik" diskutiert, diese aber schlussendlich im Sinne der großzügigen Oldenburger Ordnung lösen wollen.

Nach einer einstündigen Unterbrechung zeigte sich, dass de facto alle Kreise übereinstimmend der Meinung waren „daß im Grundsatz keine Bedenken gegen die Berufung von Frauen bestehen."[301] Bertheau machte namens der „Fraktionslosen Erneuerung", der Gruppe jener Synodalen, die sich keinem Gesprächskreis hatten anschließen wollen, den weitestgehenden Vorschlag. Man solle die Theologinnenordnung von 1948 ersatzlos außer Kraft setzen, so dass für Frauen wie Männer das gleiche Recht Geltung habe – es gebe schließlich „auch keine besondere Ordnung für Landgerichtsrätinnen [oder] für Studienrätinnen"[302]. Lediglich im Blick auf die Verheiratung schlug er einschränkend vor, das Pastorinnengesetz der Oldenburgischen Landeskirche zu übernehmen, das die Fortbeschäftigung als Regelfall etablierte[303]. Martin Holland, BB, wies auf die Schwierigkeit hin, die sich aus dem ungeklärten

---

296 Vgl. REICHLE, Theologin, 194–197. Für das Gutachten Brunners vgl. HERBRECHT, Streit, 117–131.
297 Vgl. VERHANDLUNGEN DER 7. EVANGELISCHEN LANDESSYNODE, 328 f.
298 EBD., 332.
299 EBD., 334.
300 REICHLE, Theologin, 212 f.
301 So Konrad Eißler für BB, VERHANDLUNGEN DER 7. EVANGELISCHEN LANDESSYNODE, 338.
302 EBD., 338. 1977 wurde Bertheaus Forderung mit §1 Abs. 2 der Novelle des Württembergischen Pfarrergesetzes realisiert, vgl. VERHANDLUNGEN DER 8. EVANGELISCHEN LANDESSYNODE, 1920. Die Frage einer unterschiedlichen Behandlung von Männern und Frauen im Pfarramt ist 1976/1977 in der Diskussion schon nicht mehr auffindbar.
303 EBD., 338.

Inhaltliche Ausdifferenzierung der Gruppen

Verhältnis von „Amt der Verkündigung" und „Amt der Führung" [d.h. Gemeindeleitung] ergäben. Auch tauchte bei ihm wieder die Forderung nach einem neuen Berufsbild des Pfarrberufs insgesamt auf[304]. Auf gewisse Vorbehalte unter den Mitgliedern des Gesprächskreises BB wies lediglich eine Bemerkung Konrad Eißlers hin, demzufolge man ein „echtes", also wohl kritisches, Koreferat vermisst habe[305]. BB wolle in Eigenregie ein solches Referat im Januar nachholen[306]. Nach kurzer Diskussion wurde mit 36 gegen 28 Stimmen ein Antrag Malte von Bargens angenommen, demzufolge der OKR gebeten wurde, „einen Gesetzentwurf mit folgendem Inhalt vorzulegen: 1. Die Aufhebung des Kirchlichen Gesetzes über den Dienst der Theologinnen vom 10. November 1948. 2. Feststellung, daß Männer und Frauen gleichen Zugang zu den kirchlichen Ämtern haben. 3. Die notwendigen Änderungsbestimmungen für die vorhandenen kirchlichen Gesetze nach näherem Vorschlag des Oberkirchenrats."[307] Dies ist einer der ganz wenigen Fälle, in denen die Synode von ihrem Initiativrecht Gebrauch machte. Auf Klumpps Anregung hin hatte der Theologinnenkonvent bereits einen Gesetzesentwurf ausarbeiten lassen. Daher konnte der OKR unmittelbar auf diesem aufbauen[308] und den offiziellen Entwurf schon am 22. April 1968 im Amtsblatt verkünden und die Dekanate zu Stellungnahmen auffordern. Hinzuweisen ist noch auf den Umstand, dass am Folgetag in der Synode der Beschluss zur Einladung des DEKT 1969 nach Stuttgart gefasst wurde. Die Verschränkung von Theologinnengesetz-Novelle und Kirchentagsvorbereitung[309] sollte in der Folge eine Rolle spielen, die nicht übersehen werden darf.

Dass die Übereinstimmung in der Synode nicht ganz so einhellig gewesen war, wie es im November 1967 zur allgemeinen Überraschung und Freude[310] den Anschein gehabt hatte, zeigte die Einladung des Gesprächskreises BB im Januar 1968:

---

304 EBD., 339. Laut Reichle hatten diese Überlegungen auch zuvor in der Gesprächskreisbesprechung eine wichtige Rolle gespielt, vgl. REICHLE, Theologin, 213.
305 Laut Reichle hätte hinter diesem gewünschten Koreferat keineswegs der „Hintergedanke [gestanden], daß dieses die Illegitimität des Pastorinnenamtes erweisen könnte. Vielmehr sollte es dazu anleiten, das Wesen dieser ‚geistlichen Wirklichkeit' besser zu verstehen." (REICHLE, Theologin, 213).
306 Wie schon im Kontext der Reichenau-Tagungen wurde Hermann Feghelm, zugleich Mitglied des LBR, um dieses Referat gebeten, vgl. Einladung 15. 1. 1968; LHA, Ordner „Verschiedenes Theologie".
307 VERHANDLUNGEN DER 7. EVANGELISCHEN LANDESSYNODE, 344 f.
308 Diese Art von Konsultation, bei der Gesetze durch „Lobby-Gruppen" beigebracht werden, war und ist in der Kirche – im Gegensatz zum Staat – absolut ungewöhnlich.
309 Sie findet sich wieder im gemeinsamen Informationstreffen von BB und LHK am 27. 12. 1967, bei dem diese beiden Themen diskutiert wurden, vgl. Einladungsschreiben von Pfander (BB) und Grünzweig (LHK) 2. 12. 1967; LHA, Ordner „L.H. Kreis 1965–1975".
310 Vgl. Votum Weber, VERHANDLUNGEN DER 7. EVANGELISCHEN LANDESSYNODE, 340.

„[D]ie Gespräche über die Theologinnenfrage bei der letzten Tagung der Synode haben gezeigt, daß viele unter uns noch sehr mit den Fragen ringen[311]. Nach dem Vortrag ‚Rosenboom' wäre es gut gewesen, auch die Stellungnahme anderer Theologen zu hören, die aus den gleichen Stellen des Neuen Testaments die gegensätzlichen Meinungen entnehmen[312]. [...] Am 27. 12. 67 hat ein Kreis von Vertretern der Gemeinschaften und von Synodalen sich um weitere theologische Klärung bemüht. Er kam aber zu keinem befriedigenden Ergebnis, sondern ging mit der Frage auseinander, wieweit die Aussagen des Neuen Testaments auf diesem Gebiet heute verbindlich seien."[313]

Leider fehlen schriftliche Unterlagen über die weitere Debatte; Rolf Scheffbuchs Erinnerung jedoch bietet ein für den jungen Gesprächskreis BB dramatisches Bild:

Das „Pastorinnen-Gesetz [hat] den Kreis Bibel und Bekenntnis beinahe zum Zerbrechen gebracht hat. Wir waren völlig unvorbereitet. Es gab Leute, die gesagt haben, ‚das ist doch völlig klar und normal; während des Kriegs waren wir froh, wenn die Pfarrfrau den Gottesdienst und auch die Predigt gehalten hat!' Unter den Pfarrvikarinnen gab es tolle Repräsentantinnen: Frau Lydia Präger und Vikarin Ludwig. Alle haben den Titel ‚Vikarin' gehabt. ‚Ja natürlich bekommen die den richtigen Pfarrer-Titel und es ist ja komisch, wenn die einen extra Talar haben sollen.' Daneben gab es natürlich Leute wie Lienhard Pflaum, Liebenzell: ‚Das Weib schweige in der Gemeinde.' Selbst Leute wie mein Freund Paul Heiland, Verwaltungsdirektor vom Jugendwerk, der sonst sehr viel liberaler dachte als ich etwa, als junger, unvergorener Pfarrer. Er hat gesagt: ‚Also ich weiß nicht; bei uns ist Frau Präger im Mädchenwerk, sehr gut. Aber, ob es wirklich gut ist, wenn die [Frauen] Abendmahl austeilen, und nicht nur für Frauen?'. Wir haben uns beinahe angeschrien mit den verschiedenen Standpunkten ‚Sollte bei euch auch die Bibel nichts mehr gelten? Seid ihr auch Bultmannianer? Das Weib schweige in der Gemeinde!! – ‚Kuck doch genau nach, was bei 1. Korinther steht: ‚wie in allen Gemeinden'. Das ist Rücksicht nur auf jüdische Mission!' Also, es wurde sehr differenziert verhandelt. Aber zu einer Entscheidung hat uns dann geholfen, dass Lienhard Pflaum erklärte: ‚Dann kann ich nicht mehr mitmachen! In der Bibel steht nun einmal: Das Weib schweige in der Gemeinde!' Und dann sagte ich: ‚Ja Lienhard, wie ist es eigentlich beim Missionsfest in Liebenzell? Wenn 7000 im Zelt sind und deine Schwestern das Wort Gottes verkündigen?' Dann hat er gesagt ‚Ja das ist doch das Missionsfest, das ist doch nicht Kirche.' Dann habe ich gesagt: ‚Wenn die 7000 beim Missionsfest nicht Kirche sind, dann weiß ich auch nicht.' Und plötzlich wurde uns das Schwammige dieser Position klar, so dass es schon in

---

311 Dies bestätigte auch eine Bemerkung Heilands vor der Synode im März 1968, vgl. EBD., 417.
312 Dies widerspricht der Darstellung Reichles, vgl. oben 261, Fn. 305.
313 Einladung Informationskreis BB an alle Synodalen 15. 1. 1968; LHA, Ordner „Verschiedenes Theologie".

Bibel und Bekenntnis eine Mehrheit dafür gab, die gesagt hat, ‚Ja, Pastorinnengesetz geht durch.'"³¹⁴

Die von Scheffbuch erinnerte Zuspitzung ist in den schriftlichen Quellen nicht überliefert; wohl aber jene Komponente, die Scheffbuch durchaus zutreffend als „das Schwammige dieser Position" bezeichnet hat – tieferliegende Überzeugungen, die die Reaktionen und Einstellungen der Beteiligten prägten und die der rationalen Argumentation nicht zugänglich waren. So berichtete Lenore Volz über die Einzelgespräche, die sie im Laufe der Jahre 1967/68 mit etwa zwei Dritteln der Synodalen geführt hat:

> „Oft waren es theologisch hervorragende Gespräche, die mich mit Freude und Hoffnung erfüllten, weil ich den Eindruck hatte, daß man sich theologisch gut verstand. Aber dann kam zum Schluß eines solchen Gespräches eine Äußerung, die ich mehrmals zu hören bekam: ‚Sie haben Ihr Anliegen sehr gut vertreten – aber mich haben Sie nicht überzeugt!' Da wußte ich, daß dieses Nein nicht in der biblisch-theologischen Exegese seinen Grund hat, sondern ganz persönliche, psychologische Beweggründe."³¹⁵

In ähnliche Richtung deutet auch das Protokoll des LHK, der im Vorfeld der Grundsatzberatung der Synode im Herbst 1967 die anstehenden Themen besprochen hatte. Unter dem Stichwort „Frauen auf der Kanzel"³¹⁶ ist festgehalten: „Die Aussprache ergab ein Forschen in der ‚Schrift'. Was sagte Landesbischof Wurm im Jahr 1947. [...] Wir lehnen die ‚Pfarrerin' als Gem.vorst. [Gemeindevorstand, d. Verf.] ab."³¹⁷ Noch vor der exegetischen Recherche stand für die Männer um Schäf also einerseits eine definitive Ablehnung der Gemeindeleitung durch Frauen fest, schienen jedoch gleichzeitig andere Komponenten des Theologinnenamtes verhandelbar – eine Position, die der Dippers sehr nahe war und wohl weniger in den paulinischen Weisungen als vielmehr in der klassischen Subordinationslehre³¹⁸ wurzelte.

---

314 Interview Scheffbuch. Hervorzuheben ist, dass die Schilderungen von Feuerbacher und Holland – die beiden anderen von mir befragten Mitglieder dieses Kreises – diese Darstellung *nicht* stützen. Es ist daher einerseits zu vermuten, dass der berichtete Wortwechsel nicht im Rahmen eines Gesprächskreistreffens stattgefunden hat. Andererseits, dass hier weniger ein Konflikt auf Gruppenebene als vielmehr von einem Konflikt zwischen zwei Personen berichtet wird. Eine solche Spannung Scheffbuch – Pflaum wäre im Blick auf die vertretenen Positionen ebenso wie im Kontext der Kirchentags-Auseinandersetzung (das wird im Folgenden zu zeigen sein) durchaus plausibel. Vgl. Interview Feuerbacher; Auskunft Holland 16. 4. 2014.
315 VOLZ, Talar, 151.
316 Diese Formulierung lässt annehmen, der LH-Kreis habe Volz' Büchlein rezipiert.
317 Protokoll 3. 11. 1967; LHA, Ordner „L.H. Kreis 1965–1975". Bemerkenswert ist m. E. auch der quasi-kanonische Rang, der hier Wurms Stellungnahme zuerkannt wurde.
318 Dass diese auf Gen. 3 aufbauende, gleichzeitig Gen. 1 negierende Lehre von der Unterordnung der Frau unter den Mann weder schriftgemäß noch menschlich sinnvoll ist, hatte in höchst origineller Weise bereits Elizabeth Cady Stanton in der 1895/98 veröffentlichten Woman's Bible dargelegt. Auch sie hat jedoch feststellen müssen, dass viele ihrer Zeitgenossen in diesem

Die vielfältigen Gespräche und Rückmeldungen im Verlauf des Jahres 1968 hatten beim Ältestenbeirat der Synode zu der Überzeugung geführt, dass vor einer Beschlussfassung über den Gesetzesentwurf weitere exegetische Information notwendig sei. Am 13. November 1968, drei Wochen nach dem durch die Kirchentagsvorbereitungen ausgelösten Rücktritt Oskar Klumpps vom Präsidentenamt und nach drei Tagen zermürbender Diskussion der damit zusammenhängenden Themen in der Synode, rief der mittlerweile vertretungsweise präsidierende Hans von Keler den „Tagesordnungspunkt ‚Frage der Theologinnen'" auf und stellte rückblickend fest: „Als das Referat Rosenboom gehalten war, ist sozusagen eine Woge [der Begeisterung, d. Verf.] über uns hinweggegangen. Diese Woge hat uns alle erfaßt. Wir sind nachher aus dieser Woge aufgetaucht und haben etwas Land gesucht. [... D]as Land [lag] doch wieder in verschiedenen Richtungen." Daher sei der Ausschuss für Lehre und Kultus zu der Überzeugung gekommen, „daß wir uns noch genauer theologisch besinnen sollten."[319] Wie schon bei der ersten Reichenau-Tagung wurde die heikle Aufgabe, in gespannter Situation mit einem exegetischen Referat die Grundlagen für die weitere Diskussion zu liefern, Friedrich Lang übertragen. Sein Vortrag „Der Dienst der Frau in der Gemeinde nach dem Zeugnis der Bibel"[320] wurde von allen Seiten als hilfreiche Klärung empfunden: „Der Professor Lang [...] hat wohl das entscheidende Votum da eingebracht, [...] einleuchtend!"[321] erinnerte sich Kurt Feuerbacher. Lenore Volz dankte Lang in einem Brief im Dezember 1968 „für Ihren Vortrag in der Synode, mit dem Sie den Synodalen eine große Hilfe für die Beschlußfassung gegeben haben."[322]

Lang bot einen Durchgang durch Altes Testament, Spätjudentum, die „neue Botschaft Jesu" und den „Dienst der Frau in der Urchristenheit" und hob dabei sowohl die Präsenz von vollmächtigen Predigerinnen als auch die Aufhebung der (vermeintlichen) Unterordnung der Frau durch Jesu Botschaft hervor. In diesen Befund ordnete er die Weisungen des Paulus im Korintherbrief als situationsbedingte Maßnahme des Apostels ein, ebenso das ausdrücklich als „nachpaulinisch" klassifizierte Lehrverbot in 1. Tim 2. Lang schloss seine Exegese ausdrücklich „mit dem Dank für den treuen Dienst der Theologinnen, auch in der Zeit des Krieges, und für ihre Bereitschaft, mit ihrer besonderen Gabe mitzuwirken bei der Ausrichtung des Evangeliums an die Menschen von heute."[323] Mit diesem ausgesprochen positiven und offen befürwortenden Votum begann die erste Lesung des Gesetzentwurfs. Dabei wurde sehr schnell

---

Punkt weder einer exegetischen noch einer rationalen Argumentation zugänglich waren. Vgl. STANTON, Bible, 14–16.
319 VERHANDLUNGEN DER 7. EVANGELISCHEN LANDESSYNODE, 589.
320 EBD., 589–594. Erneut veröffentlicht in Amtsblatt der Evangelischen Landeskirche in Württemberg 43, Beiblatt Nr. 1.
321 Interview Feuerbacher.
322 Volz an Lang, 14. 12. 1968; NL Friedrich Lang, Kopie in Händen der Verf.
323 VERHANDLUNGEN DER 7. EVANGELISCHEN LANDESSYNODE, 594.

deutlich, dass abgesehen von Hans Wagner[324], dem dezidiert lutherischen Dekan von Degerloch, niemand grundsätzlichen Widerspruch gegen die Verabschiedung des vorgelegten Entwurfs und somit gegen die Zulassung der Theologinnen zum vollen Pfarramt erhob. Für die Gesprächskreise EE und EuK wurden ausdrücklich zustimmende Voten abgegeben. Der grundlegende erste Paragraph des Gesetzentwurfs, der die Gleichstellung von Theologinnen und Theologen festschrieb, wurde bei nur drei Gegenstimmen und drei Enthaltungen angenommen[325]. Martin Pfander meldete sich namens des Gesprächskreises BB erst mit einem Änderungsantrag zu §4 zu Wort und plädierte für die Schaffung „besondere[r] Pfarrstellen vorrangig für Theologinnen", um „dem Arbeitsstil und der Möglichkeit der Frau mehr Rechnung [zu] tragen". Gleichzeitig stellte der Änderungsantrag jedoch ausdrücklich fest: „Die Theologin kann sich um jede ausgeschriebene Pfarrstelle bewerben."[326] Damit kam zwar die Auffassung zum Ausdruck, dass „die Frau" per se besondere Eigenschaften habe – es war aber offensichtlich nicht intendiert, die Möglichkeiten und Rechte der zukünftigen Pfarrerinnen von vorn herein zu beschneiden, mithin, wie in der 1948er Ordnung, Gemeindeleitung durch Frauen von vorn herein auszuschließen.

An §5 entzündete sich eine längere Diskussion darüber, ob Beendigung oder Fortführung des Dienstes nach einer Eheschließung der *Regelfall* sein sollte. Dabei betonte Konrad Eißler, der von BB eingebrachte Änderungsantrag, der das Dienstende als Regelfall festschreiben wollte, solle ausdrücklich nicht als „Zölibatsklausel" missverstanden werden: „Wir sind nicht [...] gegen eine verheiratete Pfarrerin [...,] denn auch nach diesem Antrag ist eine verheiratete Pfarrerin noch möglich."[327] Er begründete sein Anliegen nicht theologisch, sondern eher psychologisch beziehungsweise soziologisch:

„Wir wollen damit einen Trend aufzeigen, daß in unserer Zeit die Regel in der Ehe nicht der gemeinsame Broterwerb ist. Gerade wir, die wir so oft gegen Schlüsselkinder, gegen die physische Überlastung von Frauen sprechen, sollten ein Zeichen aufrichten für die Familie, die je länger je mehr gefordert ist [...]. Also bitte: nicht als Hemmung, sondern als Hilfe für das [Theologinnen-]Gesetz."[328]

sei der Antrag des konservativen Gesprächskreises zu verstehen. Von den elf der 7. LS angehörenden Frauen[329] meldeten sich an dieser Stelle vier zu Wort und votierten nachdrücklich dafür, die Weiterbeschäftigung als Regelfall zu belassen und es im Übrigen „der Freiheit einer Theologin und auch ihres Ehemannes, also dem Ehepaar [zu] überlassen" nötigenfalls den Dienst zu beenden. Auch der Tübinger Arzt und BB-Mitglied Bernhard Hermelink äu-

---

324 Vgl. EBD., 599f.
325 Vgl. EBD., 605.
326 EBD., 606.
327 EBD., 607.
328 EBD., 607.
329 Nach meinen Recherchen gehörte keine dieser Frauen zu BB.

ßerte sich in diesem Sinne – hingegen optierten die EuK-Mitglieder Lörcher und Maisch nachdrücklich gegen die Fortsetzung des Dienstverhältnisses, wobei Maisch den Akzent darauf legte, eine verheiratete Pfarrerin müsse von dem seines Erachtens schlicht nicht leistbaren Gemeindepfarramt[330] ausgeschlossen werden, nicht aber von Sonderpfarrämtern. Dieser Überblick veranschaulicht, was auch Martin Holland rückblickend betont: „die ‚Trennungslinie' lief querdurch"[331], war weder bestimmten Gesprächskreisen noch bestimmten Substrukturen innerhalb der Gesprächskreise zuzuordnen. Die erste Lesung des Entwurfs endete mit der Annahme von §5 in der ursprünglichen Fassung (Fortsetzung des Dienstes als Regelfall)[332] und dem Beschluss, die zweite Lesung bereits zwei Tage später anzusetzen[333]. Zwei Tage später, am 15. November 1968, ergriff noch einmal Dekan Wagner das Wort und begann mit der durchaus überraschenden Feststellung: „Es wird wohl niemand unter uns sein, der gegen ein Theologinnengesetz ist. Mein Anliegen war nur das, daß es alle mit gutem Gewissen bejahen können."[334] Während Hartmut Dehlinger nochmals ausführlich zugunsten der Regelung von §5 sprach, erklärte Maisch recht schroff, dass er wegen dieser Regelung „dem Gesetz in seiner jetzigen Form nicht zustimmen [könne], obwohl ich das Anliegen, der Theologin den Zugang ins Pfarramt zu eröffnen, teile und es von Anfang an mit vertreten habe"[335] – eine fast schon paradox anmutende Situation. Die Theologinnenordnung 1968 wurde in Zweiter Lesung in namentlicher Abstimmung mit 43 gegen 11 Stimmen angenommen, neun Abgeordnete enthielten sich. Anschließend beriet die Synode über die Neuwahl eines Synodalpräsidenten.

Für den Fortgang der Ereignisse und im Kontext des eigenartigen Berichts von Rolf Scheffbuch ist das Votum Lienhard Pflaums in jener abschließenden Lesung[336] von besonderem Interesse; Pflaum begann mit der selben formelhaften Einleitung wie schon bei seiner Stellungnahme bei Reichenau II,

---

330 Diese Ansicht vertrat auch Hans von Keler zu Beginn der zweiten Lesung, dagegen plädierte Schwester Hornberger u. a. dafür, die Entscheidung der Theologin zu überlassen; vgl. VERHANDLUNGEN DER 7. EVANGELISCHEN LANDESSYNODE, 660.
331 Auskunft Holland 16. 4. 2014.
332 37 Ja-Stimmen, 26 Nein, 4 Enthaltungen; vgl. VERHANDLUNGEN DER 7. EVANGELISCHEN LANDESSYNODE, 614.
333 Dies ist höchst bemerkenswert, da Synodalpräsident Klumpp noch im Sommer erklärt hatte: „Wie nun diese erste Lesung, der im Frühjahr 1969 die zweite folgen soll, ausgehen wird, kann ich nicht voraussagen." Konsequenzen 1968, Heft 5, 12. Offensichtlich hatte das Thema (im Schatten des Klumpp Rücktritts) eine solche Dynamik entwickelt, das eine Art Schnellverfahren möglich wurde.
334 VERHANDLUNGEN DER 7. EVANGELISCHEN LANDESSYNODE, 660.
335 EBD., 662.
336 Vgl. EBD., 661.

„als Beauftragter der Gemeinschaftsbewegung, der Verbände und Werke in Württemberg, die dem Gnadauer Verband und dem Bund Deutscher Gemeinschafts-Diakonissen-Mutterhäuser angehören. Diese können dem Theologinnengesetz in der vorliegenden Form von der Heiligen Schrift her nicht zustimmen."[337]

Die weitere Erklärung ist nicht ganz zweifelsfrei nachvollziehbar: Zwar schien Pflaum die Meinung zu teilen, „die Synode von 1948 sei einer falschen Schriftauslegung erlegen", dem als „recht gut" zensierten Referat Langs könne er aber „in den Methoden und Ergebnissen nicht voll zustimmen." Er würde sich ein Koreferat gewünscht haben, „das auch eine andere Art von Schriftauslegung gezeigt hätte." Zudem, so kritisierte Pflaum, hätten alle theologischen Disziplinen zu Wort kommen müssen, die Kirchengeschichte mit Luther, die Systematik mit Fragen zu Amt und zum Verhältnis von Mann und Frau, schließlich auch die Praktische Theologie mit Folgerungen für die Praxis. Summa summarum müsse er „wegen der dünnen theologischen Begründung" seine Zustimmung verweigern. Es ist nicht zu leugnen, dass Scheffbuchs dictum von der „Schwammigkeit der Position" im Blick auf Pflaums Votum überaus treffend ist. Gleichzeitig ist zu berücksichtigen, dass alle Quellen außer Scheffbuchs Erzählung nichts von einem massiven Konflikt innerhalb des Gesprächskreises berichten. Es scheint daher angemessen, Scheffbuchs Erzählung als Reflex des Konfliktes zu interpretieren, der zum Teil parallel zu den Beratungen, zum Teil aber auch erst nach Verabschiedung der Theologinnenordnung lief: Der Konflikt zwischen dem württembergischen (Alt-)Pietismus und der vor allem durch die Gruppen des Gnadauer Verbandes getragenen BKAE. Pflaum beanspruchte in seinem Votum ausdrücklich die Repräsentanz der Gnadauer; wie oben bereits gezeigt, war er, in der Nachfolge Max Fischers, gleichzeitig Mitglied und württembergischer Verbindungsmann im BAK der BKAE. In der Synode forderte er Gehör für die Anliegen seines Verbandes in der Württembergischen Kirche. Es wird herauszuarbeiten sein, dass die Frage des Einflusses der Bekenntnisbewegung auf württembergische Belange in der Frage des Kirchentags 1969 zum Kernproblem wurde – nicht nur zwischen Landeskirche und BKAE, sondern noch mehr innerhalb des konservativen Flügels, also zwischen Württembergischem Pietismus – zu dessen profiliertestem Sprecher Rolf Scheffbuch zunehmend wurde – und der Bekenntnisbewegung und der ihr nahestehenden neupietistischen Kreise in Württemberg, für die Lienhard Pflaum sprach.

---

337 Dass nicht nur die Gnadauer die Frauenordination ablehnten, sondern auch Teile der alten LHV, zeigen die Voten Emil Schäfs und Alfred Brauns. Letzterer legte gegen das Gesetz förmlichen Einspruch ein, da es „unter massivem Druck der Zuschauerempore" zustande gekommen sei; zitiert bei REICHLE, Theologin, 222. Eine ablehnende Stellungnahme Schäfs im Vorfeld der Synodaldebatte ist mehrfach erwähnt, so u. a. von Spambalg an Lang 10. 10. 1968, NL Lang, Kopie in Händen der Verf., sowie im Synodalprotokoll (fälschlich „Scheef, [...] ehemalige[r] Vorsitzende[r] der Ludwig-Hofacker-Vereinigung"), vgl. VERHANDLUNGEN DER 7. EVANGELISCHEN LANDESSYNODE, 603.

5.3 Der Brennpunkt des Konflikts – Kirchentag 1969 in Stuttgart

5.3.1 Vorgeschichte – Auseinandersetzung zwischen dem Kirchentag und der Bekenntnisbewegung „Kein anderes Evangelium"

Der in den Jahren 1965 bis 1969 eskalierende Konflikt zwischen der BKAE und dem DEKT ist verschiedentlich beschrieben worden[338]. Grundproblem war, dass die BKAE an der Form und Ausrichtung des DEKT, wie Reinold von Thadden-Trieglaff ihn 1949 begründet hatte, festhalten wollte: „[V]on Schrift und Bekenntnis her kommend, evangelistisch-erwecklich mit Bibelarbeiten *einer* theologischen Richtung"[339]. Der DEKT jedoch entwickelte sich in den 1960er Jahren von dieser „Urgestalt"[340] weg, hin zu einem Forum, das die faktische Pluralität des deutschen Protestantismus an- und aufnahm. Nicht nur wurden die „biblisch-emotionalen appellativen Losungen [... ersetzt durch] nüchterne[] Formulierungen", auch die Zielsetzung änderte sich:

> „Es ergeht nicht mehr der Ruf zum Glauben, aus dem heraus, wenn man ihn hat, alle Welt- und Existenzprobleme lösbar [wären]; es geht zunächst um Kenntnis der oft strukturbedingten Probleme, [...] sodann um Sachanfragen, die sich daraus an die Glaubenden ergeben, und danach um das Hören auf die Bibel, deren Zeugnis zum Handeln in der Welt befreit. [...] Damit ist das alte Grundkonzept des Kirchentages – Sammlung und Sendung, Glaube und Dienst der Laien – nicht erledigt, aber zeitgemäß weiterentwickelt."[341]

Da die Vertreter der BKAE diesen Vorgang hingegen als „allmähliche Umgestaltung der Kirchentage aus einem Organ der glaubenden Gemeinde [und also deren ‚Eigentum'! d. Verf.] im Dienst der Sammlung der Christen und des missionarischen Zeugnisses vor der Welt zu einem Sprechsaal der pluralistischen religiösen Gesellschaft"[342] werteten, musste es notwendig zu Auseinandersetzungen zwischen Kirchentagsleitung und den evangelikalen Strömungen kommen. Allerdings waren die bekennenden Gruppen untereinander keinesfalls einheitlich in ihren Forderungen. Im Blick auf den Kirchentag 1967 in Hannover beispielsweise erwog Rudolf Bäumer schon nach dem ersten Gespräch zwischen DEKT, BKAE und der hannoverschen Kirchenleitung einen „Gegenkirchentag, wenn die Kirchenleitung nicht die Gewähr be-

---

338 Vgl. STRATMANN, Evangelium, 63 f., 115–130; 159–169; HERMLE, Evangelikale, 338–342; BAUER, Bewegung, 610–637; BÄUMER / BEYERHAUS / GRÜNZWEIG, Weg, 274–286.
339 STRATMANN, Evangelium, 116.
340 FREY, Geschichte, 10.
341 LEUDESDORFF, Salz, 95.
342 FREY, Geschichte, 10. Diesen „Sprechsaal" sahen die Männer der BKAE in krassester Form realisiert im Kölner Kirchentag 1965 „mit seinen Brecht-Abenden und den Vorträgen Frau Sölles über den Tod Gottes und Professor Kleins mit seiner chemischen Zersetzung der biblischen Berichte" (FREY, Geschichte, 10).

kenntnismäßiger Themen und Referenten gäbe"³⁴³, während die Landesgruppe Niedersachsen der BKAE feststellte: „Wir sehen den Kirchentag als eine Lebensäußerung der Volkskirche (mit allen ihren Schattenseiten) an. Deshalb erstreben wir keinen ‚reinen' Kirchentag"³⁴⁴. Diese Landesgruppe wandte sich deutlich gegen eine Vorverurteilung bestimmter Referenten³⁴⁵ und gab lediglich zu bedenken, „daß für viele Gemeindeglieder, die nicht in der Lage sein können, theologisch zu differenzieren, solche Namen eher als Symbol wirken [...]. Da wäre es vielleicht besser gewesen, *um kein unnötiges Ärgernis zu geben,* solche Namen nicht auf die Rednerliste zu nehmen."³⁴⁶ Trotz ausführlicher Gespräche³⁴⁷ und eines gewissen Entgegenkommens von Seiten der Kirchentagsleitung kam es letztlich doch zum Boykott des Kirchentags in Hannover durch die BKAE, denn die Kirchentagsleitung hatte sich geweigert, auf die inkriminierten Referenten zu verzichten, denn

> „ein evangelischer Kirchentag, auf dem ein Theologe wie Ernst Käsemann nicht mehr als Referent erscheinen dürfte, wäre – das haben Bischof Lilje und ebenso Kirchentagspräsident von Weizsäcker zum Ausdruck gebracht – für uns eben kein Kirchentag mehr."³⁴⁸

Dass in der Folge das schon im voraus beanstandete Referat von Ernst Käsemann³⁴⁹ durch Otto Rodenberg einer vernichtenden Kritik unterzogen wurde³⁵⁰, vermag vor diesem Hintergrund nicht zu verwundern: In einer Art self-fulfilling prophecy wurde der Kirchentag 1967 in der Wahrnehmung der führenden Männer der BKAE – von denen verabredungsgemäß kein einziger teilgenommen hatte³⁵¹ – mindestens so verheerend, wie von ihnen prognostiziert³⁵². Die Verhandlungsstrategie der BKAE für den Kirchentag 1969

---

343 STRATMANN, Evangelium, 119.
344 EBD.
345 Im Visier waren vor allem Ernst Käsemann, Willi Marxsen und Heinz Zahrnt; vgl. EBD., 121.
346 EBD.,120. Hervorhebung d. Verf.
347 Für den Verlauf der Vorbereitungen in Württemberg ist wichtig festzuhalten, dass Max Fischer, Unterweissach, Mitglied des BKAE-Vorstandes und somit auch der Verhandlungsdelegation war; vgl. Dokumentation des Gesprächsverlaufs in LKAS, Zugang 1995-6, Handakten Scheffbuch sowie Mitteilung von Prälat Rieß und Max Fischer vor der LS, vgl. VERHANDLUNGEN DER 7. EVANGELISCHEN LANDESSYNODE, 156.
348 Hermann Ries, Bericht über die Gespräche zwischen BKAE, DEKT und Bischof Lilje, zitiert bei BAUER, Bewegung, 613.
349 Vgl. KÄSEMANN, Gegenwart.
350 Vgl. oben 246, Fn. 216. Es entbehrt nicht einer gewissen Ironie, dass auch ausgesprochen positive Rückmeldungen von ‚gläubigen' Menschen zu Käsemanns Vortrag (vgl. BKAE-Informationsbrief Nr. 8) diesem negativ ausgelegt wurden: „Leider haben sich unsere Befürchtungen doch bestätigt: ungezählte Besucher sind durch die ‚orthodoxe' und ‚pietistische' Ausdrucksweise zu einer ‚positiven' Beurteilung der Käsemannschen Gedanken verleitet worden." BKAE-Informationsbrief Nr. 9, 1.
351 Vgl. STRATMANN, Evangelium, 115. Nicht so Fritz Grünzweig, vgl. Grünzweig, Betr. Kirchentag 1969 in Stuttgart, 9. 3. 1968; LHA, Ordner „DEKT + Klumpp".
352 Vgl. BKAE-Informationsbriefe Nr. 8; 9; 10.

umriss Bäumer im Juni 1967 in einem Offenen Brief an Kirchentagspastor Gerhard Schnath, den er mit der Feststellung schloss: „Daß wir 1969 auf dem Kirchentag wieder beieinander sein können, ist mein herzlichster Wunsch. Die Voraussetzungen stehen in diesem Brief."[353]

5.3.2 Einladung nach Württemberg – Synodaldiskussion und Diskussion im konservativen Lager

Erste Vorverhandlungen wurden im Sommer 1967 durch einen längeren Briefwechsel zwischen Fulda, Karlsruhe und Stuttgart geführt: Offensichtlich war zunächst daran gedacht gewesen, den Kirchentag 1969 im Bereich der Badischen Landeskirche abzuhalten und Eichele wollte seinem badischen Amtsbruder Heidland keinesfalls vorgreifen, falls dieser den DEKT einladen wollte. Nachdem Heidland aber mitgeteilt hatte, seine Landeskirche sehe sich zur Ausrichtung eines Kirchentags nicht in der Lage, sandte Eichele, in Übereinstimmung mit dem Stuttgarter Oberbürgermeister Arnulf Klett, positive Signale nach Fulda, woraufhin das Generalsekretariat des DEKT offiziell anfragte, ob die Württembergische Landeskirche den Kirchentag 1969 einladen wolle[354]. Zwar war es formal das Recht des Landesbischofs, den Kirchentag einzuladen – Eichele jedoch wollte die LS einbinden und bat Synodalpräsident Klumpp, das Thema für den Herbst 1967 (also gerade einmal viereinhalb Monate nach dem DEKT in Hannover) auf die Tagesordnung zu setzen[355]: „In Kenntnis dieser Sach- und Rechtslage hat mir der Herr Landesbischof zu erkennen gegeben, er würde es für richtig halten, ja begrüßen, wenn die Synode als Vertretung der Gemeinden ihm ein Wort sagen würde, daß wir es begrüßten, wenn er diese Einladung ergehen ließe."[356] Die für Klumpp recht untypische, überaus gewundene Formulierung legt nahe, dass die Worte hier sehr sorgfältig und mit Bedacht gewählt wurden. Klumpp hob zum einen mehrfach hervor, dass die Einladung des DEKT nach Stuttgart im Zuständigkeitsbereichs des Landesbischofs liege. Zum anderen wurde der LS nicht etwa offen die Frage einer Einladung des DEKT vorgelegt, sondern es wurde ein zustimmendes Votum erbeten, gar subtil gefordert. All dies macht deutlich: Den Beteiligten standen die Schwierigkeiten eines Kirchentags in Württemberg von Beginn an deutlich vor Augen. So wies beispielsweise Klumpp sogleich werbend darauf hin, dass die gastgebende Landeskirche ja

---

353 Zitiert bei STRATMANN, Evangelium, 159. Die genannten ‚Voraussetzungen' für 1969 waren im wesentlichen die selben wie für 1967.
354 Vgl. den gesamten Briefwechsel zwischen Heidland, Eichele, Klumpp, Klett, DEKT-Präsidium in LKAS, A 226, 4075 (DEKT 1967–1969), sowie Klumpps Bericht VERHANDLUNGEN DER 7. EVANGELISCHEN LANDESSYNODE, 348.
355 Diese Debatte fand im Anschluss an die erste Aussprache über die Theologinnenordnung statt, vgl. oben 259.
356 Klumpp, VERHANDLUNGEN DER 7. EVANGELISCHEN LANDESSYNODE, 348 f.

jeweils den Kirchentag mit vorbereite und so die „theologische Kraft unseres Landes und unseres Kirchenvolkes einbringen und damit zum Gesicht des Kirchentags bei[]tragen" könne. Diese besondere württembergisch-theologische Eigenart wollte Klumpp „[m]it dem Wort ‚Reichenau' [...] kennzeichnen. Wir sollten uns bemühen, erstens etwas von diesem Geist bei uns zu erhalten und zweitens etwas von diesem Geist einzubringen."³⁵⁷ Hier zeigt sich deutlich die Nachwirkung, die das erste Reichenaugespräch in der Synode entfaltete. Im Zwischenruf des konservativen Synodalen Schmitt wurden aber sogleich die Vorbehalte und Feinbilder artikuliert: „Was ist denn der Kirchentag? Kommt da jemand und sagt: Gott ist tot!"³⁵⁸ Dieses Zerrbild des hannoverschen Kirchentags, wie es unter anderem von der BKAE wieder und wieder beschworen worden war, scheint hier als Schreckgespenst zumindest den konservativen Synodalen vor Augen gestanden zu haben, zumal Rolf Scheffbuch schon im Frühjahr die konservative Position in die LS eingebracht und einen Antrag gestellt hatte, demzufolge das Kirchentagspräsidium aufzufordern sei, der Verkündigung und den „volksmissionarischen Vorstößen" wieder den Raum zu geben, den sie bei früheren Kirchentagen gehabt hat"³⁵⁹. Das positive Bild der früheren Kirchentage, wie sie die konservativen Kräfte wieder hergestellt sehen wollten, hatte Synodalvizepräsident Paul Heiland im Herbst 1966 formuliert: Essen, Berlin, Stuttgart und Hamburg³⁶⁰ seien

„Bekenntnisversammlungen im besten Sinne des Wortes [gewesen,] große Versammlung[en] der Gemeinde Jesu Christi, die sich hier Licht und Wegweisung holen möchte für ihre Aufgaben in der Welt heute und morgen [...], mächtige Kundgebungen des Zeugnisses von der Heilsbedeutung des Kreuzes, von der leibhaften Auferstehung Jesu und der Wiederkunft unsres Herrn."

Man wolle keinen Kirchentag, der „ein Schaufenster [sein wolle], in dem die Kirche nun all das ausbietet, was an neuen Versuchen bei ihr vorzuweisen ist"³⁶¹. Diese Vorerfahrungen und Vorbehalte, vor allem auf Seiten der Mitglieder des Informationskreises BB, standen im Herbst 1967 deutlich im Raum; dennoch erhielt das vom Landesbischof erbetene und von Klumpp nachdrücklich empfohlene positive Votum die breite Zustimmung der LS – lediglich sieben Synodale enthielten sich der Stimme³⁶². Landesbischof Eichele

---

357 EBD., 349.
358 EBD., 349.
359 EBD., 155 bzw. 45. Im Kontext des Ausschuss-Berichts über diesen Antrag berichteten Rieß und Fischer über die Verhandlungen zwischen DEKT und BKAE im Frühjahr 1966.
360 Die Kirchentage 1950–1953.
361 VERHANDLUNGEN DER 7. EVANGELISCHEN LANDESSYNODE, 70.
362 Das Thema Kirchentag kommt in der Synode erstaunlicherweise erst ein volles Jahr später wieder zur Sprache, nach Klumpps Rücktritt, als am 11. bzw. 12. 11. 1968 völlig kommentarlos der Finanzierungszuschuss der Württembergischen Landeskirche genehmigt wurde, vgl. EBD., 507, 575. Erst am 13. 11. kam es über die Frage einer offiziellen synodalen Verhandlungsdelegation erneut zu einer inhaltlichen Diskussion des DEKT, vgl. EBD., 668–671.

dankte daraufhin den Synodalen und strich heraus, dass gerade ein Kirchentag in Württemberg besonders gute Voraussetzungen biete, „das abgebrochene Gespräch zwischen Kirchentagsleitung und der Bekenntnisbewegung ‚Kein anderes Evangelium'"[363] wieder in Gang zu bringen. Die BKAE war demnach bei den Vorbereitungen des DEKT 1969 von den ersten Anfängen an mit im Blick und bald darauf auch mit beteiligt.

Rolf Scheffbuch, seit 1965 Leiter des Jungmännerwerks, hatte schon am 30. September 1967 bei einer Sitzung des „Hauptausschusses des Reichsverbandes CVJM" von den Überlegungen für einen Kirchentag in Stuttgart erfahren und daraufhin umgehend um einen Gesprächstermin beim Landesbischof gebeten[364]. Zu dem Gespräch am 13. Oktober begleiteten Scheffbuch Pfr. Dr. Helmut Lamparter, Professor an der PH Ludwigsburg und Vorsitzender des Jungmännerwerks Stuttgart[365], sowie Paul Heiland, Geschäftsführer des Jungmännerwerks Württemberg. Das Anliegen, das Scheffbuch dem Bischof vortrug, entsprach sinngemäß Scheffbuchs Antrag in der LS vom Sommer 1966[366]; außerdem verwiesen die drei Repräsentanten des Jugendwerks „[a]uf die Verklammerung zwischen CVJM [Reichs- bzw. Bundesverband, d. Verf.] und DEK[T] durch das Posaunenabkommen. Wir wollten in Württemberg alle Spaltung verhüten." Der Landesbischof, so hielt Scheffbuch in seiner Aktennotiz fest, habe dies verstanden und sich darüber hinaus „dankbar" darüber geäußert, „dass es in Württemberg – außer Raum Hohenlohe" nicht zu BKAE-Gründungen gekommen sei, wiewohl auch er anerkannte, „dass ein radikal und einseitig ausgerichteter Kirchentag die Fronten notvoll verschärfen könnte." Eichele notierte sich die Bitten der Delegation, zugleich „bat der Bischof um Rat im Umgang mit den Fundamentalisten (Tagung des Bibelbunds)". Man schied, wie es scheint, in bestem Einvernehmen. Deutlich werden an diesem Vorgang drei Aspekte: Erstens die Vernetzung der württembergischen mit den bundesweiten Werken und Gruppen – hier des CVJM, an anderer Stelle beispielsweise die von Lienhard Pflaum immer wieder zitierten Gemeinschaften des Gnadauer Verbandes. Die württembergischen Untergruppen waren in ihrem Handeln und in ihrer Positionierung nicht frei, sondern mussten sich mit ihren jeweiligen Gesamtverbänden und Bünden abstimmen. Zweitens die Inhomogenität des konservativen Lagers, die Landesbischof Eichele durchaus geschickt thematisierte, indem er den anwesenden Männern des CVJM, die ja gleichzeitig Repräsentanten der LHV waren, zu verstehen gab, dass er sie anders (positiver) wahrnahm als die Vertreter der BKAE – besonders Raum Hohenlohe – und der „Fundamentalisten"; nichts deutet darauf hin, dass Scheffbuch,

---

363 EBD., 349.
364 Akten-Notiz betr. Gespräch mit Landesbischof D. Dr. Eichele in Sachen Kirchentag, undatiert; LKAS, Zugang 1995-6, Handakten Scheffbuch.
365 Vormals Mitglied des LBR.
366 Vgl. oben 271.

Lamparter oder Heiland dieser Klassifizierung des Bibelbundes im- oder explizit widersprochen hätten. Drittens der recht direkte Zugang, den Rolf Scheffbuch als Leiter des Jungmännerwerks, Mitglied des Hofackerkreises und Synodaler zum Landesbischof[367] hatte.

Für den Gesprächskreis BB meldete sich ihr Sprecher Martin Pfander am 29. November in einem Brief an den Landebischof erstmals zu Wort und forderte einen „stark geistlich ausgerichteten Kirchentag"[368]. Gleichzeitig brachte Pfander die Reichenau-Erklärung als „theologische Basis" für einen kommenden Kirchentag in Stuttgart ins Spiel. Es ist jedoch zu vermuten, dass Rolf Scheffbuch der eigentliche Verfasser des Schreibens war, da der Entwurf für die vier Forderungen in Pfanders Brief in der Handschrift Scheffbuchs abgefasst war[369].

5.3.3 Die Vorgespräche zwischen Kirchentagspräsidium, württembergischer Kirchenleitung, dem „Fellbacher Kreis" und der Bekenntnisbewegung[370]

Exkurs: Verhältnis der Ludwig-Hofacker-Vereinigung zur Bekenntnisbewegung ‚Kein anderes Evangelium'

Die Beziehung zwischen dem württembergischen biblisch-konservativen Netzwerk und der BKAE, die von Westfalen ausging und dort bis in die 1980er Jahre ihr

---

367 Auch die persönliche Beziehung mag eine Rolle gespielt haben: Eichele war der Patenonkel von Scheffbuchs Frau Sigrid (Interview Scheffbuch); während Scheffbuchs Zeit als persönlicher Referent von Landesbischof Haug 1957–1959 dürfte er mit Eichele als damaligem Prälaten von Ulm zu tun gehabt haben; ab Scheffbuchs Ernennung zum III. Münsterpfarrer in Ulm 1959 bis zu Eicheles Wahl zum Bischof 1962 ebenfalls.
368 Pfander an Landesbischof, 29. 11. 1967; LKAS, Zugang 1995-6, Handakten Scheffbuch.
369 Vgl. Entwurf; LKAS, Zugang 1995-6, Handakten Scheffbuch.
370 Wenn im Folgenden der Fokus der Darstellung auf dem Agieren des biblisch-konservativen Netzwerks im Vorfeld des DEKT 1969 liegt, so ist dies zum einen darin begründet, dass der Kirchentag für die anderen Akteure innerhalb der Württembergischen Landeskirche nach Auskunft der Quellen weitgehend unproblematisch bzw. schlicht kein Thema war: Die wenigen Notizen aus dem Umfeld des Gesprächskreises EE deuten in diese Richtung (vgl. z. B. FrChr 18 (1966), 186 f), die kirchenreformerischen Gruppen um Werner Simpfendörfer waren auf dem Kirchentag mit ihren Anliegen präsent und sahen ihn als wichtiges Forum (vgl. z. B. SCHNATH, Gott und SCHNATH, Welt). In den Akten der BG schließlich findet sich bis auf die Mitteilung der Einladung des DEKT durch die LS im Herbst 1967 (LKAS, D 31, 90) keinerlei Erwähnung – weder in den Rundbriefen oder in EuK-Info, noch in den LBR-Protokollen. Letzteres ist besonders bemerkenswert, da LBR-Mitglied Hermann Feghelm zugleich Mitglied des Fellbacher Kreises (s. u. 278) war. Zum anderen ist es der Quellensituation geschuldet. Abgesehen von einem nach Umfang wie Inhalt wenig ergiebigen Bund in den allgemeinen Kirchenakten (LKAS, A 226, 4075) sind aus den Beständen des OKR keine Informationen über die Vorbereitung des DEKT 1969 zu gewinnen – weder die (extrem knapp gehaltenen) Protokolle des Kollegiums, noch die Akten der beteiligten Prälaten geben Einblick in die Wahrnehmung und Verhandlungsstrategie der Kirchenleitung. Auch sind eigentlich zu erwartende Protokolle der im folgenden beschriebenen Sitzungen von Seiten des OKR oder des DEKT-Präsidiums of-

Zentrum hatte, beruhte zunächst auf persönlichen Kontakten und Affinitäten, wurde jedoch von Seiten des LHK schon früh unter strategischen Gesichtspunkten gesucht und gepflegt. Zwei Komponenten sind hier besonders zu berücksichtigen, die in zwei Personen verdichtet sind: Walter Tlach und Max Fischer.

Tlach[371], dem württembergischen Pietismus Hahn'scher Prägung sowie dem CVJM entstammend und dadurch den Männern um Julius Beck nahestehend, wurde nach Studium, Kriegsdienst und Repetentur im Tübinger Stift 1948 als Missionslehrer ans Seminar der Rheinischen Mission in Wuppertal-Barmen entsandt. In dieser Zeit knüpfte er nicht nur persönliche Kontakte zu den bekannten und einflussreichen Evangelisten Johannes[372] und Wilhelm Busch[373], sondern auch zu konservativen Kreisen in Westfalen; unter anderem wurde er ab 1951 immer wieder als Redner zu der neupietistisch geprägten Bünder Konferenz eingeladen und ein Berichterstatter hielt fest: „Dozent Tlag [sic] war [...] wegen seiner schwäbischen Mundart nicht immer gut zu verstehen, aber trotzdem hinterließ gerade sein Vortrag einen sehr nachhaltigen Eindruck."[374] Als Tlach 1953 nach Württemberg zurückkehrte, brachte er nicht nur Wilhelm Buschs „Auftrag" mit, ein württembergisches Pendant zur Tersteegensruh-Konferenz zu initiieren[375], sondern eben auch diese persönlichen Kontakte nach Westfalen. Diese beiden Faktoren brachte er ab 1954 in den LHK ein[376]. Hinzu kam, dass er sich durch seine Vortragstätigkeit, durch seine „Antwort an Ernst Käsemann"[377] sowie seine Aufklärer-Rolle im landeskirchenweit bekannt gewordenen Skandal um die Kreuzbruderschaft Neresheim[378] einen Namen als führender Theologe im konservativen Lager erworben hatte. Wiewohl Tlachs Mitgliedschaft im LHK offensichtlich zu Beginn der 1960er Jahre ruhte[379], muss in seiner Berufung in den BAK der BKAE im Frühjahr 1968 (gemeinsam mit Fritz Grünzweig und Lienhard Pflaum)[380] eine Brückenfunktion zwischen dem klassischen württembergischen (Alt-)Pietismus und der BKAE gesehen werden[381].

---

fenbar nicht existent; sie konnten weder im LKAS noch in den Beständen des DEKT im EZAB aufgefunden werden.
371 Ausführlicher zu Tlach vgl. OEHLMANN, Tlach sowie OEHLMANN, Blumhardt-Jünger.
372 Zu dieser Zeit Bundeswart des CVJM Westbundes.
373 Leiter des Essener Weigle-Hauses.
374 Zitiert bei MIKOTEIT, Bünder Konferenz, 123.
375 Vgl. oben 93.
376 Vgl. OEHLMANN, Tlach, 310 f.
377 TLACH, Antwort.
378 Vgl. OEHLMANN, Blumhardt-Jünger.
379 In der Sitzung des LHK am 13. 7. 1968 wurde Tlach „als neues Mitglied unseres Kreises" begrüßt; LHA, Ordner „L.H. Kreis 1965–1975"; Zwei Briefe Schäfs aus dem August 1956 berichten vom massiven Dissens zwischen Schäf und Tlach über das weitere Vorgehen der AGBC; in den Sitzungsprotokollen 1957 ist Tlach noch genannt, danach scheint er nicht mehr teilgenommen zu haben (vgl. LHA, Ordner „L.Hofacker-Kreis 1951–1969). Den Offenen Brief 1961 hat Tlach nicht unterschrieben. Vgl. auch OEHLMANN, Blumhardt-Jünger, 296, insb. Fn. 39.
380 Vgl. BKAE-Informationsbrief Nr. 14, 2.

Max Fischer, seit 1920 der Bahnauer Bruderschaft[382] angehörend, hatte diese aus der Erweckungsbewegung des 19. Jahrhunderts stammende Tradition nach 1945 mit der Gründung der Missionsschule Unterweissach in Württemberg etabliert[383]. Fischer war württembergischer Repräsentant des Gnadauer Verbandes[384], gehörte von Beginn an zum Vorstand der BKAE[385] und fungierte in Württemberg als geschätzter und wichtiger Ansprechpartner des OKR aus den Reihen des (Neu-) Pietismus sowie Informationslieferant über Lage und Pläne im biblisch-konservativen Netzwerk[386]. Fischer war maßgeblich an den offiziösen „Gesprächen zwischen Pietismus und Theologie" in den 1950er Jahren beteiligt[387]. Fritz Grünzweig suchte unmittelbar nach seiner Wahl zum Leiter der AGBC den Kontakt zu Fischer, da ihm daran gelegen war, die Arbeit der AGBC systematisch auf eine breitere Grundlage zu stellen und mit gleichgesinnten Gruppen zu koordinieren[388]. Dies führte in der Folge dazu, dass Grünzweig Fischer im September 1966 die Übernahme des Vorsitzes der AGBC anbot. In der gleichen Sitzung jedoch kam es offensichtlich zu Misshelligkeiten, so dass Fischer nicht nur den angetragenen Vorsitz ablehnte, sondern zunächst sogar die gesamte Zusammenarbeit zwischen der AGBC und der von Fischer vertretenen BKAE in Frage stellte – Fischer betonte nachdrücklich seinen Führungsanspruch, denn „[d]ie bisherige Arbeit im Sinne der Bekenntnisbewegung ist ja getragen gewesen von den Gnadauer Verbänden"[389] und er sei offiziell beauftragt gewesen, „die [Gnadauer] Verbände zu einer Arbeitsgemeinschaft in loser Form zusammenzuschließen[390] und das Notwendigste zu tun. Der Ludwig-Hofacker-Kreis gehörte nicht zu die-

---

381 Bedauerlicherweise wurde der Briefwechsel zwischen Tlach und Bäumer einige Jahre nach Tlachs Tod weggeworfen; Auskunft Elfriede Tlach, 22. 7. 2011.
382 Zur Geschichte der Bahnauer Bruderschaft vgl. EVANGELISCHE MISSIONSSCHULE / REISER, Bahnauer.
383 Mit der Neugründung der Bahnauer Bruderschaft 1945 wurde Max Fischer de facto Nachfolger von Friedrich Busch, dem letzten Leiter der Bruderschaft in Preußisch Bahnau und Bruder von Wilhelm und Johannes Busch. Über ihre Mutter Johanna Busch geb. Kullen waren diese nicht nur mit dem württembergischen Pietismus („Kullen-Stunde", Hülben) verbunden, sondern auch mit Männern wie Rolf, Winrich und Klaus Scheffbuch, aber auch mit Eugen Stöffler verwandt. Über den unwissenschaftlich anmutenden Hinweis auf diese Verwandtschaftsverhältnisse sollte die faktische Relevanz eben solcher Verbindungen nicht unterschätzt werden.
384 Vgl. Protokoll LBR 9. 6. 1964; LKAS, D 31, 89.
385 Vgl. BKAE-Informationsbrief Nr. 1, 1. Der Gnadauer Verband hatte schon zuvor dem Betheler Kreis angehört, vgl. BKAE-Informationsbrief Nr. 1, 1.
386 Der *Pfarrer* Fischer wurde offensichtlich als zuverlässiger empfunden als die unabhängigen Geister der AGBC; vgl. die Berichte und Briefwechsel in LKAS, A 126, 1177. Verschiedentlich ist explizit festgehalten, dass Fischer selbst nicht zum „Kreis um Herrn Schäf" gehöre, vgl. z. B. Protokoll LBR 9. 6. 1964; LKAS, D 31, 89.
387 Vgl. BAUER, Bewegung, 150–157.
388 Vgl. Grünzweigs programmatische Stellungnahme vor dem LHK, 16. 10. 1965; LHA, Ordner „Briefwechsel 1965–1975", Protokoll LHK 11. 12. 1965; LHA, Ordner „L.H. Kreis 1965–1975" sowie den anschließenden Briefwechsel Grünzweig-Fischer Oktober 1965 und Grünzweigs Aktennotiz über die Unterredung am 29. 12. 1965; LHA, Ordner „Rundschreiben 1965–1975".
389 Fischer an Grünzweig u. a., 7. 9. 1966; LHA, Ordner „Briefwechsel 1965–1975".
390 Vgl. BAUER, Bewegung, 406.

sem Verband". Er habe sich um Zusammenarbeit mit Schäf bemüht, was aber nicht ohne „eine gewisse Distanzierung von bestimmten Äußerungen und praktischen Unternehmungen" möglich gewesen sei. Grünzweig gegenüber hatte sich Fischer zunächst sehr aufgeschlossen gezeigt, witterte aber schnell erneut eine Konkurrenzsituation im biblisch-konservativen Lager, sollte „der Ludwig-Hofacker-Kreis eigene Unternehmungen neben der Bekenntnisbewegung starte[n, … die] theologisch und praktisch mit [sic] der sonstigen Haltung der Bekenntnisbewegung differieren." Der um Ausgleich und Einigkeit bemühte Grünzweig antwortete postwendend, dass er gerade einer derartigen „Zweigleisigkeit" und „Rivalität" habe vorbeugen wollen und bat Fischer erneut, „die vorbereitenden Besprechungen mit den Verantwortlichen uns verwandter Kreise in der Frage einer Bekenntnisbewegung für Württemberg zu führen."[391] Fischer ließ sich offensichtlich umstimmen und nahm fortan an den Sitzungen des LHK teil[392]; dadurch bestand ab Herbst 1966 ein direkter Konnex zwischen dem Netzwerk des württembergischen Pietismus und der BKAE. Als Max Fischer im Frühjahr 1967 verstarb, wurde der Wildensteiner Pfarrer Walter Abele, der kurz zuvor die „Bekenntnisgemeinschaft ‚Kein anderes Evangelium' – Raum Hohenlohe" gegründet hatte[393], explizit als Nachfolger Fischers in den LHK berufen[394]. Lienhard Pflaum, ebenfalls Mitglied des LHK, trat im Bereich des Gnadauer Verbandes Fischers Nachfolge an[395].

Aufschlussreich für die Haltung Grünzweigs ist seine Aktennotiz über die Gründungsversammlung der BKAE am 6. März 1966 in der Dortmunder Westfalenhalle, an der er teilgenommen hatte:

„Aufs Ganze gesehen konnte ich mit Freuden dabei sein. Ein Teil der Gemeinde J.[Jesu? d. Verf.] mußte sich Luft machen angesichts der zunehmenden Verwirrung und angesichts all der Verunglimpfungen, die er hatte erleiden müssen. [… Es war] eine Kundgebung des militanten Pietismus, darum fürchte ich, es wird die B.B. ‚kein anderes Evangelium' eine eingeschränkte Sache bleiben und nicht eine echte Sammlung werden. Über die Voten von Busch und Deitenbeck war ich bekümmert. Es war, wie mir schien, viel sarktische Leidenschaft dabei. Aber

---

391 Grünzweig an Fischer, 8. 9. 1966; LHA, Ordner „Briefwechsel 1965–1975".
392 Vgl. Protokolle der Sitzungen des LHK.
393 Am 29. 6. 1966, vgl. BAUER, Bewegung, 516; Abele erlangte in der Württembergischen Landeskirche eine gewisse, wenn auch fragwürdige, Berühmtheit, da er tatsächliche oder vermeintliche Gegner mit einer Unzahl an Briefen bedachte, die häufig in der Argumentation schwer nachvollziehbar, im Ton nicht selten beleidigend waren; vgl. beispielsweise die Sammlung von Abele-Briefen an verschiedene Empfänger in LKAS, Zugang 1995-6, Handakten Scheffbuch. Zu beachten ist, dass Abele zwar als Repräsentant der BKAE in den LHK berufen wurde – de facto jedoch immer primär individualistisch, nicht als Teil einer Organisation agierte. Seine Berufung dürfte daher zwar als systematisch folgerichtig, jedoch nicht zielführend zu bewerten sein: eine Einbindung der BKAE-nahen Strömungen wurde dadurch nicht erreicht.
394 Vgl. Brief Grünzweig an Abele 10. 5. 1967; LHA, Ordner „Briefwechsel 1965–1975".
395 Vgl. oben 248.

vielleicht bedient sich Gott doch der besten, die dabei waren, und schließlich ist ja der alte Schweigezustand gegen die Verführungen allmählich so unerträglich, daß ich auch ein Froschkonzert gegen die herrschende Theologie schön fände, zumal wenn es 20 000 sind! [...] Aber als einen hoffnungsvollen Durchbruch und Neuanfang konnte ich es nicht ansehen. Dazu fehlte auch der Ton echter Buße."[396]

Der LHK teilte diese distanziert-positive Haltung; in der Sitzung am 2. April wurden die Vorgänge in Westfalen sowie die Frage eines Beitritts erörtert. Da „wir hier in Württemberg der Kreis sind, der das Anliegen der Norddeutschen Bekenntnisgemeinschaft vertritt", bestand Einigkeit darüber, „daß zr. Zt. kein Anlaß besteht, mit der Bekenntnisgemeinschaft in nähere Verbindung zu treten."[397] Und Grünzweig notierte sich ergänzend: „Meinung der Brüder: Wir bleiben wir. Wir wollen aber in Verbindung bleiben und für das Anliegen offen sein."[398] Diese Verbundenheit brachte Grünzweig bei der Hofackerkonferenz am 9. Juni 1966 öffentlich zum Ausdruck, indem er erklärte: „Wir gedenken heute auch der verantwortlichen Brüder der Bekenntnisbewegung ‚Kein anderes Evangelium', mit deren Anliegen wir uns verbunden wissen."[399] Zentrales Anliegen der AGBC und der von ihr verantworteten Hofacker-Konferenz aber blieb, ganz im ursprünglichen Sinne Walter Tlachs, die positive, evangelistische Ausrichtung, nicht der Abwehrkampf[400].

Nachdem Landesbischof Eichele im Herbst 1967 den DEKT für 1969 nach Stuttgart eingeladen und zugleich deutlich gemacht hatte, er erhoffe und erwarte eine Teilnahme des Pietismus an diesem Kirchentag, galt es, den Rahmen für die Verhandlungen mit DEKT und Kirchenleitung abzustecken und eine autorisierte Delegation zu bestimmen. Daher trafen sich auf Einladung des LHV-Vorsitzenden Fritz Grünzweig und des BB-Sprechers Martin Pfander am 27. Dezember 1967 in Fellbach[401], dem Wohnort Pfanders, „etwa 60 Ver-

---

396 Grünzweig, 7. 3. 1966; LHA, Ordner „Rundschreiben 1965–1975".
397 Protokoll LHK 2. 4. 1966; LHA, Ordner „L.H.Kreis 1965–1975". Außerdem wurde darauf hingewiesen, daß der BKAE keine Verbände, nur Einzelpersonen beitreten könnten – ein korporativer Beitritt war also gar nicht möglich. Zumindest Grünzweig und Walter Tlach waren in der Folge persönliche Mitglieder der BKAE, vgl. Vortragsnotizen für ein Wort vor dem Ältestenbeirat der Württ. Landessynode 4. 11. 1968; LHA, Ordner „Synodalpräsident Klumpp + Anfg. Krit. Kirche".
398 Aktennotiz Grünzweig zum 2. 4. 1966; LHA, Ordner „L.H. Kreis 1965–1975".
399 Erklärung von Pfarrer Fritz Grünzweig, verlesen am Nachmittag der Ludwig-Hofacker-Konferenz am 9. 6. 1966, Hektographie; LKAS, Zugang 1995-6, Handakten Scheffbuch.
400 Vgl. oben 94. Entsprechend beschrieb Grünzweig die Beziehung zur BKAE auch im Dezember 1969 gegenüber den Mitgliedern der LHV: „Wir waren mit der Ludwig-Hofacker-Vereinigung bereits vor der Entstehung der Bekenntnisbewegung vorhanden. Wir haben in manchem einen etwas anderen Stil [...] [der Schwerpunkt liegt] bei der Ausrichtung der positiven Botschaft der Einladung unseres Herrn und der Heiligung des Lebens [...]. Diese Unterschiedlichkeit schloss und schließt aber nicht aus, dass wir miteinander herzlich verbunden sind und immer wieder auch zusammenarbeiten. (Referatsskizze Grünzweig „Was ist die Aufgabe der LHV heute"; LHA, Ordner „L.Hofacker-Kreis 1951–1969").
401 Nachmittags wurde das von der Synode angestoßene Theologinnengesetz beraten, vgl. Ein-

antwortliche[] aus dem württembergischen Pietismus: Leiter der Gemeinschaftsverbände", die Mitglieder des LHK sowie des Informationskreises BB. Bekannt wurde dieses Gremium als „Fellbacher Kreis". Dieser wählte einen „siebenköpfige[n] Verhandlungsausschuß", der seinerseits drei seiner Mitglieder beauftragte, „die unmittelbaren Gespräche mit den Vertretern des Kirchentags zu führen"[402]. Während bei einem Vorbereitungstreffen im kleinen Kreis Anfang Dezember[403] wohl noch Pfander (Sprecher des Synodalkreises), Grünzweig (Leiter der LHV) und Pflaum (Repräsentant der Gnadauer und damit Verbindungsmann zur BKAE[404]) im Gespräch waren[405], wurden in Fellbach letztlich Grünzweig, Rolf Scheffbuch und Walter Tlach zu Verhandlungsführern bestimmt. Wie ist diese Auswahl zu interpretieren? Tlach galt, wie oben gezeigt, als der beste Theologe des Württembergischen Pietismus, war als Dekan in die kirchliche Hierarchie eingebunden und außerdem persönliches Mitglied der BKAE mit einem guten ‚Draht' zu den Brüdern nördlich des Mains[406]. Rolf Scheffbuch[407] gehörte der LS an, war als Leiter des Männerwerks landesweit bekannt und hatte sowohl Kontakte zum OKR als auch zum CVJM, der seinerseits ebenfalls an den Kirchentagsvorbereitungen beteiligt war; in der Funktion als CVJM-Repräsentant war er bereits in Sachen Kirchentag beim OKR vorstellig geworden[408]. Grünzweigs Abordnung verwundert am wenigsten, da er als Leiter der LHV wohl allseits als anerkannter und geschätzter Repräsentant und Vertrauensmann des württembergischen

---

ladung vom 2. 12. 1967; LHA, Ordner „L.H. Kreis 1965–1975". Eine Art Chronologie der Sitzungen findet sich auf dem Deckblatt des Ordners „DEKT 1969 + Klumpp".

402 Der Rücktritt von Synodalpräsident Klumpp und der württembergische Pietismus; Sonderdruck/Flugblatt November 1968; Sammlung Oehlmann. Dem 7er-Ausschuss gehörten an: Martin Pfander, Walter Tlach, Karl Fischer, Rolf Scheffbuch, Fritz Grünzweig, Hans [!] Eißler und Hermann Feghelm. Das 3er-Team bildeten Grünzweig, Tlach und Scheffbuch; vgl. Grünzweig, Betr. Kirchentag 1969 in Stuttgart, 9. 3. 1968; LHA, Ordner „DEKT + Klumpp". Dieser Ausschuss und das kleine Verhandlungsteam erhielten keine einprägsamen Namen. Der Klarheit halber wird daher im Folgenden mit den abgeleiteten Begriffen „Fellbacher Verhandlungsausschuss" bzw. „Verhandlungsteam" operiert werden.

403 Vgl. Einladung für den 12. 12. 1967 von Grünzweig an Konrad [!] Eißler, Immanuel Grözinger, Friedrich Hänssler, Günther Hillenberg, Martin Holland, Fritz Hubmer, Martin Pfander, Rolf Scheffbuch und Walter Tlach, 30. 11. 1967; LHA, Ordner „DEKT 1969 + Klumpp". Diese Auswahl berücksichtigte, systemisch betrachtet, neben Synodalmitgliedern zumindest den Altpietistischen Gemeinschaftsverband sowie den Brüderbund.

404 Pflaum wurde erst im April 1968 in den BAK der BKAE berufen, vgl. BKAE-Informationsbrief Nr. 14, 2.

405 Vgl. undatierte Gesprächsnotiz Scheffbuchs „1. Wer ist Gesprächspartner?". Aus Inhalt und Kontext legt sich die vermutete Datierung nahe; LKAS, Zugang 1995-6, Handakten Scheffbuch.

406 Möglicherweise war er schon seit Beginn der 1960er Jahre im Bethelkreis aktiv gewesen, vgl. OEHLMANN, Blumhardt-Jünger, 295.

407 Wichtig ist, sich vor Augen zu führen, dass Scheffbuch im Winter 1967 noch nicht der allseits anerkannte Führer des kirchenpolitischen Flügels des biblisch-konservativen Netzwerkes war – diese Position ist ihm, wie zu zeigen sein wird, erst im Verlauf der hier darzustellenden Ereignisse zugewachsen.

408 Vgl. oben 272.

Pietismus galt. Ab Februar 1968 ist in den Dokumenten nachweisbar, dass „Pfarrer Abele, Wildenstein, [...] als Leiter der Bekenntnisbewegung, Raum Hohenlohe, noch hinzu [trat]"[409], was darauf hindeutet, dass BKAE und württembergischer Neupietismus förmlich in diesem Verhandlungsteam repräsentiert sein wollten; de facto spielte Abele in den kommenden Verhandlungen keine[410], im weiteren Umfeld der Verhandlungen jedoch eine ausgesprochen unrühmliche Rolle[411].

Die Verhandlungen begannen am 14. Februar 1968[412] mit einem Gespräch zwischen dem Fellbacher Verhandlungsausschuss[413] auf der einen, Landesbischof Eichele und dem Reutlinger Prälaten Helmut Pfeiffer auf der anderen Seite. Einer der ‚Fellbacher', Hermann Feghelm, war verhindert und hatte daher seine Überlegungen zu Verhandlungsposition und -taktik den Brüdern vorab mitgeteilt[414]. Da diese Positionen offensichtlich für die Verhandlungen leitend wurden, seien sie dargestellt: Wesentlich sei, so Feghelm, zu klären, ob die württembergische Kirchenleitung die Forderung von Pietismus und Bekenntnisbewegung nach einer verbindlichen Bekenntnisgrundlage des DEKT zu unterstützen bereit sei[415]. Erhielten die Fellbacher in diesem Punkt keine klare Zusage von Seiten des OKR, sei „verbindlich ausgesprochen", aber in der Sache eindeutig, mit Boykott zu drohen. Zeige der OKR sich zugänglich, so

---

409 So Grünzweig in der Erklärung vor dem Ältestenrat; LHA, Ordner „Klumpp und KK". Sowohl die eigentümlich distanzierte Formulierung („trat hinzu") als u. a. auch der Umstand, dass der Bericht von Seiten der LHV nur vom Dreierteam Tlach-Scheffbuch-Grünzweig unterzeichnet ist, weisen auf Abeles Sonderstellung bzw. Isolierung im Gesamtgefüge des Verhandlungsausschusses hin; vgl. Der Rücktritt von Synodalpräsident Klumpp und der württembergische Pietismus; Sonderdruck/Flugblatt November 1968; LKAS, Zugang 1995-6, Handakten Scheffbuch.
410 In den Protokollen der Verhandlungen finden sich recht wenige Wortmeldungen von ihm, die zudem von den anderen Gesprächsteilnehmern nicht weiter aufgenommen wurden.
411 Vgl. unten 313.
412 Ein ursprünglich vereinbarter Termin am 27. 1. fand wegen Erkrankung Eicheles nicht statt, vgl. Chronologie der Sitzungen; LHA, Ordner „DEKT 1969 + Klumpp".
413 Feghelm war offensichtlich verhindert; vgl. Protokoll der Besprechung zwischen Landesbischof D. Dr. Eichele und den Beauftragten der württ. Pietismus, 14. 2. 1968; LKAS, Zugang 1995-6, Handakten Scheffbuch. Über die Gespräche wurde jeweils von Rolf Scheffbuch ein Protokoll verfasst und vervielfältigt; die Hektographien sind aber nur in Scheffbuchs eigenen Unterlagen erhalten; in den Unterlagen Grünzweigs im LHA waren sie nicht auffindbar, Nachlässe von Tlach oder Abele existieren nicht. Auch in der Überlieferung des OKR im LKAS waren sie nicht vorhanden, was darauf hindeutet, dass sie möglicherweise nur für den Fellbacher Kreis bestimmt waren. Da es keinerlei alternative bzw. ergänzende Dokumentation über den Gang der Verhandlungen 1967–1969 gibt, und diese Sitzungsprotokolle Scheffbuchs wohl mit einigem Recht als zwar möglicherweise tendenzgefärbte, insgesamt aber zuverlässige Quellen zu gelten haben, stützt sich die Darstellung im Folgenden wesentlich auf diese Überlieferung.
414 Vgl. Feghelm an Grünzweig, 18. 1. 1968; LKAS, Zugang 1995-6, Handakten Scheffbuch.
415 Wobei, so betonte Feghelm, „zu unterscheiden [sei] zwischen der wahrscheinlich sehr lauteren und positiven Einstellung unseres Landesbischofs persönlich und dem letztlich allein massgeblichen mutmasslichen Beschluss des OKR als Kollegium!" Feghelm an Grünzweig, 18. 1. 1968; LKAS, Zugang 1995-6, Handakten Scheffbuch.

müsse es für den Pietismus nicht etwa darum gehen, die Referenten der modernen Richtung zu verhindern, sondern „solchen vom DEKT namhaft gemachten Rednern ganz klar stehende Koreferenten gegenüber" zu stellen: „Werden von dort ‚ganz Radikale' benannt, so wird eher vollends dem einfachen Gemeindeglied klar werden, was hier gespielt wird!" Dieses Memorandum Feghelms belegt, dass die grundlegende Strategie, die eineinhalb Jahre später zum „Kontroverskirchentag" und zur Arbeitsgruppe „Streit um Jesus" führen sollte, bereits im Januar 1968 vorlag. Dass dies nicht nur die Meinung Feghelms war, sondern von den anderen sechs Ausschussmitgliedern geteilt und mitgetragen wurde, zeigte sich in den Voten bei der Sitzung am 14. Februar[416]. Vor allem Grünzweig und Tlach argumentierten erkennbar im Sinne Feghelms, wobei sie den Akzent auf die Forderung nach einer Bekenntnisgrundlage des DEKT legten und dafür die „Präambel zur württ. Kirchenverfassung, die Reichenau Erklärung und die theol. Erklärung der westfälischen Kirchenleitung[417]" vorschlugen. Tlach begründete gegenüber dem Landesbischof, der wiederholt um Verständnis und Nachsicht gegenüber den modern(istisch)en Bestrebungen des DEKT warb, das Drängen der Fellbacher mit einer höchst aufschlussreichen und für die kommenden Ereignisse bedeutungsvollen Erklärung: Es gehe

> „in diesem Gespräch nicht eben nur um die Anliegen des württ. Pietismus, sondern auch um das der kirchlichen Sammlungen, die uns gebeten hätten, mit ihnen Verbindung zu halten. Wir stehen in einer Solidarität mit den Sammlungen und der Bekenntnisbewegung. Das Gespräch mit dem [DE]KT sei nur die eine Front. Daneben haben wir dauernd mit Strömungen zu kämpfen, die zur Freikirche hin tendieren."[418]

Tlach beschrieb hier präzise die für die kommenden Ereignisse prägende Situation des württembergischen Pietismus, wie er durch die LHV repräsentiert wurde. Während sich die württemberger Pietisten durchgehend als Glieder der Landeskirche verstanden, Glieder, die diese Kirche trugen und sich daher berechtigt sahen, Rücksichtnahme und Eingehen auf ihre Anliegen zu fordern, war unter den neupietistisch geprägten Trägergruppen der BKAE und der Sammlungen in der Tat die Tendenz zur Abspaltung von der jeweiligen Landeskirche und zur Gründung eigener freier Kirchen deutlich vorhanden[419]. Der Fellbacher Verhandlungsausschuss sah sich offensichtlich in

---

416 Vgl. alle Zitate, soweit nicht anders angegeben, Besprechungsprotokoll 14. 2. 1968; LKAS, Zugang 1995-6, Handakten Scheffbuch.
417 Gemeint war die „Erklärung der Leitung der Evangelischen Kirche von Westfalen" anlässlich des Reformationsgedenkens 1967; vgl. KJ 94 (1967), 63 bzw. STRATMANN, Evangelium, 151.
418 Zum Verhältnis bzw. den Diskrepanzen zwischen der BKAE und den Sammlungen vgl. STRATMANN, Evangelium, 181–185.
419 Dies lässt sich nicht nur an Äußerungen der Leiter (vgl. BAUER, Bewegung, 528), sondern auch am Werdegang mancher Personen nachweisen, die in den 1960ern noch als Glieder von Landeskirchen ihren Kampf begannen, in den 1970ern aber eigene Gemeinden oder freie

der Pflicht, den Kampf der BKAE und der Norddeutschen Sammlungen um den DEKT 1967 in Hannover fortzuführen; er konnte nicht gänzlich eigenständig agieren, sondern war in die gesamtdeutsche evangelikale Bewegung eingebunden, wenngleich diese offensichtlich immer wieder nicht primär als große Gemeinschaft, sondern als „zweite Front" wahrgenommen und empfunden wurde.

Landesbischof Eichele und Prälat Pfeiffer vertraten in der Sitzung vom 14. Februar in den Grundlinien dieselbe Position, die auch die hannoversche Kirchenleitung im Vorfeld des DEKT 1967 vertreten hatte. Der DEKT sei ein freies Werk, auf den die gastgebende Kirche nur sehr begrenzt Einfluss nehmen könne; zudem sei der Kirchentag nicht nur für die bibeltreue Kerngemeinde, sondern auch „für die Breite der EKD wie auch für die Randsiedler der Kirche da." Zentrales Anliegen des Bischofs war augenscheinlich, „dass sich bei uns nicht die unglückliche Vorgeschichte von Hannover wiederholt". Pointiert stellte Eichele fest, „Boykottieren sei keine christliche Haltung" und Prälat Pfeiffer nahm die von Tlach benannte Spannung zwischen Kirchentreue und Bekennersolidarität auf und fragte, Zustimmung heischend,

„[k]önnt Ihr bei aller Verbundenheit mit dem Pietismus anderer Gebiete sehen, daß in unserer Württembergischen Landeskirche ein besonderes Verhältnis zwischen Landeskirche und Pietismus besteht, das beide geprägt hat und wohl auch beiden zum Segen geworden ist? Sollten wir darum nicht alles tun, damit wir auch jetzt in diesem von der Schrift gebotenen und ermöglichten Verhältnis bleiben und von daher auch anläßlich des Kirchentages den unserer württembergischen Landeskirche anvertrauten Beitrag für das Ganze der EKD geben, auch für das Ganze des Pietismus?"[420]

Werke gründeten, z. B. Peter Georg Hartig, der von der hannoverschen Landeskirche zur SELK wechselte, Walter Künneths Assistent Wolfram Kopfermann (Anskar-Kirche Hamburg) oder Samuel Külling, Gründer der FETA Basel. Andere schufen sich zumindest in landeskirchlichen Richtungsgemeinden eine Art Paralleluniversum wie z. B. Georg Hermann Huntemann an St. Martini Bremen. Walter Tlach selbst beschrieb seine – wohl nicht in allen Aspekten typische – Position im Herbst 1968 folgendermaßen: „Meine Zugehörigkeit zur Landeskirche ist mir durch die Hl. Taufe und durch meinen Entschluß, in ihr den Dienst am Wort hauptamtlich zu üben, zunächst immer noch [!] vorgegeben (auch wenn ich zu erkennen meine, daß sich auch auf dieser Ebene der Kampf schon schärfer entwickelt, so daß wir eines Tages, vor neuen gewichtigen Entscheidungen stehen könnten...)" (Brief 19. 9. 1968; LKAS, Zugang 1995-6, Handakten Scheffbuch).

420 Stellungnahme Pfeiffers: „I. Bitten an den Deutschen Evangelischen Kirchentag, II. Bitten an den württembergischen Pietismus, Februar 1968"; LKAS, Zugang 1995-6, Handakten Scheffbuch. Pfeiffer hatte, wie sich in etlichen weiteren Protokollen zeigt, eine besondere Vorliebe für die dialektale Anrede „Ihr", die, in dieser Situation, keinesfalls als die Pluralform des vertrauten „Du" verstanden werden darf. Dieses „Ihr" impliziert größere Nähe als das förmliche „Sie" (genau daran war Pfeiffer vermutlich in diesen Gesprächssituationen gelegen), erfordert aber, da zumeist vom Ranghöheren zum Rangniedrigeren verwendet, nicht das gegenseitige Einverständnis in ein „per Du"- Verhältnis.

Es zeigt sich: Die wesentlichen Parameter, innerhalb derer sich die Vorbereitung des DEKT 1969 hinsichtlich der Frage einer Beteiligung beziehungsweise Verweigerung des Pietismus bewegten, waren schon ganz zu Beginn dieser Verhandlungen gegeben, waren mithin durch die Vorgeschichte des hannoverschen Kirchentags 1967 sowie die Situation des württembergischen Pietismus vorgegeben.

Schon knapp zwei Wochen später erfolgte das nächste Treffen zwischen Pietismus und OKR. Erstmals nahmen die Vertreter der BKAE, Rudolf Bäumer und Walter Abele, sowie weitere Mitglieder des LHK (Pflaum, Hubmer u. a.) teil. Auch die Delegation des OKR war deutlich vergrößert worden[421]. Schon in der „Vorbesprechung der ‚Pietisten'"[422] am Vormittag des 26. Februars zeigte sich, dass durch Bäumer ein wesentlich anderer Ton Einzug hielt. Er berichtete zunächst von der gerade beendeten Deutsch-Skandinavischen Theologentagung in Sittensen[423] und der dort verabschiedeten Erklärung, die mit der Feststellung schloss: „Wo dieser Christus, seine Gottmenschheit, sein Sühnetod, seine leibhafte Auferstehung und seine Erhöhung zum Vater geleugnet werden, gibt es keine Kirche."[424] Selbstbewusst folgerte Bäumer mit Blick auf den Kirchentag zum Einen: „Kirche ist Gemeinde Christi, die einen Auftrag hat: Ausrichtung der Botschaft der rechtgläubigen Kirche. [...] Wenn Ausrichten der Botschaft das Kennzeichen der Kirche ist, dann muss es auch Kennzeichen des ‚Kirchen'-tags sein."[425] Zum Anderen sei zu fordern, dass das Präsidium des DEKT zwei Vertreter des Pietismus zuwähle. Walter Tlach hielt Bäumer entgegen, dass die württembergische Verhandlungsdelegation eine andere Konzeption habe, zwar eine „dogmatische Basis" des DEKT fordere, wohl aber auch Vertreter anderer theologischer Richtungen zu Wort kommen lassen wolle. Bäumer wies dies kategorisch zurück: „Wir kommen nicht, wenn auch nur ein Irrlehrer kommt."[426] Die von Tlach gegenüber OKR Pfeiffer beschriebene „zweite Front" war hier unübersehbar.

Das eigentliche Gespräch zwischen den Vertretern des Pietismus und den insgesamt sechs Vertretern der württembergischen Kirchenleitung wurde durch ein Referat des Ulmer Prälaten Hermann Rieß eingeleitet, der hierfür als Mitglied des DEKT-Präsidiums wohl als besonders kompetent angesehen wurde, gleichzeitig jedoch wiederholt betonte, er sei und spreche an diesem Ort gerade nicht als DEKT-Präsidiumsmitglied, sondern als württembergischer Prälat[427]. Rieß benannte die bekannten Kritikpunkte gegenüber den vergangenen Kirchentagen, betonte gleichzeitig, der DEKT sei „nicht unbe-

---

421 Vgl. Besprechungsprotokoll 14. 2. 1968; LKAS, Zugang 1995-6, Handakten Scheffbuch.
422 Protokoll der Vorbesprechung; LKAS, Zugang 1995-6, Handakten Scheffbuch.
423 Vgl. STRATMANN, Evangelium, 139 f.
424 Vgl. BKAE-Informationsbrief Nr. 14, 3.
425 Protokoll der Vorbesprechung 26. 2. 1968; LKAS, Zugang 1995-6, Handakten Scheffbuch.
426 Protokoll der Vorbesprechung 26. 2. 1968; LKAS, Zugang 1995-6, Handakten Scheffbuch.
427 Vgl. Protokoll der Besprechung 26. 2. 1968; LKAS, Zugang 1995-6, Handakten Scheffbuch. Alle weiteren Zitate dieses Abschnitts dort.

lehrbar gewesen." Er bestand darauf, dass es „keinen Gehorsam Christi abseits von der Weltwirklichkeit [gebe]. Darum weiss sich der KT der jeweiligen Stunde verpflichtet. Das Evglm. muss in die Welt übersetzt werden." Dem entspreche es, dass auf dem DEKT verschiedene Richtungen zu Wort kämen „(Käsemann und Thielicke)". Rieß betonte, der DEKT stehe auf dem Boden von Schrift und Bekenntnis, sei aber „keine Lehrkanzel. Der Pluralismus des KT entspricht dem Pluralismus der Bibel." Er schloss werbend, indem er den Vertretern des Pietismus mit einigen Liedzeilen von Hiller und Blumhardt nahelegte, im „KT sind bestimmte Elemente […] die den Pietismus überhaupt und besd. den schwäb. Pietismus prägen." Die sich daran anschließende Diskussion verharrte im Wesentlichen beim Vortragen der bekannten Positionen, ohne dass es zu scharfen Positionsbestimmungen oder Abgrenzungen gekommen wäre. Insgesamt verzeichnet das Protokoll eine bemerkenswerte Anzahl frommer Worthülsen, aber annähernd keine substantiellen Aussagen. In gewisser Weise wirkmächtig dürfte lediglich der Umstand geworden sein, dass auf die Frage nach dem Kirchentagsthema von Seiten des OKR geantwortet wurde: „Da ist noch gar nichts entschieden. Das Thema wird vielleicht im Dezember festgelegt." Im Protokoll fügte Scheffbuch dieser Aussage den Hinweis hinzu, dass bereits am darauffolgenden Tag in der Stuttgarter Zeitung berichtet worden sei, „die Bergpredigt" werde das Kirchentagsthema für 1969 sein, dies sei laut epd in einem Gespräch zwischen „Wissenschaftler[n] verschiedener Fachrichtungen, Theologen und Persönlichkeiten des kirchlichen Lebens mit Vertretern von Präsidium und Leitung des Kirchentags" vorläufig beschlossen worden. Dass die Vertreter des Pietismus sich angesichts der Aussage des OKR am 26. und der Zeitungsmeldungen am 27. Februar 1969 einigermaßen vorgeführt fühlen mussten und dass dies für die Ver- beziehungsweise Misstrauensbasis der folgenden Gespräche folgenreich war, liegt auf der Hand. Letztes beachtenswertes Detail des Gesprächsprotokolls war die ausdrückliche Bitte Bäumers „über diese Besprechung nichts an die Presse" zu geben, worauf Prälat Pfeiffer lapidar – wenn auch nicht wirklich ganz zutreffend – bemerkte, dieses Gespräch sei ja im Grunde sowieso nichts anderes gewesen, als die routinemäßigen Konsultationen zwischen OKR und Pietismus. Eine gewisse Reserve gegenüber der Öffentlichkeit, ja eine Furcht oder zumindest eher negative Einstellung gegenüber „der Presse", ist nicht zu übersehen. Auch dies ein Faktor, der in den Folgemonaten Wirkung entfaltete.

Wie sensibel das Verhältnis zwischen dem Fellbacher Verhandlungsausschuss und BKAE war, lässt ein Brief Bäumers vom 27. März erahnen: Im Nachgang zu einer Sitzung des Konvents der BKAE hatte Bäumer ein Schreiben an den DEKT-Präsidenten Richard von Weizsäcker verfasst und diesen zu einem Gespräch über die „Konditionen" der Teilnahme des Pietismus am DEKT 1969 eingeladen[428]. Dieser Brief, so war im Konvent verabredet

---

428 Vgl. Bäumer, 20. 3. 1968. Der Begriff „Konditionen" findet sich nicht im sehr knapp und

worden, sollte vorab allen beteiligten Vertretern des Pietismus zugesandt werden. Nun aber war Bäumer ein „sehr peinlicher Irrtum unterlaufen": Der Briefentwurf war zwar offensichtlich an das württembergische BKAE Vorstandsmitglied Walter Abele versandt worden, nicht aber an den Fellbacher Ausschuss[429]. Bäumer bemerkte diesen Irrtum erst durch einen Anruf Abeles und schrieb daraufhin umgehend und höchst zerknirscht an die Fellbacher[430]. Interessant sind drei Gesichtspunkte: Erstens, dass Bäumer in devotesten Tönen bemüht war, sich für sein Versehen zu entschuldigen und die Fellbacher zu besänftigen. Zweitens, dass die erste Fühlungnahme zum DEKT Präsidium hinsichtlich der Teilnahme des Pietismus am Kirchentag in Stuttgart von der BKAE ausging – nicht etwa vom württembergischen Pietismus. Dies geschah erkennbar im Einverständnis mit den württembergischen Brüdern, deutet aber auch einen gewissen Alleinvertretungs- oder zumindest Führungsanspruch der BKAE innerhalb der ‚Bekenntnisfront' an. Drittens geht aus Bäumers Begleitschreiben[431] an die Konventsmitglieder klar die von ihm favorisierte Verhandlungsstrategie hervor. Es sei vom DEKT (erneut) zu fordern, dass er eine Abgrenzung „gegen Lehren [...,] die den christlichen Glauben aushöhlen" zu vollziehen und auf „provozierende Referenten" zu verzichten habe, andernfalls „würde etwas Ähnliches wie 1967 geschehen". Mit anderen Worten: Bäumer forderte, wie schon 1966[432], die Unterwerfung des DEKT unter die Prämissen der BKAE und drohte andernfalls mit Boykott. Aufschlussreich für das Selbstverständnis der BKAE in diesen Verhandlungen ist Bäumers Feststellung, man wolle durch die genannten Forderungen den Kirchentag „retten".

Die Linie des Fellbacher Kreises hingegen hatte Fritz Grünzweig beim Jahrestreffen der LHV am 9. März in Stuttgart skizziert[433]. Ausführlich begründete er die Notwendigkeit des Engagements des „Pietismus"[434] für den

---

sachlich (Terminanfrage) gehaltenen Schreiben an von Weizsäcker, wohl aber im Begleittext für die Konventsmitglieder; LKAS, Zugang 1995-6, Handakten Scheffbuch.
429 Der Fellbacher Kreis als Adressat ist nicht genannt, aber m. E. notwendig zu erschließen.
430 Bäumer, 27. 3. 1968; LKAS, Zugang 1995-6, Handakten Scheffbuch.
431 Bäumer, 20. 3. 1968; LKAS, Zugang 1995-6, Handakten Scheffbuch.
432 Vgl. STRATMANN, Evangelium, 116 f.
433 Vgl. Grünzweig, Betr. Kirchentag 1969 in Stuttgart, 9. 3. 1968; LHA, Ordner „DEKT + Klumpp".
434 Beachtenswert ist Grünzweigs offensichtliches Unbehagen an der Selbstbezeichnung: „Pietismus [...] dieses etwas summarische und schillernde Wort für unsere Kreise und die Geistesbewegung, die sich nun etabliert, auch in unseren Kreisen und Gemeinschaften". Es erscheint plausibel, in der „Geistesbewegung, die sich nun etabliert", die BKAE zu vermuten, die Grünzweig nur mit gewissen Vorbehalten unter „Pietismus" summiert (Grünzweig, Betr. Kirchentag 1969 in Stuttgart, 9. 3. 1968; LHA, Ordner „DEKT + Klumpp"). Daher verwundert es nicht, dass sich der um 1970 aus den USA importierte Begriff „Evangelikal", seinerseits „summarisch[] und schillernd[]" schnell und vollständig durchgesetzt hat, um eine größere Bandbreite von biblizistisch-fundamentalistisch-konservativen Strömungen zu bezeichnen, die zwar teilweise, aber nicht in toto ihre Wurzeln im Pietismus älterer und neuerer Prägung haben.

Kirchentag: Man müsse versuchen, dem DEKT „wieder in eine gute Bahn zu helfen", wolle ihn nicht preisgeben, da die Öffentlichkeit ja Kirche und Kirchentag identifiziere, müsse verhindern, dass teilnehmende „Leute von uns [...] verwirrt werden" und dürfe, aus Verantwortlichkeit für die Welt als Ganze und für „suchende[] Menschen" im Besonderen, sich nicht einfach in eine „kaltherzige Gleichgültigkeit" zurückziehen. Daher wolle man mitbestimmen und mitgestalten, von Anfang an eingebunden sein in „Thema, Programm und nicht zuletzt Redner". Grünzweig wies – ohne Namensnennung – Tlachs Votum zurück, wonach es umso besser sei, je radikaler die Gegenseite aufträte, weil dadurch auch den ‚einfachen' Gläubigen eine Beurteilung und Unterscheidung von richtig und falsch möglich würde und bestand darauf, dass „im Namen Jesu und der Kirche" nur die reine Lehre verkündigt werden dürfe – eine „gemeinsame Bekenntnisgrundlage [...,] die biblische Botschaft" sei unverzichtbar. Im Folgenden informierte Grünzweig die Vertrauensmänner der LHV über den bisherigen Gesprächsverlauf seit dem 27. Dezember, erläuterte, dass man Rudolf Bäumer hinzugezogen habe, „nicht um uns unbesehen eine Meinung der Bekenntnisbewegung zu eigen zu machen, sondern um uns [...] zu informieren: Wie war das denn damals, wie lief das in Hannover? Wir wollten aus den Erfahrungen der Brüder lernen und nicht noch einmal alles Lehrgeld bezahlen." Grünzweig berichtete von der verständnisvollen Aufnahme der Anliegen durch die Kirchenleitung und dass Bischof Eichele „unbedingt mit uns reden [wollte], noch bevor die offiziellen Vertreter der Kirchentagsleitung zu ihm kommen". Um „gemeinsame Schritte" zu koordinieren, habe man zudem mit Kirchenrat Hermann Schlier von der Kirchlichen Sammlung in Bayern[435] sowie mit den „Brüdern aus Baden unter Anführung von Pfarrer Adler, Mannheim"[436] Kontakt aufgenommen. Wiederholt stellte Grünzweig neben die in seinen Augen absolut unverzichtbare Forderung nach einer verbindlichen Bekenntnisgrundlage des DEKT[437] betont den Willen zur Mitarbeit: „[I]ch bin in meinem Gewissen in der Liebe gebunden, noch Einfluss zu suchen und Brücken zu schlagen." Er deutete aber auch die Risiken dieser Kompromissbereitschaft an. Man müsse unablässig darum bitten, „dass das Volk Gottes nicht entzweit wird über dieser Sache! Wir sind uns darüber klar: es droht eine Zertrennung der Kirche über diesem Kirchentag. Aber zunächst droht eine Zertrennung unserer Kreise durch diesen Kirchentag." Auch vor dem Kreis der Vertrauensmänner der LHV zeichnete Grünzweig somit die Lage als bedrohliches Zwei-Fronten-Szenario.

---

435 Grünzweig bezeichnete Schlier fälschlich als „Leiter" der Kirchlichen Sammlung um Bibel und Bekenntnis in Bayern (KSBB i.B.); er war hingegen der zweite Vorsitzende, vgl. BKAE-Informationsbrief Nr. 10, 18 sowie Nr. 83, 21 f. (Nachruf). Zur KSBB i. B. vgl. HAGER, Jahrzehnt, 37–44.
436 Walter Adler, Vorsitzender der „Arbeitsgemeinschaft für das Biblische Evangelium", vgl. BKAE-Informationsbrief Nr. 2, 2 bzw. BAUER, Bewegung, 719.
437 Erneut werden Reichenau-Erklärung und die Erklärung der Westfälischen Kirchenleitung genannt.

Dies macht deutlich, dass für Grünzweig und seine Mitstreiter ein denkbar hohes Gut auf dem Spiel stand: Die Einheit ihrer Kirche. Wie diese (württembergisch-)gesamtkirchliche Einheit mit der Einheit innerhalb der gesamtdeutschen bekennenden Kreise in Übereinstimmung gebracht werden könnte, respektive wie viel den Fellbachern diese gesamtkirchliche Einheit in Relation zur Einheit der ‚Bekenntnisfront' wert war, würde in den folgenden Monaten auszuloten sein.

Das erste direkte Gespräch zwischen dem Kirchentagspräsidium und den Vertretern der bekennenden Gruppen[438] fand am 10. Mai 1968 in Frankfurt am Main statt[439]. Nach einem durchaus konzilianten und hoffnungsvollen Beginn verhärteten sich allerdings schnell die Fronten. Die Vertreter der BKAE forderten beinahe gebetsmühlenartig eine Abgrenzung des Kirchentags gegen „Irrlehren", die Vertreter des DEKT erachteten eine solche weder als notwendig noch als möglich. Immer wieder wurde „Käsemann" als Beispiel, ja fast schon als Metapher gebraucht, um zu bestimmen, was auf einem Kirchentag gesagt werden dürfe und was nicht. Die Polemiker auf beiden Seiten, Pfarrer Peter Georg Hartig von der Sammlung in Hannover respektive Heinz Zahrnt vom DEKT, gerieten zunehmend schärfer aneinander, so dass Grünzweig begütigend versicherte, „[i]n Norddeutschland weht der Wind oft schärfer als in Württemberg" und um das weitere Gespräch warb: „Es geht doch darum, ob wir Mut machen können zum KT." Das Treffen endete jedoch, nach Auskunft des Protokolls, eher abrupt, da die Kirchentagsleitung sich nicht auf eine systematische Grundsatzdebatte einlassen wollte und die Vertreter der bekennenden Gruppen sich weigerten, doch erst einmal die praktische Seite des DEKT zu erörtern. Immerhin wurde ein weiteres Treffen vereinbart, das am 26. Juni stattfinden sollte.

In der Zwischenzeit jedoch ereignete sich eine folgenreiche Akzentverschiebung. Um einen Ausweg aus der verfahrenen Situation zu finden, lud Fritz Grünzweig Kirchentagspfarrer Gerhard Schnath zu „einem privaten Gespräch"[440] für den 2. Juni nach Korntal ein. Da das zunächst anvisierte Ziel einer Klärung der strittigen theologischen Fragen *vor* dem DEKT zunehmend

---

438 Der ungelenke terminus mag auf das Problem hinweisen, einen Sammelbegriff für BKAE, Sammlungen und die LHV für einen Zeitpunkt zu bestimmen, als der Begriff „Evangelikal" in Deutschland noch nicht präsent war.

439 Für die folgenden Informationen und Zitate vgl. Protokoll des Gesprächs Bekenntnisbewegung / Kirchentagspräsidium am 10. 5. 1968; LKAS, Zugang 1995-6, Handakten Scheffbuch. Der Tagungsort ist nicht genannt; man wird mit einiger Wahrscheinlichkeit annehmen dürfen, dass das Treffen im Dominikanerkloster, dem üblichen Tagungsort des BKAE-Konvents, stattfand.

440 Grünzweig, Wort vor dem Ältestenbeirat der Württ. Landessynode 4. 11. 1968; LHA, Ordner „Synodalpräsident Klumpp + Anfg. Krit. Kirche". Dass es sich beim dort genannten „Mitglied der Kirchentagsleitung" um Schnath handelte, ergibt sich aus der chronologischen Liste der Verhandlungstreffen; LHA, Ordner „DEKT1969+Klumpp" sowie einem Brief Schnaths vom 9. 6. 1968 an Grünzweig, Scheffbuch, Tlach und Pfeiffer, in dem er Nach-Gedanken zu „unser[em] vorgestrige[n] Gespräch" formuliert; vgl. LKAS, Zugang 1995-6, Handakten Scheffbuch.

Der Brennpunkt des Konflikts – Kirchentag 1969 in Stuttgart 287

irreal erschien, wollte Grünzweig erörtern, ob die Kontroverse „*auf* dem Kirchentag ausgetragen werden [könnte], brüderlich, klar und unter gleichen äusseren Bedingungen."[441] An dem Treffen nahmen, neben Grünzweig, Tlach und Scheffbuch von der Fellbacher Verhandlungsdelegation, Prälat Pfeiffer vom OKR teil – nicht aber die BKAE oder Walter Abele[442]. Leider existiert von diesem Treffen kein Protokoll[443], jedoch stimmen sowohl die zeitgenössischen Berichte Grünzweigs[444] und Scheffbuchs[445], als auch spätere Auskünfte Scheffbuchs[446] darin überein, dass bei diesem Treffen zum ersten Mal der Begriff „Kontroverskirchentag" gefallen sei. Als Alternative, sollten sich BKAE und DEKT nicht auf eine Bekenntnisgrundlage einigen können, war diese Konzeption inhaltlich ja bereits im Januar von Hermann Feghelm skizziert worden[447]. Laut einer Aktennotiz Scheffbuchs vom 10. Juni hatte das Kirchentagspräsidium sich seinerseits schon „in einer Sitzung gleich nach Hannover für die Kontrovers-Form entschieden"[448]. Was jedoch genau unter die-

---

441 Grünzweig, Wort vor dem Ältestenbeirat der Württ. Landessynode 4. 11. 1968; LHA, Ordner „Synodalpräsident Klumpp + Anfg. Krit. Kirche".
442 Vgl. Chronologie der Verhandlungen; LHA, Ordner „DEKT1969+Klumpp".
443 Auch die Suche in den Altakten des DEKT im EZA Berlin blieb in diesem Punkt erfolglos.
444 Vgl. Grünzweig, Wort vor dem Ältestenbeirat der Württ. Landessynode 4. 11. 1968; LHA, Ordner „Synodalpräsident Klumpp + Anfg. Krit. Kirche".
445 Vgl. Scheffbuchs handschriftliches Protokoll der Sitzung am 10. 7.: Unter „Darlegg. Grünzweig" hält er fest: Schnath habe deutlich gemacht, dass die Kirchentagsleitung nicht auf die Bekenntnisforderung eingehen werde; Alternative sei „‚Kontroverskirchentag' (Ausdruck von Schnath)". Protokoll 10. 7. 1968; LKAS, Zugang 1995-6, Handakten Scheffbuch.
446 Auskunft Scheffbuch an Verf. Brief 14. 9. 2011. In einer Mail (14. 8. 2011) beschrieb Scheffbuch höchst unterhaltsam: „Es kam zu der Aussprache im kleinen Kreis in Korntals Pfarrhaus (Grünzweig, Tlach, ich – Schnath, Pfeiffer), bei der – Grünzweig war gerade auf der Toilette – Schnath die Idee äußerte: ‚Wie wäre es, wenn im Rahmen einer Arbeitsgruppe ‚Streit um Jesus' bewusst der ‚Linksaußen' auf den ‚Rechtsaußen' trifft, weil alles andere nur die wahren Gegensätze verwischt?' Tlach – ich höre ihn noch –: ‚Großartig! Karmel-Situation!' [vgl. 1. Kön. 18, 19–40] Als Grünzweig von der Toilette kam, war die Konzeption für die Arbeitsgruppe „Streit um Jesus" geboren. [...] Diese Konzeption musste nun dem ‚Fellbacher Kreis' verkauft und schmackhaft gemacht werden. Auch dabei verhielt sich Tlach als wahre Führernatur, die Bedenkenträger mitreißend." In den überlieferten Dokumenten ist die Idee der Arbeitsgruppe Streit um Jesus erst im Oktober 1968 nachweisbar. Vgl. auch den Bericht Bäumers vom 27. 1. 1969, wonach er den „Kirchentag als eindeutige[n] Kontroverskirchentag in allen Arbeitsgruppen durchgeführt" hatte sehen wollen (LKAS, Zugang 1995-6, Handakten Scheffbuch). Die Beschränkung auf die Kontroverse im „Streit um Jesus" sei ein erneutes und letztes Zugeständnis von Pietismus und BKAE gewesen. Eindeutig ist: die grundsätzliche Idee stand schon längst im Raum.
447 Eine Rolle spielte auch der Kieler Landeskirchentag am 4. 5. 1967, bei dem ein ähnliches Modell praktiziert worden war. Sven Findeisen berichtete davon im Kreis der konservativen Verhandlungsführer am 10. 5. und legte am 7. 6. einen schriftlichen Bericht vor. Vgl. Findeisen, Bericht von einem Gespräch mit Bischof Dr. Friedrich Hübner, Kiel 7. 6. 1968, sowie Brief Tlach 19. 9. 1967; LKAS, Zugang 1995-6, Handakten Scheffbuch.
448 Aktennotiz 10. 6. 1968; LKAS, Zugang 1995-6, Handakten Scheffbuch. Nachweisbar ist, dass das DEKT-Präsidium bei seiner Sitzung am 22. 3. 1968 diese Option (mit diesem Begriff!) diskutierte: „Walz: Wir werden nicht darum herumkommen, diesen Kirchentag zu einem echten Kontrovers-Kirchentag zu machen." EZAB 71, 180.

sem Schlagwort zu verstehen war, scheint lange Zeit unklar gewesen zu sein: So schien Scheffbuch zu diesem Zeitpunkt an eine Form gedacht zu haben, bei der „in der einen Halle Gruppe ‚Die Bekenntnisbewegung', in der anderen Halle Gruppe ‚Die moderne Theologie' ihre Sache vertritt". Davon zu unterscheiden sei Schnaths Konzeption, die davon ausgehe, „dass die Auseinandersetzung jeweils in der gleichen Halle stattfindet."[449] Letzteres entspräche dem von Sven Findeisen eingebrachten „Kieler Modell", das auf dem dortigen Landeskirchentag 1967 erfolgreich praktiziert worden war:

> „Zu jeder der modernistischen Veranstaltungen und offiziellen Äußerungen [... ist] von uns [den Vertretern der konservativen Richtung] eine adäquate Äußerung erfolg[t], welche die konträre Position in unserer Landeskirche zeigte. Trotz erheblicher Spannungen ist es gelungen, dies durchzuführen und mit bestem Ergebnis in der Landeskirche abzuschließen."[450]

Schließlich wurde auch eine Art „Gegen-Kirchentag", eine zeitgleich stattfindende Konkurrenzveranstaltung der konservativen Kreise auf dem Cannstatter Wasen, dem großen Festplatz vor den Toren Stuttgarts, eine Zeit lang unter diesem Schlagwort erwogen[451].

Durch das Treffen in Korntal sahen Grünzweig, Tlach und Scheffbuch offensichtlich eine signifikant veränderte Verhandlungssituation eingetreten, weshalb sie noch am gleichen Tag eine zweite Einladung an den gesamten Fellbacher Kreis aus BB, LHK und Gemeinschaften veranlassten, der ein halbes Jahr zuvor den Siebenerausschuss gewählt und mit einem Verhandlungsmandat ausgestattet hatte[452]. Im Blick auf das nächste Treffen mit der Kirchentagsleitung müsse „unser Standpunkt gerade hier in Württemberg [...] noch einmal abgeklärt" werden; konkret stelle sich die Frage:

> „Würden wir uns zu einer Mitarbeit auf dem Kirchentag schon dann bereit erklären können, wenn Redner unserer biblisch-theologischen Richtung einigermassen gleichberechtigt zu Wort kommen, ungeachtet dessen, was sonst gesprochen wird, auch in theologischen Grundsatzreferaten und Bibelarbeiten? Oder können wir nur dann mitarbeiten und damit in den Augen der Gemeinde eine Mitverantwortung übernehmen, wenn der Kirchentag sich im ganzen auf den

---

449 Aktennotiz 10. 6. 1968; LKAS, Zugang 1995-6, Handakten Scheffbuch.
450 Auskunft Sven Findeisen 2. 6. 2014.
451 Darauf deuten Äußerungen Scheffbuchs von 2011 (Brief 14. 9.) hin, der aus diesem (Miss-)Verständnis Klumpps Ablehnung eines „Kontrovers-Kirchentags" zu erklären suchte. Dieser Erklärungsversuch ist insofern nicht zutreffend, als Scheffbuch in seiner Erinnerung von den Ereignissen in „Halle 6" ausging: „Wir hatten doch in Halle 6 den Kontroverskirchentag!" (Scheffbuch an Verf., 14. 8. 2011); diese Variante stand aber im September 1968 noch gar nicht zur Diskussion. Klumpps Ablehnung bezog sich auf eine Kirchentagskonzeption, wonach alle Arbeitsgruppen in Kontroversform stattfinden sollten.
452 Vgl. oben 278 bzw. Einladung durch Grünzweig und Pfander 7. 6. 1968; LKAS, Zugang 1995-6, Handakten Scheffbuch.

Grund des biblischen Zeugnisses von Jesus Christus, das heisst ein entsprechendes Bekenntnis, stellt?"⁴⁵³

Nur rund ein Drittel der im Dezember versammelten Vertreter des konservativen Netzwerkes leistete dieser Einladung am 22. Juni 1968 Folge. Nachdem Grünzweig die Brüder über den Stand der Verhandlungen informiert hatte, stellte Tlach die Frage in den Raum, ob auf eine Weigerung des DEKT, sich auf „eine Bekenntnisformulierung mit Abgrenzungen"⁴⁵⁴ zu verpflichten, mit einem Abbruch der Gespräche und Boykott des Kirchentags 1969 zu reagieren sei, oder ob eine Teilnahme an der „Kontrovers-Form" denkbar wäre. Tlach befürwortete Letzteres in der ihm eigenen Weise: Ein solcher Kirchentag sei eine „Karmel-Situation"⁴⁵⁵, biete gleichsam die Möglichkeit, den richtigen Gott zu beweisen. Dies dürfe man sich nicht ungenutzt entgehen lassen. Weiter könnten die Zugeständnisse jedoch nicht gehen. Tlach gab, nach längerer Diskussion, die in den folgenden Monaten gültige Parole aus: „KarmelKiTag oder Nein zu KiTag."⁴⁵⁶ Ausdrücklich wurde der Verhandlungsdelegation „Bewegungsfreiheit" zugestanden, um „ein gemeinsames Vorgehen mit der Bekenntnisbewegung und den Sammlungen"⁴⁵⁷ zu ermöglichen.

Wie ist das Handeln der führenden württembergischen Pietisten zu interpretieren? Warum suchten sie so hartnäckig nach einer Alternative zum 1967 praktizierten Boykott? Scheffbuch erläuterte 2011, die Frage, die ihn und seine Freunde 1967/68 bewegte, sei gewesen,

„[w]as würde das Ergebnis sein, falls die LHV ein ‚Nein' zum Kirchentag sprechen und vom Besuch abraten würde? Ein Großteil der Gemeinschaftsleute würden als treue Kirchenleute doch zum KT kommen; würde damit ihnen in der örtlichen Gemeinschaft der Glaube abgesprochen?"⁴⁵⁸ „Gerade weil wir Württemberger Pietisten überzeugt davon waren, dass die württembergischen Christen am Kirchentag so oder so teilnehmen würden, ohne sich um ein Embargo der Bekenntnisbewegung zu kümmern, haben wir […] einen Weg gesucht, dass es nicht

---

453 Einladung durch Grünzweig und Pfander 7. 6. 1968; LKAS, Zugang 1995-6, Handakten Scheffbuch.
454 Kurz-Protokoll über die Sitzung des Fellbacher Kreises am 22. 6. 1968; LKAS, Zugang 1995-6, Handakten Scheffbuch. In diesem Protokoll sowie dem zugehörigen handschriftlichen Mitschrieb Scheffbuchs findet sich die erste schriftliche Erwähnung des Begriffs „Kontrovers-Kirchentag".
455 Vgl. oben 287, Fn. 446. Dass Tlach ausgesprochen eine solch gewalt-haltige Metapher (vgl. 1. Kön. 18, 40) für das intendierte Streitgespräch assoziiert, dürfte ein durchaus typischer Ausdruck seiner recht kämpferischen Natur gewesen sein.
456 Handschriftliches Protokoll; LKAS, Zugang 1995-6, Handakten Scheffbuch. In letzterem Falle sollte offensichtlich die Hofackerkonferenz parallel, als Gegen-Kirchentag, veranstaltet werden; vgl. Protokoll Scheffbuch vom 22. 6. 1968.
457 Kurz-Protokoll über die Sitzung des Fellbacher Kreises am 22. 6. 68; LKAS, Zugang 1995-6, Handakten Scheffbuch.
458 Scheffbuch an Verf. 14. 8. 2011.

zu einem Auseinanderbrechen zwischen Nord- und Süddeutschen ‚Bekennern' kommt."[459]

Scheffbuchs Analyse erscheint plausibel, berücksichtigt man die dezidierte Kirchlichkeit des württembergischen Pietismus sowie den Umstand, dass der voraufgehende Kirchentag in Stuttgart 1952, noch ganz nach dem Schema der Evangelischen Wochen veranstaltet, vermutlich noch einer bedeutenden Zahl potentieller Kirchentagsbesucher in bester Erinnerung war. Dass die Boykott-Aufrufe der BKAE in Württemberg nur bedingt befolgt wurden, zeigt schon das Beispiel Fritz Grünzweigs, der nach eigener Aussage trotz Boykottaufruf am Kirchentag 1967 teilgenommen hatte[460]. Die Fellbacher Verhandlungsführer mussten also einen Weg finden, das von ihnen antizipierte faktische Teilnehmen der württembergischen Kirchenglieder pietistischer Prägung mit dem theologischen beziehungsweise kirchenpolitischen Willen und Handeln nicht nur der Leiter des württembergischen konservativen Netzwerkes, sondern auch mit der primär westfälischen BKAE, sowie den davon abermals divergierenden Voten der Evangelischen Sammlungen in Einklang zu bringen.

Das zweite Treffen zwischen Kirchentagspräsidium, BKAE, Sammlungen und württembergischem Pietismus fand am 26. Juni abermals in Frankfurt statt und verlief ähnlich frustrierend wie das vorhergehende[461]. Zentral war dabei für die Bekenntnisbewegung, dass Schnath gleich zu Beginn die Formulierung einer Bekenntnisgrundlage für den DEKT „im jetzigen Augenblick" ablehnte. Da die Vertreter des württembergischen Pietismus daraufhin, gemäß dem Beschluss des Fellbacher Kreises vom 22. Juni, die schriftliche Fixierung dieser Weigerung forderten, überraschte Kirchentagspräsident von Weizsäcker die Anwesenden mit der Mitteilung, „daß das Gesamtpräsidium des KT mit dieser Bekenntnisfrage noch gar nicht befaßt worden sei"[462]. Ein endgültiger Bescheid sei erst im September möglich – eine Aussicht, die das konservative Netzwerk verständlicherweise irritierte und zudem in Zeitnot brachte. Die nächste Überraschung erwartete die Württemberger, als sie die in Korntal von Schnath vorgeschlagene Form des Kontroverskirchentags ins Gespräch brachten, als möglichen Ausweg aus der Sackgasse, die sich durch das Beharren auf einer Bekenntnisgrundlage beziehungsweise das Verweigern derselben ergeben hatte. Es stellte sich heraus – so berichtete Grünzweig im November –, dass Schnath, krankheitsbedingt, die anderen Präsidiumsmit-

---

459 Scheffbuch an Verf. 7. 9. 2011.
460 Vgl. Grünzweig, Betr. Kirchentag 1969 in Stuttgart, 9. 3. 1968; LHA, Ordner „DEKT + Klumpp".
461 Von diesem Treffen liegt lediglich ein (schwer lesbares) handschriftliches Protokoll-Manuskript Scheffbuchs sowie die unmittelbar im Anschluss verfasste „Aktennotiz" der württembergischen Verhandlungsdelegation vor; LKAS, Zugang 1995-6, Handakten Scheffbuch. Die Darstellung beruht auf diesen Dokumenten.
462 Aktennotiz; LKAS, Zugang 1995-6, Handakten Scheffbuch.

glieder noch nicht über diese Überlegungen in Kenntnis gesetzt hatte[463]. In der nun schon recht verhärteten Gesprächssituation stellte Schnath ausführlich den aktuellen Planungsstand vor, betonte insbesondere, dass in allen Veranstaltungsformen die von der BKAE benannten Redner aufgenommen worden seien: So war Walter Tlach und eventuell auch Johannes Haarbeck, Leiter des Johanneums, für Bibelarbeiten vorgesehen, Otto Rodenberg sollte in der Arbeitsgruppe zur „Gottesfrage heute" mitwirken – dies vermochte die konservativen Delegierten aber nicht zu besänftigen, wiewohl Tlach die hier angebotene Beteiligung im Nachhinein ausdrücklich als „fair" bezeichnete[464]. Abermals endete ein Treffen ohne greifbare Ergebnisse.

Offensichtlich direkt im Anschluss verfasste Scheffbuch eine „Aktennotiz", die, von Grünzweig, Abele, Tlach mitunterzeichnet, vervielfältigt wurde[465]. Es ist zu vermuten, dass diese an einen größeren Kreis, möglicherweise an alle 50–60 Mitglieder des Fellbacher Kreises versandt wurde. Dass die vier württembergischen Verhandlungsführer es als notwendig erachteten, dem entsendenden Gremium unmittelbar nach der Sitzung Rechenschaft abzulegen, kann wohl als Indiz für die in ihren Augen stark angespannte und kritische Situation gewertet werden. Die Württemberger stellten ihren Standpunkt unmissverständlich heraus:

„Im Falle einer Ablehnung der Bekenntnisgrundlage ist eine Teilnahme am KT für Bekenntnisbewegung, Kirchl. Sammlungen und württ. Pietismus nicht mehr möglich *als gemeinsame Veranstaltung* auf dem einen Grund des Evangeliums, sondern nur noch im organisatorischen Rahmen der in Landeskirchen verfassten Volkskirche, also nur als ‚Protestantisches Forum' im Sinn eines Kontroverskirchentages."

Im Hintergrund dieser Formulierungen stand ein Memorandum von Walter Künneth, das dieser verfasst hatte, da er offensichtlich an dem Gespräch zwischen Bekenntnisbewegung und DEKT am 26. Juni hätte teilnehmen sollen, aber verhindert war[466]. Künneth wog die „Gefahren einer Teilnahme am Kirchentag" sorgfältig gegen die „Chancen" ab, bezog dabei die „Beurteilung der Bekenntnisbewegung (Kirchl. Sammlungen) durch die ‚öffentliche kirchl. Meinung" ein, fragte, ob „eine Existenz der Bekenntnisbewegung innerhalb eines kirchlich-theologischen Pluralismus" denkbar sei und kam zu der

---

463 Vgl. Grünzweig, Wort vor dem Ältestenbeirat der Württ. Landessynode 4. 11. 1968; LHA, Ordner „Synodalpräsident Klumpp + Anfg. Krit. Kirche".
464 Vgl. Tlach 19. 9. 1968; LKAS, Zugang 1995-6, Handakten Scheffbuch.
465 Vgl. „Aktennotiz" – Hektographie und handschriftlicher Entwurf und maschinenschriftlicher „Vorschlag eines Statements in Sachen ‚Gespräch KT und Bekbewegg'"; letzterer trägt den Vermerk „gebilligt von Tlach, Grünzweig, Schlier [Vertreter der KSBB i.B.], Abele, Scheffbuch"; LKAS, Zugang 1995-6, Handakten Scheffbuch.
466 Vgl. Abschrift Memorandum zu Kirchentag in Stuttgart, Durchschrift; LKAS, Zugang 1995-6, Handakten Scheffbuch. Künneths Memorandum hat bis in einzelne Formulierungen hinein die Aktennotiz der württembergischen Verhandlungsführer beeinflusst.

Schlussfolgerung: „Die Vorentscheidung über das ‚Ja' oder ‚Nein' zum Kirchentag fällt im Selbstverständnis der ‚BB' [Bekenntnisbewegung, d. Verf.]". Künneth sah dabei die BKAE als „innerkirchliche Erneuerungsbewegung mit evangelistisch-missionarischem Charakter" und votierte, von dieser Prämisse ausgehend, mit Nachdruck für eine Teilnahme: „Die Plattform des Kirchentages muß von der BB als eine Kampfarena begriffen werden"! Bedingung für eine Teilnahme müsse „in erster Linie" eine „paritätische Mitwirkung an sämtlichen wesentlichen Veranstaltungen [sein], aber nicht in der Form einer ‚Vermischung und Verwaschung' der Fronten, sondern [...] getrennte Versammlungen, die personell und sachlich unter eigener Regie der BB und der ‚Kirchl. Sammlung' stehen". Dies entspricht der Kontrovers-Form, die Scheffbuch bereits am 10. Juni als Option notiert hatte[467] und wird wohl in dem Sinne zu deuten sein, dass *alle* Veranstaltungen – oder zumindest alle „wesentlichen" Veranstaltungen – von der Kontroverse zwischen konservativer und moderner Theologie geprägt sein sollten. In diesem Fall wäre der ganze Kirchentag 1969 also von diesem Thema bestimmt und alle anderen Themen überlagert worden.

Die am Folgetag versandte Aktennotiz schloss mit zwei gleichermaßen beachtenswerten Schlussbemerkungen. Zum einen wurde „[d]er Leser hiermit förmlich gebeten, weder der Presse noch einem Gesprächsforum, zu dem die Presse irgendeinen Zugang hat"[468], von der vorliegenden Aktennotiz oder ihren Inhalten Kenntnis zu geben – die schon in früheren Sitzungen immer wieder thematisierte, geforderte und bekräftigte Vertraulichkeit wurde hier erneut betont[469]. Zum anderen berichteten die Verhandlungsführer, dass das Kirchentagspräsidium am 26. Juni deutlich gemacht habe, nicht die BKAE und ihre Verbündeten seien „das Gegenüber für die Verhandlungen [...], sondern vielmehr die EKD und die gastgebende Landeskirche". Mit diesem formalen Affront von Seiten des DEKT begründeten die Vertreter des konservativen Netzwerkes eine neue strategische Maßnahme: Sie bezogen die kirchliche Hierarchie in die Auseinandersetzung mit ein und suchten so Druck auf das Kirchentagspräsidium auszuüben. Laut Entwurf sollte die Aktennotiz nicht nur dem DEKT-Präsidium, sondern auch dem Ratsvorsitzenden der EKD

---

467 Vgl. oben 287.
468 „Aktennotiz" – Hektographie; LKAS, Zugang 1995-6, Handakten Scheffbuch. Die Nachschrift mit der Geheimhaltungs-Anweisung ist nochmals extra von Tlach gezeichnet.
469 Zum Verständnis dieser Vertraulichkeits-Manie ist auf das Vorfeld des DEKT 1967 zu verweisen. Bischof Lilje hatte damals, entgegen der Verabredung, Ernst Käsemann als einen der von der BKAE abgelehnten Redner öffentlich gemacht; vgl. STRATMANN, Evangelium, 122. Dieser *Streit um Personen*, der spätestens in dem Moment, als er *öffentlich* geworden war, nur noch zu verhärteten Fronten und in den Boykott führen konnte, ist im Hintergrund der Ereignisse 1968 mitzudenken.

Hermann Dietzfelbinger, dem Württembergischen Landesbischof Eichele und Synodalpräsident Klumpp zugehen[470].

Die in Klammern beigefügte Bemerkung, die Briefe an von Weizsäcker und Dietzfelbinger müssten wohl „direkt nach Uppsala gerichtet werden", erinnert an den historischen Kontext der Ereignisse: Die IV. Vollversammlung des Ökumenischen Rates in Uppsala vom 4. bis 20. Juli 1968. Während dieses Großereignis für die Verhandlungen zwischen DEKT und Bekenntnisbewegung wohl allenfalls in Gestalt von Kommunikationshemmnissen eine Rolle spielte, war es für den Kirchentag 1969, vor allem für die Arbeitsgruppe „Gerechtigkeit in einer revolutionären Welt", sowie für viele progressive Christen in Württemberg ein wichtiges und prägendes Ereignis[471].

Ehe das weitere Vorgehen der konservativen Akteure beschrieben wird, soll anhand eines Briefes von Schnath an Grünzweig, Scheffbuch und Tlach (nicht an Abele!) knapp die Situation aus Sicht des DEKT-Präsidiums umrissen werden: Schnath leitete sein Schreiben mit der Annahme ein, „dass Sie über den Verlauf des zweiten Frankfurter Gesprächs mit der Bekenntnisbewegung nicht minder unglücklich sind als ich."[472] Hinzu komme, dass Schnath, wie Scheffbuch ihm offensichtlich in einer Gesprächspause bedeutet hatte, mit seiner durchaus scharf formulierten einleitenden Stellungnahme die drei württemberger Brüder irritiert hatte, die aufgrund des vertrauensvollen und ertragreichen Korntaler Gesprächs vom 7. Juni eigentlich eine andere Basis und vor allem einen anderen Ton erwartet hatten. Schnath entschuldigte sich in aller Form und versuchte seine Haltung dadurch verständlich zu machen, dass in Frankfurt, anders als in Korntal, eben wieder „offiziell die Bekenntnisbewegung als solche, dazu noch die Kirchliche Sammlung, unser Gesprächspartner war." Gegenüber den Vertretern dieser Gruppen lägen nunmal schon mannigfaltige Vorerfahrungen vor, „bis hin zu solchen Sätzen wie dem [...], der Kirchentag habe die Fahnen des Satans geschwungen." Grundsätzlich – und hier wird Schnath durchaus pars pro toto für das gesamte Präsidium zu sehen sein – stelle sich wieder und wieder die Frage, welche der differierenden „Haltungen und Einstellungen ich eigentlich für die offizielle halten soll." Es habe offensichtlich auf Seiten der Bekenntnisbewegung keine Einigkeit darüber bestanden, „ob die Künneth'sche Konzeption einer ‚Koexistenz' in der EKD [...] sowie eines dementsprechend koexistenten Kirchentages" offizielle Position der Verhandlungsdelegation sei. Auf die Spitze

---

470 Vgl. Maschinenschriftlicher „Vorschlag eines Statements in Sachen ‚Gespräch KT und Bekbewegg'"; LKAS, Zugang 1995-6, Handakten Scheffbuch.
471 Die Synodale Dr. Anne-Lore Schmid war Mitglied der württembergischen Delegation in Uppsala und engagierte sich in der Folge in besonderem Maße für die dort formulierten Anliegen, was ihr unter den Synodalen den Namen „Miss Uppsala" eintrug. Wie tiefgreifend dieses Erlebnis sie berührt hatte, wurde für mich deutlich, als ich sie, 91jährig, nicht lange vor ihrem Tod besuchte. Während sie sich an Daten und Fakten schon nicht mehr erinnerte, rief das Stichwort „Uppsala" ein tiefes Leuchten auf ihr Gesicht.
472 Schnath, 28. 6. 1968, Durchschlag; LKAS, Zugang 1995-6, Handakten Scheffbuch.

getrieben hatten die Diskussion offensichtlich die Sammlungs-Vertreter Peter Hartig und Wolfgang Büscher mit ihrem „expressis verbis eingenommenen Standpunkt, das Apostolicum sei in wortwörtlicher Fassung norma normans (und damit die Schrift, ‚auf die sich jeder x-Beliebige beruft', bestenfalls norma normata)". Schnath stellte, durchaus nachvollziehbar, fest: „[W]o die Schrift als norma normans preisgegeben wird, sehe ich allerdings die Bekenntnisgrundlage der reformatorischen Väter verlassen" und äußerte seine Bestürzung darüber, dass sich die übrigen Vertreter der konservativen Richtung nicht sofort „von solchen Äußerungen distanziert" hätten, die „ja wohl hoffentlich von niemandem sonst als Bekenntnisgrundlage gedacht wurden."[473] Der Dissens, ja das schiere Unverständnis gegenüber den Extrempositionen der Bekenntnisbewegung und die Hilflosigkeit, wie mit diesen auch untereinander uneinigen Partnern denn noch eine gemeinsame Lösung möglich sein könnte, ist in Schnaths Brief mit Händen zu greifen.

Unterdessen machten sich Walter Tlach und Hermann Schlier auf, den EKD-Ratsvorsitzenden und bayerischen Landesbischof Dietzfelbinger zu informieren und für die Anliegen der Bekenner zu gewinnen. Spätestens seit seiner Feststellung, „wir [stehen] heute in einem Glaubenskampf, einem Kirchenkampf, gegenüber dem der Kirchenkampf im ‚Dritten Reich' nur ein Vorhutgefecht war"[474], war Dietzfelbinger für seine Affinität zum konservativen Lager bekannt[475]. So ist nicht verwunderlich, dass Dietzfelbinger, der von Tlach verfertigten Aktennotiz[476] zufolge, deutliche Sympathien für die Anliegen der konservativen Lutheraner um Schlier und des Württembergischen Pietismus zeigte, während er die extremeren Forderungen der BKAE jedoch nicht befürwortete. Bei aller Reserve gegenüber einem pluralistischen Kirchentag betonte er doch dessen Ausrichtung auf „fernstehende Laien" und wies auf die divergierenden Bekenntnis-Stände innerhalb der EKD hin[477]. Einen deutlichen Verweis erteilte er den (abwesenden) Bekenntnisbewegungs-Führern mit der Feststellung, das „Angefochtensein eines jeden Christen in der heutigen Weltlage" müsse bei ihnen stärker zum Tragen kommen, dürfe

---

473 Bäumer bestätigte wenig später den von Schnath wahrgenommenen Dissens indirekt in seiner Stellungnahme für Bischof Dietzfelbinger vom 29. 6. 1968; hier benannte er ausdrücklich die Schrift als norma normans, die Bekenntnisse als norma normata, die jedoch, laut Bäumer, nicht nur gültig seien „‚insoweit' […], sondern ‚weil' sie sich auf die Heilige Schrift beziehen". Bäumer, Unsere Stellungnahme zum Kirchentag 1969, Durchschlag; LKAS, Zugang 1995-6, Handakten Scheffbuch.
474 Zitiert als Motto bei Bäumer / Beyerhaus / Grünzweig, Weg, 2. Zum Originalkontext vgl. Greschat, Protestantismus, 123.
475 Die Art und Weise, in der bis heute bekennende Gruppen ihn zu einer Galionsfigur stilisieren und diesen Ausspruch als „Ritterschlag für die eigenen Bemühungen" (Hager, Jahrzehnt, 37 f.) missbrauchen, ist jedoch zurückzuweisen.
476 Aktennotiz über das Gespräch zwischen Landesbischof Dietzfelbinger, Kirchenrat Schlier und Dekan Tlach am 28. 6. 1968; LKAS, Zugang 1995-6, Handakten Scheffbuch.
477 Man könne kein Bekenntnis vom DEKT verlangen, während z. B. in der pfälzischen Landeskirche allein die Heilige Schrift Bekenntnisrang habe.

nicht von falschem Bekenntnis- und Bekennerstolz überdeckt werden. Dietzfelbinger „bittet uns, auf jeden Fall zum KT zu gehen", einen „Gegen-KT" dürfe es nicht geben. Da „ein bloßer ‚Koexistenz-KT' kaum mehr möglich sei", denn man könne schließlich „heute nicht mehr so tun, als ob wir alle eins wären", befürwortete er einen „Kontrovers-KT", den er allerdings ausdrücklich als „Wagnis" bezeichnete. Dietzfelbinger sicherte Schlier und Tlach seine Unterstützung zu. Er wolle sowohl mit Landesbischof Eichele im oben genannten Sinne sprechen, als auch im Rat der EKD die Anliegen des konservativen Netzwerkes vortragen und eventuell zusätzlich als EKD-Ratsvorsitzender mit dem Präsidium des DEKT Kontakt aufnehmen. Voraussetzung für all dies jedoch sei „ein Brief von Pfarrer Bäumer, als dem Leiter der Bekenntnisbewegung […‚] in dem die […] Lage zwischen BB und KT vorgetragen werde."

Diesen Brief versandte Bäumer bereits am Folgetag[478]. Offensichtlich hatten Schlier und Tlach unmittelbar nach ihrem Gespräch mit Dietzfelbinger, dessen Aufgeschlossenheit sie als „Geschenk" empfanden, die anderen Verhandlungsführer informiert. Bäumer beschrieb, auf der Grundlage der württembergischen „Aktennotiz" vom 26. Juni, nochmals den bislang wenig ertragreichen Verlauf der beiden Begegnungen mit dem DEKT, sparte auch nicht an impliziten Vorwürfen[479], beschrieb den Gesprächsstand aus Sicht der BKAE sowie deren Forderungen an den DEKT. Hier wird am ehesten greifbar, was die BKAE, zumindest zu diesem Zeitpunkt, unter dem Begriff „Kontroverskirchentag" verstand, nämlich einen Kirchentag, auf dem die konservative Seite den Dissens innerhalb der evangelischen Kirche pointiert proklamieren würde[480], der in „Thema und Programm" ganz auf diese Kontroverse zugeschnitten wäre und bei dem die „bekenntnisgebundenen Gruppen" und die „Gruppe ‚Moderne Theologie'"[481] jeweils eigene, von einander (auch räumlich) getrennte Veranstaltungen in jeweils eigener Regie abhalten würden – also quasi zwei separate Kirchentage unter einem Dach[482]. Als conditio sine

---

478 29. 6. 1968.
479 Beispielsweise darüber, dass nicht der DEKT auf die BKAE zugekommen sei, oder über Heinz Zahrnts polemische Diskussionsbeiträge. Bäumer, Unsere Stellungnahme zum Kirchentag 1969, Durchschlag; LKAS, Zugang 1995-6, Handakten Scheffbuch.
480 „Wir müssen offen aussprechen dürfen, daß wir nicht auf gleichem Boden stehen mit Vertretern einer Theologie, in der die Gottessohnschaft Jesu, sein Sühnetod am Kreuz, seine leibhafte Auferstehung und seine Wiederkunft am Ende der Tage geleugnet oder umgedeutet wird."
481 So die Bezeichnung, die Scheffbuch ‚den Anderen' in seiner inhaltlich konformgehenden Aktennotiz zugewiesen hatte, vgl. oben 292.
482 Im Anschreiben an Landesbischof Eichele formulierte Bäumer noch eindeutiger: Ohne verbindliche Bekenntnisgrundlage sei der Kirchentag nur in der Form vorstellbar, „daß die bekenntnisgebundenen Gruppen eigene Vortrags- und Bibelarbeitsreihen usw. innerhalb des KT durchführen können und vor aller Öffentlichkeit die theologische Kontroverse offen ausgesprochen werden kann." Bäumer an Eichele, 29. 6. 1968; LKAS, Zugang 1995-6, Handakten Scheffbuch.

qua non formulierte Bäumer unmissverständlich: „*Die Gegenüberstellung* [der kontroversen Standpunkte, d. Verf.] *muß so eindeutig sein, daß niemand unsere Beteiligung als Legitimierung einer vom Bekenntnis der Kirche abweichenden Verkündigung deuten kann.*" All dies sei bedauerlich, die „Gespaltenheit unserer Kirche" sei aber nicht mehr zu leugnen. Beinahe ultimativ forderte Bäumer, das DEKT-Präsidium möge „noch vor der Urlaubszeit" abschließend über die Frage einer verbindlichen Bekenntnisgrundlage beschließen und, im Fall der Ablehnung einer solchen Bekenntnisgrundlage, auch über Zustimmung oder Ablehnung zu der beschriebenen Kontroversform. Bäumer ließ abschließend keinen Zweifel daran, dass eine Ablehnung von Bekenntnisgrundlage *und* Kontroversform den erneuten Boykott des DEKT durch die BKAE zur Folge haben würde, was dann aber ganz „zu Lasten des Präsidiums ginge."

Dieses Schreiben ging, wie bereits in Scheffbuchs Entwurf intendiert, an Kirchentagspräsident von Weizsäcker sowie an die Landesbischöfe Dietzfelbinger und Eichele. Auch der württembergische Synodalpräsident Klumpp wurde unterrichtet, wobei der präzise Anteil Klumpps an den Vorbereitungen des DEKT 1969 aufgrund fehlender Akten nicht mehr zu ermitteln ist[483]. Formal war die jeweilige Landeskirchenleitung Verhandlungspartner des DEKT und es scheint, als habe Landesbischof Eichele großen Wert auf die Einbeziehung der Synode gelegt[484]. Belegt ist, dass die Verhandlungsführer des Pietismus mehrfach Kontakt mit Klumpp suchten: So hatte am 28. Mai ein Gespräch zwischen Klumpp und Repräsentanten des Gesprächskreises BB stattgefunden[485]. Dass dieses Gespräch in vertrauensvoller Atmosphäre stattfand, geht aus einer Bemerkung Scheffbuchs im Oktober hervor, wonach er „am 28. 5. Herrn Präsident Klumpp sogar ein von mir gefertigtes Protokoll eines der streng vertraulichen Vorgespräche überreicht"[486] habe. Nach Lage der Dinge kann es sich dabei eigentlich nur um das Protokoll des ersten Treffens zwischen DEKT und BKAE am 10. Mai gehandelt haben, was einerseits darauf hindeutet, dass Klumpp in diese Gespräche nicht eingebunden beziehungsweise darüber informiert war, andererseits, dass zumindest die Württemberger Pietisten seine Einbindung wünschten. Am 6. September sprach Grünzweig in Tübingen erneut mit Klumpp[487]. Zuvor jedoch war es zu einer Begegnung im größeren Kreis gekommen. Am 26. Juli fand in Stuttgart

---

483 Weder der im LKAS hinterlegte NL Klumpp noch die Akten der 7. LS noch die Unterlagen des DEKT im EZAB geben hierzu Auskunft.
484 Wie schon bei der Einladung, vgl. oben 270.
485 Pfander, Heiland, Scheffbuch, Eißler, vgl. Chronologie der Verhandlungen; LHA, Ordner „DEKT1969+Klumpp". Leider existieren keine inhaltlichen Informationen über dieses Gespräch.
486 Brief Scheffbuch an die Mitglieder der VII. Landessynode, 29. 10. 1968; LKAS, Zugang 1995-6, Handakten Scheffbuch.
487 Auch hier sind lediglich Datum und Teilnehmer überliefert, vgl. Chronologie der Verhandlungen; LHA, Ordner „DEKT1969+Klumpp".

ein Gespräch zwischen OKR, DEKT, Synode und der konservativen Verhandlungsdelegation statt[488]. Laut Walter Tlachs Bericht wurde gleich zu Beginn Grünzweig um seine Stellungnahme zum Programmentwurf des DEKT gebeten, woraufhin dieser zunächst grundsätzlich kritisierte, dass alle fünf bis dato geplanten Gruppen[489] „Themen von der ‚linken Hand'" zum Inhalt hätten und eine stärkere biblisch-evangelistische Ausrichtung forderte. Für die einzelnen Arbeitsgruppen machte Grünzweig zahlreiche Referentenvorschläge und bat zudem darum, dass mindestens zwei Bibelarbeiten dem Pietismus vorbehalten sein sollten. Er forderte Beteiligung an Planung und Durchführung des Eröffnungsgottesdienstes und regte an, die Schlussveranstaltung ausfallen zu lassen, denn „wir können dort weder eine doch nicht vorhandene Einheit noch die bestehenden theologischen Kontroversen in dieser Öffentlichkeit demonstrieren."[490] Die anschließende Diskussion ließ erkennen, dass auch innerhalb des DEKT die Positionen divergierten: Während Generalsekretär Walz sich nachdrücklich gegen das Verständnis des DEKT als bloßen Rahmen wandte[491], votierte Schnath deutlich für dieses Verständnis: „a) Man muß heute sagen dürfen, daß da oder dort die Stimme des guten Hirten nicht mehr zu hören sei. b) Wir alle können auch dann gut zum Kirchentag gehen, wenn dieser nur noch ‚Rahmen' ist und keine gemeinsame Glaubensbasis mehr darstellt."[492] Mitgeteilt wurde schließlich, dass sich das DEKT-Präsidium nach der Sommerpause endgültig mit der Bekenntnis-Forderung der BKAE beschäftigen werde und dass für den 10. September ein Gespräch zwischen DEKT und der Landessynode[493] geplant sei. Man verabredete sich erneut für den 17. September. „Wenn dieses Gespräch", so schloss Tlach seinen Bericht, „positiv verliefe, könnten wir unsere Vertreter zur Mitarbeit in die verschiedenen vorbereitenden Arbeitsgruppen entsenden. […] Im ganzen habe ich den Eindruck, wir sollten es wagen […,] freilich nur im Sinn eines bloßen Rahmens, also eines ‚protestantischen Forums'." Auch Grünzweig erlebte

---

488 Vgl. Bericht Tlach an Rodenberg, 31. 7. 1968; LKAS, Zugang 1995-6, Handakten Scheffbuch. Anwesend waren: Eichele, OKR-Vizepräsident Weeber, die Prälaten Pfeiffer und Rieß; Walz und Schnath vom DEKT; Klumpp und Gotthilf Weber (EE) für die Synode; Grünzweig, Tlach und Abele.
489 Laut Rundschreiben des DEKT-Landesausschusses waren dies: „Die Gottesfrage", „Gerechtigkeit für den einzelnen Menschen", „Gerechtigkeit in unserer demokratischen Gesellschaft", „Sozialer Weltfrieden", „Ausgleich zwischen den Staaten, Kirche und Gerechtigkeit"; vgl. Rundschreiben des DEKT-Landesausschusses vom 24. 6. 1967; LKAS, Zugang 1995-6, Handakten Scheffbuch.
490 Bericht Tlach an Rodenberg, 31. 7. 1968; LKAS, Zugang 1995-6, Handakten Scheffbuch.
491 Da alle Beteiligten auf dem Boden der Bekenntnisse ihrer jeweiligen Landeskirchen stünden, habe der DEKT sehr wohl und per se eine Bekenntnisgrundlage. Vgl. Bericht Tlach an Rodenberg, 31. 7. 1968; LKAS, Zugang 1995-6, Handakten Scheffbuch.
492 Bericht Tlach an Rodenberg, 31. 7. 1968; wobei im Horizont von Gerhard Schnaths sonstigen Aussagen und Publikationen davon auszugehen ist, dass „a)" nicht seine persönliche Meinung darstellt, sondern die Wiedergabe der Position der BKAE.
493 Mit Synodalpräsident Klumpp und „3 Vertretern der Gesprächsgruppen"; Bericht Tlach an Rodenberg, 31. 7. 1968; LKAS, Zugang 1995-6, Handakten Scheffbuch.

diese Verhandlung, in der man die Bekenntnisfrage zum ersten Mal zu Gunsten einer konkreteren Planung der Beteiligung von Pietismus und BKAE zurückgestellt hatte, offensichtlich positiv, denn er hielt fest: „So gingen wir mit guter Hoffnung in die Ferien."[494]

In der Zwischenzeit jedoch verschärfte sich der Ton andernorts. Die Stuttgarter Nachrichten titelten am 19. August: „Dem Stuttgarter Kirchentag droht ein Ketzergericht"[495]. Unter Bezug auf ein Flugblatt der Liebenzeller Mission, unterzeichnet von Lienhard Pflaum, berichtete die Zeitung darüber, dass eine Entscheidung über die Teilnahme „eine[r] respektablen Gruppe, d[er] Pietisten und d[er] sogenannten Bekenntnisbewegung", am bevorstehenden Kirchentag in Kürze fallen werde. Interessanterweise wurde in dem Artikel die Kritik der konservativen Protestanten an der angeblich zu progressiven Kirche kontrastiert mit dem Protest von Katholiken gegen die am 25. Juli 1968 veröffentlichte Enzyklika Humanae vitae und ihre überaus konservative Position zur Geburtenkontrolle[496]. Der Redakteur gab, mit wahrnehmbarer Distanz, Pflaums Bild von der „pluralistischen Kirchturmuhr" wieder, an der eine Vielzahl von Zeigern auf lauter verschiedene Uhrzeiten weise. Den Kirchentag hatte Pflaum in seinem Flugblatt als eine Uhr denunziert, die alle Zeiten, aber niemals die eine richtige anzeige[497]. So müsse schließlich die Gemeinde doch wissen „Hat nun Jesus am Kreuz durch sein Opfer mich erlöst [...]? Was ist Gottes Wille und Ordnung? [...] Eine klare Zeitansage! Das erwarten wir!" Scheinbar nur fragend trug Pflaum seine Forderungen vor: „Werden die verantwortlichen Männer des Kirchentags den Pluralismus aufgeben? Wenn nicht, [... s]ollen wir dann dem Kirchentag fernbleiben, wie es die Bekenntnisbewegung in Hannover tat?"[498] Hier zeigte sich, dass nicht alle im Fellbacher Kreis zusammengefassten Gruppen der vermittelnden und mäßigenden Linie Grünzweigs ohne Weiteres zu folgen bereit waren.

Das Gespräch am 17. September[499], an dem nun abermals außer den Ver-

---

494 Erklärung vor dem Ältestenrat; LHA, Ordner „Klumpp und KK". Scheffbuch, bei dieser Sitzung nicht anwesend, zog im Informationsbrief des Jungmännerwerks vom 8. 7. 1968 allerdings ein anderes Fazit der Verhandlungen des ersten Halbjahrs: „Diese Gespräche haben mich oft sehr bedrückt, weil dabei deutlich wurde, dass unsere württ. Kirche durch den Kirchentag in eine Zerreißprobe hineingerissen wird." LKAS, Zugang 1995-6, Handakten Scheffbuch.
495 Werner Barke in StN, 19. 8. 1968; Zeitungsausriss in LKAS, Zugang 1995-6, Handakten Scheffbuch.
496 Vgl. AAS 60 (1968), 481–503.
497 PFLAUM, Kirchturmuhr.
498 EBD.
499 Vgl. Protokoll der Sitzung durch Sven Findeisen. Außerdem sind handschriftliche Protokollnotizen Scheffbuchs vorhanden, der primär die Eingangsvoten von Walz und Grünzweig sowie die Programmpräsentation festgehalten hat, nicht die anschließende Diskussion. Bemerkenswert ist jedoch, dass Scheffbuch seine Notizen in der zweiten Hälfe der Sitzung mit reichlich Ornamenten versah, sogar drei kleinen Skizzen, die wohl als Gewehre zu interpretieren sind; LKAS, Zugang 1995-6, Handakten Scheffbuch.

Der Brennpunkt des Konflikts – Kirchentag 1969 in Stuttgart 299

tretern des DEKT und der württembergischen Beteiligten zwei Vertreter der BKAE (August Spreen und Sven Findeisen) teilnahmen, begann mit der Nachfrage Grünzweigs nach der Antwort des DEKT-Präsidiums auf die Bekenntnisfrage und mit der Feststellung, dass der württembergische Pietismus, im Falle einer abschlägigen Antwort, eine Teilnahme an einem „Kontrovers-KT" für möglich erachte. Daraufhin wurde ein Brief des Kirchentagspräsidenten von Weizsäcker[500] an Rudolf Bäumer verlesen, mit dem Weizsäcker am 15. Juli von Uppsala aus auf Bäumers Stellungnahme vom 29. Juni[501] geantwortet hatte. Er betonte darin noch einmal den Willen zur Zusammenarbeit, stellte aber gleichzeitig fest, es sei ihm in der Sitzung am 26. Juni „bei einer Reihe von Antworten [...] schwer [gefallen], zu folgen und die Fassung zu wahren." Er entfaltete erneut sein Verständnis, wonach die Bekenntnisgrundlagen der einzelnen Landeskirchen als implizite und vorgegebene Bekenntnisgrundlage des DEKT zu erachten sei, über die hinaus ein weiteres Bekenntnis weder nötig noch möglich sei. Abgrenzung und Lehrzucht sei Sache der jeweiligen Landeskirchen, nicht des DEKT. Er bat abermals um die Benennung von Referenten. Zuletzt bekräftigte er noch einmal die bereits vereinbarte Nachrichtensperre.

In der Sitzung am 17. September teilte Generalsekretär Walz nun mit, das DEKT-Präsidium habe sich diese Position zu eigen gemacht[502]. Für die Verhandlungsführer des Fellbacher Kreises war diese Information offensichtlich zu diesem Zeitpunkt neu[503]. Nachdem durch Schnath und Studienleiter Friedbert Lorenz ausführlich der Planungsstand des gesamten DEKT wie der einzelnen Arbeitsgruppen vorgestellt worden war, kam Grünzweig auf die „Fragen grundsätzlicher Art" zurück: Mit dem Brief von Weizsäckers sei eine verbindliche Bekenntnisgrundlage des DEKT eindeutig abgelehnt, also komme nur noch die Kontrovers-Form in Frage. In der vorgestellten Struktur, die sehr stark auf ethische Fragestellungen ausgerichtet war, vermochte Grünzweig die Möglichkeit zur scharfen Gegenüberstellung der theologischen Positionen nicht ausreichend zu erkennen. Als Findeisen in die Diskussion eingriff, auf das Kieler Modell verwies und gar polemisch feststellte: „Wer von der menschlichen Gottesfrage und Gerechtigkeitssuche ausgeht, kommt in der heutigen Lage kaum mehr zum rechten Reden von Gott [...]. Dafür finden sich erschütternde Beispiele bis hin zu Mitgliedern des Präsidiums"[504], reagierte die württembergische Kirchenleitung ausgesprochen kühl: OKR-Vizepräsident Weeber beschied, „solche Töne [seien] südlich der Mainlinie nicht üb-

---

500 Abschrift auf LKAS, Zugang 1995-6, Handakten Scheffbuch.
501 Vgl. oben 295.
502 Vgl. DEKT-Präsidium Protokoll vom 6. 9. 1968; EZAB 71, 181.
503 Warum Bäumer diese wichtige Stellungnahme von Weizsäckers nicht schon bei Ankunft Mitte Juli weiterleitete, ist nicht zu ermitteln. Walter Tlach kritisierte die nicht erfolgte Weitergabe in seinem Brief vom 19. 9. indirekt aber recht scharf, vgl. LKAS, Zugang 1995-6, Handakten Scheffbuch.
504 Dies dürfte wohl auf den nicht anwesenden Heinz Zahrnt gemünzt gewesen sein.

lich", und Landesbischof Eichele verwies auf das Defizit des Kieler Modells, dass nämlich bei all der Pluralität „die Stimme des guten Hirten" unter Umständen nicht mehr recht herauszuhören sei – eigentlich das ureigenste Argument der Konservativen gegen den DEKT. Auch wenn das Protokoll den Gang der Diskussion offensichtlich nicht vollständig wiedergibt – manche Zusammenhänge und Bezüge bleiben unklar – so ist nicht zu übersehen, dass sich die Atmosphäre rapide verschlechtert hatte, als Tlach, scheinbar zusammenhanglos, feststellte:

> „Tlach: Wenn die Kirchensteuer fiele, wer würde die Kirche noch tragen?
> Klumpp: Ich trage die Kirche mit. Auch wenn ich anderer Ansicht bin als Sie.
> Tlach: Das wird auf den Versuch ankommen müssen.
> (Klumpp: Das weise ich zurück!)"[505].

Wenig später fügte Tlach noch hinzu, er wolle nicht durch die vorliegende „Kirchentagskonzeption in den Pluralismus integriert" werden, vielmehr müsse eine „Eiterbeule [...] wegoperiert werden". Als im Folgenden weitere Angriffe von Findeisen und Spreen gegen den nicht anwesenden Zahrnt vorgetragen wurden, geriet das Gespräch vollends zu einem Wiederholen altbekannter Positionen, ja Parolen, die in Spreens Feststellung gipfelten:

> „Wenn auf dem KT in Hannover Dr. Zahrnt die Tausenden [sic] in der Bibelarbeit anspricht ‚die Heiligen seid Ihr', dann ist das Irreführung. Dazu sagen wir Jeremia 7: Sage das Gericht an! Getauft, aber kein Leben aus Gott. Es kann soweit kommen, daß es heißt: ‚Bete für dieses Volk nicht mehr.' [...] Ein Toter redet völlig anders über die Schrift als ein Wiedergeborener."

Während aus den Voten von OKR- und DEKT-Vertretern immer mehr das Unverständnis und die Hilflosigkeit angesichts dieser Wortmeldungen sprach, versuchte Grünzweig weiterhin, Zusagen für die praktische Umsetzung des Kirchentags im Sinne der Kontroversform zu erlangen, wie es seinem vom Fellbacher Kreis aufgetragenen Mandat entsprach. Pfeiffer und Eichele rieten zur Gelassenheit: „es ist alles noch offen", „Ihr seid nicht Dekoration. Wir suchen Euren Beitrag". Studienleiter Lorenz dagegen forderte Klarheit: „Bekenntnisbewegung soll beschließen", ob sie teilnehmen wolle oder nicht. Die Sitzung endete, nach dem Protokoll von Sven Findeisen, nach vier Stunden in der Aporie.

Rolf Scheffbuch hatte im Verlauf der Sitzung treffend und prägnant zusammengefasst, wie sich die Lage für die Württemberger Pietisten am 17. September zeigte. Mit der Stellungnahme des Präsidiums sei einerseits die Ablehnung einer Bekenntnisgrundlage festgestellt. Andererseits aber „sehen wir [im vorgestellten Programm, d. Verf.] gar nicht viel Möglichkeiten für

---

505 Protokoll der Sitzung vom 17. 9. 1968; LKAS, Zugang 1995-6, Handakten Scheffbuch. Vgl. dazu auch das Schreiben Klumpps an die Mitglieder der Synode, 28. 10. 1968; LKAS, Zugang 1995-6, Handakten Scheffbuch.

Kontroverse. Und stehen dabei in Terminknappheit." Und Grünzweig beschrieb die Situation rückblickend:

„[W]ir hatten beim Vortrag der Planungen im Blick auf die verschiedenen Arbeitsgruppen den Eindruck: hier läuft trotz aller Gespräche, die wir geführt haben, alles wie auch auf den letzten drei Kirchentagen. In den Arbeitsgruppen sollte vornehmlich ‚immanent, psychologisch und soziologisch' Fragen zwischenmenschlicher Beziehungen politischer und sozialpolitischer Art behandelt werden. [...] Wir hatten die ernste Sorge, dass das, was uns so sehr am Herzen lag, nicht klar und profiliert genug zur Sprache kommen würde."[506]

Dem wäre noch hinzuzufügen, dass die Sitzung im OKR eine deutliche Verschlechterung der Gesprächsatmosphäre und möglicherweise eine Radikalisierung beziehungsweise Verhärtung des Standpunktes auf Seiten der Vertreter der gesamtdeutschen Bekenntnisbewegungen zeitigte.

Walter Tlach zeigte in einem Schreiben an nicht näher bezeichnete „Brüder" zwei Tage später[507] die Marschrichtung auf: Das Angebot zur Beteiligung an den Bibelarbeiten sei „fair", wie sich jedoch die Arbeitsgruppen entwickeln würden, sei höchst ungewiss. Im Vordergrund stand für ihn jedoch der Eindruck, die Kirchenleitung lehne den von den Konservativen als Kompromissangebot vorgeschlagenen Kontrovers-Kirchentag, bei dem sich die Bekenntnisfront mit deutlichen Beiträgen in (möglichst) allen Arbeitsgruppen von der modernen Theologie und ihren Repräsentanten abgrenzen würde, ab.

„Ich verstehe zwar das Motiv einer Kirchenleitung, eine solche öffentliche Kontroverse zu vermeiden; denn unsere Kirchenleitung will die Einheit erhalten und sieht in der öffentlichen Bekundung dieser Einheit den entscheidenden Auftrag der Kirche an der heutigen Welt. Ich verstehe diese Auffassung und muß doch blutenden Herzens dagegen sagen: Diese Einheit der Kirche kann nur begründet sein in der Einheit des rechten Christuszeugnisses heute."

An einem exegetischen Beispiel wies er nach, dass dieses einheitliche Zeugnis in der Kirche nicht mehr gegeben sei und folgerte daraus, er könne „den Einheitswillen meiner Kirchenleitung [...] nicht in dieser Weise mehr vollziehen, [... kann nicht] das gewünschte Schauspiel einer nicht vorhandenen Einheit auf[]führen." Mit der „Waldenser-Losung [...] ‚Ad utrumque paratus'" beschrieb er abschließend seinen Standpunkt, bat die Brüder um ihre Meinung, eröffnete aber zugleich den Horizont der zu treffenden Entscheidung, den er in Gestalt eines an ihn selbst gerichteten rhetorischen Einwandes beschrieb: „Dann müßtest du auch aus deiner Landeskirche austreten, wenn du unsere Teilnahme am KT 69 ablehnst"; dies lehnte er für den Augenblick ausdrücklich ab, ließ es für die Zukunft aber eindeutig offen.

---

506 Erklärung vor dem Ältestenrat; LHA, Ordner „Klumpp und KK".
507 Vgl. Brief Tlach 19. 9. 1968; LKAS, Zugang 1995-6, Handakten Scheffbuch.

5.3.4 Oskar Klumpps Rücktritt

Die reguläre Herbsttagung der Württembergischen Landessynode war für 11. bis 15. November angesetzt[508]. Im Kontext der Vorbereitung wurden „interessierte Pressevertreter" zu einem Gespräch am 18. September 1968 ins Stuttgarter Pressehaus der Landeskirche eingeladen[509]. Anwesend waren Synodalpräsident Oskar Klumpp, die Vizepräsidenten Paul Heiland und Hans von Keler, Malte von Bargen, der als stellvertretender Vorsitzender des Finanzausschusses den von der Synode zu beschließenden Haushaltplan-Entwurf vorstellen und Anne-Lore Schmid, die von der ÖRK-Vollversammlung in Uppsala berichten sollte.

Die Ereignisse, die mit diesem Pressegespräch am frühen Abend des 18. September begannen, genau einen Monat später mit dem Rücktritt Oskar Klumpps vom Amt des Synodalpräsidenten und von seinem Synodalmandat am 17. Oktober ihren Höhepunkt erreichten und mit einem Bericht von Johannes Maisch vor der Landessynode am 10. November zu einem vorläufigen Abschluss kamen, lösten ein „Erdbeben"[510] aus, das in der Württembergischen Landessynode, im vorsynodalen Raum und, in geringerem Maße, in der gesamten Landeskirche wirksam wurde und Reaktionen hervorrief, die die Landeskirche bis heute prägen. Dabei erweist sich, dass die tatsächlichen Ereignisse jener Herbsttage dem historiographischen Zugriff kaum mehr zugänglich sind – nicht nur im allgemeinen Sinne, wonach Geschichte „nicht aller Verlauf aller Dinge, sondern [lediglich!] ein Wissen von dem Geschehenen"[511] ist, sondern dergestalt, dass die Berichte der Zeitzeugen über diese Ereignisse in einem Maße, wie es sonst für das in dieser Arbeit thematisierte Vierteljahrhundert Kirchengeschichte kein zweites Mal anzutreffen ist, von der Wirkungsgeschichte jener Ereignisse und der damit verbundenen, fast immer hoch emotional aufgeladenen persönlichen Erinnerung überformt sind. Diese Situation ist für den Historiker grundsätzlich bedauerlich, im konkreten Falle aber durchaus adäquat: Die folgende Darstellung wird zeigen, dass die tatsächlichen Ereignisse von nachrangiger Bedeutung waren. Viel wirkmächtiger war die das folgende Handeln bestimmenden Perzeption durch die jeweils andere (vermeintlich gegnerische) Gruppe. Um diesem Umstand Rechnung zu tragen, tritt im Folgenden die chronologische Beschreibung der Ereignisse zurück. Stattdessen soll anhand der zeitgenössischen ex post

---

508 Vgl. epd-Landesdienst Württemberg 91, 19. 9. 1968; LKAS, Zugang 1995-6, Handakten Scheffbuch.
509 Malte von Bargen fungierte in der 7. LS als Verbindungsmann zur Presse und veranlasste diese Einladung. Hintergrund war, wie aus einigen Hinweisen zu schließen ist, eine gewisse Verstimmung ‚der Presse' ob der Nicht-Öffentlichkeit der Reichenau-Tagung im Frühsommer 1967.
510 So durchaus zutreffend Oskar Klumpps Sohn Martin, Prälat i.R., an Verf., 21. 5. 2014.
511 Droysen, Grundriss der Historik, §1 (Handschriftfassung).

Darstellung von Johannes Maisch[512] versucht werden, die einzelnen Reaktionen und Gegenreaktionen verstehbar zu machen.

Maisch begann seinen Bericht mit der Feststellung, „dieser Rücktritt" habe alle Beteiligten

„wie ein Blitz aus heiterem Himmel getroffen. Niemand von uns hatte vorher etwas geahnt. Die epd-Meldungen, die eine auslösende Rolle gespielt haben, waren der Aufmerksamkeit der meisten entgangen. Wir kannten auch die Vorgänge nicht im einzelnen, die zu diesen Pressemeldungen geführt hatten. Auch der Brief von Herrn Klumpp an den Herrn Landesbischof und den Vizepräsidenten Heiland, in dem er seinen Rücktritt aussprach und begründete, lag uns zunächst nicht schriftlich vor. [...] Und nun zweieinhalb Wochen vor der großen Herbsttagung dieser Schritt! Wir alle standen zunächst einfach vor der Frage: Was ist hier geschehen? Wie konnte es dazu kommen? Vermutlich ist es den meisten von Ihnen ähnlich ergangen."

Die meisten Synodalen dürften am Wochenende 26./27. Oktober vom Rücktritt ihres Präsidenten erfahren haben. In einem Gespräch am 24. Oktober[513] war es Landesbischof Eichele nicht gelungen, Klumpp doch noch einmal umzustimmen; daher wurde eine Presseerklärung verfasst und anderntags herausgegeben. Nachdem epd-Württemberg am Freitag, den 25. Oktober, eine entsprechende Meldung[514] verbreitet hatte, nahm als erster der Süddeutsche Rundfunk die Neuigkeit in sein abendliches „Tagesecho"[515] auf. Die Zeitungen zogen mit ihren Samstagsausgaben nach, wobei das Schwäbische Tagblatt sogar mit einem ersten Interview mit dem Zurückgetretenen aufwarten konnte[516]. Am Sonntag sendete wiederum der SDR in der Kirchenfunk-Sendung einen ausführlichen Bericht samt einem Interview mit Klumpp und einem Kommentar von Hans-Jürgen Schultz, der mit den Pietisten scharf ins

---

512 Johannes Maisch, Bericht im Auftrag des Ältestenbeirats am 10. 11. 1968, vgl. VERHANDLUNGEN DER 7. EVANGELISCHEN LANDESSYNODE, 472–476. Alle Zitate des folgenden Abschnitts, soweit nicht anders angegeben, dort. Dekan Maisch, Mitglied des LBR, Sprecher des Gesprächskreises EuK, war kein reguläres Mitglied des Ältestenbeirates der Synode, sondern nur als Vorsitzender des Ausschusses für Lehre und Kultus. Möglicherweise weil er, nach Lage der Quellen, nicht in die Kirchentagsvorbereitung involviert gewesen war und zudem als besonnener Brückenbauer (vgl. Interview Feuerbacher) in allen Lagern großes Ansehen genoss, wurde er als der geeignetste Berichterstatter erachtet.
513 Vgl. OKR an alle Dekanat- und Pfarrämter, 30. 10. 1968, AZ 11.33 Nr. A. 18675; LKAS, Zugang 1995-6, Handakten Scheffbuch. Teilgenommen hatten: Eichele, Klumpp, Heiland, von Keler; da Eichele sich verspätete, leitete zunächst Weeber die Sitzung.
514 Vgl. epd Landesdienst Württemberg, Nr. 109, 25. 10. 1968: „Württembergischer Synodalpräsident legt sein Amt nieder". Aus der Presseerklärung des OKR wird zitiert: „Als Grund nennt der scheidende Synodalpräsident anlässlich der Vorbereitung des Evangelischen Kirchentages 1969 zutage getretene innerkirchliche Spannungen. Diese führten zu persönlichen Angriffen auf ihn, die er nicht hinnehmen wollte." LKAS, Zugang 1995-6, Handakten Scheffbuch.
515 Vgl. Sendungsmanuskript; LKAS, Zugang 1995-6, Handakten Scheffbuch.
516 Vgl. Zeitungsausrisse Schwäbisches Tagblatt Tübingen, Stuttgarter Nachrichten, Stuttgarter Zeitung vom 26. 10. 1968; LKAS, Zugang 1995-6, Handakten Scheffbuch.

Gericht ging⁵¹⁷. Dies zeigt erstens, dass Klumpp sich nach seinem Rücktritt keineswegs zurückzog und den Dingen einfach ihren Lauf ließ; vielmehr war er bestrebt, in zahlreichen Interviews in den folgenden Wochen die Deutungshoheit über seinen Schritt in der Hand zu behalten und die öffentliche Meinung in seinem Sinne zu beeinflussen. Zweites beachtenswertes Moment dieses Ereignisses: Zum ersten Mal – soweit aktenkundig – spielte die Berichterstattung im Rundfunk⁵¹⁸ eine nennenswerte Rolle für kirchenpolitische Ereignisse in Württemberg. Bis dato hatten Gemeindeblatt und Sonntagsblatt, bestenfalls die Stuttgarter Zeitungen berichtet. Durch das von Hans-Jürgen Schultz in der 6. LS angestoßene⁵¹⁹, durch Oskar Klumpp maßgeblich umgesetzte neue Verhältnis der Synode zur Öffentlichkeit⁵²⁰ aber war nun in einem zuvor nicht bekannten Maße die Presse an innerkirchlichen Vorgängen interessiert⁵²¹.

Durch diese Zeitungsartikel wurden nun erstmals die epd-Meldungen vom 19. September und 15. Oktober, die im Zentrum der Kontroverse zwischen der konservativen Verhandlungsdelegation für den Stuttgarter Kirchentag und Synodalpräsident Klumpp standen, einem breiteren Publikum bekannt. Johannes Maisch beschrieb vor der Synode das Bemühen des Ältestenbeirates um objektive Informationen zu den inkriminierten Vorgängen; daraus war eine Dokumentation⁵²² entstanden, die den Synodalen kurz vor der Herbsttagung zugegangen war. Neben den beiden epd-Meldungen das wichtigste enthaltene Dokument war ein Bericht Malte von Bargens über das Pressegespräch am 18. September, den dieser „auf Grund seines Gedächtnisses und aus gesammelten stenographischen Notizen"⁵²³ erstellt hatte. Maisch stellte jedoch völlig zutreffend fest, dass dieses Pressegespräch beziehungsweise die daraus resultierenden epd-Meldungen und ihre Folgen lediglich den Auslöser, nicht aber den Grund für Klumpps Rücktritt darstellten:

> „Der Rücktritt von Herrn Klumpp hat, wie er uns dargestellt ist, zwei Wurzeln; der Eimer, der überlief, ist von zwei Wasserstürzen gefüllt worden. Das [sic] eine waren Vorbereitungsgespräche für den Kirchentag, vor allem ein Gespräch am

---

517 Vgl. Sendungsmanuskript; LKAS, Zugang 1995-6, Handakten Scheffbuch.
518 Mit dem „Fall Rothschuh" würde wenige Monate später erstmals auch das Fernsehen, die ARD-Sendung Monitor, ein Ereignis der württembergischen Kirchenpolitik thematisieren vgl. EHMER, Rothschuh, 261–264.
519 Schultz war als Mitglied der 6. LS Vorsitzender des Ausschusses für Kirche und Öffentlichkeit.
520 Vgl. Votum von Anne-Lore Schmid, VERHANDLUNGEN DER 7. EVANGELISCHEN LANDESSYNODE, 485.
521 Beachtenswert ist darüber hinaus, dass der Berichterstattung insgesamt eine starke Tendenz innewohnte, den als eher gemütlich und gesprächsbereit akzentuierten schwäbischen Pietismus von der als dogmatisch, militant und unduldsam beschriebenen BKAE abzusetzen; vgl. zahlreiche Zeitungsausschnitte in LKAS, Zugang 1995-6, Handakten Scheffbuch.
522 Dokumentation für die Mitglieder der Landessynode; LKAS, Zugang 1995-6, Handakten Scheffbuch.
523 Maisch, VERHANDLUNGEN DER 7. EVANGELISCHEN LANDESSYNODE, 473.

17. September⁵²⁴. In ihm ging es um die Beteiligung des Pietismus, und zwar des Pietismus in ganz Deutschland⁵²⁵, am Kirchentag. [...] Nach Andeutungen von Herrn Klumpp sind hier die Forderungen der Pietisten mindestens von einzelnen Personen in einer Art vertreten worden, die ihn schockiert und überzeugt hat, daß er hier einer unbarmherzigen Neigung zur Verketzerung Andersdenkender gegenüberstehe. Offenbar fühlte er sich auch durch eine einzelne Bemerkung, die am Rande dieser Auseinandersetzung fiel, persönlich angegriffen und verletzt."

In den späteren Berichten über die Vorfälle vom Herbst 1968 wird häufig darauf verwiesen, Klumpp habe behauptet, ihm sei der Glaube abgesprochen worden; dieser angebliche Grund für seinen Rücktritt sei aber nichtig, da niemand jemals Klumpp den Glauben abgesprochen oder ihn persönlich angegriffen habe⁵²⁶. Liest man nun aber Maischs Bericht vor dem Hintergrund von Sven Findeisens Protokoll des Gesprächs am 17. September, so ist m. E. nur der Schluss möglich, dass es sich bei jener „einzelnen Bemerkung" am Rande, die Klumpp als „persönlich" und verletzend empfand, um Walter Tlachs Bemerkung über diejenigen, die die Kirche nach Abschaffung der Kirchensteuer noch trügen, handeln muss⁵²⁷. Formal gesehen ist es somit korrekt, dass Klumpp nicht persönlich angegriffen worden war. Inhaltlich jedoch ist offensichtlich, dass hier eine kurze aber höchst scharfe Auseinandersetzung zwischen diesen beiden Männern stattgefunden hatte. Die Äußerungen von August Spreen über „schon [bzw.] noch nicht Erweckte"⁵²⁸, die immer wieder als jener vermeintliche persönliche Angriff zitiert – und abgewiesen – wurden, bildeten in der Tat nicht die Basis für den von Klumpp angezeigten persönlichen Angriff, sondern für die von ihm konstatierte „unbarmherzige[] Neigung zur Verketzerung Andersdenkender". Im Gespräch war hier eindeutig Heinz Zahrnt gemeint, Klumpp mag auch noch an Käsemann und ähnliche gedacht haben. Als persönlichen Angriff hat er dies – im Gegensatz zu dem Wortgefecht mit Tlach – wohl nicht gewertet. Zuletzt ist festzuhalten, dass nach Auskunft der Dokumente Oskar Klumpp selbst nicht behauptet hat, ihm sei der Glauben abgesprochen worden. Diese Formulie-

---

524 Vgl. oben 298.
525 Maisch fasst hier m. E. unzulässig zusammen: die BKAE und die Evangelischen Sammlungen verstanden sich, zumindest in ihrer Mehrheit, nicht als Teil des Pietismus. Insbesondere die Sammlungen legten Wert auf ihr dezidiert lutherisches Profil. Maischs unkorrekte Bezeichnung mag indes als weiterer Beleg für die Begriffsproblematik zu lesen sein, die erst durch das Gebräuchlichwerden des unscharfen Sammelbegriffs ‚Evangelikal' eine mehr oder minder zufriedenstellende Lösung fand.
526 Vgl. beispielsweise SCHEFFBUCH, Entwicklung.
527 Dafür spricht auch Klumpps eigener Bericht: „Als ich diese unverschämte Unterstellung deutlich zurückwies und sie mir verbat, wurde mir erwidert, das sich verbieten habe hier keinen Wert. Gut, wenn das sich verbieten keinen Wert hat, muß man deutlicher werden", das heißt ergo, zurücktreten (Klumpp an die Mitglieder der Synode, 28. 10. 1968; LKAS, Zugang 1995-6, Handakten Scheffbuch).
528 Klumpp an die Mitglieder der Synode, 28. 10. 1968; LKAS, Zugang 1995-6, Handakten Scheffbuch.

rung findet sich, verallgemeinert, erst in der Stellungnahme des Landesbischofs vom 30. Oktober. Hier wurde festgestellt, die theologischen Auseinandersetzungen innerhalb der Kirche müssten zwar ernst und entschieden geführt werden, dürften aber nicht dazu führen, „daß wir einander verwunden, indem wir uns gegenseitig den Glauben absprechen."[529]

Dass dieses unrühmliche Gespräch am 17. September zwischen OKR, DEKT und den Vertretern des Pietismus und der Bekenntnisbewegung bei Klumpps Rücktritt eine nicht zu unterschätzende Rolle gespielt, ja den eigentlichen Grund bildete, legt eine Interviewäußerung Klumpps vom 26. Oktober[530] nahe: „Solche Äußerungen haben mir einen solchen Schock versetzt, daß ich seit einiger Zeit entschlossen war, an keiner Besprechung in gleich oder ähnlich zusammengesetzten Kreisen mehr teilzunehmen. Wie soll ich aber diesen Entschluß betätigen [!], ohne meine Pflicht als Synodalpräsident zu verletzen?" Dies erscheint in der Tat unmöglich, so dass der in den Tagen nach dem 17. September gefasste Entschluss allein schon ein Niederlegen zumindest des Präsidentenamtes zur Folge hätte haben müssen. „Dazu kamen dann", so Klumpp weiter, „die Ereignisse, die sich an unsere Pressebesprechung am 18. September in Stuttgart anschlossen". Es ist unzweifelhaft, dass diese Ereignisse zumindest den letzten Anlass und konkreten Anstoß für Oskar Klumpp darstellten. Ob sie, wie Maisch in seinem Bericht festhielt, tatsächlich der „eigentliche Anlaß" waren, erscheint aufgrund des oben Dargestellten zumindest fraglich.

Unbestreitbar ist hingegen Maischs Feststellung, dass die aus jener Pressekonferenz resultierende „Pressefehde [...] wahrscheinlich von sehr wenigen Menschen überhaupt wahrgenommen" worden sei. Malte von Bargens Bericht für den Ältestenbeirat[531] belegt ebenso wie sein persönlicher Brief an Rolf Scheffbuch[532], dass der größere Teil jenes Pressegesprächs der bevorstehenden Herbsttagung der Synode und deren Tagesordnung, mit Haushaltplanberatungen, Theologinnengesetz und Ähnlichem, gewidmet war. Erst gegen Ende sei von Journalisten nach dem Stand der Kirchentagsvorbereitungen gefragt worden, woraufhin Klumpp zunächst eine Antwort abgelehnt und auf die vereinbarte Verschwiegenheit verwiesen habe. Daraufhin sei nach der Einstellung der Synode zu den Vorbereitungen gefragt worden, woraufhin Klumpp erklärt habe, seiner Meinung nach wäre die große Mehrheit der Synode mit ihm darin einig, dass eine Beteiligung aller in der Kirche lebendigen Kräfte erstrebenswert, wenn auch nicht leicht erreichbar, sei. Nach der Vorgeschichte gefragt, habe Klumpp darauf hingewiesen,

---

529 OKR/Eichele an alle Dekanat- und Pfarrämter, 30. 10. 1968, AZ 11.33 Nr. A. 18675; LKAS, Zugang 1995-6, Handakten Scheffbuch.
530 Vgl. Schwäbisches Tagblatt, 26. 10. 1968.
531 Vgl. Dokumentation für die Mitglieder der Landessynode; LKAS, Zugang 1995-6, Handakten Scheffbuch.
532 Vgl. von Bargen an Scheffbuch, 28. 10. 1968; LKAS, Zugang 1995-6, Handakten Scheffbuch.

Der Brennpunkt des Konflikts – Kirchentag 1969 in Stuttgart

„daß es in Deutschland bekanntlich Kreise gebe, die meinten, dass es zu einer Auseinandersetzung zwischen den verschiedenen Glaubensrichtungen kommen müsse. Nach seiner eigenen Meinung darüber, wie der Stuttgarter Kirchentag aussehen sollte, befragt, erklärte Herr Klumpp, er halte einen derartigen ‚Kontrovers-Kirchentag' nicht für richtig; sowohl er als auch die überwiegende Mehrheit der Synodalen meine, man müsse den Kirchentag auch zusammen mit solchen Gruppen abhalten, die anderer Auffassung seien."[533]

Er, Klumpp, sei insgesamt „hoffnungsvoll". Der stellvertretende Synodalpräsident Paul Heiland pflichtete dem bei und fügte seinerseits an, „[d]ie Einstellung [zum Kirchentag] sei nicht durchweg dieselbe, wie man sie vielleicht in anderen Teilen Deutschlands hier und da antreffe, hier müsse der schwäbische Pietismus sich etwas abgrenzen gegen Strömungen von außerhalb." Auf die Journalistenfrage,

„ob denn wohl der schwäbische Pietismus sich am Kirchentag beteiligen werde, wenn sich trotz dieser Hoffnungen und nach Einsatz allen guten Willens herausstellen sollte, daß doch keine allgemeine Einigung zu erzielen sei, bejahte Herr Heiland für sich und meinte, dabei auch eine große Zahl seiner Freunde hinter sich zu haben."

Die Evangelische Presseagentur (epd), Landesdienst Württemberg, machte aus diesen Informationen die Meldung Nr. 91 „Landessynode für gemeinsamen Kirchentag. Schwäbischer Pietismus wird Beitrag leisten – Konsequenzen aus Uppsala ziehen"[534] Die ganzseitige epd-Meldung berichtete:

„Nach Auffassung einer weit überwiegenden Mehrheit der Synode sollten die verschiedenen Glaubensrichtungen innerhalb der Kirche diesen Kirchentag gemeinsam bestreiten, so erklärte Klumpp. Ein ‚Kontrovers-Kirchentag' sei abzulehnen. [...] Der erste Stellvertreter des Präsidenten, der dem Pietismus nahestehende Verwaltungsdirektor i.R. Paul Heiland, Stuttgart, deutete an, daß die Verhandlungen mit pietistischen Gruppen außerhalb Württembergs über den Kirchentag bisher zu keiner Einhelligkeit geführt haben. Heiland war daher der Auffassung, dass sich der schwäbische Pietismus ‚etwas abgrenzen' müsse gegenüber Strömungen von ausserhalb. [...] Auf die Frage, ob die schwäbischen Pietisten auch dann am Kirchentag teilnehmen würden, wenn die nichtschwäbischen Gruppierungen fernblieben, antwortete Heiland mit ja."[535]

---

533 Von Bargen, Bericht über das Pressegespräch, Dokumentation für die Mitglieder der Landessynode; LKAS, Zugang 1995-6, Handakten Scheffbuch.
534 Letzteres bezog sich auf die Ausführungen Dr. Anne-Lore Schmids über die gerade zurückliegende Weltkirchenkonferenz und belegt, dass es in den Pressegespräch keinesfalls nur um den Kirchentag gegangen war. Vgl. epd-Württemberg, 19. 9. 1968; LKAS, Zugang 1995-6, Handakten Scheffbuch.
535 Epd-Württemberg, 19. 9. 1968; Dokumentation für die Mitglieder der Landessynode; LKAS, Zugang 1995-6, Handakten Scheffbuch.

Der epd-Zentralredaktion in Frankfurt übernahm die Meldung aus Württemberg, kürzte sie auf ein Drittel des ursprünglichen Umfangs und gab sie als Meldung Nr. 216, ebenfalls am 19. September, unter der Überschrift „Württembergische Synode wünscht keinen ‚Kontrovers-Kirchentag'. Schwäbische Pietisten sagen für 1969 in Stuttgart Beteiligung zu"[536] heraus. Die Aussage Heilands über die ‚Abgrenzung' entfiel, die Aussagen über den Verhandlungsstand und die Separat-Teilnahme der Württemberger wurden übernommen. Die Ausführungen von Anne-Lore Schmid über die Weltkirchenkonferenz und die Vorschau für die kommende Herbsttagung der Synode, die bei epd-Württemberg die Hälfte der Meldung umfasst hatten, entfielen komplett.

Es ist wenig verwunderlich, dass die extrem verkürzte epd-Zentral-Meldung, die, wie Maisch in seinem Bericht beschied, „nun doch sehr offen für das Mißverständnis geworden [war], hier sei so etwas wie eine bereits gefallene Entscheidung des Württembergischen Pietismus für diesen Eventualfall bekanntgegeben worden"[537], außerhalb Württembergs Unruhe auslöste. Am Samstag, den 21. September, traf Heiland bei einer Sitzung des Bundesvorstand der Evangelischen Jungmännerwerke auf den aus Württemberg stammenden Generalsekretär des CVJM-Gesamtverbandes Walter Arnold[538], der ihn mit dieser Meldung konfrontierte. Maisch beschrieb die Stimmungslage im konservativen Lager:

> „Hier müssen wir nun unsere pietistischen Freunde einfach auch verstehen. Der Pietismus [ergänze: und die neu entstandene Bekenntnisbewegung samt den Sammlungen, d. Verf.] ist eine frei gewachsene Bewegung, keine Institution. Er besteht aus mancherlei verschiedenen Gruppierungen, die sich nicht einfach kommandieren lassen. Bei einem solchen Gebilde ist es nicht leicht, es auf eine einheitliche Verhandlungsposition zu bringen. Um diese einheitliche Verhandlungslinie des ganzen Pietismus haben sich die Verhandlungsführer des württembergischen Pietismus die größte Mühe gegeben und tun es noch. In dieser Lage konnten sie diese epd-Meldung unmöglich als hilfreich empfinden, sondern mußten sie als eine Erschwerung ihrer Verhandlungsposition [gegenüber der BKAE und der Sammlungen, d. Verf.] empfinden. Denn es entstand durch diese Meldung bei den außerwürttembergischen Gruppen der Eindruck, als seien die Württemberger aus der bisherigen Verhandlungsfront ausgebrochen."[539]

---

536 Dokumentation für die Mitglieder der Landessynode; LKAS, Zugang 1995-6, Handakten Scheffbuch.
537 VERHANDLUNGEN DER 7. EVANGELISCHEN LANDESSYNODE, 474.
538 Arnold war gleichzeitig Leiter der BKAE-Landesarbeitskreis Kurhessen-Waldeck und als solcher über den Gang der Verhandlungen im Bilde; vgl. Brief BKAE-Kurhessen-Waldeck/ Arnold an Verhandlungsdelegationen der BKAE und des Württ. Pietismus, 3. 10. 1968; LKAS, Zugang 1995-6, Handakten Scheffbuch.
539 VERHANDLUNGEN DER 7. EVANGELISCHEN LANDESSYNODE, 474.

Diese Analyse dürfte zutreffend sein, wenn man Grünzweigs Aussage bedenkt, er und seine Mitverhandler sahen sich vor die Situation gestellt, die per se unzweifelhafte Teilnahme pietistischer württembergischer Kirchenglieder mit den Boykott-Neigungen der BKAE, sowie Tlachs Schlachtruf aus der Sitzung des Fellbacher Kreises am 22. Mai, „Karmel-KT oder Nein zu KT", in Einklang zu bringen. Indem die epd-Meldung es so erscheinen ließ, als sei der Karmel/Kontroverskirchentag offiziell abgelehnt, hatten die Württemberger keine ‚Verhandlungsmasse' mehr gegenüber den norddeutschen Brüdern, die auf der Alternative Bekenntnisbindung, Kontroverskirchentag oder Boykott beharrten. Dass epd zudem scheinbar die Teilnahme des württembergischen Pietismus als Faktum berichtete, stellte für die Männer um Grünzweig, Tlach und Scheffbuch einen Widerspruch in sich selbst dar, denn die Teilnahme eben dieses Pietismus war nach dem damaligen Stand der Verhandlungen – mit dem DEKT ebenso wie innerhalb der gesamtdeutschen evangelikalen Bewegung – an die Kontroversform gebunden. Wäre die epd-Zentral-Meldung korrekt gewesen, hätten sich, so mussten Bäumer und seine Freunde diese Meldung lesen, die Württemberger heimlich über alle geltenden Absprachen hinweggesetzt und einen ‚Separatfrieden' mit dem DEKT geschlossen. Dies konnten die Württemberger Pietisten so nicht auf sich beruhen lassen. Paul Heiland schrieb daher am 24. September an die württembergischen Verhandlungsführer sowie an Walter Arnold und stellte fest, die „epd-Meldung (Zentralausgabe) [... enthalte] erhebliche sachliche Unrichtigkeiten."[540] Sein Satz über die Verhandlungen mit außerwürttembergischen Gruppen („keine einhellige Meinung") könne gar nicht von ihm stammen, da er an diesen Verhandlungen ja gar nicht teilgenommen habe. „Er stammt von Herrn Präsident Klumpp." Auch die Frage nach der Separat-Teilnahme der württembergischen Pietisten sei nicht an ihn, sondern an Klumpp gerichtet gewesen, der dies „meinte, [...] bejahen zu können". Er, Heiland, habe auf Klumpps „Was meinen Sie dazu, Herr Heiland" geantwortet „Ich würde es hoffen." Da Synodalpräsident Klumpp, wie Heiland wusste, in jenen Tagen in Urlaub war, schickte Heiland ihm erst eine Woche später einen Durchschlag seines Briefes. Auch dann noch hielt Klumpp, so erläuterte Maisch vor der Synode, die Unstimmigkeiten in Einzelheiten

„nicht für so wesentlich, daß sie eine öffentliche Berichtigung erfordert hätten. Ich glaube, daß er darin recht hat. Hingegen glaube ich nicht, daß ihm deutlich geworden ist, in welch schwierige Lage durch die plakative Überschrift ‚Schwäbische Pietisten sagen [...] Beteiligung zu', die andere Seite gekommen war."

Für „die andere Seite" waren die Unrichtigkeiten in der Tat gravierend, so dass sie eine öffentliche und förmliche Richtigstellung für notwendig erachteten und darauf warteten, dass Synodalpräsident Klumpp in diesem Sinne tätig würde.

---
540 Heiland an Grünzweig u. a., 24. 9. 1968; LKAS, Zugang 1995-6, Handakten Scheffbuch.

An dieser Stelle ist auf einen Vorfall im Frühjahr 1967 zu verweisen, der nach Auskunft Scheffbuchs für das Verhalten der württembergischen Verhandlungsdelegation eine nicht unerhebliche Rolle gespielt hatte: Nach der ersten Klausurtagung der Landessynode auf der Reichenau (20. bis 23. April 1967) hatte Klumpp sich mit Vertretern der Presse getroffen, die von der nichtöffentlichen Tagung ja ausgeschlossen gewesen waren und daher auf Informationen über den Verlauf warteten. Im Blick auf die auf der Reichenau thematisierten theologischen Kontroversen und Spannungen unter den Synodalen hatte Klumpp laut epd hervorgehoben,

„daß es innerhalb der württembergischen Landessynode keine Gruppierung gäbe, die mit der ‚Bekenntnisbewegung – Kein anderes Evangelium' zu vergleichen wäre. Die Synode mache deren Methoden nicht mit und lehne auch den Kirchentag nicht ab. ‚Wir verwahren uns dagegen, dass eine bestimmte theologische Persönlichkeit [Käsemann, d. Verf.] vom Kirchentag ausgeschlossen wird'"[541].

Obwohl die halbseitige Meldung nur diese knappe Bemerkung zum Kirchentag enthielt und ansonsten adäquat vom Reichenaugespräch berichtete, versah epd den Text mit der plakativen Überschrift „Landessynode lehnt Kirchentag nicht ab". Der Informationskreis BB erklärte daraufhin schriftlich, diese Meldung sei irreführend, da der Kirchentag 1967 nicht Thema der synodalen Beratungen auf der Reichenau gewesen sei. Die epd-Meldung indes „erweck[]e den Eindruck, als stellten persönliche Auffassungen des Präsidenten [...] den Inhalt von Beschlüssen der Landessynode dar."[542] In der Folge kam es ob dieser Angelegenheit zu einem Briefwechsel zwischen Rolf Scheffbuch und Oskar Klumpp: In einem Brief vom 23. Mai 1967 betonte Scheffbuch zunächst „das vertrauensvolle Zusammenarbeiten, für das ich so sehr dankbar bin", warb dann aber um Verständnis für die Verstimmung der BB-Mitglieder, weil es

„manche Synodale umtreibt, dass nach allem, was vorging (Eingabe von mehreren Mitgliedern des Informationskreises ‚Bibel und Bekenntnis' in Sachen Kirchentag; die kritische Stellungnahme von Syn. Konrad Eissler [sic] in Sachen Kirchentag bei der Etatberatung; die ablehnende Haltung gegenüber des [sic] von Syn. Duncker vorgeschlagenen Wortes bez. Kirchentag durch den Informationskreis ‚Bibel und Bekenntnis' auf der Reichenau), nun eine weit verbreitete epd-Nachricht als Überschrift mitteilt, dass die Synode nicht gegen den Kirchentag sei. Eine Richtigstellung erscheint mir doch wünschenswert."[543]

Diese Richtigstellung hielt Klumpp seinerseits offensichtlich nicht für notwendig oder dienlich, so dass schließlich der Gesprächskreis BB selbst eine

---

541 epd-Meldung Nr. 47, 5. 5. 1967; LKAS, Zugang 1995-6, Handakten Scheffbuch.
542 Undatierte Stellungnahme des Gesprächskreises BB; LKAS, Zugang 1995-6, Handakten Scheffbuch.
543 Scheffbuch an Klumpp, 23. 5. 1967; LKAS, Zugang 1995-6, Handakten Scheffbuch.

Richtigstellung formulierte, Klumpps Einverständnis einholte und sie dann veröffentlichte; zudem brachte Klumpp bei der nächsten Synodalsitzung den Vorfall ausdrücklich zur Sprache und stellte fest, dass er wohl nicht ganz schuldlos an der Verwirrung gewesen sei[544]. Dass die Richtigstellung 1967 in keiner Zeitung abgedruckt worden war, dürfte für die Situationsanalyse der konservativen Akteure im Herbst 1968 durchaus eine Rolle gespielt haben[545].

Ein gutes Jahr später, im September 1968, war nun erneut die Situation eingetreten, dass in einer epd-Meldung Synodalpräsident Klumpp mit vermeintlichen Voten der Synode zum Kirchentag zitiert wurde („Landessynode für gemeinsamen Kirchentag"[546]), die in den Augen der Führer des biblisch-konservativen Netzwerkes objektiv unrichtig und zudem in der aktuellen Situation der Verhandlungen um den DEKT 1969 höchst destruktiv waren. Warum in dieser kritischen Situation versäumt wurde, Klumpp direkt zu kontaktieren und die Richtigstellung zu fordern, konnten sich im Nachhinein sogar die Beteiligten selbst offensichtlich nicht mehr erklären. Die Ratlosigkeit und das Bedauern über dieses Versäumnis, das aus Grünzweigs und Scheffbuch späteren Erklärungen und den persönlichen Briefen an Klumpp spricht, erscheint glaubwürdig.

Indes, die direkte Klärung mit Klumpp unterblieb und so verfasste Rolf Scheffbuch, nachdem offensichtlich noch weitere irritierte Nachfragen bei den Verhandlungsführern des Fellbacher Kreises eingegangen waren, wegen „der unglücklichen Pressenotiz [...] eine Erklärung". In ihr wurden die Aussagen der epd-Meldung vom 19. September ausdrücklich dementiert und in fünf Punkten die Position der konservativen Seite dargelegt, die darauf abzielte, die Verhandlungen von ihrer Seite her bundesweit einheitlich zu führen und, wenn irgend möglich, eine Teilnahme von Pietismus und BKAE zu ermöglichen.

„Über diese fünf Punkte", so urteilte Johannes Maisch vier Wochen später vor der Synode, „hätte sich sicherlich niemand aufgeregt, aber nun kam der verhängnisvolle 6. Punkt. Er lautete: ‚Es ist bedauerlich, wenn die nicht leichten, aber offen geführten Verhandlungen dadurch erschwert werden, dass vertrauliche Informationen[547], gemischt mit persönlichen Stellungnahmen, der Presse weitergegeben werden.'"[548]

---

544 Vgl. VERHANDLUNGEN DER 7. EVANGELISCHEN LANDESSYNODE, 183, sowie Pfanders Verweis auf diesen Vorfall EBD., 480.
545 Dies zumindest deutet Scheffbuch in einem Brief an Klumpp vom 31. 10. 1968 an, in dem er ausdrücklich bedauert, Klumpp nicht kontaktiert zu haben, gleichzeitig aber darauf hinweist, er sei davon ausgegangen, dass auch die Erklärung 1968 von der Öffentlichkeit unbemerkt bleiben würde; LKAS, Zugang 1995-6, Handakten Scheffbuch.
546 Epd-Württemberg, 19. 9. 1968.
547 Als solche erachteten die konservativen Verhandlungsführer das Stichwort „Kontrovers-Kirchentag".
548 VERHANDLUNGEN DER 7. EVANGELISCHEN LANDESSYNODE, 474. Vgl. auch Vorschlag für eine

Scheffbuch sandte seinen Entwurf am 1. Oktober an Grünzweig, Tlach und Abele, die ihn am 5. Oktober bei der Zusammenkunft in Fellbach, an der Scheffbuch selbst nicht teilnehmen konnte, im größeren Kreis besprachen[549] und für gut befanden. Noch am selben Tag sandte Grünzweig eine Abschrift dieser Erklärung an die Leiter der Gemeinschaften und kündigte an, am darauffolgenden Montag[550] ab 20 Uhr telefonisch ihr Einverständnis einzuholen[551]. Diese Telefonabfrage führte zu einem positiven Ergebnis, so dass Tlach und Grünzweig den Entwurf zur Sitzung des BKAE-Bundesarbeitskreises am 9. Oktober in Frankfurt mitnahmen. Dort zeigte sich, dass eine Veröffentlichung der Erklärung nun doch „von der Sache her unumgänglich nötig"[552] sei; die Unterschriftenliste, die in Scheffbuchs Entwurf neben ihm selbst nur Tlach, Abele und Grünzweig umfasste, wurde nun um Bäumer und Findeisen erweitert[553].

Die von Grünzweig, Tlach und Scheffbuch berichtete Notwendigkeit ergab sich vermutlich aus dem Umstand, dass die württembergische Delegation auf dieser Sitzung die Führer der BKAE für ihren nunmehr dritten Vorschlag an den DEKT zu gewinnen suchte[554]. Da die konservative Seite sowohl mit ihrer Forderung nach einer verbindlichen Bekenntnisgrundlage für den Kirchentag als auch mit der Kontrovers-Konzeption nach Kieler Vorbild gescheitert war, wollte man mit einem erneuten Entgegenkommen an den DEKT einen letzten Versuch wagen: Wenigstens in *einer* Arbeitsgruppe sollte die Kontroverse zwischen moderner und bekennender Theologie offen ausgetragen werden. In der gemeinsamen Sitzung am 17. September war deutlich geworden, dass zwar die Gesamtkonzeption des Kirchentags 1969 schon feststand, jedoch war von Seiten des Kirchentagspräsidiums gleichzeitig signalisiert worden, die Bildung der Arbeitsgruppen sei noch nicht gänzlich abgeschlossen, hier wären noch Änderungen möglich, sofern ein entsprechender Vorschlag schnell

---

Erklärung, Anlage zum Brief Scheffbuch an Grünzweig, Tlach und Abele, 1. 10. 1968; LKAS, Zugang 1995-6, Handakten Scheffbuch.
549 Es ist anzunehmen, dass hier der Siebener-Kreis zusammentrat, vgl. oben 278.
550 7. 10. 1968.
551 Grünzweig an die Leiter der Gemeinschaften und des Informationskreises BB, an den Vorstand der LHV sowie an Tlach und Scheffbuch, 5. 10. 1968; LKAS, Zugang 1995-6, Handakten Scheffbuch.
552 Der Rücktritt von Synodalpräsident Klumpp und der württembergische Pietismus, unterzeichnet von Tlach, Scheffbuch, Grünzweig; Sonderdruck/Flugblatt November 1968; LKAS, Zugang 1995-6, Handakten Scheffbuch.
553 Vgl. die endgültige Version der „Erklärung zur Mitteilung des epd, Landesdienst Württemberg Nr. 91 vom 19. 9. 1968" vom 9. 10. 1968 - in zahlreichen verschieden Ausfertigungen in LKAS, Zugang 1995-6, Handakten Scheffbuch.
554 Dass dieser Vorschlag von den Württembergern ausging, bestätigte mir Sven Findeisen. Auch der Umstand, dass Tlach und Grünzweig einen Entwurf für den entsprechenden Brief an Bäumer sandten, spricht für diese Deutung, Vgl. Grünzweig an Bäumer, 10. 10. 1968; LKAS, Zugang 1995-6, Handakten Scheffbuch.

einginge⁵⁵⁵. So schlugen denn zunächst die Württemberger dem BKAE-Vorstand, einen Tag später Rudolf Bäumer dem DEKT-Präsidium vor, eine „neue [] Arbeitsgruppe unter dem Thema ‚*Der Kampf um das heutige Christus-Zeugnis*'"⁵⁵⁶ einzurichten: „Drei von uns benannte Redner treffen hier auf ebenfalls drei profilierte Vertreter der gegenwärtig weithin herrschenden Theologie." Unmissverständlich wurde zugleich darauf hingewiesen, dass dieser Vorschlag den „letzten Versuch" darstelle, um die Teilnahme und Mitwirkung der konservativen Gruppen am DEKT 1969 zu ermöglichen.⁵⁵⁷

Unterdessen wurde die „Erklärung" der Verhandlungsdelegationen aus Württemberg und von der BKAE an epd übergeben. Erst fünf Tage später, am 15. Oktober 1968, verbreitete der epd-Landesdienst Württemberg den Text, versehen mit einer kurzen erklärenden Einleitung⁵⁵⁸. Grünzweig hatte die Erklärung seinerseits bereits am 11. Oktober, zusammen mit einem höchst knapp und formal gehaltenen Anschreiben, an Synodalpräsident Klumpp gesandt⁵⁵⁹. Vermutlich hatte Klumpp diesen Brief erst am folgenden Montag oder Dienstag erhalten, möglicherweise gleichzeitig mit einem Brief Walter Abeles, der Klumpp in dem ihm eigenen, rechthaberischen und rüden Ton ebenfalls vorwarf, er habe die Vertraulichkeit verletzt und so die Verhandlungen erschwert. Im Gegensatz zur offiziellen Erklärung, in der formal der Text der epd-Meldung vom 19. September als unrichtig dargestellt und somit inhaltlich Synodalvizepräsident Paul Heiland gleichermaßen wie Präsident Klumpp angegriffen wurde, attackierte Abele ausschließlich und direkt Klumpp:

---
555 Vgl. Erklärung vor dem Ältestenrat; LHA, Ordner „Klumpp und KK".
556 Bäumer an DEKT, Entwurf; Bäumer sandte den Text am 28. 10. 1968 an das DEKT-Präsidium und erhielt am 11. 12. eine positive Antwort, vgl. Abschriften in LKAS, Zugang 1995-6, Handakten Scheffbuch.
557 Dass die Durchsetzung dieses dritten Vorschlags schon innerhalb Württembergs äußerst schwierig war, beschrieb Grünzweig am 28. 10. Klumpp brieflich: „Der Pietismus nicht nur zwischen Nord und Süd, sondern im besonderen innerhalb unseres Landes drohte sich zu entzweien; [...] Dekan Tlach und ich [hatten] alle Hände voll zu tun, nun noch einmal zu einem konstruktiven Vorschlag wegen des Kirchentags zu kommen, der von uns Württembergern ausging und hinter dem schließlich der Pietismus unseres Landes und ganz Deutschlands mit einiger Einmütigkeit stand." (Grünzweig an Klumpp, 28. 10. 1968, Abschrift; LKAS, A226, 71).
558 Vgl. epd-Landesdienst Nr. 103, 15. 10. 1968; LKAS, Zugang 1995-6, Handakten Scheffbuch. Der wiederholte Hinweis der Beteiligten, die Erklärung sei *vor* Klumpps Rücktritt von *keiner* Zeitung abgedruckt worden, erscheint korrekt; vgl. u. a. Brief von Tlach, Scheffbuch, Grünzweig an alle Pfarrer und Synodale vom 26. 10. 1968; LKAS, Zugang 1995-6, Handakten Scheffbuch.
559 Vgl. Grünzweig an Klumpp, 11. 10. 1968, Abschrift im Anhang zum Brief von Tlach, Scheffbuch, Grünzweig an alle Pfarrer und Synodale vom 26. 10. 1968, der ebenfalls diesen Sachverhalt, wenn auch weniger detailliert, beschreibt; LKAS, Zugang 1995-6, Handakten Scheffbuch. Dass Klumpp schon vor der Verbreitung der Erklärung durch epd von diesem Text Kenntnis erhielt, geht aus einem Informationspapier der Siedlungspfarrer hervor: Demnach hatte Dr. Pollack, Leiter von epd-Württemberg „vorher bei Herrn Klumpp rückgefragt, ob er zu Punkt 6 Stellung nehmen wolle; Klumpp sagte jedoch, das wolle er erst in der Synode tun." (Information für Siedlungspfarrertagung, 28. 10. 1968; LKAS, K 28, 77).

„Ich für mich ganz persönlich kann da nur sagen: So etwas tut man nicht, Herr Präsident! Selbst wenn wir uns an derlei Praktiken mit der Zeit gewöhnt haben – gutheißen kann man sie nie und nimmer. Die Kontroversen, die unsere Kirche im Blick auf das rechte Christuszeugnis erschüttern, sind wahrhaftig so schwer, daß es nicht nötig ist, durch Verbreitung nicht zutreffender Nachrichten unverantwortlich neuen Zündstoff anzuhäufen."[560]

Es ist unschwer nachvollziehbar, dass Oskar Klumpp auf Grundlage von Abeles Anwürfen in den ersten fünf Punkten der offiziellen „Erklärung" nunmehr nur noch „Füllmaterial"[561] sah, die lediglich dazu dienten, den in Punkt sechs vorgetragenem massiven Angriff beziehungsweise Vorwurf gegen ihn zu verbrämen[562]. Das Folgende fasste Maisch in seinem Bericht recht nüchtern zusammen:

„Dieser Vorwurf der Verhandlungserschwerung und des Vertrauensbruchs war nicht nur sachlich ungerechtfertigt, sondern er mußte von Herrn Klumpp schon deswegen als besonders kränkend empfunden werden, weil er sich auf dieser Pressekonferenz bemüht hatte, für die Beteiligung des Pietismus zu reden. Es war selbstverständlich, dass er diese Vorwürfe nicht hinnehmen konnte. Er hat sie damit beantwortet, daß er schon zwei Tag später, am 17. Oktober, sein Amt als Präsident und sein Mandat in der Synode niederlegte. Dies geschah durch einen Brief an den Herrn Landesbischof und an den stellvertretenden Präsidenten Heiland."[563]

Das Rücktrittsschreiben erreichte den Landesbischof – bedingt durch Postlaufzeit und Wochenende – am 21. Oktober, woraufhin er sofort mit Klumpp telefonierte und versuchte, diesen von seinem Rücktritt abzubringen. Dies schloss Klumpp aus. So kam es, dass nach einem erneuten erfolglosen Gespräch die Öffentlichkeit über den Rücktritt informiert wurde[564].

---

560 Abele an Klumpp, 14. 10. 1968; Dokumentation für die Mitglieder der Landessynode; LKAS, Zugang 1995-6, Handakten Scheffbuch.
561 Klumpp an Synodale 28. 10. 1968; LKAS, Zugang 1995-6, Handakten Scheffbuch.
562 Diese Interpretation wird durch das Informationspapier der Siedlungspfarrer gestützt: „Herr Klumpp hatte [nach Bekanntwerden der „Erklärung", d. Verf.] böse Briefe bekommen, vor allem von einem der Unterzeichner der Richtigstellung." (Information für Siedlungspfarrertagung, 28. 10. 1968; LKAS, K 28, 77).
563 VERHANDLUNGEN DER 7. EVANGELISCHEN LANDESSYNODE, 474. Martin Klumpp wies darauf hin, dass sein Vater als gelernter Jurist gewohnt war und erwartete, dass auch in scharfen Auseinandersetzungen die gegnerischen Parteien Form und Anstand wahrten. Dass dies hier, zudem unter dezidierten Christenmenschen, nicht geschah, empfand Oskar Klumpp als „unehrlich und verlogen". Auskunft Martin Klumpp 21. 5. 2014.
564 Vgl. oben 303. Dort ist auch das Presseecho beschrieben. Daneben sind die Reaktionen aus der landeskirchlichen Öffentlichkeit den Dutzenden Zuschriften zu entnehmen, die sowohl Klumpp als auch Scheffbuch erhielten, vgl. LKAS, Zugang 1995-6, Handakten Scheffbuch bzw. Zugang 2006-7, NL Oskar Klumpp. Die Landessynode erhielt Eingaben von zahlreichen Bezirkssynoden und KTAs, die durchweg eine Solidarisierung mit Klumpp sowie eine gründliche Aufklärung der Vorfälle und Information der Öffentlichkeit forderten, vgl. LKAS, Zugang 1995-6, Handakten Scheffbuch.

Der Beginn der Herbsttagung der Landessynode wurde aufgrund der Ereignisse um einen Tag vorverlegt, so dass die Synode am Nachmittag des 10. November 1968 in Stuttgart zusammentrat, um den Bericht des Ältestenbeirates durch Maisch und eine Stellungnahme des Landesbischofs zur Kenntnis zu nehmen. Nachdem Maisch im ersten Teil seines Berichts die Geschehnisse bis zum Rücktritt Klumpps dargestellt hatte, unterbrach er seine Darstellung für eine Zwischenbemerkung. Dem rhetorischen Einwand, warum denn der Ältestenbeirat sich auf die Dokumentation der Vorgänge beschränkt habe, anstatt mit Klumpp zu reden (und diesen zur Rückkehr zu bewegen), hielt Maisch entgegen, Klumpp habe „uns das durch die Art seines Rücktritts ohne Rücksprache mit der Synode und durch die von ihm betonte Unwiderruflichkeit dieses Entschlusses nicht gerade leicht gemacht."[565] Und etwas später hielt er fest, der Ältestenbeirat habe in einem letzten Gespräch Klumpp

> „auch freimütig Fragen gestellt. Die standen einfach im Raum. Ich kann einsame Entscheidungen respektieren und möchte gewiß es in seinem Fall tun, aber wir lassen uns von niemandem die Frage verbieten, ob sie in einer Synode richtig sind, oder ob man nicht auch an diesem Punkt miteinander reden müßte."[566]

Hier wird ein kritischer Zugriff sichtbar. Nicht wenige Synodale, gerade aus dem progressiven Lager, waren über Klumpps einsame Entscheidung bedrückt, aber auch enttäuscht: „Ob der Tübinger Landrat klug oder vorschnell, konsequent oder taktisch falsch gehandelt hat, als er ohne Vorwarnung zurückgetreten ist, darüber werden die Meinungen stets auseinandergehen."[567]

Zentral war für den Ältestenbeirat letztlich nicht Klumpps Rückkehr, sondern eine „Entgiftung der Atmosphäre". Zu diesem Zwecke wurden Abele, Tlach, Scheffbuch und Grünzweig am 4. November zu einem Gespräch gebeten, um die gegenseitigen Vorwürfe zu klären und, womöglich, zu entkräften. Über die Haltung des Ältestenbeirates in diesem Gespräch berichtete Maisch:

> „Wir haben dabei [...] unterstellt, dass die Unterzeichner nicht aus schierer Bosheit und wider besseres Wissen ihre Behauptungen erhoben haben, sondern daß sie subjektiv überzeugt waren, Gründe zu haben. Wir mußten sie also veranlassen, diese Gründe auf den Tisch zu legen, und mußten sie unsererseits zu widerlegen suchen. Das ist geschehen. [...] Sie brauchten uns nicht zu überzeugen, daß die beiden epd-Meldungen vom 19. September tatsächlich mißverständlich waren. Wir mußten zur Kenntnis nehmen, daß die Verhandlungsführer der württembergischen Pietisten durch diese beiden epd-Meldungen ihren au-

---
565 VERHANDLUNGEN DER 7. EVANGELISCHEN LANDESSYNODE, 475.
566 EBD., 476.
567 Konsequenzen, 1968, Heft 6, 3.

ßerwürttembergischen Partnern gegenüber in eine schwierige Lage gekommen sind."[568]

Letztlich habe man sich auf eine Erklärung geeinigt, in der die konservativen Verhandlungsführer unter anderem ausdrücklich den Vorwurf des Vertrauensbruchs gegen Klumpp zurück nahmen[569]. Jedoch, fuhr Maisch fort:

„Ich habe damals gehofft, dass es gelungen sei, den Anlaß für seinen Rücktritt aus dem Weg zu räumen, aber ich glaubte [nach dem Gespräch mit Klumpp, d. Verf.] zu sehen, daß dahinter etwas liegt, was wir nicht einfach aus dem Weg räumen konnten, das Angefochtensein darüber, daß es in der Kirche heute Glaubensstreitigkeiten gibt – nicht allein darüber, wie es sie gibt, sondern, daß es sie überhaupt gibt und daß die Kirche sich nicht ganz allein konzentriert auf den Dienst an der Liebe und auf den Dienst an der Welt."

Vermutlich eine der tiefgründigsten und klügsten Analysen der Gründe, die Oskar Klumpp zu seinem Rücktritt bewogen haben, gleichzeitig eine, die den Vorgang einem schlichten Freund-Feind-Denken entzieht und simplifizierende Schuldzuweisungen unmöglich macht, da sie die tieferen Beweggründe für Klumpps Handeln in dessen eigener Wahrnehmung der kirchlichen Gegenwart sah. Dass Maisch und der Ältestenrat mit ihrem Bemühen um Klärung und Aufarbeitung bereits selbst zu Angriffszielen geworden waren[570], zeigen Maischs beinahe aggressiv zu nennende Fragen an die versammelten Synodalen – und, wohl auch nicht zu vergessen, an die vollbesetzte Tribüne des Stuttgarter Hospitalhofs:

„Wer hat sich denn bisher [außer dem Ältestenbeirat, d. Verf.] konkret darum bemüht, eine Zurücknahme dieser unguten Vorwürfe zu erreichen? Wer hat sich konkret darum bemüht, die, die sie erhoben haben zu überzeugen, daß sie unrichtig sind? Wir haben es getan. Es wäre freundlich, wenn man uns wenigstens zutrauen wollte, daß wir das nicht gegen unseren bisherigen Synodalpräsidenten getan haben, sondern für ihn. Und unsere beiden Aufrufe zur Sachlichkeit bedürfen, glaube ich, keiner hintergründigen Deutung, wenn man in die Zeitung hineinschaut: ‚Pietkong vor den Toren der Landeskirche'. Sehen wir denn tat-

---

568 VERHANDLUNGEN DER 7. EVANGELISCHEN LANDESSYNODE, 475. Vgl. auch Grünzweig, Wort vor dem Ältestenbeirat der Württ. Landessynode 4. 11. 1968; LHA, Ordner „Synodalpräsident Klumpp + Anfg. Krit. Kirche".
569 Vgl. Erklärung von Grünzweig, Tlach, Scheffbuch, Abele vom 4. 11. 1968; LKAS, Zugang 1995-6, Handakten Scheffbuch; laut Maisch wurde zusätzlich Bäumers und Findeisens Zustimmung telefonisch eingeholt, vgl. VERHANDLUNGEN DER 7. EVANGELISCHEN LANDESSYNODE, 475.
570 Vgl. beispielsweise das Flugblatt „kritische kirche kommentiert" Nr. 5, wo unter dem Titel „M(a)ISCH-MA(i)SCH" gefordert wurde: „Den ‚Fall Klumpp' als ‚Zeichen' wirklich klar machen." Sammlung Oehlmann/Söhner. Klumpp selbst wollte seinen Rücktritt ebenfalls als „Zeichen" gegen Unduldsamkeit und Intoleranz und gegen die „unbarmherzigen Angriffe[] pietistischer Kreise" verstanden wissen. Klumpp an Synodale, 28. 10. 1968; LKAS, Zugang 1995-6, Handakten Scheffbuch.

sächlich nicht, daß, wenn wir in dieser Sache weiter Emotionen schüren, wir in der Gefahr sind, irreparable Gräben in unserer Kirche aufzureißen?"[571]

Landesbischof Eichele nahm Maischs eindringliche Warnung auf und bemühte sich um eine Bestandsaufnahme, die beiden Seiten ihr Recht ließ, Klumpp mit seiner Verletztheit über „die Art, wie wir in der Kirche miteinander umgehen", den Pietisten mit ihrem Eindruck, sie würden „diskreditiert und von der Mehrheit der Kirche in ihrer Sorge um die Substanz christlichen Glaubens und christlicher Verkündigung nicht ernst genug genommen"[572]. Eicheles Analyse der Hintergründe ist luzide:

„Die Spannungen in den Verhandlungen zur Vorbereitung des Kirchentags in Stuttgart sind letztlich darin begründet, daß der Pietismus in bestimmten Ausprägungen heutiger Theologie eine Gefahr für die Kirche sieht, [...] ein Gefälle [...,] an dessen Ende der Glaubensinhalt sich in Mitmenschlichkeit auflöse, aus Theologie Anthropologie wird und das Reich Gottes mit der Weltgesellschaft gleichgesetzt wird."[573]

Aus den Vorfällen leitete er drei in ihrer jeweiligen Zielrichtung interessante „Grundregeln" ab. Erstens: Keine Vorwürfe in der Öffentlichkeit, ohne zuvor das klärende Gespräch gesucht zu haben, denn: „Es wäre uns manches erspart geblieben, wenn der Verhandlungsausschuß der Ludwig-Hofacker-Vereinigung [...] an diese Grundregel gedacht hätte." Zweitens: „Keine weittragenden Entschlüsse im Dienst der Kirche ohne den Rat von Brüdern." Dass Klumpp einen einsamen Entschluss gefasst habe, sei zwar menschlich verständlich, der Sache aber nicht dienlich. Drittens dürften „Vorwürfe der Unredlichkeit" ohne eindeutigen Beweis keinesfalls erhoben werden: „In diesem Sinn habe ich auch mit Pfarrer Abele wegen seiner Briefe sprechen müssen." Eichele schloss, erwartbar, mit dem Aufruf, „die vor uns liegenden Aufgaben mit neuer Entschlossenheit zu Zusammenarbeit anzufassen."[574]

Nachdem die Gesprächskreise sich getrennt beraten hatten, begann im Plenum eine allgemeine Aussprache. Es wurde deutlich, dass die vertrauensvolle Zusammenarbeit zwischen den verschiedenen Strömungen in der Synode, die, nicht zuletzt durch Klumpps Leitungsgeschick, erreicht worden war, zumindest für den Moment empfindlich gestört war. Martin Pfander, der sich als Sprecher des Gesprächskreises BB redlich um eine sachliche und faire, dabei aber im Blick auf Klumpp auch immer wieder mit gewisser Schärfe und Kritik vorgetragene, Beurteilung der Lage mühte, hob hervor, die konservativen Synodalen hätten sich

---

571 VERHANDLUNGEN DER 7. EVANGELISCHEN LANDESSYNODE, 476.
572 EBD., 477.
573 Dies weist voraus zum „Fall Rothschuh"; Regula Rothschuhs Examenspredigt ließe sich geradezu als Paradigma für das hier Beschriebene lesen. Vgl. EHMER, Rothschuh.
574 VERHANDLUNGEN DER 7. EVANGELISCHEN LANDESSYNODE, 478.

„in den letzten drei Jahren in der Synode und in ihren Ausschüssen ehrlich und redlich in aktivster Mitarbeit bemüht. [...] Das liegt aber nun alles hinter uns. [...] jetzt [ist] die Situation verschärft, zerstritten und [scheinbar] unüberbrückbar [...] Dabei haben wir uns vom ersten Tag an [...] bemüht, Brücken zu schlagen"[575].

Namens der EE hob Willi von Helden hervor, wie außergewöhnlich doch das Interesse und die Anteilnahme der Öffentlichkeit an den Ereignissen sei – dies sei ein direkter Ausweis und Erfolg von Klumpps Bemühungen, „eine engere Verbindung zwischen Gemeinden und Synodalen herzustellen". In diesem Sinne dankte er ausdrücklich „der Presse, dem Rundfunk und dem Fernsehen", die sich zuvor, im Kontext der etwas fragwürdig formulierten epd-Überschriften, der Kritik ausgesetzt gesehen hatten. Gleichzeitig forderte von Helden global eine „eindeutige Stellungnahme" der Kirchenleitung „gegen jene Kreise, die Reformen an Arbeitsweise und Strukturen unserer Kirche behindern, die Institutionen und Gruppierungen unserer Kirche verketzern, wenn sie sich nicht ihrem Absolutheits-Anspruch unterwerfen"[576], wobei er offen ließ, wen genau er damit meinte. Anne-Lore Schmid forderte für den vormals von Klumpp selbst geleiteten „Gesprächskreis 4", zu den drängenden Sachfragen, von Kirchentag über die Arbeit der Synode bis Engagement für die Welt, zurückzukehren – gerade darin könne man fortführen, was Klumpp mit seinem Engagement habe bewirken wollen[577]. Zahlreiche weitere Wortmeldungen kreisten um diese Themenkomplexe, versuchten, sich an den Geschehnissen abzuarbeiten oder brachten schlicht die eigene Betroffenheit, das Unverständnis und die Ratlosigkeit der Synodalen zum Ausdruck.

Zwei Aspekte sind beachtenswert. Erstens: Als Rolf Scheffbuch aufgerufen wurde – und nur bei ihm! – erfolgte derart „Zischen und Beifall von der Tribüne"[578], dass Landesbischof Eichele das Wort ergriff und die Zuhörer vermahnte[579]. An diesem Zwischenfall wird sichtbar[580], dass der bis dato noch eher unbekannte junge Pfarrer, vormals Leiter des Jungmännerwerks, mittlerweile dritter Münsterpfarrer in Ulm, durch den „Fall Klumpp" in der breiten Öffentlichkeit bekannt geworden war und als ein Repräsentant des Pietismus angesehen wurde – der er vermutlich bis zu diesem Zeitpunkt noch nicht gewesen war. In der Folge jedoch begann Scheffbuch, in diese ihm zugefallene beziehungsweise von der Öffentlichkeit zugewiesene Rolle hinein-

---

575 EBD., 481.
576 EBD., 484.
577 Vgl. EBD., 484 f.
578 EBD., 483.
579 Hermann Söhner berichtete aus der entgegengesetzten Blickrichtung, aber übereinstimmend: „War ja brutal, was wir da gemacht haben. Das ist ja unvergesslich, wo dann der Rolf Scheffbuch ans Podium ging und hat gerechtfertigt, warum das sein musste mit dem Klumpp, da haben wir wirklich von den Rängen oben herunter gebuht und geschrien. Wo dann Eichele aufgestanden ist, er bitte doch, die Würde des Hauses zu wahren." (Interview Söhner).
580 Die Fotos jener Tage, die Plakate mit Aufschriften wie „Scheffbuch-Tlach – Repräsentanten des Pietismus?" zeigen, bestätigen dies; vgl. z. B. konsequenzen 1968, Heft 6, 4.

zuwachsen[581], was sich darin zeigte, dass er in der 8. LS einer der Wortführer des neuen Gesprächskreises LG und Mitglied des Ständigen Ausschusses wurde, württembergischer Delegierter in der EKD-Synode sowie ab 1981 Vorsitzender der Ludwig-Hofacker-Vereinigung und mithin einer der bekanntesten und einflussreichsten Köpfe des württembergischen Pietismus[582].

Zweitens ist erneut auf ein Votum Lienhard Pflaums hinzuweisen[583], der einen eigenen Beitrag zur Klärung der Situation zu leisten bestrebt war, indem er die Situation im Hospitalhof an jenem 10. November 1968 mit der der Leipziger Disputation 1518 parallelisierte. Kern seiner Stellungnahme war einerseits, ausführlich biblisch begründet, ein Beharren auf der Unterscheidung von Wiedergeborenen und Nicht-Wiedergeborenen; dies auszusprechen sei mitnichten ein „Absprechen des Glaubens, [...] sondern [...] ein Bezeugen der Wahrheit Gottes, die Gnade und Gericht bedeutet."[584] Auch die in Uppsala geforderte Zuwendung zur Welt könne nur im Sinne des „Zeugnis[ses] von der Rettung in Jesus" geschehen – alles andere sei wie „ein Haus ohne Fundament [zu] bauen". Andererseits beschrieb Pflaum die aktuelle Situation in Kirche und Theologie als eine Frage der *einen* Wahrheit, der der „heute weithin zum Dogma gewordene Wahrheitspluralismus" widerspreche. Sein Beitrag gipfelte in der provozierenden (rhetorischen) Frage:

> „Können wir in der gegenwärtigen Krise unserer Kirche noch eine Lösung und einen Weg finden? Auf dem Boden des Wahrheitspluralismus und auf dem Weg nur rein weltlicher, demokratischer und parlamentarischer Lösungsversuche [...] vermutlich nicht. [...] Als Kirche der Reformation können wir den rechten Weg nur von der Heiligen Schrift her finden. Aber das ist die zweite Frage: Sind wir noch eine Kirche der Reformation?"

Pflaum ging mit keinem Wort auf die konkreten Ereignisse und Personen ein, bemühte sich weder um Aufklärung, noch um Verstehen, noch um konstruktive Wege zur weiteren Arbeit. Dagegen gab er eine polemisch getönte dogmatische Grundsatzerklärung ab, die genau die Positionen absolut setzte, an denen die Kirchentagsvorbereitungen bis zu diesem Zeitpunkt gescheitert waren und die indirekt Klumpps Rücktritt mitverursacht hatten. Pflaum empfahl sich damit als Führerfigur für diejenigen Strömungen innerhalb des württembergischen Pietismus, die den Abgrenzungstendenzen der BKAE zuneigten und den stark auf Vermittlung und Integration ausgerichteten Bemühungen von Männern wie Grünzweig, Pfander, Scheffbuch und, mit gewissen Abstrichen, auch Tlach kritisch bis ablehnend gegenüber standen[585].

---

581 Entsprechend äußerte sich auch Dehlinger, vgl. Interview Dehlinger.
582 Vgl. SCHNURR, Scheffbuch.
583 VERHANDLUNGEN DER 7. EVANGELISCHEN LANDESSYNODE, 486 f.
584 Vgl. dazu Findeisens Äußerung in der Sitzung am 17. 9. 1968 sowie deren Aufnahme in Klumpps Schreiben an die Synodalen vom 28. 10. 1968; LKAS, Zugang 1995-6, Handakten Scheffbuch.
585 Dieser Positionierung entspricht auch die von Pflaum lancierte „Erklärung der Ludwig-Hof-

Auffällig ist, dass im weiteren Fortgang der Aussprache von verschiedenen Rednern Pflaums Votum aufgegriffen und kritisiert wurde[586], wohingegen Pfander als Sprecher von BB oder Scheffbuch als unmittelbar Beteiligter der Vorfälle nicht erwähnt, angesprochen oder angegangen wurden[587]. So wurde in dieser Synodaldebatte vor allem eine große Ratlosigkeit über das Geschehene ebenso wie im Blick auf das Zukünftige sichtbar. Die Schuldzuweisungen fielen vergleichsweise milde aus – sie hatten ihren Ort eher in der Presse sowie bei der „außersynodalen Opposition". Bei genauer Betrachtung wurden Spannungslinien nicht nur zwischen den etablierten Lagern in der Synode, sondern auch unter den Exponenten des biblisch-konservativen Netzwerkes deutlich. Begleitet und in gewissem Sinne auch geprägt wurde die Synodalsitzung von den Kommentaren von der Tribüne, die mit Beifalls- und Missfallensbekundungen die Aussprache begleitete, sodass der die Sitzung leitende stellvertretende Präsident von Keler zwischenzeitlich nicht nur die Synodalen ermahnen musste, zur Synode und nicht zur Tribüne zu sprechen, sondern auch die Gäste auf der Tribüne zur Ordnung rief und indirekt gar mit Ausschluss der Öffentlichkeit drohte[588]. Besonderen Eindruck machten dabei die Hektographien, die unter dem Titel „kritische kirche kommentiert" jeweils unmittelbar nach Redebeiträgen verteilt, zuweilen gar von der Tribüne ins Plenum geworfen wurden[589].

In der Vorbereitung des DEKT 1969 waren im Kontext der Verhandlungen um die Teilnahme des Württembergischen Pietismus – der dies seinerseits nur in Absprache und Einklang mit den verwandten, konservativ-biblizistischen

---

acker-Vereinigung Nordschwarzwald" vom 8. 11. 1968, in der der Verhandlungsdelegation ausdrücklich „das volle Vertrauen" ausgesprochen wurde, die Einigkeit mit dem „norddeutschen Pietismus, de[n] lutherischen kirchlichen Sammlungen" und der BKAE betont und die seinerzeit in Pflaums Flugblatt „Kirchturmuhr" vertretenen Forderungen erneuert wurden. Ebenso Pflaums Vorstoß vom 9. 12. 1968 gegenüber Grünzweig, Tlach und Scheffbuch, einen offiziellen „Vertreter aus den Reihen des größten pietistischen Verbandes in Württemberg, nämlich des Gnadauer Verbandes" zur Verhandlungsdelegation zuzuwählen – wobei er bescheidenerweise auf Hubmer oder Grözinger als geeignete Kandidaten verwies; LKAS, Zugang 1995-6, Handakten Scheffbuch. Ebenfalls in diesem Kontext zu sehen ist, dass Pflaum sich als einziger bei der einmütig angenommenen Dankes- und Vertrauensbezeugung der Synode enthielt, vgl. VERHANDLUNGEN DER 7. EVANGELISCHEN LANDESSYNODE, 552, sowie seine Eingabe an den OKR, 1. 11. 1968; LKAS, Zugang 1995-6, Handakten Scheffbuch; abgedruckt in BKAE-Informationsbrief 17, Beilage, 11 f.
586 Vgl. VERHANDLUNGEN DER 7. EVANGELISCHEN LANDESSYNODE, 487, 489 u. ö.
587 Der abwesende Walter Abele wurde indes wiederholt und scharf kritisiert, von der Kirchenleitung zumindest indirekt disziplinarische Maßnahmen gegen ihn gefordert. Pfander distanzierte sich namens BB ein Stück weit von Abele, hob auch hervor, dass sowohl er als auch Grünzweig und andere Brüder Abele wiederholt „gemahnt" hätten. Vgl. EBD., 478, 481, 483, 491.
588 EBD., 484.
589 Eine Sammlung dieser Flugblätter findet sich in LHA, Ordner „Synodalpräsident Klumpp + Anfg. Krit. Kirche".

Gruppierungen tun wollte – die seit Jahren virulenten Spannungen zwischen „Theologie und Gemeindefrömmigkeit" erneut massiv zum Tragen gekommen. Obgleich die Synode selbst in die Vorbereitung des DEKT nur durch wenige Personen einbezogen war, waren die Rückwirkungen auf die Synode enorm. Ausgerechnet der Synodalpräsident Klumpp, der gerade durch seine Vorstöße zur Arbeitsweise der Synode (offene Bildung der Gesprächskreise), wie zur theologischen Klärung (Reichenau-Gespräche) überaus wirkungsvoll die vorhandenen Spannungen und Strömungen bearbeitet, an ihren Ort verwiesen und eingebunden hatte, trat im Zusammenhang mit den Kirchentags-Verhandlungen zurück. Daher wurde die vorher beinahe unbeteiligte Synode unvermittelt zur zentralen Austragungsstätte der Auseinandersetzung, die noch zwei Jahre zuvor primär zwischen BKAE und DEKT um den Kirchentag in Hannover geführt worden war. Die Spannungen, mit denen man innerhalb der Synode bis dato umzugehen gelernt hatte, die Gräben, die überbrückt schienen, waren mit einem Mal wieder höchst präsent, was vor allem zu einer allgemeinen Ratlosigkeit ob der weiteren (Zusammen-)Arbeit führte. Darüber hinaus aber bewirkte die eruptive Aktualisierung des Konflikts in der Landessynode beziehungsweise seine über die folgenden Monate andauernden Wirkungen und Nachbeben bei den Gruppen und Strömungen innerhalb dieses Gremiums ebenso wie im vorsynodalen Raum einen Schub von Abgrenzung und Binnenvergewisserung, der die Gestaltung und Ausprägung der Gruppenidentitäten wesentlich beförderte und vorantrieb. Pointiert sei die Hypothese aufgestellt, dass die seit „Bultmann" vorhandenen Kontroversen und Konflikte, die sich nach den „heißen Phasen" um 1951 und 1960 zu einem gewissen Grade beruhigt und in verschiedenen Netzwerken etabliert hatten, durch die Auseinandersetzung um die Teilnahme des Pietismus am Stuttgarter Kirchentag neu befeuert wurden und im Rücktritt Oskar Klumpps zu ihrem Höhepunkt kamen. Dabei wirkte Klumpps Rücktritt als Katalysator, der im Gang befindliche Prozesse beförderte und zuweilen stark beschleunigte. Dies wird anhand der Darstellung der unmittelbaren wie mittelbaren Auswirkungen dieses Rücktritts nachzuweisen sein: der Gründung der Kritischen Kirche und der Evangelischen Sammlung in Württemberg, der Ausdifferenzierung des in der LHV verfassten biblisch-konservativen Netzwerkes sowie der Umorientierung beziehungsweise Neudefinition der BG.

5.4 Reaktionen und Folgen

5.4.1 „Streit um Jesus" – die Auseinandersetzung um „Halle 6"

Der Rücktritt von Synodalpräsident Oskar Klumpp und seine – teilweise recht heftig geführte – Aufarbeitung bei der Herbsttagung der Landessynode ließ die Verhandlungsführer des Fellbacher Kreises zunächst einigermaßen niedergeschlagen zurück: Scheffbuch wie Grünzweig berichten übereinstimmend eine Episode jener Tage im November:

„Nun brach der Sturm los. Letztlich war er Ausdruck der revolutionären ‚68er Jahre'. Er war auch Reaktion auf das gute Abschneiden der ‚Bekennenden' bei den synodalen Urwahlen von 1965[590]. Wir empfanden es als peitschenden Orkan, was da mit Leserbriefen, mit anonymen Drohungen und mit öffentlichem Lächerlichmachen auf uns hereinstürmte, besonders in jener öffentlichen abendlichen Synodalsitzung im Stuttgarter Hospitalhof. Um was es wirklich ging und was wirklich geschehen war, das ließ sich gar nicht mehr klären. Nach Ende der Versammlung schritt ich benommen aus dem Hospitalhof. Da kam der greise baltische Pfarrer Lic. Hans Brandenburg auf mich zu, nahm mich in den Arm und sagte nur – ich höre noch den unnachahmlichen baltischen Akzent: ‚Hüpfet!' Er wollte mich erinnern an das Jesuswort ‚Selig seid ihr, wenn euch die Menschen hassen und verwerfen euren Namen als böse. Freut euch an jenem Tag und springt vor Freude.' [Lk. 6, 22 f.] Darum war wichtig, daß der väterliche Freund und Seelsorger Fritz Grünzweig dazu sagte: ‚Nur einer konnte von sich sagen: Sie hassen mich ohne Grund!' [Joh. 15, 25]"[591]

Die Frontmänner des konservativen Netzwerkes sahen sich in jenen Wochen einer überaus kritischen und teilweise aggressiven Berichterstattung, gerade auch in der kirchlichen Presse und Öffentlichkeit, ausgesetzt[592]; eine Erfahrung, die Spuren hinterließ und zu einer großen Wachsamkeit und Sensibilität gegenüber tatsächlichen oder vermeintlichen Übergriffen aus dem progressiven Lager führte[593], gleichzeitig aber den Schulterschluss unter jenen an sich durchaus divergierenden konservativen Strömungen förderte und damit die Bildung einer geschlossen(er)en württembergisch-evangelikalen Gruppenidentität vorantrieb.

Einzig Walter Tlach schien vom öffentlichen Sturm der Entrüstung recht unbeeindruckt und konnte den Klumpp-Rücktritt – dies stellt auch im pie-

---

590 Diese Einschätzung findet ihren Widerhall in Gerhard Simpfendörfers resignierter Feststellung, die kirchenreformerischen Kräfte hätten die wesentlich demokratischer geprägte Wahlordnung 1965 erkämpft, profitiert davon habe jedoch der Pietismus. Vgl. SIMPFENDÖRFER, Vortrag „Kirchenreform".
591 SCHEFFBUCH, Gott, 76 f.; parallel GRÜNZWEIG, Ruhm, 272 f.
592 Beispielhaft dafür können die Kommentare Horst Keils im EGW stehen, gegen die sich Scheffbuch u. a. regelmäßig mit Leserbriefen zur Wehr setzten, vgl. z. B. EGW 63 (1968), Heft 47, 2; EGW 64 (1969), Heft 12, 2 und Replik Heft 14, 6. Auch die Berichterstattung insbesondere der Stuttgarter Nachrichten löste mehrfach scharfe Proteste von konservativer Seite aus, erhielt gleichzeitig Lob von progressiver Seite, vgl. die zahlreichen Leserzuschriften zur Berichterstattung über Klumpp-Rücktritt und Herbstsynode im Oktober 1968. Hermann Feghelm kritisierte die Presseberichterstattung ausdrücklich als „unzureichend und zum Teil völlig einseitig", als „Agitation" und „massive Kampagne", stellte gar fest, dass die in Württemberg „offenbar ausschließlich von ‚Progressiven' gesteuerte öffentliche und teilweise auch kirchliche Presse [das] Klima [...] aufgeheizt hat" (BKAE-Informationsbrief 17, Beilage, 2, 7, 12).
593 Vgl. Interview Scheffbuch.

tistischen Lager eine singuläre Einschätzung dar – dankbar als Handeln Gottes sehen. In der Sitzung des LHK am 23. November 1968 stellte er fest: „Gott hat ein großes Wunder getan, daß Klumpp wegging. Der Bischof war Klumpp nicht gewachsen. Klumpp hat das Ziel gehabt, die Kirche in Württemberg zu sammeln auf einem Linkskurs."[594] Wie schon zuvor nahm sowohl der Gesprächskreis BB als auch der Hofackerkreis kaum Anteil an der weiteren Kirchentagsvorbereitung; dies blieb den jeweiligen Beauftragten überlassen. Da die Synode noch in der Novembertagung beschlossen hatte, ihrerseits nun eine offizielle, gewählte Delegation zu entsenden[595], erfolgte die weitere Vorbereitung primär durch diese; in den Synodalsitzungen im Januar und März 1969 wurde lediglich über den Stand der Kirchentagsvorbereitungen berichtet beziehungsweise auf sie Bezug genommen[596].

In den weiteren Gesprächen zwischen DEKT und BKAE zeigte sich, dass sich der ‚Handel' der württembergischen Verhandlungsführer – die Presseerklärung vom 9. Oktober als Preis für die Unterstützung des dritten Kompromissvorschlags durch alle konservativen Gruppen – immerhin auszahlte: Mit der zustimmenden Antwort des DEKT-Präsidiums in der Sitzung am 5. und schriftlich am 11. Dezember[597] stand der Teilnahme des Pietismus – zumindest aus Sicht Pfanders[598] – nichts mehr entgegen. Eine weitere Auseinandersetzung mit dem DEKT ergab sich, da der Kirchentag eher moderate Vertreter der historisch-kritischen Theologie zu Wort kommen lassen wollte, die BKAE aber ultimativ auf der Gegenüberstellung möglichst extremer Positionen bestand[599]. Hier wie auch in der Frage der Arbeitsgruppenleitung kam das DEKT-Präsidium der BKAE jedoch letztlich weit entgegen[600]. Interessant ist, dass Anfang Januar noch von Grünzweig betont wurde, man lege großen Wert darauf, dass Walter Tlach die Bibelarbeit in dieser neuen Arbeitsgruppe übernehme; als Referenten wurden darüber hinaus „Prof. Heubach, Prof.

---

594 LHK-Protokoll 19. 11. 1968; LHA, Ordner „L.H. Kreis 1965–1965".
595 Vgl. VERHANDLUNGEN DER 7. EVANGELISCHEN LANDESSYNODE, 668–671. In der Debatte wurde darauf verwiesen, dass bis dato Synodalpräsident Klumpp von sich aus Gotthilf Weber EE, Pfander für BB und Spambalg für EuK hinzugezogen hatte. Interessant ist im Kontext dieser kurzen Debatte erneut ein Votum Lienhard Pflaums, der die Gemeinschaftsverbände in der nun beschlossenen Form nicht adäquat berücksichtigt sah (vgl. EBD., 669 f.). Der offiziellen Synodaldelegation gehörten von Keler, Jaeger (Offener Kreis), Spambalg (EuK), Jetter (EE), Pfander (BB) an, vgl. Pfander, Protokollnotizen zum 5. 12. 1968; LKAS, Zugang 1995-6, Handakten Scheffbuch.
596 Vgl. VERHANDLUNGEN DER 7. EVANGELISCHEN LANDESSYNODE, 718, 732 f., 811.
597 Vgl. LKAS, Zugang 1995-6, Handakten Scheffbuch.
598 Vgl. Pfander an Tlach, Grünzweig, Scheffbuch 30. 12. 1968; LKAS, Zugang 1995-6, Handakten Scheffbuch.
599 Dies dürfte mit der Mitteilung des DEKT vom 18. 2. 1969, dass Herbert Braun, Ernst Käsemann und Willi Marxsen die ‚modernen' Referate übernehmen sollten, zur Zufriedenheit der BKAE gelöst gewesen sein (vgl. Abschrift auf LKAS, Zugang 1995-6, Handakten Scheffbuch). Letztlich vertraten Alfred Suhl, Günter Klein und Manfred Metzger die ‚moderne' Position (vgl. DEUTSCHER EVANGELISCHER KIRCHENTAG, Kirchentag 1969, 192–260).
600 Vgl. brieflicher Bericht Bäumers 27. 1. 1969; LKAS, Zugang 1995-6, Handakten Scheffbuch.

Künneth und Bischof Bo Giertz"[601] vorgeschlagen. Als Bäumer zwei Wochen später alle Vorsitzenden der Landesgruppen der BKAE und der Sammlungen über den Stand der Verhandlungen informierte, hatte sich diese Liste deutlich verändert: Der westfälische Pfarrer Herbert Demmer sollte die Bibelarbeit übernehmen und an die Stelle des schwedischen Bischofs Giertz war „Dr. Dr. Huntemann" aus Bremen getreten. Wie es zu dieser folgenschweren Änderung gekommen war, ist nicht mehr zu rekonstruieren. Rolf Scheffbuch berichtete 2011, sie sei die Folge eines „diffamierenden Artikels"[602] in der Zeitschrift „Gemeinde-Diakonie-Mission"[603] gewesen, in dem deren Schriftleiter Hans-Joachim Hofmann Huntemann „Rassismus" vorgeworfen hatte, da dieser gesagt habe, die BKAE sei „die wahre Kirche [...,] während alle anderen Christen auf der Synagoge des Satans bauten"[604]. Als Reaktion auf die öffentliche Diffamierung Huntemanns habe die BKAE darauf bestanden, dass Huntemann beim Kirchentag sprechen solle, „der dann an die Stelle des von uns Württembergern vorgesehenen Walter Tlach trat."[605] Da Tlach nach Auskunft der zeitgenössischen Unterlagen für die Bibelarbeit in Halle 6 vorgesehen war, Huntemann jedoch für eines der drei Kontrovers-Referate benannt wurde, erscheint der von Scheffbuch behauptete direkte Zusammenhang nicht schlüssig. Auch ist fraglich, ob ein Kommentar in der Hauszeitschrift des Diakonischen Werkes Württemberg eine solch große Wirkung entfaltet haben könnte – in der aufgeheizten Stimmung jener Tage ist es jedoch nicht auszuschließen.

Nachweisbar ist dagegen, dass die Teilnahme des württembergischen Pietismus am DEKT weiterhin umstritten war; so wurde Lienhard Pflaum namens der württembergischen Gnadauer am 24. Februar erneut tätig und rief die „Mitglieder des Gnadauer Verbandes in Württemberg"[606] zusammen, denn „[e]in Teil der Verbände sagt zum Kirchentag Nein". Grünzweig und Tlach, Verhandlungsführer des Fellbacher Kreises, erläuterten den Stand der Verhandlungen und machten unmissverständlich klar: Im Falle einer Anti-Kirchentags-Erklärung der Gnadauer würden sie ihr Mandat sofort niederlegen. Damit wäre der Riss schon innerhalb des württembergischen Pietismus öffentlich, zudem würden Tlach, Grünzweig und auch Scheffbuch desavouiert, denn dann, so Grünzweig „hätte die Kritische Kirche [in der öffentlichen Wahrnehmung, d. Verf.] recht (Tlach und Scheffbuch vertreten nicht den

---

601 Grünzweig, 16. 1. 1969. Giertz war Gründer der schwedischen Sammlung um Bibel und Bekenntnis.
602 Scheffbuch an Verf., 14. 9. 2011.
603 Ab 1969 unter dem Titel „Konsequenzen"; bis 2008.
604 Konsequenzen 1968, Heft 6, 3 f.
605 Scheffbuch an Verf., 14. 9. 2011.
606 Protokoll des Treffens der Mitglieder des Gnadauer Verbandes in Württemberg, 24. 2. 1969; LKAS, Zugang 1995-6, Handakten Scheffbuch.

Pietismus)."⁶⁰⁷ Offensichtlich hatte Pflaum bereits einen Entwurf für eine Erklärung vorbereitet, der jedoch verworfen wurde. Zugleich wurde vorgeschlagen, an den Abenden des Kirchentagszeitraums „in eigenen Räumen [in Stuttgart] eigene Veranstaltungen für unsere Leute [zu] bieten." Es ist nicht feststellbar, ob diese Parallelveranstaltungen tatsächlich durchgeführt worden sind. Eindeutig ist hingegen, dass es in Württemberg noch im Frühjahr 1969 innerhalb des Pietismus und der Gemeinschaftsbewegungen deutlich wahrnehmbare Meinungsverschiedenheiten im Blick auf die Teilnahme am Kirchentag gab, wobei die Vertreter der LHV, also des biblisch-konservativen Netzwerkes, unbeirrt an ihrer Zusage festhielten, Teile der Gemeinschaftsbewegung sich hingegen distanzierten.

Nach Ausweis seiner Rundbriefe war Rudolf Bäumers große Sorge, dass durch zu moderate Referenten oder auch Arbeitsgruppenmitarbeiter die Kontroverse in der DEKT-Arbeitsgruppe verwässert würde und „bei freundlicher Anerkennung unserer Grundanliegen doch unsere Forderungen als zu überspannt, zu exzentrisch, zu utopisch"⁶⁰⁸ abqualifiziert würden. Akribisch versuchte die BKAE dem vorzubeugen, indem festgeschrieben wurde, die Arbeitsgruppenleitung dürfe nicht selbst das Wort ergreifen und auch der Leiter der Arbeitsgruppe, der überaus integere und anerkanntermaßen pietismus-freundliche Prälat Albrecht Hege, musste sich förmlich zu strikter Neutralität verpflichten.

Einen Monat vor Kirchentagsbeginn wurde beschlossen, der AG „Streit um Jesus" die „Halle 6" des Messezentrums auf dem Killesberg zuzuweisen; dies war die mit annähernd 8000 Plätzen größte Halle⁶⁰⁹. Wie vereinbart, tauschten die Referenten vorab ihre Manuskripte mit dem jeweiligen Koreferenten aus⁶¹⁰. Sowohl die LHV als auch die BKAE informierten ihre Anhängerschaft ausführlich über das in „Halle 6" zu Erwartende, begründeten ihre Teilnahme und die nun gewählte Kontroversform und machten deutlich, dass sie durch diese Veranstaltung den Gemeindegliedern helfen wollten, bekenntnistreue von bekenntnisfremder Theologie unterscheiden zu lernen⁶¹¹. Bäumer wiederholte in seinen Briefen mehrfach, dass es sich bei der Teilnahme um ein „Wagnis" handle, bekundete sein Verständnis gegenüber jenen, die weiterhin jegliche Kooperation ablehnten und noch jetzt den Rückzug der BKAE forderten, betonte gegenüber solchen Forderungen jedoch, dass man sich von Gott auf diesen Weg gewiesen wisse, den man, sollte er sich doch als falsch erweisen

---

607 Protokoll 24. 2. 1969. Dies bezog sich auf ein bei der Synodaltagung am 10. 11. 1968 gezeigtes Plakat, vgl. oben 318, Fn. 580.
608 Bäumer, 2. 4. 1969; vgl. auch Schreiben vom 19. 4. 1969; LKAS, Zugang 1995-6, Handakten Scheffbuch.
609 Vgl. Lorenz an Arbeitsgruppenleitung, 19. 6. 1968; LKAS, Zugang 1995-6, Handakten Scheffbuch.
610 Vgl. LHA, Ordner „DEKT 1969+Klumpp".
611 Vgl. LG-Info 5, 1-6; BKAE-Informationsbrief Nr. 20, 2-4.

"als Gericht aus Gottes Hand hinnehmen"[612] werde. Gleichzeitig wurden nicht nur abendliche Gebetsgemeinschaften verabredet, sondern es wurde auch vereinbart, dass „tapfere Bekenner" in den Saaldiskussionen das Wort ergreifen sollten, dass befreundete Pressevertreter bei den Pressekonferenzen der AG „Streit um Jesus" ihre Fragen bevorzugt an Scheffbuch und Findeisen richten sollten (um diesen die Möglichkeit zu Statements zu geben) und ähnliches mehr[613] – kurz: Die konservative Seite traf systematisch Vorkehrungen, um ihr Engagement in Halle 6 zum Erfolg werden zu lassen[614]. Über das Ergebnis der Bemühungen gingen schon die Meinungen der Zeitgenossen sehr auseinander; die BKAE berichtete in ihrem Informationsbrief Nr. 21 höchst ausführlich über den Kirchentag insgesamt und die AG „Streit um Jesus" im Besonderen. Grundtenor war der Eindruck der Berichterstatter, es habe unter den „8000–10000" Teilnehmern eine Mehrheit für die konservative Seite bestanden und es sei gelungen, die Streitpunkte deutlich zu machen[615]. Selbst das offizielle Kirchliche Jahrbuch (KJ) der EKD stellte fest, die AG Streit um Jesus sei „von der Planung wie von der Teilnehmerzahl her zu einer Art Zentrum des Kirchentagsgeschehens"[616] geworden[617], um dann jedoch einschränkend hinzuzufügen:

> „Obwohl es in der Arbeitsgruppe sehr lebendig zuging und es zu lebhaften Beifalls- und Mißfallensäußerungen kam, blieb der von den Teilnehmern erhoffte und erwartete Dialog [...] aus. [...] Klar und hart beharrte die Bekenntnisbewegung auf ihrer Position des Damnamus gegenüber der von ihr sogenannten ‚Zeitgenössischen Untheologie'"[618];

---

612 Bäumer 11. 7. 1969; LKAS, Zugang 1995-6, Handakten Scheffbuch.
613 Vgl. Bäumer 11. 7. 1969 und 2. 6. bzw. Grünzweig 8. 6. sowie ein Rundbrief von stud. theol. Rolf Hille am 9. 7., der offensichtlich eine Art Hilfstruppe aus Studenten u. ä. organisiert hatte; LKAS, Zugang 1995-6, Handakten Scheffbuch.
614 Es ist kaum daran zu zweifeln, dass die progressive Seite ähnliche Vorkehrungen traf, allerdings liegen dazu keinerlei Dokumente vor.
615 Vgl. BKAE-Informationsbrief Nr. 21, 1–41. Bemerkenswert erscheint, dass letztlich beide Richtungen „Halle 6" als Erfolg für die jeweils eigene Seite werten (vgl. STRATMANN, Evangelium, 196, bzw. exemplarisch die Berichterstattung der BKAE bzw. Horst Keils Bericht in EGW 1969, Heft 31, 12, der ganz andere Aussagen über die vermeintlichen Mehrheiten in Halle 6 macht). Dass ein Gutteil der Kirchentagsbesucher letztlich keinerlei Verständnis für die hier ausgetragene Kontroverse – noch dazu vor dem Hintergrund des Kirchentagsmottos ‚Hungern nach Gerechtigkeit' – aufbrachten, wurde in einem in Halle 6 gezeigten Plakat deutlich: „Streit um Jesus – Streit um Kaisers Bart", vgl. KJ 96 (1969), 49.
616 KJ 96 (1969), 48 f. Einen weiteren, um Objektivität der Darstellung bemühten Bericht bietet STRATMANN, Evangelium, 163–169; dort weitere Literaturhinweise.
617 Ein umfassender Bericht über den DEKT 1969 oder auch nur den genauen Ablauf der Referate und Diskussionen in Halle 6 würde den Rahmen dieser Arbeit sprengen; daher wird an dieser Stelle nur auf die für den weiteren Gruppenbildungsprozess bedeutsamen Vorgänge um das Referat von Huntemann einzugehen sein.
618 KJ 96 (1969), 48 f.

der BKAE-Vorsitzende Bäumer habe auf eine Publikumsfrage hin gar ausdrücklich festgestellt, die drei Referenten der modernen Seite dürften ob ihrer Irrlehre zwar weiterhin Kirchenglieder bleiben, jedoch kein Verkündigungsamt ausüben; „der Ruf," so resümierend das KJ, „das trotz aller Unterschiedenheit Gemeinsame zu sehen und zu betonen, verklang in antwortloser Leere."

Auch die Vertreter des Württembergischen Pietismus gingen eher „unglücklich und zerrissen vom Kirchentag nach Hause"[619]. Ein wesentlicher Grund dafür war das Referat Georg Huntemanns am Samstag Vormittag, von dem Vikarin Lydia Präger[620] in einem Brief an Dekan Kurt Hennig höchst eindrucksvoll berichtete:

„Ich hoffe, daß viele Glieder der ‚Evangelischen Sammlung' in Halle 6 beim ‚Streit um Jesus' anwesend waren und gehört haben, *wie* Herr Dr. Dr. Huntemann sein ihm aufgetragenes und ihm anvertrautes Referat gehalten hat – daß sie erlebt haben, was die Männer, die Herrn Dr. Dr. Huntemann als Redner benannt haben, der Sache angetan haben, die zu vertreten war. Das Wort ‚Vortrag' ist für das, was wir hörten, nicht zutreffend, denn der Aufbau war [geprägt] durch emotionale Ausrufe und Wiederholungen, jede sachliche Darlegung durch Postulate ersetzt. [...] Daß der Vortrag als Ganzes nur noch ausgepfiffen wurde, war zu erwarten. Hätte ich nicht der Evang. Sammlung angehört, hätte ich den Saal verlassen – so unerträglich und peinvoll war mir das Ganze. So hielt ich es für meine Aufgabe, bis zum Ende auszuhalten, immer in der Angst: was bringt der nächste Satz?"[621]

Was war geschehen?[622] Huntemann war kurzfristig von seinem ausformulierten Redemanuskript zum Thema „Jesus Christus wird wiederkommen" abgegangen und hatte stattdessen eine Art Erweckungspredigt gehalten[623], die jedoch immer wieder vom wachsenden Tumult in der Halle unterbrochen wurde. Nicht nur Lydia Präger erkannte bald, dass Huntemann damit der Sache der Konservativen einen Bärendienst erwies: Rolf Scheffbuch reichte, nach Rücksprache mit Walter Tlach (beide als offizielle Mitglieder der AG-

---

619 Grünzweig in LG, Heft 6, 1.
620 Lydia Präger gehörte nicht zu den Führungspersönlichkeiten der (damals gänzlich) männerdominierten LHV, stand jedoch dem Pietismus nahe und wurde von den Pietisten geschätzt, vgl. Interview Feuerbacher.
621 Lydia Präger an Kurt Hennig, 21. 7. 1969, Abschrift; LKAS, Zugang 1995-6, Handakten Scheffbuch. Original im Archiv der Evangelischen Sammlung.
622 Vgl. hierzu vielfältige und je nach Autorenstandpunkt divergierende Berichte, u. a. Horst Keils Bericht in EG 1969, Heft 31, 12, oder BKAE-Informationsbrief Nr. 21, 25.
623 Beide Texte sind im offiziellen Dokumentenband des DEKT 1969 abgedruckt, vgl. DEUTSCHER EVANGELISCHER KIRCHENTAG, Kirchentag 1969, 241–260. Der Kommentator des Süddeutschen Rundfunks, Waldemar Besson, erhob Huntemann ob seines Vortrags gar zu „eine[r] Art Trotzki der Pietisten". Sendungsmanuskript zum 19. 7. 1969, 19.10–19.20 Uhr; LKAS, A226, 4075. Diese plakative Bezeichnung ist insofern beachtenswert, als Huntemann nach eigener Aussage just kein Pietist war (vgl. STRATMANN, Evangelium, 183) – die Württembergischen Pietisten nun aber mit Männern wie Huntemann identifiziert wurden.

Leitung mit auf dem Podium) Huntemann ein Zettelchen mit den Worten „Bitte aufhören"[624], woraufhin Huntemann seinen Vortrag abbrach. Die Folge war, dass die Leiter der BKAE den von ihnen gewünschten Redner Huntemann als durch die Württembergischen Brüder demontiert sahen[625]. Die Württemberger hingegen waren wütend, weil die BKAE zuerst Huntemanns Engagement durchgesetzt und damit Walter Tlach als Redner verhindert hatte, und dann dieses Huntemann-Referat zu einem höchst blamablen Fiasko für die konservative Seite geworden war. In diesem Sinne erstatteten Grünzweig und Tlach wenige Tage später bei der Sitzung des LHK Bericht[626]: „Im Mittelpunkt steht der für uns so enttäuschend und schmerzlich verlaufene Samstagvormittag mit dem äußerst unbefriedigenden Dienst von Bruder Dr. Dr. Huntemann, Bremen." Auf die Frage, warum Huntemann überhaupt benannt worden war, berichteten Tlach und Grünzweig über die Vorverhandlungen und stellten fest: „Offenbar hatten die leitenden Brüder der Bekenntnisbewegung nach Kräften und mit Erfolg zu verhindern versucht, dass eines der Referate von einem Schwaben (u. U. Br. Tlach) gehalten wurde." Zusätzlich negativ ins Gewicht fiel für den LHK zudem Huntemanns Weigerung, auf sein Schlusswort am Samstagnachmittag zu verzichten; dies „wäre für unsere Brüder Tlach und Scheffbuch immerhin eine gewisse Chance gewesen, vor allem bei unseren Leuten im Plenum einiges zurecht zu biegen." So aber sah man sich durch die „norddeutschen Brüder" blamiert und Tlach konstatierte: „Von Norden her wurde die Main-Linie aufgerichtet!". Am 13. November 1969 fand noch einmal ein Gespräch zwischen den Leitern der LHV, der BKAE und der Sammlungen in Frankfurt statt. Gleich zu Beginn stellte Rudolf Bäumer fest: „Die am 19. 7. 1969 in Stuttgart aufgewachsene bittere Wurzel muß beseitigt werden. Die Differenz zwischen Tlach und Hartig soll heute ausgeräumt werden."[627] In einer Aktennotiz vom Folgetag hielt Grünzweig diesbezüglich fest, Bäumer habe zunächst Tlach um ein Referat beim Kirchentag gebeten; da Tlach gezögert habe, sei Huntemann benannt worden. Auf einer (nicht genau datierten) späteren Sitzung habe Grünzweig nochmals versucht, Tlach an Stelle von Huntemann als Referenten zu etablieren, sei mit diesem Anliegen aber vor allem an Hartigs Widerstand gescheitert[628]. In der Sitzung in Frankfurt brachte Tlach genau diesen Vorwurf deutlich zur Sprache: „Huntemann [ist] von Bäumer und Hartig durchgedrückt worden" – in eigentümlich gekränkter Bescheidenheit stellte er fest: „Es war doch ausgeschlossen, daß ich selbst mich angeboten hätte. Wenn Ihr mich gewollt hättet, wäre ich dazu bereit gewesen" und fügte, nicht gerade diplomatisch, hinzu: „Hartig

---

624 Auskunft Scheffbuch, Gespräch 19. 7. 2011. Vgl. auch Protokoll LHK 26. 7. 1969; LHA, Ordner „L.H. Kreis 1965–1975".
625 Vgl. BKAE-Informationsbrief Nr. 21, 25.
626 Protokoll 26. 7. 1969; LHA, Ordner „Sitzungen L.H. Kreis 1965–1975".
627 Protokoll zum 13. 11. 1969, verfasst am 20. 1. 1970 durch Walter Arnold; LKAS, Zugang 1995-6, Handakten Scheffbuch.
628 Aktennotiz 14. 11. 1969; LHA, Ordner „DEKT 1969 und Klumpp".

und Huntemann sind ungeeignete Leute, um die Bekenntnisbewegung nach außen zu vertreten." Dass hier, trotz Gemeinsamkeit des Anliegens, eine massive persönliche Ablehnung entstanden war, machte auch eine Bemerkung des so angegriffenen Peter Georg Hartig deutlich, der berichtete, Podiumsleiter Prälat Hege habe ihm an jenem Samstag den Zutritt zum Podium verweigert, „da sonst Scheffbuch und Tlach das Podium räumen würden." Trotz begütigender Voten von Heubach und Bäumer bestand Tlach darauf, dass Hartig sich durch sein Verhalten in den Gesprächen mit dem DEKT-Präsidium, insbesondere durch scharfe Angriffe gegen die Theologin und designierte Kirchentagspräsidentin Gertrud Osterloh, als Repräsentant der konservativen Sache völlig disqualifiziert habe; wenn Hartig diese nicht zurücknähme, drohte Tlach unverblümt: „kann ich nicht mehr mitmachen."
Hartig stellte daraufhin nüchtern fest, es sei somit wohl besser, auf Distanz zu gehen:

„Wir von der Kirchlichen Sammlung wissen uns dem Wortlaut der Bekenntnisschriften gewissensmäßig verbunden. Wir wollen das ‚damnamus' sprechen. Es geht unseres Erachtens heute um die Verurteilung nicht nur von falschen Lehren, sondern auch von falschen Lehrern [...]. Für die nächste Zeit wollen wir von gemeinsamen Aktionen absehen und auf Distanz gehen."

Rohrbach bemühte sich um ein versöhnliches Schlussvotum und führte Apg. 15, die Trennung von Paulus und Barnabas, an: „Wenn wir jetzt auseinandergehen, dann wollen wir nur auf Zeit auseinandergehen, wir stehen nämlich in einem gemeinsamen Kampf."
Wiewohl in jener Sitzung im November 1969 laut Protokoll primär die Zusammenarbeit von BKAE und Evangelischer Sammlung (deren Bundesvorsitzender Hartig war) zur Debatte stand, ist doch nicht zu verkennen, dass Tlach hier mit dem „Norden" abrechnete. Zwar griff er Bäumer nur in einem Nebensatz an, jedoch ist die Distanzierung vom aggressiven „Damnamus"-Stil, wie ihn ja auch die BKAE pflegte, nicht zu übersehen. Tlach wollte für Württemberg zu den Werten zurück, mit denen er schon 1956 für die Gründung der Hofackerkonferenz plädiert hatte: weg vom Abwehrkampf gegen die moderne Theologie, hin zu einer missionarisch-evangelistischen Verkündigung, wie sie auch Grünzweig favorisierte[629].
Bei der Jahrestagung der LHV am 27. Dezember 1969 hielt Grünzweig Rückschau[630] und beschrieb zunächst in biblischen Bildern seine Wahrnehmung der Gegenwart, unter Verweis auf Genesis 3 und 11 warnte er vor dem Streben des Menschen, sich selbst an Gottes Stelle zu setzen, warnte gleichzeitig davor, den „Regierungspalast" des „Antichristen" im Kreml oder gar im Weißen Haus sehen zu wollen; es könne vielmehr sein, dass „in der Welt, in der Kirche und im einzelnen Menschenleben, da wo Gott stehen sollte, nun der

---
629 Vgl. oben 94.
630 Vgl. Vortragsskizze vom 18. 12. 1969; LHA, Ordner „L.Hofacker-Kreis 1951–1969".

eigenmächtige Mensch steht". Daher dürfe man sich hinsichtlich der theologischen Entwicklung nicht damit zufrieden geben, dass es sich hierbei um eine „Pendelbewegung" handle, die sich auch wieder umkehren werde. Vielmehr sei es nötig, „sich mit allem Ernst um der Wahrheit, um Gottes und der Menschen willen" einzusetzen um die „Dinge" zurechtzubringen. Unter diesen „Dingen" verstand Grünzweig, wie er im Folgenden konkretisierte, zum einen eine bestimmte „Art von historisch-kritischer Forschung", die „nur als früher geschehen anerkennen will, was heute und alle Tage geschieht und geschehen kann[631]. Darüber geht das Handeln Gottes in der Heilsgeschichte durch Jesus Christus weitgehend verloren". Zum anderen die Auflösung der biblischen Botschaft in eine rein innerweltliche Mitmenschlichkeit. Grünzweig erörterte, wie sich der Einzelne in dieser Situation zu verhalten habe; was gebiete die Liebe zu Christus, zu seiner Gemeinde, der von ihm geliebten Welt, sowie – hier wurde wieder einmal die landeskirchliche Orientierung der LHV offensichtlich – „Was gebietet uns die Dankbarkeit für unsere Kirche? ‚Verdirb es nicht, es ist ein Segen drin!' [...] Sie ist nicht Gemeinde Jesu Christi, aber in ihr ist Gemeinde Jesu Christi!" Auch widerriet Grünzweig klar freikirchlichen Tendenzen – zumindest für den gegenwärtigen Zeitpunkt –: „Eine Abwanderung der Gemeinde Jesu in eine getrennte Organisation sollte auf keinen Fall verfrüht erfolgen". Der gleichen Tenor findet sich etwas später erneut in der Passage über Aufgaben auf Gemeindeebene: „Dort, wo etwa vonseiten [sic] der Pfarrer das Bibelwort nicht recht ausgerichtet [...] wird", dürften die pietistisch geprägten Gemeindeglieder wohl für Gottesdienstbesuch oder Konfirmationsunterricht in eine Nachbargemeinde ausweichen; gleichzeitig dürfe man aber „Liebe und Rücksichtnahme" mit dem Ortspfarrer nicht vermissen lassen, müsse das Gespräch – zumal mit Vikaren – suchen und diesen vermitteln, „[d]ie [Pietisten, d. Verf.] suchen das Gute bei mir und warten darauf und wollen mir helfen." Besser kann der ‚pazifistisch-pietistische' Ansatz Grünzweigs kaum formuliert werden. Einen besonderen Akzent setzte Grünzweig hinsichtlich der „Schriftfrage": Sie drohe zuweilen diejenigen, „die Jesus und das Zeugnis von ihm lieb haben", zu spalten. Gegen eine solch zerstörerische Absolutsetzung der Schriftfrage setzte Grünzweig die Einsicht, dass „uns die Einheit des Glaubens, aber nicht die Einheit in unseren theologischen Überlegungen verheissen [ist]. Wir wollen hier einander Raum geben [...,] sofern die Wirksamkeit Gottes und seines Christus in der Schrift [...] nicht verleugnet wird." Dies stellte eine sehr gemässigte Form der Inspirationslehre dar, mit der Grünzweig sich zwar dennoch von modernistischen Extremen wie der Esslinger Vikarserklärung[632] abgrenzte, dabei jedoch sicherlich der Zustimmung der überwiegenden Mehrheit der württembergischen Kirchenglieder gewiss sein konnte. Gleichzeitig beinhaltete Grünzweigs

---

631 Dass Grünzweig hier eines der drei klassischen Kriterien der historischen Methode nach Ernst Troeltsch benannte (die Analogie), dürfte ihm selbst wohl kaum bewusst gewesen sein.
632 Vgl. unten 373.

Votum eine ebenso klare Distanzierung von einer Verbalinspirationslehre, wie sie in den Gründungsjahren von der AGBC[633] und um 1970 noch stets von Teilen der BKAE und der Sammlungen vertreten wurde. Eine weitere Grenze markierte Grünzweig mit dem Stichwort „Schärfe und Lindigkeit". Auch hier, in der Frage nach der angemessenen Art und Weise des Kampfes, drohe Spaltung. Dabei dürfe nicht vergessen werden, dass dies einerseits „eine Frage des Naturells [sei]. Amos hat anders geredet als Hosea"; auf der anderen Seite aber machte Grünzweig seine Prioritäten deutlich: „Deshalb erscheint es mir wichtig, um alle zu werben. [...] Es geht ja nicht darum, dass wir gegen Menschen, sondern um sie kämpfen. [...] Es geht bei dem allem nicht nur um Stilfragen, sondern um die Frage der inneren Vollmacht" und klagte, „wie wir pharisäischem Geist Raum gaben". Es ist stark anzunehmen, dass die Zuhörer bei dem Stichwort „Stilfragen" an Klumpps Rücktrittsbrief vom Oktober 1968 dachten.

Aufschlussreich sind die beiden folgenden Abschnitte, in denen Grünzweig das „Verhältnis zur Bekenntnisbewegung" einerseits und zur Evangelischen Sammlung in Württemberg andererseits beschrieb. Mit Blick auf die BKAE betonte Grünzweig erneut: „Wir" von der LHV waren „bereits vor der Entstehung der Bekenntnisbewegung vorhanden". Und ebenso pointiert: „Wir haben in manchem einen etwas anderen Stil" – so veranstalte man keine Großkundgebungen, sondern bemühe sich mit der Hofackerkonferenz Jahr für Jahr um die „Ausrichtung der positiven Botschaft, der Einladung unseres Herrn und der Heiligung des Lebens". Dies schließe zwar die Warnung vor falscher Verkündigung nicht grundsätzlich aus, sodass man sich in diesem Punkt den „Brüdern Bäumer und Deitenbeck" verbunden wisse, bilde aber nicht das Zentrum der Arbeit der LHV. Die zwischenzeitlich gegründete Evangelische Sammlung in Württemberg[634] begrüßte Grünzweig freudig. Hier sei eine von ihm persönlich seit Jahren empfundene schmerzliche Lücke geschlossen worden, indem sich in der Sammlung nun vor allem Pfarrer, denen die LHV „zu pietistisch" sei, zusammengefunden hätten, so dass nun „über die pietistischen Kreise hinaus vor allem in der Pfarrerschaft alle schrift- und bekenntnistreuen Kreise gesammelt und gestärkt" würden. Grünzweig betonte aber, die LHV wolle dennoch auf ihrem Gebiet „unserer Arbeit [...] im pietistischen Sinn treu bleiben" und sich nicht etwa zugunsten der Sammlung auflösen.

Indem Grünzweig, mit Blick nach Norden, den unterschiedlichen Stil sowie die unterschiedliche Ausrichtung betonte, gleichzeitig die Sammlung als konservativ-nichtpietistische, primär die Pfarrerschaft aktivierende befreundete Gruppe begrüßte, wies er den Weg für die kommenden Jahre. Zwar blieb eine „Verbundenheit" mit der BKAE immer bestehen, waren Führungspersonen wie Grünzweig oder Tlach Mitglied in den Leitungsgremien

---

633 Vgl. oben 52.
634 Vgl. 362.

der BKAE, später auch der Konferenz Bekennender Gemeinschaften. Aber die württembergische Eigenständigkeit wurde nicht mehr in Frage gestellt. Die Nähe zur württembergischen Sammlung fand ab 1972 im gemeinsamen Synodalgesprächskreis „Lebendige Gemeinde" einen bis heute offensichtlichen, deutlichen Ausdruck[635].

Ganz zuletzt kam Grünzweig auf ein Projekt zu sprechen, das gerade erst Gestalt angenommen, in den kommenden Jahren aber für den Pietismus in Württemberg, für dessen Einfluss in der Landeskirche ebenso wie für seine Wahrnehmung durch die landeskirchliche Öffentlichkeit von größter Bedeutung sein würde: das Albrecht-Bengel-Haus in Tübingen[636]. Grünzweig berichtete von den seit Jahren virulenten Überlegungen um die Frage einer eigenen, bekenntnistreuen Hochschule. Man habe sich letztlich gegen eine solche Schule entschieden, denn „[w]enn wir uns noch nicht von der Kirche lösen wollen, dann dürfen wir auch nicht die Fakultät sich selber überlassen." Stattdessen solle nun „ein Studienhaus für schrift- und bekenntnistreue Ausbildung evangelischer Theologen" entstehen. Den Studenten solle „Anleitung zu gemeindebezogenem Studium, Hilfen gegen Überfremdung, seelsorgerliche Betreuung und eine brüderliche Gemeinschaft" geboten werden. Mit einem solchen begrenzten Projekt könne man zunächst „Erfahrungen sammeln" und hätte, falls sich die Gründung einer eigenen Hochschule doch noch als unumgänglich erweisen sollte, „auch personell einen gewissen Kader, einen Rahmen". Bei aller Treue zur Landeskirche – genau wie für Tlach blieb auch für Grünzweig die Option der Freikirche, nicht aus sektiererischer Neigung, sondern aus Bekenntnis-Notwendigkeit, bestehen. Die Ordnung des Hauses und die Satzung des Trägervereins sei bereits erstellt worden, Prof. Beyerhaus habe sich als ehrenamtlicher Leiter zur Verfügung gestellt. Seltsam beiläufig beendete Grünzweig seinen Grundsatz- und Programmvortrag mit dem Vorschlag, nach dem Ende des offiziellen Programms „könnten die, die die Freudigkeit haben [, noch da bleiben] und den Verein gründen."

Im Vorfeld der Wahl 1971

Am Ende des Jahres 1969 waren, wie hier gezeigt worden ist, wesentliche Entscheidungen über die Positionierung des württembergischen biblisch-konservativen Netzwerkes, das primär in der LHV organisiert war und im Gesprächskreis BB seine synodale Vertretung hatte, gefallen: Die Frage eines

---

635 Schon im Referat am 27. 12. 1969 berichtete Grünzweig von der Zusammenarbeit mit der Sammlung im Umfeld der Synode. Zwar bewegte sich die Sammlung zu diesem Zeitpunkt noch primär im vorsynodalen Raum, gleichzeitig war sie jedoch beispielsweise durch den Degerlocher Dekan Hans Wagner bereits in der Synode präsent.

636 Detaillierter bei OEHLMANN, Blumhardt-Jünger, 298–300; die in Arbeit befindliche Dissertation von Jörg Breitschwerdt wird die Gründung des ABH-Tübingen ebenfalls eingehender beleuchten.

korporativen Beitritts zur BKAE war nach den Ereignissen im Vorfeld des Stuttgarter Kirchentags (Stichwort: Sitzung am 17. September 1968), wie beim Kirchentag selbst (Stichwort: Huntemann-Referat), für die Männer um Grünzweig, Tlach, Scheffbuch und Pfander vom Tisch. Man sah Differenzen im Inhalt – Evangelisation statt Abgrenzung – und distanzierte sich zunehmend deutlich vom aggressiven Stil der BKAE[637]. Innerhalb Württembergs waren die Gruppen des biblisch-konservativen Netzwerkes durch die Ereignisse um den Rücktritt von Synodalpräsident Oskar Klumpp kurzzeitig in den Focus der öffentlichen Aufmerksamkeit geraten und hatten sich massiver Kritik ausgesetzt gesehen. In der Folge festigte sich das Netzwerk nach innen, baute unter anderem seine Kommunikationsstrukturen aus[638] und spannte systematisch ein Netz von Vertrauensleuten über alle Bezirke der Landeskirche[639]. Durch die von Fritz Grünzweig initiierte Namensänderung, die 1968 aus der „Evangelisch-kirchlichen Arbeitsgemeinschaft für Biblisches Christentum" die „Ludwig-Hofacker-Vereinigung" machte[640], wurde die Erkennbarkeit der Organisation wesentlich verbessert[641]. Dies kam dem nächsten großen „Projekt" zu Gute: Schon bei der LHV-Versammlung am 27. Dezember 1969 thematisierte Grünzweig die Synodalwahl im Dezember 1971[642] und in den LHK-Sitzungen am 7. Februar 1970 und 27. Juni[643] wurde die Möglichkeit einer Zusammenarbeit mit der Evangelischen Sammlung erörtert, die aber aufgrund der „Vielschichtigkeit"[644] und der „unklaren Stellung zur Schrift"[645] von einigen Mitgliedern des LHK als problematisch erachtet wurde. Da aber schon jetzt offensichtlich war, dass die LHV nicht in allen Bezirken eigene Kandidaten würde aufstellen können, wurde eine Kooperation mit der ES dennoch als notwendig erachtet, da die „Gegner versuchen zu alarmieren, was Kirchensteuer zahlt und nicht mit den Zielen der Hofackervereinigung ein-

---

637 Vgl. Grünzweig, Vortragsskizze für 27. 12. 1969; LHA, Ordner „L.Hofacker-Kreis 1951–1969". Die durch Scheffbuch festgehaltene Mitgliedschaft der LHV in der BKAE (vgl. Organisations-Schema 26. 1. 1999; LHA, Gelber Ordner) konnte, zumindest für den untersuchten Zeitraum, aus den Dokumenten nicht belegt werden; die 1965/66 im LHK regelmäßig debattierte Frage nach dem Verhältnis zur BKAE taucht in den Protokollen nach 1968 nicht mehr auf.
638 Die Zeitschrift LG-Informationen, die 1966 in zwei Ausgaben und 1967 nur in einer erschienen war, erfuhr 1969 und 1970 je drei Ausgaben.
639 Vgl. LHK-Protokoll 13. 7. 1968; LHA, Ordner „Sitzungen L.H. Kreis 1965–1975".
640 Vgl. Protokolle 6. 5. 1967, 21. 7. 1967, 19. 10. 1968 [wobei hier offensichtlich fälschlich von „Hofacker-*Kreis*" die Rede ist, d. Verf.].
641 Nicht zuletzt dadurch, das die LHV nun als Veranstalterin der bereits gut etablierten Hofacker-Konferenz deutlich erkennbar wurde.
642 Grünzweig, Vortragsskizze für 27. 12. 1969; LHA, Ordner „L.Hofacker-Kreis 1951–1969".
643 Vgl. Protokoll 7. 2. 1970 und 27. 6. 1970; LHA, Ordner „Sitzungen L.H. Kreis 1965–1975". In dieser Diskussion wurden nochmals gewisse Differenzen hinsichtlich der Bedeutung und der Einflussnahme-Möglichkeiten der durch Lienhard Pflaum repräsentierten württembergischen Gruppen des Gnadauer Verbandes sowie in der Verhältnisbestimmung von Hofacker-Vereinigung und Gesprächskreis Bibel und Bekenntnis erkennbar.
644 Protokoll 27. 6. 1970; LHA, Ordner „Sitzungen L.H. Kreis 1965–1975".
645 Protokoll 7. 2. 1970; LHA, Ordner „Sitzungen L.H. Kreis 1965–1975".

verstanden ist; alle, die nicht in die Kirche gehen. Hätten sie Erfolg, so könnte es so weit kommen, daß wir nicht mehr in der Kirche bleiben können."[646] Bereits im Mai 1970 hatte Grünzweig konkrete Schritte unternommen. In einem Schreiben an die Vertrauensleute der LHV und die Mitglieder des Informationskreises BB[647] entwarf er die Grundlinien der Wahlkampftaktik der biblisch-konservativen Kreise: Im Gegensatz zur „Gegenseite" wollte die LHV und ihre Verbündeten „die gottesdienstliche Gemeinde für Bibel und Bekenntnis [...] aktivieren." Dabei müsse aber die wesentliche Arbeit in den Kirchenbezirken geschehen, die LHV stehe, wie schon bei den Wahlen 1965, nur als Kommunikations- und Organisationszentrum im Hintergrund den Brüdern vor Ort zur Seite, die jedoch selbständig die Entscheidungen zu treffen und den Wahlkampf zu führen hätten. In den Bezirken sollten sich daher die biblisch-konservativ orientierten Gruppen zusammenschließen; hier sei auch zu entscheiden, ob jeweils eine Zusammenarbeit mit den örtlichen Vertretern der Evangelischen Sammlung[648] möglich und wünschenswert erscheine oder ob die konservativen Positionen eher durch Mitglieder der Bekenntnisgemeinschaft mitvertreten würden. Wie schon zu den vorausgegangenen Wahlen gab Grünzweig den Verantwortlichen vor Ort recht konkrete Hinweise zum Vorgehen bei der Kandidatensuche und -nominierung, wobei er betonte, dass die Wahlen zu den Kirchengemeinderäten und zur Landessynode gleichermaßen wichtig seien. Als wesentliche Merkmale für Synodalkandidaten benannte Grünzweig: „Es sollten Brüder sein, die einen klaren Bekenntnisstand und eine persönliche Lebensgemeinschaft mit Jesus haben, die das Vermögen und den Mut besitzen, ihr Anliegen klar zu vertreten, ohne sich umwerfen zu lassen, und die das Vertrauen aller bekenntnistreuen Kreise im Bezirk haben."[649] Darüber hinaus sei vor allem darauf zu achten, dass die Kandidaten in den Wahlbezirken bekannt seien und sich nicht womöglich zwei konservative Kandidaten in einem größeren Wahlbezirk gegenseitig Konkurrenz machten: „Kein Lokalpatriotismus!" Vor allem sei darauf zu achten, dass „[w]ir [...] das Image, das uns die Gegenseite dauernd geben will, korrigieren. Auf keinen Fall sollten wir uns zu [sic] Separatisten oder bloßen Verteidigern der [...] Traditionen abstempeln lassen", zugleich dürfe man jedoch nicht in der Abwehr stecken bleiben, sondern müsse „eine klare positive Konzeption vortragen." Die „Landesleitung" werde den Verantwortlichen in den Bezirken Informationspapiere zur Organisation des Wahlkampfs sowie zur theologischen und kirchenpolitischen Standortbe-

---

646 Protokoll 27. 6. 1970; LHA, Ordner „Sitzungen L.H. Kreis 1965–1975"; schon am 18. 3. 1970 hatte ein informatorisches Treffen mit dem Leiter der Sammlung, Kurt Hennig, stattgefunden, vgl. Aktennotiz Grünzweig LHA, Ordner „Kirchliche Wahlen '71 (allg.)".
647 LHV/Grünzweig, „Vertraulich. Mitteilung Nr. 1 zu den kirchlichen Wahlen", 9. 5. 1970; LHA, Ordner „Kirchliche Wahlen '71 Rundbriefe".
648 Zur Evangelischen Sammlung vgl. unten 362.
649 LHV/Grünzweig, „Vertraulich. Mitteilung Nr. 1 zu den kirchlichen Wahlen", 9. 5. 1970; LHA, Ordner „Kirchliche Wahlen '71 Rundbriefe".

stimmung zugehen lassen. Darüber hinaus sei eine Flugblattkampagne in Planung: Mitte Juni, Anfang September und Mitte Oktober 1971 würden zentral Flugblätter erarbeitet werden, in die die jeweiligen Kandidaten in den Bezirken eingedruckt werden könnten. Als Name der Listen sei „Lebendige Gemeinde" oder „Arbeitsgemeinschaft für Bibel und Bekenntnis" oder „Ludwig-Hofacker-Vereinigung und Evangelische Sammlung" im Gespräch – der endgültige Name „Wahlarbeitskreis Lebendige Gemeinde (Bibel und Bekenntnis)" (AKLG), der das erfolgreiche Schlagwort „Lebendige Gemeinde" von 1965 wieder aufnahm und mit dem Namen des synodalen Informationskreises BB verband, wurde vom „Synodalwahlausschuss" von LHV und BB am 28. Dezember 1970 beschlossen[650] und in einer von Rolf Scheffbuch verfassten epd-Meldung am 4. Januar 1971 veröffentlicht[651]. Im Blick auf die strategische Organisation und Durchführung, die Begleitung und Vernetzung der Bezirksverantwortlichen, glich der Wahlkampf des AKLG 1970/71 ganz den früheren Kampagnen der AGBC – Intensität, Schärfe und nicht zuletzt Materialeinsatz waren jedoch deutlich größer geworden. So ist den Protokollen des LHK zu entnehmen, dass der Wahlkampf für die Kasse des LHV letztlich mit „mehr als 50.000 DM"[652] zu Buche schlug.

Grünzweig, als Leiter des „Wahlarbeitskreises Lebendige Gemeinde", bemühte sich das ganze Jahr 1971 hindurch mit unzähligen Briefen, Artikeln, Erklärungen und Pressenotizen[653], die verschiedenen Gruppen und Flügel des biblisch-konservativen Netzwerkes – insbesondere auch die zum Gnadauer Verband gehörigen – in den Wahlkampf der AKLG zu integrieren und untereinander in Kontakt zu bringen. Mit Hilfe von Publizistik- und Werbefachleuten wie Friedrich Hänssler initiierte er eine effektive, nicht zuletzt graphisch ansprechende und terminlich wohlüberlegte Flugblatt- und Plakatwerbung[654]. Ziel all dieser Bemühungen war, die grundlegenden Überzeugungen der pietistisch geprägten beziehungsweise konservativ orientierten Glieder der Landeskirche zur Geltung zu bringen.

Wie schon bei den Wahlen der 1950er und 1960er Jahre bildete die Frage des Schriftverständnisses das Zentrum der biblisch-konservativen Wahlwerbung. So nimmt es denn auch nicht Wunder, dass das erste Flugblatt vom Juni 1971[655]

---

650 Vgl. Aktennotiz Grünzweig über die Sitzung des Ausschusses am 28. 12. 1970; LHA, Ordner „Kirchliche Wahlen '71 (allg.)".
651 Vgl. epd-Württemberg Nr. 1, 4. 1. 1970; LHA, Ordner „Kirchliche Wahlen '71 (allg.)".
652 LHK-Protokoll, 11. 12. 1971. Dank des Vermächtnisses von Emil Schäf zugunsten der LHV verfügte diese über so große Mittel – die damit aber auch Großteils aufgebraucht waren; vgl. LHK-Protokoll 4. 10. 1969; LHA, Ordner „L.H. Kreis 1965–75".
653 Vgl. LHA, Ordner „Kirchliche Wahlen '71 (allg.)".
654 Aktennotiz zur Ausschusssitzung am 28. 12. 1970; LHA, Ordner „Kirchliche Wahlen '71 (allg.)". Belegexemplare der Flugblätter und der (erneuten) Anzeigenreihe im Sonntagsblatt finden sich ebenfalls dort.
655 Wetterfahne oder Kompaßnadel. Zur Kirchengemeinderats- und Landessynodalwahl am 5. Dezember 1971, Flugblatt; Sammlung Oehlmann; vgl. auch entsprechende Meldung in EGW 1971, Heft 28, 4.

in drei Punkten pointiert „Grund", „Auftrag" und „Hoffnung" der Kirche umriss und mit Voten aus dem linken Lager – wie der Esslinger Vikarserklärung[656], dem Credo Dorothee Sölles und einem Zitat Manfred Mezgers – kontrastierte. Unter dem Titel „Wetterfahne oder Kompassnadel" forderte der AKLG, ganz in der Tradition der AGBC, dass die Bibel „das normierende und in die Pflicht nehmende Wort [sein müsse], das dem Glauben und Leben der Kirche vorgegeben ist" und nicht dem „Zeitgeist" untergeordnet werden dürfe. Auftrag der Kirche sei die Verkündigung der Erlösung der Welt durch den Sühnetod Christi, der ein „Angebot [für] alle[] Menschen, schwarz und weiß, Ost und West" sei. Dieser Glaube müsse in entsprechende Werke münden. Implizit wurde damit zugleich ein Primat der Humanität – Entwicklungshilfe statt Mission – abgelehnt. Entsprechend wurde als „Hoffnung" die Erneuerung der Welt durch Gott herausgestellt, die „zeichenhaft" zum Ausdruck komme, wenn „von Christus erneuerte Menschen [...] Versöhnung stiften, die Verhältnisse zu ändern suchen und Frieden bringen." Mit dem Titel stellt der AKLG geschickt einen Bezug zu Altlandesbischof Martin Haug her, der die Aufgabe der Kirche mit eben diesem Bild umrissen hatte: Nicht eine Wetterfahne dürfe die Kirche sein, die auf „die Winde der Zeit", sei es „Atheismus" oder „Existentialismus" oder „neomarxistische[r] Sozialismus" reagiere, sondern „Kompaßnadel [...], die in jeder Lage [...] unentwegt [...] auf Jesus Christus zeigt und damit auf den lebendigen und heilschaffenden Gott, der allein den Menschen und die menschliche Gesellschaft erhalten, befreien, erneuern und in seine Zukunft führen kann."[657] Mit dieser Referenz an den in weiteren Kreisen der Landeskirche noch immer hochgeschätzten Altbischof präsentierte sich der AKLG als dessen legitimer Erbe und als Garant für eine Kirche, die das „Erbe der Väter" getreulich wahrt.

5.4.2 Die „Kritische Kirche" als progressiver Protest

Die sozio-theologisch und reformerisch gesinnten Kreise in der Württembergischen Landeskirche sahen durch den Rücktritt Oskar Klumpps am 17. Oktober 1968 gleichermaßen ihre schönsten Hoffnungen auf eine demokratisch-partizipative Zukunft der Synode und auf Reformimpulse für die ganze Landeskirche zerstört, und ihre schlimmsten Befürchtungen gegenüber dem „Fundamentalismus"[658] bestätigt. Daher verwundert es nicht, dass diese Netzwerke auf Klumpps Rücktritt unmittelbar reagierten. Auf Initiative von Eugen Fuchslocher hatten sich am 7. November 1968 im Gemeindehaus von

---

656 Vgl. unten 373.
657 Zitiert in: Wetterfahne oder Kompaßnadel. Zur Kirchengemeinderats- und Landessynodalwahl am 5. Dezember 1971, Flugblatt; Sammlung Oehlmann.
658 Vgl. oben 188. Die Leitung jener wahrhaft historischen Versammlung hatte Koloniemitglied Fritz Röhm übernommen, der „Diskussions- und Versammlungsleitung" bei Werner Simpfendörfer gelernt hatte. Auskunft Fritz Röhm 9. 3. 2015.

Leonberg-Ramtel rund 100 Menschen aus dem Umfeld der Industrie- und Siedlungspfarrer, der Kirchlichen Bruderschaft sowie diverser anderer kirchenreformerisch-progressiver Gruppen getroffen um einen „Aktionsplan[] für Maßnahmen im Blick auf die bevorstehende Synodalsitzung"[659] zu beschließen. Paul-Gerhard Seiz hatte klare Vorstellungen eingebracht: „2. Absprache mit Stift, Studentengemeinde und anderen Gruppen zur Einigung über die Thematik der Forderungen, vor allem keine Neuwahl des Präsidenten. 3. Strategie einer ‚kritischen Synode' planen. Möglicherweise kommt Kirchhoff, der an der kritischen Synode Berlin beteiligt war[660]. Entwurf von Plakaten, z. B. ‚Kein anderer Präsident'[661]. Büromässige Zentrale im Jugendpfarramt Stuttgart [...] 7. Antrag Seiz: Gründung einer Aktionsgruppe ‚Demokratisierung in der Kirche'"[662]. Geplant war in diesem Moment also offensichtlich die kritische Begleitung der am 10. November beginnenden Synodalsitzung. Zentrales Anliegen von Seiz und seinen Freunden war zum einen eine Klärung der Vorgänge, die zum Rücktritt Klumpps geführt hatten, zum anderen, dass die Synode nicht vorschnell zum Tagesgeschäft überginge, indem ein neuer Präsident gewählt würde. Im Namen der von Seiz intendierten „Aktionsgruppe Demokratie in der Kirche" kommt zum Ausdruck, was die erstaunlich hohe Motivation dieser stattlichen Gruppe vorwiegend jüngerer Pfarrer und Gemeindeglieder bewirkte: Oskar Klumpp war durch seinen Einsatz für die Etablierung von Gesprächskreisen in der Synode, für eine offene, streitbare Gesprächskultur, wie sie bei den Reichenaugesprächen praktiziert worden war sowie mit seinem Einsatz für den Kirchentag 1969 zu einer Personifikation der Reformbestrebungen geworden, für die das soziotheologische Netzwerk um Seiz, Simpfendörfer und Fuchslocher seit bald einem Jahrzehnt stritt. Klumpp hatte in der Synode vorangebracht und teilweise umgesetzt, was diese Gruppen für die gesamte Landeskirche erstrebten. Daher war sein Rücktritt nicht nur eine der vielen landeskirchlichen Personalien, sondern ein Stich ins Herz der württembergischen Kirchenreform-

---

659 Herb / Weber / Fuchslocher u. a., Einladung, 31. 10. 1968; Sammlung Oehlmann/Blaich.
660 Hier wird das Vorbild der KK erkennbar: die „Kritische Synode Berlin", eine Gruppe aus Theologiestudenten und Mitgliedern der Evangelischen Jugend bzw. kirchlicher Reformgruppen, die sich anlässlich der EKD-Synode im Oktober 1968 zusammengetan hatten, um diese Synode, u. a. mit Flugblättern, kritisch zu begleiten. Ähnliches geschah schon im September beim Landeskirchentag in Braunschweig; vgl. LANGE, Kirche, 55–78, 129–138. Leider liegen zu diesen Gruppen und Aktionen bislang keine Untersuchungen vor. Dagegen für die bayerische „Kritische Begleitung der Synode (KRIBS)" vgl. HAGER, Jahrzehnt, 133–142.
661 Wie die Fotos der Synodaltagung belegen, wurde dieses Plakat tatsächlich gemalt; vgl. z. B. konsequenzen 1968, Heft 6, 4 oder Stuttgarter Nachrichten Nr. 267, 11. 11. 1968, 13.
662 Notizen zur „Versammlung Leonberg-Ramtel", 7. 11. 1968 (masch.); LKAS, K 28, 77. Entsprechend der Antrag von Seiz und Simpfendörfer zur Aufstellung der Tagesordnung der Versammlung am 7. 11. 1968, Hekographie mit handschriftlichen Ergänzungen, Sammlung Oehlmann/Blaich. Schon in diesem kleinen Ausschnitt des Sitzungs-Prozederes wird die Protokoll- und Geschäftsordnungsversessenheit dieser Gruppen offenkundig, die in der Folge immer wieder zu mühsamen und unproduktiven Sitzungsverläufen führen sollten.

bewegung. Nur so ist das große Potential erklärbar, das der progressive Flügel in der Folge des Rücktritts entwickelte[663].

Die Sitzung im Ramtel begann mit ausführlichen und detaillierten Informationen zu den Ereignissen der vergangenen Wochen und Monate[664] durch den bemerkenswert gut informierten Seiz[665]; anschließend berichtete die Synodale Lisbeth Wurst knapp über ein Treffen von Klumpp mit einigen Synodalen am Vortag, in dem Klumpp nochmals betont hatte, er habe „ein Zeichen setzen [wollen], in die Zukunft weisend, es könne nicht mehr so weitergehen."[666] Unmittelbar anschließend wurde ein erster Aktionsplan für den 10. November entworfen:

„1. Flugblatt 15^{00} Begrüßung der Synode
 15^{30} Stellungnahme zu Maisch+Eichele.
2. 15^{30} beschränkte Vertretung in den Kreisen
 19^{00} Teilnahme an Synode
 ‚wir diskutieren'
Ende mit Flugblättern (alle auch an die Presse)"

In der sich anschließenden, dem Protokoll zufolge hitzigen und teilweise diffusen Diskussion wurden zwei Linien erkennbar: Werner Simpfendörfer drängte auf klar umrissene, zielgerichtete Aktion: „1. Sehr klar formulieren, was wir wollen 2. Nicht nur schriftliche Aktionen [...] sondern Diskussion". Inhaltlich war Simpfendörfers erste Forderung der Rücktritt Paul Heilands als Vizepräsident der Synode: „seine Ungeschicklichkeit [war] schuld. Dementi war falsch. (Heiland müßte ausgepfiffen werden!)" Außerdem die Einsetzung eines „Ehrengerichtes", die Aussetzung einer Neuwahl des Synodalpräsidenten und umfassende Information der Öffentlichkeit – allesamt Forderungen, die auf die Aufarbeitung des „Falles Klumpp" zielten. Andere Anwesende, wie Walter Schlenker und Martin Brecht, brachten unmittelbar wesentlich grundsätzlichere und weitreichendere Forderungen ein: „Änderung des Wahlgesetzes – Verhältniswahl! Landeskirchenausschuß ersetzen durch Personalausschuß". All diese divergierenden Anliegen wurden letztlich zu einem „Memorandum ‚Kritische Kirche'"[667] zusammengefasst, das 89 Anwesende

---

663 Dafür spricht auch das tags darauf von Seiz formulierte Programmpapier der KK: „1. Innerkirchliche Auseinandersetzungen dürfen die Kirche nicht länger von der Bearbeitung ihrer eigentlichen Aufgaben in der Herausforderung unserer Zeit abhalten. [...] 4. Der von Landrat Klumpp eingeleitete Prozess der Demokratisierung in unserer Kirche muss konsequent fortgesetzt werden." 8. 11. 1968; LKAS, K 28, 77.
664 Vgl. handschriftliches Protokoll von Fritz Röhm, 7. 11. 1968; LKAS, K 28, 22.
665 Vgl. dazu Seiz „Vertrauliche Informationen über den Arbeitstag der württ. Siedlungspfarrer am 28. 10. 1968" sowie über das Gespräch mit Kirchentagspastor Schnath am 5. 11. 1968; LKAS, K 28, 77.
666 Handschriftliches Protokoll von Fritz Röhm, 7. 11. 1968; LKAS, K 28, 22.
667 Memorandum „Kritische Kirche", Sammlung Oehlmann/Söhner. Aus dem Memorandum geht zudem der Name der neuen Gruppe hervor sowie das „vorläufige Präsidium": Hans-Martin Freudenreich, Eugen Fuchslocher, Rolf Lüpke, Dr. jur. Klaus Roth-Stielow, Gerhard Wacker.

unterschrieben. Ein am 7. November im Ramtel ebenfalls beschlossenes erstes Flugblatt wurde drei Tage später den Synodalen gleich zu Beginn der Synodalsitzung zusammen mit jenem „Memorandum" ausgehändigt und enthielt unter der Überschrift „kritische kirche kommentiert"[668] eine Selbstvorstellung der KK:

„Sehr geehrte Mitglieder der Landessynode! Wir sind eine Gruppe von engagierten Christen – Laien und Theologen. Zusammengeführt haben uns die durch den Rücktritt von Präsident Klumpp aufgeworfenen Sach- und Methodenfragen. [...] Wir haben vor, dies mit Flugblättern, Plakaten und Diskussionen zu tun. Diesen Stil wählen wir, um nicht durch go in und sit in[669] zu stören, um möglichst schnell eine möglichst breite Öffentlichkeit zu erreichen, um zu zeigen, wie wir uns die Arbeit eines demokratischen Gremiums vorstellen: sachbezogen, engagiert, offen, korrekturbereit, auch mit Mut zur Blamage."[670]

Die KK präsentierte sich also eher zahm, als Gruppe, die „nicht [...] stören", dabei aber „die Arbeit eines demokratischen Gremiums" beleben wollte, die Offenheit und nicht zuletzt Öffentlichkeit forderte[671]. Die im Memorandum aufgenommenen Forderungen Simpfendörfers gingen ebenfalls in diese Richtung; so zeigte sich die KK in jenen ersten Tagen als eine Art Anwalt des demokratischen Prozesses. Die Wahrnehmung durch die Beteiligten war freilich von Beginn an eine andere, wie schon die Erzählung von KK-Mitgründer Hermann Söhner nahelegt: „dann [haben wir] die Flugblätter gemacht, die wir in die Synode hinuntergeschmissen haben. War ja brutal, was wir da gemacht haben."[672] Lienhard Pflaum berichtete in der Sitzung des LHK einige Zeit später, daß die Synode

---

668 Die von Plus- oder Minus-Zeichen gerahmten Titelzeilen fanden sich schon zuvor bei der Synodalaktionen in Berlin und Braunschweig und wurden in der Folge von KRIBS in Bayern übernommen, vgl. LANGE, Kirche 44, 60, 132. Angesichts der nahezu vollständigen Sammlungen der KK-Flugblätter in den Akten Rolf Scheffbuchs (LKAS, Zugang 1995-6, Handakten Scheffbuch) und der LHV (LHA, Ordner „Synodalpräsident Klumpp + Anfg. Krit. Kirche") möchte man mit KRIBS die Quiz-Frage stellen: „Warum haben Sie die KRIBS-Flugblätter gesammelt? a) Sie wollen Ihren Lieben daheim etwas mitbringen; b) Sie wollen sich informieren; c) Sie wollen einmal Ihren Enkeln beweisen, daß Sie auch am zweiten Kirchenkampf teilgenommen haben." KRIBS-Quiz, KRIBS Nr. 25, zitiert bei HAGER, Jahrzehnt, 133; das vollständige Quiz samt der sehr ironischen Auflösung bei LANGE, Kirche, 53.
669 Diese Erwähnung dieser klassischen Aktionsformen der '68er ist eine der wenigen eindeutigen Bezugnahmen der kirchlichen Linken auf den Studentenprotest jener Jahre.
670 kkk Nr. 1, 10. 11. 1968, 14.30 Uhr; LKAS, Zugang 1995-6, Handakten Scheffbuch.
671 Dies stimmt mit der Analyse des Verfassungsrechtlers Närger überein, der die „Demokratisierungsbewegungen der sechziger Jahre" dadurch charakterisiert sieht, „daß in vielen protestantischen Landeskirchen [zunächst] kleine militante Gruppen als ‚außersynodale Opposition' die in ‚unbeachteter Brüderlichkeit konferierenden Synoden' wegen der undemokratischen Strukturen und Verfahrensweisen der kirchenleitenden Gremien und Ämter kritisierten." NÄRGER, Synodalwahlsystem, 202.
672 Interview Söhner.

„durch die Anwesenheit der Kritischen Kirche charakterisiert [gewesen] sei. Die Kritische Kirche übe Druck in Richtung Modernismus aus, davon, daß der Heilige Geist zu wirken habe, sei kein Wort gefallen. Bei der Synodalverhandlung am Sonntag war die Hölle los, auf allem lag ein starker Druck. [...] Wir hatten ein Klima der Kirchenprozesse."[673]

Die Durchsicht der Flugblätter muss zu einer ähnlichen Einschätzung führen. Diese Kommentare zum Synodalgeschehen vom 10. bis 14. November 1968 leisteten keine inhaltlichen Beiträge zu den Debatten, sondern befeuerten mit ihren Äußerungen[674] die Auseinandersetzung in der Synode. Dass dies Programm war, geht aus der Selbstvorstellung der KK in der Zeitschrift akid hervor:

„Die erste Aktion der KRITISCHEN KIRCHE zielte darauf ab, im Zusammenhang mit der Herbstsitzung der Landessynode durch kritische Begleitung der Synodalverhandlungen und eigene Veranstaltungen (öffentliches Gespräch mit Oberkirchenrat und Synode) die Umstände, die zum Rücktritt Klumpps geführt hatten, öffentlich darzulegen und zu beurteilen sowie Kirchenleitung und Synode zu klarerer Stellungnahme zu bewegen. Auch die übrigen Verhandlungen der Synode wurden in Flugblättern kritisch kommentiert."[675]

Diese für die KK identitätsstiftende Kritik wird ausdrücklich näher definiert: sie

„zielt nicht auf Zerstörung der Kirche, sondern auf einen sachlichen und entschiedenen Beitrag zu ihrer Erneuerung. Um diese zu fördern, tritt die KRITISCHE KIRCHE für die Öffentlichkeit aller kirchenpolitischen Vorgänge ein. Sie verficht und praktiziert Notwendigkeit und Recht der Kritik in allen Bereichen kirchlichen Lebens und kirchlicher Verantwortung."[676]

Damit wird offensichtlich, dass das Programm der KK wesentlich von Elementen der Kritischen Theorie beeinflusst war, wie sie im Kontext der Studentenbewegung der 1960er Jahre rezipiert wurde[677]. Diese von Max Horkheimer, Theodor W. Adorno und Herbert Marcuse begründete, von Jürgen Habermas weiter entwickelte Theorie der sogenannten Frankfurter Schule sah ihre Aufgabe in der kritischen Analyse der gesellschaftlichen Verhältnisse, um deren Herrschafts- und Unterdrückungsmechanismen zu identifizieren. Unter Rezeption von Grundelementen der Überlegungen von Kant und Marx forderten die Vertreter der Kritischen Theorie, die vorfindliche Gesellschaft

---

673 Protokoll des LHK, 23. 11. 1968; LHA, Ordner „L.Hofacker-Kreis 1965–1975".
674 Die Vertreter des Pietismus wurden kritisiert, Abgeordnete von EE und Offenem Kreis erhielten hingegen Lob.
675 akid 1969, Heft 2, 9.
676 Ebd.
677 In diesem eng begrenzten Rahmen kann die KK als Inkorporation der Studentenbewegung in der Kirche gesehen werden. Hinzu kommt, dass die KK Aktionsformen des Studentenprotests, wie Flugblätter, sit-ins u. ä., im kirchlichen Rahmen praktizierte.

zu verändern in Richtung auf ein vernunftbasiertes Gemeinwesen emanzipierter Menschen hin[678]. Die programmatischen Äußerungen der KK erscheinen als Umsetzung der Kritischen Theorie im Raum der Kirche[679]. Nicht zu übersehen ist jedoch gleichzeitig, dass das „Anti-Fundamentalismus"-Programm des sozio-theologisch-kirchenreformerischen Netzwerkes, wie es Fuchslocher und die Siedlungspfarrer in ihrem Brief von 1966 offen kommuniziert hatten[680], weiterhin wirksam war – es gehörte jedoch zunächst nicht zum offen propagierten Programm der KK, sondern zeigte sich eher in der Auswahl von Menschen und Positionen, gegen die die KK ihre Aktionen richtete.

Wirkung und Ertrag der durch die KK geleisteten „kritischen Begleitung der Synode" stehen in einem gewissen Kontrast zu den eindrucksvollen Berichten und den Erinnerungen an diese Ereignisse, wie sie von Beteiligten niedergeschrieben oder erzählt wurden. Dies könnte aber nicht zuletzt an der zum Prinzip erhobenen Aktionsform der „aktionsorientierten Improvisation"[681] sowie an der hohen Motivation der Beteiligten liegen. So berichtete Röhm, die Flugblätter der KK seien von „[d]rei Redaktionsteams jeweils aus einem Laien, einem Theologen und einem Theologiestudenten [...] im rollierenden Verfahren durch Zuhören in der Synode, Verfassen von Texten, Herstellen von Flugblättern und Verteilen an die Synodalen"[682] produziert worden. Noch spürbarer wird die Atmosphäre und Dynamik jener Tage bei Klaus W. Müller: „Mich hat das natürlich auch fasziniert, wie schnell auf diese Synodalreden unten oben Antworten geschrieben wurden. Da ging man dann schnell rüber über die Straße und hat die Sachen kopiert und dann in der Synode verteilt oder gar von der Empore runtergeworfen"[683]. Durch das Evangelische Gemeindeblatt, das Stuttgarter Sonntagsblatt und verschiedene Tageszeitungen[684] wurde das „ungewohnte[] Bild" des Sitzungssaals „mit Plakaten und überfüllten Zuschauertribünen" in der landeskirchlichen Öffentlichkeit verbreitet, das wohl, je nach Disposition des Lesers, Hoffnung

---

678 Vgl. TESAK, Kritische Theorie. Störig seinerseits nennt fünf Merkmale der Kritischen Theorie, die m. E. auch für die KK zutreffen: „1. [...] die Blickrichtung auf die *Gesellschaft*; 2. die *dialektische Methode* [...]; 3. der ‚*kritische*' Einschlag des Denkens – kritisch sowohl im Sinne kritischer Reflektiertheit wie im Sinne einer kritischen Betrachtung der sie umgebenden Gesellschaft; 4. der Versuch, theoretisches Denken mit *praktischem Handeln* zu verbinden und 5. die Bezogenheit auf die *Zukunft* im Sinne von Hoffnung, Erwartung, verändernder Zielsetzung." (STÖRIG, Weltgeschichte, 632 f.)
679 In dieselbe Richtung weist das Einleitungskapitel „Einbruch der kritischen Welle" in SIMPFENDÖRFER, Kirche, 9–16.
680 Vgl. oben 188.
681 Rundschreiben der Aktion „Kritische Kirche", 27. 11. 1968; Sammlung Oehlmann/Söhner.
682 RÖHM, Geburtswehen, 16 f.
683 Interview Müller.
684 Vgl. z. B. die vielfältigen Zeitungsausrisse bei LKAS, Zugang 1995-6, Handakten Scheffbuch.

oder auch ein Erschrecken über den Einbruch der revolutionären Welle in den kirchlichen Bereich zeitigte[685].

Die KK traf sich am 24. November zur „kritische[n] Auswertung der zurückliegenden Aktionen"[686] und zur Planung der weiteren Arbeit. Greifbares Resultat dieses von 16 Uhr bis 21.30 Uhr dauernden Treffens von „zuerst ca. 250, später 100"[687] Teilnehmern war die Verabschiedung einer vorläufigen Satzung und die Wahl eines siebenköpfigen Präsidiums[688]. In einem wenige Tage später verfassten Rundschreiben bilanzierten die Präsidiumsmitglieder die Sitzung und bedauerten, „daß die Aussprache weithin unfruchtbar blieb und auch unerfreuliche Züge trug."[689] Notwendig sei, „bald zu einer klaren und vernünftigen Formulierung unserer wesentlichen Ziele zu kommen und zu einem Diskussionsstil [zu] finden, der Demokratie und Aktionsschnelligkeit[690] verbindet." Zudem wurde darauf hingewiesen, dass regionale KK-Gruppen in Bildung begriffen seien und dass mit Verabschiedung der vorläufigen Satzung nun auch ein Mitgliedsbeitrag fällig sei; auch eine erste, 249 Datensätze[691] umfassende Adressliste war beigelegt.

Mit Blick auf die Synodalsitzung im Januar des Folgejahres lud die KK am 14. Dezember 1968 zu einem „öffentlichen Hearing mit Vertretern des Oberkirchenrats und der Synode"[692] ein. Zu thematisieren seien die „deutlicher gewordenen Fronten innerhalb der Synode", die Rolle von Minderheiten sowie die „Verantwortung der Synode für den großen Kreis der evangelischen Christen, die ihre Glaubensfragen in ihrer Kirche nicht mehr zu äußern wagen, darum am kirchlichen Leben nicht mehr teilnehmen und so auch nicht in der Synode vertreten sind." Ganz dem „kritischen" Impetus verhaftet, erbot sich die KK, vor dieser Folie die in der Synodalsitzung im Januar anstehenden Themen, unter anderem die Wahl eines neuen Synodalpräsidenten, „für alle Beteiligten – Synode und Kirchenleitung, ‚Kritische Kirche' und vor allem die

---

685 Vgl. den „Querschnitt der Leserbriefe" in EGW 1969, Heft 6.
686 Einladungsschreiben; gez. Hans Martin Freudenreich, 18. 11. 1968; Sammlung Oehlmann/Söhner.
687 Protokoll der Sitzung am 24. 11. 1968; Sammlung Oehlmann/Söhner.
688 Klaus Roth-Stielow, Gotthard Schaal, Eberhard Buder, Hans Martin Freudenreich, Eugen Fuchslocher, Rolf Lüpke, Heiner Küenzlen, vgl. Protokoll der Sitzung am 24. 11. 1968. Im März 1969 wurde die Struktur verändert: das Präsidium bestand fortan aus drei Personen, ein achtköpfiger „Aktionsausschuss" war – in der Art eines Geschäftsführenden Ausschusses – für die laufende Arbeit zuständig; vgl. Protokoll der Vollversammlung am 8. 3. 1969; Sammlung Oehlmann/Söhner.
689 Das von Freudenreich verfertige Protokoll der Sitzung legt davon beredt Zeugnis ab, vgl. Protokoll der Vollversammlung am 8. 3. 1969.
690 Dieses Begriffspaar erscheint paradigmatisch für das Dilemma von Gruppen, die den Anspruch haben, Kommandoaktionen durch basisdemokratische Entscheidungsprozesse herbeizuführen.
691 Stand Ende November. Die nach Dekanaten geordnete Liste umfasst sogar zwei Einträge „Außerhalb Württemberg": Dr. Wolfgang Huber, Heidelberg, und Dr. Roland Tompert, Heisterbacherrott; Sammlung Oehlmann/Söhner.
692 KK-Rundbrief, 2. 12. 1968; Sammlung Oehlmann/Söhner.

kirchliche Öffentlichkeit – durchsichtig zu machen und so zu ihrer vernünftigen Lösung beizutragen."⁶⁹³ In seiner einleitenden Stellungnahme umriss Seiz das Programm der KK: „Worum soll es in der Sache gehen? Die Kirche ist für alle da. Dieser Grundsatz muß Gestalt gewinnen. Er muß an der Praxis, er muß am Stil, er muß am öffentlichen Leben der Kirche nachgewiesen werden." Dies sei nur durch „eine Demokratisierung des kirchlichen Lebens" zu erreichen, die zuallererst „eine radikale Laisierung" bedeute. Eine solche Demokratisierung sei weiterhin nur auf Grundlage umfassender Information möglich, was eine wirklich „unabhängige[], allen zugängliche[], freie[] Presse [erfordere], die aktuell und effektiv Parlament und Regierung in der Kirche kritisch begleitet."⁶⁹⁴ Diese Forderung nach völliger Gleichsetzung des innerkirchlichen mit dem staatlichen Herrschafts- und Mitbestimmungssystems war und blieb ein identitätsstiftendes Proprium der KK/OK, das zu hinterfragen und zu diskutieren augenscheinlich bis heute nicht möglich ist⁶⁹⁵.

Hans-Martin Freudenreich hielt seinerzeit in seinem offiziellen Protokoll jenes Hearings fest, dass die Veranstaltung mit rund 700 Teilnehmern überaus gut besucht war, dennoch „nur zum Teil als gelungen bezeichnet" werden könne – die gewählten Diskussionsfragen seien für eine Publikumsveranstaltung zu speziell, die Gesprächsführung auf Seiten der KK nicht durchweg glücklich gewesen⁶⁹⁶.

---

693 KK-Rundbrief, 2. 12. 1968. Viertes diskutiertes Thema war die von Martin Brecht geforderte Reform des Landeskirchenausschusses; vgl. Materialsammlung zum Hearing am 14. 12. 1968; Sammlung Oehlmann/Söhner.
694 Paul-Gerhard Seiz, Einleitung zum „Hearing" am 14. 12. 1968; LKAS, K 28, 77. Auch die Forderung nach „Koalitionsfreiheit" fehlt in Seiz' Text nicht.
695 Vgl. Michael Seibts Kommentar zum Vortrag OEHLMANN / HERMLE, Streitkultur, in dem augenscheinlich schon der schiere Nachvollzug der im Vortrag dargelegten Argumentationskette nicht geleistet werden konnte. Vgl. OK-Info 2008, Heft 2, 20.
696 Vgl. Ergebnisprotokoll der Besprechung am 14. 12. 1968 im Anschluss an das Hearing; Sammlung Oehlmann/Söhner. Bemerkenswert sind die Briefe von Claß und OKR Manfred Müller an Eugen Fuchslocher, der gemeinsam mit Buder die Einladungen versandt hatte: Claß verwies hinsichtlich des Landeskirchenausschusses darauf, dass beste Personalpolitik scheitern müsse „an den fehlenden, qualifizierten Persönlichkeiten", und dass fraglich sei, ob die Synode eine solche „Personalkenntnis" besitze, dass von ihr überzeugende Entscheidungen zu erwarten seien (Claß an Buder/Fuchslocher, 6. 12. 1968). Müller belehrte Fuchslocher zunächst freundschaftlich-gönnerhaft darüber, dass ein „Hearing etwas völlig anderes [sei], als was Ihr veranstaltet" um ihm dann vorzuhalten „Ihr seid doch schlechte Demokraten. Wo in aller Welt gibt es eine Regierung, deren Minister vom Parlament bestellt werden? Immer ist es so, dass der Regierungschef gewählt wird, und dass er dann seine Mitarbeiter vorstellt." Diese unreflektierte Gleichsetzung von Synode und Parlament, Bischof und Kanzler ist bemerkenswert. Auch den weiteren Zielen der KK, „Wählbarkeit der Mitglieder der Kirchenleitung", Amtszeitbegrenzung, Reform des Landeskirchenausschusses stellte Müller betont pragmatische Argumente entgegen; abschließend verwies er darauf, dass das „entscheidende Problem […] doch aber an einer ganz anderen Stelle [liege], nämlich, dass uns allen miteinander nicht gegeben ist, so zu predigen, dass die Menschen kommen und aus innerem Drang kommen müssen, weil sie bei uns Hilfe für ihr Leben erwarten können. […] Lass' uns doch miteinander

Eine erste ausführliche Positionsbestimmung der KK legte Werner Simpfendörfer noch im Dezember 1968 vor. Er betonte in seinen „Überlegungen zum Weg der kritischen Kirche" den zentralen Stellenwert der „Aktionen", denen Reflexion und Diskussion nur dienend zu Seite treten dürften. Simpfendörfer erklärte die Inhaltslosigkeit zum Programm:

„KK charakterisiert sich weniger durch das, was sie sagt oder erklärt als durch das, was sie tut. Flugblätter und Pressenotizen sind weniger wegen ihres Inhalts als wegen des Faktums (Flugblatt – Presse) wesentlich[697]. Nur durch die Erfahrung von Fakten [...] wird die KK erkennen, was zu tun notwendig ist oder werden die Gegenüber von KK sich (positiv oder negativ) als Aktionspartner konstituieren."[698]

Die an Aktion reiche, aber an Inhalten arme „kritische Begleitung" der Herbstsynode war für Simpfendörfer daher folgerichtig: „KK existiert seit dem 7. 11. 68. Was in diesen wenigen Wochen KK akkreditiert hat, waren in erster Linie (wenn nicht überhaupt) ihre Aktionen: Gründung (Faktum mehr als Memorandum!) – Synodalaktion – ‚hearing' – kaum aber ihre Deklarationen." Entsprechend problematisch wertete er die Frage der Umwelt nach Inhalten: „Das beharrliche Fragen nach dem ‚Was wollt Ihr?' [...] möchte KK in die Versuchung eines Deklarationsstreits führen und kann sie leicht vom Weg der Aktion abbringen."[699] Inhaltlich gestattete Simpfendörfer nicht mehr als „KK [kann] programmatisch als ‚Hoffnung in Aktion' definiert werden", wobei unterschiedliche Hoffnungen in den verschiedenen Gruppen bewusst anzunehmen und zuzulassen seien; als Beispiele solcher vielfältigen Hoffnungen nannte Simpfendörfer: „Man läßt einen Mann (wie Klumpp) doch nicht einfach fallen – das System ‚Kirche' ist veränderbar – verwundbar – beeinflußbar – die Kirchenleitung (der Oberkirchenrat) ist doch nicht allmächtig – der militante Pietismus erhält ein Gegengewicht". In einem weiteren, schwer nachvollziehbaren Passus forderte Simpfendörfer, die Hoffnung zu „ökumenisieren": „Wir müssen für die ‚Bewohnbarkeit' der Erde agieren, also alle Menschen (nicht nur die kirchlichen) im Visier haben". Dabei empfahl er, sich zunächst exemplarisch auf bestimmte Gruppen und Themen zu fokussieren: „Kinder in Siedlungen, ausländische Arbeiter, konfessionsverschiedene Ehen, kirchliches Finanzgebaren, Synodale." Entscheidend sei

---

prüfen, wo die inneren Schäden liegen, und diese gemeinsam angehen!" (Müller an Fuchslocher, 6. 12. 1968; Kopien in Händen der Verf.).

697 Dass eine Protestaktion nur einen Wert hat, wenn sie von der Presse und damit der Öffentlichkeit wahrgenommen wird, hatten schon die ‚Väter' der amerikanischen Bürgerrechtsbewegung erkannt. Die Studentenbewegung hat dieses Prinzip der auf Medienwirksamkeit zugeschnittenen Aktionen übernommen: „Like an unnoticed tree falling in the forest, if there is a march or a sit-in and it is not covered by the press, did it happen?" (KURLANSKY, 1968, 38.) Simpfendörfer stellt die KK mit seiner Feststellung in diese Traditionslinie.
698 Werner Simpfendörfer, Überlegungen, Dezember 1968; LKAS, K 28, 22.
699 Simpfendörfer, Überlegungen.

dabei „unser Eintreten für die Demokratie in der Kirche." Unter Heranziehung eines Aufsatzes von Johannes Rau im Deutschen Pfarrerblatt erläuterte Simpfendörfer, wesentliches Element von Demokratie sei die „Einsicht, daß Wahrheit nicht abstimmbar ist." Daher sei Demokratie „Antwort auf die Pluralisierung" von Gesellschaft und Kirche, wobei jedoch zunächst unter den verschiedenen Gesprächspartnern zu klären sei, welches Demokratieverständnis diese jeweils ihren Überlegungen zugrunde legten. Für die KK stellte Simpfendörfer „fünf Fundamental-Punkte" fest, die nicht näher erläutert wurden: „Laiisierung – Verhältniswahlrecht – Pressefreiheit – Koalitionsfreiheit – Ämterwahl auf Zeit."[700] Er schloss sein Positionspapier mit einer doppelten Forderung: „KK darf sich nicht damit begnügen, eine weitere Meinungspartei in der Kirche zu sein [... sondern muss] alle ihre Kräfte auf die Änderung von Strukturen – Lebensweisen und Arbeitsformen, die [...] kaum einem Menschen dienen [...] konzentrieren." Und: „Wo immer und wann immer es sich herausstellen sollte, dass KK kein geeignetes Instrument dazu ist, Strukturen zu ändern, sollte sie sich ohne Umstände auflösen." Zumindest dieser Forderung Simpfendörfers wurde die KK 1972/3 gerecht[701]. Hervorzuheben ist auch Simpfendörfers hellsichtige und politisch kluge Identifizierung „unsere[s] einzigen entscheidenden Verbündeten, mit dem wir (noch!) rechnen können: der Presse und dem Rundfunk, den Massenmedien überhaupt." Systematisch betrachtet gehöre die enge Zusammenarbeit mit den Medien „zur ‚Demokratie als Grunddimension' bei KK."

Es ist unübersehbar, wie überproportional die Anliegen der KK in jener ersten Zeit von den ‚weltlichen' Medien rezipiert wurden: von den ausführlichen Interviews und sympathisierenden Kommentaren in SDR und den Stuttgarter und Tübinger Zeitungen beim Rücktritt von Oskar Klumpp über die Aufnahme des „Fall Rothschuh" durch die ARD-Fernsehsendung „Monitor" bis hin zu dem Umstand, dass einflussreiche Medienmacher wie Siegfried von Kortzfleisch[702] oder Kurt Rommel[703] Mitglieder der KK waren[704] oder

---

700 Auch die kluge und differenzierte Argumentation Simpfendörfers kann m. E. nicht darüber hinwegtäuschen, dass die Rede von einer „Demokratie in der Kirche" sachlich unzutreffend und politisch fragwürdig ist, „[d]a es in der Kirche keine Volkssouveränität, sondern nur das brüderliche Zusammenwirken im Dienste der Kirchengewalt Christi" gibt. NÄRGER, Synodalwahlsystem, 240.

701 Vgl. Briefe von Fuchslocher an Röhm, Burchard, Roth-Stielow und Seiz, Juni/November 1972, in denen er vorschlägt, die KK solle sich auflösen bzw. in die neugegründete Offene Kirche inkorporieren. Kopie in Händen der Verf. Am 3. 8. 1972 stellte Paul-Gerhard Seiz schriftlich den Antrag, die KK aufzulösen „und die noch verfügbaren Finanzmittel der ‚Offenen Kirche' [...] zu Verfügung zu stellen." Seiz an Bruchard; LKAS, K 28, 77. Ein förmlicher Auflösungsbeschluss der KK war nicht zu ermitteln.

702 Ab 1970 Chefredakteur der Lutherischen Monatshefte, ab 1982 des Deutschen Allgemeinen Sonntagsblattes, vgl. WIKIPEDIA, Art. Kortzfleisch; Adressliste der KK November 1969, Sammlung Oehlmann/Söhner.

703 Ab 1974 Chefredakteur des EGW, vgl. LÄCHELE, Welt, 152; Adressliste der KK Oktober 1969, Sammlung Oehlmann/Söhner.

dieser zumindest, wie SDR-Redakteur Hans Jürgen Schultz oder der Pfarrer und Publizist Eberhard Stammler[705] offensichtlich nahe standen.

Der Großteil von Simpfendörfers überfrachtetem, mit Verweisen auf die ökumenische Theorie Hoekendijks, auf Sölle, Schultz und Ebeling gespicktem Text, scheint in der KK nicht rezipiert worden zu sein[706]. Allein der Primat der Aktion war und blieb Programm. So auch in der Parteinahme der KK in einem weiteren „Fall", der die württembergische Landeskirche in jenem langen Jahr 1968 aufwühlte: Dem der Kandidatin der Theologie Regula Rothschuh.

Der Fall Rothschuh[707]

Die Theologiestudentin Regula Rothschuh hatte, als sie im Wintersemester 1968/69 zur I. Kirchlichen Dienstprüfung antrat, einen bemerkenswerten Weg zurückgelegt[708]: Die am 6. Dezember 1943 in Dresden geborene Rothschuh stammt aus einer prominenten sozialdemokratischen Familie. Ihr Großvater war der Bergmannssohn und Schriftsetzer Karl Otto Uhlig[709], noch im Kaiserreich Landessekretär der SPD Sachsen, nach 1918 Präsident des sächsischen Arbeiter- und Soldatenrates, kurzzeitig Reichstagsabgeordneter und sächsischer Innenminister, ab 1920 bis zur Amtsenthebung durch die Natio-

---

704 In den Mitgliederlisten der OK jedoch erscheinen ihre Namen nicht mehr – ein weiterer Hinweis darauf, dass die KK nicht simplifizierend als eine Vorform der OK betrachtet werden darf. Vgl. Adresslisten der OK 1973 und 1978, Sammlung Oehlmann/Söhner.
705 Ab 1970 Chefredakteur der Evangelischen Kommentare.
706 Wesentlich allgemeinverständlicher beschrieb der Jurist und KK-Präsidiumsmitglied Klaus Roth-Stielow die Anliegen der KK gegenüber dem Evangelischen Gemeindeblatt: die KK wolle, gemäß „dem ‚Protestantischen Prinzip' im Sinne Tillichs" die Kirche beständig „nach Form und Inhalt in Frage stellen [...] um die Menschen ihrer Gegenwart auch bestimmt mit der Botschaft des Neuen Testaments zu erreichen." Roth-Stielow benannte, im Gegensatz zu Simpfendörfer, konkrete Forderungen: Etablierung einer „sauberen Gewaltenteilung" in der Synode durch die Schaffung einer „Regierungsbank" für alle kirchenleitenden „Amtsträger ab Dekan" sowie Regelungen zum Schutz der parlamentarischen Minderheit. Grundsätzlich sei dem „Dienst am Nächsten" immer Vorrang zu geben, sei es beim Einsatz für die Ökumene oder gegen „die Fluglärmplage im Bereich der Fildergemeinden". Durch „breite Information der Öffentlichkeit" wolle die KK zudem „die unzähligen ‚Protestanten ohne Kirche' erreichen". Interessant ist seine ausdrückliche Distanzierung von der „‚Kritischen Synode Berlin 1968' und allen damit verbundenen unangenehmen Vorfällen." (Klaus Roth-Stielow: Was will die „Kritische Kirche"?, EGW 1969, Heft 3, 8). Wie oben gezeigt, geht aus Seiz' Notizen für den 7. 11. 1968 eine direkte Bezugnahme auf die Kritische Synode Berlin hervor, vgl. oben 337, Fn. 660.
707 Vgl. auch die komplette zeitgenössische „Dokumentation" des Falles bei EHMER, Rothschuh, DRECOLL, Jahr, 213–215, sowie OEHLMANN, Synoden, 69 f. Für die Wirkmächtigkeit dieser Ereignisse spricht ihre Aufnahme in das KJ, vgl. KJ 96 (1969), 40–42.
708 Es ist höchst erstaunlich, dass diese Herkunft weder in der Auseinandersetzung Regula Rothschuhs mit dem OKR noch in den zeitgenössischen Reaktionen eine Rolle spielte und auch in der Rezeption des „Falles" an keiner Stelle auftauchte.
709 Vgl. WIKIPEDIA, Art. Uhlig.

nalsozialisten Erster Bürgermeister von Radeberg. Sein 1902 geborener Sohn Otto[710], Rothschuhs Vater, lernte zunächst ebenfalls Schriftsetzer, war aber ab 1926 als „Pädagogische Hilfskraft" an der Frankfurter Akademie der Arbeit, der „ersten deutschen Hochschule für das Volk der Arbeit" tätig. Ab 1929 arbeitet er als Berufsberater beim Arbeitsamt Meißen; 1933 wurde er aufgrund seiner SPD-Mitgliedschaft entlassen. Durch den Krieg nach Schwäbisch Hall verschlagen, wurde er dort – als „Unbelasteter" – 1945 Leiter des Arbeitsamtes. 1950 wurde Uhlig zum Direktor des Arbeitsamtes Stuttgart berufen und trug damit wesentlich zu Wiederaufbau und Wirtschaftswunder in der Region bei. Im Ruhestand schrieb Uhlig maßgebliche Werke über die Geschichte der Arbeitsvermittlung, die „Schwabenkinder aus Tirol" sowie die Problematik der Arbeitsmigration. Uhlig war zweimal verheiratet und hatte drei Kinder[711]; er starb 1984.

Regula Rothschuh berichtete, sie sei „ganz streng sozialdemokratisch erzogen"[712] worden; die Familie sei „nicht-kirchlich oder sogar anti-kirchlich" gewesen, sie habe sich gegen den Willen ihrer Eltern konfirmieren lassen und auch die Entscheidung zum Theologiestudium (ab 1963) habe sie in massiven Konflikt mit dem „militant atheistische[n] Vater"[713] gebracht. Daher musste sie ihr Studium weitgehend selbst finanzieren und hatte, anders als ihr aus Hamburg stammender Mann Michael, ebenfalls Theologiestudent, kaum Zeit, sich am studentischen Leben zu beteiligen. Michael hingegen saß mehrere Semester als Fachschaftsvertreter im Fakultätsrat der Evangelisch-Theologischen Fakultät[714].

Für die homiletische Prüfung am 19. Dezember 1968 war Regula Rothschuh der Text Joh. 6, 68 f. vorgegeben worden. Die Examenskandidaten hatten vorab eine Predigtmeditation einzureichen, am Prüfungstag wurde in Gruppen von vier bis sechs Kandidaten jeweils über den gleichen Predigttext in der leeren Stiftskirche[715] nacheinander „gepredigt". Rothschuh bestand das Examen[716], erhielt aber dennoch nicht die Zuweisung einer Vikariatsstelle, sondern eine Einladung zu einem Gespräch auf dem OKR am 12. Februar 1969 – gemeinsam

---

710 Zu den biographischen Informationen über Otto Uhlig vgl. den interessanten biographischen Aufsatz PABST, Uhlig.
711 Aus der ersten Ehe mit Hedwig geb. Krebs (1898–1972) stammt der Sohn Ludwig (*1931); seine zweite Frau Margarethe geb. Kleeb (1908–1966) war die Mutter von Regula (*1943) und Friedrich (*1947).
712 Interview Rothschuh. Für die Überlassung des von ihm mit Pastorin i.R. Regula Rothschuh 2010 in Hamburg geführten Interviews danke ich Andreas Ehmer sehr herzlich. Die endgültige Darstellung und Analyse durch Ehmer steht noch aus.
713 So die Charakterisierung Otto Uhligs durch den OKR in der Personalakte Rothschuhs laut ihrer Auskunft. Interview Rothschuh.
714 Vgl. M. Rothschuh an Präsidium der KK, 17. 3. 1969; EHMER, Rothschuh, 260.
715 Üblicherweise fanden diese Prüfungen in der Kapelle des Evangelischen Stifts statt, auch im Winter 1968/69; Auskunft Claus Maier 24. 7. 2014. Frau Rothschuh bestand darauf: „Es war wirklich die Stiftskirche!"; Handschriftliche Randbemerkung zum Interviewtranskript.
716 Vgl. Ergebnisse der I. Evang.-theol. Dienstprüfung, Amtsblatt 43, 25, 326, 20. 3. 1969.

mit ihrem Ehemann. Aus diesem Gespräch ergab sich auf Seiten des OKR die Überzeugung, dass Rothschuh „leider an Vorentscheidungen gebunden [sei], die es uns unmöglich machen, Sie zum Dienst der Verkündigung zu verpflichten."[717] Wie kam der OKR zu dieser Einschätzung? Rothschuh hatte sich, wohl entgegen dem sonstigen Usus, bemüht, in ihrer Prüfungspredigt die tatsächlich anwesende Gemeinde, also die prüfenden Professoren und Oberkirchenräte sowie einige Mit-Prüflinge, ernst zu nehmen und nicht für eine fiktive ‚normale' Gemeinde zu predigen. Entsprechend begann sie ihre Ansprache mit einer Beschreibung der Gemütslage der Examenskandidaten: „Wir haben gegenüber der Kirche Ressentiments. Und doch werden wir schon in ein paar Wochen Funktionäre eben dieser Kirche sein. Wie verträgt sich das?"[718] Jahrelang habe man nun die theologische Wissenschaft betrieben, ohne etwas in die Praxis umsetzen zu können. Daher „sind [wir] froh, dass wir jetzt endlich die Möglichkeit haben, mit Menschen zu arbeiten: deshalb sind wir in diesem Studium geblieben, obwohl wir in ihm oft keinen Sinn mehr gesehen haben." Im Vikariat jedoch werde man „kaum noch Zeit [haben, sich] Gedanken zu machen über das, was wir nun so dilettantisch tun müssen, denn die Arbeit drängt. [... D]ass die Kindertaufe grossenteils [sic] nur eine Erweiterung des Steuerzahler-Potentials ist, daran darf man gar nicht denken." Aus diesen Überlegungen leitete Rothschuh Forderungen für eine Reform des Vikariats ab: „Wir müssen uns im Vikariat Zeit schaffen, damit wir reflektiert arbeiten können." Über die Kirche insgesamt urteilte Rothschuh, sie helfe zwar einzelnen Menschen in Notlagen, befasse sich dabei aber nicht „mit den Ursachen der Unmenschlichkeit". Sie schloss Überlegungen zu Laienverantwortung und Demokratisierung an, klagte an, die Kirche übe „Terror der Gedanken und der Gewissen" aus, sei mit ihrem Autoritätsanspruch „falsch zentriert". In einer solchen Kirche Pfarrerin werden zu wollen, mache nur insofern Sinn, als man dann „von innen her [...] versuchen [könne], die Kirche zu revolutionieren." Wenn man dann aber erkennen müsse,

> „dass die Kirche mit der von ihr beanspruchten Autorität den Herrschenden dient und sieht man keine Chance, sie zu wandeln, dann müssen wir die Kirche verlassen. Aber nicht nur das: Wir müssen gegen sie wie gegen die Herrschenden kämpfen; denn dann steht auch die Kirche auf der Seite der Unmenschlichkeit".

Nach rund drei Seiten Text erfolgte an dieser Stelle der Predigt erstmals eine Bezugnahme auf die Bibel, indem Rothschuh den Predigttext nochmals verlas, die Antwort des Petrus auf die Jüngerfrage jedoch für sich und ihresgleichen zurückwies. An Stelle einer Antwort trat, als Schluss der Predigt, die in der Folge vielfach zitierte, vier Sätze lange Erzählung von der pflegebedürftigen Nachbarin, die sie zuweilen besuche, um vom Alltag, an dem die Nachbarin aufgrund ihrer Bettlägerigkeit nicht mehr teilnehmen könne, zu erzählen. Mit

---

717 OKR an Rothschuh, 21. 2. 1969, zitiert nach EHMER, Rothschuh, 238.
718 Für die gesamte Predigt vgl. EHMER, Rothschuh, 233–236; alle Zitate dort.

der rhetorischen Frage „Sollte ich ihr, statt sie zu unterhalten, von einem besseren ewigen Leben erzählen?" beendete Rothschuh ihre Examenspredigt.

Abgesehen von den letzten drei Abschnitten, in denen der Bibeltext aufgenommen, in seiner Aussage zurückgewiesen und in Richtung praktischer Mitmenschlichkeit uminterpretiert wird, liegt mit Rothschuhs Examenspredigt eine Art innerer Monolog eines Theologiestudenten im Jahre 1968 vor. Theologische Reflexion ist kaum erkennbar, dafür aber eine kritische Analyse der herrschenden Gesellschaft, der Rolle der Kirche in diesem Herrschaftssystem sowie der Rolle der angehenden Pfarrer wiederum im System Kirche. Es ist offensichtlich, dass Rothschuh mit den Gedanken der Frankfurter Schule vertraut war. Ebenso offensichtlich ist ihre Begründung der Theologie vom Menschen her und auf Mitmenschlichkeit hin. Bemerkenswert ist, dass Rothschuh diese Gewichtung auch 40 Jahre später, unbewusst, noch beibehält, wenn sie sagt: „Für mich war immer so ein Merksatz zu sagen: Die Kirche ist [...] Leib Christi und Leib Christi definiert sich durch die Menschen, die Leib Christi sind. Also: die Kirche ist so, wie ihre Kirchenmitglieder."[719] Hier wird der Leib Christi von den „Gliedern" her definiert – anstatt von Christus her. Dass eine solche Predigt als sozialtherapeutisches Plädoyer kritisiert[720] wurde, kann kaum verwundern. Rothschuh selbst war sich im Vorfeld bewusst, dass sie mit einer solchen, den Erwartungen zuwiderlaufenden Examenspredigt ein Risiko einging. Dennoch bestand sie trotz der Einwände ihres Mannes darauf, sie in dieser Form zu halten, denn sie sah sie als authentisch an:

„Und, ich glaube, das ist auch schon in dieser Predigt: zu versuchen, wahrhaftig zu sein. Das ist das, was ich auch aus der Geschichte meiner Eltern, die im Widerstand waren, mitgekriegt habe, und das habe ich versucht in der Kirche, weil in der Kirche ja Wahrhaftigkeit eine Tugend ist, nachzuvollziehen."[721]

---

719 Interview Rothschuh. Auch in der für die Examenspredigt mit einzureichenden „Predigtmeditation" (EHMER, Rothschuh, 229–233) ist deutlich erkennbar, dass „Menschlichkeit" und das daraus erwachsende Tun für Rothschuh Priorität hat, da sie dies als „Erfüllung des Liebesgebotes ansieht. Auch in der Meditation taucht die Frage auf, „ob Theologie nicht nur eine Leistung an ein System ist, das vom Wesentlichen ablenkt." Diese wird nochmals konkretisiert in der Frage an die zuhörenden Mit-Examenskandidaten: „Sollen wir die kleinen Schritte machen und in die Institution Kirche uns einbauen lassen, obwohl wir die Institution eigentlich für funktionsunfähig halten"? Insgesamt drängt sich der Eindruck auf, dass die Bewertung als „nicht mehr genügend" (vgl. EHMER, Rothschuh, 241) wohl durchaus zutreffend war, dass andererseits aber die zum Ausdruck gebrachte Kirchenkritik kaum die massiven Folgen rechtfertigen kann, da stark zu vermuten ist, dass Rothschuh durchaus zutreffend die Gemütslage ihrer Generation artikuliert hat, ähnliche Überlegungen also auch in anderen Prüfungspredigten jener Jahre auftauchen müssten. Ein entsprechender Vergleich von Prüfungspredigten scheitert jedoch bis auf weiteres an den archivarischen Schutzfristen. Einen Hinweis auf die Position der Vikare jener Tage liefert die kritisch-verständnisvolle Analyse von Rothschuhs Predigt durch den Studienkurs I/1969 des Evangelischen Pfarrseminars vom März 1969; Sammlung Oehlmann/Müller.
720 So der OKR, vgl. EHMER, Rothschuh, 242.
721 Interview Rothschuh.

Nachdem das Ehepaar Rothschuh den Bescheid über die Nicht-Aufnahme Regula Rothschuhs in den Vorbereitungsdienst erhalten hatte, ging Michael Rothschuh mit einem Gedächtnisprotokoll des Gespräches vom 12. Februar an die Öffentlichkeit[722]; der mit „Lehrzucht" überschriebene Text wurde zunächst am Schwarzen Brett der Theologischen Fakultät ausgehängt und erregte schnell auch die Aufmerksamkeit der Presse[723]. Am 28. Februar berichteten die Stuttgarter Nachrichten über den „Fall", was den OKR veranlasste, in einem Rundscheiben an alle Dekanate seine Sicht der Ereignisse darzulegen[724]. Dem Rundschreiben wurde die Predigt und Michael Rothschuhs Text beigefügt. In der Folge machte der Fall der gemaßregelten jungen Theologin rasch die Runde durch Presse und Rundfunk, zuletzt gar mit einem Fernsehbeitrag am 24. März 1969[725]. Am gleichen Tag ging auch Landesbischof Eichele in seinem Bischofsbericht vor der Synode auf den „Fall Rothschuh" ein und verteidigte – bei allem Verständnis für die Nöte der jungen Theologen – die Entscheidung des OKR. Die Synodalen schlossen sich mehrheitlich seiner Sicht an, die Kirche müsse von ihren Amtsträgern eine klare Bindung an das Evangelium Jesu Christi fordern. Wiewohl von einigen Synodalen am Verfahren Kritik geübt wurde, wurde letztlich ein Antrag angenommen, in dem die Synode den Beschluss des OKR eindeutig billigte und sich gegen eine Überprüfung des Verfahrens wandte[726].

In den Unterlagen der KK taucht das Stichwort „‚Fall Rothschuh'" erstmals im Protokoll der Vollversammlung am 8. März auf[727]. Diskutiert wurde einerseits die „Kompetenz des OKR zu dieser Entscheidung" sowie ihre „theologische Begründung", andererseits die mangelnde Transparenz des Verfahrens sowie mögliche Konsequenzen für „Vertreter (Kandidaten, Vikare, Pfarrer) ähnlicher Anschauungen". Beschlossen wurde, dass der „Aktionsausschuss" der KK ein „öffentliches Gespräch" über den Vorgang mit OKR, Synode und dem Ehepaar Rothschuh organisieren solle, denn „die Öffentlichkeit ist das Forum der Wahrheitsfindung"[728]. Dieses Gespräch fand im

---

722 Nach der Darstellung des OKR hatte Michael Rothschuh bereits unmittelbar nach Bekanntgabe der Examensergebnisse „die Ausführungen seiner Frau" – also wohl Meditation und Predigt – ausgehängt und „zur Stellungnahme zu der Zeugnisgebung" aufgefordert". OKR an alle Dekanatämter, 28. 2. 1969; EHMER, Rothschuh, 242.
723 So die Darstellung von Regula Rothschuh im Interview. Im Rundschreiben des OKR ist unpräzise angegeben, Michael Rothschuh habe „die Unterlagen [...] der Presse zugeleitet" (EHMER, Rothschuh, 241). Michael Rothschuh stellte klar, die Stuttgarter Nachrichten seien von ihm nicht informiert worden – wohl aber die Stuttgarter Zeitung und der SPIEGEL (M. Rothschuh an Präsidium der KK, 17. 3. 1969, EHMER, Rothschuh, 260).
724 OKR an alle Dekanatämter, 28. 2. 1969; vgl. EHMER, Rothschuh, 241.
725 Vgl. OEHLMANN, Synoden, 69 f.
726 Vgl. VERHANDLUNGEN DER 7. EVANGELISCHEN LANDESSYNODE, 728–743. Auf die zahlreichen weiteren Stellungnahmen zum Fall Rothschuh, von Tübinger Dozenten, der ESG, der Vikarschaft, in kirchlicher und weltlicher Presse kann hier leider nicht eingegangen werden. Vgl. stattdessen EHMER, Rothschuh.
727 Vgl. Protokoll der Vollversammlung am 8. 3. 1969; Sammlung Oehlmann/Söhner.
728 Protokoll der Vollversammlung am 8. 3. 1969; Sammlung Oehlmann/Söhner.

Kontext und sogar im Sitzungssaal der Landessynode am Abend des 25. März im Stuttgarter Hospitalhof statt. Anders als von der KK erhofft, blieben die Synodalen nicht einfach sitzen; die Gesprächskreise BB und EuK verweigerten ebenso wie der OKR geschlossen ihre Teilnahme. Dennoch geriet das „Forum" mit rund 1000 Teilnehmern zu einer eindrucksvollen Veranstaltung. Zunächst gab Regula Rothschuh eine Erklärung zu ihrer Person und ihrer theologischen Position ab. Die anschließende Podiumsdiskussion, an der unter anderen die Synodalen von Bargen, Dehlinger, Gotthilf Weber und Prof. Jetter (zugleich einer der Prüfer Rothschuhs) teilnahmen, war nach Auskunft des Gemeindeblattes „lebhaft". Die Synode wurde dafür kritisiert, dass sie zwar für zukünftige Fälle ein geordnetes Verfahren beschlossen, den aktuellen Fall aber von einer Überprüfung ausgeschlossen hatte. Grundsätzlicher wurden die Voraussetzungen und Verfahren für die Aufnahme in den Verkündigungsdienst thematisiert. Insgesamt war die Veranstaltung dennoch offensichtlich für die Beteiligten unbefriedigend, so dass das Flugblatt Nr. 15 „Zum gestrigen Forum"[729] mit der Feststellung beginnt: „KK bedauert, daß es nicht gelang, die Veranstaltung so zu Ende zu führen, wie sie gedacht und bis 22.00 Uhr auch verlaufen war." Es bleibt unklar, welches Defizit die Verfasser meinten. Insgesamt jedoch passt diese Veranstaltung bruchlos in das Konzept einer an der kritischen Theorie geschulten Begleitung der Kirchenleitung: Es fand eine kritische Reflexion des in der kirchlichen Ausbildung bestehenden Herrschaftssystems statt, und es wurden Handlungsvorschläge vorgebracht, die ganz offensichtlich auf ein ‚vernünftigeres' Verfahren abzielten[730].

Einen knappen Monat später informierte das Präsidium der KK in einem Rundbrief über die Empfehlung des Aktionsausschusses, die „KK solle nun zunächst abwarten, wie das Verfahren [...] neu geregelt wird."[731] In den zeitgenössischen Unterlagen der KK ist das Stichwort „Rothschuh" in der Folgezeit nicht mehr auffindbar. Dieser Befund überrascht; das Ergebnis der Intervention der KK zu Gunsten der abgelehnten Pfarramtsanwärterin war letztlich substantiell überaus mager. Zu beachten ist jedoch, dass der ganze „Fall" ein für die damalige Zeit unerhörtes Medienecho[732] und damit einen hohen Publizitätsgrad erfuhr, an dem die KK Anteil hatte. Nicht zuletzt durch die große und für Teilnehmer und Journalisten offensichtlich eindrückliche Veranstaltung der KK im Hospitalhof entstand in der Wahrnehmung der

---

729 kkk Nr. 15, 26. 3. 1969; Sammlung Oehlmann/Söhner.
730 Vgl. kkk Nr. 15, 26. 3. 1969. Dass die (auch in den 1990ern wieder) erhobene Forderung, das bestandene Examen müsse als hinreichendes Kriterium für die Aufnahme in den Vorbereitungsdienst (der in Württemberg, anders als in anderen Landeskirchen, schon als Pfarrdienst gilt) gelten, die theologischen Aspekte des ‚rite vocatus' vernachlässigt, war den Mitgliedern der KK wie der Tübinger Dozenten- und Studierendenschaft offenbar keine Anfechtung.
731 KK-Rundbrief 22. 4. 1969; Sammlung Oehlmann/Söhner.
732 Vgl. die zahlreichen abgedruckten Artikel bei EHMER, Rothschuh, sowie Verweise auf weitere bei OEHLMANN, Synoden, 69 f.

Zeitgenossen ein Konnex von „KK" und „RR"[733], der dazu führte, dass der „Fall Rothschuh" als identitätsstiftendes Element in die Geschichte der KK integriert wurde. Regula Rothschuh selbst verließ noch am Abend des 25. März 1969 Württemberg, um gemeinsam mit ihrem Mann in Frankfurt ein Lehramtsstudium aufzunehmen. Über verschiedene Zwischenstationen kam sie als Studienrätin für Sonderpädagogik nach Hamburg, wo sie in den 1980er Jahren die Fachschule für Heilerziehungspflege der Vorwerker Diakonie aufbaute. 1989 wurde sie vom nordelbischen Bischof Ulrich Wilckens ordiniert[734].

Exkurs: Nachbeben in Württemberg

In Württemberg hatte der „Fall Rothschuh" noch ein Nachspiel, das Furore machte: Am 18. Mai 1969 sollte Landesbischof Eichele den von der ESG verantworteten 11 Uhr-Gottesdienst in der Tübinger Stiftskirche halten[735]. Da die durch den „Fall Rothschuh" aufgeworfenen Fragen in den Augen vielen Studierender noch immer nicht befriedigend gelöst waren, wollten „Fachschaft und Basisgruppe [...] eine Diskussion mit dem Bischof erzwingen". Trotz der Vermittlungsversuche von ESG und Studentenpfarrer Theophil Steudle bestand Eichele auf der planmäßigen Durchführung des Gottesdienstes. Schon vor den Türen der Stiftskirche jedoch verteilte der „Arbeitskreis Regula Rothschuh im ev. Stift" ein Flugblatt, das eben diese Diskussion im Rahmen des geplanten Gottesdienstes forderte[736]. Den schon groteske Züge annehmenden Fortgang der Ereignisse schilderte unübertrefflich Steudle im Rückblick:

„Zu Beginn des Gottesdienstes wurde ich als der eigentlich [...] Zuständige meiner Aufgaben und meiner Verantwortung offiziell entbunden [...] Kaum hatte die Feier begonnen, gab es Spruchbänder vor dem Altar und ebenso Sprechchöre: ‚Ehe du predigst, versöhne dich mit deiner Schwester', ‚Gebt das Mikrophon frei zur Diskussion'. Weder das Eine noch das Andere geschah. Die Studenten wurden ermahnt und auf die Zeit nach dem Gottesdienst verwiesen. Die Turbulenzen hörten freilich nicht auf, sodass schließlich der ganze Gottesdienst, der eben erst angefangen hatte, seitens der Kirchenleitung bzw. des Dekans abgebrochen wurde. Der Bischof, sowie die mit angereisten Oberkirchenräte und der Dekan zogen sich in die Sakristei zurück und fuhren wohl kurz darauf nach Hause. Zurück blieb ein

---

733 So im Manuskript der Sendung „Monitor"; Sammlung Oehlmann/Müller.
734 Interview Rothschuh.
735 Vgl. dazu DRECOLL, Jahr, 215–218 sowie STEUDLE, Brennpunkt, 218–220.
736 Dass es sich bei dieser Gruppe keinesfalls um einen offiziellen Kreis des Tübinger Stifts handelte, betonten in der Folge Ephorat, Repetenten und Stiftlerschaft gleichermaßen, vgl. die entsprechenden Dokumente bei DRECOLL, Jahr, 237–248.

Chaos in der Stiftskirche, alle redeten durcheinander, jemand forderte, die Kirche durch die Polizei räumen zu lassen"[737].

Steudles Fazit dieses Vorfalls ist für die eine Sichtweise der Ereignisse paradigmatisch:

„Zurück blieb [...] eine ratlose, enttäuschte ESG, aufgebrachte Studenten, die sich in ihren Meinungen über die [...] kirchliche Hierarchie vollständig bestätigt fühlten und ein Studentenpfarrer voller Zweifel, Fragen, Ärger und der Überzeugung, dass es so nun wirklich nicht weitergehen könnte – zu offensichtlich waren die Ängste und Hilflosigkeit der ‚Amtskirche' [...,] ihre mangelnde Souveränität und Autorität"[738].

Die andere Sichtweise spiegelt sich in dem Bericht von Joachim Braun in der Zeitschrift der LHV[739]:

„Am Ende des Flugblattes [das am 18. 5. verteilt wurde, d. Verf. ...] steht der Satz: ‚Es gibt mehr Rothschuhs als der Oberkirchenrat sich träumen läßt!' Wir sind davon restlos überzeugt. Wenn aber die theologischen Aussagen und der Stil des Zwanges bei der Störung des Gottesdienstes unseres Landesbischofs für diese anderen Rothschuhs typisch sind, dann können wir nur doppelt in der Meinung bestärkt werden, dass der Evang. Oberkirchenrat in der Ablehnung der Übernahme von Frau Rothschuh die einzig richtige Konsequenz gezogen hat. Die anderen ‚Rothschuhs' sollten zur Kenntnis nehmen, daß Oberkirchenrat und Synode nicht zögern werden, auch in diesen Fällen in gleicher Weise zu entscheiden: Mit der Störung des Gottesdienstes hat man der Sache den schlechtesten Dienst erwiesen, der nur möglich ist. [...] Der Streit ist durch Frau Rothschuh und durch alle, welche sie in ihrer Haltung unterstützen, in die Kirche hineingetragen worden. [...] Nicht durch die Predigt des Bischofs konnte der Gottesdienst ‚zur Gotteslästerung' [so das Flugblatt, d. Verf.] werden. Wenn schon von Gotteslästerung gesprochen wird, dann geschah sie durch jene Umfunktionierung des Gottesdienstes."[740]

Die hier sichtbar werdende Polarisierung beschrieb Joachim Trautwein in einem ausführlichen Rückblick im EGW vier Wochen später zutreffend: „Die Tübinger Studenten [...] haben mit ihrer Aktion in vielen Gemeinden unserer Landeskirche Bestürzung hervorgerufen." Trautwein gab jedoch zu bedenken, dass „niemand gedient [wäre], wenn man einzelne Studenten auf die ‚schwarze Liste' setzen würde. [...] Von Seiten der Gemeinde wird man den demonstrierenden Studenten sagen müssen, daß mit derart provozierenden Methoden sinnvolle Reformen nicht ermöglicht, sondern eher verhindert werden. [...] Es wäre verhängnisvoll, wenn die gesprächsbereiten Personen bei Studenten und Gemeinden

---

737 STEUDLE, Brennpunkt, 219.
738 EBD., 220.
739 LG-Info Nr. 5, 6–9.
740 LG-Info Nr. 5, 8 f.

resignieren würden. Das Ergebnis wäre eine zunehmende Radikalisierung der Fronten, wie man sie bereits in der Politik beobachten kann."[741]

Just diese Radikalisierung scheint jedoch in der Folge der Ereignisse vom Frühjahr 1969 stattgefunden zu haben. Für einen signifikanten Teil der Gemeindeglieder, die eher dem biblisch-konservativen Flügel zuneigten, war mit ihnen der seit langem befürchtete Einbruch der „68er Revolution" in den Raum der Kirche erfolgt, erinnerten die Ereignisse jenes 18. Mai doch allzu sehr an jene als skandalös empfundene Störung der Christmette in der Berliner Gedächtniskirche am vorhergehenden Weihnachtsfest[742]. Auch die chaotischen Szenen auf den Straßen der deutschen Metropolen während der teilweise gewalttätigen Studentenproteste in der Folge des Attentats auf Rudi Dutschke ein Jahr zuvor, sowie die Bilder der Großdemonstration in Bonn gegen die Verabschiedung der Notstandsgesetze waren noch in frischer Erinnerung[743]. Nun galt es, die Reihen im Widerstand gegen diesen Zeit-Un-Geist zu schließen, wie es beispielsweise Kurt Hennig mit der Evangelischen Sammlung[744] tat. Die kirchenreformerischen Kreise in der Landeskirche sahen sich daraufhin mehr denn je herausgefordert, dem hier laut werdenden „Fundamentalismus" ihrerseits etwas entgegen zu setzen.

Die KK war über den Sommer 1969 bestrebt, ihre Organisationsstrukturen auszubauen. So erschien, vermutlich Mitte Mai[745], eine „Versuchsnummer" einer „KK-Informationen" betitelten Mitgliederzeitschrift. Das Konvolut von zehn eng beschriebenen Hektographien enthielt eine recht bunte Zusammenstellung von Berichten aus der Arbeit von KK-Ausschüssen und Regionalgruppen: Ein Programm des „Gesellschaftspolitischen Ausschusses", einen Bericht über die wenig erfolgreichen Bemühungen des „Öffentlichkeitsausschusses" für mehr Transparenz bei der Bischofswahl und einer „Reform" des Evangelischen Gemeindeblattes; Umfragen unter Konfirmanden und Stiftlern sowie „Thesen zur Ordination" des Ausschusses für Kirchenreform, eine Auseinandersetzung mit der neu gegründeten Evangelischen Sammlung sowie Überlegungen zur Ökumene. Etwas aus dem Rahmen fällt der schon die Züge einer Parodie tragende Bericht der Regionalgruppe Göppingen, die an einem Informationsabend von Walter Abele beim CVJM in Weilheim teilgenommen hatte. Das Resultat war vorhersagbar, die Erlebnisse der KKler jedoch ebenso bezeichnend wie erheiternd. Die Bemühungen der KK um Mitgliederinfor-

---

741 EGW 1969, Heft 24, 8f.
742 Eine Gruppe von Studenten um Rudi Dutschke hatten den Gottesdienst gestört um gegen den Vietnamkrieg zu protestieren. Die Gottesdienstbesucher setzten sich zum Teil handgreiflich zur Wehr; es kam zu einem Handgemenge, bei dem Dutschke eine Platzwunde erlitt. Vgl. EGW 1969, Nr. 4, 1, 6 (samt Titelbild einer Polizeikette vor dem Altar).
743 Attentat auf Dutschke: 11. 4. 1968; Sternmarsch auf Bonn, 11. 5. 1968; vgl. GILCHER-HOLTEY, 68er, 91 f.
744 Vgl. unten 362.
745 Aus dem Inhalt ergibt sich eine Datierung nach dem 6. 5. aber vor dem 18. 5.; KK-Informationen Nr. 1 „Versuchsnummer"; Sammlung Oehlmann/Söhner.

mation in Gestalt einer eigenen Zeitschrift wurden schon mit der zweiten Nummer der KK-Informationen im Oktober wieder beendet: „Die KK-Informationen sind tod [sic] – es lebe akid!"[746] Die von dem Kölner Theologen und Mitinitiator des Politischen Nachtgebetes Klaus Schmidt herausgegebene Zeitschrift „Aktion Kirchenreform Informationsdienst (akid)" bot vierteljährlich Berichte aus den kirchenreformerischen Gruppen im gesamten Bereich der EKD. Da in der KK nach Ansicht des Öffentlichkeitsausschusses „derzeit [...] nicht viel genug [sic]" geschähe, um ein eigenes Blatt gerechtfertigt erscheinen zu lassen, habe die Vollversammlung beschlossen, zukünftig durch Beiträge in akid zu informieren[747]. Erst im Sommer 1972 schuf sich das sozio-theologische Netzwerk mit der Null-Nummer der „Aktion Synode '71 – Informationen", ab der ersten regulären Nummer im Herbst 1972 „OK-Informationen", ein eigenes Publikationsorgan, das bis heute existiert.

In den Versammlungsprotokollen der KK vom Sommer 1969 wird deutlich, wie sich die Arbeit der KK immer stärker diversifizierte und in zahlreichen Themen- und Regionalgruppen mit großer Akribie betrieben wurde. Gleichzeitig setzte aber bereits eine Ermüdung ein: das „Protokoll des letzten Plenums kommt wieder spät"[748], Einladungen zu Sitzungen oder die Bitte um Beiträge für KK-Info ergingen immer häufiger „dringend"[749], und da nur rund 60 der 277 eingeschriebenen Mitglieder ihren Mitgliedsbeitrag überwiesen, war die Kassenlage problematisch, und das Präsidium musste bessere „Beitragsdisziplin"[750] fordern. Vollends offensichtlich wird diese negative Tendenz, als sich im März 1970 die satzungsgemäße Neuwahl des Präsidiums als unmöglich erwies, „da es nicht gelang, eine ausreichende Anzahl von Kandidaten dafür zu gewinnen"[751]; die Arbeit der KK leide unter „abnehmende[r] Effektivität [..., dies sei] ein Personal- und Organisationsproblem."[752] Die Stellung von „Akionsgruppen", „thematisch orientierte[n] Arbeitskreise[n]" und den Regionalgruppen war immer noch ungeklärt und sorgte für Reibereien. Die noch stets sehr vitale Regionalgruppe Göppingen ersann einen Ausweg aus der Wahlmisere, indem sie vorschlug, das Präsidium der KK nicht mehr zu wählen, sondern in jährlichem Turnus einer der Regionalgruppen anzuvertrauen. Bei der Vollversammlung der KK am 18. Juli 1970 wurde ein entsprechender Antrag durch die 21 [!] anwesenden KK-Mitglieder angenommen und das Präsidium an eben jene Regionalgruppe Göppingen über-

---
746 KK-Informationen II, Oktober 1969; Sammlung Oehlmann/Söhner.
747 KK-Informationen II. Schon in akid 1969, Heft 2, 9 erschien denn auch eine Selbstvorstellung der KK.
748 KK-Rundbrief 22. 4. 1969; Sammlung Oehlmann/Söhner.
749 KK-Rundbrief 1. 6. 1969; Sammlung Oehlmann/Söhner.
750 KK-Rundbrief Oktober 1969; Sammlung Oehlmann/Söhner.
751 KK-Rundbrief 20. 3. 1970; Sammlung Oehlmann/Söhner.
752 KK-Rundbrief 25. 6. 1970; Sammlung Oehlmann/Söhner.

tragen⁷⁵³, im Juli 1970 wurde die Beauftragung der Göppinger – entgegen dem ursprünglichen Antrag – verlängert⁷⁵⁴. Im April 1972 schrieb Gerd Burchard namens des Präsidiums noch einmal einen Rundbrief und teilte mit, dass die „Göppinger Gruppe für ein weiteres Jahr als ‚Briefkasten' fungieren" werde⁷⁵⁵. Es ist anzunehmen, dass es bis zum offiziellen Ende der KK kein anderes „Präsidium" mehr gab.

Aktion Synode '71

Die Ressourcen des sozio-theologischen Netzwerkes hatten sich unterdessen in die Vorbereitung der für Dezember 1971 anstehenden Synodalwahl verlagert. Das Stichwort ‚Wahl' findet sich in den Unterlagen der KK erstmals im Protokoll vom 12. Januar 1969, als die Vollversammlung es „zum jetzigen Zeitpunkt" ablehnte, einen Ausschuss „für die Vorbereitung des ‚Wahlkampfes 1971'" einzusetzen. Im Juni 1969 wurde das Thema im „Aktionsausschuss" erneut beraten, interessanterweise im Konnex mit der Bundestagswahl im Herbst 1969⁷⁵⁶; für letztere sollte der „gesellschaftspolitische Ausschuß" ein innen- und ein entwicklungspolitisches Thema erarbeiten und die „KK-Mitglieder w[u]rden aufgefordert, im Wahlkampf nach den Vorschlägen des gesellschaftspolitischen Ausschusses aktiv zu werden." Im Blick auf die kirchlichen Wahlen müsse die Vollversammlung entscheiden, „ob KK selbst im Wahlkampf auftreten oder nur geeignete Gruppen und Kandidaten unterstützen soll."⁷⁵⁷ Die Frage nach einem Engagement der KK im Bundestagswahlkampf 1969 wurde bei der Vollversammlung nicht thematisiert – wohl schlicht deshalb, weil die Versammlung nur eine Woche vor jener Wahl stattfand. Dennoch ist dieser Hinweis im Protokoll des Aktionsausschusses wichtig, weil er möglicherweise eine Interpretationshilfe bietet für die Art, in der wenig später die „Aktion Synode '71" (AS71) Wahlkampf betrieb. Paul-Gerhard Seiz führte vor dem Akademikertag 1970 aus, es gelte „die Menschen für diese Wahl zu interessieren. Vieles, worauf kirchliche Zeitgenossen [...] schimpfen, wird in der Synode entschieden. Man kann also mitbestimmen." Außerdem seien „Sachfragen ins Gespräch zu bringen. [...] Hier ist schon sehr zeitig ein Prozess der Meinungsbildung über anstehende grundsätzliche und

---

753 Vgl. Protokoll der Vollversammlung 18. 7. 1970; Sammlung Oehlmann/Söhner. Bei letzterem Beschluss enthielten sich die „6 anwesenden Göppinger".
754 Vgl. KK-Rundbrief 15. 6. 1971; NL Fuchslocher, Kopie in Händen der Verf.
755 KK-Rundbrief 19. 4. 1972; NL Fuchslocher, Kopie in Händen der Verf.
756 Vgl. Protokoll-Aktionssausschuss, 10. 6. 1969: „Tagesordnung: [...] 5. Kirchliche Wahlen 1971; 6. Bundestagswahl 1969"; Sammlung Oehlmann/Söhner.
757 Protokoll-Aktionsausschuss, 10. 6. 1969. Entsprechend auch die „Erläuterungen", die der Einladung zur Vollversammlung am 20. 9. 1969 beigelegt wurden; Sammlung Oehlmann/Söhner.

praktische Fragen [...] in Gang zu setzen."⁷⁵⁸ Es waren also nicht bestimmte Themen oder Positionen, die das sozio-theologische Netzwerk primär voranbringen wollte – es war der demokratische Prozess selbst und die Teilnahme der Wähler an diesem Prozess. Damit wird auf inhaltlicher Basis die Nähe zu einer in Teilen ähnlich gelagerten Initiative sichtbar, mit der es auch personelle Überschneidungen gab: Die „Sozialdemokratische Wählerinitiative", mit der der Schriftsteller Günter Grass im Bundestagswahlkampf 1969 Willy Brandt und die SPD unterstützte⁷⁵⁹. Ein prominenter Mitstreiter war der schwäbische Mundartautor Thaddäus Troll⁷⁶⁰. Die Begründung, die Troll für sein Engagement in der Sozialdemokratischen Wählerinitiative gab, könnte wohl ohne nennenswerte Modifikation auch für die Aktion Synode '71 gelten: Er habe weniger für die SPD werben, als mehr „das politische Bewußtsein heben, wecken"⁷⁶¹ wollen⁷⁶².

In dieselbe Richtung wies der Beschluss der Vollversammlung der KK im September 1969: „Die KK sieht ihre kritische Aufgabe nicht darin, selbst als ‚Partei' im Wahlkampf aufzutreten, sondern für Sachlichkeit und Durchsichtigkeit des Wahlkampfes und der Wahl zu sorgen."⁷⁶³ Darüber hinaus seien „geeignete Kandidaten" in den einzelnen Bezirken zu suchen und zu unterstützen. Über die Eignungskriterien gibt das Protokoll keine Auskunft. Es ist anzunehmen, dass hier an das latent vorhandene Anti-Fundamentalismus-Programm gedacht war. Zusammenarbeit mit anderen, ähnlich gesinnten Gruppen⁷⁶⁴ wurde ausdrücklich gefordert, ein Koordinierungsausschuss ge-

---

758 Seiz, Kirchliche Wahlen 1971, Referat beim Akademikertag 1970; LKAS, K 28, 77.
759 Vgl. http://www.zeit.de/1969/13/guenter-grass-an-der-spd-front. Auch die begriffliche Nähe ist unübersehbar, wenn sich die Aktion Synode '71 in akid als „synodale Wählerinitiative" vorstellt (akid 1971, Heft 3, 3).
760 In einem Artikel des SPIEGEL wurde auch der württembergische Pfarrer und Schriftsteller Albrecht Goes als Unterstützer der sozialdemokratischen Wählerinitiative genannt; vgl. SPIEGEL 1969, Heft 25, 32 f. Im Umfeld der KK/Aktion Synode '71 tauchte Goes jedoch nicht auf.
761 SPAETH, Troll. Ein Schlaglicht auf Trolls Verhältnis zu Kirche und Glauben wirft Gerhard Raff in seinem Artikel in EGW 2014, Heft 11, 12 f.
762 Troll unterstützte auch die Aktion Synode '71 und trat am 7. November 1970 bei deren wohl publikumswirksamster Veranstaltung auf: einer Podiumsdiskussion mit Bundesentwicklungsminister Erhard Eppler, EKD-Synodalpräses Ludwig Raiser, dem Stuttgarter Architekten Fritz Leonhardt, Anne-Lore Schmid, Paul-Gerhard Seiz und Gustav Jäger in der Stuttgarter Universität; vgl. Stuttgarter Zeitung 8. 11. 1970 sowie den überaus kritischen Kommentar zu der Veranstaltung und der Berichterstattung in ES-Informationen Dezember 1970, 9–12.
763 Protokoll der KK Vollversammlung am 20. 9. 1969; Sammlung Oehlmann/Söhner. Im wenig später versandten Rundbrief wurde präzisiert: Öffentlichkeit der Vorgänge in der Kirche, Pluralität in der Kirche, Konkretisierung der Verantwortlichkeit ‚von oben nach unten', politische Verantwortung der Kirche als Parteinahme für die ‚Schwachen und Stummen', Vertretung der ‚latenten Kirche' (vgl. KK-Rundbrief Oktober 1969; Sammlung Oehlmann/Söhner).
764 Ein KK-Rundbrief vom Oktober 1969 nannte explizit Kirchliche Bruderschaft, Sozietät, Freie volkskirchliche Vereinigung und „die beiden progressiveren Gesprächskreise der Synode" – ob mit letzteren EE und der Offene Kreis oder EE und EuK gemeint waren, bleibt unklar. Sammlung Oehlmann/Söhner.

bildet. Im Sommer 1970 jedoch wurde offensichtlich, dass die KK an einem toten Punkt angelangt war: Zur Vollversammlung am 18. Juli erschienen gerade einmal 21 Mitglieder in Leonberg-Ramtel; zwar wurde der Vorschlag, die KK solle sich auflösen, ihre Arbeit in der Aktion Synode '71 weitergehen, abgelehnt – jedoch scheint genau dies de facto geschehen zu sein[765].

Die Aktion Synode '71 hatte sich zunächst unabhängig von der KK und noch ohne Namen als Gruppe von Synodalen des Gesprächskreises EE und des Offenen Kreises sowie einiger weiterer Interessierter gebildet. Ausgangspunkt war eine Initiative des Vorsitzenden der AGEE[766], Walter Kappus[767]. Bei einer „Beratung" am 14. Januar 1970 bestand Einigkeit darüber, „daß bei der 1971 fälligen Wahl zur Württembergischen Landessynode breitere Wählerschichten angesprochen werden"[768] sollten. Eine lange Liste möglicher Multiplikatoren und Mitstreiter wurde erstellt. Ziel war, diese „Gleichgerichteten" zu vernetzen und Aktionsgruppen in den einzelnen Wahlkreisen zu bilden, die den Wahlkampf jeweils vor Ort tragen und sich zugleich überregional unterstützen könnten. Im Blick auf eine inhaltliche Standortbestimmung wurde lediglich festgehalten: „Die Namen der angesprochenen Persönlichkeiten deuten eine gemeinsame Richtung an. Im Laufe des Jahres 1970 kann es zwischen ihnen zur Formulierung eines Aktionsplans und vielleicht eines Programms kommen." Erneut also stand Aktion vor Inhalt. Einen Monat später wurde bei einem Treffen eines bereits erweiterten Kreises beschlossen, die erst noch zu bildenden Aktionsgruppen im November zu einer „Landeskonferenz" einzuladen, die „Akzente für die Arbeit des Winters"[769] – also wohl inhaltliche Schwerpunkte – setzen solle. Zudem müsse ab diesem Zeitpunkt die Arbeit darauf ausgerichtet werden, „die bis dahin in den Bezirken nominierten Kandidaten mit ihren besonderen Anliegen möglichst weithin bekannt zu machen" und die heiße Phase des Wahlkampfes vorzubereiten, sei es durch Artikel in der Lokalpresse oder Aktionen in den Gemeinden, sei es durch Informationssammlung und -austausch mit anderen Aktionsgruppen.

Am 28. Mai trat diese Gruppe, nun schon unter dem Namen „Aktion

---

765 In den Unterlagen Hermann Söhners findet sich für die Folgezeit nur noch eine Einladung zur KK-Aktion bei der Herbstsitzung der Landessynode sowie Texte zu einem Diskussionsabend im Tübinger Stift am 29. 6. 1972. Auch die Korrespondenz der von Söhner mit gegründeten und mit geleiteten KK-Rottweil endet. Der Befund in den Unterlagen von Walter Blaich ist ähnlich: Mit einem KK-Rundbrief vom 7. 2. 1971, der auf die Begleitung der vergangenen Herbstsynode zurückblickt, endet die Akte.
766 Siehe oben 216.
767 In einem Brief an Landesbischof Claß nannten die Sprecher der AS71 den Köngener Kreis (vgl. BRANDENBURG / DAUR, Brücke), die rostra theologica (vgl. GEBERT, rostra), KK und die Jugendarbeit als Herkunftsgruppen (AS71 – Sprechergruppe an Landesbischof Claß, 19. 3. 1971; LKAS, K 28, 1).
768 Protokoll 14. 1. 1970; LKAS, K 28, 1. Die Initiative richtete sich sowohl auf die Wahl der Synode als auch der lokalen Kirchengemeinderäte. Letztere werden hier nicht thematisiert.
769 Protokoll 11. 2. 1970; LKAS, K 28, 1.

Synode '71"[770] an die Öffentlichkeit. Vertreter aus 15 der 26 Wahlkreise der Württembergischen Landeskirche waren anwesend[771], aus einigen weiteren war die Existenz von Aktionsgruppen rückgemeldet worden. Die Versammelten beschlossen die Einrichtung eines „Informationszentrums"[772] und die Erhebung eines Förderbeitrags vom DM 5.- pro Monat[773]; inhaltlich wurde festgehalten, die AS71 wolle keine „Anti-Sammlung", sondern „Kirche für morgen" sein, Entwürfe für eine programmatische „Plattform" sollten erarbeitet und an die in Ulm lokalisierte Zentrale gesandt werden. Beachtenswert und zukunftsweisend ist die Diskussion über die Frage, ob auf Landesebene ein „Werbefachmann" engagiert werden solle. Durch eine Pressemeldung schließlich wollte sich die AS71 den Kirchenmitgliedern vorstellen[774]; eine ausführliche Darstellung erschien darüber hinaus in akid[775]. Den Sommer über arbeitete die AS71 in ihren Regionalgruppen intensiv auf die Landeskonferenz am 7. November hin, bei der die eingereichten Programmvorschläge diskutiert wurden[776]. Nach der Konferenz erarbeitete ein „Programmausschuss" einen „Rahmen für die Programmarbeit", der von einer Delegiertenversammlung am 27. Februar 1971 gebilligt wurde. Als zentrale Punkte wurden im Hinblick auf die Auseinandersetzung mit dem „kirchenpolitischen Gegenüber" die Themen Bibel- und Bekenntnishermeneutik sowie das Verhältnis von Bekenntnistreue und Toleranz benannt. Der Programmausschuss empfahl jedoch, sich die Diskussionsfelder nicht von den konkurrierenden Gruppen diktieren zu lassen, sondern selbst Themen zu besetzen, die die AS71 „im Wahlkampf und in der kommenden Synodalperiode auf die Tagesordnung der Landeskirche setzen möchte". Als solch originäre Anliegen wurden benannt: „Das soziale und gesellschaftliche Engagement der Kirche [...] Antirassismusprogramm [...] Ökumenische Zusammenarbeit [...] Kirchenstruktur [...] Kirche und Geld [...] Schulischer Religionsunterricht [...] Theologie als Wissenschaft [...] Pfarrersausbildung"[777]. Hier wird die inhaltliche Schwerpunktbildung der kirchenpolitischen Arbeit des sozio-theologischen Flügels greifbar. So ist in diesem Rahmenpapier festgehalten, dass zwar über Notwendigkeit und Berechtigung der „karitativen Diakonie" in allen Teilen der Kirche Konsens bestehe, nicht jedoch über die

---

770 Bericht über die Arbeitssitzung am 28. 5. 1970; LKAS, K 28, 1. Wann und wie dieser Name zustande kam und beschlossen wurde, ließ sich nicht rekonstruieren.
771 Bei einem Rundruf im Oktober zeigte sich, dass nur in fünf Wahlkreisen keine AS71-Gruppen aktiv waren (vgl. Rundbrief Oktober 1970; LKAS, K 28, 1).
772 Bei Ursula Roger in Ulm.
773 Das Konto der AS71 lief auf den Namen von Eckart Gundert, Blaubeuren.
774 Leider war nicht zu ermitteln, ob diese auch abgedruckt wurde.
775 Akid 1971, Heft 3, 3 f.
776 Rundbrief Juli 1970; LKAS, K 28, 1. Die Landeskonferenz tagte am Nachmittag des 7. 11. 1970, im Anschluss fand die prominent besetzte Abendveranstaltung unter dem Titel „Was erwarten Sie von der Kirche?" statt, vgl. oben 357, Fn. 762; Die Einladung zu dieser Abendveranstaltung findet sich bei LKAS, K 28, 1.
777 Rahmen für die Programmarbeit der Aktion Synode '71; LKAS, K 28, 1.

„gesellschaftspolitische [Diakonie]. Im Unterschied zur alten und zur reformatorischen Kirche steht heute jedoch auch für Christen die Gesellschaftsordnung selbst zur Debatte, zumal wenn diese zwangsläufig menschliches Elend immer neu hervorbringt. Wie der einzelne Christ, so ist auch die Kirche durch das Liebesgebot gefordert, sich für die Lösung der gesellschaftlichen Probleme einzusetzen. Die Radikalität des Liebesgebotes erlaubt es nicht, sich auf die karitative Diakonie zu beschränken, um nicht in politische Auseinandersetzungen zu geraten."[778]

Im Blick auf das Antirassismusprogramm wurde zunächst knapp und apodiktisch konstatiert: „Wir unterstützen das Antirassismusprogramm des ökumenischen Rates", eingehender zu diskutieren sei dabei jedoch die Frage der Legitimität von Gewaltanwendung, in der, so die Autoren des Rahmenprogramms, vielfach mit zweierlei Maß gemessen werde: „Wie ist es zu beurteilen, dass die Kirche in der BRD Gewalt als legitimes Ordnungsinstrument rechtfertigen [sic], in den Entwicklungsländern aber die Befreiungsbewegung zur Gewaltlosigkeit aufrufen?" Bei den Fragen des Religionsunterrichts, der kirchlichen Strukturen und der Finanzen ist eine deutliche Tendenz erkennbar, die etablierten und traditionellen Formen kritisch zu hinterfragen und eine Neuausrichtung dieser Felder kirchlicher Arbeit an den vorfindlichen, modernen gesellschaftlichen Strukturen zu fordern[779].

In einem Brief an Landesbischof Claß präsentierte die „Sprechergruppe" die AS71 als „eine Initiativ-Gruppe, die das bestehende Interesse an der Kirche für die landeskirchlichen Wahlen fruchtbar machen möchte und umgekehrt das Interesse an den Wahlen für die Intensivierung des Lebens in den Kirchengemeinden fruchtbar zu machen sucht."[780] Man wolle diejenigen Kirchengenossen sammeln und vertreten, die in den „schon bestehenden Gruppen nicht beheimatet sind". Die AS71 sei keine „Kirchenpartei" und vertrete keine „Partikularinteressen"; vielmehr wolle sie die öffentliche Diskussion fördern, damit „Meinungsverschiedenheiten in der Kirche nicht verschleiert, sondern offen und fair ausgetragen werden" – das Erbe Oskar Klumpps ist in dieser Selbstdefinition unübersehbar. Dieses Erbe blieb wirksam, als sich Fritz Röhm, Mitglied des Leitungskreises der AS71, ein halbes Jahr nach der Synodalwahl erneut an die Unterstützer wandte, um ihnen für das Geleistete zu danken und sie darüber zu informieren: „Unsere Gruppe arbeitet weiter"[781]. Eine Vollversammlung wurde für den 8. Juli 1972 einberufen, auf der ein Leitungskreis berufen, eine Satzung beschlossen und ein neuer Name gefunden wurden: „Offene Kirche"[782].

---

778 Rahmen für die Programmarbeit der Aktion Synode '71; LKAS, K 28, 1.
779 Ein Blick in die vielfältigen Werbematerialien der AS71 zeigt, dass diese Themen im wesentlichen von den regionalen Aktionsgruppen in der vorgeschlagenen Weise übernommen und kommuniziert wurden; vgl. z. B. LKAS, NL Erika Kimmich.
780 AS71-Sprechergruppe (Berteau, Gundert, Lütcke) an Claß, 19. 3. 1971; LKAS, K 28, 1; auszugsweise abgedruckt in AS71-Informationen, Heft 1 undatiert, Mai/Juni 1970; LKAS, K 28, 2.
781 Rundbrief AS71, Juni 1972; LKAS, K 28, 6.
782 Vgl. AS71 Arbeitspapier zum 8. 7. 1972; LKAS, K 28, 6. Zur Genese des Namens vgl. hand-

Das eingangs herausgearbeitete Programm der KK/OK – einerseits die Implementierung der Kritischen Theorie im Raum der Kirche mit der besonderen Akzentuierung von Beteiligung und Transparenz[783], andererseits der Anti-Fundamentalismus-Impetus[784] – war im Verlauf der Geschichte dieser Gruppe in unterschiedlichem Maße wirksam. Es scheint, als sei in den verschiedenen Phasen immer wieder der eine Aspekt stärker in den Vordergrund, der andere einstweilen in den Hintergrund getreten. Bleibend aber verstand und versteht sich die KK/OK als „kritischer Protest" gegen die herrschenden Strukturen und die, zumindest als tendenziell bestehend wahrgenommene, Vormachtstellung des Pietismus in der Württembergischen Landeskirche. Auch das von Simpfendörfer 1969 etablierte Primat der Aktion blieb in Geltung und unterschied die KK/OK wesentlich von der BG, die stets der theologischen Reflexion Vorrang einräumte.

Wenn man resümierend die KK und ihre ersten Aktionen als Umsetzung der Kritischen Theorie im Bereich der Kirche interpretiert, so ist schließlich auch das öffentlichkeitswirksame Eintreten der KK/OK in den herausragenden „Fällen" der Württembergischen Landeskirche – sei es Rothschuh 1969, Jutta Voss um 1990[785] oder Carmen Häcker 2011[786] – nicht im Hinblick auf eine fehlende theologische Begründbarkeit zu hinterfragen, sondern als stringente und konsequente Umsetzung des ursprünglichen Programms[787] anzuerkennen. Nicht geleugnet werden kann dann allerdings, dass die OK damit wohl einer der letzten Zufluchtsorte einer praktizierten Kritischen Theorie ist.

---

schriftliches Protokoll der Delegiertenversammlung am 26. 2. 1972 von Manfred Fischer; diskutiert wurden neben OK „Kirche für heute, Evangelische Erneuerung, Evangelium für alle"; LKAS, K 28, 6; vgl. auch die Meldung „Früher ‚Aktion Synode '71' jetzt ‚Offene Kirche'" in EGW 1972, Heft 32, 4.
783 Zusammengefasst in der Parole „Demokratie in der Kirche"; vgl. auch die Analyse des KJ der „innerkirchlichen kritischen Bewegung [...:] Diese Gruppen wollen das historisch Gewordene an und in der Kirche auf sein theologisches Recht befragen und es weithin als Gewesenes entlarven, das heißt als leere Formen, aus denen das Leben entwichen ist, und das Regenerationsfähige durch Umfunktionieren zu neuem Leben erwecken; sie wollen zum anderen eine ‚Demokratie in der Kirche'" (KJ 96 (1969), 49). Zur Problematik dieser Begrifflichkeit vgl. OEHLMANN / HERMLE, Streitkultur.
784 Vgl. z. B. die Zeitungsnotiz, mit der die AS71 ihren Fortbestand 1972 publizierte: Die Gruppe wolle „evangelischen Christen, die sich durch die pietistisch orientierte ‚l[!]ebendige Gemeinde' sowie durch die Gruppen der kirchlichen Mitte nicht repräsentiert fühlen, eine konstruktive Alternative anbieten". Undatierter Zeitungsausriss; LKAS, K 28, 6.
785 Vgl. EVANGELISCHE LANDESKIRCHE IN WÜRTTEMBERG / AMT FÜR INFORMATION / VOSS, Voss.
786 Vgl. „Amos-Preis geht an Carmen Häcker"; OK-Info 2012, Heft 3, 2.
787 Analyse der bestehenden Herrschafts- und Unterdrückungsmechanismen unter größtmöglicher Einbeziehung der Massenmedien.

5.4.3 Gedränge in der Mitte: eine „progressive Mitte mit deutlicher Öffnung nach rechts"[788], eine „kirchliche Mitte"[789] und eine „Evangelische Mitte"

Um die Jahreswende 1968/69 war noch ein weiterer neuer Akteur auf der kirchenpolitischen Bühne Württembergs erschienen: Die „Evangelische Sammlung in Württemberg" (ES). Rückblickend berichtete drei Jahre später der 1. Vorsitzende Hans Wagner, Dekan von Degerloch und Mitglied der 7. LS, die Sammlung sei

> „durch die Initiative dreier Dekane – Dipper, Hennig und dem [sic] Schreiber dieser Zeilen – entstanden [und] hatte sich zum Ziel gesetzt, alle diejenigen Pfarrer und Gemeindeglieder, die noch die Priorität der Schrift für ihr eigenes Leben und für das Leben der Kirche anerkennen, über die einzelnen Gruppierungen hinweg unter einem gemeinsamen Dach zusammenzuführen. Daß dieser Gedanke angesichts der ‚Kritischen Kirche', dem Fall ‚Rothschuh' und anderer betrüblicher Vorkommnisse richtig war, hat das Echo auf unsere Thesen, die Bruder Dipper entworfen hatte, bewiesen. [...] Bruder Dipper äußerte damals zu mir: ‚Endlich ist die Sterilität unserer Bekenntnisgemeinschaft [...] durchbrochen. Es tut sich was in unserer Kirche.'"[790]

Noch im Dezember 1968 hatte der Esslinger Dekan Kurt Hennig gemeinsam mit Wagner einige Amtskollegen zu einem Treffen an Epiphanias eingeladen. Dem befreundeten Pfarrer Erwin Grötzinger berichtete Hennig am 8. Januar 1969:

> „Am Nachmittag des 6. Januar sind wir in einem zunächst bewußt kleinen und bewußt auf die Landesmitte konzentrierten Amtsbrüderkreis aus fünf Dekanaten beisammen gewesen – insgesamt 24 Mann – um über die Gründung einer kirchlichen Sammlung zu beraten, die der ‚Kritischen Kirche' und ihren Gesellschaftsveränderungs-Theologien und ihrem teilweise blanken Atheismus gemeinsam zu widerstehen entschlossen ist."

In diesen Zitaten treten die beiden zentralen Aspekte zu Tage, die das Zustandekommen der ES – in doppelter Hinsicht – begründeten: Die „Sterilität" der BG und die durch die KK repräsentierten sozio-theologischen Strömungen in der Württembergischen Landeskirche.

Die BG hatte, wie oben ausgeführt[791], im Verlauf der 1960er Jahre ihre Geltung und Einflussmöglichkeiten weitgehend eingebüßt. Zwar waren die

---

788 Kurt Hennig über die „Evangelische Sammlung in Württemberg" in konsequenzen 1969, Heft 4, 9.
789 Leitungskreis der „Arbeitsgemeinschaft Evangelium und Kirche (Ev. Bekenntnisgemeinschaft in Württemberg)" an alle Pfarrämter, 24. 9. 1971; Archiv EuK, Ordner „Verhältnis zu Mitte/ Sammlung".
790 Wagner an EuK-Synodale der 8. LS, 6. 3. 1972; Archiv der ES 1968–1971.
791 Vgl. oben 111.

führenden Personen ob ihres theologischen Renommees und des durch sie, vor allem in der Person Dippers, vertretenen und beanspruchten „Erbe des Kirchenkampfes" noch stets hoch geachtet, wirkliche Impulse aber gingen von der BG und ihren kirchlich-theologischen Stellungnahmen nicht aus, zumal aktuelle Themen – wie die Kirchentagsvorbereitungen – bei der BG keinen Widerhall fanden[792]. Auch die Präsenz des Gesprächskreises EuK in der Landessynode darf nicht als direkte Einflussmöglichkeit des LBR auf die Synode und damit die Geschicke der Landeskirche missverstanden werden, denn der Gesprächskreis betonte stets seine Unabhängigkeit vom LBR. Dies kam auch in einer Beschreibung des Gesprächskreises zum Ausdruck, in dem Spambalg, Sprecher des Gesprächskreises und nach dem Tod Dippers im Sommer 1969 dessen Nachfolger als Vorsitzender des LBR, drei verschiedene Typen von Synodalen vertreten sah: Jene, die dem LBR angehörten, jene, die der BG nahestünden sowie jene, „die sich auf eigene Faust in der Mitte angesiedelt haben, z. T. auch wieder davon abgesetzt haben."[793] Die in der BG geleistete theologische Arbeit, die stets ein „Dienst an der Landeskirche" sein wollte, entfaltete keine Wirkung mehr, trug keine Früchte, war, mit Dippers Worten, steril geworden. In der Gründung der ES wurde somit auch die fundamentale Krise der BG manifest, der Dipper offenkundig eine Erneuerung aus sich selbst heraus nicht mehr zutraute.

Kurt Hennig[794], seit 1966 Dekan von Esslingen, stieß sich vor allem an jener Form der modernen Theologie, die er durch „die Simpfendörfer-Clique, die da in Leonberg-Ramtel diese üble Geschichte mit der ‚kritischen Synode' [sic] eingefädelt hat"[795] vertreten sah: Kirche verstanden als primär „Kirche für andere", Christus als „der nur-inkarnierte, der nur-Fleisch gewordene, der nur-Nächster" war für Hennig eine Verkehrung des Auftrags[796], der doch zuallererst „das Zeugnis des gesprochenen Wortes, die evangelisierende Pre-

---

[792] Im Jahr 1969 beschäftigte sich der LBR vorrangig mit Fragen der Ordination und Investitur, dem Berufsbild des Pfarrers (und damit zusammenhängend mit Theologinnen und dem theologischen Nachwuchs), der Diakonie als Aufgabe der Kirche u. ä. m. vgl. Sitzungsprotokolle in LKAS, D 31, 90.
[793] Protokoll der LBR-Sitzung vom 5. 3. 1970; EuK-Archiv, Ordner „EuK-Leitungskreis-Protokolle". Die LBR-Mitglieder im Gesprächskreis EuK waren Spambalg, von Keler und Lörcher; die anderen beiden „Typen" können nicht zugeordnet werden.
[794] Zu Herkunft und Werdegang Hennigs vgl. HERMLE, Theologe, insb. 80–84.
[795] Hennig an Tlach, 11. 11. 1968; Abschrift auf LKAS, Zugang 1995-6, Handakten Scheffbuch.
[796] Diese „Verkehrung" verglich Hennig wiederholt mit der „Irrlehre der Deutschen Christen", vgl. u. a. sein Beitrag in der Esslinger Ortsbeilage zum EGW, undatierter Zeitungsausriss Archiv der ES 1968-1971 [ca. Dezember 1968], wieder abgedruckt in BKAE-Informationsbrief Nr. 18, 12–15. Oder in FAB, 15. 12. 1968: „Jesus will, daß ich ihn allein Maß und Ziel sein lasse – stracks entgegen der Lehre der damaligen ‚Deutschen Christen' und ihrer jäh zu neuem Leben erwachten [...] Nachfahren, die der Kirche vorzureden wünschen, sie habe sich die Normen des Wie und des Was ihres Handelns von den momentanen Erfordernissen ihrer [...] Umwelt diktieren zu lassen." zitiert nach „Informationen", Flugblatt der LHV, hrsg. Winrich Scheffbuch; Sammlung Oehlmann/Blaich.

digt sei" und erst nachrangig auch das „Zeugnis der tätigen Liebe"[797]. In den Ereignissen des Herbstes 1968 sahen Dipper, Hennig und Wagner ein derartiges Ausmaß an krisenhafter Entwicklung in der Landeskirche erreicht[798], dass sie sich genötigt sahen, konkrete Schritte zu ergreifen. Dem ersten Treffen am Epiphaniastag folgte ein weiteres am 24. Februar, bei dem Dipper den Entwurf einer „Erklärung"[799] vorlegte, der von den rund 100 Teilnehmern[800] unmittelbar angenommen und in der Folge veröffentlicht wurde. Diese Erklärung ist bis heute gültig und konstitutiv; wer sie unterschrieb, wurde als Mitglied betrachtet, erhielt die „Informationen" zugeschickt und zählte zu jenen bald „900", in deren Namen die Sammlung öffentlich redete[801]. Die Erklärung der ES war zweiteilig. Zuerst wurden, in klassischer Bekenntnisstruktur mit je einem Aussage- und einem Verwerfungssatz, die grundlegenden Positionen festgestellt, im zweiten Teil wurden aus diesen Grundpositionen Folgerungen abgeleitet, die, so der Text, im Hinblick auf „Fragen der Ordination, der Diakonie und der Demokratisierung der Kirche [...] zu bedenken" seien.

Als unaufgebbar wurde in der ersten These herausgestellt, dass die Bibel „die einzige Quelle und der verbindliche Maßstab" der Kirche sei; die „Neugestaltung der Kirche [sei] nur aus dem Wort und dem Geist Gottes" zu erwarten. „Besserung mitmenschlicher Verhältnisse" sei zwar eine genuin christliche Aufgabe, ereigne sich aber letztlich nur durch den „wiederkommenden Herrn". Im Gegensatz zur ganz offensichtlich im Hintergrund präsenten Barmer Theologischen Erklärung wurden in der Erklärung der Sammlung die abzulehnenden Theologoumena nicht ausdrücklich verworfen – die Verfasser „warnen" vor der Überschätzung und Überordnung von Mensch und Gesellschaft über die Bibel und vor einem Reformoptimismus, der die Erneuerung der Kirche aus „entlehnten strukturellen Änderungen und organisatorischen Reformen [...] erhoff[t]." Während letzteres einen klaren Angriff auf die Kirchenreformbewegung und die von dieser vielfach vorgetragenen Vorschläge zur Strukturreform darstellte[802], ist der Adressat des ersten Satzes der Erklärung nicht eindeutig zu benennen. Unzweifelhaft ist, dass Dipper, Hennig und Wagner, ebenso wie viele Amtsbrüder und Zeitgenossen, eine Auflösung der Theologie in Anthropologie, wie sie schon Lan-

---

797 So Hennig 1976 in seinem Brief an Tullio Vinay, vgl. HERMLE, Theologe, 85.
798 Als „Stunde der Finsternis" apostrophierte Hennig die Situation in einem Rückblick auf das Jahr 1968. Zeitungsausriss; Archiv der ES 1968–1971, abgedruckt in BKAE-Informationsbrief Nr. 18, 12–15.
799 Vgl. <http://www.evangelische-sammlung.de/index_vorstell.html> (11. 9. 2014)
800 Unter denen sich acht Mitglieder und damit rund die Hälfte des LBR befanden, vgl. Protokoll LBR 27. 2. 1969; LKAS, D 31, 90.
801 Finanziert wurde die Sammlung nicht über Mitgliedsbeiträge, sondern über Einzelspenden. Diese Regelung gilt bist heute; Auskunft Renate Klingler 7. 6. 2014.
802 Vgl. oben 172.

desbischof Eichele vor der LS im November 1968 beschrieben hatte[803], im Gange sahen und strikt ablehnten.

Der Umstand, dass schon für die damals unmittelbar Beteiligten im Nachhinein nicht mehr deutlich war, gegen wen oder was genau sich die erste These der Erklärung richtete, führte zu einem der bemerkenswertesten Gründungsmythen im Kontext der kirchlichen Zeitgeschichte in Württemberg: Kurt Hennig selbst hielt 1980 fest, die Evangelische Sammlung sei gegründet worden, als „württembergische[] Vikare unter dem Einfluß [...] radikaler linksmodernistischer Kreise, in einer öffentlichen Erklärung feststellte[n], daß für sie ‚die Bibel ein Gesprächspartner unter anderen' sei". Dies, so Hennig, habe „das Faß reformerischer Ärgernisse vollends zum Überlaufen" gebracht und den Anstoß zu jener Erklärung gegeben, die „die Alleinnormativität der Heiligen Schrift bezeugt und in der der falschen Lehre Widerstand entgegengesetzt wird, als sei die Tagesordnung der Welt auch die Tagesordnung der Kirche."[804] Dieses Erklärungsmuster, wonach die Gründung der Sammlung eine – gar spontane[805] – Reaktion Hennigs auf die sogenannte Esslinger Vikarserklärung[806] sei, fand danach Eingang in alle maßgeblichen Darstellungen[807] und sogar in die Erinnerungen der Zeitzeugen[808]. Allerdings ist diese Kausalität nicht möglich, da die Sammlung, wie beschrieben, am 6. Januar 1969 initiiert und auf einer Versammlung am 1. Mai[809] förmlich gegründet wurde[810] – die Esslinger Vikarserklärung jedoch erst von der Herbstkonferenz der Württembergischen Vikare am 16. Oktober desselben Jahres beschlossen und veröffentlicht wurde. Indes, die drei einleitenden Thesen der Sammlungs-Erklärung bilden einen solch passgenauen Widerspruch zur Erklärung der Vikare, dass sie von ihren Verfassern offensichtlich im Nachhinein als direkte Antwort verstanden und interpretiert wurden. Gerade so wie die Vikarserklärung die typischen Anliegen der jungen, soziotheologisch orientierten Theologen zur Sprache brachte, waren in der Erklärung der Sammlung die Gegenpositionen der konservativen Seite formuliert. Die Unterzeichner der Sammlungs-Erklärung sahen in den Ereignissen vom

---

803 Vgl. oben 317.
804 HENNIG, Sammlung, 63.
805 So SCHEFFBUCH, Entwicklung.
806 Vgl. unten 373. Der vollständige Wortlaut der Erklärung – die neben der Normativität der Bibel die Frage des Verhältnisses von „Theologie und Therapie" thematisierte und gegen die kirchliche Trauung Stellung bezog, findet sich bei DRECOLL, Jahr, 205–253.
807 Bis hin zu HERMLE, Evangelikale, 336, Fn. 79 (wobei die Jahresangabe „1967" ein offensichtlicher Abschreibfehler ist) und HERMLE / OEHLMANN, Gruppen, 286, Fn. 79.
808 Vgl. hierzu beispielsweise die Zeitzeugenberichte im Rundbrief der Evangelischen Sammlung in Württemberg Nr. 46, Oktober 2009.
809 Vgl. ES/Hennig an „Liebe Amtsbrüder", 6. 5. 1969, Archiv der ES 1968–1971.
810 Die erste gedruckte Version der Erklärung wurde im Juni veröffentlicht; aus den Zuschriften an Hennig wird jedoch deutlich, dass dieser die Erklärung unmittelbar nach dem Treffen vom 24. 2. 1969 an zahlreiche Gleichgesinnte versandt hatte; vgl. Archiv der ES 1968–1971.

Herbst 1969 ihre schlimmsten Befürchtungen bestätigt und ihre Aktion nachträglich erneut gerechtfertigt.

Während man sich bei der Sitzung am 24. Februar 1969 rasch auf die gemeinsam vertretenen Positionen in Gestalt der Sammlungs-„Erklärung" hatte einigen können, war die Namensgebung umstritten. In einem Brief vom 7. März berichtete der Blaubeurener Dekan Fritz Schrägle, dass er die beiden Teile der Erklärung („die Sätze auf dem weißen u. gelben Blatt") beim „DV", der monatlichen informellen Zusammenkunft der Pfarrer eines Dekanats, verlesen habe und fügt hinzu „[d]er Name ‚Ev. Arbeitskreis' gefällt mir nicht recht. Arbeitskreise gibt es ja schon so viele. Der Ausdruck ‚Kirchl. Sammlung' erweckte bei den Amtsbrüdern ein Lächeln im Blick auf die finanziellen Sammlungen."[811] Von Keler informierte Hennig darüber, dass er und Dipper „dem kirchlichen Arbeitskreis" sehr positiv gegenüberstünden und schon „seit langem" im LBR etwas derartiges gefordert hätten. Man müsse „auf die Herausforderungen durch manche Strömungen moderner Theologie noch eine andere Antwort als die der Bekenntnisgemeinschaft" finden[812]. Im LBR selbst wurde über einen „Evangelischen Gesprächskreis"[813] berichtet, und Dekan Hennig hatte schon im Vorfeld gegenüber Pfarrerin Präger seine Unzufriedenheit mit dem Begriff „Sammlung" zum Ausdruck gebracht[814] – dennoch, es blieb bei dieser Bezeichnung. Eindeutig ist beim Blick in die Dokumente jedoch, dass damit von Seiten Wagners und Hennigs nicht die Gründung einer „Kirchlichen Sammlung um Bibel und Bekenntnis in Württemberg"[815] intendiert war. Ein dezidiert lutherisches Anliegen, wie es von den norddeutschen Sammlungen vertreten wurde, ist nicht nachweisbar[816], vielmehr trat die Sammlung dafür ein, das „Erbe der Väter", wie es in §1 der württembergischen Kirchenverfassung beschrieben ist, zu verteidigen. Im Hintergrund stand dabei auch die prägende Erfahrung des Kirchenkampfes:

„Und darum geht es: um den Widerstand in der Kirche gegen die Häresie in der Kirche. [...] ‚principiis obstare': in der Kirche dem Eindringen weltlich, ideolo-

---

811 Schrägle an Hennig, 7. 3. 1969, Archiv der ES 1968–1971.
812 Von Keler an Hennig, 16. 4. 1969; Archiv der ES 1968–1971.
813 LBR-Protokoll 27. 2. 1969; LKAS, D 31, 90.
814 Hennig an Präger, 10. 2. 1969; Archiv der ES 1968–1971.
815 Die entsprechende Kapitelüberschrift bei Bauer ist falsch, ihr Hinweis, dass diese dezidiert lutherische Sammlung jedoch – wenn auch nur kurzlebig, bestand, ist wichtig; vgl. BAUER, Bewegung, 558, 560.
816 Dass in der Sammlung eine größere Offenheit für vielfältige Themen bestand, zeigt sich exemplarisch auch in der Etablierung des „Arbeitskreis für missionarische Diakonie" innerhalb der ES 1978; der erklärte Altpietist Ernst Fuhr hatte mit diesem speziellen Anliegen bei der LHV kein Gehör gefunden; Hennig hingegen, möglicherweise auch beeinflusst durch seinen Sohn Gerhard (bis 1970 Pfarrer beim Diakoniewerk Schwäbisch Hall), zeigte sich offen und unterstützte Fuhr. Vgl. Interview Ernst Fuhr bzw. Flugblatt „Für eine Missionarische Diakone 1978-1982"; Kopie in Händen der Verf.

gisch-politisch geprägter oder beeinflußter Irrtümer in die Theologie und in die Kirche [...] wehren."[817]

Die Unterzeichnerliste der Sammlung wuchs schnell: So wurden am 29. April 1969 151 Unterschriften genannt[818], am 3. Juni 256[819], im Juli knapp 400[820] und im Februar 1970 rund 900[821]. Einen – auch in den Publikationen stets hervorgehobenen – besonderen Rang unter den Unterzeichnern nahm Altlandesbischof Martin Haug ein, der in einem Schreiben an Hennig erläuterte, dass er seine prinzipielle kirchenpolitische Abstinenz in diesem Falle aufzugeben bereit sei, da er „mit Ihnen in der gegenwärtigen Lage unserer Kirche einen status confessionis" gegeben sehe[822]. Ablehnende Stellungnahmen finden sich unter den vielen Schreiben, die im Archiv der Sammlung überliefert sind, nur sehr wenige. Ein bezeichnendes Beispiel jedoch ist der Brief von Eckart Gundert, der für die Informationen dankte, dann aber klar stellte:

„Ich muß Dir aber gleich sagen, daß ich die ‚Erklärung' nicht unterschreiben kann. [...] Kirche kann nicht nur für konservativ-autoritär eingestellte Menschen da sein. Sie muß auch Platz haben für freiheitliche Demokraten und auch für radikale Sozialisten. Davon ist in der ‚Erklärung' leider nicht die Rede."[823]

Ob die Wortführer der ES sich die Charakterisierung als „konservativ-autoritär" zu eigen machen wollten, sei dahingestellt; deutlich wird aus Gunderts Brief die Wahrnehmung der ES, wie sie wohl weithin für die Kreise der späteren OK, der auch Gundert angehörte[824], angenommen werden darf.

Aufschlussreich für das Selbstverständnis der ES und die Relation zur BG ist das Protokoll eines Treffens im Juni 1969[825], bei dem Hennig eine bildliche Definition versuchte, auf die er in der Folgezeit vielfach rekurrierte: „Der Einzelne wohnt mit anderen in Häusern und bleibe darin. Nötig ist eine Versammlungshalle zu gemeinsamer Beratung. Die ‚Sammlung' ist diese Halle." Bei den verschiedenen „Häusern" dachte Hennig vermutlich an bestehende Organisationen wie LHV oder BG, die sich jeweils nicht in toto zur Sammlung hin orientierten, mit denen aber Schnittmengen bestanden. Die Sammlung vereinigte also jeweils bestimmte Untergruppen beziehungsweise Flügel der vorhandenen Gruppen. Als Aufgaben benannte Hennig „solide

---

817 HENNIG, Athanasius, 347.
818 Vgl. Liste im Archiv der ES 1968–1971.
819 Vgl. Flugblatt Evangelische Sammlung in Württemberg; Kopie in Händen der Verfasserin.
820 Vgl. Protokoll 1. 7. 1969; Archiv der ES 1968–1971.
821 Vgl. Rundbrief an alle Unterzeichner 7. 2. 1970. Hennig differenzierte zusätzlich: „458 Theologen und 451 Nichttheologen"; Archiv der ES 1968–1971. Dieser Stand scheint sich in den nächsten Jahren nicht mehr wesentlich verändert zu haben.
822 Haug an Hennig, 7. 5. 1969; Archiv der ES 1968–1971.
823 Gundert an Hennig, 22. 4. 969; Archiv der ES 1968–1971.
824 Vgl. LÜCK, Gespräch.
825 Hennig, Wagner und Sauerzapf vertraten die ES, Dipper und Gerhard Müller den LBR. Vgl. Protokoll 1. 7. 1969; Archiv der ES 1968–1971.

theol. Arbeit im Monographie-Stil"[826], vor allem zu den Bereichen Ordination[827], Schriftfrage, Gottesdienst. Dipper seinerseits lehnte eine Verhältnisbestimmung zwischen BG und ES dezidiert ab, solange das Selbstverständnis der ES noch so unscharf sei. Den LBR charakterisierte Dipper als „theol. ‚Labor'", das aber „trotz Rundbrief ‚Ev. und Kirche' relativ wenig Breitenwirkung" habe – eine zutreffende Beschreibung. Diese, möglicherweise auch kirchenpolitische, Wirksamkeit erhoffte sich Dipper von der Sammlung, wobei er unmittelbar hinzufügte:

> „Die Bekenntnisgemeinschaft will in keinem Fall in [das] Fahrwasser [der LHV] hineinkommen und sich keineswegs mit den Pietisten kirchenpolitisch liieren. 1971 sind Synodalwahlen. Bis dahin müßte die ‚Sammlung' ein theologisches Profil haben, ohne kirchenpolitisch tätig zu sein. Wir haben [...] nicht Personen, sondern die Sache zum Zuge zu bringen."[828]

Die letzten, schwer interpretierbaren Äußerungen könnten in die Richtung weisen, dass Dipper die Sammlung nicht als Wahlpromotor für bestimmte Personen missbraucht und vor allem vor einem möglichen kirchenpolitischen Engagement die theologische Klärung vollzogen sehen wollte. Im Zusammenhang anderer Dipper'scher Voten ist es wenig wahrscheinlich, dass Dipper die völlige kirchenpolitische Abstinenz der ES intendierte[829]. Vielmehr hat es den Anschein, als habe der LBR die ES als eine Art ‚politischen Arm' verstanden, der die Arbeit des LBR in kirchenpolitische Aktion umsetzen und ihr so (wieder) zu kirchlicher Wirksamkeit verhelfen könnte.

Im Sommer 1969 stellte Hennig sich einem Interview mit der Zeitschrift konsequenzen[830], in dem er die ES vorstellte. Als Motiv für die Gründung nannte Hennig „theologische Einzelstimmen [sowie] neue Gruppierungen innerhalb der evangelischen Kirche [, die] die Grundlagen der Kirche heute radikal in Frage gestellt haben, [... indem sie] die Antwort auf die Frage nach dem Reden und Handeln der Kirche vom Menschen her bestimmen." Ohne dass Hennig es ausgesprochen hätte, dürfte für die Leser doch klar gewesen sein, dass die ES sich als ‚Anti-KK' verstand[831]. Die Position der ES charak-

---

826 Protokoll 1. 7. 1969.
827 Eine Übereinstimmung mit dem Arbeitsprogramm des LBR, wie auch der KK, vgl. oben 354 bzw. 363, Fn. 792.
828 Protokoll 1. 7. 1969.
829 In der LBR Sitzung vom 27. 2. rückte Dipper ausdrücklich und befürwortend die ES in den Kontext der Synodalwahl 1971; andere (Spambalg, von Keler, Lang) betonten das Potential der ES, das der LBR selbst (leider) nicht habe, sowie die Möglichkeit, andere Kreise unter den Pfarrern, aber gerade auch Laien, anzusprechen; LBR-Protokoll 27. 2. 1969; LKAS, D 31, 90.
830 Konsequenzen 1969, Heft 4 (Juli/August), 9–11. „konsequenzen" war der neue Name der Zeitschrift des Diakonischen Werkes Württemberg, die zuvor als „Gemeinde-Diakonie-Mission" firmiert hatte.
831 Dass in den etwa gleichzeitig veröffentlichten ersten ES-Informationen Juli 1969 ein Vortrag von Altlandesbischof Haug abgedruckt war, in dem dieser sich (erwartbar letztlich ablehnend) mit Dorothee Sölles „Credo" auseinander gesetzt hatte, weist in dieselbe Richtung.

terisierte Hennig als „ausschließlich vom Gehorsam gegen den Herrn der Kirche bestimmt" – hier klingt Barmen I an – sowie auf die Bibel als alleiniges „Maß und Mitte der Kirche" bezogen. Bezeichnend ist, dass Hennig sich in seiner Standortbestimmung auf Barmen (wie die BG) und auf die Bibel berief (wie das biblisch-konservative Netzwerk hinter der LHV) – aber nicht auf ein wie auch immer geartetes Luthertum. Der Interviewer, vermutlich der eher progressiv eingestellte Chefredakteur Hans-Joachim Hofmann, drängte Hennig zu einer Standortdefinition im rechts-links-Schema, was Hennig zunächst als „dem politischen Raum entlehnte[] Richtungsbezeichnungen" ablehnte. Dann aber beschied er, die ES sei „ganz sicher nicht in jener Mitte zu suchen, in der man der Entscheidung ausweicht [...]. Wenn Sie aber darauf beharren wollen, daß man von links und rechts und von Mitte redet, dann will ich gegen meine bessere Überzeugung einmal auf diese Klassifizierung eingehen und im Blick auf die Evangelische Sammlung von einer ‚progressiven Mitte' reden, die eine deutliche Öffnung nach rechts bekundet." Ein dem ganzen ductus nach sehr typischer Hennig-Satz, der vor allem eines deutlich macht: Hennig sah die ES nicht etwa rechts von der LHV, in der Nähe der BKAE, sondern viel mehr an einer Position, die weitgehend der der BG entsprach. Auch die BG hatte immer starke Affinitäten zur LHV gehabt, ohne alle Positionen des biblisch-konservativen Netzwerkes – vor allem dessen überkritische Haltung gegenüber der theologischen Wissenschaft[832] – zu teilen.

Seine Meinung über die BKAE brachte Hennig in einem Schreiben an einen Schöntaler Seminaristen[833] in aller wünschenswerten Deutlichkeit zum Ausdruck:

„Wir unterscheiden uns von der Bekenntnisbewegung im Blick auf deren Fundamentalismus und teilweise auch Spiritualismus. Fundamentalismus bedeutet das Dringen auf die unentwegt buchstäbliche Gültigkeit des biblischen Wortes, als dem Fundament des Glaubens. So sehr wir unsererseits nachdrücklich auf dem Fundament der Heiligen Schrift stehen, so sehr ist es ein Unterschied, ob man dieses Buch Gottes mit aller Sorgfalt und allem Ernst darauf abhorcht, wo hier Gottes Wort für uns zu hören ist, oder wenn man statt des Wortes Gottes gewissermaßen die Wörter für unverletzbar und unantastbar erklärt. Es ist schon ein gewichtiger geistlicher Unterschied zwischen dem Stehen auf dem Wort Gottes und dem Stehen auf den Wörtern der biblischen Verfasser."

---

[832] Hennigs Haltung zur wissenschaftlichen Theologie kommt in seiner Aufnahme eines Votums von Otto Rodenberg zum Ausdruck: „Für unseren Umgang mit der Schrift als der norma normans alles kirchlichen Redens und Tuns ist die historisch-kritische Forschung der gewiesene und mögliche Weg des Umgangs mit der Schrift." Hennig: Ertrag des Nürnberger Gesprächs am 5. 2. 1970, bei dem sich Hennig mit den Spitzen der Sammlungen von Berlin, Bayern sowie der (moderateren) BKAE-Kurhessen-Waldeck getroffen hatte, um eine gemeinsame, eher distanzierte Haltung zur Bäumer'schen BKAE abzusprechen; Archiv der ES 1968–1971.

[833] Hennig an Ulrich Münch, 27. 2. 1970; Archiv der ES 1968–1971.

Viel deutlicher kann man eine Ablehnung der Verbalinspirationslehre nicht formulieren. Hennig fuhr fort:

> „Spiritualismus bedeutet, wenn man darüber noch hinausgeht und sagt: Es steht zwar nicht genau so in der Bibel, was ich gerade sage, aber der Herr hat mir in einer besonderen Stunde gesagt... Oder der Herr hat dem Bruder X oder dem Bruder Y gesagt und geboten, daß..."[834]. Dies sei zwar nicht die Regel in der BKAE, wohl aber eine Tendenz „ – und hier gehen wir nicht mit."

Problematisch wurde diese Position für Hennig und die ES insofern, als sich mit Peter Beyerhaus einer der profiliertesten jungen Vertreter der BKAE stark in die Arbeit der ES einbrachte[835], jedoch schon bei der ersten Vollversammlung am 18. Oktober 1969 eine deutlich divergierende Position vertrat[836], die er in einem Brief an Hennig zwei Wochen später nochmals ausführte[837]. Schon durch die seinerzeit umstrittene Namenswahl habe die ES ihr „Selbstverständnis von einer notkirchlichen Formation her definiert, wie es sie heute in fast allen anderen Landeskirchen auch gibt." Er, Beyerhaus, habe bei der Vollversammlung viel Zustimmung für seine Forderung erhalten, die ES müsse „direkte oder auch indirekte ekklesiale Funktionen" übernehmen. Diesen ‚dahlemitischen' Ton steigerte Beyerhaus noch, indem er feststellte, man müsse sich darüber klar sein, dass es nicht mehr darum gehe,

> „bestimmten lokalisierbaren Mißständen oder Fehlentwicklungen in einer im Ganzen betrachtet intakten Landeskirche [...] entgegenzutreten. Die Dinge, auf die wir bisher aufmerksam geworden sind, wie die Ordinationsfrage oder die Umgestaltung des Gottesdienstes, sind doch nur Symptome einer weltweit dämonisierten Humanisierungsbewegung, die es auf nichts geringeres als auf die Auflösung der Kirche Jesu Christi abgesehen hat. Unsere Bedrohung ist eine totale und universale. Dabei ist das Verhängnisvolle gegenüber dem ersten Kirchenkampf, daß heute die Vernebelung so groß ist".

Man brauche jetzt „nichts Geringeres als eine völlig neue Kirchenleitung, ein völlig neues System theologischer Ausbildung"[838], ein völlig neues kirchliches

---

834 „..." hier jeweils bereits im Original.
835 Erstmals erwähnt wurde Beyerhaus in einem Brief Hennigs vom 23. 5. 1969, unmittelbar nach der konstituierenden Sitzung des vorläufigen geschäftsführenden Ausschusses; Archiv der ES 1968–1971.
836 Ein verschiedentlich erwähnter Rundbrief Hennigs vom 20. 10. mit einem Bericht über diese Landesversammlung ist leider nicht erhalten.
837 Vgl. Beyerhaus an Hennig, 2. 11. 1969; Archiv der ES 1968–1971.
838 Für dieses Ziel arbeitete Beyerhaus mit seinem Engagement für das ABH, dessen erster Rektor er war; vgl. PFANDER, Vorgeschichte. Dass die ES auch in diesem Punkt eine dezidiert andere Auffassung vertrat, geht aus einem Brief Wagners vom Sommer 1970 hervor, in dem er betont, das ABH sei gegründet worden, weil „es Leute in unserer Landeskirche gibt, die ein perfektes Konzept zur Gründung einer freien Hochschule haben." Diesen habe man den Wind aus den Segeln nehmen wollen. Zudem sei das ABH keineswegs als Konkurrenz zum Stift gedacht, sondern wende sich ausdrücklich an jene rund zwei Drittel der Tübinger Theologiestudenten,

Pressewesen"[839] usw. [...] eine Art Notkirchenleitung"[840] – dies sei „die Aufgabe u. a. der Evang. Sammlung in Württemberg."[841] Zugleich forderte Beyerhaus, „so weit als möglich mit analogen Bewegungen zusammenzuarbeiten", zuvörderst mit der BKAE. Dies entsprach keineswegs Hennigs Position und Wünschen, der aber nicht verhindern konnte, das Beyerhaus bei der Landesversammlung am 1. Februar 1970 mit in den Landesvorstand gewählt wurde[842], so dass Hennig kurz darauf klagte, Beyerhaus habe einen „unheilvollen, fast dämonischen Einfluss" auf die ES:

> „Es ist beklemmend zu sehen, wie Beyerhaus bei nicht ganz sattelfesten Leuten erschreckend schnell an Boden gewinnt und sie in sein Fahrwasser zieht und am liebsten unsere Ev. Sammlung in Württ. so rasch wie möglich zum Kielboot der Bekenntnisbewegung machen möchte."[843]

Einem rheinischen Freund gegenüber berichtete Hennig gar von den „gefährlichen, ausgesprochen gefährlichen Unternehmungen von Professor Beyerhaus in Tübingen [...,] der mit einer erschreckenden Vehemenz überall die neue Unterwerfung aller unter die Bekenntnisbewegung ‚Kein anderes Evangelium' betreibt."[844] Es würde den Rahmen der vorliegenden Arbeit sprengen, detailliert den veritablen Abwehrkampf Hennigs gegen den Anschluss der ES an die BKAE zu beschreiben[845]. Er bemühte sich um eine geschlossene Front gemeinsam mit den ebenfalls Bäumer-kritischen Sammlungen in Bayern und Berlin sowie mit Otto Rodenberg, der die BKAE-Kurhessen-Waldeck leitete. Vermutlich durch die in den 1970er Jahren stetig zunehmende Nähe der ES zur LHV festigte sich die von Hennig favorisierte

---

    die nicht dem Stift angehörten. Stiftler seien von der Aufnahme ins ABH ausgeschlossen. Wagner an Schließer, 5. 6. 1970; Archiv der ES 1968–1971.

839 Dieser Wunsch Beyerhaus' ging mit der Gründung von idea 1970 in Erfüllung.

840 Auch in einem Referat vor dem LBR (mittlerweile „Leitungskreis") 1973 forderte Beyerhaus zur „Kirchenspaltung" auf und entwarf zur Begründung eine bemerkenswerte „Convergenz-Divergenz-Theorie", die in Ansätzen einer Verschwörungstheorie gipfelt und bei Seiten des LBR Unverständnis, ja, „Konsternierung der Zuhörer" hervorrief: Dass die AGEuK, wiewohl sie sich nicht Beyerhaus Forderungen anschließen wolle, „unbeirrt auf dem Boden vor Barmen I stehe [...,] wurde vom Vorsitzenden des Leitungskreises [Spambalg] unmißverständlich, aber ohne sichtbare Wirkung auf den Referenten [Beyerhaus] vermerkt." LBR-Protokoll, 25. 1. 1973; Archiv EuK, Ordner „EuK Leitungskreis Protokolle".

841 Zu Art und Ausmaß der Umsetzung dieses Entwurfs durch die Evangelikalen Gruppen in den 1970er Jahren vgl. HERMLE, Evangelikale.

842 Vgl. ES-Informationen März 1970. Die höchste Stimmenzahl bei dieser Wahl erhielt der junge Stuttgarter Stiftspfarrer Theo Sorg; außerdem wurden (neben Beyerhaus und Hennig) gewählt: Ministerialdirigent Dr. Eberhard Bopp, stud. theol. Wolfgang Layher, Pfr. Martin Lörcher, Dr. jur. Roland Luitle, Pfr.in Lydia Präger, OStR. Hans Reusch, Dr. med. Helmut Rothe, Pfr. Rolf Sauerzapf, Pfr. Hermann Stahl, KMD Hermann Stern, Dekan Hans Wagner und Pfr. Werner Zeeb. Vgl. ES-Informationen März 1970.

843 Hennig an Nitsche, 20. 3. 1970; Archiv der ES 1968–1971.

844 Hennig an Kenntner, 20. 3. 1970; Archiv der ES 1968–1971.

845 Vgl. die zahllosen Briefe zu diesem Themenkomplex im Archiv der ES 1968–1971.

Position einer kritischen Distanz zu BKAE und einer proprietären, württembergisch-konservativen aber dezidiert nicht-pietistischen Linie der ES.

Bischofswahl 1969

Zu einer weiteren Kalamität für Hennig geriet die durch den überraschend angekündigten Amtsverzicht des Landesbischofs Erich Eichele[846] für den Sommer 1969 notwendig gewordene Bischofswahl[847]. Recht bald wurden die Namen von vier „Nominierten"[848] bekannt: Helmut Claß, gerade erst zum Prälaten von Stuttgart berufen, Ulrich Fick, erster Rundfunkpfarrer der Landeskirche und mittlerweile im OKR zuständig für Mission, Ökumene und Öffentlichkeit[849], der Heilbronner Prälat Albrecht Hege sowie der Stuttgarter Pfarrer Peter Kreyssig, Sohn des BK-Juristen und „Aktion Sühnezeichen"-Gründers Lothar Kreyssig[850]. Eine klare Zuordnung dieser Kandidaten zu den jeweiligen Gesprächskreisen oder auch nur Flügeln in der Landessynode ist nicht möglich: Hartmut Dehlinger erinnerte sich, dass der Gesprächskreis EE Ulrich Fick unterstützt habe, was vor dem Hintergrund von Peter Kreyssigs ausgesprochen kirchenreformerisch ausgerichteten (und damit EE-nahen) Agenda überrascht[851]. Scheffbuch nannte Hege als den Wunschkandidaten des Informationskreises BB. Dies aber steht wiederum im Widerspruch zur Wahrnehmung Kurt Hennigs, die er in einem Brief beschrieb, in dem er Altlandesbischof Martin Haug vertrauensvoll um Rat bat wegen der

> „über mich hereingebrochene[n ...] Nominierung [...]. Wenn man das unangenehme Wort Wahltaktik hier gebrauchen will, dann muß man sagen, daß wohl auch Pfander und seine Freunde von ‚Bibel und Bekenntnis' die Sache so sehen, daß nach dem ersten Wahlgang meine etwaigen Stimmen der Wahl von Claß zugutekommen sollen. Damit bin ich betont einverstanden". Claß sei „am Abspringen, nicht zuletzt wegen der anscheinend in jüngster Zeit bedrohlich gestiegenen Anhängerschaft einer Wahl Fick (einem für mich unbegreiflichen Vorgang)."[852]

---

846 Vgl. VERHANDLUNGEN DER 7. EVANGELISCHEN LANDESSYNODE, 725.
847 Zu Entwicklung und Verlauf der Bischofswahlen 1948–2005 vgl. HERMLE / OEHLMANN, Gruppen, 289–295.
848 Vgl. VERHANDLUNGEN DER 7. EVANGELISCHEN LANDESSYNODE, 820.
849 HOESCH, Leben.
850 EPD, Kreyßig.
851 Plausibler erschiene, dass Fick der vom OKR vorgeschlagene Kandidat gewesen wäre. Dies würde auch zu der geringen Anzahl von elf Stimmen passen, die er im ersten Wahlgang erhielt – die Stimmen des Kollegiums. Vgl. VERHANDLUNGEN DER 7. EVANGELISCHEN LANDESSYNODE, 827.
852 Hennig an Haug, 30. 5. 1969; Archiv der ES 1968–1971.

Mit seiner Nominierung solle ein „‚Zeichen' [...] gegen das neue Fanal des Tübinger Stiftskirchenskandals"[853] gesetzt werden. Eine Antwort Haugs findet sich leider nicht in den Akten der Sammlung. Sicher ist: Hennig ließ sich nominieren, verzichtete aber bei der Wahl am 9. Juni 1969 nach dem zweiten Wahlgang, woraufhin, wie der Blick in die Wahlstatistik[854] nahelegt, sich seine Stimmen auf Hege und Claß verteilten[855]. Letztlich wurde Claß gewählt, was Hennig Monate später mit der Feststellung kommentierte, es sei eine „Tatsache"[856], dass Claß mit den Stimmen der „Linken" gewählt worden sei[857].

Für Hennig und die ES hatte diese Nominierung ihres Vorsitzenden zum Bischofskandidaten letztlich einen unguten Effekt, der noch Monate nach der Wahl wirksam war: Pfarrer Horst Dörr konfrontierte Hennig brieflich mit dem in der Landeskirche umlaufenden Gerücht, die Gründung der ES habe nur den Zweck gehabt, Hennigs Kandidatur für das Bischofsamt zu unterstützen. Hennig zeigte sich in seinem Antwortschreiben[858] gleichermaßen bestürzt über „diese Fama", wie dankbar über die offene Frage des Amtsbruders und wies die Unterstellung entschieden zurück. Mit dem Verweis auf die Chronologie der Ereignisse – Gründung der Sammlung am 6. Januar, die unvorhergesehene Rücktrittserklärung Eicheles aber erst am 13. März – untermauerte er seine Argumentation. Interessant ist sein Hinweis, dass eine ganze Anzahl der ihn unterstützenden Synodalen nicht zur ES gehörten, dass gleichzeitig eine Reihe von Unterzeichnern der „Erklärung" „vom ersten Wahlgang an meine Nominierung ausdrücklich *nicht* unterstützt haben. Hier gab es keinerlei Absprache oder auch nur im leisesten so etwas wie einen ‚Fraktionszwang'". Hennigs Darstellung ist allem Anschein nach plausibel – das Gerücht, die Sammlung sei lediglich der „Bischofswahlverein" Hennigs, war jedoch nicht mehr aus der Welt zu schaffen.

Die Esslinger Vikarserklärung

In Erinnerung geblieben ist aus den Anfangsjahren der ES vor allem die Affäre um die „Esslinger Vikarserklärung" im Herbst 1969, die geradezu zum identitätsstiftenden Gründungsmythos gerann[859]. Neben der allgemeinen kirch-

---

853 Vgl. oben 352.
854 Ein schöner Überblick findet sich bemerkenswerter Weise direkt im Anschluss an das Hennig-Interview in konsequenzen 1969, Heft 4, 12.
855 Zum Verlauf der Wahl vgl. ausführlicher HERMLE, Claß.
856 Hennig an Eberle, 31. 10. 1969; Archiv der ES 1968–1971.
857 Diese Aussage erscheint, wiederum mit Blick auf die Stimmenverhältnisse der einzelnen Wahlgänge, plausibel. Die beschriebene Unmöglichkeit, die „Nominierten" mit einiger Sicherheit bestimmten Gesprächskreisen bzw. Unterstützergruppen zuzuordnen, macht augenfällig, dass die Bischofswahl 1969 noch als Persönlichkeitswahl zu betrachten ist. Dies änderte sich (bleibend) ab 1979.
858 Vgl. Hennig an Dörr, 21. 8. 1969; Archiv der ES 1968–1971.
859 Vgl. oben 365.

lich-theologischen Zeitlage waren es vor allem jene drei „betrüblichen Vorkommnisse[]"[860] mit dem theologischen Nachwuchs, die Hennig und seine Freunde erzürnten: Der oben dargestellte „Fall Rothschuh", der im Abbruch des Gottesdienstes von Landesbischof Eichele in der Tübinger Stiftskirche am 18. Mai 1969 zu seinem – in den Augen der Konservativen – skandalösen Höhepunkt kam; die Entwicklung im Tübinger Stift, die mit den Stichworten „Tischgebet" und „Damenparagraph" zu umreißen sind[861], sowie die von der Herbstkonferenz der Württembergischen Vikare am 16. Oktober 1969 in Esslingen verabschiedete Presseerklärung, die als „Esslinger Vikarserklärung" in die Geschichte der Landeskirche einging.

Exkurs: Die Entstehung der Esslinger Vikarserklärung 1969

Im Frühjahr 1969 hatten sich die Vikare und Vikarinnen zusammengeschlossen und die „Vereinigung Württembergischer Vikare" (VWV) gebildet[862]. Vom 13. bis 16. Oktober 1969 fand die sogenannte Herbstkonferenz[863] in Esslingen statt. Thema war die Situation, in die sich die jungen Theologen mit dem Amtsantritt in der Gemeinde gestellt sahen und die sie als große Herausforderung, gar Belastung empfanden[864]. Während des Studiums hatten sie sich intensiv mit der modernen Theologie auseinandergesetzt, Bultmann durchgearbeitet, bei Käsemann gehört und daneben häufig zusätzlich Soziologie, Psychologie oder ähnliches studiert. Bei der Ankunft in den Gemeinden stellten viele Vikare mit Erstaunen fest, dass hier ganz andere Dinge gefragt waren: Weder Weber noch Adorno, schon gar nicht Marx oder Mao; Bultmann und Käsemann galten vielen konservativen Gemeindegliedern als Zerstörer des Glaubens. Die vielfach vom Pietismus geprägten Gemeindeglieder erwarteten einfache und vor allem biblische Verkündigung, traditionelle Gottesdienste und Kasualien – wozu die Vikare sich kaum in der Lage sahen[865]. Bei der Herbsttagung 1969 sollten unter dem Übertitel „Autorität"[866]

---

860 So Wagner in seiner Vorstellung der ES; im Blick auf die kirchlich-theologische Situation nannte Wagner ausdrücklich die „Theologie der ‚Kritischen Kirche'"; Wagner an Mitglieder des Gesprächskreises EuK, 6. 3. 1972; Archiv der ES 1968–1971.
861 Vgl. DRECOLL, Jahr, KOLB, Streit. Da dieser Themenkomplex in den genannten Veröffentlichungen gründlich aufgearbeitet und dargestellt ist, kann in dieser Arbeit auf eine Darstellung verzichtet werden.
862 EGW 1969, Heft 17, 4; VERHANDLUNGEN DER 7. EVANGELISCHEN LANDESSYNODE, 538; hier auch weitere Informationen zu der in der Diskussion befindlichen Reform der Vikarsausbildung.
863 Diese vom OKR organisierten und finanzierten Treffen existierten schon wesentlich länger und haben sich bis zur Gegenwart erhalten; vgl. auch EBD., 1041.
864 Vgl. auch die beiden Artikel zum Thema von Harry Wassmann in OK-Info 2005, Heft 3, 8–10 und 2005, Heft 2, 13 f.
865 Spannend und aufschlussreich liest sich in diesem Kontext die Analyse des neuen Landesbischofs Helmut Claß, der in fünf Punkten treffsicher benannte – und würdigte – was die jungen Theologen umtrieb, dabei aber genauso deutlich die Anliegen der Gemeindeglieder vertrat; vgl. VERHANDLUNGEN DER 7. EVANGELISCHEN LANDESSYNODE, 860 f.

Fragen dieser „kirchlichen Praxis" diskutiert werden: „Die Frage nach dem Verhältnis von Theologie und Soziologie, Glaubensverkündigung und Sozialtherapie; ferner die Frage nach der Autorität der christlichen Tradition, der Bibel, der Person Jesu und ihrer Bedeutung für die gegenwärtige Aufgabe der Vikare."[867] Wichtig für das Verständnis der Ereignisse und der Dynamik, die sich auf dieser Konferenz entfaltete, ist der Hinweis auf die Anwesenheit von Teilnehmern der sogenannten „Celler Konferenz"[868]: Drei mal hatten sich Theologen aus ganz Deutschland, die sich als „sozialistische Opposition in der Kirche"[869] verstanden, getroffen, um radikale Reformen, die Abschaffung der institutionalisierten Kirche und eine Auflösung der Theologie in Sozialtherapie zu diskutieren[870]. Zwar scheinen die in Esslingen anwesenden Teilnehmer dieser Konferenzen die württembergischen Vikare nicht wesentlich beeinflusst zu haben[871], dieser radikale Blick auf die Kirche stand jedoch „als Herausforderung im Raum"[872]. Wichtig ist zudem, den „Geist der Zeit" zu bedenken, an den sich Teilnehmer Klaus W. Müller erinnert: „Es hörte keine Vikarskonferenz auf, ohne irgendeine Resolution verabschiedet zu haben". Er selbst habe an der Erklärung zur Autorität der Bibel maßgeblich mitgewirkt, letztlich aber, und auch das dürfte wiederum typisch sein, dagegen gestimmt, weil der Text in der Schlussdebatte nochmals deutlich verändert worden war: „Es kam der Akzent ‚Ein Gesprächspartner unter anderen' [dazu] und der andere Akzent ‚Wir müssen uns in erster Linie orientieren an…'" Alexander Kaestner, Vikar in Unterjesingen und später Pfarrer in Frankfurt, habe dies eingebracht; Müller habe diese Akzentverschiebung nicht mittragen können und daher letztlich gegen die Verabschiedung der in weiten Teilen von ihm geschriebenen Erklärung gestimmt[873].

---

866 Vgl. Interview Müller.
867 Vgl. Presseerklärung der Vikarskonferenz, abgedruckt bei DRECOLL, Jahr, 250–253; 251. 1969 scheint nur der Informationsbrief der ES den Text komplett abgedruckt zu haben (ES-Informationen Dezember 1969, 5 f.); Teilabdrucke fanden sich in zahlreichen kirchlichen und nichtkirchlichen Veröffentlichungen, vgl. z. B. akid 1969, Heft 4, 26 oder Stuttgarter Zeitung, 28. 10. 1969, 5.
868 Einige Dokumente sind abgedruckt bei LANGE, Kirche, 166–182; vgl. auch die zeitgenössische Berichterstattung im SPIEGEL unter dem Titel „Theologen – Opposition – Rote Bibeln"; DER SPIEGEL 1969, Heft 14, 65 sowie den Versuch einer knappen Darstellung bei TROMMERSHÄUSER, Celler.
869 So im Titel zweier Tagungsberichte: BUKOW, Elend und BÜHLER, Opposition.
870 Bei der dritten Tagung im September 1969 zerstritten sich reformerischer und revolutionärer Flügel derart, dass die Tagungsarbeit in ergebnisloser Aporie endete. Zur Celler Konferenz vgl. HAGER, Protestantismus, 120 f. Einzelne Dokumente der Celler Konferenzen sind veröffentlicht in EVANGELISCHES VERLAGSWERK, Theologiestudenten. Die Kopie eines vollständigen Satzes hektographierter Protokolle der ersten beiden Tagungen aus dem Besitz des damaligen Teilnehmers Prof. em. Wolf-Dietrich Buckow erhielt ich von Christian Klingbeil, dem ich dafür herzlich danke.
871 „Das war uns wahrscheinlich schon wieder zu ideologisch." Interview Müller.
872 Interview Müller.
873 Interessant ist zudem, dass die damaligen Beteiligten dem dritten Teil der Resolution, in der sie die Abschaffung der kirchlichen Trauung als „Sanktionierung" und „Überhöhung" der bür-

So wurde schließlich der Presse eine Resolution übergeben, die von 54 der anwesenden 120 Vikare[874] angenommen worden war und die unter anderem die Feststellung enthielt:

„Wir leiden unter den Erwartungen, die ein Großteil der Gemeinde an unser Verständnis der Bibel heranträgt. Wir können die Bibel nicht von vornherein als normatives Wort Gottes betrachten. Sie hat und gewinnt ihre Autorität nur durch ihre jeweilige Überzeugungskraft in der konkreten Situation. Unser Reden und Handeln als Theologen können wir nicht selbstverständlich aus der Bibel ableiten, sondern müssen uns in erster Linie an der gegenwärtigen gesellschaftlichen und individuellen Not orientieren. Bei der Bemühung, diese Not zu wenden, verstehen wir die Bibel als einen Gesprächspartner unter anderen. Das hätte etwa zur Folge, dass im Gottesdienst nicht mehr einer das Wort Gottes verkündigen kann, sondern dass in einem Gespräch gemeinsam nach dem in der Situation Notwendenden gesucht werden muss."[875]

Die Bibel als „ein[] Gesprächspartner unter anderen" – dieser Satz, oft verformt und falsch zitiert, bildete für die Vertreter des Pietismus und der konservativen Theologie die Bestätigung ihrer schlimmsten Befürchtungen und den Beweis für den Abfall der jungen Theologen von Schrift und Bekenntnis. Was im Tübinger Stift mit der Abschaffung des Tischgebets begonnen hatte, endete – so ihre Wahrnehmung – in Esslingen mit der Abschaffung der Bibel. Was den Vikaren zusätzlich verargt wurde, war, dass sie ihre Resolution an die Presse gegeben hatten, woraufhin sie nicht nur von verschiedenen württembergischen Zeitungen und dem Gemeindeblatt rezipiert wurde, sondern deutschlandweit eine gewisse Verbreitung fand. Dies, so zeigt die Debatte zu diesem Vorfall in der Landessynode am 13. November 1969 deutlich[876], wurde vom Oberkirchenrat, aber gerade auch von vielen Synodalen nicht nur als ungehörig, sondern als Vertrauensbruch und Illoyalität gewertet[877]. Der Gesprächskreis BB beantragte denn auch, ein offizielles „Wort an die Gemeinden" zu verabschieden:

„Wir bemühen uns, die Anliegen der jungen Theologen zu verstehen. Wir stellen hier aber einen Widerspruch zur Grundlage unserer Württembergischen Kirche fest und sind betroffen, dass hauptamtliche Mitarbeiter unserer Kirche solchen Formulierungen zustimmten. Wir halten daran fest, daß das biblische Evangelium

---

gerlichen Institution Ehe forderten, wesentlich größeres Konfliktpotential zuschrieben als dem Teil zur Bibelautorität; vgl. Interview Müller.
[874] Das Gemeindeblatt gibt in seiner Berichterstattung die Gesamtzahl der Vikare mit 280 an. Vgl. EGW 1969, Heft 45, 2.
[875] Drecoll, Jahr, 251.
[876] Vgl. VERHANDLUNGEN DER 7. EVANGELISCHEN LANDESSYNODE, 1040–1051.
[877] Vgl. z. B. Votum Lörcher, EBD., 1048. Dass Vikare zuweilen in der Formulierung ihrer Anliegen etwas zu forsch ans Werk gingen, wurde ihnen offensichtlich gemeinhin zugestanden; vgl. die entsprechende Notiz im LBR-Protokoll vom 5. 3. 1970[!]; EuK-Archiv, Ordner „EuK Leitungskreis Protokolle".

von Jesus Christus unantastbare Grundlage für die Arbeit und die Gemeinschaft der Kirche ist (vgl. §1 KiVerf.)"[878]

Die Debatte wurde scharf geführt, wobei beispielsweise Scheffbuch pointiert feststellte: „Es leiden auch unsere Gemeinden unter dem Bibelverständnis vieler Theologen"[879], während Dehlinger darauf beharrte, dass die Vikare auf „dringliche Probleme" hingewiesen hätten, an denen es „gemeinsam zu arbeiten"[880] gelte. Letztlich konnte OKR Gottschick eine Mehrheit für seinen Antrag gewinnen, wonach auf die Verabschiedung einer Stellungnahme durch die Synode verzichtet und stattdessen der Landesbischof gebeten wurde, gemeinsam mit dem Ältestenbeirat ein Wort an die Gemeinden zu erlassen[881].

In den Unterlagen der ES findet sich der erste Reflex der Vikarserklärung im Brief eines Pfarrers an Hennig vom 29. Oktober, in dem sich der Absender echauffierte:

„Da tagten diese Herrschaften auf Kosten der Landeskirche und unter Vorsitz von OKR Dr. Bofinger und dann geben sie so etwas an die Presse! Daß sie sich der Autorität der Hlg. Schrift nicht mehr stellen wollen, das steht außer allem Zweifel. Nun rütteln sie auch an der Schöpfungsordnung und Unauflöslichkeit der Ehe."[882]

Eine unmittelbare öffentliche Stellungnahme der ES ist jedoch nicht nachweisbar. Vielmehr war die Reaktion der ES auf die Vikarserklärung – nach Ausweis der Unterlagen aus dem Archiv der ES und vor allem in Relation zur übergroßen späteren Wirkungsgeschichte – erstaunlich gering: Anfang November, im Vorfeld der Synodaltagung, verfasste die ES eine Eingabe an Synode und OKR, in der gebeten wurde

„angesichts der jüngsten Ereignisse, insbesondere der Resolution der Vikarskonferenz 1969 mit ihrer Relativierung der Heiligen Schrift und der Vorgänge im Tübinger Stift, [...] darauf achtzuhaben, daß auch im Ausbildungsgang unserer Theologen die Bekenntnisgrundlage unserer Kirche gewahrt wird."[883]

---

878 VERHANDLUNGEN DER 7. EVANGELISCHEN LANDESSYNODE, 1040; Hartmut Dehlinger brachte namens der EE und des Offenen Gesprächskreises als Gegenantrag einen Entwurf ein, der vor allem darauf abhob, dass in der Erklärung der Vikare eine Problemlage zum Ausdruck gebracht worden sei, über die Gespräche zu führen seien.
879 EBD., 1046.
880 EBD., 1041.
881 Vgl. EBD., 1052. Dieses Wort wurde am 1. Advent in den Gemeinden verlesen, vgl. EGW 1969, Heft 49, 5 f. Hier weitere Details zu den Reaktionen auf die Vikarserklärung – allerdings kein Hinweis auf eine öffentliche Stellungnahme der ES.
882 Otto Krause an Hennig, 29. 10. 1969; Archiv der ES 1968-1971. Betroffen macht der Nachsatz dieser ätzenden Philippika: „Mein eigener Sohn gehört auch zu dieser Gesellschaft und war wohl auch zu feige, hier klar Stellung zu beziehen."
883 Hennig namens ES an LS und OKR, 7. 11. 1969; Archiv der ES 1968-71.

Der OKR wurde zusätzlich gebeten, sich „jeder Sachveränderung der Ordinationsordnung" zu widersetzen. Die Esslinger Resolution reihte sich also für die ES offenkundig in deren Bemühungen um die Neufassung der Ordinationsagende sowie die Überlegungen über den theologischen Nachwuchs ein und zeitigte mitnichten besondere oder herausgehobene Aktionen. Immerhin widmete sie der Affäre einige Seiten im Dezember-Heft ihrer „Informationen". Neben dem vollständigen Text der Resolution wurde der Bericht eines Teilnehmers[884] sowie eine ausführliche Replik von Theo Sorg[885] veröffentlicht. Sorgs Kommentar war pointiert, aber keinesfalls radikal oder gar agitatorisch: Mit der Vikarserklärung lägen nun endlich einmal „die Dinge [in aller] Offenheit auf dem Tisch des Hauses", wofür man ja eigentlich dankbar sein müsse; dass von verschiedenen Seiten versucht werde, „die Angelegenheit herunterzuspielen, Aussagen zu interpretieren oder zu verharmlosen" sei hingegen verwunderlich und falsch. „Man kann nicht [wie die Vikare, d. Verf.] eine Sprengladung an die Fundamente eines Hauses legen und nach der Explosion erklären: So schlimm war es nicht gemeint." Rhetorisch hervorgehoben skizzierte Sorg die Themen, die in den nun zu führenden Gesprächen *nachrangig* zu klären seien: „Auch die Reform des Theologiestudiums. Auch das Berufsbild des Pfarrers. Auch die Diskrepanz zwischen den Berufsvorstellungen der jungen Theologen und dem Erwartungsschema einer Gemeinde. Auch neue Strukturen... Auch... [sic]", um dann herauszustellen, dass Grund und Grenze kirchlicher Lehre und Verkündigung das *primäre* Thema sein müssten. Die „Grenze der Toleranz" definierte Sorg, abermals in einem rhetorisch gekonnt durchkonstruierten Abschnitt, unter Verweis auf die Konkordienformel 1577 und die erste Barmer These als die Relativierung der (ausschließlichen) „Offenbarung Gottes in Jesus Christus" und der Etablierung neuer Offenbarungsquellen. Dieser Grenzziehung dürfte, auch Anno 1969, kaum ein evangelischer Theologe widersprochen haben. Sorgs Diskurs war zwar deutlich in der Spitze gegen die Vikarserklärung, aber ausgesprochen moderat in der Gegenposition. So konnte Sorg denn auch den Brief des eher progressiv orientierten Peter Kreyssig aufnehmen, der die Vikare gefragt hatte, ob sie sich mit ihrer Erklärung nicht „aus ihrem Selbstverständnis als Theologen hinauskatapultiert haben könnte[n]" – und damit aus ihrer Anstellung als Vikare. Als Ziel für die anstehenden Gespräche formulierte Sorg,

---

884 Vikar Günter Seyfferth, Horb, erläuterte vor allem die „Celler Analyse", die ganz von der Soziologie abgeleitet sei und kirchliches Handeln allein danach beurteile, „ob es zur Revolutionierung gesellschaftlicher Verhältnisse auf ein humanes, emanzipiertes und autonomes Miteinander von befreiten Menschen hin beiträgt"; hinsichtlich des Tagungsgeschehens artikulierte Seyfferth sein Unverständnis über die breite und kritiklose Zustimmung zu diesen ideologischen Voraussetzungen und stellte fest, „der veröffentlichte epd-Bericht [sei] eine angemessene Zusammenfassung für die Mehrheit der Teilnehmer" (ES-Informationen, Dezember 1969, 3 f.).

885 Die Bibel – normatives Wort oder Gesprächspartner unter anderen?, ES-Informationen, Dezember 1969, 6–8.

es müssten „vor allem offensichtlich verschobene Perspektiven energisch zurecht gerückt werden"[886].
Auch in den Augen des Sammlungs-Vorsitzenden Hennig schien die Angelegenheit mit dem am ersten Advent 1969 veröffentlichten Wort des Landesbischofs an die Gemeinden zu einem zufriedenstellenden Endpunkt gekommen zu sein. In Vorbereitung seines Jahresrückblicks für die Landesversammlung am 1. Februar 1970 fragte er bei Landesbischof Claß nach, ob jener auf seine Stellungnahmen in der Synode und an die Gemeinde „von dem Hauptvertreter jener gegen die Normativität der Heiligen Schrift gerichteten Eßlinger Vikarserklärung oder vom Repetentenkollegium oder von der württ. Vikarsvereinigung"[887] zustimmende oder gar ablehnende Reaktionen erhalten habe. Eine Antwort des Landesbischofs ist in den vorliegenden Akten nicht erhalten; da sich im (wenn auch gekürzt) gedruckten Jahresbericht[888] Hennigs jedoch keinerlei entsprechende Bemerkungen finden, ist davon auszugehen, dass die möglicherweise beim OKR eingelaufenen Reaktionen der jungen Theologen kein weiteres skandalon darstellten. So blieb es für Hennig dabei, dass „alles und alles sich immer wieder nur um eine ernste Frage drehen wird, nämlich um die der verbindlichen Maßstäblichkeit der Heiligen Schrift"[889]. Eine Analyse, die für die Auseinandersetzung der AGBC um 1950 ebenso zutreffend ist wie für die Auseinandersetzung um das EKD-Familienpapier 2013. Jedoch, während die aktive Bearbeitung des Esslinger Vorfalls durch die ES ein recht geringes Ausmaß aufwies und bald beendet war[890], ging die Esslinger Vikarserklärung als ein Fanal in das kollektive Gedächtnis der ES ein und entfaltete dort aus oben dargestellten Gründen eine solche Wirkung, dass Hennig sich der Affäre nur gut zehn Jahre später fälschlich als Auslöser der Gründung der ES erinnerte und sie damit zum Gründungsmythos erhob. In diesem Ereignis hatte die ES einen Haftpunkt für ihre Identität als biblisch-konservative Gruppe gefunden, die die Bibel als norma normans verteidigte, dabei aber Biblizismus und die in den pietistisch geprägten oder BKAE-nahen Strömungen latent vorhandene Verbalinspirationslehre ablehnte. In ihrer Bejahung der theologischen Wissenschaft und der Ausrichtung auf die Landeskirche hin stand die ES der BG ausgesprochen nahe – scheute sich aber im Gegensatz zu dieser nicht vor der dezidiert politischen Aktion und Einflussnahme.

---

886 Betrachtet man den weiteren Werdegang der beteiligten Vikare, scheint dies erfolgt und gelungen zu sein. Zu den Beteiligten gehörten, neben den bereits genannten, u. a. der spätere Prälat Martin Klumpp, der spätere Propst Dr. Karl-Heinrich Lütcke, der spätere Dekan Erich Haller, der spätere Pfarrer und Kirchenschulrat Rolf Lüpke, die spätere Landesbauernpfarrerin Elfriede Schick, vgl. Unterlagen von K.W. Müller in Händen der Verf.
887 Hennig an Claß, 21. 1. 1970; Archiv der ES 1968–1971.
888 Vgl. ES-Informationen 1970, Mai 1970, 4–8.
889 Hennig an Claß, 21. 1. 1970; Archiv der ES 1968–1971.
890 Auch im Protokoll der Sitzung des „Vorläufigen Ausschusses" am 22. 1. 1970 wurde die Vikarserklärung nicht mehr erwähnt; vgl. Archiv der ES 1968–1971.

*Die weitere Zusammenarbeit der Evangelischen Sammlung mit der
Evangelischen Bekenntnisgemeinschaft in Württemberg und die
Neuausrichtung der Bekenntnisgemeinschaft*

Nach der für Hennig in verschiedener Hinsicht nicht erfolgreichen Bischofswahl im Juni 1969 unterstellte der Redakteur der Zeitschrift „konsequenzen" offensichtlich kirchenpolitische Ambitionen anderer Art, als er Hennig im oben bereits zitierten Interview im Frühsommer 1969[891] – also mehr als zwei Jahre vor Ablauf der Legislaturperiode – fragte, ob die ES sich schon auf die nächsten Wahlen vorbereite. Hennig wies dies energisch zurück. Aufgaben der Sammlung seien „Stellungnahme[n] zu aktuellen kirchlich-theologischen Fragestellungen [...]. Von Wahlen, gar von einer künftigen Partei in der Kirche, einer Fraktion in der Synode, war bisher in unserem Kreis noch mit keinem Wort die Rede." In der Tat wurde der Vorstand der ES erst im Frühjahr 1970 aktiv und schlug dem LBR vor, sich zu einem „vertraulichen Vorgespräch" zu treffen, was dieser „gerne"[892] annahm[893]. Eine personelle Verzahnung bestand bereits in Gestalt des Stuttgarter Pfarrers Martin Lörcher, der dem Landesvorstand der ES ebenso angehörte wie dem LBR; im Mai wurde zusätzlich der Kirchheimer Dekan Herbert Nitsche, der seit Dippers Tod gemeinsam mit Spambalg und Gerhard Müller den LBR leitete[894], in den Sammlungsvorstand zugewählt[895]. Im Bruderrat war man enttäuscht gewesen, als bei der Landesversammlung der ES mit Lörcher nur ein einziger Vertreter des LBR in den Vorstand der ES gewählt worden war[896]. Allmählich, so scheint es, verflog die anfängliche Euphorie gegenüber der Sammlung. Für den Bruderrat trat, zumal nach dem plötzlichen Tod Theodor Dippers am 20. August 1969, wieder die Frage nach der Zukunft der BG ins Zentrum. Der LBR beriet im Oktober 1969 ausführlich, wie „der Situation Rechnung zu tragen [sei], die mit dem Tod Theodor Dippers und der Entstehung der von Theodor Dipper mitinitiierten ‚Ev. Sammlung' [...] entstanden war."[897] Die Vertrauensleuteversammlung sei einzuberufen, die über das Selbstverständnis und über einen möglichen neuen Namen beraten solle. Im November äußerte LBR-Mitglied Fritz Knauß die Sorge, bei

---

891 Konsequenzen 1969, Heft 4, 9–11.
892 Antwortbrief Müller an Hennig, 2. 4. 1970; Archiv der ES 1968–1971.
893 Die Wahlvorbereitungen im engeren Sinne sollten aber erst im Herbst 1970 anlaufen, vgl. ES-Vorstand Protokoll 6. 7. 1970; Archiv der ES 1968–1971.
894 Antwortbrief Müller an Hennig, 2. 4. 1970; Archiv der ES 1968–1971.
895 Vgl. Hennig an Nitsche und Tlach (der ebenfalls zugewählt worden war), 5. 5. 1970; Archiv der ES 1968–1971.
896 „Rückschlüsse sind geboten." Müller an LBR, undatierte Einladung zur Sitzung am 5. 3. 1970; EuK-Archiv, Ordner „EuK Leitungskreis Protokolle".
897 LBR-Protokoll 27. 10. 1969; EuK-Archiv, Ordner „EuK Leitungskreis Protokolle".

„der nächsten Synodalwahl werde es der Gruppe ‚Evangelium und Kirche'[898] ähnlich gehen wie der FDP, sie werde zwischen der Kirchl. Sammlung und den Progressisten[sic] kalt gestellt werden. Aus der Kirchl. Sammlung aussteigen würde für uns Selbstmord bedeuten. Wir müßten in sie reingehen und versuchen, unseren Einfluß im Vorstand geltend zu machen."[899]

In diesem Votum kam die Frustration über die schon von Dipper konstatierte „Sterilität" der BG deutlich zum Ausdruck – in Knauß Augen bestanden allenfalls innerhalb der ES noch Überlebenschancen für die BG. Die Sammlung wurde jedoch mittlerweile durchaus kritisch gesehen: „Hennig [betreibe] die Solidarisierung gegen die theologische Jugend", so Knauß. Spambalg pflichtete dem bei und bezeichnete das von Hennig verkündete Ende der „Zeit der Gespräche" mit den Vikaren, als „eine Art von Gewaltanwendung."[900] Die Haltung des LBR gegenüber der Sammlung war also nach den Ereignissen des Herbstes 1969 deutlich kritischer geworden; einig war man sich darin, dass die „Sammlungs-Agitationsmaschine [...] die nächste Synodalwahl entscheiden"[901] werde. Gerhard Müller brachte die Situation auf den Punkt: „Wird es nach der nächsten Synodalwahl noch eine ‚Mitte' geben, oder nur noch eine Polarisierung ‚rechts' und ‚links'? Wenn wir in diesem Jahr nicht an Profil gewinnen, wird die Bekenntnisbewegung passé sein."[902]

Es galt, die BG zu erneuern und ein neues Verständnis von Aufgabe und Zielsetzung dieser Vereinigung zu erarbeiten. In der April-Sitzung des LBR wurden die Grundtendenzen sichtbar; so bestand Einigkeit, „dass eine Weiterarbeit auf der Basis einer historischen Gruppierung nicht mehr gegeben ist"[903]. Die Bekennende Kirche existiere de facto schlicht nicht mehr, der Reichsbruderrat diene nur noch als Bindeglied zu den Kirchen in der DDR. Aufgrund der geringen Mitgliederzahl sei auch eine kirchenpolitische Wirksamkeit der BG nicht realisierbar. Dennoch war der LBR zur Fortsetzung der eigenen Arbeit entschlossen; Gerhard Hennig begründete dies kirchlich-theologisch, indem er feststellte, die im LBR geleistete theologische Arbeit sei für die Landeskirche weiterhin notwendig. Müller und von Keler argumentierten dezidiert kirchenpolitisch und hoben hervor, dass die Arbeit des LBR „neben der extremen Rechten und Linken innerhalb der Kirche" gebraucht

---

898 Gemeint ist der Gesprächskreis in der Synode; die Umbenennung der BG erfolgte erst im Sommer 1970.
899 LBR-Protokoll 27. 11. 1969; EuK-Archiv, Ordner „EuK Leitungskreis Protokolle".
900 LBR-Protokoll 27. 11. 1969.
901 LBR-Protokoll 27. 11. 1969.
902 Müller an LBR, undatierte Einladung zur Sitzung am 29. 1. 1970; EuK-Archiv, Ordner „EuK Leitungskreis Protokolle". Nicht alle Bruderratsmitglieder stimmten dieser zunehmend kirchenpolitischen Ausrichtung der BG zu; Schmid forderte, der LBR solle „eine theologische Arbeitsgemeinschaft [...] wie bisher" bleiben (LBR-Protokoll 29. 1. 1970; EuK-Archiv, Ordner „EuK Leitungskreis Protokolle").
903 LBR-Protokoll 23. 4. 1970; EuK-Archiv, Ordner „EuK Leitungskreis Protokolle".

werde und insbesondere in der Synode „eine ‚Progressive Mitte'"904 dringend nötig" sei. So kam es zu dem Beschluss, dass die BG zukünftig nicht mehr nur eine der Landeskirche dienende „theologische Arbeitsgemeinschaft" sein, sondern „als Hintermannschaft der Synodalgruppe ‚Evangelium und Kirche' [agieren wolle], wobei das Gewicht auf der theologischen und praktischen Mitverantwortung"905 liegen solle. In jener Sitzung wurde die grundlegende Neudefinition der BG manifest – aus einem „Theologenkreis"906 und „(Tabaks)-Kollegium"907, das sich ohne erkennbare eigene Interessen der theologischen Reflexion im Dienst der gesamten Landeskirche verschrieben hatte, sollte nun die Basisorganisation für eine Synodalgruppe werden, die sich zwar noch stets der Volkskirche in Gestalt der verfassten Landeskirche verpflichtet wusste, sich aber wesentlich deutlicher als bisher als Alternative zu „Rechts" und „Links" verstand.

Es war nur folgerichtig, dass der LBR den Vertrauensleuten bei der Vollversammlung am 25. Mai 1970 vorschlug, die „Bekenntnisgemeinschaft" solle sich umbenennen und zukünftig den Namen „Arbeitsgemeinschaft Evangelium und Kirche" (AGEuK) führen. Damit wurde einerseits der Konnex der Landesvereinigung mit der gleichnamigen Synodalgruppe deutlich908, andererseits konnte so für die Zukunft die leidige Verwechslung mit der BKAE vermieden werden, die in den voraufgegangenen Jahren offensichtlich immer häufiger vorgekommen war909. In der von den Vertrauensleuten beschlossenen neuen Satzung der AGEuK wurden Ausrichtung und Abgrenzung der altneuen Gruppe deutlich: die AGEuK

„bejaht die Grundentscheidungen der ersten Bekenntnissynode in Barmen 1934. [... folgt Zitat Barmen I, d. Verf.] So gründet sich ihre Arbeit auf das Zeugnis der Bibel als den [sic] entscheidenden Maßstab für das Reden und Handeln der Kirche910. [...] Sie ermutigt die Kirche, für die Erneuerung des Menschen und seiner

---

904 Indem von Keler das Attribut „progressive Mitte" für EuK in Anspruch nahm, wird deutlich, dass er Kurt Hennigs fast gleichlautende Positionsbeschreibung für die ES (s. o. 369), der von Keler ja selbst auch angehörte, nicht teilte.
905 LBR-Protokoll 23. 4. 1970; EuK-Archiv, Ordner „EuK Leitungskreis Protokolle".
906 So eine treffende Selbstbezeichnung in einer Sitzung des LBR schon 1966, in der gleichzeitig das Defizit an Laien thematisiert wurde; LBR-Protokoll 28. 4. 1966; Kopie von Walter Blaich (Protokoll fehlt in LKAS, D 31, 90).
907 Einer der zahlreichen und wohl nicht allesamt ernst gemeinten Vorschläge für die Neubenennung des LBR – wobei dieses „Tabakskollegium" eher als Reminiszenz an die „rauchenden Brüder" der Vorzeit zu werten sein dürfte, denn als zukunftsorientierte Neuausrichtung. Letztere kommt in der nüchtern-technischen Bezeichnung „Leitungskreis" zum Ausdruck, die von Keler einbrachte und die sich letztlich durchsetzte, vgl. LBR-Protokoll 23. 4. 1970; EuK-Archiv, Ordner „EuK Leitungskreis Protokolle".
908 Die Umbenennung der Ludwig-Hofacker-Vereinigung in „LG-Christusbewegung" 2011 wurde mit eben diesem Argument begründet.
909 Vgl. epd-Württemberg Nr. 62, 11. 6. 1970; gleichlautend in EuK-Informationen 1970, Heft 2, 17.
910 Dieser Satz fehlt im Entwurf Peter Spambalgs. Leider liegt kein Protokoll der Vertrauensleu-

gesellschaftlichen Bezüge dazusein. Dies geschieht, indem sie mit stetiger theologischer Arbeit den Dienst der Kirche begleitet"[911].

Während bei der ES ausdrücklich, bei der LG mit impliziter Selbstverständlichkeit die Bibel als alleinige Basis allen Handelns galt, stellte die AGEuK die erste These der Barmer Theologischen Erklärung als zentralen Orientierungspunkt heraus. Damit wurde einerseits das vielzitierte „Erbe des Kirchenkampfes" evoziert und für die eigene Gruppe beansprucht, andererseits ein deutlicher Kontrapunkt gegenüber dem biblisch(biblizistisch?)-konservativen Netzwerk gesetzt. Durch den unmittelbar folgenden, stark an die Erklärung der ES angelehnten Satz zur Bibel-Autorität wurde diese Differenz etwas abgemildert; jedoch ist auf eine bezeichnende Abweichung von der Sammlungs-Erklärung hinzuweisen: Nicht „die Heilige Schrift"[912] ist „Maßstab für das Reden und Handeln der Kirche"[913], sondern „das *Zeugnis* der Bibel"[914]. Dieses Korrektiv beschrieb denn auch die Abgrenzung der AGEuK gegenüber den sozio-theologischen Strömungen, deren Focus auf den „Menschen und seine gesellschaftlichen Bezüge" sie zwar aufnahm, aber dem Zeugnis der Schrift, also dem theologischen Argument, eindeutig unterordnete. Ungebrochen blieb mit dieser Satzung das Selbstverständnis der BG/AGEuK als einer (landes-)kirchlichen Gruppierung, insofern sie mit ihrer Arbeit weiterhin dezidiert „den Dienst der Kirche begleite[n]" wollte. Im Blick auf die hier statuierten Positionsbeschreibungen und ihre jeweilige Distanz beziehungsweise Nähe zu den Verortungen der anderen Akteure in der kirchenpolitischen Landschaft Württembergs wäre zu fragen, ob mit dem Übergang von der BG zur AGEuK eine Akzentverschiebung von „kirchlich-konservativer Mitte" zu „kirchlich-progressiver Mitte" erfolgte. Für den Zeitraum unmittelbar um 1970 und in Relation zu den damals existierenden Vergleichspunkten – also einerseits der Position der Dipper'schen BG, andererseits den zeitgenössischen kirchenpolitischen Alternativgruppen – ist das wohl der Fall. Im Hinblick auf die Entwicklungen der folgenden Jahrzehnte jedoch, in der sowohl die AGEuK als auch der Gesprächskreis EuK phasenweise eher in die Nähe der LG, dann wieder der OK, zuletzt wieder eher der LG rückte – die ihrerseits ebenfalls nicht uneingeschränkt und starr auf ihren jeweiligen Positionierungen von 1970 verharrt sind –, ist dies kaum haltbar. Konstitutiv blieben die Hochschätzung der theologischen Wissenschaft und Arbeit sowie die Ausrichtung auf die Landeskirche. Eine klare kirchenpoliti-

---

teversammlung vor, aus dem hervorginge, wie diese Ergänzung zu Stande kam. Vgl. Satzungsentwurf; EuK-Archiv, Ordner „EuK Leitungskreis Protokolle".
911 EuK-Informationen 1970, Heft 2, 17 f.
912 Erklärung der ES.
913 Gleichlautend bei ES und AGEuK; unterschiedlich ist die Näherbestimmung jenes Maßstabs: „verbindlich" bei der ES, „entscheidend" bei der AGEuK.
914 Hervorhebung d. Verf.

sche Positionierung[915] und damit Attraktivität für den Wähler war damit allerdings nicht gegeben, wie sich in der Wahl 1971 zeigen sollte. In der Wahrnehmung der Zeitgenossen spielte sich der Wahlkampf, wie von Müller vorausgesehen, zwischen den Polen ‚konservativ-pietistisch' und ‚progressiv' ab. Mitglieder des AGEuK-Leitungskreises kandidierten, je nach den örtlichen Verhältnissen und persönlicher Disposition, entweder gemeinsam mit konservativen oder progressiven Kandidaten[916], so dass Wahlerfolge von EuK wohl nochmals eher den einzelnen Personen denn der Gruppe zu verdanken gewesen sind.

Evangelische Mitte

Eher eine Randnotiz stellt die von Ernst Bock im Sommer 1971 gegründete „Evangelische Mitte" (EM) dar. Bock war von Beginn an Mitglied der ES und, zunächst durch den vorläufigen Ausschuss zuberufen, ab 1970 offiziell gewählt, Mitglied des Vorstandes und Protokollführer. Wesentliche inhaltliche Beiträge Bocks zur Arbeit der Sammlung sind nicht erkennbar. In drei Briefen vom März 1971 dürfte der Auslöser für die kurz darauf erfolgte Gründung der EM erkennbar werden. Im ersten Brief hatte Theo Sorg, neben anderen Informationen über den Stand der Wahlvorbereitungen in Stuttgart, Hennig darauf aufmerksam gemacht, „daß wir von der rechten Seite in Stuttgart Schwierigkeiten bekommen [werden] mit Bock, der unter allen Umständen kandidieren möchte."[917] Bock selbst schrieb einen hitzigen Brief an Hennig, in dem er dagegen protestierte, dass Hennig ein Wahlbündnis der ES mit der LHV initiiert habe; seine Erklärung ist decouvrierend: Bei der Ablehnung einer solchen Allianz

> „geht es mir weniger um mich selbst, der ich in der Synode hätte nützliche Arbeit leisten können, aber unter den vorgegebenen Umständen wohl kaum mehr einen Ansatzpunkt für eine Kandidatur finden kann. Es geht mir viel mehr um die Hunderte von Pfarrern und Laien, die unsere Sätze unterschrieben haben in dem Willen, eine konstruktive Mitte zu bilden und nicht den Vorspann für die Bekenntnisbewegung, auch nicht für die Ludwig-Hofackervereinigung."[918]

Hennig antwortete Bock wenige Tage später, indem er im Blick auf Bocks Vorwurf eines Ausverkaufs der ES an die LHV darauf hinwies, dass lediglich „informative Gespräche in kleinem Kreis" stattgefunden hätten – und zwar

---

915 Vgl. „Programm" und „Wahlplattform" der AGEuK in EuK-Informationen 1971, Heft 2, 10–19.
916 Für die Auflistung vgl. LBR-Protokoll 23. 9. 1971; EuK-Archiv, Ordner „EuK Leitungskreis Protokolle".
917 Sorg an Hennig, 12. 3. 1971; Archiv der ES 1968–1971.
918 Bock an Hennig, 13. 3. 1971; Archiv der ES 1968–1971.

gleichermaßen mit der LHV[919] wie der AGEuK. Das von Bock aus einer epd-Meldung der Hofacker-Vereinigung herausgelesene Wahlbündnis ES-LHV „hat niemand geschlossen."[920] Dann aber griff er direkt Bocks verklausulierte Forderung nach einer Kandidatur auf:

> „Lieber Freund Bock, es fällt mir nun wirklich ganz und gar nicht leicht, zu diesem heiklen Thema der Stuttgarter Kandidaturen ein Wort zu sagen. [...] Es ist einfach die Frage nach dem ausreichend großen Publizitätsgrad, den einer haben sollte, wenn er nominiert und womöglich auch gewählt werden soll [... und ...] ob dieser Publizitätsgrad bei Ihnen so positiv beurteilt werden kann [.... W]enn man unter Umständen eine Nominierung unseres Freundes Sorg erwägt [sei dies anders, da] nach offensichtlicher Lage der Dinge zur Zeit auf der Kanzel der Stiftskirche ein Stiftspfarrer steht, der weit, weit über die Stiftsparochie hinaus wirkt. Darüber hinaus wird man nicht vergessen [dürfen], daß Theo Sorg aus seiner Zeit als Jugendpfarrer im Jungmännerwerk noch über sehr breite zusätzliche Resonanz verfügt, abgesehen davon, daß dies durch das Vertrauen, das er in Gemeinschaftskreisen hat, nur noch verbreitert werden kann."[921]

Hennigs rational-politische Sachargumente leuchteten Bock offensichtlich ein, jedoch nicht in der Weise, die Hennig vermutlich intendiert hatte. Zwar ließ Bock sich davon überzeugen, dass seine Hoffnungen, durch die ES und ihr nahestehende Kreise zur Synodalwahl 1971 nominiert und unterstützt zu werden, vergeblich waren. Jedoch war er nicht gewillt, auf eine Kandidatur zu verzichten: Mitte September 1971 veröffentlichte Bock eine Stellungnahme „Was will die Evangelische Mitte?", mit der er die Gründung einer „Wahlgemeinschaft ‚Evangelische Mitte'" bekannt gab, die „im Juli begonnen" habe, „als erkennbar wurde, daß auf Landesebene im wesentlichen nur zwei Wahlgruppen mit stark gegensätzlicher Ausprägung – die ‚Aktion Synode '71' und die Wahlgemeinschaft ‚Lebendige Gemeinde' – wirksam geworden waren."[922] Die in dieser Selbstvorstellung sowie in einer kürzer gefassten Wahlplattform dargestellten Positionen der Evangelischen Mitte waren wenig profiliert; eine klare Bezugsgröße – sei es Bibel oder Barmen – wurde nicht benannt, vielmehr wurden, ohne erkennbaren Zusammenhang, Thesen formuliert: „Verkündigung und Seelsorge sind der vorrangige Dienst der Kirche. [...] In der Diakonie gehören Leibsorge und Seelsorge zusammen [...]. Die Kirche nimmt ihren gesellschaftlichen Auftrag so wahr, dass sie ihre Glieder zu eigener christlicher Verantwortung befähigt"[923]. Wesentliche Unterschiede zu den Positionen der AGEuK waren nicht erkennbar, was verständlich macht, dass

---
919 Eine detaillierte Aktennotiz Fritz Grünzweigs über jenes Gespräch am 16. 12. 1970 findet sich im LHA, Ordner „Wahl 1971 allgemein".
920 Hennig an Bock, 17. 3. 1971; Archiv der ES 1968–1971.
921 Hennig an Bock, 17. 3. 1971.
922 Flugblatt „Was will die Evangelische Mitte", Ernst Bock, 15. 9. 1970; EuK-Archiv, Ordner „AG EuK".
923 Flugblatt „Wahlgemeinschaft ‚Evangelische Mitte'"; EuK-Archiv, Ordner „AG EuK".

die Evangelische Mitte schon bald darauf eng mit AGEuK zusammenarbeitete, zur Synodalwahl 1977 eine Wahlgemeinschaft einging und wohl auch immer wieder einen Zusammenschluss anstrebte, der aber von Seiten der AGEuK abgelehnt wurde. Einziges erkennbares Proprium der Evangelischen Mitte war, dass sie – abgesehen von Ernst Bock – vorrangig durch Laien getragen wurde und so zu einer Art ‚Laienorganisation' neben dem ‚Theologenkreis' der AGEuK geriet. Wesentlich befördert wurde die Arbeit der Evangelischen Mitte durch den CDU-Landtagsabgeordneten Bernhard Müller, der die Geschäftsstelle der Evangelischen Mitte in Korntal maßgeblich finanzierte[924]. Mit der überraschenden Gründung im Sommer 1971 löste die „Bock'sche Initiative [...] einige Verwirrung" aus, so dass sowohl der LBR als auch Kurt Hennig sich genötigt sahen, öffentlich klar zu stellen, dass die Evangelische Mitte weder zur AGEuK noch zur ES gehöre. Bock selbst erreichte sein Ziel eines Synodalmandats erst 1974; die Wahl 1971 in Stuttgart hatte er – wie von Hennig prognostiziert – gegen Theo Sorg verloren. Als dieser nach seiner Berufung in den OKR sein Mandat niedergelegt hatte, konnte Bock nachrücken[925].

Die Evangelische Mitte agierte in den 1970er und 1980er Jahren in enger Kooperation mit der AGEuK, die sich einem offiziellen Zusammenschluss der beiden Gruppen jedoch immer verweigerte. Um 1990 löste sie sich auf, als ihr letzter Geschäftsführer, Kirchenverwaltungsoberrat Siegfried von Rohrscheidt, in die Evangelische Landeskirche in Thüringen wechselte und kein Nachfolger gefunden werden konnte; die verbliebenen Mitglieder schlossen sich größtenteils der AGEuK an, die mittlerweile auch für Laien attraktiv geworden war[926].

5.5 Die Wahrnehmung der kirchenpolitischen Landschaft im Wahlkampf 1970/71 durch die kirchliche Öffentlichkeit

Zu Beginn der 1970er Jahre und im Verlauf der Wahlvorbereitungen 1970/71, die dieses Mal im Vollsinne die Gestalt eines Wahlkampfes annahmen, wurde die theologisch-kirchenpolitische Landschaft von den Kirchen- und Zeitgenossen deutlich bipolar wahrgenommen: Hie der konservative Flügel, der unter dem Dach des „Arbeitskreis Lebendige Gemeinde – Bibel und Bekenntnis" vor allem Kandidaten der LHV und der Evangelischen Sammlung, aber auch etliche Kandidaten aus dem Umfeld der AGEuK präsentierte, dort die diffus als „progressiv" apostrophierten Vertreter der sozio-theologischen

---

924 Vgl. Interview Blaich.
925 Vgl. EHMER / KAMMERER, Handbuch, 98 bzw. VERHANDLUNGEN DER 8. EVANGELISCHEN LANDESSYNODE, 694.
926 Auskunft von Rohrscheidt 3. 2. 2014.

5.5 Die Wahrnehmung der kirchenpolitischen Landschaft 1970/71

Richtung, die von der „Aktion Synode '71" unterstützt wurden. Eine eigenständige Mitte, sei es in Gestalt der AGEuK, sei es der „Evangelischen Mitte", wurde für das Wahlvolk weithin nicht erkennbar[927]. In seinem Jahresbericht vor der Landessynode im März 1971 hatte Landesbischof Claß es für notwendig erachtet, im Blick auf die Wahlvorbereitungen den konkurrierenden Gruppen ins Stammbuch zu schreiben:

> „Ich möchte schon heute alle Beteiligten bitten, daran zu denken, daß kirchliche Wahlen als Dienst an der Gemeinde anzusehen sind. Freilich geht es dabei auch um Einfluß auf die Gestaltung kirchlichen Lebens. Das Ringen hat sein Recht. Die Art und Weise, wie das geschieht, berührt aber in hohem Maß die Frage nach der Glaubwürdigkeit kirchlichen Redens und Handelns im ganzen. Lieblosigkeit, Ungenauigkeit oder gar Diffamierung sind in jedem Fall – ich betone: in jedem Fall – miserable Wahlhelfer."[928]

Dass diese Ermahnung nicht ohne Grund war, belegen die Berichte und Unterlagen der Zeitzeugen. So erzählte Dietrich Ottmar, von 1972 bis 1990 Synodaler für den Kirchenbezirk Degerloch und Vizepräsident der LS, 1971 sei „der intensivste Wahlkampf"[929] gewesen, er „habe etwa zwei Dutzend Vorstellungen mitgemacht", die oftmals „sehr hart" geführt worden seien: „Ich war eigentlich der einzige, der nach seinem Glauben gefragt worden ist". Bei den anderen Bewerbern – Ottmar kandidierte für die AS71 – sei das vorausgesetzt worden. Er aber, als Kandidat der AS71 und zumal als promovierter Naturwissenschaftler, sei regelmäßig nach seiner Stellung zu „Jungfrauengeburt und [...] Schöpfung gefragt" worden. Darüber hinaus wurde er einige Male gar wegen der Berufstätigkeit seiner Frau Liselotte, einer Gymnasiallehrerin, von Besuchern der Wahlveranstaltungen attackiert. Kurt Feuerbacher verwies auf mehrere Leserbrief-Fehden im Bezirk Nagold-Calw-Neuenbürg, die von Anhängern des AKLG mit den Unterstützern des progressiven Wahlvorschlags „Kirche für Alle" geführt wurden und in denen die jeweilige Gegenseite mit den stereotypen Vorwürfen („ungläubig" versus „intolerant") belegt wurden[930]. Auch unzulässige Wege der Wahlpropaganda machten sich die Konkurrenten immer wieder gegenseitig zum Vorwurf, sei es, wie in Neuenbürg, dass der Gauvorsitzende des Schwäbischen Sängerbundes per Rundschreiben an alle Vereinsmitglieder eine Wahlempfehlung ausgespro-

---

[927] Stellvertretend für die zahlreichen Stellungnahmen in diesem Sinne vgl. Heinz Daubers Vorstellung der AGEuK und Ernst Bocks Vorstellung der EM in der Zeitschrift konsequenzen: „In den bisherigen Vorbereitungen der Synodalwahl konnte der Eindruck entstehen, als gebe [sic] es nur zwei aktive Gruppierungen in der Landeskirche [...] ‚rechts' und ‚links'", bzw. „nur zwei Wahlgruppen mit stark gegensätzlicher Ausprägung [... seien im Wahlkampf] wirksam geworden"; konsequenzen 1971, Heft 5, 25, 27.
[928] VERHANDLUNGEN DER 7. EVANGELISCHEN LANDESSYNODE, 1489.
[929] Interview Ottmar.
[930] Vgl. Interview Feuerbacher bzw. Unterlagen Feuerbacher, Kopie in Händen der Verf.

chen hatte[931], sei es, wie in Stuttgart-Feuerbach, dass die beiden Gemeindepfarrer im Gemeindebrief eine deutlich parteiliche Vorstellung der zur Wahl stehenden Gruppierungen veröffentlichten und unmissverständlich feststellten: „Wir freuen uns, Beweggründe, Gestaltung und Ziele unserer Gemeindearbeit bei der Wahlgemeinschaft ‚Aktion Synode 71 – Kirche für heute' wiederzufinden."[932] Auch der Berichterstattung in den jeweiligen Lokalzeitungen wurde häufig einseitige Parteinahme vorgeworfen und dieser mit scharfen Leserbriefen widersprochen[933]. Bei der ersten Sitzung der 8. LS beurteilte auch der frisch gewählte Synodalpräsident Hans Eißler (LG) rückblickend die zurückliegenden Monate als „recht heftig geführten Wahlkampf"[934].

Wie schon in den voraufgehenden Jahrzehnten wurden nach der Wahl vom OKR bei den Dekanen, erstmals auch bei den Vertrauensausschüssen, Berichte über Vorbereitung und Verlauf der kirchlichen Wahlen angefordert. Diese Berichte der Dekane bestätigen im wesentlichen das von den Zeitzeugen entworfene Bild. Der im Auftrag der „Planungsgruppe des OKR" von „Diplompsychologe Hans-Bernd Koch" zusammengestellte Gesamtbericht[935] fasste die „Realitäten einer Kirchenwahl" in der einleitenden Feststellung zusammen. Es sei ein

> „Wahlkampf zwischen Gruppen [gewesen]. Das, was einmal leitender Gedanke der Wahlordnung war – Einzelpersönlichkeiten mit Vorbildcharakter für das Kirchenvolk sollten in das ‚Kirchenparlament' delegiert werden –, ist durch die kirchenpolitische Wirklichkeit überholt worden. Die Anziehungskraft einzelner Persönlichkeiten ist in Programme integriert worden, oder anders ausgedrückt: Persönlichkeiten verhelfen Programmen zur Durchsetzung. [...] Entsprechend wurde das Bild der Synodalwahlen von 1971 durch die Existenz und Aktivität kirchenpolitischer Gruppierungen geprägt, die als solche auch bewußt wahrgenommen wurden"[936].

Dabei wurde eine klare Dominanz des AKLG wahrgenommen, die in dem Bericht im Votum eines Vertrauensmannes zum Ausdruck kommt:

---

931 Vgl. Hekographie „Satzung nicht missachten!", 2. 12. 1971; Unterlagen Feuerbacher.
932 Gemeindebrief der Lutherkirche Feuerbach Nr. 22, November 1971, 4; LKAS, Zugang 2007-9, NL Erika Kimmich. In Kimmichs Unterlagen finden sich auch die von den Kandidaten der LG ergriffenen „Gegenmassnahmen".
933 Zahlreiche Beispiele hierfür finden sich in den Wahlkampfunterlagen von Kurt Feuerbacher und Erika Kimmich.
934 VERHANDLUNGEN DER 8. EVANGELISCHEN LANDESSYNODE, 11.
935 Der Einleitung ist zu entnehmen, dass diese Planungsgruppe den gesamten Prozess der Befragung der Dekanatämter und, erstmals, auch der Vertrauensausschüsse, organisiert hatte. Vgl. Synodalwahl 1971. Analyse der Erfahrungsberichte; LKAS, A 226, 65. Eine weitere Befragung hatte im Kontext der Wahl stattgefunden: durch ein professionelles Meinungsforschungsinstitut war im Auftrag des OKR eine Wählerbefragung durchgeführt worden, vgl. SCHÄFER, Synodalwahl 1971.
936 Koch, Synodalwahl, 12; LKAS, A 226, 65.

5.5 Die Wahrnehmung der kirchenpolitischen Landschaft 1970/71

„Die Gruppe ‚Lebendige Gemeinde' hat stärker, intensiver geworben als die anderen Gruppen. Sie hat durch Handzettel aufgefordert, den Spitzenkandidaten zwei Stimmen zu geben. Sie hat zahlreiche eigene Wahlversammlungen gehalten. Die anderen Gruppen haben in überparteilichen Versammlungen für ihre Kandidaten geworben."[937]

Kehrseite dieses engagierten Wahlkampfes waren „[u]nerfreuliche Vorkommnisse"[938], die der Bericht bewusst abstrahierend – da der Begriff „unerfreulich" nunmal sehr von der subjektiven Wahrnehmung des Einzelnen abhänge – darstellte. Häufig genannt wurde offensichtlich unfaires Verhalten in Veranstaltungen und Veröffentlichungen, „Unterstellungen/ Pauschalurteile/ Intrigen/ Verdächtigungen/ Agitation" aller Art, sowie insbesondere die schon erwähnten Auseinandersetzungen um Zeitungsberichte und Leserbriefe. Bemerkenswert sei, so hielt Koch fest, dass nur eine bestimmte Gruppe im Zusammenhang mit derartigen Vorfällen genannt worden sei – leider unterlässt er es, diese zu benennen. Einige im Anhang abgedruckte Zitate aus den Zuschriften[939] lassen vermuten, dass die genannten Vorwürfe den AKLG betrafen. Jedoch konstatierte Koch zurecht, es sei nicht feststellbar, ob diese Berichte dem tatsächlichen Hergang wirklich entsprächen. „Die Heftigkeit des Wahlkampfes" sei an diesen Rückmeldungen an den OKR hingegen eindeutig abzulesen.

Wie schon in der Wahlanalyse 1966 wurde die Größe der Wahlkreise kritisiert. Obwohl die Zahl der Wahlkreise von der 7. LS von 22 auf 26 erhöht worden war, seien diese immer noch zu groß. Die „Entwicklung von der Persönlichkeitswahl zur Parteiwahl [… sei] die zwangsläufige Folge"[940] der daraus resultierenden Unmöglichkeit, die Kandidaten allen Wahlberechtigten eines solchen Wahlbezirkes hinreichend bekannt zu machen. Besonders scharf gingen die berichtenden Dekane und Vertrauensmänner mit §47,1 der KWO ins Gericht, demzufolge für einen gültigen Wahlvorschlag drei mal mehr Bewerber aufzustellen als Mandate zu vergeben seien. Dies hatte schon in der 1965er Wahl erhebliche Probleme bei der Kandidatenfindung verursacht, 1971 wurde diese „Bestimmung, die einmal als besonders ‚demokratische' Errungenschaft der Wahlordnung gedacht gewesen war […] ad absurdum geführt", ja geradezu „pervertiert […] in Zeiten der innerkirchlich polarisierten Bewußtseinsbildung". Die Folge waren offen als solche deklarierte „Strohmänner und -frauen". Ein besonders drastisches Beispiel bildete hier der Wahl-

---

937 Koch, Synodalwahl, 13; LKAS, A 226, 65. Dieser Eindruck wird durch die Durchsicht des EGW 1971 bestätigt – der AKLG hatte mit Abstand die meisten Anzeigen geschaltet.
938 Koch, Synodalwahl, 15; LKAS, A 226, 65.
939 Koch, Synodalwahl, A3; LKAS, A 226, 65.
940 Zitat aus dem Bericht eines nicht namentlich genannten Dekans; Koch, Synodalwahl, 16; LKAS, A 226, 65. Bemerkenswert sei zudem, so Koch, dass aus mehr als der Hälfte der Wahlkreise in diesem Sinne Kritik geäußert worden sei.

vorschlag C im Kirchenbezirk Esslingen. Im offiziellen Flugblatt des Vertrauensausschusses wurde gleich auf der ersten Seite klargestellt,

„diesen 3. Wahlvorschlag haben meine Freunde und ich eingereicht, damit im Kirchenbezirk Esslingen die Wahl zur Landessynode durchgeführt werden kann. [...] Die Kandidaten und die Einreicher [...] wünschen nicht, daß sie am 5. 12. Stimmen erhalten. Wir setzen uns alle für die Ziele und Kandidaten des Wahlvorschlags A ‚Lebendige Gemeinde' ein."[941]

Für Dekane und Vertrauensleute war es offensichtlich, dass dieser Bewerbermangel nicht nur aus der Schwierigkeit resultierte, ausreichend viele Menschen für eine Synodalkandidatur zu gewinnen, sondern mindestens ebenso sehr daraus, dass den beiden großen Wahlinitiativen sehr wohl bewusst war, dass sie mit einer größeren Anzahl an Kandidaten die Stimmen für ihr „Lager" splitten und sich, aufgrund des von der KWO vorgegebenen reinen Mehrheitswahlrechts selbst schaden würden[942]. Interessant ist auch, dass der OKR hinsichtlich der Gründe für die Ablehnung einer erbetenen Kandidatur bei den Dekanaten und Vertrauensausschüssen nochmals nachfragte und eine Konkretisierung erbat. Als eine mögliche Antwort war „Gruppenbildung/ Polarisation allgemein" vorgegeben, und der Gesamtbericht Kochs hielt ausdrücklich fest, es sei bemerkenswert, dass nur von zwei Vertrauensausschüssen und sieben Dekanen

„die kirchenpolitische Polarisierung direkt als persönliche Blockierung [eines potentiellen Kandidaten] angedeutet wird [... Dies] läßt darauf schließen, daß die Erfahrung fehlender Einigkeit in der Kirche in aller Regel bewußt als Herausforderung empfunden wurde (und wird), die persönlich dazu zwang (und zwingt), eine eigene Position zu beziehen."[943]

Im gleichen Sinne wurde die Aussage einer deutlichen Mehrheit von Dekanen und Vertrauensleuten bewertet, ein wesentlicher und positiver Unterschied zwischen den Wahlen 1965 und 1971 sei die „(erstmals) stärkere Profilierung, Polarisierung der Kandidaten und Gruppen/ Wahlkampf/ stärkere kirchlich-

---

941 Informationsblatt zur Synodalwahl 1971, Kirchenbezirk Esslingen; LKAS, A 226, 65.
942 Eine Aktennotiz und ein Brief Grünzweigs über ein Gespräch mit Vertretern der AS71 am 13. 7. 1971 bestätigen dies; LHA, Ordner „Kirchliche Wahlen '71 (allg.)". Dass solche Stimmaufteilungen und damit letztlich fragwürdige Ergebnisse de facto vorkamen, belegen mehrere Berichte von Dekanen, vgl. Koch, Synodalwahl, A5–A7; LKAS, A 226, 65. Vielfach und bis heute wurde aus dieser Spannung, Mandatsvergabe nach Persönlichkeitsprinzip – Wahl (-kampf) von Richtungsgruppen, die Forderung nach Einführung des Verhältniswahlrechts abgeleitet. Auch muss vor diesem Hintergrund gefragt werden, ob die absolute Mehrheit der Mandate des Gesprächskreises LG in der 8. LS tatsächlich, wie immer wieder von seinen Sprechern betont (so z. B. Grünzweig, VERHANDLUNGEN DER 8. EVANGELISCHEN LANDESSYNODE), den Wählerwillen abbildete, oder sich nicht zumindest zum Teil auch der überlegenen Wahlkampforganisation und -taktik der LG verdankte.
943 Koch, Synodalwahl, 21; LKAS, A 226, 65.

5.5 Die Wahrnehmung der kirchenpolitischen Landschaft 1970/71

theologische Profilierung"[944] gewesen. Zumindest nach der Analyse der OKR-Planungsgruppe wurde die „fehlende Einheit", der offene Konflikt sowie die „σχίσματα" in der Kirche von den Befragten also positiv wahrgenommen und nicht mehr a priori abgelehnt, wie ein Vierteljahrhundert früher von Theodor Dipper[945].

„Polarisierung" war mithin der Begriff, der die Beschreibungen der Wahlvorbereitungen, sei es im Verlauf, sei es im Rückblick, prägte. Gerhard Müller hatte mit seiner Einschätzung Anfang 1970 im LBR, als er für den bevorstehenden Wahlkampf „eine Polarisierung ‚rechts' und links'" prognostiziert hatte, also Recht behalten. Ebenso offensichtlich ist, dass es der „Mitte" – sei es in Gestalt der AGEuK, sei es in jener der „Evangelischen Mitte" – nicht gelungen war, ausreichend Profil zu gewinnen, um als Gruppierung im Wahlkampf eine relevante Rolle zu spielen und von der kirchlichen Öffentlichkeit wahrgenommen zu werden[946].

Ein Blick in die Wahlplattformen der 1971 zur Wahl angetretenen Gruppen soll abschließend noch einmal klären, welche Schwerpunkte und Akzente die jeweiligen Flügel setzten. Klarer als in den an unterschiedlichste Adressaten gerichteten Einzelverlautbarungen der Gruppen[947] lassen sich diese in den parallelen Selbstvorstellungen der vier offiziell konkurrierenden Wahlinitiativen (AS71, AKLG, AGEuK und EM) im Oktober-Heft der Zeitschrift konsequenzen[948] miteinander vergleichen und in Bezug setzen. Dabei ist unübersehbar, dass die Programme von AKLG und AS71 in zahlreichen Aspekten aufeinander Bezug nehmen und konträre Positionen vertreten. In den Stellungnahmen der beiden Mitte-Gruppen fällt auf, dass, zumindest teilweise, nicht Positionen der eigenen Gruppe formuliert, sondern Erwartungen an die Arbeit der künftigen Synode zum Ausdruck gebracht werden. Diese beiden Gruppen scheinen hier bewusst eine Distanz zwischen der jeweiligen Wahlinitiative und der Synode beziehungsweise den synodalen Gesprächskreisen signalisieren zu wollen. Vor allem der AGEuK schien es wichtig zu sein, ihren Standpunkt in Relation zum AKLG und zur AS71 zu erläutern: So sehe die AGEuK ihre Aufgabe darin, „das Evangelium als zusammenführende und

---

[944] Koch, Synodalwahl, Tabelle 14 bzw. deren Interpretation, 26; LKAS, A 226, 65.
[945] Vgl. oben 122.
[946] Man beachte die Unterscheidung: die AGEuK spielte zwar im Wahlkampf als „Mittelgruppe" keine relevante Rolle – der *Wahlkampf* verlief im wesentlichen zwischen den Polen AKLG und AS71. Die 17 Mandate der Synodalgruppe EuK in der 8. LS (vgl. epd Württemberg Nr. 12, 7. 2. 1971; LKAS, AL 2, 8. LS, 1. LS) widersprechen diesem Befund nicht, da etliche EuK-Synodale (wie beispielsweise Peter Spambalg) auf gemeinsamen Listen mit dem AKLG kandidiert hatten.
[947] Beispielsweise in LG-Info Heft 10 + 11 (Mai bzw. November 1971); EuK-Info 1971, Heft 2; AS71-Rahmen für die Programmarbeit; LKAS, K 28, 1; Wahlplattform und Flugblätter der EM, Herbst 1971; Archiv EuK, Ordner „AG EuK".
[948] Konsequenzen 1971, Heft 5, 18–30.

zusammenhaltende Kraft zur Geltung zu bringen"[949]. In diesem Sinne habe diese Gruppe sich schon immer „als ‚Evangelische Mitte' verstanden", und nicht, wie häufig unterstellt, als „Waagscheißer"[950], der „versuchte, das jeweils Mögliche durch taktische Kompromisse zu erreichen."[951] Während Ernst Bock für die EM die zentrale Stellung der Seelsorge für alle kirchlichen Handlungsfelder durchdeklinierte[952], versuchte Leitungskreis-Mitglied und Marbacher Dekan Heinz Dauber die Vermittlerrolle der AGEuK zu definieren:

> „Wie bringen wir das Evangelium von Jesus Christus den Menschen unserer Zeit nahe? Das ist die Frage, um die in unserer Kirche gerungen wird. Die einen betonen: Unter keinen Umständen darf die Gestalt der Botschaft verändert werden. Die anderen sagen: Unter allen Umständen müssen die heutigen Menschen angesprochen werden. So wird auseinandergerissen, was doch an der Wurzel zusammengehört und sich in der Mitte treffen und gegenseitig durchdringen muß. Das veranlaßt die Arbeitsgruppe ‚Evangelium und Kirche', mit eigenen Wahlvorschlägen hervorzutreten."

Während Daubers Beschreibung der programmatischen Positionen des biblisch-konservativen respektive des sozio-theologischen Flügels ausgesprochen treffend und prägnant war, blieben seine daraus abgeleiteten Folgerungen für die Position der AGEuK recht undeutlich. Was der inhaltliche Beitrag der AGEuK zum beschriebenen Problem sei, blieb unbeantwortet, denn Dauber benannte lediglich die bekannten Positionen der AGEuK: Die „Botschaft der Bibel [müsse] Inhalt und Norm der kirchlichen Verkündigung bleiben", gleichzeitig dürfe die Theologie als Wissenschaft nicht gegängelt werden und die Kirche müsse das Gespräch mit den Humanwissenschaften suchen. Der Gottesdienst als „von der Gemeinde mitgestaltetes Fest" müsse seine zentrale Stellung behalten, gleichzeitig seien vielgestaltige Gesprächsangebote zu Fragen von „Ehe und Erziehung, der Schule und des Berufs" anzubieten, damit „Menschen mit verschiedenen Gaben Gottes, mit [sic] verschiedenen Ausprägungen des Glaubens an Jesus Christus" gemeinsam ihr Christsein leben könnten. Das zweifellos unterstützenswerte, zugleich aber wenig (theologisch) profilierte und originelle Anliegen der AGEuK war

> „eine Landessynode, in der sachkundige, dem Evangelium verpflichtete Menschen zusammenwirken mit dem Ziel, daß sich auch die Gestalt der Kirche erneuert und sie imstande ist in der Nachfolge ihres Herrn die Nöte der Menschen auf sich zu nehmen."

---

949 Konsequenzen 1971, Heft 5, 25.
950 So wenig charmant aber zutreffend Hans Lachenmann im Interview.
951 Konsequenzen 1971, Heft 5, 25.
952 Da dieser Text inhaltlich-programmatisch ausgesprochen unergiebig ist und die EM, wie zuvor gezeigt, nur eine marginale Rolle spielte, wird auf eine Wiedergabe verzichtet.

5.5 Die Wahrnehmung der kirchenpolitischen Landschaft 1970/71

Unzweifelhaft erkennbar und anzuerkennen ist darin der kirchenleitende Realismus der AGEuK – sie erstrebte das für den Bestand der Landeskirche als Institution Notwendige, war bereit, die dafür unverzichtbare Vermittler- und Brückenbauerrolle[953] zu übernehmen. Obwohl in einer solchen Rolle kaum ein systematisch-theologisch fundiertes Programm zu sehen war, so ist doch eindeutig, dass hier ein Verständnis der Volkskirche als der ecclesia visibilis zu Grunde lag und zum handlungsleitenden Theorem wurde. Anders als Grünzweig, der in der Vorstellung des AKLG künstlich differenzierte zwischen der „Schar [der] Glaubenden, [die] weiter reicht als die Kreise, die auf unsere Weise das Christsein leben" und „der Organisation mit ihrem Mitgliederbestand"[954], die beileibe nicht in toto als communio sanctorum anerkannt werden könne, stand die AGEuK für die Volkskirche ein.

In den Selbstvorstellungen von AS71 und AKLG wurden, im Gegensatz zu den Mitte-Gruppen, klare Programme formuliert, für deren Durchsetzung die jeweilige Gruppe einzutreten sich anheischig machte. Besonders auffallend ist dabei, dass das hier formulierte Programm des AKLG schon allein sprachlich geradezu Bekenntnischarakter hatte: Der Text wies durchgehend eine klare Struktur von Bibelwort, Darstellung der inkriminierten Position („viele sagen heute…" oder ähnlich) sowie der eigenen Position („demgegenüber…") auf. Zwar wurde auf die klassische Formulierungen „wir verwerfen die falsche Lehre…" respektive „wir bekennen…" verzichtet – dem aufmerksamen und kirchlich sozialisierten Leser aber konnte dieser Bekenntnis-Tenor und der damit verbundene Anspruch, in einer für die Kirche existentiellen Entscheidungssituation auf der Seite der „Bekenner" zu stehen, kaum entgehen. Der Text der AS71 erschien demgegenüber sehr viel nüchterner, als eine leicht akademisch anmutende Bestandsaufnahme der kirchlichen und gesellschaftlichen Situation samt Folgerungen, wie den beschriebenen Phänomenen zu begegnen sei. Ein wenig banal, jedoch ebenfalls bezeichnend: Während der Text der AS71 mit einem einzigen Verweis auf Jesus (genauer: auf den „Glauben an Jesus"[955]) auskam, bot der Text der AKLG rund zwei Dutzend Nennungen oder Bezugnahmen auf Gott oder Jesus. Wiederkehrendes Schlagwort war bei der AS71 „heute" und der „heutige Mensch"[956], während der AKLG durchgängig die „Grundlagen der Kirche" heraushob und Bibelzitate beziehungsweise biblische Bezüge präsentierte.

Der von Karl-Heinrich Lütcke verfasste Text der AS71[957] entwarf in fünf Abschnitten ein Programm, das aus der „Krise eine Chance" machen und „nach einer Erneuerung der Kirche streben" wollte. Gleich als erster Punkt wurde „Toleranz und Wahrheit – Für die Vielfalt in der Kirche" als zentrales

---

953 Vgl. Interview Feuerbacher, der diese „Brückenbauer"-rolle des Gesprächskreises EuK, insbesondere von Persönlichkeiten wie Johannes Maisch, hervorhob.
954 Konsequenzen 1971, Heft 5, 24.
955 Konsequenzen 1971, Heft 5, 18.
956 Konsequenzen 1971, Heft 5, 18, 19, 20.
957 Konsequenzen 1971, Heft 5, 18–21.

Anliegen der progressiven Gruppen herausgestrichen. Darin kam einerseits das ‚kritische' Anliegen der AS71 zum Ausdruck, wenn festgestellt wurde, es müsse „an die Stelle von Vorurteilen und Verurteilungen die sachliche [also vernünftige[958], d. Verf.] Auseinandersetzung und das gemeinsame Fragen treten." Andererseits schien das Erbe Oskar Klumpps durch, wenn ausdrücklich das „theologische[] Gespräch[] auf allen Ebenen" und die Fortsetzung der Reichenau-Gespräche gefordert wurden. Durch solche Gesprächsbereitschaft solle, so das Ziel der AS71, erreicht werden, dass „Kirche [...] Heimat für Viele" biete und eine lernbereite und „lebendige Kirche" bleibe, die sich „auf die oft unbequemen Anfragen der Theologie und anderer Wissenschaften angewiesen" wisse. An die Grundsätze der KB erinnerte die Betonung der „politischen Verantwortung der Kirche", die Kirchenreform hatte in den Abschnitten zu „Kooperation und Individualität – Zusammenarbeit tut not [sic]" sowie in der Betonung der gesellschaftlichen beziehungsweise gesellschaftsdiakonischen Verantwortung der Kirche deutliche Spuren hinterlassen. Die AS71 wollte Strukturreformen auf allen Ebenen vorantreiben: In Württemberg sollten die „übergemeindliche Zusammenarbeit" und „Team-Pfarrämter" gefördert werden, die Zusammenarbeit von Landeskirchen und EKD intensiviert, die „Ökumene vor Ort" verstärkt praktiziert werden. Die auch heute noch immer wieder von der Offenen Kirche vorgetragene Forderung nach einer Professionalisierung der Synode im Sinne parlamentarischer Gepflogenheiten – bis hin zu „hauptamtlich[n] Assistenten" für die Synodalen – fand sich schon in diesem ersten Wahlprogramm, ebenso die nach der Einführung des Verhältniswahlrechts. Wie schon die KK forderte auch die AS71 mehr Information der Gemeindeglieder über Entscheidungsprozesse, denn nur so könnten diese – insbesondere die junge Generation – zu Teilhabe und Mitverantwortung motiviert werden. Das Schlagwort „Demokratie" war in diesem Wahlprogramm ebenfalls zu finden, wobei Lütcke die Spannung zwischen „Christokratie und Demokratie" nicht negierte, sondern mit einer Art indirektem Bonhoeffer-Zitat, nämlich einer Aussage des als „Bonhoeffer-Freund und -Herausgeber" legitimierten Eberhard Bethge, als lösbar, den kirchlichen Demokratisierungsprozess als unverzichtbar klassifizierte: Eine „mündige, verantwortlich mitdenkende und mitsorgende Gemeinde" entstehe nur, wenn den Gliedern Verantwortung und Mitbestimmung zugestanden werde. Als klare Kontroverspunkte in Relation zum Programm des AKLG stachen das implizit formulierte Primat der Entwicklungshilfe und die Unterstützung des Antirassismusprogramms des ÖRK heraus. Die AS71 forderte, „5 % der Haushaltmittel [als] Mindestsatz" für Entwicklungshilfe zu veranschlagen und zugleich in der Etatplanung der Arbeit für und mit „den Schwachen [...] –ausländischen Arbeitnehmer[n], [...] Kinder[n], [...] alten Menschen" Vorrang einzuräumen. Die Forderung nach „neue[n] – stärker dialogische[n] – Gottesdienstformen" stand ebenfalls in direktem Wider-

---

958 Vgl. oben 340.

5.5 Die Wahrnehmung der kirchenpolitischen Landschaft 1970/71

spruch zum Programm des AKLG. Zwar betonte die AS71 ausdrücklich Wert und Recht der „traditionelle[n] Form", daneben aber müssten „Experimente[]" erlaubt, neue Agenden „mit mehreren Formen – wie es bei der Abendmahlsagende schon versucht wurde –" erarbeitet werden. Einen deutlich antipietistischen Akzent spiegelte die Betonung der „Freiheit der Auseinandersetzung über die Fragen des Glaubens" und der Vielgestaltigkeit des Christuszeugnisses des Neuen Testaments wider. Der Schluss des Textes nahm den anti-pietistischen Impetus nochmals auf und denunzierte jene, die „die Parole ausg[eben], heute käme es nur darauf an, in einem ‚Glaubenskampf' die Ungläubigen auszuscheiden". Zentral sei vielmehr, dass „die Kirche die Fragen der Gegenwart und die Herausforderung der Zukunft aufnehme[]."

Fritz Grünzweig setzte für den AKLG in seinem quasi-konfessorischen Text[959] naturgemäß deutlich andere Akzente: Es gehe um „die Grundlagen der Kirche. Uns von ihnen zu entfernen sind wir in Gefahr." Gleich im ersten der insgesamt zehn Punkte lehnte Grünzweig die Meinung „als wäre ‚Gott' nur ein anderer Ausdruck für rechte Mitmenschlichkeit" ab. Die Furcht vor einer Auflösung der Theologie in reine Humanität – wie sie unter anderem im ‚Fall Rothschuh' für die konservativen Kreise manifest geworden war – stand hier klar im Hintergrund. Dieser Gefahr stellte die AKLG „das Zeugnis von dem, was er [Gott, ausdrücklich personal gedacht, d. Verf.] getan hat, tut und tun wird" entgegen. Die folgenden Punkte verwarfen ein Verständnis Jesu als vorbildlichem (nur-)Menschen, die Ablehnung der leiblichen Auferstehung und die Meinung, die Heilige Schrift sei „nur [...] das Werk fehlsamer Menschen". Zwar wurde keine Verbalinspirationslehre mehr vertreten, wie noch zu Zeiten Julius Becks, der Glaube an die Einwirkung Gottes „mit seinem Geist" bei der Entstehung der Schrift sei aber unaufgebbar, ebenso die fundamentale Forderung nach der „Geltung der Bibel in der Kirche." Der AKLG stellte die Verkündigung des Evangeliums zu Hause und in der „Dritten Welt" klar über Entwicklungshilfe und helfende Diakonie, denn es sei falsch, wenn „[v]iele [...] heute" behaupteten, es „sei den Christen die große Pflicht aufgeladen, die politischen, sozialpolitischen und wirtschaftlichen Strukturen der ganzen Welt zu erneuern." Christen sei es geboten, „Barmherzigkeit im Namen Jesu" zu üben, sei es an „behinderten Kindern und notleidenden Alten bei uns[, sei es an] Entrechteten, rassisch Verfemten und Zukunftslosen in der Dritten Welt." Um diese Aufgabe zu bewältigen, forderte der AKLG größere Anstrengungen in der Verkündigung, denn „[w]enn viele durch Gottes Wort zum Glauben kommen, werden auch viele in den Dienst der Liebe treten." Grundsätzlich forderte die AKLG, die Verkündigung müsse „in der Kirche und durch die Kirche den ersten Rang behalten", denn, allen caritativen Anstrengungen zum Trotz, sei „wahre Hilfe" nur zu finden in „Vergebung der Schuld, Friede mit Gott, Gemeinschaft mit Jesus". In diesem Sinne müsse jede christliche Gemeinde „eine missionarische Dienstgruppe für ihre Stadt und

---
959 Konsequenzen 1971, Heft 5, 22–24.

ihr Dorf" sein – eine bemerkenswerte Anleihe beim Jargon der progressiven Kirchenreformer. Ein klarer Gegensatz zur AS71 wurde auch im Blick auf den Gottesdienst formuliert: „Keine gottesdienstliche Versammlung ohne betendes Hören auf Gottes Wort!" Es wäre zu erwägen, ob in dieser eigenartigen Formulierung eine direkte Ablehnung des Konzeptes des Politischen Nachtgebetes (Information – Meditation – Aktion) zu sehen ist. Für den AKLG war „Sammlung und Aufbau der Gemeinde" zentrales Element des kirchlichen Auftrags, denn die Gemeinde diene ihrem Herrn gleichermaßen in „Versammlung mit Lied und Gebet" und „Wort und Tat" im Alltag. Ein klassisches Anliegen des biblisch-konservativen Netzwerkes, das bei keiner der anderen Gruppen Erwähnung fand, wurde unter dem Stichwort „Zurüstung zum Dienst" thematisiert: Der theologische Nachwuchs und die rechte, bekenntnistreue theologische Unterweisung der Laien. Hier wurden die sonst wenig konkreten Forderungen der AKLG sehr präzise: Es seien „Abendbibelschulen [und] Gemeindeseminare" einzurichten. Diese „Zurüstung" der Laien zum „Zeugendienst" sei um so wichtiger, „als wir nicht wissen, ob wir in einigen Jahren noch im bisherigen Umfang hauptamtliche Mitarbeiter haben werden." Für die „hauptamtlichen Kräfte" wurde gefordert, „daß die Gemeinden, aus denen sie kommen, während ihrer Ausbildung hinter ihnen stehen und ihnen auf jede mögliche Weise ein helfendes Geleit geben." Unter der Überschrift „Bezeugung von Gottes Willen in der Öffentlichkeit" trat der AKLG schließlich der Meinung entgegen, „die Kirche dürfe sich nicht zur Hüterin der Moral aufwerfen". Dagegen ginge es gerade beim kirchlichen Protest gegen „Sex Reklame" und „Pornographie" eben nicht um „Fragen menschlicher ‚Moral' und Sitte" – wo in der Tat Zurückhaltung geboten wäre –, sondern um die Verletzung des „heiligen und heilsamen Willens Gottes" in Gestalt des 6. Gebotes. Christen seien hier berufen, „ihrer Umwelt neben dem gnädigen Angebot Gottes auch sein hilfreiches Gebot zu bezeugen." Grünzweigs Programmtext schloss mit der Warnung vor der Selbstüberschätzung der Menschen als „müßten oder könnten [sie] selbst alles neu machen". Etwas „wahrhaft Humanes" – ganz offensichtlich ebenfalls eine bewusste Aufnahme des sozio-theologischen Jargons – sei nur als das „endgültige Neue durch das Eingreifen Gottes" zu erwarten. Der Mensch hingegen sei zu „klarer biblischer Verkündigung auch in dieser Hinsicht" verpflichtet. Wie schon 1953[960] schloss das Wahl- und Grundsatzpapier des biblisch-konservativen Netzwerkes also mit einem eschatologischem Ausblick, auch wenn dieser nicht mehr, wie noch jener von Beck, dezidiert gemäß der Hahn'schen Lehre von den Gerichten im Jenseits und schon gar nicht von der, von den meisten anderen pietistisch-konservativen Gruppen abgelehnten, Allerlösungslehre sprach. Wenn der Text auch im Vergleich zu jenem der AS71 arm war an konkreten Forderungen, so war doch nicht zu übersehen, dass hier ein zum sozio-theologischen Programm fast gänzlich konträrer Entwurf des Christ- und Kircheseins vorlag, für

---

960 Vgl. oben 82.

5.5 Die Wahrnehmung der kirchenpolitischen Landschaft 1970/71

dessen Umsetzung die Kandidaten des AKLG in der Synode, so sie gewählt würden, Sorge tragen wollten.

Die Gegensätzlichkeit der Ausgangspunkte, Entwürfe und Zielsetzung von AS71 und AKLG in zentralen Punkten wie der Stellung der Bibel in Kirche und Theologie, der Schrifthermeneutik, der Frage der politischen und gesellschaftlichen Verantwortung der Kirche, der Gottesdienst- und Strukturreform ist in diesen Texten unübersehbar. Ebenso unübersehbar ist, dass die „Mitte" – und hier wird bewusst nicht zwischen AGEuK und EM unterschieden – nicht in gleicher Weise eine inhaltlich-ideologische Alternative zu den beiden ersten Gruppen bildete, sondern vielmehr ein technisches, an den Bedingungen der Institution Kirche und des kirchenleitenden Handelns in einer Volkskirche orientiertes Programm bot. Die kirchenpolitische Landschaft 1971 präsentierte sich dem interessierten Betrachter also in der Tat deutlich „polarisiert". Wie schon ein Jahrhundert zuvor traten „Rechte" und „Linke"[961], trat eine „Polarisierung innerhalb der württembergischen Landessynode zwischen einem dem landeskirchlichen Pietismus nahestehenden Teil sowie eher liberal gesinnten Abgeordneten"[962] zu Tage.

Die kirchlichen Wahlen am 5. Dezember 1971 endeten für alle Beteiligten überraschend mit einem deutlichen Sieg der konservativ orientierten Kandidaten. Nach der Konstituierung der 8. Landessynode im Februar 1972 zeigte sich, dass sich 50 der 91 Synodalen[963] dem nun ebenfalls „Lebendige Gemeinde" genannten Gesprächskreis anschlossen, der neben den LHV-nahen Synodalen auch die Repräsentanten der ES, allen voran deren Vorsitzenden Kurt Hennig umfasste. Zum kleinsten Gesprächskreis schlossen sich die 17 Synodalen aus dem Umfeld der AGEuK zusammen. Die restlichen 24 Synodalen gehörten formal zu zwei verschiedenen Kreisen, dem Offenen Gesprächskreis (14 Synodale) beziehungsweise dem Gesprächskreis EE (10), die aber offiziell „kooperierten" und de facto als ein Gesprächskreis auftraten[964]. Die Arbeit in der nun eindeutig von der absoluten Mehrheit der LG geprägten Synode in den 1970er Jahren kann im Rahmen der vorliegenden Arbeit nicht mehr dargestellt werden. Vorausblickend ist festzuhalten, dass die theologischen Gegensätze, die in der hier entfalteten Weise zur Gründung gegensätzlicher kirchenpolitisch aktiver Gruppen geführt haben, sich in den 1970er Jahren wesentlich verschärften. Die nunmehr klar existenten und nach außen hin abgegrenzten Gruppen, vor allem LG und OK, trugen harte Auseinandersetzungen aus, sei es um die Fragen der neuen Grundordnung der EKD, des

---
961 Zeitgenössische Bezeichnung, zitiert bei HERMLE / OEHLMANN, Gruppen, 267 f.
962 HERMLE / OEHLMANN, Gruppen, 268.
963 Für die Zahlen vgl. epd-Württemberg Nr. 12, 7. 2. 1972 sowie die erstmals erstellte Gruppenzugehörigkeits-Liste in den Unterlagen der Synode; LKAS, AL 2, 8. LS/1. LS. Für die 7. LS existieren keine derartigen, offiziellen Listen.
964 Erst in der 9. LS formierten die Synodalen der progressiven Richtung nur noch einen Gesprächskreis, „Offene Kirche". Vgl. OK-Info 1978, Heft 1, 7.

Verhältnisses der Württembergischen Landeskirche zum ÖRK[965], des theologischen Nachwuchses, sei es in den Kontroversen von Bengelhaus und Evangelischem Stift oder im Streit um Position und Programm der ESG[966]. Die Rückblicke von Beteiligten auf diese Zeit sind, wenn auch inhaltlich je nach Standpunkt divergierend, in der Wahrnehmung der Atmosphäre übereinstimmend:

„So begannen die Jahre des Kampfes, der verschleiernden Kompromisse, der Gewalttätigkeiten ‚mit dem Scheckbuch', der gesperrten oder versagten Etatmittel, der vergeblichen Anträge, der beleidigenden Vereinbarungen und der Diskriminierung nicht genehmer Personen, Gruppen und Kreise."[967]

Oder:

„Eine Zeitung berichtete [vom Wahlergebnis 1971] unter der Schlagzeile: ‚Erdrutschsieg der Pietisten!' Eine andere Zeitung machte es noch deftiger: ‚Pietcong vor den Toren!' So wurde der Pietismus schreckenerregend in die Nähe der subversiven Guerillataktik des Vietcong gebracht. [...] Aber das war erst der Anfang. Konsequent konzentrierte ab 1971 das revolutionäre Potential der württembergischen Kirche seine Angriffe auf die, wie sie sagten, ‚pietistische Mehrheit' der Synode. Der Gipfel des Widerstandes wurde erreicht, als 1976 mehr als zweihundert Pfarrer erklärten: Die von der Synode beschlossene ‚Anleitung zum Konfirmandenunterricht' werden wir nicht übernehmen! Die Revolutionäre, die der Synodalmehrheit permanent ‚Machtmissbrauch' vorgeworfen hatten, übten nun selbst außersynodalen Machtmissbrauch aus. [...] Die Diffamierungskampagne ging noch weiter..."[968].

Innerhalb der Synode trat in der Folge immer stärker eine Lähmung zu Tage, die ihren prägnantesten Ausdruck in den Bischofswahlen fand, in denen immer mehr Wahlgänge, ab 1987 gar nachträglich nominierte Ersatzkandidaten benötigt wurden[969]. Das Gefühl der permanenten Bedrohung durch den als übermächtig wahrgenommenen Gegner – im Falle der OK in Gestalt der konservativen Synodalmehrheit, für das konservative Netzwerk in Gestalt der „revolutionären" Pfarrerschaft – prägte das Lebensgefühl der kirchenpolitischen Akteure in den 1970er Jahren.

---

965 HERMLE, Lied.
966 Vgl. zum Weg der Synode in den 1970er Jahren HERMLE, Evangelikale.
967 SCHMID / HERMANN, Konflikte, 20.
968 SCHEFFBUCH, Entwicklung.
969 Vgl. HERMLE / OEHLMANN, Gruppen, 293–295.

6. Fazit

Das dieser Arbeit zu Grunde liegende Forschungsprojekt hatte seinen Ausgangspunkt bei den Erzählungen der Zeitzeugen genommen, die in vielfältigen Variationen von dem fundamental Neuen berichteten, das sich in der Zeit der 7. LS ereignet hatte: die Bildung der Gesprächskreise in der Landessynode sowie die großen Kämpfe im Vorfeld des Stuttgarter Kirchentages, die zum Rücktritt des Synodalpräsidenten Klumpp und zur Gründung der KK führten. In diesen Erzählungen wurden die beiden Komponenten „Gesprächskreise" und „Konflikt in der Synode" als epochal neu und andersartig dargestellt und bewertet. Die Zeitzeugen erlebten es als große Befreiung, dass durch die Bildung der Gesprächskreise das aus der Erfahrung des Kirchenkampfes und dem von den Deutschen Christen usurpierten 3. LKT resultierende, von Theodor Dipper 1948 formulierte Axiom, als dürfe es in einer kirchlichen Synode keinesfalls Gruppen, Parteiungen oder auch nur Meinungsverschiedenheiten geben, aufgehoben wurde und die faktisch längst vorhandenen Strömungen mit ihren Partikularinteressen sich nun offen zeigen und agieren durften.

Generell wurden, analog zur Situation in der 13. LS (2002–2007)[1], drei Gruppen benannt: der pietistisch-konservative Flügel, der vor allem mit Männern wie Rolf Scheffbuch und Kurt Hennig verbunden wurde, Theodor Dippers EuK sowie ein eher diffuser linker Flügel, bei dem schon die korrekte Benennung unklar war: Offene Kirche, Offener Kreis, Kritische Kirche oder Kritische Erneuerung? Neben Paul-Gerhard Seiz und Werner Simpfendörfer, die beide nie in der Synode waren, wurde hier vor allem auf Oskar Klumpp hingewiesen, mit dessen Namen sowohl die Erinnerung an das oben genannte Befreiungserlebnis, als auch an seinen spektakulären Rücktritt im Herbst 1968 verbunden war[2]. Die Untersuchung nahm folgerichtig ihren Ausgangspunkt bei einem Spektrum von drei Gruppen, deren Eigenarten und Unterscheidungsmerkmale zu klären waren.

Um einem Verständnis der verschiedenen Gesprächskreise, ihrer handlungsleitenden Motive, ihrer grundsätzlichen Überzeugungen und nicht zuletzt ihrer Verwurzelung im Gesamtkontext der Landeskirche auf die Spur zu kommen, wurde anhand der prägenden Persönlichkeiten rückwärts gefragt:

---

[1] Zwar waren in der 13. LS zwei Vertreter der 2001 gegründeten „Reforminitiative ‚Kirche für morgen' e.V." präsent – diese spielte jedoch in den Aussagen der Interviewpartner keine Rolle.
[2] Es scheint, dass die Kombination aus dem Klumpp zugeschriebenen Neuaufbruch der Synode und dem von ihm erklärtermaßen statuierten „Fanal" seines Rücktritts jenes in Dokumenten und Erzählungen durchgängig zum Ausdruck kommende ‚Faszinosum Klumpp' ausmachte.

Wo kamen diese Männer – denn solche waren es beinahe ausschließlich – her? Wie waren sie sozialisiert? Zu welchen theologischen oder frömmigkeitsprägenden Gruppen gehörten sie? Und vor allem: Was war der Auslöser dafür, dass die jeweiligen Akteure zu einem bestimmten Zeitpunkt aktiv wurden, eine Gruppe Gleichgesinnter zusammenriefen, ein Netzwerk zu knüpfen begannen, kirchenpolitisch tätig wurden?

In der Folge zeigte sich, dass die Wurzeln der dramatischen Ereignisse von 1968/69 sehr viel weiter zurückreichten als zunächst angenommen. Zwar war von Beginn an offensichtlich, dass die Bekenntnisgemeinschaft, ab 1970 „Arbeitsgemeinschaft Evangelium und Kirche", als einzige der 1968 in der Synode präsenten Gruppen in ungebrochener Kontinuität seit ihrer Gründung 1934 existierte. Für die anderen Gesprächskreise musste anhand der Auskünfte von Zeitzeugen und vieler, verstreut überlieferter Archivalien ermittelt werden, inwiefern und in welcher Form hinter den synodalen Gesprächskreisen landesweit tätige Organisationen standen und wie deren Geschichte und Programm zu beschreiben sei. Dabei zeigte sich, dass die Geschichte der „Lebendigen Gemeinde" bis ins Jahr 1791, bis zum ersten Protest württembergischer evangelischer Lehrer gegen die Einführung eines neuen Gesangbuches, zurückverfolgt werden kann. Die „Evangelische Lehrergemeinschaft in Württemberg" verband über 200 Jahre hinweg bemerkenswerte Vertreter des württembergischen Pietismus, häufig aus der Hahn'schen Gemeinschaft stammend, die ebenso kluge Bibelkenner wie stolze „Laien" waren. Diese Lehrergemeinschaft verfügte mit der Zeitschrift „Der Lehrerbote" zudem bereits über ein eigenes Publikationsorgan, mit dem Informationen und Aufrufe bekannt gemacht und verbreitet werden konnten. Als Ende der 1940er Jahre die – vielfach missverstandenen oder unzulässig verkürzten – Erkenntnisse Rudolf Bultmanns in den Kreisen des landeskirchlichen Pietismus bekannt wurden, sah Julius Beck, Leiter der Lehrergemeinschaft und Abgeordneter des Landeskirchentags, sich zum Handeln herausgefordert. Über das bereits existierende Netzwerk der evangelischen Lehrer rief er zum Widerstand gegen die Entmythologisierungstheologie auf. Neu und folgenreich war, dass Beck die anderen Gemeinschaften, sowohl alt- als auch neupietistischer Prägung, einbezog und für die Mitarbeit in diesem Kampf gewinnen konnte. Resultat waren mehrere, für die damalige Landeskirche spektakuläre Aktionen: Weihnachten 1951 ein Flugblatt, das die Entmythologisierungstheologie holzschnittartig darstellte und denunzierte, im November 1952 ein Offener Brief, den zahlreiche Führungsfiguren des württembergischen Pietismus unterschrieben hatten und der die Kirchenleitung zum Handeln zwingen sollte. Aus diesen Aktionen heraus entstand eine organisatorische Struktur des biblisch-konservativen Netzwerkes, das im Herbst 1952 unter dem Namen „Evangelisch-Kirchliche Arbeitsgemeinschaft für biblisches Christentum" Gestalt gewann. Von Beginn an arbeitete die AGBC einerseits auf die Wahrung und Durchsetzung der Interessen des landeskirchlichen Pietismus in der Landessynode hin. Andererseits bemühte sie sich mit der 1956 gegründeten, jährlich abgehaltenen Ludwig-Hofacker-Konferenz um Sammlung und Zurüstung der biblisch-konservativen Kreise der Landeskirche. Die Entstehung der „Bekenntnisbewegung ‚Kein anderes Evangelium'" Mitte der 1960er Jahre befeuerte nochmals das Engagement der AGBC, die jedoch, im Unterschied zu den Leitfiguren der BKAE, bei aller Kritik immer dezidiert kirchentreu und damit innerhalb der Landeskirche blieb. Dieses Beharren auf der Zugehörigkeit der Pietisten beziehungsweise des Pietismus (und, seit 1969, weiterer evangelikal-konservativer Kreise) zur Württembergischen Landeskirche wurde ergänzt durch ein Kirchenverständnis, das ganz auf die Zentralstellung der Bibel setzte und das „biblische Zeugnis" als eigentlichste Aufgabe der christlichen Gemeinde verstand. Daraus ergab sich notwendigerweise, dass eine Toleranz, wie sie in der modernen Gesellschaft weithin gefordert wird, die aber nach dem Verständnis konservativer Christen auf Kosten der Wahrheit geht, vehement abgelehnt wurde[3]. Denn, so formulierte Rolf Scheffbuch einige Jahre später, jegliche „Verkürzung des biblischen Evangeliums, wie sie im Zuge des Bultmann'schen Entmythologisierungsprogrammes erfolgte, führt[] auf den Holzweg. Die Kirche hat dabei weithin ihre eigentliche Botschaft verloren; stattdessen hat sie oft politische und soziale Programme zur Hauptsache gemacht."[4] Diese Überzeugung prägt, mutatis mutandis, bis heute das Agieren des Gesprächskreises LG in der Landessynode. Dabei ist die Haltung zur Bibel zwar dadurch etwas abgemildert, dass zumindest die Theologen dieser Richtung mittlerweile praktisch durchweg die historisch-kritische Exegese anerkennen und praktizieren[5] – allerdings nicht vollkommen stringent: Während das paulinische Predigtverbot für Frauen heutzutage allgemein als zeitbedingt verstanden wird, werden beispielsweise die biblischen Aussagen zur Homosexualität weiterhin als absolut gültig erachtet und verteidigt. Es bleibt somit das Proprium des biblisch-konservativen Flügels in der württembergischen Landeskirche, stets die biblische Fundierung des kirchlichen Handelns zu hinterfragen und einzufordern.

Der progressive Flügel der württembergischen Landeskirche, wie er heute in der „Offenen Kirche" seine synodale Vertretung findet, stellt in seinen eigenen Darstellungen als Ursprung den Gründungsort der „Kritischen Kirche", den Ortsteil „Ramtel" der Stadt Leonberg heraus. Damit verbunden ist die Geschichte der „Siedlungs-AG" und ihres Leiters Paul-Gerhard Seiz, der im Ramtel, einer nach dem Krieg neu erbauten Siedlung, Pfarrer war. Es zeigte sich jedoch, dass die Genese der OK nicht nahtlos aus der KK abzuleiten ist, und dass das Wurzelwerk der späteren OK mehr umfasst als die Siedlungspfarrer und die „Kolonie im Ramtel". So kam einerseits die ausgesprochen

---

3 Ein typischer Kampf gegen eine solche „Toleranzidee" war ganz offensichtlich auch die 2013 überaus hitzig geführte Auseinandersetzung um den „Bildungsplan 2015", in dem Toleranz gegenüber sexueller Vielfalt zum Unterrichtsthema erhoben wurde.
4 Rolf Scheffbuch: Zur Sache gerufen. Flugblatt der LG 1981, Sammlung Oehlmann/E. Müller.
5 Auf das Gegenbeispiel, Altlandesbischof Gerhard Maier, wurde bereits hingewiesen.

politisch aktive Gruppe der seit 1957 bestehenden „Kirchlichen Bruderschaft" in den Blick, andererseits eine weitere Gruppe kirchenreformerisch interessierter (zumeist) junger Theologen: die „Industriepfarrer-AG" und mit ihr Eugen Fuchslocher, der, wie sich zeigte, bei der Gründung der KK ebenfalls eine wichtige Rolle spielte. Mit diesen Gruppen wurden unterschiedliche Themen und Interessenfelder erkennbar, die allesamt in die spätere OK eingingen und diese prägten: die politische Verantwortung der Kirche, Gesellschaftsdiakonie und Ökumene, nicht zuletzt die Hochschätzung der modernen Humanwissenschaften, insbesondere der Soziologie und ihrer Methoden. Außerdem zeigt sich darin die von vielen Mitgliedern dieser Gruppen geteilte Hinwendung zur sogenannten modernen Theologie, wie Bultmann und seine Schüler Fuchs, Käsemann und andere sie vertraten, und damit verbunden die Ablehnung des Pietismus beziehungsweise eines dem Pietismus vorgeworfenen und mit ihm identifizierten „Fundamentalismus". Theologischer Eckpfeiler war dabei die von Bonhoeffer in seinem Fragment gebliebenen Kirchenentwurf postulierte Überzeugung, Kirche sei nur dann und insoweit Kirche, als sie „Kirche für andere"[6] ist. Daher müsse sich, so die Formulierung der von Werner Simpfendörfer mitbetreuten Studie des Weltkirchenrates 1967[7], die Kirche der „Tagesordnung der Welt" stellen. Um diese Tagesordnung adäquat zu ermitteln, wurde die Analyse der „soziopolitische[n] Umwelt der Region einer Parochie"[8] zum zentralen Werkzeug kirchlichen Handelns erhoben. Neben den theologischen Entwürfen von Bultmann und Käsemann wurden vor allem jene von Harvey Cox und John A.T. Robinson für diese Gruppe wichtig. Die Verkündigung des Evangeliums in der urbanisierten Welt, in einer Industriegesellschaft, war die Aufgabe, vor die diese Gruppe sich gestellt sah. Eine „ehrliche"[9] und kritische Sichtung der kirchlichen Tradition sei hierzu unerlässlich, die Ausrichtung aller kirchlicher Aktivität auf den Dienst am Nächsten, vor Ort und in Übersee und in ökumenischer Gemeinschaft aller christlichen Kirchen, das Ziel. Diese Überzeugung suchte die KK/OK, die, nach den Worten des langjährigen LG-Synodalen Kurt Feuerbachers, in der Synode lange Zeit unangefochten „theologisch die Hoheit"[10] inne gehabt habe, in kirchliches Handeln umzusetzen.

Die Bekenntnisgemeinschaft, so zeigte sich, unterschied sich in ihrer grundsätzlichen Programmatik von den anderen Gruppen, da sie nicht so sehr eine bestimmte Ideologie respektive Theologie vertrat, sondern vielmehr den kirchlichen Auftrag unter den Bedingungen einer Volkskirche umzusetzen suchte und damit de facto den Erhalt und das Wohl der württembergischen Landeskirche als Ganzes vor Augen hatte. Dies führte schon in der Zeit des

---

6 BONHOEFFER / BETHGE, Widerstand, 415 f.
7 WORLD COUNCIL OF CHURCHES / REFERAT FÜR FRAGEN DER VERKÜNDIGUNG / WESTEUROPÄISCHE ARBEITSGRUPPE, Kirche.
8 SIMPFENDÖRFER, Vortrag „Kirchenreform".
9 Vgl. Robinsons Originaltitel „Honest to God".
10 Interview Feuerbacher.

Nationalsozialismus dazu, dass die BG, anders als die Kirchlich-theologische Sozietät, nicht das Notkirchenregiment für sich beanspruchte, sondern, bei aller kritischen Distanz, Landesbischof Theophil Wurm unverbrüchlich die Treue hielt. Während die Sozietät mit barthianischer Theologie und den Beschlüssen der Bekenntnissynoden gegen Wurm opponierte, verstand sich die BG immer dezidiert als „Dienerin der Landeskirche", die durch theologische Zuarbeit Teil hatte an den kirchenleitenden Aufgaben. Dieses Bewusstsein kirchenleitender Verantwortlichkeit blieb auch nach dem Krieg prägendes Element der Identität der BG, ebenso die Hochschätzung theologischer Arbeit und Argumentation. Die Führungsfiguren der BG, häufig als Dekane und Prälaten tatsächlich in kirchenleitender Funktion, nutzten ihr theologisches Gewicht und das Renommee ihres Amtes daher auch, um Differenzen zwischen den beiden anderen Gruppen zu überbrücken und so in der Synode Kompromisse und Resultate möglich zu machen, die für die Arbeit der Volkskirche notwendig und nützlich waren. In der alltäglichen kirchlichen Arbeit zeigt sich damals wie heute, dass scharf geschliffene und vertretene theologischen Positionen im Stile des Sozietäters Paul Schempp beeindruckend, ja Verehrung heischend sein mögen. Zu diskutieren wäre jedoch, ob solche Polarisierung letztlich für die Kirche dienlicher ist als eine, die Realitäten alltäglichen christlichen beziehungsweise kirchlichen Lebens annehmende, auf Kooperation statt Konfrontation abzielende Arbeit, wie sie der spiritus rector der BG, Theodor Dipper, favorisiert hat. So ist als Erbe Dippers und als theologisches Leitmotiv der AGEuK zu sehen, dass diese Gruppe die Volkskirche als ein corpus permixtum anerkennt und annimmt und unter den dadurch vorgegebenen Bedingungen danach strebt, das Evangelium „aller Welt" (und eben nicht nur einer ekklesiola) rein und lauter (aber stets nach Maßgabe von Schrift und Bekenntnis) zu verkündigen.

Das lange Jahr 1968 brachte in vielfältiger Weise eine Verschärfung und Klärung der Gemengelage in der Landessynode wie auch in der kirchlich-politischen Landschaft des evangelischen Württemberg insgesamt. Die 7. LS hatte zunächst die von der voraufgehenden 6. LS vorgeschlagenen – und somit keineswegs, wie allgemein kolportiert, von Synodalpräsident Klumpp eingeführten – Gesprächskreise in der Synode etabliert, um dadurch deren Arbeitsweise effektiver zu gestalten. Als die Synodalen sich dann entschlossen, über die virulenten theologischen Grundsatzfragen erstmals in ein wirkliches Gespräch einzutreten (die Reichenaugespräche), anstatt sich gegenseitig weiterhin mit Vorwürfen und Verunglimpfungen zu traktieren, war es innerhalb der Synode vorübergehend zu einer gewissen Befriedung gekommen. In den parallel zur Synode laufenden Verhandlungen um die Teilnahme des Pietismus am Stuttgarter Kirchentag 1969 brachen jedoch die Spannungen zwischen dem progressiven Protestantismus sozio-theologischer und reformerischer Ausrichtung, wie ihn der DEKT in den späten 1960ern repräsentierte, und den „bekenntnistreuen" Gruppen wieder auf. Zugleich verschärfte sich der „innerevangelikale" Konflikt zwischen dem württembergischen landeskirchlichen Pietismus und der BKAE. Durch eine Vielzahl ineinandergreifender Ereignisse, Reaktionen und Bedingungen kam es daraufhin zum spektakulären Rücktritt des Synodalpräsidenten Oskar Klumpp, der wiederum die Aktivierung und Organisierung des sozio-theologischen Netzwerkes in Gestalt der KK auslöste.

Dieser zum „Fall Klumpp" geronnene Rücktritt sowie einige andere, in der Erinnerung der Zeitzeugen und für die Identitätskonstruktion der verschiedenen Gruppen höchst bedeutsame (Gründungs-)Mythen wurden kritisch untersucht, re- und teilweise auch dekonstruiert. Sodann wurde gezeigt, wie in der Folge dieses Rücktritts die vielgestaltigen und in ihren Überzeugungen und Anliegen nicht unerheblich divergierenden Gruppen des „linken Spektrums" sich zur KK zusammenschlossen und unter diesem Dach zunächst noch ohne eigentliches Programm, sondern vielmehr im Sinne der Kritischen Theorie auf die Arbeit der Synode einzuwirken begannen. Im Vorfeld der Synodalwahl 1971 entflammte das zuvor rasch erlahmte progressive Engagement neu und formierte sich als „Aktion Synode '71". Diese vertrat ein von Kirchenreformbewegung, moderner Theologie und einem nicht zu übersehenden anti-pietistischen Impetus getragenes Programm, das die 1972 gegründete Offene Kirche bis heute in seinen Grundzügen bewahrt hat.

Ebenfalls in der Folge des „Fall Klumpp" kam es im biblisch-konservativen Lager zu einer Klärung zwischen dem württembergischen Pietismus und der Bekenntnisbewegung und zur Gründung einer weiteren Gruppe, der „Evangelischen Sammlung". Diese verstand sich zwar zunächst dezidiert als eine Sammlung der kirchlichen Mitte, schloss sich aber schon bald den konservativ-pietistischen Kreisen an und trat gemeinsam mit der Hofackervereinigung und etlichen Vertretern der BG mit einem biblisch-konservativen Programm zur Wahl 1971 an.

Die „Mitte", so hat sich gezeigt, wurde um 1970 von mehreren Gruppen beansprucht, wobei sich letztlich nur die zur AGEuK umgestaltete BG auf Dauer etablieren konnte. Die AGEuK bewahrte Tradition und Überzeugung der BG indem sie sich der Volkskirche in Gestalt der württembergischen Landeskirche verpflichtet wusste, gleichzeitig aber mit einer neuen Öffnung und Ausrichtung auf Laien hin die Arbeit jenseits von polarisierten theologisch-kirchenpolitischen Positionen tun wollte. Obwohl niemand ernsthaft leugnen wird, dass in der kirchlich-politischen Praxis ein solches vermittelndes und brückenbauendes Element unverzichtbar ist, ist nicht zu übersehen, dass EuK in der Synode kontinuierlich an Einfluss verloren hat. Ein Programm, das arm an einprägsamen Schlagworten und dafür reich an Kompromissen ist, eignet sich offensichtlich primär für Persönlichkeitswahlen, wie sie bis 1965 nicht nur in der Theorie der kirchlichen Wahlordnung präsent, sondern durch die praktische Ausführung der Wahl auch größtenteils tatsächlich vollzogen wurde. Damals konnten die der BG nahestehenden Kandidaten, zugleich häufig kirchliche Honoratioren, vielfach reüssieren, und durch ihr Ansehen und ihre Kompetenz waren die Mitglieder dieser Gruppe –

weit über ihr zahlenmäßiges Gewicht in der Synode – prägend und tonangebend. Dass eine solche an Realisierbarkeit orientierte Arbeit jedoch dem distanzierteren Wähler nur schwer zu vermitteln und attraktiv zu machen ist, hat sich in der zurückliegenden Wahl 2013 erneut deutlich gezeigt[11]. In der heute, der Kirchlichen Wahlordnung zum Trotz, faktisch vorherrschenden Parteienwahl ist das Programm der AGEuK offensichtlich nicht mehr eindeutig, profiliert und damit überzeugend genug.

In Württemberg zeigt sich bei kirchlichen Wahlen und in der kirchenpolitischen Landschaft insgesamt bis heute eine starke Polarisierung. Sie ist, grob gesprochen, geprägt vom Gegensatz zwischen dem – durch evangelikale und charismatische Elemente wesentlich erweiterten – Pietismus und einem progressiven Flügel, der sich auszeichnet durch sein Streben nach einer „undogmatischen Theologie"[12], seiner Orientierung an der Lebenswelt der Menschen von heute und vor allem seiner Ablehnung all dessen, was als „fundamentalistisch" angesehen, ja denunziert wird.

Dass das Hervortreten dieser Bipolarität der kirchenpolitischen Landschaft in den späten 1960er Jahren für die Zeitzeugen, wie beschrieben, etwas Neuartiges und Erstaunliches war, ist nur auf die lange Prägekraft der in Theodor Dippers „Äußerung zur Arbeitsweise der Synode" 1948 exemplarisch zum Ausdruck gekommenen Überzeugung zu erklären, in der Kirche dürfe es schlechterdings keine Parteiungen geben, jegliches kirchliche Handeln dürfe nur aus einem aus dem Hören auf das Wort Gottes abgeleiteten Konsens erwachsen. Das Erlebnis des deutschchristlich dominierten und fraktionierten 3. LKT hatte jeglichen Wettstreit der Meinungen, jegliches politische Handeln im kirchlichen Raum diskreditiert und damit gleichzeitig eine positive Erinnerung an die Gruppen der früheren Landeskirchentage verdrängt. Es bedurfte rund eines Vierteljahrhunderts, um das Dipper'sche Axiom zumindest für die praktische Arbeit der Synode außer Kraft zu setzen[13]. Es ist einem pluralen und zumindest teilweise auf demokratischen Grundsätzen basierenden Gemeinwesen – wie es eine evangelische Landeskirche nun einmal ist – schlicht nicht angemessen. Dass dieses Axiom unterschwellig noch stets wirksam ist, zeigt sich in der weiterhin ausgesprochen reservierten

---

11 In der 2013 gewählten 15. LS verfügt der Gesprächskreis EuK über 15 der insgesamt 98 Sitze; In der voraufgehenden 14. LS waren es noch 19 von 99 Mandaten gewesen. Damit sank der Anteil der BG- bzw. EuK-affinen Synodalen von rund einem Drittel in der 7. LS, einem Viertel in den Synoden der 1970er Jahre, auf jetzt noch rund 15 %.

12 So ein Votum auf der Mitgliederversammlung 2014, vgl. OK-Info 2014, Heft 2, 3. Im Hintergrund steht dabei offensichtlich die Forderung von Klaus-Peter Jörns nach einem „Update des Glaubens" in seinem gleichnamigen Buch, die auch schon früher innerhalb der OK propagiert worden ist, vgl. OK-Info 2013, Heft 1, 2.

13 Einen fundierten Überblick über die Stimmen pro und contra Gruppenbildung in Synoden, wie sie schon in der Kirchenreformbewegung Ende der 1960er artikuliert wurden, findet sich bei NÄRGER, Synodalwahlsystem, 187–202. Da die Argumente im Wesentlichen bleibende Gültigkeit besitzen, könnte diese instruktive Zusammenstellung möglicherweise eine Hilfe zu einer sachlichen und konstruktiven Debatte um diese Frage bieten.

Haltung im Umgang mit den Gesprächskreisen: So konnte sich erst die 15. LS im Januar 2014 dazu durchringen, diese (wieder!) förmlich anzuerkennen[14]. Für die Zeitzeugen, die für diese Arbeit noch befragt werden konnten und die somit allesamt die Landeskirchentage vor 1933 nicht aus eigener Anschauung kannten, war eine von konkurrierenden Meinungsgruppen geprägte Synode, eine offensichtlich polarisierte kirchenpolitische Landschaft, ein Novum.

Dass die spätestens seit 1968 unübersehbaren Gegensätze in zuweilen scharfen, die Akteure persönlich sehr verletzenden Konflikten ausgetragen wurden, ist ebenso ein Charakteristikum der Württembergischen Landeskirche wie der Umstand, dass diese massiven Gegensätze, allen großteils ehrlich empfundenen Befürchtungen zum Trotz, bis zum heutigen Tag nicht zu einer Spaltung der Landeskirche oder zum Auszug des Pietismus geführt haben. Neben der engen Bindung des württembergischen Pietismus an ‚seine' Kirche und dem stetigen Bemühen der Kirchenleitung, diese Strömungen zu integrieren und nicht zu desavouieren[15], mag dafür die vielfach als banal oder gar provinziell abgetane und unterschätzte Dichtheit des Milieus ursächlich sein: Ein großer Teil der in dieser Arbeit erwähnten Akteure kannte diejenigen der jeweiligen Gegenseite persönlich und oftmals von Jugend an: aus der kirchlichen Jugendarbeit, oder, sofern es Theologen waren, aus den Seminaren, dem Tübinger Stift oder den Studentenverbindungen[16]. Nicht wenige waren schlicht miteinander verwandt[17]. Diesem Beziehungsgeflecht dürfte ein nicht zu unterschätzender Anteil an der Bewahrung der Einheit der württembergischen Kirche zukommen.

Abschließend ist festzuhalten: Die eingangs aufgestellte These, es sei bei den großen Kontroversen der Vergangenheit wie der Gegenwart letztlich immer um Stellung und Verständnis der Heiligen Schrift gegangen, erweist sich im Blick auf die in dieser Arbeit geschilderten Ereignisse als richtig. Zieht man die aktuellen kirchentheoretischen Überlegungen von Eberhard Hauschildt und Uta Pohl-Patalong mit in Betracht, wonach es ein charakteristisches Merkmal der Kirchen der Reformation sei, dass diejenigen „[d]ie Kirche leiten [...], die die Interpretation der Bibel vornehmen"[18], so kann die Eingangsthese noch weitergeführt und verschärft werden: Die Frage nach der

---

14 Die 15. LS hat die Gesprächskreise durch einen förmlichen Beschluss wieder als Gesprächskreise *innerhalb* der Synode etabliert. Vgl. VERHANDLUNGEN DER 15. EVANGELISCHEN LANDESSYNODE, 33.
15 Diese Kirchlichkeit des württembergischen Pietismus auf der einen, die Integrationsbemühungen der Kirchenleitung auf der anderen Seite wurden schon im Pietistenrescript von 1743 deutlich.
16 Beispielsweise Alfred Leikam und Fritz Grünzweig, Eckart Gundert und Kurt Hennig, Hermann Schäufele und Eberhard Gaier.
17 Beispielsweise Rolf Scheffbuch und Eugen Stöffler. Stöffler wurde in vielen Interviews als viel zu früh verstorbener Wortführer der OK genannt; da er erst ab der 9. LS Sprecher des Gesprächskreises OK war, findet er in der vorliegenden Arbeit nur als Mitglied der KB und der Siedlungs-AG sowie als Gründungsmitglied der KK Erwähnung.
18 HAUSCHILDT / POHL-PATALONG, Kirche, 242.

Bibelhermeneutik ist letztlich ein Stellvertreter für jene nach der Macht in der Kirche. Dies würde auch eine Erklärung dafür bieten, warum die Frage nach dem rechten Verständnis der Schrift immer wieder mit solcher Verbitterung geführt wurde und wird: Nicht nur ist mit dem Bibelverständnis das Herzstück der evangelisch-lutherischen Theologie tangiert – die Frage nach der Interpretationshoheit wäre, mit Hauschildt und Pohl-Patalong, gleichzeitig die Frage nach der politischen Hoheit in der Kirche. Diesen Konnex von Theologie und Politik offen zu legen und sich bewusst zu machen, könnte möglicherweise zu einem adäquaterem Umgang mit den Fragen der Hermeneutik wie der Frage nach der Macht(-ausübung) in der Kirche helfen.

Das Grundproblem, vor das sich die in diesem Buch vorgestellten Menschen gestellt sahen, ist auch 45 Jahre nach den hier geschilderten Ereignissen noch aktuell. Ein Nachdenken über die zu seiner Bewältigung unternommenen Versuche und die daraus resultierenden Konflikte daher ratsam, vielleicht gar hilfreich, um zukunftsfähige Antworten zu finden. Denn auch künftig müssen wir Antworten finden auf die Frage nach der rechten Verkündigung des Evangeliums an die Menschen in der heutigen Welt, auf die Frage nach der Relation von Glaube und Gegenwart.

Abkürzungsverzeichnis

ABH	Albrecht-Bengel-Haus, Tübingen
AGBC	Evangelisch-kirchliche Arbeitsgemeinschaft für biblisches Christentum
AGEE	Arbeitsgemeinschaft für Evangelische Erneuerung in Württemberg
AGEuK	Arbeitsgemeinschaft Evangelium und Kirche
AGFA	Arbeitsgemeinschaft für Arbeitnehmerfragen
AKLG	Wahlarbeitskreis Lebendige Gemeinde (Bibel und Bekenntnis)
AS71	Aktion Synode '71
BAK der BKAE	Bundesarbeitskreis der Bekenntnisbewegung (Leitungsgremium)
BB	Informationskreis Bibel und Bekenntnis (synodaler Gesprächskreis)
BG	Evangelische Bekenntnisgemeinschaft in Württemberg
BK	Bekennende Kirche, häufig auch Eigenbezeichnung der BG
BKAE	Bekenntnisbewegung „Kein anderes Evangelium" (Gal. 1,6)
BTE	Barmer Theologische Erklärung (1934)
DC	Deutsche Christen
DCSV	Deutsche Christliche Studentenvereinigung
DEKT	Deutscher Evangelischer Kirchentag
DV	Diözesanverein
EE	Arbeitsgruppe Evangelische Erneuerung (synodaler Gesprächskreis)
EGW	Evangelisches Gemeindeblatt für Württemberg
EM	Evangelische Mitte
epd	Evangelischer Pressedienst
ES	Evangelische Sammlung in Württemberg
EuK	Arbeitsgruppe Evangelium und Kirche (synodaler Gesprächskreis)
FrChr	Freies Christentum (Zeitschrift)
FVV	Freie Volkskirchliche Vereinigung
KB	Kirchliche Bruderschaft in Württemberg
KK	Kritische Kirche
KTA	Kirchlich-theologische Arbeitsgemeinschaft(en)
KWO	Kirchliche Wahlordnung (Württemberg)
LB	Der Lehrerbote (Zeitschrift)
LBR	Landesbruderrat
LG	Lebendige Gemeinde (synodaler Gesprächskreis)

LHA	Ludwig-Hofacker-Archiv, Korntal
LHK	Ludwig-Hofacker-Kreis (Leitungsgremium der LHV)
LHV	Ludwig-Hofacker-Vereinigung
LKAS	Landeskirchliches Archiv Stuttgart
LKT	Landeskirchentag
LL	Licht und Leben (Zeitschrift)
LS	Landessynode
OK	Offene Kirche
OKR	Oberkirchenrat, Stuttgart
ÖRK	Ökumenischer Rat der Kirchen, Genf
PA	Personalakte
RBR	Reichsbruderrat
StN	Stuttgarter Nachrichten
VL	Vertrauensleute (der BG)
VM	Vertrauensmänner (der BG)
VWV	Vereinigung Württembergischer Vikare, später VUV („Vereinigung unständiger Pfarrerinnen und Pfarrer, Vikarinnen und Vikare in Württemberg e.V.")
WCC	World Council of Churches

Abkürzungen von Zeitschriften werden, soweit vorhanden, nach RGG^4 bzw. IAThG angegeben.

Quellen- und Literaturverzeichnis

Unveröffentlichte Quellen

1. Landeskirchliches Archiv Stuttgart

D 1 Nr. 197
D 23 Nr. 219
D 31 Nr. 28, 61, 62, 68, 69, 78, 88–90
D 32 Nr. 1
A 126 Nr. 1177, 1193
A 226 Nr. 64, 65, 71, 72, 594, 4075
AH 4 Nr. 61, 63, 65, 70, 81, 120
AL 2, 6. LS, A. Allgemeines, 2. Tagungen d. LS 1963/1964/1965 (unverzeichnet)
AL 2, 6. LS, J. Kirche und Öffentlichkeit (unverzeichnet)
AL 2, 7. LS, A. Allgemeines, 2. Tagung d. LS (1966) (unverzeichnet)
AL 2, 7. LS, C. Präsidium + D. Ältestenbeirat (unverzeichnet)
AL 2, 8. LS, 1. LS, 12. Wahlen + 13. Gesprächskreise + 2. Präsidium (unverzeichnet)
AL 2, 8. LS, 1. LS, 110 Tagungen der LS (unverzeichnet)
AR Gen. 125 III
AR Gen. 125, 1950–1959 (Wahl 1953)
AR Gen. 126a.
AR Gen. 127
AR Gen. 350 VIII, Sonderakten Offener Brief.
AR Gen. 356 Ia, Handakten Landesbischof Haug
AR Gen. 356 Ia, Handakten Prälat Metzger
AR Gen. 356 Ia, I Theologische Lehrfragen, A Entmythologisierung (Bultmann)
AR Gen. 356 Ib, I Theologische Lehrfragen, b (Dr. Buhr)
K 28 Nr. 1, 2, 4, 6, 7 22, 77 (Archiv der Offenen Kirche)
A 327 Nr. 271, PA Eugen Fuchslocher
NL Kirchliche Bruderschaft (unverzeichnet)
Zugang 2006-7, NL Oskar Klumpp (unverzeichnet)
Zugang 2007-9, NL Erika Kimmich (unverzeichnet)
Zugang 1995-6, Handakten Scheffbuch (unverzeichnet)

2. Evangelisches Zentralarchiv Berlin

Akten des Deutschen Evangelischen Kirchentages
71, 180–183
71, 281

3. Privatarchive[1]

Archiv der Arbeitsgruppe Evangelium und Kirche, Hildritzhausen
Archiv der Evangelischen Akademie Bad Boll, Bestände Nr. 2b, 9b, 14b, 17b
Archiv der Evangelischen Sammlung, Bad Urach (jetzt im LKAS)
Archiv der Ludwig-Hofacker-Vereinigung, Korntal (jetzt im LKAS)
Archiv der Evangelischen Sozietät, vormals Kirchliche Bruderschaft in Württemberg (jetzt LKAS)

4. Unterlagen von Privatpersonen

Walter Blaich, Korntal: Unterlagen über AG Siedlungspfarrer, KK, BG und EuK („Sammlung Oehlmann/Blaich" in Händen der Verf.)
Kurt Feuerbacher, Ebhausen: Unterlagen zu BB und LG (Kopien in Händen der Verf.)
Gerhard Fuchslocher, Heidesheim: NL Eugen Fuchslocher zur KK
Gerhard Gläser, Neuffen: Unterlagen aus dem NL Franz Nau zum Offenen Brief 1961 und zur Kreuzbruderschaft Neresheim (in Händen der Verf.)
Klaus W. Müller, Mössingen: Unterlagen zum Fall Rothschuh und der Esslinger Vikarserklärung („Sammlung Oehlmann/Müller" in Händen der Verf.)
Gerhard Oehlmann, Reutlingen: Unterlagen zum Offenen Brief 1961 (in Händen der Verf.)
Gertrud Oehlmann, Reutlingen: Unterlagen Württembergische Theologinnen; NL Ernst Müller, Lorch: Hofackerkonferenz-Materialien 1969–1983 (in Händen der Verf.)
Hermann Söhner, Untergruppenbach: Unterlagen zur OK („Sammlung Oehlmann/Söhner" in Händen der Verf.)

5. Interviews[2]

Hermann Söhner (†), Untergruppenbach, 23. 7. 2007
Rolf Scheffbuch (†), Korntal, 24. 7. 2007
Kurt und Anneliese Feuerbacher, Ebhausen, 25. 7. 2007
Dietrich und Liselotte Ottmar, Vaihingen, 26. 7. 2007
Reinhard Hermann und Gisela Hermann-Geprägs, Tübingen, 30. 7. 2007
Ernst Fuhr, Reutlingen, 31. 7. 2007
Hans-Martin Freudenreich, Nehren, 1. 8. 2007
Klaus W. Müller, Mössingen, 21. 7. 2008
Hans Lachenmann, Satteldorf, 29. 7. 2008
Walter Blaich, Korntal, 30. 7. 2008
Regula Rothschuh, Reinbek bei Hamburg, 19. 2. 2010 (durch Andreas Ehmer)

---
1 Es wurde, soweit nicht anders angegeben, jeweils der gesamte für den Untersuchungszeitraum relevante Bestand gesichtet.
2 Autorisierte Transkripte im Besitz der Verf.

6. Weitere Gespräche

Martin Günzler, Villingen-Schwenningen, 18. 7. 2006
Fritz Röhm, Stuttgart, 19. 7. 2006
Albrecht Nuding, Oberkochen, 20. 7. 2006
Anne-Lore Schmid (†), Leonberg, 3. 8. 2007
Rolf Scheffbuch (†), Korntal, 19. 7. 2011
Elfriede Tlach (†), Gültstein, 22. 7. 2011
Gerhard Fuchslocher (†), Heidesheim, 9. 7. 2013
Hartmut Dehlinger, Ulm, 21. 2. 2014

7. Weitere Auskünfte

telefonisch:
Reinhold Hermle, 3. 11. 2013
Claus Maier, 24. 7. 2014
Siegfried von Rohrscheidt, 3. 2. 2014
Jochen Schlenker, 20. 3. 2007

per Mail[3]:
Albrecht Beutel
Peter Beyerhaus
Michael Bing, LKAS Stuttgart
Walter Blaich
Andreas Ehmer
Hermann Ehmer
Sven Findeisen
Eberhard Fritz
Gerhard Fuchslocher (†)
Martin Günzler
Eckart Gundert
Christian Handschuh
Hansfrieder Hellenschmidt
Alfred Herb
Martin Holland
Hans-Gerhard Klatt
Harald Klingler
Renate Klingler
Martin Klumpp

---

3 Da im Verlauf der Arbeit mit vielen der hier genannten Personen mehrere (in Einzelfällen bis zu 40) Mails gewechselt wurden, werden hier nur die Namen der Korrespondenzpartner genannt; die konkrete Nachricht kann über das in der Fußnote jeweils angegebene Datum ermittelt werden.

Traugott Kögler
Wilhelm Kürschner
Martin Plümicke
Fritz Röhm
Gerhard Roller
Andreas Rössler
Andreas Roß
Rolf Scheffbuch (†)
Ulrike Seibold
Harry Wassmann
Hanspeter Wolfsberger
Stephan Zehnle
sowie:
Gerhard und Gertrud Oehlmann

Gedruckte Quellen und Literatur

1. Nicht-wissenschaftliche Zeitschriften[4]

AKID: Zeitschrift für Theorie und Praxis in Gesellschaft und Kirche; Informationsdienst in Verbindung mit dem kritischen Katholizismus/Aktion Kirchenreform
  ISSN: 0171-5151; Erscheinungsverlauf: [1.]1969; 2.1970–6.1974
DER LEHRERBOTE. Zeitschrift für Freunde christlicher Erziehung. Zeitschrift der Evangelischen Lehrergemeinschaft in Württemberg e.V.
  ISSN: -; Erscheinungsverlauf: 1.1871–65.1935; [N.F.] 1.1949–45.1993,7/8; 1.1947–2.1948 als Rundbrief der Evangelischen Lehrergemeinschaft in Württemberg
DER SPIEGEL
  ISSN: 0038-7452; Erscheinungsverlauf 1.1946, 1 (16. November)–
DIE ZEIT. Wochenzeitung für Politik, Wirtschaft, Wissen und Kultur
  ISSN: 0044-2070; Erscheinungsverlauf: 1.1946, 1 (21. Februar)–

---

4 Die teilweise kurzlebigen, nur hektographiert oder im Selbstverlag herausgebrachten, nicht allgemein erhältlichen Publikationen der Gruppen lassen sich nicht sinnvoll in das Raster der gängigen Zitationsweise für wissenschaftliche Periodika einordnen. Häufig fehlen konsistente und präzise Angaben zu Jahrgang oder Publikationsort, die Kennzeichnung der Einzelhefte wechselt. Für die Einzelbelege wurde anhand der vorfindlichen Daten jeweils ein eindeutiger Nachweis erstellt. Da die Daten stark variieren, konnte keine völlige Einheitlichkeit erlangt werden. Oftmals variieren die Titel über die Jahre. Die Kurztitel der genannten Titel wurden so gewählt, dass sie eindeutig und anhand des OPAC der Universitätsbibliothek Tübingen recherchierbar sind.
Um das Literaturverzeichnis nicht über die Maßen aufzublähen, wurde darauf verzichtet, die vielen, teilweise kurzen Artikel einzeln aufzunehmen. Gleiches gilt für Zeitungen und Magazine wie die ZEIT oder den SPIEGEL.

EVANGELISCHES GEMEINDEBLATT FÜR WÜRTTEMBERG. Hrsg. Evangelische Gesellschaft in Stuttgart
ISSN: 0014-360X; Erscheinungsverlauf: 1.1905–
FREIES CHRISTENTUM. Auf der Suche nach neuen Wegen. Hrsg. Bund für Freies Christentum
ISSN: 0931-3834; Erscheinungsverlauf: 1.1949–27.1975; [28.]1976–[39.]1987, (Jan./Febr.); 39.1987,2 (März/Apr.)–
INFORMATIONEN. Im Auftrag des Leitungskreises der Arbeitsgruppe Evangelium und Kirche herausgegeben.
ISSN: -; Erscheinungsverlauf: 1959–
INFORMATIONSBRIEF DER BEKENNTNISBEWEGUNG KEIN ANDERES EVANGELIUM
ISSN: 1618-8306; Erscheinungsverlauf: 1.1966–
INFORMATIONEN DER OFFENEN KIRCHE, Evangelische Vereinigung in Württemberg
ISSN: -; Erscheinungsverlauf 1972/73; 1974–
KONSEQUENZEN FÜR EINE DIAKONISCHE GEMEINDE. Hrsg. Diakonischen Werk der Evangelischen Kirche in Württemberg
ISSN: 0173-5837; Erscheinungsverlauf 1.1967–42.2008
LEBENDIGE GEMEINDE INFORMATIONEN. Berichte, Informationen, Markierungen
ISSN: -; Erscheinungsverlauf: Nr. 1.1967–24.1978; 1979–
LICHT UND LEBEN. Evangelische Monatszeitschrift. Hrsg. Evangelische Gesellschaft für Deutschland
ISSN: 0047-4584; Erscheinungsverlauf: 1.1889/90–114.2003,6
STUTTGARTER EVANGELISCHES SONNTAGSBLATT. Hrsg. Evangelische Gesellschaft in Stuttgart
ISSN: -; Erscheinungsverlauf: 1.1867[?]–75.1941; 76.1949, Apr.–83=90.1956; 91.1957–108.1974,39
STUTTGARTER NACHRICHTEN. Hrsg. Stuttgarter Nachrichten Verlagsgesellschaft
ISSN: -; Erscheinungsverlauf: 1.1946, 1 (12. Nov.)–

2. Wissenschaftliche Zeitschriften und Literatur

DAS RECHT DER EVANGELISCHEN LANDESKIRCHE IN WÜRTTEMBERG. Ergänzbare Rechtsquellensammlung. Im Auftrag des Evangelischen Oberkirchenrats Stuttgart begründet von Dr. Martin Daur. Neuwied.
AGSTER, Eva-Maria (Hg.): ... und ich strecke mich aus nach dem, was da vorne ist. 25 Jahre Offene Kirche. Themen für die Evangelische Landeskirche in Württemberg. Reutlingen o.J. [1997].
ÄLTESTENRAT DER WÜRTTEMBERGISCHEN EVANGELISCHEN LANDESSYNODE (Hg.): Worte, Beschlüsse, Handreichungen. Wichtige Entschließungen der Württembergischen Evangelischen Landessynode seit 1946. Stuttgart 1989.
ALTHAUS, Paul: Die Christliche Wahrheit. Gütersloh 1948.
ALTPIETISTISCHER GEMEINSCHAFTSVERBAND E.V. (Hg.): Auf Gott vertrauen. 150 Jahre Apis 1857–2007. Stuttgart 2007.

ANGER, Irmgard: Was war – ehe Walter Schlenker ‚die Osterfahne hochhielt'? Die Anfänge der Kirchlichen Bruderschaft in Württemberg. In: Kirchliche Bruderschaft in Württemberg / Martin Günzler, Evangelium, 7–11.

AUGUSTINUS: Confessiones (PL 32), Paris 1844 ff.

BARTH, Karl: Theologische Existenz heute! (TEH 1). München 1933.

–: Die kirchliche Dogmatik. Die Lehre von der Versöhnung (4, 1). Zollikon-Zürich 1953.

BARTSCH, Hans W. (Hg.): Kerygma und Mythos. Bd. 1: Ein theologisches Gespräch (Theologische Forschung 1). Hamburg 1948.

BAUER, Gisa: Evangelikale Bewegung und evangelische Kirche in der Bundesrepublik Deutschland. Geschichte eines Grundsatzkonflikts 1945–1989 (AKIZ.B 53). Göttingen 2012.

BAUMANN, Richard: Der Lehrprozeß. Rottweil 1974.

BÄUMER, Rudolf / BEYERHAUS, Peter / GRÜNZWEIG, Fritz (Hg.): Weg und Zeugnis. Bekennende Gemeinschaften im gegenwärtigen Kirchenkampf 1965 bis 1980. Bielefeld, Bad Liebenzell 1980.

BECKMANN, Joachim: Kirchliche Zeitgeschichte. In: KJ 78 (1951), 1–221.

BEUTEL, Albrecht: Gerhard Ebeling. Eine Biographie. Tübingen 2012.

BLAICH, Walter: Der Bruderrat der Evangelischen Kirche in Deutschland nach 1945. Eine Brücke zwischen Ost und West. In: EuK-Info (2009), Beilage, o.P.

– /DOPFFEL, Gerhard: Kurze Geschichte von „Evangelium und Kirche". In: EuK-Info (2009), 6 f.

BONHOEFFER, Dietrich / BETHGE, Eberhard: Widerstand und Ergebung. Briefe und Aufzeichnungen aus der Haft, Neuausgabe. München 1977.

BRANDENBURG, Hans-Christian / DAUR, Rudolf: Die Brücke zu Köngen. 50 Jahre Bund der Köngener. Stuttgart 1969.

BRÄUER, Siegfried: „Gehorsam gegen den in der völkischen Geschichte wirkenden Gott". Hanns Rückert und das Jahr der nationalen Erhebung 1933. In: Joachim Mehlhausen (Hg.): ... und über Barmen hinaus. Studien zur kirchlichen Zeitgeschichte. FS Carsten Nicolaisen (AKIZ.B 23). Göttingen 1995, 204–233.

BROWNING, Christopher R.: Ganz normale Männer. Das Reserve-Polizeibataillon 101 und die „Endlösung" in Polen. Reinbek bei Hamburg 1993.

BUCHSTÄDT, Diethard: Die Sozietät und die Kirchlichen Bruderschaften. In: Rainer Lächele / Jörg Thierfelder (Hg.): Das evangelische Württemberg zwischen Weltkrieg und Wiederaufbau (QFWKG 13). Stuttgart 1995, 113–132.

–: Kirche für die Welt. Entstehung, Geschichte und Wirken der Kirchlichen Bruderschaften im Rheinland und in Württemberg; 1945–1960 (SVRKG 131). Köln 1999.

BÜHLER, Hans-Werner: Sozialistische Opposition in der Kirche? Über die zweite „Celler Konferenz". In: LM 8 (1969), 284–287.

BUKOW, Wolf Dietrich: Das Elend der sozialistischen Opposition in der Kirche. Celler Konferenz – Theologie als Gesellschaftstheorie? In: TEH NF 145 (1969).

BULTMANN, Rudolf: Neues Testament und Mythologie. Das Problem der Entmythologisierung der neutestamentlichen Verkündigung. In: BEvTh 7 (1941), 27–69.

–: Jesus. Tübingen 1951.

HENRY, Carl F.H.: Reply to the God-is-Dead Mavericks. In: Christianity Today 10 (1966), 33–37.

CORNEHL, Peter: Dorothee Sölle, das ‚Politische Nachtgebet' und die Folgen. In: Hermle / Lepp / Oelke, Umbrüche, 265–284.
CREMER, Marlies: Gemeindeanalyse. In: Paul-Gerhard Seiz / Marlies Cremer (Hg.): Die Siedlung als Neuland der Kirche (Kirchenreform 2). Stuttgart 1968, 73–82.
DAUR, Albrecht: Forum oder Faktor? Die Auseinandersetzung über das Selbstverständnis und die Wirkungsmöglichkeiten der Akademiearbeit. In: Fischer, Aufbruch, 265–273.
DEJUNG, Karl-Heinz / KLATT, Hans-Gerhard: Werner Simpfendörfer. Leben als Lernreise – ein Portrait. Vortrag, 2. 10. 2007. Bad Boll.
– /KLATT, Hans-Gerhard: Werner Simpfendörfer. Ein Leben in der Ökumene. Berlin 2010.
DEUTSCHER EVANGELISCHER KIRCHENTAG: Deutscher Evangelischer Kirchentag Stuttgart 1969. Dokumente. Stuttgart 1970.
DIBELIUS, Otto: Obrigkeit. Eine Frage an den 60jährigen Landesbischof. Berlin 1959.
DIEM, Hermann: Theologie als kirchliche Wissenschaft. Exegese und Historie (1). München 1951.
–: Zum Verlauf der Tagung. Bericht des Synodalen Prof. D. Hermann Diem. In: Evangelische Landeskirche in Württemberg / Landessynode, Jesus Christus, 96–130.
–: Ja oder nein. 50 Jahre Theologe in Kirche und Staat. Stuttgart 1974.
DIPPER, Theodor: Ein Beitrag zum Gespräch über die Wiederaufrüstung. In: FAB 4 (1950), 678–681, 722–727.
–: Die Evangelische Bekenntnisgemeinschaft in Württemberg 1933-1945. Ein Beitrag zur Geschichte des Kirchenkampfes im Dritten Reich (AGK 17). Göttingen 1966.
DRECOLL, Volker-Henning: Das Jahr 1969 in Tübingen. In: Siegfried Hermle / Jürgen Kampmann (Hg.): Die evangelikale Bewegung in Württemberg und Westfalen. Anfänge und Wirkungen (BWFKG 39). Bielefeld 2012, 207–256.
DUNST, Ellen: Marie Dentière. Une réformatrice parmi les réformateurs, Mémoire de licence. Neuchâtel 1997. Masch.
EBELING, Gerhard: Kirchengeschichte als Geschichte der Auslegung der Heiligen Schrift (Sammlung gemeinverständlicher Vorträge und Schriften aus dem Gebiet der Theologie und Religionsgeschichte 189). Tübingen 1947.
–: Was heißt: Ich glaube an Jesus Christus? In: Evangelische Landeskirche in Württemberg / Landessynode, Jesus Christus, 38–77.
–: Mein theologischer Weg. In: Hermeneutische Blätter (2006), 5–67.
EBERHARDT, Friedrich: Die kirchliche Betreuung der Kriegsdienstverweigerer in Württemberg in den sechziger Jahren. In: Ehmer / Lächele / Thierfelder, Reform, 65–98.
EHMER, Hermann u. a. (Hg.): Gott und Welt in Württemberg. Eine Kirchengeschichte. Stuttgart 2000.
–: Der „Fall Rothschuh". Eine Dokumentation. In: Ehmer / Lächele / Thierfelder, Reform, 227–283.
– /KAMMERER, Hansjörg: Biographisches Handbuch der Württembergischen Landessynode (Landeskirchentag). Mit Landeskirchenversammlung und Beirat der Kirchenleitung 1869 bis zur Gegenwart. Stuttgart 2005.
– /LÄCHELE, Rainer / THIERFELDER, Jörg (Hg.): Zwischen Reform und Revolution. Evangelische Kirche in Württemberg in den sechziger Jahren. Stuttgart 2007.
EICHHOLTZ, Willy: Aan de rand van de Randstad. De Noord-Westhoek van Brabant, een agrarisch grensgebied op weg naar een andere toekomst: rapport in opdracht van de Commissie voor de Deltazaken vanwege de Ned. Herv. Kerk (Serie Delta-onderzoe-

kingen van het Sociologisch Instituut van de Ned. Hervormde Kerk 4). 's-Gravenhage 1962.

–: De kerk van de toekomst in de stad. o.O. ca. 1968.

EPD: Früherer Stuttgarter Stadtdekan Peter Kreyssig wird 85. Peter Kreyssig, ehemals evangelischer Stuttgarter Stadtdekan, feiert am 18. April in Stuttgart seinen 85. Geburtstag, http://www.ev-ki-stu.de/aktuelles-hoer-bar/aktuelle-nachrichten/news/?tx_ttnews[pointer]=121&tx_ttnews[tt_news]=12595&tx_ttnews[backPid]=78&cHash=2ec37d0b99 (abgerufen am 6.7.2014).

ETZEMÜLLER, Thomas: 1968 – ein Riss in der Geschichte? Gesellschaftlicher Umbruch und 68er-Bewegungen in Westdeutschland und Schweden. Konstanz 2005.

EVANGELISCHE LANDESKIRCHE IN WÜRTTEMBERG / AMT FÜR INFORMATION / VOSS, Jutta: … falscher Lehre wehren. Jutta Voss verzichtet auf Rechte der Ordination; Spruchkollegium beendet das Verfahren; Dokumentation Stand 15. Dezember 1993. Stuttgart 1993.

EVANGELISCHE LANDESKIRCHE IN WÜRTTEMBERG / LANDESSYNODE (Hg.): Theologie und Kirche. Reichenau-Gespräch der Evangelischen Landessynode Württemberg. Stuttgart 1967.

–: Was heißt: Ich glaube an Jesus Christus? Zweites Reichenau-Gespräch der Evangelischen Landessynode Württemberg. Stuttgart 1968.

–: Herausgeforderte Kirche. Drittes Reichenau-Gespräch der Evangelischen Landessynode Württemberg. Stuttgart 1970.

EVANGELISCHE MISSIONSSCHULE / REISER, Eugen: Alles Zufall. 100 Jahre Bahnauer Bruderschaft. Weissach im Tal 2006.

EVANGELISCHER OBERKIRCHENRAT STUTTGART: Theologiestudium und Predigtamt. Antwort der württembergischen Kirchenleitung auf den Offenen Brief. In: Evangelischer Oberkirchenrat Stuttgart, Bibel, 10–17.

–: Um die Bibel. Dokumente zum Gespräch über den „Offenen Brief" 1961. Stuttgart 1962.

–: Magisterbuch 1966. Stuttgart 1965.

EVANGELISCHES VERLAGSWERK (Hg.): Theologiestudenten 1969. Dokumente einer revolutionären Generation. Stuttgart 1969.

FISCHER, Manfred (Hg.): Aufbruch zum Dialog. Auf dem Weg zu einer Kultur des Gesprächs, 50 Jahre Evangelische Akademie Bad Boll. Stuttgart 1995.

–: Die Evangelische Akademie – eine Entdeckung. Die Gründung der Akademie und ihre Vorgeschichte. In: Fischer, 21–46.

FITSCHEN, Klaus / HERMLE, Siegfried / KUNTER, Katharina / LEPP, Claudia / ROGGENKAMP-KAUFMANN, Antje (Hg.): Die Politisierung des Protestantismus. Entwicklungen in der Bundesrepublik Deutschland während der 1960er und 70er Jahre (AKIZ.B 52). Göttingen [u.a.] 2011.

FRAUENFORSCHUNGSPROJEKT ZUR GESCHICHTE DER THEOLOGINNEN / BIELER, Andrea (Hg.): „Darum wagt es, Schwestern …". Geschichte evangelischer Theologinnen in Deutschland (Historisch-theologische Studien zum 19. und 20. Jahrhundert 7). Neukirchen-Vluyn 1994.

FREY, Hellmuth: Die Geschichte der Bekenntnisbewegung „Kein anderes Evangelium". Sonderdruck eines Vortrages vom 14. Juli 1966.

FUCHS, Ernst: Das Programm der Entmythologisierung (Schriftenreihe der Kirchlich-Theologischen Sozietät in Württemberg 3). Bad Cannstatt 1954.

GASSMANN, Lothar: Art. Bultmann, Rudolf, http://www.bible-only.org/german/hand buch/Bultmann_Rudolf.html (abgerufen am 8.9.2014).

GEBERT, Werner: „rostra theologica" und „Aktion Selbstbesteuerung". Erinnerung an den Stuttgarter Kirchentag 1969. In: Ehmer / Lächele / Thierfelder, Reform, 291–296.

GEISSER, Hans Friedrich: David Friedrich Strauß als verhinderter (Züricher) Dogmatiker. In: ZThK 69 (1972), 214–258.

–: Barth und Bultmann im Streit um Stiftlerseelen. In: Friedrich Hertel (Hg.): In Wahrheit und Freiheit. 450 Jahre Evangelisches Stift in Tübingen (QFWKG 8). Stuttgart 1986, 297–315.

GERNER-WOLFHARD, Gottfried: Wie hat die Evangelische Landeskirche in Baden den II. Weltkrieg überstanden? Ein Verfassungsbericht nach 63 Jahren. In: Johannes Ehmann (Hg.): Praktische Theologie und Landeskirchengeschichte. Dank an Walther Eisinger (Heidelberger Studien zur praktischen Theologie 12). Berlin 2008, 315–332.

GILCHER-HOLTEY, Ingrid: 1968. Vom Ereignis zum Gegenstand der Geschichtswissenschaft (Geschichte und Gesellschaft 17). Göttingen 1998.

–: Die 68er Bewegung. Deutschland – Westeuropa – USA (Beck'sche Reihe 2183). München 2001.

GRESCHAT, Martin: Der Protestantismus in der Bundesrepublik Deutschland (1945–2005) (Kirchengeschichte in Einzeldarstellungen IV/2). Leipzig 2010.

GROTH, Friedhelm: Die „Wiederbringung aller Dinge" im württembergischen Pietismus. Theologiegeschichtliche Studien zum eschatologischen Heilsuniversalismus württembergischer Pietisten d. 18. Jh. (AGP 21). Göttingen 1984.

GRÜNZWEIG, Fritz: Die Ludwig-Hofacker-Vereinigung. Evangelische Arbeitsgemeinschaft für Bibel und Bekenntnis in Württemberg. In: Bäumer / Beyerhaus / Grünzweig, Weg, 80–84.

–: ... zu rühmen Seinen Ruhm. Erfahrungen und Erkenntnisse aus langem Dienst. Wuppertal 1988.

HAAG, Norbert: Theodor Dipper. In: Rainer Lächele / Jörg Thierfelder (Hg.): Wir konnten uns nicht entziehen. Dreißig Biographien zu Kirche und Nationalsozialismus in Württemberg. Stuttgart 1998, 433–450.

HAGER, Angela: Westdeutscher Protestantismus und Studentenbewegung. In: Hermle / Lepp / Oelke, Umbrüche, 111–130.

–: Ein Jahrzehnt der Hoffnungen. Reformgruppen in der bayerischen Landeskirche 1966–1976 (AKIZ.B 51). Göttingen 2010.

HAHN, Friedrich: Die heutige Theologie in ihrer Bedeutung für die Evangelische Unterweisung. Vortrag anläßlich der Erziehertagung bei der 52. Generalversammlung des Evangelischen Bundes am 19. 10. 1959 in Mannheim. In: Evangelischer Bund (Hg.): Im Lichte der Reformation. Fragen und Antworten 3-1960. Göttingen 1958, 18–40.

–: Evangelische Glaubenslehre für Schule und Kirche. Aufgabe und Gestaltung. Frankfurt am Main [u.a.] 1965².

HAHN, Joachim / MAYER, Hans: Das Evangelische Stift in Tübingen. Geschichte und Gegenwart – Zwischen Weltgeist und Frömmigkeit. Stuttgart 1985.

HAMMANN, Konrad: Rudolf Bultmann. Eine Biographie. Tübingen 2009².

HARBSMEIER, Götz: Was wir an den Gräbern sagen, Gießen 1947.

HARTUNG, Florian / BAUMEISTER, Annette: Folter in Stammheim. WDR-Fernsehen, 25. 5. 2005.

HAUSCHILDT, Eberhard / POHL-PATALONG, Uta: Kirche (Lehrbuch praktische Theologie 4). Gütersloh 2013.
HAUSCHILD, Wolf-Dieter: Evangelische Kirche in der Bundesrepublik Deutschland zwischen 1961 und 1979. In: Hermle / Lepp / Oelke, Umbrüche, 51–90.
HENGEL, Martin: Der Kreuzestod Jesu Christi als Gottes souveräne Erlösungstat. Exegese über 2. Korinther 5, 11–21. In: Evangelische Landeskirche in Württemberg / Landessynode, Theologie, 60–89.
HENNIG, Kurt: Evangelische Sammlung in Württemberg. In: Bäumer / Beyerhaus / Grünzweig, Weg, 63 f.
–: Athanasius geht immer vor. In: Siegfried Hermle / Rainer Lächele / Albrecht Nuding (Hg.): Im Dienst an Volk und Kirche. Theologiestudium im Nationalsozialismus. Erinnerungen, Darstellungen, Dokumente und Reflexionen zum Tübinger Stift 1930 bis 1950. Stuttgart 1988, 342–347.
HERBRECHT, Dagmar: Der Streit um die Frauenordination in der Bekennenden Kirche. Quellentexte zu ihrer Geschichte im Zweiten Weltkrieg. Neukirchen-Vluyn 1997.
HERMELINK, Heinrich: Geschichte der evangelischen Kirche in Württemberg von der Reformation bis zur Gegenwart. Das Reich Gottes in Wirtemberg. Stuttgart, Tübingen 1949.
HERMLE, Siegfried: Kirchenleitung und Landessynode. Geschichte und Bedeutung der Landessynode in der württembergischen Landeskirchenverfassung im 19. und 20. Jahrhundert. Stuttgart 1995.
–: Die evangelische Landessynode in Württemberg. Anfrage an ihr Selbstverständnis. In: BWKG 105 (2005), 227–243.
–: Die Evangelikalen als Gegenbewegung. In: Hermle / Lepp / Oelke, Umbrüche, 325–351.
–: „Ökumenisch Lied, ein garstig Lied?". Die Württembergische Landessynode und der Ökumenische Rat der Kirchen in den 1979er Jahren. In: Norbert Haag, u. a. (Hg.): Tradition und Fortschritt. Württembergische Kirchengeschichte im Wandel, Festschrift für Hermann Ehmer zum 65. Geburtstag (QFWKG 20). Epfendorf/Neckar 2008, 367–389.
–: Der württembergische Theologe Kurt Hennig. In: Albert de Lange (Hg.): Ich kann nicht schweigen. Tullio Vinay (1909-1996). Stuttgart 2009, 80–90.
–: Helmut Claß als württembergischer Landesbischof. Vortrag, 20.9.2013. Stuttgart. Manuskript in Händen der Verf.
–: Spielräume kirchenleitenden Handelns - Mahrarens, Meiser, Wurm im Vergleich. In: Bernd Hamm / Harry Oelke / Gury Schneider-Ludorff (Hg.): Spielräume des Handelns und der Erinnerung. Die Evangelisch-Lutherische Kirche in Bayern und der Nationalsozialismus (AKIZ.B 50) 2010, 120–154.
– /LEPP, Claudia / OELKE, Harry (Hg.): Umbrüche. Der deutsche Protestantismus und die sozialen Bewegungen in den 1960er und 70er Jahren (AKIZ.B 47). Göttingen 2007.
– /OEHLMANN, Karin: Gruppen in der Württembergischen Landessynode. In: BWKG 107 (2007), 267–296.
HOESCH, Oliver: Ein Leben zwischen Medien, Mission und Bibelverbreitung. Rundfunkpfarrer und Oberkirchenrat i. R. Ulrich Fick feiert 90. Geburtstag, http://www.elk-wue.de/aktuell/detailansicht-pressemitteilung/?tx_ttnews%5Btt_news%5D=50312&cHash=b8db44e8633d8875cb809b11155c4ea (abgerufen am 8.7.2014).

HOLLENWEGER, Walter: Agenda: The World. In: Concept. Papers from the Department on Studies on Evangelism (1966), 19 f.
HÜBNER, Jörg: Nicht nur Markt und Wettbewerb. Friedrich Karrenbergs wirtschaftsethischer Beitrag zur Ausgestaltung der sozialen Marktwirtschaft (SWI- aus der Reihe 16). Bochum 1993.
INSTITUT FÜR PRAKTISCHE THEOLOGIE: Konzeption und Realitäten. Testbezirke in der Evangelischen Landeskirche Württemberg, Regionalplanung in der Kirche. Gelnhausen, Berlin 1974.
JANOWSKI, Johanna Christine: Allerlösung. Annäherungen an eine entdualisierte Eschatologie. Neukirchen-Vluyn 2000.
JETTER, Werner: Was wird aus der Kirche? Beobachtungen, Fragen, Vorschläge (Gütersloher Taschenausgaben). Gütersloh 1971.
KADEN, Kathinka: Warum es die Offene Kirche in der Evangelischen Kirche in Württemberg gibt. In: Stepper, Vielfalt, 36–45.
KAMMERER, Ernst: Ganz am Rande notiert. In: Präsidium der 7. Württembergischen Evangelischen Landessynode, Informationen, 19.
KÄSEMANN, Ernst: Die Gegenwart des Gekreuzigten. In: Ernst Käsemann (Hg.): Kirchliche Konflikte. Göttingen 1982, 76–91.
KAST, Heide: Auf dem Weg zum Theologinnengesetz 1968. In: Ehmer / Lächele / Thierfelder, Reform, 50–64.
KAUFMANN, Jean-Claude: Das verstehende Interview. Theorie und Praxis (Edition discours 14). Konstanz 1999.
KIRCHLICHE BRUDERSCHAFT IN WÜRTTEMBERG / GÜNZLER, Martin: Evangelium als politische Weisheit. Walter Schlenker zum siebzigsten Geburtstag. Neuhausen o.E.
– / WEBER, Gotthilf: Wir Christen und die Atheisten. Vorträge und Predigten der Landestagung der Kirchlichen Bruderschaft Württemberg am 7. und 8. November 1958. Darmstadt 1959.
KLEE, Ernst: Art. Stauffer, Ethelbert. In: Ernst Klee (Hg.): Das Personenlexikon zum Dritten Reich. Wer war was vor und nach 1945. Frankfurt a. M. 2003, 598.
KNAUS, Karl: Art. Kullen, Johannes, http://www.bbkl.de/k/Kullen_j1.shtm (abgerufen am 24.2.2011).
KNIGGE, Heinz-Dieter: Jesu Tod und unser Glaube (Das Gespräch 60). Wuppertal-Barmen 1965.
KOLB, Julia: Der Streit um das Tischgebet im Evangelischen Stift Tübingen in den Jahren 1968-1970. In: Siegfried Hermle / Jürgen Kampmann (Hg.): Die evangelikale Bewegung in Württemberg und Westfalen. Anfänge und Wirkungen (BWFKG 39). Bielefeld 2012, 257–271.
KÖPF, Ulrich: Art. Baur, Ferdinand Christian: RGG⁴, Bd. 1, 1183–1185.
KRAUSHAAR, Wolfgang: 1968 als Mythos, Chiffre und Zäsur. Hamburg 2000.
KUHN, Thomas K.: Art. Strauß, David Friedrich. In: TRE 32. Berlin, New York, 241–246.
KÜHN, Ulrich: Kirche (Handbuch systematischer Theologie 10). Gütersloh 1980.
KÜNNETH, Walter: Das Bekenntnis des Glaubens in der theologischen Verwirrung unserer Zeit. Metzingen 1966.
KURLANSKY, Mark: 1968. The year that rocked the world. New York 2005.
LÄCHELE, Rainer: Ein Volk, ein Reich, ein Glaube. Die „deutschen Christen" in Württemberg 1925-1960 (QFWKG 12). Stuttgart 1994.

–: In der Welt leben, an Gott glauben. Ein Jahrhundert Frömmigkeit und Öffentlichkeit: Das Evangelische Gemeindeblatt für Württemberg. Stuttgart 2005.

LACHENMANN, Hans: Zwischen Theologie und Gemeindefrömmigkeit. In: LM 3 (1964), 565–573.

LANDESBRUDERRAT DER WÜRTTEMBERGISCHEN BEKENNTNISGEMEINSCHAFT: Erklärung zur Bultmannschen Theologie. In: FAB 6 (1952), 18–23.

LANGE, Dietrich: Kritische Kirche. Eine Dokumentation (Ad hoc 1). Gelnhausen [u.a.] 1969.

LANG, Friedrich: Die Entstehung des Neuen Testaments und die Probleme der Schriftauslegung. In: Evangelische Landeskirche in Württemberg / Landessynode, Theologie, 11–32.

LEUDESDORFF, René: Salz der Kirche – Dialog mit der Welt. 1960–1969. In: Deutscher Evangelischer Kirchentag / Rüdiger Runge (Hg.): Kirche in Bewegung. 50 Jahre Deutscher Evangelischer Kirchentag. Gütersloh 1999, 93–102.

LÜCK, Renate: Ein Gespräch über die Geschichte der OK. In: Stepper, Vielfalt, 46–49.

LUDWIG, Hartmut: Die Barmer Theologische Erklärung 1934–1984. Vorgeschichte – Entstehung – Rezeption. In: Standpunkt 12 (1984), 136–140.

LUTHER, Martin: Werke (Weimarer Ausgabe 1883–2009).

M. HAHN'SCHE GEMEINSCHAFT: Die Hahn'sche Gemeinschaft. Ihre Entstehung und seitherige Entwicklung, Mit einer Reihe von Lebensbildern (1). Stuttgart 1949².

MAHRENHOLZ, Ernst Gottfried: Parteiungen in der Kirche. In: Präsidium des Deutschen Evangelischen Kirchentages (Hg.): Deutscher Evangelischer Kirchentag Stuttgart 1969 (Dokumente 14). Stuttgart, Berlin 1970, 300–304.

MCKEE, Elsie Anne: Katharina Schütz Zell. Leiden 1999.

MCLEOD, Hugh: European Religion in the 1960s. In: Hermle / Lepp / Oelke, Umbrüche, 35–50.

MEHLHAUSEN, Joachim: Art. Nationalsozialismus und Kirchen. In: TRE 24. Berlin, New York, 43–78.

–: Kirchenpolitik. Erwägungen zu einem undeutlichen Wort. In: Mehlhausen, Vestigia, 336–362.

–(Hg.): Vestigia Verbi. Aufsätze zur Geschichte der evangelischen Theologie (AKG 72). Berlin [u.a.] 1999.

METZGER, Hartmut: Kristallnacht. Dokumente von gestern zum Gedenken heute. Stuttgart 1978.

MEUSER, Michael / NAGEL, Ulrike: ExpertInneninterviews – vielfach erprobt, wenig bedacht. Ein Beitrag zur qualitativen Methodendiskussion. In: Detlef Garz / Klaus Kraimer (Hg.): Qualitativ-empirische Sozialforschung. Konzepte, Methoden, Analysen. Opladen 1991, 441–471.

MICHAEL, Johannes Petrus: Evangelische Lehrzucht und ihre Anwendung. Zum Entscheid gegen Richard Baumann. In: Orientierung. Katholische Blätter für weltanschauliche Information 17 (1953).

MICHEL, Otto: Anpassung oder Widerstand. Eine Autobiographie. Wuppertal, Zürich 1989.

MIKOTEIT, Matthias: Die „Bünder Konferenz" in den 1960er und 1970er Jahren. In: Siegfried Hermle / Jürgen Kampmann (Hg.): Die evangelikale Bewegung in Württemberg und Westfalen. Anfänge und Wirkungen (BWFKG 39). Bielefeld 2012, 97–176.

MOERSCH, Karl: David Friedrich Strauss und die Frommen im Lande. Tübingen 1985.

MÜLLER, Eberhard: Die Welt ist anders geworden. Fragen an die Kirche, Sonderdruck aus den Heften 2–4. In: Die neue Furche (1953).

–: Widerstand und Verständigung. Fünfzig Jahre Erfahrungen in Kirche und Gesellschaft 1933–1983. Stuttgart 1987.

MÜLLER, Paul: In der Schule des Meisters. Erinnerungen aus 80 Jahren (Paulus-Paperbacks 9). Heilbronn 1976.

NÄRGER, Nikolaus: Das Synodalwahlsystem in den deutschen evangelischen Landeskirchen im 19. und 20. Jahrhundert (Jus ecclesiaticum 36). Tübingen 1988.

NEFF, Anette (Hg.): Oral history und Landeskirchengeschichte. Religiosität und kirchliches Handeln zwischen Institution und Biographie. Darmstadt 2004.

NICOLAISEN, Carsten / SILOMON, Anke / SCHULZE, Nora: Die Protokolle des Rates der Evangelischen Kirche in Deutschland. Bd. 4: 1950 (AKIZ.A 13) 2007.

NIETHAMMER, Lutz (Hg.): Lebenserfahrung und kollektives Gedächtnis. Die Praxis der „Oral History". Frankfurt am Main 1980.

–: Wir kriegen jetzt andere Zeiten. Auf der Suche nach der Erfahrung des Volkes in nachfaschistischen Ländern (Lebensgeschichte und Sozialkultur im Ruhrgebiet 1930 bis 1960 3). Berlin 1985.

NORDEN, Günther van / SCHOENBORN, Paul Gerhard / WITTMÜTZ, Volkmar: Wir verwerfen die falsche Lehre. Arbeits- und Lesebuch zur Barmer Theologischen Erklärung und zum Kirchenkampf. Wuppertal-Barmen 1984.

NUDING, Albrecht: „Kirche ist nicht. Sie ereignet sich". Kirchenreform im Neuland einer Siedung - „Ramtel". In: Orth, Augen, 91–118.

–: Das Modell einer ‚Ortsgemeinde von morgen'. Kirchenreform im Ramtel. In: Ehmer / Lächele / Thierfelder, Reform, 15–79.

OEHLMANN, Karin: Die Trennung von Bekenntnisgemeinschaft und Kirchlich-theologischer Sozietät in Württemberg 1938. Zulassungsarbeit zur I. Kirchlichen Dienstprüfung. Tübingen 1999.

–: „Ich sehe die entscheidende Grenze für den Dienst der Theologin am Mann, nicht am Sakrament". Der lange Weg der württembergischen Theologinnen zur Gleichstellung im Pfarramt. In: Ursula Kress (Hg.): Grüß Gott, Frau Pfarrerin. 40 Jahre Theologinnenordnung - Aufbrüche zur Chancengleichheit. Stuttgart 2008, 45–60.

–: Die Synoden als Foren der Politisierung. In: Fitschen u. a., Politisierung, 61–76.

–: Walter Tlach - vom Initiator der Ludwig-Hofacker-Konferenz zum ersten Studienleiter des Bengelhauses. Eine biografische Skizze. In: Siegfried Hermle / Jürgen Kampmann (Hg.): Die evangelikale Bewegung in Württemberg und Westfalen. Anfänge und Wirkungen (BWFKG 39). Bielefeld 2012, 305–313.

–: Blumhardt-Jünger oder Buttlar'sche Rotte - der Skandal um die Kreuzbruderschaft Neresheim. Eine Erinnerung an Walter Tlach zum 100. Geburtstag. In: BWKG 113 (2013), 289–314.

– /HERMLE, Siegfried: Streitkultur in der Landeskirche, Online-Texte der Evangelischen Akademie Bad Boll, http://www.ev-akademie-boll.de/fileadmin/res/otg/520308-Hermle.pdf (abgerufen am 22.7.2014).

OELKE, Harry: Einleitung. In: Hermle / Lepp / Oelke, Umbrüche, 19–31.

ORTH, Gottfried (Hg.): Mit den Augen der anderen sehen. Versuche zu Leben und Werk von Paul-Gerhard Seiz (1932–1988) (Ausser der Reihe 6). Rothenburg 1996.

OTT, Bernhard: Beyond fragmentation. Integrating mission and theological education. A critical assessment of some recent developments in Evangelical theological education. Oxford [u. a.] 2001.

PABST, Stefan: Otto Uhlig (1902–1984). ‚Meine Entwicklung vollzog sich nicht nach einem von vornherein festgelegten Plan'. In: Dieter G. Maier / Jürgen Nürnberger / Stefan Pabst (Hg.): Vordenker und Gestalter des Arbeitsmarktes. Elf Biografien zur Geschichte der deutschen Arbeitsverwaltung, Zum 25jährigen Bestehen der „Sammlung (Dokumentation) der BA zur Entwicklung der Arbeitsverwaltung in Deutschland" (SEAD-BA) (HdBA-Bericht 5). Mannheim 2012, 205–222.

PFANDER, Martin: Vorgeschichte und Anfangsjahre des Albrecht-Bengel-Hauses in Tübingen. In: Gerhard Maier (Hg.): Die Hoffnung festhalten. Festgabe für Walter Tlach zum 65. Geburtstag von Lehrern und Studenten des Albrecht-Bengel-Hauses in Tübingen und seinen Freunden dargebracht (Edition C: C, Paperback 15). Neuhausen 1978, 167–209.

PFLAUM, Lienhard: Die Kirchturmuhr. Oder: Was wir vom Evangelischen Kirchentag erwarten (Aktuelle Fragen 1). Bad Liebenzell 1968.

PRÄSIDIUM DER 7. WÜRTTEMBERGISCHEN EVANGELISCHEN LANDESSYNODE: Informationen aus der 7. Württembergischen Evangelischen Landessynode. Vorschau und Rückblick. Stuttgart 1971.

REICHLE, Erika: Die Theologin in Württemberg. Geschichte, Bild, Wirklichkeit eines neuen Frauenberufes (Europäische Hochschulschriften 35). Frankfurt/M. 1975.

–: Frauenordination. Studie zur Geschichte des Theologinnen-Berufes in den evangelischen Kirchen Deutschlands (BRD). In: Claudia Pinl / u. a. (Hg.): Frauen auf neuen Wegen. Studien und Problemberichte zur Situation der Frauen in Gesellschaft und Kirche. Gelnhausen, Berlin 1978, 103–180.

REITZ-DINSE, Annegret: Theologie in der Diakonie. Exemplarische Kontroversen zum Selbstverständnis der Diakonie in den Jahren 1957–1975. Neukirchen-Vluyn 1998.

RENDTORFF, Trutz / TÖDT, Heinz Eduard: Theologie der Revolution. Analysen und Materialien (Edition Suhrkamp 258). Frankfurt a.M. 1968.

RICOEUR, Paul: Gedächtnis, Geschichte, Vergessen (Übergänge 50). München 2004.

RIENECKER, Fritz: Stellungnahme zu Bultmanns „Entmythologisierung". Eine Antwort für die bibelgläubige Gemeinde (Biblische Studien und Zeitfragen 3). Wuppertal 1951.

RINGWALD, Alfred: Die Hofacker-Vereinigung. In: Helmut Bornhak (Hg.): Ludwig Hofackers Ruf einst und heute (Unsere geistlichen Ahnen 2). Stuttgart 1969³, 40–53.

RITTBERGER-KLAS, Karoline: Kirchenpartnerschaften im geteilten Deutschland. Am Beispiel der Landeskirchen Württemberg und Thüringen (AKIZ.B 46). Göttingen 2006.

RÖHM, Fritz: „Nicht du trägst die Wurzel, sondern die Wurzel trägt dich". Herkünfte und Herleitungen. In: Orth, Augen, 27–66.

–: Geburt(swehen). In: Agster, Jahre, 12–19.

RÖSSLER, Martin: Die Geschichte des Bundes für Freies Christentum, http://www.bund-freies-christentum.de/geschichte.html (abgerufen am 12. 2. 2015).

RUCHT, Dieter: Neue soziale Bewegungen, http://www.bpb.de/nachschlagen/lexika/handwoerterbuch-politisches-system/40336/neue-soziale-bewegungen?p=all (abgerufen am 24. 4. 2013).

RÜCKERT, Hanns: Vorträge und Aufsätze zur historischen Theologie. Tübingen 1972.

Ruppert, Godehard, u. a.: Einführung. Kirchengeschichte im Religionsunterricht. In: Rainer Lachmann (Hg.): Kirchengeschichtliche Grundthemen. historisch - systematisch - didaktisch (TLL 3). Göttingen 2003, 11–42.

Sattler, Dorothea: Die Kirche unter Gottes Wort. Schriftverständnis und Schriftgebrauch als Thema ökumenischer Dokumente. In: Wolfhart Pannenberg (Hg.): Verbindliches Zeugnis III. Schriftverständnis und Schriftgebrauch (Dialog der Kirchen 10). Freiburg i. Br. 1998, 13–42.

Schade, Gerhard: Ich weiß woran ich glaube, Hamburg 1947.

Schäfer, Gerhard: Die Württembergische Landessynode damals und heute. In: FAB 30 (1976), 728–733.

–: Zum württembergischen Gesangbuch vom Jahr 1791. In: Zeitschrift für Württembergische Landesgeschichte 41 (1982), 401–413.

–: Zu erbauen und zu erhalten das rechte Heil der Kirche. Eine Geschichte der Evangelischen Landeskirche in Württemberg. Stuttgart 1984.

Schäfer, Hermann: Gemeinde bauen in der Trabantenstadt - ein Teil der Kirchenreform. Siedlungspfarrer in Bad Boll. In: Fischer, Aufbruch, 238–242.

Schäfer, Manfred: Synodalwahl 1971. Wählerbefragung. Stuttgart 1971.

Schaff, Philipp: The Creeds of Christendom. Vol. 3 The evangelical protestant creeds. Grand Rapids, MI 1983[6].

Scheffbuch, Rolf: Was haben wir als Lebendige Gemeinde bewirkt? Streiflichter aus 40 Jahre LG. Vortrag bei der Jahrestagung am 5. Februar 2011 in Korntal, http://www.lebendige-gemeinde.de/fileadmin/lg-online/data/archiv/jahrestagung-2011/jt2011_scheffbuch.pdf (abgerufen am 12. 2. 2015).

–: Wie kam's denn dazu? Kirchliche Entwicklung in Württemberg seit 1945, www.2010.lg-online.de/scheffbuch.html bzw. www.2010.lg-online.de/scheffbuch2.html (abgerufen am 25. 8. 2014).

–: Ludwig Hofacker. Der Mann, die Wirkung, die Bewegung (Telos-Bücher 5050). Neuhausen-Stuttgart 1988.

–: Das habe ich mit Gott erlebt. Neuhausen-Stuttgart 1997.

Scherrieble, Joachim: Reichenbach an der Fils unterm Hakenkreuz. Ein schwäbisches Industriedorf in der Zeit des Nationalsozialismus. Tübingen 1994.

–: „… bedeutete praktisch die Sammlung und Organisation der Kräfte des Widerstandes …". In: EuK-Info (2004), Beilage, o.P.

Schildt, Axel (Hg.): Dynamische Zeiten. Die 60er Jahre in den beiden deutschen Gesellschaften (Hamburger Beiträge zur Sozial- und Zeitgeschichte 37). Hamburg 2000.

Schlenker, Walter: Politik in der Kirche? Argumente und Dokumente. Stuttgart-Zuffenhausen 1969.

–: Zum Weg der Kirche heute. Ein Brief an die jungen und alten fortschrittlichen und konservativen Brüder und Schwestern im Pfarramt und in der Gemeinde. Stuttgart 1970.

Schlott, René: Der bizarre Tod des Stellvertreters. Papst Pius XII., http://einestages.spiegel.de/static/topicalbumbackground/2873/der_bizarre_tod_des_stellvertreters.html (abgerufen am 25. 6. 2013).

Schloz, Rüdiger: Württemberg und der Versuch einer Reform der EKD-Grundordnung 1970–1976. In: Ehmer / Lächele / Thierfelder, Reform, 108–142.

SCHMID, Anne-Lore / HERMANN, Reinhard: Konflikte und Streit in den 70er Jahren um ein unterschiedliches Kirchenverständnis. In: Agster, Jahre, 20–24.
SCHNATH, Gerhard: Fantasie für Gott. Gottesdienste in neuer Gestalt. Stuttgart 1965.
–(Hg.): Fantasie für die Welt. Gemeinden in neuer Gestalt. Stuttgart 1967.
SCHNURR, Jan Carsten: Rolf Scheffbuch (1931–2012). In: KJ 139 (2012). Gütersloh, 136–143.
SCHOLDER, Klaus: Die Kirchen und das Dritte Reich. Bd. 2: Das Jahr der Ernüchterung 1934, Barmen und Rom. München 2000.
SCHRAMM, Luise: Evangelische Kirche und Anti-AKW-Bewegung. Das Beispiel der Hamburger Initiative Kirchliche Mitarbeiter und Gewaltfreie Aktion im Konflikt um das AKW Brokdorf 1976 bis 1981. Diss. Masch. 2014.
SEIZ, Paul-Gerhard: Die Kirche in der Siedlung von heute. Zur Praxis des Gemeindeaufbaus in der Siedlung. In: Paul-Gerhard Seiz / Marlies Cremer (Hg.): Die Siedlung als Neuland der Kirche (Kirchenreform 2). Stuttgart 1968, 13–30.
– /SIMPFENDÖRFER, Werner / WACKER, Gerhard: Leonberg-Ramtel: Reform durch Kooperation. In: Gerhard Schnath (Hg.): Fantasie für die Welt. Gemeinden in neuer Gestalt. Stuttgart 1967, 70–83.
SIEGELE-WENSCHKEWITZ, Leonore / NICOLAISEN, Carsten: Theologische Fakultäten im Nationalsozialismus (AKIZ.B 18). Göttingen 1993.
SILOMON, Anke: Die Protokolle des Rates der Evangelischen Kirche in Deutschland. Bd. 4: 1950 (AKIZ.A 14). Göttingen 2007.
SIMPFENDÖRFER, Werner: Einleitung. Die Tagesordnung der Welt – Entscheidungsfrage der Kirchenreform. In: Werner Simpfendörfer / Georges Casalis (Hg.): Die Gemeinde vor der Tagesordnung der Welt. Dokumente und Entwürfe (Kirchenreform 1). Stuttgart 1968, 9–13.
–: Vorwort. In: Werner Simpfendörfer / Georges Casalis (Hg.): Die Gemeinde vor der Tagesordnung der Welt. Dokumente und Entwürfe (Kirchenreform 1). Stuttgart 1968, 5–6.
–: Offene Kirche, kritische Kirche. Kirchenreform am Scheideweg. Stuttgart 1969.
–: Kirchenreform in Württemberg. Vortrag vor der Tübinger Prophezey, 31. 10. 1988. Tübingen. Nachschrift nach Kassettenmitschnitt.
SMITH-VON OSTEN, Annemarie: Von Treysa 1945 bis Eisenach 1948: zur Geschichte der Grundordnung der Evangelischen Kirche in Deutschland (AKIZ.B 9). Göttingen 1980.
SÖHNER, Hermann: Eine Station auf dem Weg zur ‚Offenen Kirche'. Persönliche Erinnerung ohne schriftliche Urkunden.
SPAETH, David: Thaddäus Troll. SWR-Fernsehen, 16. 3. 2014.
SPAMBALG, Peter: Gesprächskreise, keine Fraktionen. In: Präsidium der 7. Württembergischen Evangelischen Landessynode, Informationen, 18.
STANTON, Elizabeth Cady: The Womans Bible. Boston 1993.
STARR, Louis M.: Oral History in den USA. Probleme und Perspektiven. In: Niethammer, Lebenserfahrung, 27–54.
STEPPER, Ulrike (Hg.): Für Vielfalt und Gerechtigkeit – mit Profil und Biss. 40 Jahre Offene Kirche. o.O. 2012.
STEUDLE, Theophil: Brennpunkt Tübingen. Studentengemeinde und Studentenpfarrer 1968–1976. In: Ehmer / Lächele / Thierfelder, Reform, 213–221.
STÖRIG, Hans Joachim: Kleine Weltgeschichte der Philosophie. Frankfurt am Main 1987.

STRATMANN, Hartmut: Kein anderes Evangelium. Geist und Geschichte der neuen Bekenntnisbewegung. Hamburg 1970.

STROHM, Christoph: Die Kirchen im Dritten Reich (Schriftenreihe / Bundeszentrale für Politische Bildung 1205). Bonn 2011.

STUHLMACHER, Peter: Das Auferstehungszeugnis nach 1. Korinther 15, 1–20. In: Evangelische Landeskirche in Württemberg / Landessynode, Theologie, 33–59.

STUTTGARTER EVANGELISCHES SONNTAGSBLATT (Hg.): Das Wort sie sollen lassen stahn. Beiträge zum Gespräch zwischen Theologie und Gemeindefrömmigkeit. Stuttgart 1962.

TESAK, Gerhild: Art. Kritische Theorie. In: Wulff D. Rehfus (Hg.): Handwörterbuch Philosophie, Onlineausgabe (UTB 8208). Göttingen 2003.

THIELICKE, Helmut: Zu Gast auf einem schönen Stern. Erinnerungen. Hamburg 1984.

–: Theologische Ethik. Entfaltung: Ethik des Politischen (2, 2). Tübingen 1987^4.

THIERFELDER, Jörg: Art. Kirchlich-theologische Sozietät. In: RGG^4, Bd. 4, 1380.

TLACH, Walter: Antwort an Ernst Käsemann. Theologische Beilage zum Informationsbrief Nr. 14. In: Informationsbrief der Bekenntnisbewegung „Kein anderes Evangelium" (1968).

TREIDEL, Rulf: Evangelische Akademien im Nachkriegsdeutschland: gesellschaftliches Engagement in kirchlicher Öffentlichkeitsverantwortung (KoGe 22). Stuttgart 2001.

TRIPP, Sebastian: Struktureller Wandel in evangelischen Landeskirchen in der BRD seit 1950. In: Wilhelm Damberg (Hg.): Die neue Mitte der Kirche. Der Aufstieg der intermediären Instanzen in den europäischen Großkirchen seit 1945 (KoGe 42). Stuttgart 2010, 63–84.

TROMMERSHÄUSER, Rolf: Die Celler Konferenz von 1968/69, http://www.transparenton line.de/index.php/die-hefte/39-nr-90/259-die-celler-konferenz-von-196869 (abgerufen am 12. 2. 2015).

TÜBINGER PROJEKTGRUPPE FRAUEN IM KIRCHENKAMPF: Im Dunstkreis der rauchenden Brüder. Frauen im württembergischen Kirchenkampf (Prophezey-Schriften 5). [Tübingen] 1996.

UNIVERSITÄT TÜBINGEN, Evangelisch-Theologische Fakultät: Für und wider die Theologie Bultmanns. Denkschrift der Ev. theol. Fakultät der Universität Tübingen, dem württembergischen Landkirchentag überreicht am 11. 3. 1952 (Sammlung gemeinverständlicher Vorträge und Schriften aus dem Gebiet der Theologie und Religionsgeschichte 198, 199). Tübingen 1952.

VELLER, Reinhard: Theologie der Industrie- und Sozialarbeit. Zur Theologie der evangelischen Industrie- und Sozialarbeit (Gesellschaft, Kirche, Wirtschaft 2). Köln 1974.

VERHANDLUNGEN DES 3. EVANGELISCHEN LANDESKIRCHENTAGS in den Jahren 1933 bis 1946, z. T. Masch. Stuttgart o. J.

VERHANDLUNGEN DES 4. EVANGELISCHEN LANDESKIRCHENTAGS in den Jahren 1947 bis 1953. Stuttgart o. J.

VERHANDLUNGEN DES 4. EVANGELISCHEN LANDESKIRCHENTAGS in den Jahren 1947 bis 1953. Beilagenband. Stuttgart o. J.

VERHANDLUNGEN DES 5. EVANGELISCHEN LANDESKIRCHENTAGS in den Jahren 1953 bis 1959. Stuttgart o. J.

VERHANDLUNGEN DER 6. EVANGELISCHEN LANDESSYNODE in den Jahren 1959 bis 1965. Stuttgart o. J.

VERHANDLUNGEN DER 6. EVANGELISCHEN LANDESSYNODE in den Jahren 1959 bis 1965. Beilagenband. Stuttgart o. J.

VERHANDLUNGEN DER 7. EVANGELISCHEN LANDESSYNODE in den Jahren 1966 bis 1971. Stuttgart o. J.

VERHANDLUNGEN DER 8. EVANGELISCHEN LANDESSYNODE in den Jahren 1972 bis 1977. Stuttgart o. J.

VERHANDLUNGEN DER 13. EVANGELISCHEN LANDESSYNODE in den Jahren 2002 bis 2007. Stuttgart o. J.

VERHANDLUNGEN DER 15. EVANGELISCHEN LANDESSYNODE in den Jahren 2014 bis 2020. Stuttgart.

VOLLNHALS, Clemes: Die kirchenpolitische Abteilung des Ministeriums für Staatssicherheit, http://www.nbn-resolving.org/urn:nbn:de:0292-97839421305857 (abgerufen am 2.7.2013).

VOLZ, Lenore: Talar nicht vorgesehen. Pfarrerin der ersten Stunde. Stuttgart 1994.

WACKER, Gerhard (Hg.): Kirche im Werden einer Dienstgruppe. Die Kolonie im Ramtel. Gemeinsamer Schlußbericht einer experimentellen kirchlichen Gruppe. Mit dem offiziellen Bericht der Visitation besonderer Art Leonberg-Ramtel (Kirchenreform 5). Stuttgart 1970.

WASSMANN, Harry: Der „Fall Bultmann" in Württemberg (1941–1953). Der Alpirsbacher Mythologievortrag im Spannungsfeld von Kirchenleitung und Universitätstheologie. In: Bausteine zur Tübinger Universitätsgeschichte Bultmann (1989), 137–176.

WATZA, Ludwig: Editorial, http://www.bpb.de/apuz/26233/editorial (abgerufen am 5.11.2013).

WESSELING, Klaus-Gunter: Art. Rückert, Hanns, http://www.bautz.de/bbkl/r/rueckert_h.shtml (abgerufen am 17.6.2011).

–: Art. Stauffer, Ethelbert. In: Friedrich Wilhelm Bautz (Hg.): Biographisch-bibliographisches Kirchenlexikon 10. Nordhausen 1995, 1245–1250.

WHITE, Hayden V.: Die Bedeutung der Form. Erzählstrukturen in der Geschichtsschreibung (Fischer 7417). Frankfurt am Main 1990.

WIDMANN, Martin: Die Geschichte der Kirchlich-theologischen Sozietät in Württemberg. In: Karl-Adolf Bauer (Hg.): Predigtamt ohne Pfarramt? Die „Illegalen" im Kirchenkampf. Neukirchen-Vluyn 1993, 110–190.

WIKIPEDIA.DE: Art. Kortzfleisch, Siegfried von, http://de.wikipedia.org/wiki/Siegfried_von_Kortzfleisch (abgerufen am 22.7.2014).

WIKIPEDIA.DE: Art. Lamparter, Helmut, http://de.wikipedia.org/wiki/Helmut_Lamparter (abgerufen am 29.4.2014).

WIKIPEDIA.DE: Art. Uhlig, Karl Otto, http://de.wikipedia.org/wiki/Karl_Otto_Uhlig (abgerufen am 21.7.2014).

WILLIAMS, Colin W.: Gemeinden für andere. Orientierung zum kirchlichen Strukturwandel. Stuttgart 1965.

WIMMER, Ulrich: Arbeitswelt – Teil der Schöpfung. In: Manfred Fischer (Hg.): Aufbruch zum Dialog. Auf dem Weg zu einer Kultur des Gesprächs, 50 Jahre Evangelische Akademie Bad Boll. Stuttgart 1995, 86–91.

WISCHNATH, Johannes Michael: Am Wendepunkt. Otto Michel und sein „kritisches Wort" zur Tübinger Fakultätsdenkschrift „Für und wider die Theologie Bultmanns". In:

Helgo Lindner (Hg.): „Ich bin ein Hebräer". Gedenken an Otto Michel (1903–1993). Gießen 2003, 48–78.

WOLFSBERGER, Hanspeter: Geschichte der Evang.-Kirchl.-Arbeitsgemeinschaft für biblisches Christentum/Ludwig-Hofacker-Vereinigung von ihren Anfängen bis zum Jahr 1961, Häusliche Arbeit zum I. theol. Examen. Stuttgart 1975. Masch.

WORLD COUNCIL OF CHURCHES / COMMISSION ON FAITH AND ORDER / RODGER, Patrick C.: Montreal 1963. Bericht der Vierten Weltkonferenz für Glauben und Kirchenverfassung Montreal, 12.–26. Juli 1963. Zürich 1963.

WORLD COUNCIL OF CHURCHES / REFERAT FÜR FRAGEN DER VERKÜNDIGUNG / WESTEUROPÄISCHE ARBEITSGRUPPE: Die Kirche für andere und Die Kirche für die Welt im Ringen um Strukturen missionarischer Gemeinden. Schlußberichte der Westeuropäischen Arbeitsgruppe und der Nordamerikanischen Arbeitsgruppe des Referats für Fragen der Verkündigung. Genf 1967.

ZWINK, Eberhard: David Friedrich Strauß. Zerstörer unhaltbarer Lösungen und Prophet einer kommenden Wissenschaft. Stuttgart 2008.

Personenregister / Biogramme

Den überwiegenden Teil der biographischen Angaben verdankt die Verfasserin dem von Hermann Ehmer und Hansjörg Kammerer herausgegebenen „Biographischen Handbuch der Württembergischen Landessynode", den Magisterbüchern der Württembergischen Landeskirche sowie Gisa Bauers Werk über die „Evangelikale Bewegung und Evangelische Kirche in der Bundesrepublik Deutschland". Gemäß den Vorgaben der Reihe wurden keine Einzelnachweise angegeben; bei Personen, die im „Personenlexikon zum deutschen Protestantismus 1919-1949" genannt sind, wird auf dieses verwiesen. Da etliche der im vorliegenden Buch genannten Akteure noch leben, wurden für diese, mit Rücksicht auf Datenschutz-Belange, nur frei zugängliche Informationen aufgenommen.

ABELE, Walter, Pfarrer   140, 156, 189 f., 276, 279, 282, 284, 287, 291, 293, 297, 312–317, 320, 354
geb. 16. 2. 1924 Heilbronn, gest. 29. 5. 2004 Kusterdingen
1957 Pfarrer in (Fichtenau-)Wildenstein, 1973–1988 (Reutlingen-)Sondelfingen; Gründer und Leiter der BKAE in Württemberg.

ADENAUER, Konrad, Bundeskanzler   144, 157, 161, 171, 198
geb. 5. 1. 1876 Köln, gest. 19. 4. 1967 Rhöndorf bei Bonn
1917–1933 Oberbürgermeister Köln, 1944 verhaftet, 1945 Oberbürgermeister Köln, Gründungs- und Vorstandsmitglied der CDU-Rheinland, MdL, 1948/49 Präsident des Parlamentarischen Rates, 1949–1967 MdB, 1949–1963 Bundeskanzler, 1950–1966 Bundesvorsitzender der CDU.

ADLER, Walter, Pfarrer   285
geb. 1911, gest. 1980
1939 Pfarrer in Sennfeld, 1947 Mitarbeiter des Männerwerkes in Mannheim (Industriepfarrer), 1955–1979 Pfarrer in Mannheim; 1966 Mitbegründer und Vorsitzender der Arbeitsgemeinschaft für das biblische Evangelium (Evangelische Vereinigung für Bibel und Bekenntnis in Baden).

ANGER, Irmgard, Sekretärin der KB   17, 155, 169
geb. 29. 12. 1930 Stuttgart, gest. 4. 1. 2007 Stuttgart
Pfarramtssekretärin in Stuttgart-Zuffenhausen bei Pfr. Dr. Herbert Werner; Gründungsmitglied der Kirchlichen Bruderschaft in Württemberg, 1957–2007 ehrenamtliche Sekretärin, ab 1962 im Vorstand.

ARNOLD, Walter, Pfarrer, CVJM-Reichswart, OKR   308 f., 328
geb. 11. 7. 1929 Stuttgart, gest. 8. 4. 1994
1959 Pfarrer Stadtkirche Ludwigsburg, 1964 Reichswart des CVJM in Kassel, 1973–1992 Oberkirchenrat in Stuttgart; 1977 Präsident des CVJM-Weltbundes.

ASMUSSEN, Hans, Pfarrer, Leiter der EKD-Kirchenkanzlei   138, 147 f.
   geb. 21. 8. 1898 Flensburg, gest. 30. 12. 1968 Speyer
   [PERSONENLEXIKON, 22 f.].
BARGEN, Malte von, Dr. jur., Rechtsanwalt   241, 261, 302, 304, 306, 351
   geb. 7. 8. 1929 Riga
   Rechtsanwalt und Direktor bei der Allianz-Lebensversicherung in Stuttgart, 1973 Vorstand der Victoria-Versicherung in Düsseldorf, 1986 Rechtsanwalt in Düsseldorf, 1994 in Tübingen, 1997 in Dresden; Mitglied der Landessynode 1966-1971.
BARTH, Karl, Pfarrer, Universitätslehrer (ST)   37, 75 f., 91, 102, 129, 148, 158, 162 f., 169, 198
   geb. 10. 5. 1886 Basel, gest. 10. 12. 1968 Basel
   [Personenlexikon, 27].
BAUERNFEIND, Otto, Pfarrer, Universitätslehrer (NT)   69
   geb. 14. 1. 1889 Behrenhoff, gest. 26. 12. 1972 Tübingen
   [Personenlexikon, 29].
BAUMANN, Richard, Pfarrer   23, 25, 73 f.
   geb. 5. 8. 1899 Stuttgart, gest. 2. 1. 1997 Tübingen
   1926 Pfarrer in Besenfeld, 1936 in Genkingen, 1940 in Möttlingen, 1947 in den Wartestand versetzt, 1953 Lehrzuchtverfahren und Entlassung aus dem Pfarrdienst, 1982 zur römisch-katholischen Kirche konvertiert.
BÄUMER, Rudolf, Pfarrer, Gründer und Leiter der BKAE   18, 36, 40, 107, 268, 270, 275, 282-285, 287, 294-296, 299, 309, 312 f., 316, 323-329, 331, 369, 371
   geb. 17. 11. 1912 Heimsen an der Weser, gest. 10. 3. 1993
   1935/36 Schriftführer im Bruderrat der bekenntniskirchlichen Studentengruppe in Münster, 1937 Verwalter des Theologiestudentenamtes der Bekennenden Kirche in Westfalen, 1945 Pfarrer in Espelkamp, Leiter des Ludwig-Steil-Hofes für Aussiedler in Espelkamp; 2. Vorsitzender des kirchlichen Blauen Kreuzes für Suchtgefährdete, Vorsitzender des westfälischen Jungmädchen-Werkes, 1966 Mitbegründer der BKAE, 1967-1987 Vorsitzender, 1988-1992 stellvertretender Vorsitzender der BKAE, 1969 Mitbegründer des Theologischen Konventes der BKAE, 1970 Mitbegründer der Konferenz der bekennenden Gemeinschaften in Deutschland, 1973 Mitbegründer und 1. Vorsitzender des Gemeindetags unter dem Wort.
BAUR, Ferdinand Christian, Pfarrer, Universitätslehrer (KG)   59, 61, 72
   geb. 21. 6. 1792 Schmiden bei Fellbach, gest. 2. 12. 1860 Tübingen
   1817 Professor für Alte Sprachen am Seminar Blaubeuren, 1826 Professor an der Universität Tübingen; etablierte die historisch-kritische Methode in der neutestamentlichen Forschung.
BAUR, Jörg, Pfarrer, Universitätslehrer (ST)   246
   geb. 17. 7. 1930 in Tübingen
   1961 Promotion, 1964-1969 Pfarrer in Leuzendrof, 1967 Habilitation in Erlangen, 1969 Professur in München, 1978-1997 in Göttingen.
BECK, Julius, Mittelschulrektor, Gründer der AGBC   27, 31-33, 35, 37, 40, 45 f, 51-56, 59 f, 80, 82-89, 91, 96 f., 100, 111, 119, 124, 142, 253 f., 274, 395 f., 400
   geb. 23. 3. 1887 Altingen, gest. 20. 4. 1962 Stuttgart
   Notariatsschreiber in Stuttgart, Seminarlehrer in Lichtenstern bei Löwenstein, 1916 Lehrer in Calw, 1947-1950 Rektor der Volks- und Mittelschule; ab 1924 Schriftleiter des

Personenregister / Biogramme 431

„Lehrerboten", 1945 Leiter der Evangelischen Lehrergemeinschaft in Württemberg, Leiter der Hahn'schen Gemeinschaft in Calw, 1952 Mitbegründer und Vorsitzender der Evangelisch-Kirchlichen Arbeitsgemeinschaft für Biblisches Christentum, Mitglied der Landessynode 1948.

BECK, Karl, Fabrikant   134
geb. 25. 12. 1895 Sindelfingen, gest. 3. 3. 1985 Gomaringen
1920 Lehrer in Gomaringen, ab 1928 Inhaber einer Strickwarenfabrik; ca. 1928–1962 CVJM-Vorstand, bis 1985 Leiter der örtlichen M. Hahn'schen Gemeinschaft, 1945 kommissarischer Bürgermeister.

BECKMANN, Joachim, Pfarrer, Präses, kirchlicher Dozent und Universitätslehrer (Kirchenkunde)   45, 62, 79, 163, 175
geb. 18. 7. 1901 Wanne-Eickel, gest. 18. 1. 1987 Düsseldorf
[PERSONENLEXIKON, 31].

BENDER, Julius, Pfarrer, Landesbischof   50
geb. 30. 8. 1893 Michelfeld/Baden, gest. 19. 1. 1966 Karlsruhe
[PERSONENLEXIKON, 32].

BENGEL, Johann Albrecht, Prälat, Konsistorialrat, Vordenker des schwäbischen Pietismus   39, 45, 87, 254
geb. 24. 6. 1687 Winnenden, gest. 2. 11. 1752 Stuttgart
1713 Klosterpräzeptor in Denkendorf, 1741 Prälat in Herbrechtingen, 1749 Abt des Klosters Alpirsbach, gleichzeitig Konstistorialrat in Stuttgart. Schriften zu Exegese und Textkritik des NT, Endzeittheorie (errechnete die Wiederkunft Christi für das Jahr 1836).

BERGMANN, Gerhard, Pfarrer   163
geb. 25. 7. 1914 Hagen, gest. 20. 11. 1981 Esslingen
1954 Pfarrer in Remscheid, 1959 hauptberuflicher Mitarbeiter der Zeltmission, 1960 Evangelist auf Großevangelisationen in Deutschland (teilweise zusammen mit Billy Graham), Autor zahlreicher populärwissenschaftlicher christlicher Schriften.

BEYERHAUS, Peter, Pfarrer, Universitätslehrer (Missionswissenschaft und Ökumene)   332, 370f.
geb. 1. 2. 1929 Hohenkränig/Mark Brandenburg
1955 Pfarrer in Berlin, 1957 Mitarbeiter der Berliner Missionsgesellschaft in Südafrika, 1965–1997 Prof. an der Universität Tübingen; 1970–1974 Rektor des Albrecht-Bengel-Hauses, 1972 Vorsitzender des Theologischen Konventes der Konferenz der bekennenden Gemeinschaften in Deutschland, 1978 Vorsitzender der Internationalen Konferenz bekennender Gemeinschaften, 1989–1996 Rektor der Freien Hochschule für Mission (FHM) in Korntal, 1997 Gründer und Leiter des Instituts „Diakrisis".

BIZER, Ernst, Pfarrer, Universitätslehrer (KG, Lutherforschung)   55, 116f.
geb. 29. 4. 1904 Tailfingen, gest. 1. 2. 1975 Remscheid
[PERSONENLEXIKON, 37].

BLAICH, Walter, Pfarrer, Vorsitzender der AGEuK   112, 133, 154f., 358, 382, 386
geb. 3. 4. 1936 Schwäbisch Gmünd
1963 Hilfsberichterstatter beim OKR, 1966 Pfarrer in (Weil der Stadt-)Merklingen, 1971 Evangelische Akademie Bad Boll Bereich Öffentlicher Dienst, 1979 Pfarrer in Bietigheim, 1986–2000 Dekan in Degerloch; 1980 stellvertretender Vorsitzender, 1990–99 Vorsitzender der Arbeitsgruppe Evangelium und Kirche.

Bock, Ernst, Pfarrer, Gründer der „Evangelischen Mitte"   384–387, 392
   geb. 15. 7. 1914 Oberndorf, gest. 14. 1. 2000 Korntal-Münchingen
   1946 Hilfsberichterstatter beim OKR, 1949 Pfarrer in Altburg, 1955 in Meßstetten, 1965–1973 an der Paul-Gerhardt-Kirche Stuttgart; Mitglied der Landessynode 1960–1965, 1974–1977.
Braun, Alfred, Oberstudiendirektor   97, 254, 267
   geb. 25. 3. 1901 Ammertsweiler bei Mainhardt, gest. 22. 11. 1978 Heilbronn
   Als Mathematiker und Physiker an der deutschen Oberrealschule in Buenos Aires, 1945–1950 Leiter des Ev. Hilfswerks im Bezirk Weinsberg, seit 1955 Aufbau des Justinus-Kerner-Gymnasiums Heilbronn; 1926–1931 im Deutschen CVJM in Buenos Aires, 1965 Mitglied des Ludwig-Hofacker-Kreises, Mitglied der Landessynode 1954–1959, 1971
Braun, Herbert, Pfarrer, Universitätslehrer (NT)   242, 244, 323
   geb. 4. 5. 1903 Warlubien/Westpreußen, gest. 27. 8. 1991 Mainz
   1930 Pfarrer in Friedrichshof (Ostpreußen), 1931 in Lamgarben, 1940 in Drengfurt, 1937 inhaftiert als Mitglied der Bekennenden Kirche, 1947 Dozent, 1949 Professor an der Kirchlichen Hochschule Berlin, 1952–1971 an der Universität Mainz.
Braun, Joachim, Pfarrer   220, 232–234, 241, 243 f., 353
   geb. 13. 6. 1904 Berlin, gest. 6. 8. 2003 Öschingen
   1932 Pfarrer Luisenstadt-Kirche Berlin, dort zuletzt Pfarrer der Stadtmission, 1945 Studentenpfarrer in Tübingen, 1946 Gründer des Amts für Volksmission, 1956–1971 Leiter des Amts für Missionarische Dienste beim Ev. Gemeindedienst in Stuttgart; 1965 Mitglied des Ludwig-Hofacker-Kreises, Mitglied der Landessynode 1966–1971.
Braun, Oscar, Fabrikant   134
   geb. 22. 12. 1882 Elberfeld, gest. 19. 11. 1968 Esslingen
   Mitglied der Landessynode 1937–1946.
Braun, Ruth   231
   geb. 27. 6. 1919 Besenfeld, gest. 28. 10. 2012 Esslingen
   langjährige Vorsitzende des Vereins für internationale Jugendarbeit und der Deutschen Ev. Bahnhofsmission Württ., Vorstandsmitglied der Frauenarbeit der Landeskirche, Mitglied der Landessynode 1966–1971.
Breuning, Else, Pfarrvikarin, Vorsitzende des Konvents württembergischer Theologinnen   187, 252, 258
   geb. 22. 5. 1929 Göppingen, gest. 30. 8. 1999 Tübingen
   1929 erstes Examen, Anstellung als „höher geprüfte kirchliche Religionshilfelehrerin", 1937 Leiterin der Diakonieschule in Ludwigsburg-Hoheneck, 1950 Pfarrvikarin bei der Diakonieschulgemeinschaft in Denkendorf, 1953 Pfarrvikarin (Klinikpfarramt) in Tübingen.
Bröcker, Walter, Universitätslehrer (Philosophie)   99
   geb. 19. 7. 1902 Itzehoe, gest. 3. 8. 1992 Kiel
   1928 Promotion bei Martin Heidegger, 1941 Professor an der Universität Rostock, 1948 Professor an der Universität Kiel.
Brunner, Peter, Pfarrer, Universitätslehrer (ST)   260
   geb 25. 4. 1900 Arheilgen bei Darmstadt, gest. 24. 5. 1981 Heidelberg
   [Personenlexikon, 46].

BUDER, Eberhard, Pfarrer   161, 187, 196, 342 f.
  geb. 23. 9. 1922 Stuttgart, gest. 10. 3. 2011 Bietigheim-Bissingen
  1953 Pfarrer in Münsingen, 1960 in Faurndau, 1968 in Stuttgart-Rot, 1980–1986 in Bietigheim; Mitglied der Kirchlichen Bruderschaft.
BUHR, Heinrich, Dr. theol., Pfarrer   99, 101 f., 105, 189
  geb. 17. 11. 1912 Tübingen, gest. 5. 6. 2001 Tübingen
  1942 Pfarrer in Schäftersheim (nominell), 1950 in Bietigheim, 1953–1977 in Pfrondorf.
BULTMANN, Rudolf, Universitätslehrer (NT)   31, 35 f., 38–55, 58–66, 68 f., 71–82, 84 f., 87, 99–102, 107, 131, 137–140, 142, 159, 186, 198, 206 f., 209 f., 212, 237, 243, 253, 321, 374, 400–402
  geb. 20. 8. 1884 Wiefelstede/Oldenburg, gest. 30. 7. 1976 Marburg
  [PERSONENLEXIKON, 48].
BURCHARD, Gerd, Architekt, Präsidiumsmitglied der KK   345, 356
  geb. 22. 12. 1929 in Leipzig, gest. 15. 1. 1995
  Tätigkeit als Architekt; Kirchengemeinderat in Göppingen, Leiter der KK-Regionalgruppe Göppingen, Engagement in der Friedensbewegung, 1984 Mitglied der ersten Grünen-Fraktion im Göppinger Gemeinderat.
BUSCH, Wilhelm, Dr. theol., Pfarrer   37–40, 47, 82, 94, 100, 103, 163, 274, 276
  geb. 27. 3. 1897 Elberfeld, gest. 20. 6. 1966 Bremen
  [PERSONENLEXIKON, 50].
BUSCH, Friedrich, Dr. theol., Pfarrer   275
  geb. 11. 11. 1909 Elberfeld, gefallen 1. 12. 1944 in Russland
  1933 Dozent für NT an der Kirchlichen Hochschule Ilsenburg, 1938 Leiter des Bahnauer Brüderhauses.
BÜSCHER, Wolfgang, Pfarrer   294
  geb. 2. 1. 1929 Groß-Wolderfeld, gest. 21. 4. 2010 Helmstedt
  1960 Pfarrer in Marsburg, 1964–1994 Pfarrer in Helmstedt; 2. Vorsitzender der Kirchliche Sammlung um Bibel und Bekenntnis in Braunschweig, Vorstandsmitglied und Pressesprecher der Bundesversammlung der Kirchlichen Sammlung um Bibel und Bekenntnis.
CLASS, Helmut, Pfarrer, Prälat, Landesbischof   86, 98, 221–225, 239 f., 343, 358, 360, 372–374, 379, 387
  geb. 1. 7. 1913 Geislingen-Altenstadt, gest. 4. 11. 1998 Nagold-Pfrondorf
  1939 Pfarrer in Heilbronn, 1949 Landesjugendpfarrer, 1958 Vorsteher der Ev. Diakonieschwesternschaft Herrenberg, 1968 Prälat in Stuttgart, 1969–1979 Landesbischof, 1973–1979 Ratsvorsitzender der EKD; Mitglied der Landessynode 1952–1968.
CONZELMANN, Hans, Pfarrer, Universitätslehrer (NT)   102
  geb. 27. 10. 1915 Tailfingen/Württ., gest. 20. 06. 1989
  1954 außerordentlicher, 1956 ordentlicher Professor an der Universität Zürich, 1960–1978 Professor an der Universität Göttingen.
COX, Harvey, Pfarrer, Universitätslehrer (ST), Autor   174, 179, 402
  geb. 19. 3. 1926 Malvern, MA/USA
  1957 Pastor der Baptistengemeinde und gleichzeitig Professor in Newton, MA/USA, 1969 Professor an der Havard University.
CREMER, Marlies, Studienleiterin an der Evang. Akademie Bad Boll   176, 179 f., 195
  geb. 1913, gest. 10. 10. 2008 Bad Boll

1932 Studium der Alten Sprachen, 1934 Arbeitsdienst, 1935 Studium der Volkswirtschaft, 1939 Arbeitsdienst, 1945 Hauslehrerin, 1949 Besuch des Seminars für kirchlichen Frauendienst, Bibelschule Burckhardthaus, 1949 Leitung einer ev. Haushaltsschule, 1952 Sozialreferentin im Burckhardthaus, ab 1957 Ev. Akademie Bad Boll: Leitung des Frauenreferates in der Ev. Arbeitsgemeinschaft für Arbeitnehmerfragen, dann Referentin für Lehrerarbeit, ab 1961 Leiterin der sozialwissenschaftlichen Studienarbeit.

DAUBER, Heinz, Pfarrer, Dekan   387, 392
geb. 23. 10. 1911 Stuttgart, gest. 25. 8. 1997 Metzingen
1938 Pfarrer in Öhringen, 1946 Pfarrer für Religionsunterricht und Studienrat am Lehrerseminar in Nürtingen, 1950 Gymnasium Nürtingen, 1953 Schuldekan für Bad Cannstatt, 1960 Dekan in Marbach, 1972–1977 Schuldekan für Ludwigsburg; Mitglied der Landessynode 1960–1965.

DAUR, Rudolf, Pfarrer   182, 216, 231, 358
geb. 26. 1. 1892 Korntal, gest. 17. 6. 1976 Stuttgart-Möhringen
1920 Repetent am Seminar Urach, 1921 Pfarrer in Reutlingen, 1932 in Stuttgart-Rohr, 1939–1961 Markuskirche Stuttgart; leitend tätig im Bund der Köngener, in der FVV, im Internationalen Versöhnungsbund, in der Gemeinschaft „Arzt und Seelsorger", im Una-Sancta-Kreis, 1960 Präsident des Bundes für Freies Christentum, Mitglied der Landessynode 1954–1971, Leiter des Gesprächskreises „Ev. Erneuerung".

DEHLINGER, Elfriede, Gründungs- und Leitungskreis-Mitglied der OK   155
geb. 30. 3. 1931 Esslingen
Hauswirtschaftsschulrätin; Mitglied im Kuratorium der Ev. Akademie Bad Boll, 1977–1998 Mitglied im Leitungskreis von „Offene Kirche".

DEHLINGER, Hartmut, Pfarrer, Dekan, Gründungsmitglied der OK   129, 155, 209, 215, 223, 231, 235, 245, 266, 319, 351, 372, 377
geb. 2. 12. 1931 Esslingen
1963 Pfarrer in Alfdorf, 1975–1994 Dekan in Blaubeuren; 1972–1974 Mitglied im Leitungskreis von „Offene Kirche", Mitglied der Landessynode 1966–1971, 1974–1977.

DEITENBECK, Paul, Pfarrer, Evangelist   31, 100, 107, 244, 276, 331
geb. 13. 7. 1912 Lüdenscheid, gest. 3. 12. 2000 Lüdenscheid
1949–1952 Synodalpfarrer für Volksmission und Seelsorge im Kirchenkreis Lüdenscheid, 1949–1965 Jugendpfarrer in Lüdenscheid, 1951–1953 Studentenpfarrer an der Pädagogischen Akademie Lüdenscheid, 1952–1982 Pfarrer in Lüdenscheid; 1954 Gründer der Fabrikmission, 1957–1987 Vorsitzender der Deutschen Zeltmission e. V., 1958–1979 2. Vorsitzender der Deutschen Ev. Allianz, führend tätig im CVJM-Westbund, beim Evangeliums-Rundfunk und bei idea, 1966 Mitbegründer und Geschäftsstellenleiter der BKAE, 1966–1976 Vorsitzender der Tersteegen-Konferenz.

DENTIÈRE, Marie, reformierte Theologin, Schriftstellerin   251
geb. 1495 Tournai, gest. 1561 Genf.

DIBELIUS, Otto, Pfarrer, Bischof, Ratsvorsitzender der EKD   168 f.
geb. 15. 5. 1880 Berlin, gest. 31. 1. 1967 Berlin
[PERSONENLEXIKON, 58].

DIEM, Hermann, Pfarrer, Universitätslehrer (ST), Mitgründer der Sozietät   29, 55, 64 f., 105, 113, 115, 157 f., 231, 234, 239–241, 245–250, 255 f.

geb. 2. 2. 1900 Stuttgart, gest. 27. 2. 1975 Tübingen
[PERSONENLEXIKON, 59].
DIERLAMM, Werner, Pfarrer, Mitglied der KB   161, 180
geb. 18. 11. 1927 Rutesheim
1954 Pfarrer an der Kreuzkirche in Kirchheim/Teck, 1966 Auferstehungskirche Ulm.
DIETRICH, Christian (Jun.), Rektor, Gemeinschaftsmann   32 f.
geb. 8. 4. 1844 Gschwend/Württ., gest. 22. 2. 1919 Stuttgart
Lehrer bzw. Rektor des Ev. Töchterinstituts in Stuttgart; gründete 1865 den Verein Christlicher Lehrergehilfen, ab 1870 Schriftleiter des Lehrerboten, Vorsitzender des Altpietistischen Gemeinschaftsverbandes 1897-1919, Schriftführer des Gnadauer Verbandes.
DIETRICH, J. Christian (Sen.), Oberlehrer, Gemeinschaftsmann   32 f.
geb. 2. 7. 1823 Gschwend/Württ., gest. 8. 12. 1911 Wilhelmsdorf
Nach der Konfirmation Hausdiener in der Erziehungsanstalt Stetten/Rems, Lehrerausbildung in Lichtenstern, 1850 Schulmeister und Stundenhalter in Hornberg/Jagst, 1860 in Ohmden/Teck, 1865 Hausvater in der Rettungsanstalt Lichtenstern, 1967 Lehrer in Pfullingen, 1872-1909 Oberlehrer in Stuttgart; 1874-1905 Leitung der Stuttgarter Altpietistischen Gemeinschaft, 1890-1897 Vorsitzender des Altpietistischen Gemeinschaftsverbandes.
DIETRICH, Martin, Jurist, Oberbürgermeister, OKR   206-211, 221, 245
geb. 18. 12. 1929 Stuttgart, gest. 19. 8. 2012 Backnang
1962 Regierungsrat in Stuttgart, 1963 Erster Beigeordneter in Backnang, 1966 Oberbürgermeister in Backnang, 1986-1995 Direktor im OKR; Mitglied der Landessynode 1966-1986.
DIETZFELBINGER, Hermann, D. theol., Pfarrer, bayerischer Landesbischof, Ratsvorsitzender der EKD   163, 293-296
geb. 14. 7. 1908 Ermershausen, gest. 15. 11. 1984 München
1935 Pfarrer in Rüdeshausen, 1939 theologischer Hilfsreferent im Landeskirchenrat München, 1945 Rektor des Predigerseminars Nürnberg, 1953 Rektor der Diakonissenanstalt Neuendettelsau, 1955-1975 Landesbischof, 1967-1973 Vorsitzender des Rates der EKD.
DILSCHNEIDER, Otto, Pfarrer, kirchlicher Dozent (ST)   138
geb. 24. 1. 1904 Berlin, gest. 30. 3. 1991 Berlin
[PERSONENLEXIKON, 61].
DINKELAKER, Christoph, Pfarrer   136
geb. 14. 9. 1909 Holzgerlingen, gest. 11. 1. 1976 Freudenstadt
1936 Pfarrer in Suppingen, 1948 in Gärtringen, 1954 in Amstetten, 1965 in Baiersbronn, 1969-1973 in Tuningen; Mitglied des LBR, Mitglied der Landessynode 1960-1965.
DIPPER, Theodor, Pfarrer, Bruderratsvorsitzender   18 f., 22 f., 28 f., 57, 92, 111-115, 117-130, 132-151, 162, 200, 202 f., 209, 221, 253, 256 f., 263, 362-364, 366-368, 380 f., 383, 391, 399, 403, 405
geb. 20. 1. 1903 Unterheinriet bei Heilbronn, gest. 20. 8. 1969 Imperia (Italien)
[PERSONENLEXIKON, 61].
DOPFFEL, Gerhard, Pfarrer, Ephorus   137
geb. 27. 2. 1920 Stuttgart

1951 Pfarrer in Adelmannsfelden, 1959 an der Leonhardskirche in Stuttgart, 1966 Ephorus am Seminar Blaubeuren; LBR-Mitglied.

Dürr, Otto, Hochschullehrer (Pädagogik)   243
geb. 2. 12. 1912 Gammesfeld, gest. 14. 4. 2012
Lehrer an der Volksschule und an der Blindenanstalt Stuttgart, 1948 Promotion und Dozent am Pädagogischen Institut in Schwäbisch Gmünd, Studienrat und Studienprofessor in Schwäbisch Gmünd, 1962-1981 Professor und Gründungsrektor der PH Reutlingen; Mitglied der Landessynode 1954-1983.

Dutschke, Rudi, Dr. phil., Politiker, Soziologe, Wortführer der deutschen Studentenbewegung   154, 175, 354
geb. 7. 3. 1940 Schönefeld/Brandenburg, gest. 24. 12. 1979 Aarhus/Dänemark
1958 Studienverbot in der DDR wegen Wehrdienstverweigerung, Lehre als Industriekaufmann, 1961-1968 Studium an der FU Berlin, 1962/63 Mitbegründer der Subversiven Aktion, die sich 1964 an den Sozialistischen Deutschen Studentenbund (SDS) anschloss, 1968 bei einem Attentat schwer verletzt, 1969 London, dann Cambridge, 1970/71 ausgewiesen, 1971-1979 Dozent für Soziologie in Aarhus, freier Schriftsteller und Aktivist.

Ebeling, Gerhard, Pfarrer, Universitätslehrer (KG, ST)   13, 69f., 72, 79, 82, 112, 137-142, 207, 209, 246-251, 346
geb. 6. 7. 1912 Berlin, gest. 30. 9. 2001 Zürich
[Personenlexikon, 66].

Eichele, Erich, Dr. theol., Pfarrer, württembergischer Landesbischof   27, 112, 181, 223 f., 233, 249, 257, 270-273, 277, 279, 281, 285, 293, 295-297, 300, 303, 317 f., 338, 350, 352, 365, 372-374
geb. 26. 2. 1904 Stuttgart, gest. 11. 6. 1985 Stuttgart
1934 Pfarrer an der Stiftskirche Stuttgart, 1934 Hilfsberichterstatter beim OKR und Sachverständiger für ev. Religionsunterricht bei der Ministerialabteilung für die Volksschulen, 1936 Geistliches Mitglied des OKR, 1944 OKR, 1951 Prälat in Ulm, 1962-1969 Landesbischof.

Eichholtz, Willy, Dr., Soziologe   179
geb. 1923
1959-1968 Mitarbeiter am Soziologischen Institut der Niederländischen Reformierten Kirche in Utrecht/Den Haag, 1968-1969 Sekretär des Strukturausschusses der Synode der Niederländischen Reformierten Kirche, ab 1970 Mitarbeiter bei Provinciaal Opbouworgaan Noord-Brabant, Instituut voor Onderzoek, Advies en Planning in Tilburg/NL, mit dem Auftrag für regionale soziale Wohlfahrtsplanung und Gemeinwesenarbeit.

Eissler, Konrad, Pfarrer   235 f., 242, 260 f., 265, 278, 310
geb. 18. 12. 1932 Oberndorf
1964 Pfarrer in Königsbronn, 1969 Schriftleiter beim EGW in Stuttgart, 1974-1995 Pfarrer an der Stiftskirche Stuttgart; Mitglied der Landessynode 1966-1971.

Eissler, Hans, Richter   228, 278, 296, 388
geb. 5. 10. 1931 Oberndorf, gest. 19. 9. 2005
1959 Rechtsanwalt in Ravensburg, 1960 Richter in Wangen im Allgäu, 1961 Assessor bei der Staatsanwaltschaft Ravensburg, 1963 Amtsgerichtsrat in Horb, 1967-1993 in Bad Urach, zuletzt Direktor des Amtsgerichts; 1969-1972 und 1981-1984 Vorsitzender des

Trägervereins des Albrecht-Bengel-Hauses, Mitglied der Landessynode 1966–1977, 1972 Synodalpräsident.

ELZE, Martin, Pfarrer, Universitätslehrer (KG)   202
geb. 26. 9. 1927 Rostock
1964 PD Tübingen, 1967 Professor an der Universität Hamburg, 1976 Pfarrer in Aschaffenburg, 1980 Dekan in Würzburg, 1980 Honorarprofessor an der Universität Würzburg.

FAUSEL, Heinrich, Pfarrer, Ephorus   113, 158
geb. 15. 11. 1900 Reutlingen, gest. 5. 2. 1967 Tübingen
1927 Pfarrer Heimsheim, 1952–1963 Ephorus am Seminar Maulbronn (1946 kommissarisch), 1957 Lehrauftrag an der Universität Tübingen für Württembergische Kirchengeschichte; Mitglied der Sozietät.

FEGHELM, Hermann, Pfarrer, Studienrat   136, 142, 249, 261, 273, 278–280, 287, 322
geb. 16. 6. 1918 Feuerbach, gest. 4. 11. 1996 Waiblingen
Mechanikerlehre bei Firma Bosch, Ingenieursschule, Theologiestudium, 1953 Assistent Universität Tübingen bei Prof. Fezer, 1958 Pfarrer in Schnaitheim, 1965–1983 (Ober-) Studienrat am Staufer-Gymnasium Waiblingen; Mitglied der Landessynode 1978–1983.

FEUERBACHER, Kurt, Handwerksmeister und Unternehmer   174, 215, 231, 235, 237, 240, 243 f., 247, 263 f., 303, 327, 387 f., 393, 402
geb. 28. 6. 1932 Ebhausen
1956 Schlossermeister und 1957 Schmiedemeister, 1956–96 selbständiger Unternehmer; 1956–1972 CVJM-Vorstand, 1957–1972 Bezirksleiter Ev. Jungmännerwerk, 1968 Mitglied des Landesbrüderrats der Altpietistischen Gemeinschaft, Mitglied der Landesssynode 1966–2001.

FEZER, Karl, Pfarrer, Universitätslehrer (PT)   69
geb. 18. 4. 1891 Geislingen/Steige, gest. 13. 1. 1960 Stuttgart
[PERSONENLEXIKON, 75].

FICK, Ulrich, Pfarrer, Oberkirchenrat   372
geb. 13. 12. 1923 Heilbronn
1957 Landespfarrer für Rundfunk, 1961 Pfarrer am Missionssender Addis Abeba, 1967 Mitglied des OKR, 1973–1982 Generalsekretär des Weltbundes der Bibelgesellschaften.

FINDEISEN, Sven, Pfarrer, Studienleiter   287 f., 298–300, 305, 312, 316, 319, 326
geb. 25. 4. 1930 Reval
1972–1978 Studienleiter des Geistlichen Rüstzentrums Krelingen; 2. Vorsitzender der BKAE, Vorstandsmitglied der Deutschen Evangelischen Allianz, Mitglied des Leiterkreises der Konferenz der bekennenden Gemeinschaften in Deutschland.

FISCHER, Manfred, Pfarrer, Akademiedirektor, Sprecher der OK   155, 361
geb. 12. 3. 1933 Königsberg, gest. 8. 3. 2010 Stuttgart
1962 Pfarrer für landeskirchliche Schülerarbeit, 1967 Pfarrer in Hohenheim, 1988–1996 geschäftsführender Direktor der Ev. Akademie Bad Boll; 1972–1984 Geschäftsführer und Sprecher der OK.

FISCHER, Max, Pfarrer   56, 186, 190, 215, 234 f., 248, 254, 267, 269, 271, 274–276
geb. 27. 8. 1900 Wernigerode, gest. 15. 2. 1967 Unterweissach
Ausbildung im Bruderhaus Preußisch Bahnau bei Heiligenbeil/Ostpreußen, 1923 Prediger des Ostpreußischen Gemeinschaftsbunds in Pilkallen, 1926 in Tilsit, 1931 in

Königsberg, 1943 Pfarrer in Königsberg, 1945-1966 Pfarrverweser/Pfarrer in Unterweissach; Gründer und Leiter der Bahnauer Missions-Bruderschaft in Unterweissach, Vorstandsmitglied der BKAE, Mitglied der Landessynode 1966-1967.

FREUDENREICH, Hans-Martin, Pfarrer, Dekan   174, 181, 196, 217, 338, 342 f.
geb. 4. 4. 1928 Zainingen
1958 Pfarrer in Upfingen, 1968 Ev. Akademie Bad Boll, 1974-1992 Dekan in Mühlacker; Mitglied der Landessynode 1978-2001.

FREY, Hellmuth, Pfarrer, kirchlicher Dozent (AT, PT)   40, 50, 107, 137, 210
geb. 20. 12. 1901 Torri, gest. 27. 12. 1982 Bethel
[PERSONENLEXIKON, 79].

FUCHS, Ernst, Pfarrer, Universitätslehrer (NT)   51-53, 64-70, 74, 102, 158, 207, 209, 244, 402
geb. 11. 6. 1903 Heilbronn/Neckar, gest. 15. 1. 1983 Langenau bei Ulm
[PERSONENLEXIKON, 82].

FUCHSLOCHER, Eugen, Pfarrer   27, 156, 182-199, 201, 203 f., 209, 336-338, 341-345, 402
geb. 2. 5. 1910 Esslingen, gest. 16. 4. 1986 Tuttlingen
Werkzeugmacher, 1945 Jugendwart in Stuttgart, 1953 kirchliche Anstellungsprüfung und Jugendpfarrer in Stuttgart, 1956 Pfarrer in Neckargartach, 1969-1975 Pfarrer in Spaichingen; Mitglied der Landessynode 1960-1965.

FUHR, Ernst, Geschäftsführer   215, 366
geb. 12. 2. 1929 Reutlingen
1956 Landwirtschaftsmeister, 1968 Landbauingenieur, seit 1948 bei der Gustav-Werner-Stiftung zum Bruderhaus in Reutlingen, 1956 Verwalter in Schernbach, 1970-1994 Geschäftsführer der Freunde der Gustav Werner'schen Anstalten e. V.; Mitbegründer des „Arbeitskreises für eine missionarische Diakonie" in der ES, Mitglied der Landessynode 1970-1995.

GEPRÄGS, Adolf, Dr. phil., Pfarrer, Oberstudienrat   46, 86
geb. 9. 2. 1913 Stuttgart, gest. 2. 11. 1993
1947 Pfarrer in Calw, 1955-1975 Studienrat für Religionsunterricht am Gymnasium in Calw.

GIERTZ, Bo, schwedischer lutherischer Bischof   324
geb. 31. 8.1905 Räpplinge, gest. 12. 7. 1998 Göteborg
Reisesekretär der Sveriges Kristliga Gymnasiaströrelse (Christlichen Schülerbewegung Schwedens), 1935 Pfarrer in Ekeby (bei Boxholm), Pfarrer in Torpa (Östergötland), königlicher Hofprediger, Heerespfarrer, 1949 Bischof von Göteborg, 2. Vorsitzender des Lutherischen Weltbundes; Gründer der Kirchlichen Sammlung um Bibel und Bekenntnis in Schweden.

GOLLWITZER, Helmut, Pfarrer, Universitätslehrer (ST)   149, 161 f.
geb. 29. 12. 1908 Pappenheim, gest. 17. 10. 1993 Berlin
[PERSONENLEXIKON, 90].

GOTTSCHICK, Konrad, Pfarrer, OKR   257 f., 260, 377
geb. 14. 5. 1913 Steinheim, gest. 19. 4. 2012 Stuttgart
1939 Pfarrer in Vaihingen auf den Fildern, 1942 an der Stiftskirche Stuttgart, 1954 Verwaltungsratsmitglied der Württembergischen Bibelanstalt, 1957-1979 Oberkirchenrat.

GRASS, Günther, Schriftsteller und Künstler   357
geb. 16. 10. 1927 Danzig, gest. 13. 4. 2015 Lübeck
1948-56 Studium der Grafik und Bildhauerei in Düsseldorf und Berlin, 1959 Roman „Die Blechtrommel", 1969 Mitbegründer des Verbands deutscher Schriftsteller, setzte sich im Wahlkampf 1965 und 1969 für Willy Brandt ein, 1999 Nobelpreis für Literatur.

GRISCHKAT, Hans, Musiker   216
geb. 29. 8. 1903 Hamburg, gest. 10. 1. 1977 Kemnat
Seit 1924 Leiter von Singkreisen (Spezialgebiet Bach), 1928 Organist an der Reutlinger Nikolaikirche, 1935 Chorgauführer der gemischten Chöre der Reichsmusikkammer, 1936 Chorleiter an der Erlöserkirche Stuttgart, 1938 Werkmusikleiter der Firma Bosch, 1942 Kirchenmusikdirektor, 1945 Gründer und bis 1950 Leiter des Reutlinger Sinfonieorchesters, 1946-1968 Professor für Chor- und Orchesterleitung an der Staatlichen Hochschule für Musik in Stuttgart; Mitglied der Landessynode 1966-1971.

GRÜNZWEIG, Fritz, Pfarrer, Leiter der LHV   18, 21, 56, 108, 110, 185 f., 189 f., 194, 211, 254, 261, 269, 274-280, 284-291, 293, 296-301, 309, 311-313, 315 f., 319 f., 322-324, 326-335, 385, 390, 393, 395 f., 406
geb. 5. 11. 1914 Bissingen/Teck, gest. 24. 11. 1989 Kirchheim/Teck
Notar, 1951-1979 Pfarrer der Brüdergemeinde in Korntal; 1966-1980 Vorsitzender des Ludwig-Hofacker-Kreis, Vorsitzender der Konferenz Bekennender Gemeinschaften, Mitglied der Landessynode 1972-1977.

GUNDERT, Eckart, Lehrer, Gründungsmitglied der OK   359 f., 367, 406
geb. 4. 6. 1928 Stuttgart
1957 Lehrer in Untertürkheim, 1961 am Seminar Blaubeuren, 1968 am Gymnasium Blaubeuren, 1977 Schulleiter des 2. Ulmer Modells, später Anna-Essinger-Gymnasium; Gründungsmitglied und bis 2002 Rechnungsführer der OK, Mitglied der Landessynode 1990-2001.

HÄCKER, Carmen, Vikarin   361
geb. 1985 Mühlacker
2010-2011 Vikarin in der Württ. Landeskirche, wegen Eheschließung mit einem Muslim aus dem Vorbereitungsdienst entlassen, ab 2011 Vikarin/Pfarrerin der Landeskirche Berlin-Brandenburg-Schlesische Oberlausitz; 2013 „Amos-Preis für Zivilcourage" der OK.

HAHN, (Johann) Michael, schwäbischer Pietist   87, 90 f, 100
geb. 2. 2. 1758 Altdorf bei Böblingen, gest. 20. 1. 1819 Sindlingen
Lebte als Bauer; hatte Zentralschauen und hielt Erbauungsstunden; bildete eine eigene Theologie aus, in der die Lehre von der Wiederbringung aller Dinge eine wichtige Rolle spielt. Seine Gefolgsleute schlossen sich zur Hahn'schen Gemeinschaft zusammen.

HAHN, Friedrich, Pfarrer, Universitätslehrer (PT)   100, 400
geb. 1910, gest. 1982
1934 wegen BK-Zugehörigkeit aus den Vikarsdienst der Landeskirche Hessen-Nassau entlassen, als BK-Pfarrer in Hopfmannsfeld im Vogelsberg, 1948 Dozent am Pädagogischen Institut Darmstadt-Jugenheim, bis 1963 zugleich Studentenpfarrer, 1959 Professor für Religionspädagogik an der Hochschule für Erziehung, später Universität Giessen.

HAMEL, Johannes, Pfarrer, Dozent (PT)   168
geb. 19. 11. 1911 Schöningen, gest. 1. 8. 2002 Wernigerode

1935–1938 Reisesekretär des DCSV und Adjunkt an der illegalen Kirchlichen Hochschule Ilsenburg, 1946 Studentenpfarrer in Halle, 1955–1976 Dozent und zeitweise Rektor des Katechetischen Oberseminars Naumburg.

HAMMERSTEIN, Franz von, Dr. theol., Pfarrer, Schriftsteller   211
geb. 6. 6. 1921 Kassel, gest. 15. 8. 2011 Berlin
1937 von Marin Niemöller konfirmiert, 1944/45 als „Sippenhäftling" im Gefolge des Attentats vom 20. Juli inhaftiert, 1946 Theologiestudium, 1957 Leiter der Evangelischen Industriejugend in Berlin (mit Harald Poelchau), 1968 Generalsekretär der Aktion Sühnezeichen, die er 1958 mitbegründet hatte, 1976 Referent für den Jüdisch-Christlichen Dialog beim ÖRK, 1978–1986 Direktor der Ev. Akademie Berlin.

HARTENSTEIN, Karl, Pfarrer, Prälat, Missionsdirektor   116, 138
geb. 25. 1. 1894 Cannstatt, gest. 1. 10. 1952 Stuttgart
[PERSONENLEXIKON, 100].

HÄRTER, Ilse, Pfarrerin   255
geb. 12. 1. 1912 Asperden, gest. 28. 12. 2012 Moyland
Studierte ab 1931 Theologie, ließ sich von der BK examinieren; verweigerte die „Einsegnung" als Vikarin 1939 in Elberfeld, Vikarin in Berlin-Wannsee, Fehrbellin; 1942–1945 in Ebersbach/Fils erstritt sie sich, mit Unterstützung von Hermann Diem, die Ordination, die am 12. 1. 1943 durch Kurt Scharf vorgenommen wurde; 1945–1972 Schulpfarrerin in Leverkusen.

HARTIG, Peter Georg, Pfarrer   281, 286, 294, 328 f.
geb. 1. 12. 1912 Hamburg-Eilbeck, gest. 26. 8. 1987
1939–1942 Pfarrer in Düderode, 1950–1971 Pfarrer in Sittensen, Pfarrer der Selbständigen Evangelisch-Lutherischen Kirche in Hannover, 1968–1970 Vorsitzender der Bundessammlung der Kirchlichen Sammlung um Bibel und Bekenntnis, 1971–1981 Pfarrer der SELK in Stelle.

HASELOFF, Elisabeth, Dr. theol., Pfarrerin   252
geb. 30. 6. 1914 Rom, gest. 29. 11. 1974 Hamburg
Studierte ab 1935 Theologie, ließ sich von der BK examinieren; Ordination, Pfarrvikarin in Büdelsdorf, 1942 in Münster promoviert, 1958 als erste „Pfarrerin" in einer deutschen Landeskirche in eine Pfarrstelle eingesetzt, 1959–1974 Leiterin des Evangelischen Frauenwerks Lübeck; 1970 Vizepräsidentin der Nordelbischen Synode, führendes Mitglied des Konvents Evangelischer Theologinnen in Deutschland.

HAUG, Martin, Pfarrer, württembergischer Landesbischof   35, 40–45, 50–52, 54, 60–65, 68–70, 74, 76, 81, 102 f., 105 f., 112, 114, 122 f., 127, 137–139, 142, 166–168, 186, 209, 223, 249 f., 273, 336, 367 f., 372 f.
geb. 14. 12. 1895 Calw, gest. 28. 3. 1983 Freudenstadt
[PERSONENLEXIKON, 101].

HECKEL, Martin, Dr. jur., Jurist   208
geb. 22. 5. 1929 Bonn
1960 Professor für Kirchenrecht und öffentliches Recht in Tübingen; Mitglied der Landessynode 1961–1977.

HEGE, Albrecht, Dr. theol., Pfarrer, Prälat   183, 187, 325, 329, 372 f.
geb. 9. 5. 1917 Karlsruhe
1947 Pfarrer in Ingelfingen, 1953 für kirchliche Bauernarbeit in Waldenburg-Hohebuch, 1959–1985 Prälat in Heilbronn.

HEILAND, Paul, Prokurist, Verwaltungsdirektor des Evangelischen Jugendwerks Württemberg   64, 143, 215, 262, 271–273, 296, 302 f., 307–309, 313 f., 338
geb. 3. 5. 1902 Degerloch, gest. 20. 7. 1975 Degerloch
Prokurist in der Industrie, 1945–1967 Geschäftsführer des Evang. Jungmännerwerks/Verwaltungsdirektor des Evang. Jugendwerks in Württemberg; 1963–72 Schatzmeister des CVJM-Gesamtverbands in Deutschland, 1938 Mitglied LBR, Mitglied der Landessynode 1954–1971.

HEINEMANN, Gustav, Jurist, Synodalpräsident, Bundespräsident   145, 147
geb. 23. 8. 1899 Schwelm/Westfalen, gest. 7. 7. 1976 Essen
[PERSONENLEXIKON, 105].

HELBIG, Georg, Pfarrer   254
geb. 25. 7. 1893 Frankfurt am Main, gest. 21. 4. 1967 Heilbronn
Zuletzt Domprediger in Wittenberg, 1954–1958 Verweser der 4. Pfarrstelle in Heilbronn-Böckingen.

HELDEN, Willi von, Lehrer, Schulrat   318
geb. 18. 12. 1915 Berlin, gest. 2. 10. 1988 Emmingen-Liptingen
1937 Lehrer in Ostpreußen, 1948 Schulleiter in Rechenberg, 1954 in Gründelhardt, 1961 Rektor in Jebenhausen, 1970 Oberschulrat in Nürtingen, Schulamtsdirektor; 1970–78 Vorsitz im Kuratorium der Ev. Akademie Bad Boll, 1964–1976 MdL (SPD), Mitglied der Landessynode 1966–13. 9. 1972.

HENGEL, Martin, Pfarrer, Universitätslehrer (NT), Unternehmer   237, 240–242
geb. 14. 12. 1926 Reutlingen, gest. 2. 7. 2009 Tübingen
1947–1951 Theologiestudium und Vikariat, 1953 auf Druck des Vaters Verkaufsleiter im Familienunternehmen „Hengella" Aalen, 1954 Repetent am Tübinger Stift, 1957–1964 erneut Tätigkeit bei „Hengella", 1959 Promotion, 1964 Assistent bei Otto Michel, 1966 Habilitation, 1968 Professor an der Universität Erlangen, 1972–1992 an der Universität Tübingen.

HENNIG, Gerhard, Pfarrer, Universitätslehrer (PT)   256, 381
geb. 25. 9. 1938 Stuttgart
1966 Pfarrer beim Ev. Diakoniewerk Schwäbisch Hall, 1970 in Musberg, 1972 Leiter des Lehrgangs für den Pfarrdienst in Botnang, 1976 in Riedenberg, 1981 Direktor des Pfarrseminars in Birkach, 1989 OKR, 1995–2003 Professor an der Universität Tübingen; Mitglied des LBR/des Leitungskreises der AGEuK, Mitglied der Landessynode 1978–1989, 1996–2007.

HENNIG, Kurt, Pfarrer, Dekan, Gründer der Evangelischen Sammlung   18, 28, 327, 334, 354, 362–374, 365, 372, 377, 379–381, 382, 384–386, 397, 399, 406
geb. 25. 11. 1910 Ludwigsburg, gest. 5. 6. 1992 Esslingen
1937 Pfarrer an der Pauluskirche Stuttgart, 1945 kommissarischer Jugendpfarrer in Stuttgart, 1948 Reichswart der Arbeitsgemeinschaft für Schülerbibelkreise, 1956 Pfarrer bei der Jugendkammer der EKD, 1956 Pfarrer an der Gedächtniskirche Stuttgart, 1966–1977 Dekan in Esslingen; Mitglied der Landessynode 1972–1983, Mitglied der EKD-Synode.

HERB, Alfred, Pfarrer   187, 193, 195 f., 337
geb. 6. 11. 1931
1959 Pfarrer in Crispenhofen, 1965 Ev. Akademie Bad Boll, Industrie- und Sozialpfarramt Reutlingen.

HERMANN, Hans, Pfarrer, Siedlungspfarrer   180, 183
geb. 3. 5. 1926, gest. 12. 3. 2001
1960 Pfarrer an der Martinskirche Freudenstadt, 1966–1987 in Kirchheim/T.; Mitglied des Siedlungsbeirats, Mitglied der OK.

HERMANN, Reinhard, Pfarrer, Dekan, Sprecher der AGEE   216, 219 f., 226, 228, 323, 234, 246
geb. 19. 8. 1923 Gruorn
1954 Pfarrer in Balingen, 1970–1986 Dekan in Tübingen; Mitglied der Landessynode 1966–1989.

HERMELINK, Bernhard, Dr. med., Arzt   220, 265
geb. 25. 9. 1918 Gniebel, gest. 4. 12. 2004 Tübingen
1952–1983 Oberarzt am Tropengenesungsheim in Tübingen, Mitarbeit im Deutschen Institut für Ärztliche Mission; Mitglied der Landessynode 1966–1971.

HEUBACH, Joachim, Pfarrer, Landesbischof   323, 329
geb. 20. 11. 1925 Berlin, gest. 29. 10. 2000 Fissau
1961 Pfarrer in Kiel, 1963 Studiendirektor am Predigerseminar Preetz, 1970–1977 Landessuperintendent des Kirchenkreises Lauenburg der schleswig-holsteinischen Landeskirche in Ratzeburg, 1977–1991 Landesbischof der Evangelisch-Lutherischen Landeskirche Schaumburg-Lippe; 1968 Mitbegründer der Bundessammlung der Kirchlichen Sammlung um Bibel und Bekenntnis, 1970 Vorsitzender.

HILDENBRAND, Reinhard, Missionslehrer, Mitbegründer der AGBC   51, 84, 86, 158, 213 f.
geb. 19. 9. 1889 Karlsruhe, gest. 5. 4. 1989 Bad Liebenzell
1916–1919 Lehrerseminar Lahr, 1919 Volksschullehrer, 1923 Lehrer an der Schule für Missionarskinder in Changsha/China, 1932–1973 Hausvater (bis 1938) und Seminarlehrer in Bad Liebenzell, 1933 Organisator des ersten Kindermissionsfests; Mitglied der Lehrergemeinschaft, ab 1952 Gründungsmitglied der AGBC, 1959–1968 Schatzmeister, Geschäftsführer und Schriftleiter des Bibelbundes.

HILLE, Rolf, Dr. theol., Pfarrer, Rektor des Albrech-Bengel-Hauses   326
geb. 15. 4. 1947 Schwäbisch Hall
1970 Mitbegründer und Pressereferent der Konferenz Bekennender Gemeinschaften, 1974–1976 1. hauptamtlicher Redakteur von idea, 1977 Assistent an der Universität Mainz, 1982 Generalsekretär der Studentenmission in Deutschland, 1984 Pfarrer am Pfarrseminar in Birkach, 1989 Studienleiter am Albrecht-Bengel-Haus in Tübingen, 1995–2010 Rektor des Albrecht-Bengel-Hauses.

HOFMANN, Hans-Joachim, Journalist, Redakteur   324, 369
geb. 17. 5. 1927, gest. 3. 7. 1997
1950/51 Redakteur bei den Stuttgarter Nachrichten und bei der Pressestelle der Evangelischen Jugend Deutschlands (bis 1954), 1951 bei Standard Elektrik (SEL), 1955 beim Ev. Gemeindeblatt für Württemberg, 1962 bei Brot für die Welt, 1965 Leiter der Presseabteilung des Diakonischen Werks Württ, Schriftleiter von „Gemeinde-Diakonie-Mission/konsequenzen", 1981–1992 Leiter der Presse und Informationsabteilung des Diakonischen Werkes der EKD.

HOLLAND, Martin, Pfarrer, Dekan   226, 231, 242, 244, 246, 260, 263, 266, 278
geb. 14. 11. 1934 Tübingen
1963 Pfarrer in Ditzingen, 1969 in Fellbach, 1979 Pfarrer der Brüdergemeinde in

Korntal, 1990–1999 Dekan in Neuenbürg; 1969–2006 im Vorstand des Trägervereins des Albrecht-Bengel-Haus Tübingen, Mitglied der Landessynode 1966–1989.

HOLZAPFEL, Gerhard, Pfarrer, Mitglied der Sozietät   158
geb. 7. 9. 1908 Gruorn, gest. 4. 9. 2000 Korntal
1935 Pfarrer in Gerstetten, 1949 Pfarrer in Blaubeuren-Gerhausen, 1958 Pfarrer in Schornbach, 1968–1974 Krankenhauspfarramt in Waiblingen.

HORNBERGER, Sigrid, Sr., Diakonisse, Krankenschwester   266
geb. 6. 5. 1926 Stuttgart, gest. 24. 8. 2015 Stuttgart
1948 Krankenschwester, Diakonisse, 1954 Reisedienst und Freizeitarbeit beim Ev. Mädchenwerk in Württemberg, 1957 Oberschwester am Städtischen Krankenhaus Esslingen, 1964 Beauftragte für Unterricht und Fortbildung Ev. Diakonissenanstalt Stuttgart, 1968 Oberschwester und 1971–1991 Oberin, Mitglied im Präsidium der Kaiserswerther Generalkonferenz; Mitglied der Landessynode 1966–1971.

HROMÁDKA, Josef, tschechischer Theologe, Universitätslehrer (ST), Präsident der Christlichen Friedenskonferenz   168
geb. 8. 6. 1889 Hodslavice, gest. 26. 12. 1969
1920–1939 und 1947–1969 Professor an der Universität Prag, 1939–1947 Gastprofessor am Princeton Theological Seminary; 1948 Mitglied des Zentralausschusses, ab 1954 auch des Exekutivausschusses des ÖRK, 1958 Präsident der Christlichen Friedenskonferenz.

HUNTEMANN, Georg Hermann, Dr. phil. Dr. theol., Pfarrer, Dozent (ST)   281, 324, 326–329, 333
geb. 10. 6. 1929 Bremen, gest. 13. 2. 2014 Bremen
1957/58 Pfarrer in Bremen (St. Martini), 1959 (St. Remberti), 1968–1974 (Epiphanias), 1974–1987 (St. Martini); Vorsitzender der Kirchlichen Sammlung um Bibel und Bekenntnis in Bremen, 1970 Mitbegründer und bis 2005 Dozent an der Freien Evangelisch-Theologischen Akademie Basel, 1985 Dozent an der Evangelischen Theologischen Fakultät in Leuven.

IWAND, Hans-Joachim, Theologe, Universitätslehrer (ST)   138, 243
geb. 11. 7. 1899 Schreibendorf/Schlesien, gest. 2. 5. 1960 Bonn
[PERSONENLEXIKON, 121].

JÄGER, Gustav, Studienrat   219, 357
geb. 2. 12. 1919 Murrhardt, gest. 1. 9. 1977 Stuttgart
Studienrat für Germanistik, Geschichte und Latein am Gymnasium für Jungen in Feuerbach, 1958 Leiter des Ev. Heidehof-Gymnasiums; Mitglied der Landessynode 1966–1971, 1972–1974 Mitglied im Leitungskreis der OK.

JAN, Julius von, Pfarrer   171
geb. 17. 4. 1897 Schweindorf bei Neresheim, gest. 21. 9. 1964 Korntal
[PERSONENLEXIKON, 123].

JETTER, Werner, Pfarrer, Universitätslehrer (PT), Mitglied der Sozietät   139, 158, 231, 258, 323, 351
geb. 4. 2. 1913 Schorndorf, gest. 19. 7. 2004
1943 Pfarrer in (Remshalden-)Buoch, 1952 Pfarrer an der Gedächtniskirche Stuttgart, 1961–1978 Professor an der Universität Tübingen; Mitglied der Landessynode 10. 11. 1968–1975.

JOHN, Erhard, Pfarrer, Dekan, Mitglied der KB   187
geb. 3. 5. 1920 Lauterburg, gest. 16. 9. 2007 Ulm
1952 Pfarrer in Böckingen, 1965 Dekan in Tuttlingen, 1975-1985 in Ulm.
KAPFF, Sixt Carl (von), Dr. phil., Pfarrer, Prälat, Führungsfigur des württembergischen Pietismus   32
geb. 22. 10. 1805 Güglingen, gest. 1. 9. 1879 Stuttgart
1829 Dr. phil., 1830 Repetent, 1833 Pfarrer in Korntal und Vorsteher der dortigen Anstalten, 1843 Dekan in Münsingen, 1847 in Herrenberg, 1850/51 Prälat und Generalsuperintendent von Reutlingen mit Sitz in Stuttgart und außerordentliches Mitglied des Ev. Konsistoriums, 1852 Stiftsprediger und Prälat in Stuttgart; 1857 Mitgründer des Altpietistischen Gemeinschaftsverbands, 1860 Verleihung des persönlichen Adelstitels, Mitglied der Landessynode 1869-1877.
KAPPUS, Walter Dr. jur., Geschäftsführer der AGEE   227, 358
geb. 1900, gest. 1984
1933 Oberregierungsrat beim Oberversicherungsamt Stuttgart, 1945 im Landwirtschaftsministerium Stuttgart (ab 1949 als Regierungsdirektor), 1953-1965 Ministerialrat/-dirigent Abteilung für Flurbereinigung und landwirtschaftlichen Wasserbau; 1969-1975 Schriftleiter der Zeitschrift Freies Christentum, Geschäftsführer der AGEE.
KÄSEMANN, Ernst, Pfarrer, Universitätslehrer (NT)   65, 99, 105, 142, 155, 192 f., 207, 209, 212, 237, 240, 242-244, 246-250, 269, 274, 283, 286, 292, 305, 310, 323, 374, 402
geb. 12. 7. 1906 Dahlhausen, gest. 17. 2. 1998 Tübingen
[PERSONENLEXIKON, 126 f.].
KAESTNER, Alexander, Pfarrer, Mitverfasser der Esslinger Vikarserklärung   375
geb. 1942 Berlin
1970 Pfarrer in Tübingen-Unterjesingen, danach in Hamburg, 1987-2007 in Frankfurt/Main.
KELER, Hans von, Pfarrer, württembergischer Landesbischof   237, 241, 243-245, 256, 264, 266, 302 f., 320, 323, 363, 366, 368, 381 f.
geb. 12. 11. 1925 Bielitz/Polen
1953 Pfarrer in Wildenstein, 1957 Leiter der Landesstelle des Ev. Mädchenwerks in Stuttgart, 1963 Pfarrer in Neuenstein, 1969 Leiter der Ev. Diakonieschwesternschaft Herrenberg, 1976 Prälat in Ulm, 1979-1988 Landesbischof; 1967 Mitglied im Präsidium der EKD-Synode, 1976-1979 Vorsitzender des Diakonischen Werkes in Württ., 1979 Mitglied des Rats der EKD, Mitglied im Leitungskreis von Evangelium und Kirche, Mitglied der Landessynode 1966-1976, 1969 Präsident.
KEYLER, Hanna, Gemeindehelferin   187
geb. 8. 2. 1923, gest. 20. 12. 2014
Verband evangelischer Gemeindehelferinnen; Schriftführerin der Diakonie-Schulgemeinschaft Denkendorf.
KLEIN, Günter, Theologe, Universitätslehrer (NT)   268, 323
geb. 12. 1. 1928 Wuppertal
1964 Professor an der Universität Kiel, 1967-1993 an der Universität Münster.
KLETT, Arnulf, Dr. jur., Oberbürgermeister von Stuttgart   270
geb. 8. 4. 1905 Stuttgart, gest. 14. 8. 1974 Bühlerhöhe
Rechtsanwalt, 1945 kommissarischer Bürgermeister von Stuttgart, 1948-1974 gewählter Bürgermeister von Stuttgart.

KLUMPP, Oskar, Jurist, Landrat, Präsident der württembergischen Landessynode   15,
23, 122, 130, 181, 190, 192, 194–196, 200, 203–205, 220–226, 228–233, 236, 238–241, 245,
247 f., 250, 258–261, 264, 266, 270 f., 288, 293, 296 f., 302–307, 309–311, 321–323, 331,
333, 336–340, 344 f., 360, 380 f., 394, 399, 403 f.
geb. 25. 4. 1906 Neckarsulm, gest. 11. 2. 1973 Oberstaufen
1930 Referendar in Stuttgart, 1934 Rechtsanwalt, 1935 Gerichtsassessor bei Stuttgarter Amtsgerichten und dem Landgericht, 1938 Landgerichtsrat Ravensburg, 1940 Landgericht Tübingen, 1945 Angestellter beim Bürgermeisteramt Stuttgart, 1946 Richter in Tübingen, 1947 Rechtsberater der Technischen Werke der Stadt Stuttgart, 1949 persönlicher Referent des Oberbürgermeisters in Stuttgart, 1951 Direktor beim Bürgermeisteramt Stuttgart, 1953 Stadtdirektor, 1963–1973 Landrat Kreis Tübingen; Mitglied der Landesssynode 1966–1968, Synodalpräsident.
KNAUSS, Fritz, Pfarrer   380 f.
geb. 19. 8. 1928 Stuttgart, gest. 24. 9. 2009
1958 Pfarrer in Frickenhofen, 1966 in Esslingen-Zollberg, 1975–1991 in Friedrichshafen; Mitglied des LBR.
KÖBERLE, Adolf, Theologe, Universitätslehrer (ST, PT)   70
geb. 3. 7. 1898 Berneck/Oberfranken, gest. 23. 3. 1990 München
[PERSONENLEXIKON, 141].
KOPFERMANN, Wolfram, Pfarrer   281
geb. 2. 1. 1938 Beverungen
Studium der Theologie und Soziologie, 1962–1969 wissenschaftlicher Assistent für Systematische Theologie an der Universität Erlangen-Nürnberg, 1971 Pfarrer in Fiesenhausen, 1974 in Hamburg-St. Petri, 1978 Leiter der „Geistlichen Gemeinde-Erneuerung in der evangelischen Kirche", 1988 Niederlegung des Amtes und Austritt aus der Landeskirche, Gründer der Freikirche „Anskar-Kirche" und bis 2013 deren Leiter.
KORTZFLEISCH, Siegfried von, Studienleiter, Redakteur   345
geb. 5. 7. 1929 Dresden
1955 Studienleiter der Evangelischen Akademie Bad Boll, 1961 stellvertretender Leiter der Evangelischen Zentralstelle für Weltanschauungsfragen, 1970 Chefredakteur der „Lutherischen Monatshefte", 1982–1986 stellvertretender Chefredakteur des „Deutschen Allgemeinen Sonntagsblatts", zahlreiche Publikationen zum jüdisch-christlichen Dialog und zur christlichen Publizistik.
KREYSSIG, Peter, Pfarrer, Dekan   372, 378
geb. 18. 4. 1924 Chemnitz, gest. 6. 7. 2011 Stuttgart
1954 Generalsekretär der evangelischen Studentengemeinde in Stuttgart, 1962 Pfarrer an der Gedächtniskirche in Stuttgart, 1970–1986 Stadtdekan in Stuttgart.
KÜENZLEN, Heiner, Pfarrer, OKR, Gründungsmitglied der KK   155, 342
geb. 1. 12. 1942 Calw
1973 Pfarrer Ev. Akademie Bad Boll Gruppe Reutlingen, 1980 Böblingen Stadtkirche Süd, 1986 Dekan in Tübingen, 1995–2007 OKR (Dezernat Theologie-Gemeinde-Mission-Ökumene); Mitglied der Landessynode 1984–1995.
KÜENZLEN, Walther, Pfarrer   172, 182
geb. 23. 11. 1913 Besigheim, gest. 5. 3. 1999 Waiblingen
1941 Pfarrer in Neuhengstett, 1947 in Neckarwestheim, 1951 in Bietigheim, 1959 Ev.

Akademie Bad Boll, 1964–1978 Dekan in Waiblingen; Mitglied der Landessynode 1967–1977.

KULLEN, Johannes (sen.), schwäbischer Pietist.) 32, 275
geb. 20. 10. 1787 Hülben, gest. 5. 9. 1842 Korntal
1809 Provisor an der Knabenschule in Metzingen, 1819–1842 erster Leiter der Knabenschule, später auch des Töchterinstituts der Brüdergemeinde Korntal; veröffentlichte 1814 einen „verbesserten Gemeinschaftsplan für die Gemeinschaften auf der Alb und in der Gegend von Tübingen", um diese Gemeinschaften überörtlich zu organisieren.

KÜLLING, Samuel, Theologe, Dozent (AT), Gründer und Rektor der Freien Evangelischen Theologischen Akademie Basel 281
geb. 9. 1. 1924, gest. 15. 12. 2003
1964–1970 Dozent am Predigerseminar St. Chrischona, Dozent an der Faculté Libre de Théologie Evangélique in Vaux-sur-Seine, 1970 Gründer und bis 2003 Rektor der Freien Evangelischen Theologischen Akademie/STH Basel; 1965–1979 Vorsitzender des Bibelbundes sowie Schriftleiter der Zeitschrift des Bibelbundes „Bibel und Gemeinde" 1978–1988 Mitarbeit im Internationalen Rat für Biblische Irrtumslosigkeit (ICBI).

KÜNNETH, Walter, lutherischer Theologe, Pfarrer, Universitätslehrer (ST) 21, 163, 186–188, 210, 244, 246, 281, 291–293, 324
geb. 1. 1. 1901 Etzelwang/Oberpfalz, gest. 26. 10. 1997 Erlangen
[PERSONENLEXIKON, 148].

KUNZ, Käthe, Theologin 258
geb. 18. 10. 1928 Zwickau, gest. 2008
Lehrerin am Gemeindehelferinnen-Seminar in Hermannsburg (Hannover) 1963, Pfarrvikarin in Ludwigsburg 1965.

KÜRSCHNER, Wilhelm, Pfarrer 112 f., 116, 133, 141
geb. 10. 8. 1929 Ulm
1958 Pfarrer in Niederstotzingen, 1966 in Böblingen, 1978–1993 in Winnenden; Mitglied des LBR, 1966–2007 Rechner der BG/AGEuK.

LACHENMANN, Hans, Dekan, Vorsitzender der AGEuK 14, 101 f., 105, 111 f., 392
geb. 11. 12. 1927 Waiblingen
1952 Pfarrer in Reubach, 1969 Dekan in Crailsheim, 1981–1992 Leiter der kirchlichen Lehrgänge für den Pfarrdienst in Birkach; 1978–1990 Landesvorsitzender der AGEuK, Mitglied der Landessynode 1960–1965, 1978–1983.

LAMPARTER, Helmut, Dr. theol., Pfarrer, Mitglied LBR 114, 134, 138 f., 146, 272 f.
geb. 28. 9.1912 Reutlingen, gest. 18. 3. 1991 Tübingen
1939 Repetent am Tübinger Stift, 1943 Pfarrer in Mittelstadt, 1955 Pfarrer für Religionsunterricht am Pädagogischen Institut in Stuttgart, 1962 Professor an der Pädagogischen Hochschule Stuttgart; 1960 Vorsitzender des Evangelischen Jungmännerwerks, Mitglied des LBR, Schriftleiter FAB.

LANG, Friedrich, Universitätslehrer (NT), Ephorus 137, 142, 237, 240, 241 f., 246, 258, 264, 267
geb. 6. 9. 1913 Allmendingen-Grötzingen, gest. 9. 3. 2004 Kilchberg
1951 Professor an der Kirchlichen Hochschule Wuppertal, 1956–1970 Ephorus des Tübinger Stifts, 1959 Honorarprofessor, 1962–1979 ordentlicher Professor an der Universität Tübingen, Mitglied der Landessynode 1960–1971.

Lang, Heinrich, Pfarrer, Dekan   140 f., 146, 368
  geb. 5. 10. 1900 Stuttgart, gest. 9. 3. 1976
  1929 Pfarrer in Reutlingen, 1945 in Stuttgart, 1955–1966 Dekan in Schwäbisch Gmünd; Mitglied des LBR.
Lange, Ernst, Pfarrer, Universitätslehrer (PT)   179
  geb. 19. 4. 1927, gest. 3. 7. 1974 Windhaag/Oberösterreich
  1950 Vikar im Landesjugendpfarramt Berlin, 1954 Verlagslektor und Dozent am Burckhardthaus Gelnhausen, 1960–1963 und 1965–1967 Pfarrer in Berlin-Spandau, gründete die „Ladenkirche", 1963–1965 Professor an der Kirchlichen Hochschule Berlin, 1968–1970 ÖRK Genf, Abteilung „Ökumenische Aktion", 1973 OKR der EKD in Hannover, 1974 Suizid.
Lechler, Paul, Fabrikant, Landeskirchentagspräsident   61, 69, 223, 253
  geb. 14. 6. 1884 Stuttgart, gest. 4. 8. 1969 Stuttgart
  [Personenlexikon, 154].
Lempp, Hans, Pfarrer   217, 243
  geb. 1. 10. 1917 Stuttgart, gest. 22. 7. 1993 Nattheim
  1959 Pfarrer in Öschelbronn, 1964 in Denkendorf, 1971–1983 Dekan in Heidenheim; Mitglied der Landessynode 1966–1977.
Lempp, Wilfried, Lic. theol., Pfarrer, Prälat   121 f.
  geb. 29. 5. 1889 Oberiflingen, gest. 29. 1. 1967 Stuttgart
  1912–1914 Vikar in Stanislau/Ostgalizien, 1919 Pfarrer, 1929 Rektor der dortigen Anstalten, 1935 Pfarrer an der Leonhardskirche Stuttgart, 1945–1959 Prälat des Sprengels Heilbronn (bis 1951 Sitz in Schwäbisch Hall); Mitglied der Landessynode 1947–1953.
Lilje, Hans, Pfarrer, Landesbischof   269, 292
  geb. 20. 8. 1899 Hannover, gest. 6. 1. 1977 Hannover
  [Personenlexikon, 157].
Lörcher, Martin, Pfarrer   266, 363, 371, 376, 380
  geb. 10. 3. 1917 Oberboihingen, gest. 7. 1. 1987 Oberboihingen
  1946 Pfarrer in Nürtingen, 1954 Jugendpfarrer Bad Cannstatt, 1960 Pfarrer in Bad Cannstatt, 1965 Pfarrer bei der Ev. Gesellschaft in Stuttgart (Stadtmission und Telefonseelsorge), 1974–1978 Fortbildungsstätte Denkendorf; Mitglied LBR, Mitglied der Landessynode 1966–1971.
Loewenich, Hermann von, Pfarrer, bayerischer Landesbischof   118 f.
  geb. 26. 10. 1931 Nürnberg, 18. 12. 2008 Nürnberg
  1962 Studentenpfarrer in Nürnberg, 1969 Dekan in Kulmbach, 1976 Dekan in Nürnberg, Kreisdekan und OKR im Kirchkreis Nürnberg, 1994–1999 bayerischer Landesbischof.
Lorenz, Friedbert, Studienleiter beim DEKT   299 f., 325
  geb. 1910, gest. 1997
  1955–1959 Leiter der Geschäftsstelle der Ev. Kirche der Kirchenprovinz Sachsen, ab 1962 Studienleiter beim DEKT Fulda.
Ludwig, Renate, Dr. theol., Theologin   262
  geb. 19. 6. 1905 Berlin-Schöneberg, gest. 27. 4. 1976 Esslingen
  1925–1929 Theologiestudium in Berlin und Tübingen, 1929 Pfarrgehilfin in Stuttgart, 1933 Referentin im Central-Ausschuss für Innere Mission in Berlin, 2. 7. 1936 Ordi-

nation durch die BK, 1938 Pfarrgehilfin in Schwenningen/N., 1941 (Pfarr-)Vikarin in Esslingen, 1944 Promotion, 1946-1958 Vikarin bei der Ev. Frauenarbeit in Württ., 1958 (Ober-)Studienrätin für Religionsunterricht in Esslingen. Legte 1932 als erste Theologin in Württ. die Zweite kirchliche Dienstprüfung ab.

LÜPKE, Rolf, Pfarrer, Gründungsmitglied von KK und OK   196, 338, 342, 379
geb. 1940
1969 Vikar in Neckargartach, später Pfarrer und Kirchenschulrat in Berlin.

LÜTCKE, Karl-Heinrich, Dr. theol., Propst, Sprecher der AS71, Gründungsmitglied der OK   360, 379, 393 f.
geb. 20. 2. 1940 Schleswig
Vikar in Sindelfingen-Eichholz, 1970 Studienleiter am Predigerseminar Birkach, 1977 Leiter der Bildungsabteilung im Konstistorium der Ev. Kirche Berlin Brandenburg in Berlin (West), 1996-2005 Propst.

LUTZ, Paul, Pfarrer, OKR   105, 254 f., 257
geb. 4. 9. 1900 Dettingen an der Erms, gest. 1. 8. 1980 Stuttgart
1926 Pfarrer in Stuttgart-Gablenberg, 1939 2. Geschäftsführer des Ev. Gemeindediensts in Stuttgart, 1949 Dekan in Schorndorf, 1956-1966 OKR.

MAIER, Gerhard, Dr. theol., Pfarrer, Rektor des ABH, württembergischer Landesbischof   78, 244, 401
geb. 30. 8. 1937 Ulm
Juristisches Staatsexamen, Theologiestudium, 1970 Pfarrer in Baiersbronn, 1973 Studienleiter am Albrecht-Bengel-Haus in Tübingen, 1975 geschäftsführender Studienleiter, 1980 Rektor, 1995 Prälat in Ulm, 2001-2005 Landesbischof; seit 1991 Gastprofessor Ev.-theologische Fakultät Heverlee-Leuven/Belgien, bis 2001 Mitglied im Landesbrüderrat des Altpietistischen Gemeinschaftsverbandes, Vorstandsmitglied des Arbeitskreises für evangelikale Theologie, Mitglied der Landessynode 1972-1977, 1984-1995.

MAISCH, Johannes, Pfarrer, Dekan, Sprecher von EuK   122, 129-133, 146, 217, 221, 226, 232 f., 241, 246, 266, 302-306, 308 f., 311, 314-317, 338, 393
geb. 2. 7. 1910 Hoschuwan/China, gest. 27. 12. 1985 Berg-Weiler
1935 Repetent am Tübinger Stift, 1938 Pfarrer in Urach, 1953 Dekan in Neuenbürg, 1962-1977 in Ravensburg; 1933 Mitglied des Bruderrats des württ. Pfarrernotbunds (als einziger Vikar), Mitglied des LBR, Mitglied der Landessynode 1966-1977, Sprecher des Gesprächskreises EuK.

MARGENFELD, Dorothea, Pfarrerin, erste Prälatin in Württemberg   258
geb. 29. 7. 1939 Lindenort/Ostpreußen
1967 Vikarin in Esslingen-Zollberg, Pfarrerin in Ludwigsburg, Leiterin des Afrikareferats des Evangelischen Missionswerks, 1992-2003 Prälatin in Ludwigsburg.

MARXSEN, Willi, Pfarrer, Universitätslehrer (NT)   269, 323
geb. 1. 9. 1919 Kiel, gest. 18. 2. 1993 Münster
1949 Vikar und Pfarrer in Lübeck, 1953 Studieninspektor am Predigerseminar Preetz, 1956 Professor an der Kirchlichen Hochschule Bethel, 1957 Mitglied des Prüfungsamtes der westfälischen Landeskirche, 1961-1984 Professor an der Universität Münster.

MAUK, Eva, Pfarrerin   258 f.
geb. 1. 3. 1932 Rathen/Sachsen, gest 17. 4. 2006

1964 Bezirksleiterin der weiblichen Jugendarbeit Stuttgart, ab 1968 (Ober-)Studienrätin für Religionsunterricht in Stuttgart; Gründungsmitglied der KK.

MAUK, Reiner, Pfarrer   258 f.
geb. 28. 4. 1936 Heilbronn-Böckingen
1964 Pfarrer in Stuttgart-Rot; Gründungsmitglied von KK und OK.

MAYER, Helmut, Pfarrer, Industriepfarrer, Mitglied der KB   183, 191
geb. 27. 5. 1928 Stuttgart
1955 Pfarrer in (Bad Rappenau-)Fürfeld, 1958 in Oberndorf/N., 1969–1991 Leiter der Ev. Tagungsstätte Löwenstein; Mitglied der KB.

MENG, Hermann, Gewerbeschulrat   215
geb. 17. 11. 1912 Rötenberg, gest. 29. 12. 1969 Freudenstadt
1937 Innenarchitekt, 1940 Gewerbeoberlehrer in Frankfurt/Main, 1950 in Dornstetten, 1959 Gewerbeschulrat, 1964 stellvertretender Schulleiter in Freudenstadt; Mitglied der Landessynode 1966–1969.

METZGER, Wolfgang, Dr. theol., Pfarrer, OKR   34, 51, 65, 105, 323
geb. 6. 10. 1899 Grab, gest. 9. 6. 1992 Riedenberg
1923 Repetent am Tübinger Stift in Tübingen, 1925–1936 Pfarrer in Bronnweiler, 1934 Geschäftsführer beim Calwer Verlagsverein Stuttgart, 1946–1965 OKR; Mitglied der Landessynode 1931/32.

MEZGER, Manfred, Pfarrer, Universitätslehrer (PT)   102, 336
geb. 11. 4. 1911 Stuttgart, gest. 1996
1947 Pfarrer in Pfäffingen, 1956 Professor an der Kirchlichen Hochschule Berlin, 1958 Professor an der Universität Mainz.

MICHAELIS, Walter, Dr. theol., Theologe, Missionar, Verbandsvorsitzender   51
geb. 4. 3. 1866 Frankfurt/Oder, gest. 9. 10. 1953 Göttingen
[PERSONENLEXIKON, 174].

MICHEL, Otto, Theologe, Universitätslehrer (NT)   52, 69 f., 74, 78, 139 f., 142, 237, 240
geb. 28. 8. 1903 Elberfeld, gest. 28. 12. 1993 Tübingen
[PERSONENLEXIKON, 174].

MILDENBERGER, Friedrich, Pfarrer, Universitätslehrer (ST)   246
geb. 28. 2. 1929 Münsingen, gest. 24. 3. 2012 Erlangen
1957 Pfarrer in Wolfenhausen, 1964 Dozent für Systematische Theologie an der Universität Tübingen, 1970–1994 Professor an der Universität Erlangen.

MOCHALSKI, Herbert, Pfarrer   139, 144–147, 163
geb. 28. 2. 1910 Görlitz, gest. 27. 12. 1992 Hannover
[PERSONENLEXIKON, 176].

MÖRIKE, Frieder, Pfarrer, Dekan   187
geb. 4. 7. 1929 Oppelsbohm
1958 Pfarrer in Heilbronn, 1964 in Friedrichshafen-Manzell, 1972 Landesjugendpfarrer, 1979–1991 Dekan in Göppingen; Mitglied der KB, des LBR, Gründungsmitglied der OK.

MÖRIKE, Otto, Pfarrer, Dekan   136, 139
geb. 7. 4. 1897 Dürrwangen, gest. 9. 6. 1978 Schorndorf
1925 Oppelsbohm, 1935 in Kirchheim/Teck, 1939 in Weissach, 1946 in Weilimdorf, 1953–1959 Dekan in Weinsberg, Mitglied des LBR.

MÜLLER, Bernhard, Unternehmer, Politiker   386
geb. 27. 2. 1905 Stuttgart, gest. 28. 3. 2001 Stuttgart
1926 Aufbau eines Betriebs in den USA für Firma Paul Lechler, 1935 Exportorganisation der Firma Lechler in Stuttgart, 1946-1949 Vorsitzender des Chemieverbands Württ.-Baden, 1968-1972 Mitglied des Landtags (CDU).

MÜLLER, Eberhard, Pfarrer, Akademiedirektor   159, 162, 172, 182
geb. 22. 8. 1906 Stuttgart, gest. 11. 1. 1989 Heidelberg
[PERSONENLEXIKON, 178].

MÜLLER, Gerhard, Pfarrer   137, 367, 380 f., 384, 391
geb. 16. 5. 1923 Stuttgart, gest. 30. 6. 1980
1948 Pfarrer in Obersontheim, 1960 Martinskirche Stuttgart, 1972 Marbach/N.; Mitglied des LBR

MÜLLER, Klaus W., Dr. theol., Pfarrer, Rektor, Mitverfasser der Esslinger Vikarserklärung, Gründungsmitglied der OK.   341, 375 f., 379
geb. 4. 3. 1944 Stuttgart
1974 Theologischer Geschäftsführer des Instituts für Praktische Theologie der Universität Tübingen, 1983 Pfarrer und Lehrbeauftragter an der Universität Tübingen, 1989 Ausbildungsleiter an der Kirchlichen Ausbildungsstätte für Diakonie und Religionspädagogik Karlshöhe Ludwigsburg, 1994 Rektor der Ev. Fachhochschule Reutlingen-Ludwigsburg, 1998-2008 Direktor am Pfarrseminar Stuttgart-Birkach; Mitglied der Landessynode 1996-2001.

MÜLLER, Manfred, Landesjugendpfarrer, Oberkirchenrat   343 f.
geb. 9. 11. 1903 Stuttgart, gest. 7. 11. 1987 Stuttgart
[PERSONENLEXIKON, 181].

MÜLLER, Paul, Dr. rer. nat., Studienrat, Schriftsteller, Mitbegründer der AGBC   46, 51, 55 f., 84-86, 91, 97, 107 f., 211, 214
geb. 22. 7. 1896 Sulz am Eck, gest. 27. 9. 1983 Stuttgart
1914-1922 Studium der Naturwissenschaften an der TH Stuttgart und Uni Tübingen, Mitglied der DCSV, 1915-1919 Wehrdienst und Kriegsgefangenschaft, 1922 1. und 2. Staatsexamen, Promotion an der Universität Tübingen, 1923 Lehrer in Ulm und Stuttgart, 1928 Studienrat am Lehrerseminar Nagold, 1935 Lehrer in Urach, 1938 in Stuttgart, 1944 in Nagold, 1945 krankheitshalber i.R.; Verfasser eines Lehrbuches für Chemie; Ab 1945 Mitarbeiter bzw. Leiter zahlreicher Bibelfreizeiten in Walddorfhäslach, Langenbrand u. ä., freier Schriftsteller; 1952 Mitbegründer der AGBC, 1952-1971 Rechner der AGBC.

NIEMÖLLER, Martin, Marineoffizier, Pfarrer, Kirchenpräsident   139, 144-147, 168, 171, 211
geb. 14. 1. 1892 Lippstadt/Westfalen, gest. 6. 3. 1984 Wiesbaden
[PERSONENLEXIKON, 185].

OETINGER, Christoph, Pfarrer, Vordenker des württembergischen Pietismus   87, 90
geb. 2. 5. 1702 Göppingen, gest. 10. 2. 1782 Murrhardt
1731 Repetent am Tübinger Stift, 1738 Pfarrer in Hirsau, 1743 in Schnaitheim, 1746 in Walddorf (bei Tübingen), 1752 Dekan in Weinsberg, 1759 Herrenberg, 1766 Murrhard.

OSTERLOH, Gertrud, Theologin, Präsidentin des DEKT   329
geb. 18. 5. 1910 Lübeck, gest. 25. 10. 2012 Wentorf bei Hamburg

Personenregister / Biogramme 451

1962-1968 Verlagslektorin, 1970-1977 Mitglied des Präsidiums des DEKT, 1970/71 Päsidentin.

OTTMAR, Dietrich, Dr. rer. nat., Seminardirektor, Gründungsmitglied der OK   220, 387
geb. 30. 7. 1928 Cannstatt
Studienrat in Stuttgart-Vaihingen, Professor und Direktor des Staatlichen Seminars für Schulpädagogik (Gymnasien) in Stuttgart, 1993 i. R.; Mitglied der Landessynode 1972-1989.

PFANDER, Martin, Zahnarzt, Sprecher der LG   190, 194, 231, 240 f., 248, 261, 265, 273, 277 f., 288 f., 296, 311, 317, 319 f., 323, 333, 372
geb. 2. 3. 1920 Fellbach
Zahnarzt in Fellbach; 1959-1980 CVJM-Vorstand, 1972-1984 im Vorstand des Albrecht-Bengel-Haus Trägervereins, Mitglied der Landessynode 1960-1977, Sprecher des Gesprächskreises LG.

PFEIFFER, Helmut, Pfarrer, Prälat   279, 281-283, 286 f., 297, 300
geb. 28. 11. 1909 Mürzzuschlag/Österreich, gest. 29. 5. 2002
1936 Pfarrer in Oppelsbohm, 1940 Pfarrer der Ev. Gesellschaft in Stuttgart (für weibliche Jugend), 1947 Leiter der Landesstelle des Evangelischen Mädchenwerks, 1948 Landesjugendpfarrer, 1950 Leiter des Reichsverbands evangelischer weiblicher Jugend in Gelnhausen, 1956 Dekan in Esslingen, 1965-1974 Prälat in Reutlingen.

PFIZENMAIER, Immanuel, Pfarrer, Prälat   95 f.
geb. 25. 9. 1891 Frickenhofen, gest. 3. 9. 1965 Stuttgart-Möhringen
1919 Sekretär des Süddeutschen Ev. Jünglingsbunds in Stuttgart, 1922 Pfarrer in Markgröningen, 1927 in Göppingen und Jugendgeistlicher, 1935 Kreuzkirche Stuttgart, 1949 Dekan in Leonberg, 1953-1958 Prälat in Stuttgart und Frühprediger an der Stiftskirche; Mitglied der Landessynode 1948-1953.

PFLAUM, Lienhard, Pfarrer, Direktor der Liebenzeller Mission   215, 245, 248 f., 257, 262 f., 266 f., 272, 274, 276, 278, 282, 298, 319 f., 323-325, 333, 339
geb. 13. 1. 1927 Mannheim
1953 Gymnasialreligionslehrer und Bezirksjugendpfarrer in Konstanz, Pfarrer in Riegel/Endingen, 1963-1992 Pfarrer und Direktor der Liebenzeller Mission in Bad Liebenzell; Mitglied der Landessynode 1966-1971.

PRÄGER, Lydia, Pfarrerin   262, 327, 366, 371
geb. 22. 8. 1912 Crailsheim, gest. 6. 1. 2000 Crailsheim
1945 Geschäftsführerin der Vereinigung der Mädchenbibelkreise in Stuttgart, 1950 Pfarrvikarin im Ev. Berufstätigenwerk in Württ., 1962-1977 Missions- und Bibelkreise; 1951 Vorsitzende der Ev. Schwesternschaft Irenenring.

RIEDEL, Hans-Karl, Unternehmer   44, 100-103, 134
geb. 18. 4. 1893 Ochsenhausen, gest. 23. 12. 1967 Esslingen
Kaufmännische Lehre bei Firma Lechler in Stuttgart, 1912 Kaufmann auf der Goldküste, 1914-1918 interniert auf der Insel Man und in den Niederlanden, Vertreter der Firma Bosch in den Niederlanden, als Schwiegersohn Teilhaber und kaufmännischer Leiter der Firma Christian Wagner in Esslingen (Fabrikation von Küchengeschirr); Stellvertretender Vorsitzender CVJM Esslingen, Bezirksbruder der Altpietistischen Gemeinschaft, 1946 Verwaltungsratsmitglied der Württ. Bibelanstalt, 1945-1961 Stadtrat, Mitglied der Landessynode 1948-1953, 1960-1965.

RIENECKER, Fritz, Pfarrer, Dozent (NT, ST)   46–50, 59, 99
geb. 27. 5. 1897 Streckau, gest. 15. 8. 1965 Neumünster
1918–1920 Volksschullehrer, danach Studium der Theologie und Pädagogik u. a. in Berlin und Hamburg; Verlagstätigkeit; 1941 Pfarrer in Geesthacht, 1947/8 Dozent an der Evangelischen Akademie in Braunschweig, 1949 Lehrer in St. Chrischona, 1958–1962 Vorsitzender des Altpietistischen Gemeinschaftsverbandes in Württ., daneben seit 1953 im Vorstand des Bibelbundes. Veröffentlichte zahlreiche Bibelkommentare, die Wuppertaler Studienbibel sowie den Sprachlichen Schlüssel zum Neuen Testament.

RIESS, Hermann, Pfarrer, Prälat   296, 271, 282 f., 297
geb. 7. 9. 1914 Stuttgart, gest. 18. 8. 1990 Stuttgart
1944 Pfarrer in Rötenberg, 1949 Ev. Gemeindedienst in Stuttgart (Leiter des Ev. Männerwerks), 1957 landeskirchlicher Pfarrer in Korntal, 1962 Prälat in Ulm, 1969–1980 Prälat in Stuttgart; 1964–1983 Präsidiumsmitglied des DEKT, Mitglied der Landessynode 1954–1962.

RINGWALD, Alfred, Pfarrer, Oberstudienrat   18, 97
geb. 27. 3. 1912 Herrenberg, gest. 18. 9. 1973
1938 Pfarrer in Aidlingen, 1950 (Ober-)Studienrat für Religionsunterricht am Mädchen-Gymnasium Tübingen.

ROBINSON, John A. T., anglikanischer Pfarrer und Bischof, Universitätslehrer (NT)   179, 402
geb. 16. 5. 1919 Canterbury, gest. 5. 12. 1983 Arncliffe/Yorkshire
Priester in Bristol und am Wells Theological College, Mitarbeiter und Dekan des Clare College in Cambridge, 1959 Bischof von Woolwich im Bistum Southwark, Dozent am Trinity College in Cambridge, 1969–1983 Dekan des Trinity College in Cambridge.

RODENBERG, Otto, Pfarrer   246, 269, 291, 297, 369, 371
geb. 3. 8. 1920 Winterstein, gest. 1996
1951/52 Hilfspfarrer in Marjoß, 1952 Pfarrer in Rengshausen; Mitbegründer und Leiter der BKAE in Kurhessen-Waldeck.

ROESSLE, Julius Otto, Lic. theol., Pfarrer   51, 56, 86
geb. 1. 3. 1901 Wiesbaden, gest. 1975.
1929 Pfarrer in Niederscheld/Nass., 1933 in Solingen-Gräfrath, 1945 in Hechingen, 1946 in Tuttlingen, 1954–1965 Pfarrer in Wuppertal-Cronenberg; Mitglied der AGBC.

RÖHM, Fritz, leitender Angestellter, Mitgründer der KK, Mitgründer, stellvertretender Vorsitzender und Ehrenvorsitzender der OK   10, 23, 153–155, 176, 178, 197 f., 230, 336, 338, 341, 345, 360
geb. 1933
Ausbildung zum Industriekaufmann, Tätigkeit u. a. als Marketingleiter und Personalleiter; 1963–1969 Mitglied der „Kolonie im Ramtel", 1968 Mitgründer der KK, 1972 Mitgründer der OK und Mitglied des Leitungskreises, 1993–2001 stellvertretender Vorsitzender, seit 2008 Ehrenvorsitzender der OK.

ROHRSCHEIDT, Siegfried von, Verwaltungsangestellter, Vorsitzender der Evangelischen Mitte   386
geb. 8. 6. 1938 Angermünde
1962 Diplom-Verwaltungswirt und Stadtoberinspektor in Reutlingen, 1967–2003

Mitarbeiter, später Kirchenoberverwaltungsrat im OKR, 1992–1995 freigestellt zur Ev. Landeskirche in Thüringen; letzter Landesvorsitzender der „Evangelischen Mitte".
RÖMER, Christian Friedrich (von), D., Pfarrer, Prälat   56 f., 109, 126, 230
geb. 3. 8. 1854 Sindelfingen, gest. 25. 2. 1920 Stuttgart
1878 Repetent am Seminar Urach, 1879 in Tübingen, 1882 Pfarrer in Buttenhausen, 1883 1. Sekretär der Missionsgesellschaft in Basel, 1891 Pfarrer in Tübingen, 1895 Dekan in Nagold, 1909 in Tübingen, 1911 Stiftsprediger in Stuttgart, 1912 Prälat; Ausschussmitglied der Ev.-kirchlichen Vereinigung, Mitglied der Landessynode 1894–1924, Vorsitzender der „Gruppe I".
ROMMEL, Kurt, Pfarrer, Liedermacher, Journalist   191, 243, 345
geb. 20. 12. 1926 Kirchheim/Teck, gest. 5. 3. 2011 Bad Cannstatt
1955 Pfarrer in Friedrichshafen, 1960 Jugendpfarrer in Bad Cannstatt, 1966 Pfarrer in Schwenningen/N., 1974–1992 Chefredakteur beim Ev. Gemeindeblatt für Württemberg.
ROSENBOOM, Enno Edzard, Pfarrer, OKR   259 f., 262, 264
geb. 13. 6. 1924 Wesermünde, gest. 13. 7. 1999 Göttingen
1952 Pfarrer in Jever, 1959 Ephorus des Predigerseminars der Ev. Kirche von Westfalen in Dortmund; 1971–1987 Oberkirchenrat (Dezernat für Bildungs-, Erziehungs- und Schulwesen) in der Evang-Luth. Landeskirche Schleswig-Holstein, zugleich ab 1977 theologischer Vizepräsident des Nordelbischen Kirchenamtes.
ROTH-STIELOW, Klaus, Dr. jur., Richter, Präsidiumsmitglied der KK   196, 338, 342, 345 f.
Richter am Oberlandgericht Hechingen; Mitgründer und Präsidiumsmitglied der KK.
ROTHSCHUH, Michael, Theologe, Hochschullehrer (Sozialpolitik)   347, 350
geb. 1946
Studium der Theologie, Politikwissenschaften und Erziehungswissenschaften, Professor für Sozialpolitik, Soziale Arbeit und Gemeinwesenarbeit an der Fachhochschule Hildesheim-Holzminden-Göttingen.
ROTHSCHUH, Regula, Pfarrerin   13, 19, 196, 206, 304, 317, 345–353, 361 f., 374, 395
geb. 6. 12. 1943 Dresden
1963–1968 Studium der ev. Theologie in Tübingen, nach bestandener I. Kirchlicher Dienstprüfung nicht in den Vorbereitungsdienst der Württ. Landeskirche übernommen, ab 1969 Lehramtsstudium in Frankfurt; 1986–2005 Gründungsrektorin der Fachschule für Heilerziehungspflege der Vorwerker Diakone Lübeck, 1989 Ordination.
RÜCKER, Hans, Pfarrer   163, 166, 169
geb. 1. 2. 1905 Neckarsulm, gest. 18. 4. 1999 Backnang
1934 Pfarrer in Löwenstein, 1947 in Schwäbisch Hall, 1956–1970 in Ebersbach; Mitglied der Sozietät und der KB.
RÜCKERT, Hanns, Theologe, Universitätslehrer (KG)   69–78, 81 f., 93, 250
geb. 18. 9. 1901 Fürstenwalde/Spree, gest. 3. 11. 1974 Tübingen
[PERSONENLEXIKON, 210 f.].
SCHÄF, Emil, Lehrer, Gründungsmitglied und Leiter der AGBC   46, 51, 55 f., 83–86, 89–93, 95–100, 102 f., 105, 108–110, 134, 143, 158, 186, 211–214, 254, 263, 267, 274–276, 335
geb. 4. 10. 1891 Pfullingen, gest. 29. 7. 1969 Nürtingen
1920 Oberreallehrer in Nürtingen, 1926 Studienrat am Knabeninstitut der Zieglerschen

Anstalten in Wilhelmsdorf, 1932 Schulleiter, 1939 nach Auflösung seiner Schule Werkluftschutzleiter bei Kreidler in Zuffenhausen, 1945-1954 Studienrat (zuletzt Studiendirektor) in Zuffenhausen; Ausschussmitglied der Ev. Lehrergemeinschaft in Württ., 1952 Mitgründer und Leiter der AGBC/LHK, redender Bruder der Hahn'schen Gemeinschaft in Reutlingen, Mitglied der Landessynode 1954-1959.

SCHEFFBUCH, Rolf, Pfarrer, Prälat   10, 18, 23, 27, 31 f., 47, 108, 156, 174, 189, 194, 197, 222, 226, 231, 235, 237, 239, 243, 245, 248, 262 f., 266 f., 271-273, 276, 278 f., 283, 286-293, 296, 298, 300 306, 309-316, 318-320, 322-329, 333, 335, 339, 372, 377, 399, 401, 406
geb. 25. 1. 1931 Calw, gest. 10. 11. 2012 Korntal
1957 persönlicher Referent des Landesbischofs, 1959 Pfarrer in Ulm, 1965 Leiter des Ev. Jungmännerwerks Württ., 1975 Dekan in Schorndorf, 1989-1995 Prälat in Ulm; 1980-1996 Mitglied des Lausanner Komitees für Weltevangelisation, 1980-1999 Vorsitzender der Ludwig-Hofacker-Vereinigung, 1992-1997 Vorsitzender von ProChrist e. V., Mitglied der Landessynode 1966-1989, ab 1977 Sprecher des Gesprächskreises LG.

SCHEMPP, Paul, Pfarrer, Universitätslehrer (ST, PT)   29, 55, 73, 113, 115, 157 f., 403
geb. 4. 1. 1900 Stuttgart, gest. 4. 6. 1959 Bonn
[PERSONENLEXIKON, 215].

SCHICK, Friedrich, Pfarrer   46, 51, 65, 86
geb. 11. 12. 1901 Unterböhringen, gest. 20. 9. 1972
1926 Pfarrer in Pfeffingen, 1933 in Degerschlacht, 1947-1957 in Gomaringen; Mitglied der AGBC.

SCHLENKER, Walter, Pfarrer, Dekan, Leiter der KB   17, 115, 156-159, 161, 163, 165 f., 169-171, 183, 216, 338
geb. 29. 8. 1928 Schwenningen
1957 Pfarrer für Religionsunterricht am Aufbau-Gymnasium in Nagold, 1965 Pfarrer in Kemnat, 1975-1987 Dekan in Tuttlingen; 1962-1988 Leiter der Kirchlichen Bruderschaft in Württ.

SCHLIER, Hermann, Pfarrer   285, 291, 294 f.
geb. 23. 5. 1900 Hersbruck, gest. 1980 Augsburg
1929 Pfarrer in Kitzingen, 1937 in Augsburg, 1964-1970 Kirchenrat; stellvertretender Vorsitzender der Kirchlichen Sammlung um Bibel und Bekenntnis in Bayern.

SCHLOZ, Rüdiger, Pfarrer, OKR   198
geb. 29. 8. 1941 Stuttgart
Studium der Theologie, Philosophie, Soziologie, Psychologie und Erziehungswissenschaften, 1968 Pfarrdienst in Württemberg, später Assistent an der Universität Konstanz, 1973-2005 im Kirchenamt der EKD, Referat für Studien- und Planungsfragen; Gründungsmitglied der KK.

SCHMID, Anne-Lore, Dr. med., Ärztin und Hausfrau   174, 245, 293, 302, 304, 307 f., 318, 357, 381
geb. 15. 5. 1916 Gütersloh, gest. 11. 03. 2008 Leonberg
1962-1975 Stadträtin (als erste Frau), 1962-1970 CDU-Mitglied, 1980 SPD-Mitglied; Seit ca. 1959 Vorträge zur Sexualaufklärung, 1974 Mitgründerin und 1976-1988 Beraterin bei „Pro Familia", 1970 Mitgründerin der AG für Ausländerfragen, Mitarbeit im

AK Asyl und im Kirchlich-polititischen Arbeitskreis, 1974-1977 Mitglied im Leitungskreis der OK, Mitglied der Landessynode 1966-1981.

SCHNATH, Gerhard, Pfarrer   270, 286-288, 290 f., 293 f., 297, 299, 338
geb. 27. 3. 1926, gest. 10. 8. 1988 Fulda
1945 Maurerlehre, 1947 Theologiestudium, 1953 Leiter des Amtes für Dorfjugendarbeit in Doerlinghausen, 1956 Pfarrer in Dielingen, 1962 Pastor beim DEKT, 1976-1984 Dekan in Fulda.

SCHOELL, Jakob, D. Dr. phil., Pfarrer, Prälat   57, 230
geb. 9. 11. 1866 Böhringen, gest. 2. 5. 1950 Böhringen
1892 Repetent am Tübinger Stift, 1894 Pfarrer in Reutlingen, 1904 Professor für Religion am Realgymnasium Stuttgart, 1907 am Predigerseminar in Friedberg in Hessen-Darmstadt, 1913 Direktor am Seminar in Friedberg, 1914 Geheimer Kirchenrat, 1918-1933 Prälat und Generalsuperintendent von Reutlingen mit Wohnsitz in Stuttgart; 1894-1907 im Vorstand des Landesvereins der ev. Arbeitervereine, 1919 stellvertretender Vorsitzender Ev. Volksbund für Württ., Mitglied der Landesssynode 1907, 1925-1931.

SCHOLDER, Klaus, Theologe, Universitätslehrer (KG und Kirchenordnung)   202, 231
geb. 12. 1. 1930 Erlangen, gest. 10. 4. 1985 Tübingen
1956 Repetent am Tübinger Stift, 1965 Dozent, 1970-1985 Professor an der Universität Tübingen; Mitglied der FDP, 1982 stellvertretender Vorsitzender der Friedrich-Naumann-Stiftung, Mitglied der Landessynode 1969-1971.

SCHRÄGLE, Fritz, Pfarrer   366
geb. 15. 8. 1910 Hohebach, gest. 31. 8. 1992 Eningen u. A.
1937 Pfarrer in Dünsbach, 1950 in Pfullingen, 1956 in Friedrichshafen, 1964-1975 Dekan in Blaubeuren; Mitglied der Landessynode 1953-1965.

SCHREINER, Theodor, Lic. theol., Pfarrer   46, 49, 51, 56, 86
geb. 5. 2. 1908 Bad Cannstatt; gest. 2000 Schwäbisch Gmünd
1939 Pfarrer in Meßstetten, 1955 Vorsitzender und Geschäftsführer des deutschen Blauen Kreuzes, damit verbunden kirchliche Dienstaufträge in Weidenau (1960-1966) und Dillheim-Eringshausen (1966-1973); Mitglied der AGBC.

SCHULTZ, Hans-Jürgen, Rundfunkredakteur   202, 303 f., 346
geb. 19. 9. 1928 Hamburg
Studium von Literaturwissenschaften und Theologie, Publizist im Luther- und Eckart-Verlag in Witten, 1955 Cheflektor im Kreuz-Verlag Stuttgart, 1957 Leiter des Kirchenfunks am SDR, dann bis 1991 Leiter der Hauptabteilung Kultur; 1964-1971 Präsidiumsmitglied des DEKT, Mitglied der Landessynode 1960-1965.

SCHÜTZ-ZELL, Katharina, Theologin, Pfarrfrau, Schriftstellerin   251
geb. um 1477 Straßburg, gest. 5. 9. 1562 Straßburg
Schreinerstochter, heiratete 1523 den reformierten Prediger Matthäus Zell und unterstützte ihn in seinem Amt; hielt an seinem Grab selbst die Grabrede und verteidigte die seelsorgerliche Tätigkeit von Frauen.

SEIZ, Otto, Oberkirchenrat   123, 177
geb. 28. 10. 1887 Aalen, gest. 16. 7. 1957 Stuttgart
[PERSONENLEXIKON, 235 f.].

SEIZ, Paul-Gerhard, Pfarrer, Mitbegründer der Kolonie im Ramtel, der KK, der OK   18, 155, 174, 176-178, 180 f., 190, 194-196, 337 f., 343, 345, 356 f., 399, 401

geb. 22. 5. 1932 Stuttgart, gest. 1. 10. 1988 Rom
1960 Pfarrer in Leonberg-Eltingen (Ramtel), 1968 an der Ev. Akademie Bad Boll, 1972 Direktor der Akademie, 1981-1988 eingeschränkter Auftrag an der Akademie und beim OKR.

SIMPFENDÖRFER, Gerhard, Pfarrer, Dekan, Gründungsmitglied der KK   31, 173, 191, 193, 322
geb. 1924 Korntal
1954 Pfarrer in Calw, 1959 Studentenpfarrer in Stuttgart, 1964 Pfarrer in Belsenberg, 1970-1988 Dekan in Heilbronn.

SIMPFENDÖRFER, Jörg, Pfarrer, Personalmanager, Personalberater   173, 182
geb. 20. 4. 1922 Korntal, gest. 23. 11. 2003 Stuttgart
1950 Pfarrer an der Evang. Akademie Bad Boll (Arbeitnehmerfragen); ab 1958 Personalmanager bei IBM, später als selbständiger Personalberater tätig.

SIMPFENDÖRFER, Werner, Pfarrer, Studienleiter, Gründungsmitglied der KK   18, 154 f., 172-176, 180 f., 186, 196, 198 f., 244, 273, 336-338, 344-346, 361, 363, 399, 402
geb. 12. 2. 1927 Korntal, gest. 27. 6. 1997
1954 Repetent am Seminar Blaubeuren, 1956 Studienleiter an der Ev. Akademie Bad Boll, 1961-1967 Sekretär der Studie zur missionarischen Struktur der Gemeinde des ÖRK, 1967 Leiter des Ökumenereferates und stellvertretender Direktor der Akademie Bad Boll, 1969 Bildungsbüro des ÖRK, 1973-1985 Generalsekretär der Ökumenischen Vereinigung der Akademien in Europa; aktiv in der Kirchenreformbewegung, Mitgründer von KK und OK.

SIMPFENDÖRFER, Wilhelm, Lehrer, Kultusminister, Reichstagsabgeordneter   173
geb. 25. 5. 1888 Neustadt/Pfalz, gest. 4. 5. 1973 Heilbronn
[PERSONENLEXIKON, 238].

SÖHNER, Hermann, Pfarrer, Mitglied der SiedlungsAG, KK, OK   156, 183, 185 f., 191, 318, 339, 358
geb. 27. 4. 1927 Bad Cannstatt, gest. 11. 2. 2010 Untergruppenbach
1965 Pfarrer in Schwenningen, 1970 Untergruppenbach, 1980 ev. Gemeindedienst Württemberg, Männerarbeit, 1988-2000 Brenzkirche Stuttgart.

SÖLLE, Dorothee, Theologin, Universitätslehrerin (ST), Schriftstellerin   158, 163, 175, 268, 336, 346, 368
geb. 30. 9. 1929 Köln, gest. 27. 4. 2003 Göppingen
1968 Initiatorin der „Politischen Nachtgebete", 1975-1987 Professorin am Union Theological Seminary, New York.

SORG, Theo, Pfarrer, württembergischer Landesbischof   112, 371, 378, 384-386
geb. 11. 3. 1929 Nierstein
1957 Jugendpfarrer in Stuttgart, 1960 Leiter der Landesstelle des Ev. Jungmännerwerks in Stuttgart, 1965 Pfarrer in Stuttgart Stiftskirche, 1973 OKR, 1980 Prälat in Stuttgart, 1988-1994 Landesbischof; Mitglied der Landessynode 1972-1974, Gründungsmitglied der ES.

SPAMBALG, Peter, Pfarrer, Dekan   112, 129, 133, 136, 225-228, 231 f., 241 f., 245 f., 250, 256 f., 267, 323, 363, 368, 371, 380-382, 391
geb. 19. 10. 1926 Erbach/Odenwald, gest. 14. 5. 1974 Schorndorf
1951 Pfarrer in Fichtenberg, 1962 in Ludwigsburg, 1970 Dekan in Schorndorf; 1970-1974 Vorsitzender der AGEuK, Mitglied der Landessynode 1966-1977.

SPREEN, August, Pfarrer   299 f., 305
geb. 1. 1. 1918 Haldem, gest. 27. 9. 2014 Mannheim
1952-1983 Pfarrer in Bünde; 1975 Vorsitzender der Bünder Konferenz, Vorstandsmitglied des Gnadauer Verbandes.

SPRINGE, Christa, Pfarrerin   187
geb. 12. 12. 1926 Stettin
Studienleiterin an der Ev. Akademie Bad Boll, arbeitete in der kirchlichen Industrie- und Sozialarbeit und engagierte sich für die Gleichstellung von Frauen in der Arbeitswelt; Mitbegründerin der „Europäischen Arbeitsgemeinschaft Kirche und Arbeitswelt".

STAMMLER, Eberhard, Pfarrer, Publizist   346
geb. 14. 8. 1915 Ulm, gest. 9. 1. 2004 Stuttgart
1941 Pfarrer in Blaubeuren, 1949 Jugendpfarrer in Stuttgart, 1952 Chefredakteur der „Jungen Stimme", 1965 Wissenschaftlicher Angestellter an der Universität Tübingen, freier Journalist.

STANTON, Elizabeth Cady, Bürgerrechtlerin   263 f.
geb. 12. 11. 1815 Johnstown, NY/USA, gest. 26. 10. 1902 New York City/USA
Engagierte sich zunächst für den Abolitionsimus, später für die Frauenrechtsbewegung, die sie auch theologisch zu begründen suchte. Verfasserin der „Declaration of Seniments" der Seneca Falls Convention 1848 und Herausgeberin der „Women's Bible".

STAUFFER, Ethelbert, Theologe, Universitätslehrer (NT, altchristliche KG, Numismatik)   101
geb. 8. 5. 1902 Friedelsheim (Pfalz), gest. 1. 8. 1979 Erlangen
[PERSONENLEXIKON, 246].

STEUDLE, Immanuel, Pfarrer   219, 258 f.
geb. 20. 11. 1929 Bali/Westafrika
1959 Pfarrer für Religionsunterricht in Esslingen, 1962 in Waiblingen, 1964 Pfarrer in Zuffenhausen, 1969-1994 Vorstand der Gustav-Werner-Stiftung Reutlingen.

STEUDLE, Theophil, Dr. theol., Pfarrer   352 f.
geb. 15. 8. 1931 Bali/Westafrika
1958 Pfarrer in Reutlingen, 1968 Studentenpfarrer in Tübingen, 1976-1996 Pfarrer in Heilbronn; Gründungsmitglied der OK.

STÖFFLER, Eugen, Pfarrer, Mitglied der KB, KK, OK   180, 187, 195, 219, 275, 406
geb. 25. 8. 1926 Tuningen, gest. 25. 8. 1985 Leonberg
1954 Pfarrer in Heilbronn, 1960 in Stuttgart-Rot, 1970 Dekan in Leonberg; Mitglied im Leitungskreis der OK, Mitglied der Landessynode 1978-1985.

STRAUSS, David Friedrich, Theologe   36, 39-41, 44, 59, 61
geb. 27. 1. 1808 Ludwigsburg, gest. 8. 2. 1874 Ludwigsburg
1832 Repetent am Tübinger Stift, 1835 Professoratsverweser in Ludwigsburg, 1839 Ruf als Professor an die Universität Zürich, noch vor Antritt Versetzung i. R., seitdem freier Schriftsteller.

STUHLMACHER, Peter, Theologe, Universitätslehrer (NT)   220, 231, 237, 240-243, 245, 249 f.
geb. 18. 1. 1932 Leipzig
1964 Assistent an der Universität Tübingen, 1968 Professor an der Universität in Er-

langen, 1972-2000 an der Universität Tübingen; Mitglied der Landessynode 1966-1969, 1975-1983.

SUHL, Alfred, Theologe, Universitätslehrer (NT)   323
geb. 27. 1. 1934 in Baekken/Dänemark, gest. 25. 4. 2005 in Münster
1972 Professor an der Universität Münster.

THADDEN-TRIEGLAFF, Reinhold von, Jurist, Gutsbesitzer, Kirchentagspräsident   268
geb. 13. 8. 1891 Mohrungen/Ostpreußen, gest. 10. 10. 1976 Fulda
[PERSONENLEXIKON, 254 f.].

THIELICKE, Helmut, Theologe, Universitätslehrer (ST), Publizist   69, 138, 210, 283
geb. 4. 12. 1908 (Wuppertal-)Barmen, gest. 5. 3. 1986 Hamburg
[PERSONENLEXIKON, 256].

TLACH, Walter, Pfarrer, Dekan, Leiter des Albrecht-Bengel-Hauses   93-96, 102 f., 110, 192-195, 241, 243, 274 f., 277-282, 285-289, 291-295, 297, 299-301, 305, 309, 312 f., 315 f., 318-320, 322-324, 327-329, 331-333, 363, 380
geb. 3. 9. 1913 Stuttgart, gest. 25. 9. 2004 Herrenberg
1945 Repetent am Tübinger Stift, 1948 Lehrer am Seminar der Rheinischen Mission in Wuppertal-Barmen, 1953 Leiter des Ev. Jungmännerwerks in Württ., 1960 Pfarrer in Birkach, 1963 Dekan in Heidenheim, 1970-1978 Studienleiter am Albrecht-Bengel-Haus in Tübingen; Mitglied des LHK, Mitglied der Landessynode 1972-1977.

TOMPERT, Roland, Dr. jur., Jurist im OKR   198, 342
geb. 31. 5. 1932 Stuttgart-Feuerbach
Besuchte die Seminare Schöntal und Urach, Jurastudium, Tätigkeit als Rechtsanwalt, dann bei Landratsämtern, 1967 im Bundeskanzleramt für Wirtschaftspolitik, 1969-1995 OKR für Dienst- und Organisationsrecht; Mitglied des Eltinger Kreises und der Kolonie im Ramtel.

TROLL, Thaddäus, Journalist, Schriftsteller   357
geb. 18. 3. 1914 Bad Cannstatt, gest. 5. 7. 1980 Stuttgart
bürgerlich: Hans Bayer, Dr. phil.
Mitarbeiter des SPIEGEL, gründete 1945 eine satirische Zeitschrift, ab 1948 als freier (Mundart-)Schriftsteller tätig; 1968-1977 Vorsitzender des baden-württ. Schriftstellerverbandes, 1971 Mitglied des P.E.N.-Zentrums Deutschland, ab 1978 Vizepräsident; unterstützte 1969 Gustav Heinemann und 1972 die Sozialdemokratische Wählerinitiative.

UHLIG, Karl Otto, Politiker   346
geb. 12. 4. 1872 Neuwelschufe, gest. 27. 4.1950 Radebeul
Schriftsetzer und Drucker, 1903 Vorsitzender der SPD-Dresden-Altstadt, 1905-1908 Stadtverordneter, 1913-1918 Landessekretär der SPD Sachsen, 1918 Abgeordneter im Reichstag, 1919/20 sächsischer Innenminister, 1920-1933 Bürgermeister in Radeberg (von den Nationalsozialisten amtsenthoben).

UHLIG, Otto, Verwaltungsdirektor   346 f.
geb. 1902, gest. 1984
Schriftsetzer, Berufsberater, von den Nazis entlassen, 1945 kommissarische Leitung des Arbeitsamts Schwäbisch Hall, 1950-1967 Verwaltungsdirektor des Arbeitsamts Stuttgart.

Vogel, Heinrich, Pfarrer, Universitätslehrer (ST)   168
geb. 9. 4. 1902 Pröttlin, gest. 25. 12. 1989 Berlin
[Personenlexikon, 265].
Volz, Lenore, Pfarrerin, Vorsitzende des württ. Theologinnenkonvents   187, 252 f., 255–259, 263 f.
geb. 16. 3. 1913 Waiblingen, gest. 26. 9. 2009 Stuttgart
1950 Pfarrvikarin in Stuttgart-Bad Cannstatt, 1970–1978 Pfarrerin in Bad Cannstatt (Krankenhauspfarrstelle); 1964–1978 Vorsitzende des Theologinnenkonvents in Württemberg.
Voss, Jutta, Buchhalterin, Sängerin, Pfarrerin, Psychoanalytikerin   361
geb. 1942 in Graz
Zunächst als Buchhalterin tätig, später als Sängerin, 1973 als erste Frau auf dem sog. II. Bildungsweg Pfarrerin der Württ. Landeskirche, Krankenhauspfarrerin; 1988 Veröffentlichung des Buches „Das Schwarzmondtabu", daraufhin Einleitung eines Lehrzuchtverfahrens, 1993 Ausscheiden aus dem Amt; seitdem als Psychoanalytikerin und Kursleiterin im Bereich „weibliche Mythologie" tätig.
Wacker, Gerhard, Pfarrer, Koordinator der „Kolonie im Ramtel"   174, 176, 181, 195 f., 338
geb. 13. 3. 1933 Neu-Ulm
1963 Assistent an der PH Schwäbisch Gmünd, 1966 Pfarrer in Leonberg-Ramtel, 1969 in (Heidenheim-)Oggenhausen.
Wagner, Hans, Pfarrer, Dekan, Gründungsmitglied der ES   241, 265 f., 332, 362, 364, 366 f., 370 f., 374
geb. 15. 5. 1905 Aschaffenburg, gest. 15. 6. 1993 Schramberg
1933 Pfarrer in Wurmberg, 1945 in Weissach (Dek. Leonberg), 1950 Dekan in Maulbronn, 1955–1972 in Degerloch; Mitgründer der ES, 1969–83 im Vorstand des Vereins Albrecht-Bengel-Haus Tübingen, Mitglied der Landessynode 1936/37, 1960–1971.
Wähling, Wiebke, Pfarrerin, Dekanin, Sprecherin der OK   131
geb. 1. 2. 1947 Elmshorn
1980 Pfarrerin in Kornwestheim, 1991 in Bad Cannstatt, 2001 Dekanin in Zuffenhausen; Mitglied der Landessynode 1996–2007, Sprecherin des Gesprächskreises OK.
Walz, Hans Hermann, Dr. theol., Theologe und Jurist   287, 297–299
geb. 3. 8. 1914 Essingen/Württ., gest. 4. 7. 1998 Fulda
1949 Sekretär bei der Studienabteilung des ÖRK, 1952 stellvertretender Direktor des ökumenischen Instituts und Leiter des Sekretariats für Laienarbeit in Genf, 1954–1981 Generalsekretär des DEKT in Fulda.
Warth, Walter, Pfarrer, Studienleiter   239
geb. 14. 7. 1912 Mitteltal, gest. 14. 4. 1978 Stubersheim
1939–40 Repetent am Tübinger Stift, 1942 Pfarrer in Nagold, 1956 in Leutkirch, 1961 Direktor des Pfarrseminars in Stuttgart, 1968–1976 Pfarrer und Studienleiter beim Lehrgang für den Pfarrdienst.
Weber, Gotthilf, Pfarrer, Dekan, Mitgründer der KB   157, 160 f., 163, 166, 168 f., 187, 216, 219, 234, 241, 255, 258, 261, 297, 323, 351
geb. 14. 9. 1900 Großgartach, gest. 29. 5. 1987 Bad Cannstatt
1928 Stadtpfarrer in Haiterbach, 1931 Geschäftsführer beim Ev. Volksbund in Stuttgart, 1933 bei der Landesstelle des Ev. Gemeindediensts in Stuttgart, von der DC-Kirchen-

leitung am 10. 9. 1934 beurlaubt, am 6. 10. unter Hausarrest gestellt und am 22. 10. in den einstweiligen Ruhestand versetzt, ab Januar 1935 Mitglied des Reichsbruderrats und stellvertretender Präses der Bekenntnissynode in Bad Oeynhausen, 1936 Pfarrer in Schwenningen/N., 1947 Dekan in Göppingen, 1950-1967 in Bad Cannstatt; 1932 NSDAP-, 1933 DC-Mitglied, Herbst 1933 Austritt aus beiden Organisationen, 1934 Vorsitzender des LBR, Mitglied des RBR, 1957 Mitgründer und Leiter der KB, Mitglied der Landessynode 1966-1971.

WEBER, Martin, Pfarrer   180, 185, 187, 193, 195 f., 216, 337
geb. 7. 3. 1930 Stuttgart, gest. 18. 12. 2012
1959 Pfarrer in Nellingen/Filder, 1972-1992 Studentenpfarrer in Reutlingen; Mitglied der AG Siedlungspfarrer, der KB, OK.

WEEBER, Rudolf, Jurist, Vizepräsident   41, 121, 127, 235, 297, 299, 303
geb. 25. 2. 1906 Esslingen/N., gest. 28. 11. 1988 Aich bei Stuttgart
[PERSONENLEXIKON, 269].

WEISMANN, Eberhard, Pfarrer, OKR   139
geb. 11. 6. 1908 Alfdorf, gest. 5. 12. 2001 Schwäbisch Hall
1936 Pfarrer in Ölbronn, 1946 Landeskirchenmusikwart, 1959 Dekan in Nagold, 1965-1973 Oberkirchenrat; Mitglied des LBR.

WEIZSÄCKER, Richard von, Dr. jur., Jurist, Präsident des DEKT, Bundespräsident   269, 283 f., 290, 293, 296, 299
geb. 15. 4. 1920 Stuttgart, gest. 31. 1. 2015 Berlin
1979-1981 Vizepräsident des Bundestages, 1981 Regierender Bürgermeister von Berlin, 1984-1994 Bundespräsident; 1964-1970 und 1979-1981 Präsident des DEKT, 1967-1984 Mitglied der Synode und des Rates der EKD.

WERNER, Herbert, Pfarrer, Universitätslehrer (PT)   157 f., 160 f., 163-165, 167, 169, 171
geb. 24. 3. 1902 Birkenfeld/Thüringen, 16. 5. 1992 Waldsolms
1934 Pfarrer in Kosma, 1946 in Stuttgart-Zuffenhausen 1946, 1962 Professor an der Universität Frankfurt/M.; Mitgründer der KB in Württemberg.

WIDMANN, Dorothea, Geschäftsführerin   187
geb. 11. 11. 1929 Wurmberg
1964 Geschäftsführerin der Evangelischen Frauenhilfe Württ.

WIDMANN, Richard, Pfarrer   158
geb. 28. 1. 1900 Stuttgart, gest. 21. 12. 1979 Stuttgart
1926 Pfarrer in Wurmberg, 1932 in Plieningen, 1938 in Oberboihingen, 1951 in Eglosheim, 1960-1967 Remmingsheim; Mitglied der Sozietät.

WILCKENS, Ulrich, Universitätslehrer (NT), Bischof der Nordelbischen Landeskirche   352
geb. 5. 8. 1928 Hamburg
1958 Professor an der Universität Marburg; 1960 in Berlin, 1969 in Hamburg, 1981-1991 Bischof des Sprengels Holstein-Lübeck in der Nordelbischen Evangelisch-Lutherischen Kirche.

WOLF, Ernst, Theologe, Universitätslehrer (KG, Christliche Archäologie, ST)   168
geb. 2. 8. 1902 Prag, gest. 11. 9. 1971 Garmisch-Partenkirchen
[PERSONENLEXIKON, 278 f.].

WURM, Theophil, Pfarrer, württembergischer Landesbischof   29 f., 34, 56, 111 f., 114, 117 f., 137 f., 187, 263, 403

geb. 7. 12. 1868 Basel, gest. 28. 1. 1953 Stuttgart
[PERSONENLEXIKON, 280].

WURST, Lisbeth, Gemeindehelferin, Gründungsmitglied KK, OK   219, 338
geb. 11. 9. 1921 Zuffenhausen, gest. 22. 1. 2015 Stuttgart
1946 Gemeindehelferin in Leonberg, 1951-1963 beim Ev. Mädchenwerk im Reisedienst und in der Freizeitarbeit, 1965 Religionslehrerin an der städtischen Frauenfach- und Berufsschule für Mädchen; Gründungsmitglied der KK und OK, Mitglied der Landessynode 1966-1971, 1976-1977.

ZAHRNT, Heinz, Dr. theol., Pfarrer, Publizist, Präsident des DEKT   269, 286, 295, 299 f., 305
geb. 31. 5. 1915 Kiel, gest. 1. 11. 2003 Soest
1946-1951 Studentenpfarrer in Kiel, 1950-1975 Mitarbeiter und theologischer Chefredakteur beim Deutschen Allgemeinen Sonntagsblatt, 1960-1999 Mitglied im Präsidium des DEKT, 1971-1973 Präsident des DEKT.

ZELLER, Dankwart, Pfarrer, Mitglied der KB   161, 166
geb. 23. 6. 1924 Tübingen, gest. 9. 12. 2010 Tübingen
1956 Pfarrer in (Künzelsau-)Belsenberg, 1964 in Köngen, 1970 in Berlin-Neukölln, 1977-1984 in Trossingen.

Arbeiten zur Kirchlichen Zeitgeschichte. Reihe B: Darstellungen

Band 61: Carsten Mish
Otto Scheel (1876–1954)
Eine biographische Studie zu Lutherforschung, Landeshistoriographie und deutsch-dänischen Beziehungen
2015. 386 Seiten mit 3 Abb., gebunden
ISBN 978-3-525-55776-1
eBook ISBN 978-3-647-55776-2

Band 60: Cornelia von Ruthendorf-Przewoski
Der Prager Frühling und die evangelischen Kirchen in der DDR
2015. 580 Seiten mit 9 Grafiken und 1 Tab.
ISBN 978-3-525-55775-4
eBook ISBN 978-3-647-55775-5

Band 59: Hauke Marahrens
Praktizierte Staatskirchenhoheit im Nationalsozialismus
Die Finanzabteilungen in der nationalsozialistischen Kirchenpolitik und ihre Praxis in den Landeskirchen von Hannover, Braunschweig und Baden
2014. 633 Seiten, gebunden
ISBN 978-3-525-55774-7
eBook ISBN 978-3-647-55774-8

Band 58: Annegreth Schilling / Katharina Kunter (Hg.)
Globalisierung der Kirchen
Der Ökumenische Rat der Kirchen und die Entdeckung der Dritten Welt in den 1960er und 1970er Jahren
2014. 379 Seiten mit 24 Abb., 10 Graphiken u. einer Tab., gebunden
ISBN 978-3-525-55773-0
eBook ISBN 978-3-647-55773-1

Band 57: Gerhard Gronauer
Der Staat Israel im westdeutschen Protestantismus
Wahrnehmungen in Kirche und Publizistik von 1948 bis 1972
2013. 518 Seiten mit 1 Tab., gebunden
ISBN 978-3-525-55772-3
eBook ISBN 978-3-647-55772-4

Band 56: Alexander Christian Widmann
Wandel mit Gewalt?
Der deutsche Protestantismus und die politisch motivierte Gewaltanwendung in den 1960er und 1970er Jahren
2013. 645 Seiten, gebunden
ISBN 978-3-525-55771-6
eBook ISBN 978-3-647-55771-7

Band 55: André Fischer
Zwischen Zeugnis und Zeitgeist
Die politische Theologie von Paul Althaus in der Weimarer Republik
2012. 800 Seiten, gebunden
ISBN 978-3-525-55786-0
eBook ISBN 978-3-647-55786-1

V&R Academic
Verlagsgruppe Vandenhoeck & Ruprecht | V&R unipress

www.v-r.de

Arbeiten zur Kirchlichen Zeitgeschichte. Reihe B: Darstellungen

Band 54: Katharina Kunter / Jens Holger Schjoerring (Hg.)
Europäisches und Globales Christentum / European and Global Christianity
Herausforderungen und Transformationen im 20. Jahrhundert / Challenges and Transformations in the 20th Century
2011. 381 Seiten, gebunden
ISBN 978-3-525-55706-8
eBook ISBN 978-3-647-55706-9

Band 53: Gisa Bauer
Evangelikale Bewegung und evangelische Kirche in der Bundesrepublik Deutschland
Geschichte eines Grundsatzkonflikts (1945 bis 1989)
2012. 796 Seiten, gebunden
ISBN 978-3-525-55770-9
eBook ISBN 978-3-647-55770-0

Band 52: Klaus Fitschen / Siegfried Hermle / Katharina Kunter / Claudia Lepp / Antje Roggenkamp-Kaufmann (Hg.)
Die Politisierung des Protestantismus
Entwicklungen in der Bundesrepublik Deutschland während der 1960er und 70er Jahre
2. Auflage 2014. 343 Seiten, mit 1 Abb., gebunden
ISBN 978-3-525-57451-5
eBook ISBN 978-3-647-57451-6

Band 51: Angela Hager
Ein Jahrzehnt der Hoffnungen
Reformgruppen in der bayerischen Landeskirche 1966–1976
2010. 352 Seiten, gebunden
ISBN 978-3-525-55742-6
eBook ISBN 978-3-647-55742-7

Band 50: Berndt Hamm / Harry Oelke / Gury Schneider-Ludorff (Hg.)
Spielräume des Handelns und der Erinnerung
Die Evangelisch-Lutherische Kirche in Bayern und der Nationalsozialismus
2010. 288 Seiten, gebunden
ISBN 978-3-525-55768-6
eBook ISBN 978-3-647-55768-7

Band 49: Thomas Martin Schneider
Gegen den Zeitgeist
Der Weg zur VELKD als lutherischer Bekenntniskirche
2008. 314 Seiten, gebunden
ISBN 978-3-525-55749-5
eBook ISBN 978-3-647-55749-6

V&R Academic
Verlagsgruppe Vandenhoeck & Ruprecht | V&R unipress

www.v-r.de